SELECTIONS

FROM

THE ATTIC ORATORS.

SELECTIONS

FROM

THE ATTIC ORATORS

*ANTIPHON ANDOCIDES LYSIAS
ISOCRATES ISAEUS*

BEING A COMPANION VOLUME TO

'THE ATTIC ORATORS FROM ANTIPHON TO ISAEUS'

EDITED WITH NOTES

BY

R. C. JEBB, Litt.D., Camb.,

PROFESSOR OF GREEK IN THE UNIVERSITY OF CAMBRIDGE.

London:
MACMILLAN AND CO., Ltd.
NEW YORK: MACMILLAN & CO.
1896

[*All rights reserved.*]

First Edition 1880. *Second Edition*, 1888.
Reprinted 1893, 1896.

646549

C

TO THE

MEMBERS PAST AND PRESENT

OF

THE GREEK CLASS

IN

THE UNIVERSITY OF GLASGOW.

PREFACE.

IN the *Attic Orators from Antiphon to Isaeus* I endeavoured to trace historically the development of Attic prose, and also to assist a special study of the orators before Demosthenes[1]. The favourable reception of that attempt encouraged the design of a companion volume, which should give in a compact form a series of the most characteristic and interesting passages from these orators, with a commentary adapted to the requirements of students at the Universities or in the higher forms of Public Schools. It was the opinion of competent judges that such an anthology of Attic prose from Thucydides to Demosthenes might prove not unwelcome to readers who desired to enlarge their survey of the great classical literature, and to teachers who wished to vary the routine of authors commonly read in the school-course. Few Greek

[1] I desire to offer my thanks to the critics in this and other countries to whom my book has been indebted for cordial welcome or for candid criticism; among others, to my German reviewer in Bursian's *Jahresbericht*, Professor F. Blass (1877, Vol. IX., pp. 249 f.: Calvary, Berlin).

authors of the best age are more helpful than the orators if we desire to see the old Greeks as they lived and moved, to enter into the spirit of their daily actions and thoughts: few, again, present more vivid or instructive pictures of Greek society in its larger political aspects.

The principles which have guided the selection have been chiefly two:—1. to choose passages from each author which, taken together, should interpret as completely as possible his part in the general evolution of Attic prose style: 2. to take care that these passages should also possess intrinsic interest as illustrations of Greek thought, politics, or manners.

For the first of these two objects it was essential that each author should be represented by several extracts rather than by a single whole work, in cases where the latter must have excluded too much of the former. Thus, if the speech of Lysias *Against Eratosthenes* had been given entire, it would have been necessary to omit many specimens of his work in a different kind, without which his compass of power and his place in the development would have been imperfectly understood. For my purpose, the unity of the piece necessarily yielded to the unity of the series. At the same time, wherever it was practicable, I have given a composition as a whole. Thus, among the works of Lysias, the speeches *For Mantitheus* and *Against Pancleon* stand entire; the *Olympiacus* and the *Plea for the Constitution* appear in such integrity as they now possess. So, again, does the essay of Isocrates *Against the Sophists*. With the exception of a few lines,—devoid of interest save for those who resent expurgation,—the best oration of Isaeus, the eighth, is given in full. The present work is intended to be strictly what it is called, a companion volume to the *Attic Orators*, in which all the writings of each orator have been analysed and discussed. Care has been taken to indicate, in an introductory note, the scope of each speech as a whole, as well as the bearing of the selected passage: and, on reference to the *Attic Orators*, an analysis of the whole will be found. The selection has cost some time and labour. The volume contains thirty-seven extracts, representing thirty-three works. Hardly one of these was admitted until it had been carefully compared with other passages of which the claims seemed nearly equal, or in some particular respect, perhaps, superior. Only those who have essayed a similar task can easily understand the number and variety of considerations which had to be balanced before a final list could be arranged. It would perhaps be too much to expect that the choice thus made should in every case obtain approval; I can only plead that, in deciding these often nice points, I have acted as the Athenian juror's oath bound him to act,—γνώμῃ τῇ ἀρίστῃ: that is, not necessarily with good judgment, but with the best which I was able to form.

It must suffice merely to touch here on a subject which I have elsewhere sought to illustrate more fully[1]—the reason why Attic oratory has a claim on students of Greek literature different in degree from that which English oratory (for example) has upon

[1] *Attic Orators*, Vol. 1. p. 79.

students of English literature. The distinguishing characteristic of the best Greek literature is its constant and intimate relation with living speech. In following the course of Attic oratory we are at the same time tracing the main current of influence which moulded Greek literary prose. And Greek prose, whether spoken or written, has one kind of significance for the student of all literature which does not belong in the same measure to Greek poetry. This has been well expressed by Professor Nettleship. 'The influence of Greek poetry is perhaps, in its larger effects, more traceable in the spirit than in the form of the most important modern works of the same order, for the delicate musical effects of metre pass away with the life of the language in which they are born. But the broader and simpler harmonies of prose-rhythm are not so easily lost, and these, as first appreciated and elaborated by the Greeks, must live in the ears of men so long as they continue to speak or write prose with any sense of beauty. There is a more obvious affinity between Demosthenes and Burke than between Aeschylus and Goethe[1].'

Turning from the form of Greek oratory to the subject-matter, we find Greek politics made more real and Greek society more animated. Politics become practical and personal; social life is seen in aspects which are no longer merely domestic. It would be a pity to regard these glimpses merely as peeps into a mine of possible examination-questions. Those who know this province of Greek literature only through the medium of references in such valuable works as

[1] *Macmillan's Magazine*, November, 1876.

Becker's *Charicles* might be pardoned for supposing that the world of the Attic orators was peopled by beings who existed solely in the interest of unborn archæologists. Dinners, kottabos, marriages, funerals, and striking emergencies of the wardrobe succeed each other with a disregard of the probable as placid and as complete as if the instructive lives of the personages had been prearranged by a Board of Studies. But when we read the orators themselves we see that there is another and a very different sense in which they illuminate the life of ancient Greece. In one of the forensic orations of Isaeus the speaker observes, with much warmth, that his adversary has never possessed a horse worth more than twelve pounds. This certainly discloses the fact that a horse of such price was not in the Athens of that day considered a valuable horse. But that is scarcely the point. It leads one to ask how a speaker in a law-court could have expected this to be a telling reproach. How must the relation of the private citizen to the city have been conceived, if abstinence from the private display of wealth could be regarded as implying a want of public spirit? The facts of ancient life are dead unless the imagination is exercised in seizing the social tone which is suggested by their relation to each other.

The credibility of the Attic orators as sources for history has sometimes been treated as if it were a question concerning the solvency of a corporation. It would else have been unnecessary to observe that each orator must be considered separately. The history which Antiphon and Isaeus illustrate is rather social than political. Antiphon was chiefly concerned with the court of the Areiopagus, or with courts which reflected something of its spirit; and the Areiopagus, as Aristotle tells us, was exceptional among Greek tribunals in prohibiting the introduction of topics not strictly relevant. Thus historical digressions were precluded. Isaeus, again, was engrossed in argument on the details of private relationships. But Andocides, Lysias, and Isocrates are all, directly or indirectly, political historians. Andocides sheds much vivid light on Athenian affairs in the panic of 415 B.C.,—in the revolutionary crisis of 411,—and in that crisis of the Corinthian War which belongs to 390 B.C. His references to earlier history are usually inexact; a circumstance which need not surprise us, when we remember the pains which Thucydides takes to correct the erroneous beliefs, popularly current at Athens in his own day, regarding one of the most famous and most impressive events in Athenian history,—an event which was then hardly three generations old—the assassination of Hipparchus. Lysias stands beside Xenophon as our chief contemporary authority for the period which immediately followed the close of the Peloponnesian War,—the reign of the Thirty Tyrants, the restoration of the Athenian Democracy, and its life during the earlier years of the Spartan domination. Isocrates gives us striking pictures of Greece at three successive moments;—in 380 B.C., when the Spartan supremacy had now produced its worst effects; in 355, towards the end of the Social War, when the Athenian visions of empire had now for the second time been shattered;

and in 346, when Philip of Macedon had just won his way within the circle of the Greek States, and when the cause of Greek independence was entering on the last stage of decline. If Isocrates is not always accurate in reference to events of the preceding century, his illustrations of contemporary history, both political and social, are of the highest value and the most varied interest.

A prefatory note on the style of each orator will be found in the commentary. This note aims at marking the place of each in the series of writers by whom Attic prose was developed. The thread which runs through the series has been traced elsewhere. A few words may be repeated here:—'Two principal tendencies appear in the beginning of Attic oratory. One of them sets out from the forensic rhetoric of Sicily, in combination with the popular dialectic of the sophists, and is but slightly affected by Gorgias. It is represented by the writers of the "austere" style, of whom Antiphon and Thucydides are the chief. From Thucydides to Demosthenes this manner is in abeyance, partly because it is itself unsuited to forensic purposes, partly because its grave emphasis has come to seem archaic. The second tendency is purely Gorgian, and, after having had several obscure representatives, is taken up by Isocrates, who gives to it a corrected, a complete, and a permanent form. From a compromise between this second tendency and the idiom of daily life arises the "plain" style of Lysias. The transition from Lysias to a strenuous political oratory is marked by Isaeus. Then comes the matured political oratory, giving new combinations to types already developed, and, in its greatest representative, uniting them all[1].'

In reading these selections that thread should be firmly held. The student should remember that he is not merely reading samples from a number of writers who were all in some sense 'orators.' He is also following successive steps in the process by which a language of most elastic resource was gradually adapted to a certain set of purposes. Though Demosthenes is said to have been a devoted student of Thucydides, everyone can feel that the prose of Thucydides is something very unlike the prose of Demosthenes. If the intervening representatives of normal style are not read, a gap remains. Xenophon is too little of a conscious artist to help us much; the literary genius of Plato is too individual. The works of the orators from Antiphon to Isaeus form the bridge by which the gulf is spanned.

Each of the five has his distinctive interest. That of Antiphon depends less on the intrinsic quality of his work than on its character as the monument of an early and singular stage in the prose literature. The able historian and critic who discussed my book in the *Edinburgh Review*—and to whom my acknowledgments are due for his invariable fairness and courtesy—was disposed to think that the oratorical influence of Antiphon has been overrated[2]. It is possible; we can seldom gauge with precision the effect which a Greek orator produced on his average Greek hearer; though Thucydides, at least, certainly

[1] *Attic Orators*, Vol. II. p. 419.
[2] *Edinburgh Review*, No. 298, April, 1877.

regarded Antiphon as a very powerful speaker; and modern writers, including Grote and Curtius, have inferred that eloquence was, as Thucydides implies, the main source of Antiphon's ascendency. We can at any rate see that Antiphon represents a well-marked phase of language and style. In another place I have endeavoured to show how far Antiphon and Thucydides may be compared or contrasted as disciples of a common school[1].

Andocides, who may be considered, relatively to the artists of oratory, as a brilliant amateur, is for that very reason a valuable element. We, with our prejudice against the confession that oratory has a technical side—a prejudice, which is probably less strong in America and France than it is in England—are too apt to think of Greek Rhetoric as a machine which affected to produce uniform results independently of natural aptitudes. Now this is just what the best Greek Rhetoric strenuously repudiated[2]. Again and again Isocrates repeats that natural faculty is the first condition of success, and that, without it, training and practice can do comparatively little. Undoubtedly a Greek audience not only recognized but usually expected careful premeditation by the speaker on every important occasion. Several years ago an eminent person, being President of the British Association, was called upon to deliver the opening address; he rose,

[1] *Hellenica*, edited by Evelyn Abbott, M.A., LL.D., pp. 307 f.

[2] This point was well brought out by my reviewer in the New York *Nation*.

and offered a series of observations on the weather, the crops, the embarrassment of public speaking, and the diffusion of knowledge among the masses. The feelings of the British Association at that moment probably resembled those with which an Athenian audience would have received utterances which, however pleasing in themselves, indicated that art had not brought the requisite assistance to nature. Andocides is peculiarly interesting as reminding us, on the other hand, that, even with an Athenian audience, a natural gift could succeed, though aided only by slender art.

Lysias, the canon of Attic grace, brings before us,— more clearly, perhaps, than any of the rest,—one essential difference between ancient and modern oratory in regard to their available instruments. The Greek orator produces his effect mainly by the collocation and rhythm of words used in their proper sense. When, however, he desires to employ metaphor or other verbal ornament, the freshness of the language makes it easy to do so. Nothing is stale as yet. But our language is so full of worn-out metaphors that it is difficult to find imagery which shall be neither trite nor extravagant. It is no longer striking to speak of a 'concourse,' or to say that a nation 'cries out'; yet these metaphors, and many others like them, will be found in Aristotle's *Rhetoric* among examples of impressive ornament. It is to be regretted, I think, that Lysias has lost his old place in our schools; and I should rejoice if the specimens given here should in any degree contribute to his restoration.

Isocrates may with peculiar advantage be read in selections. His frequent prolixity arises chiefly from two causes—much preamble and much repetition. In most of his longer works—the *Panegyricus*, with its artistic unity, is an exception—there is what may be called a nucleus, consisting sometimes of one passage, sometimes of several, generally in the central or the latter part of the work. The account of his 'philosophy,' which I have extracted from the *Antidosis*, is a case in point. Isocrates has a direct interest for modern literature as the founder of that style which, especially through the prose of Cicero, has exercised so large an influence on Europe. He has also a peculiar interest in relation to the history of Greece. Belonging, as he does, to the latter days of the old Hellas, and in feeling a genuine Hellene, he can yet conceive of Hellenic culture as shared by men not of Hellenic blood; and he is thus, as Professor Ernst Curtius has so well brought out[1], a literary forerunner of Hellenism.

Sir Henry Maine has taught so many readers to feel some interest in the early history of testamentary law that Isaeus will not be thought unworthy of study merely because he is concerned with cases of inheritance. The Attic law, which Isaeus illustrates, marks the transition from the purely religious phase of adoption to a phase in which it is still, indeed, connected with religion, but also appears as the germ of a true testamentary power. And there is scarcely

---

[1] Curtius, *History of Greece*, v. 116, 204. See the striking passages of Isocrates, *Panegyr.* § 50: *Attic Orators*, Vol. II. p. 16.

any Greek writer who so much helps us to understand the meaning which the old Greeks attached to the family. The light which he gives is not merely on scenic detail, but also on those relations of the actors which touch the springs of social life. These attributes might well entitle Isaeus to attention, even if his place in the series of Attic prose-writers was not rendered peculiarly interesting by his immediate connection with Demosthenes.

The *Annals* prefixed to the first volume of the *Attic Orators* will, I trust, be found useful by those who may wish to see the political and literary chronology of the whole period in a comprehensive form. A list of editions, commentaries, and *subsidia* will be found in the same place.

The indexes, which I have prepared myself, are on a scale which will make it easy to find any noticeable word or matter which the volume contains. On points of syntax the references are to Professor Goodwin's *Greek Moods and Tenses*.

In revising the work for the present edition, I have profited by several valuable criticisms which the first edition received. The commentary stands, as before, at the end of the book, while the critical notes, which formerly preceded the Greek text, are now printed below it.

THE COLLEGE, GLASGOW,
October, 1888.

CONTENTS.

ANTIPHON.

I. SECOND TETRALOGY, FIRST SPEECH FOR THE DEFENCE.

A youth, practising with the javelin at a gymnasium, has accidentally killed a boy. The youth's father defends him against the charge of homicide . 1

II. THIRD TETRALOGY, FIRST SPEECH FOR THE PROSECUTION, §§ 1—7.

The religious view of homicide as a public pollution 6

III. ON THE MURDER OF HERODES (417 B.C.).

1. §§ 1—30. Narrative of the disappearance of Herodes 8

2. §§ 81—96. Peroration: the silent testimony of the God: dangers of a hasty verdict . . . 18

IV. ON THE CHOREUTES, §§ 11—15 (About 412 B.C.).

The duties of an Athenian choregus . . . 25

ANDOCIDES.

		PAGE

I. ON HIS RETURN, §§ 10—16 (410 B.C.).

His services to the army at Samos in 411 B.C. A scene at Athens during the Revolution of the Four Hundred 28

II. ON THE MYSTERIES (399 B.C.).

1. §§ 34—45. Nocturnal mutilation of the Hermae at Athens by unknown conspirators (415 B.C.). Story of Diocleides. The panic . . . 31

2. §§ 48—69. A scene in prison. Andocides resolves to give evidence. His story . . . 36

III. ON THE PEACE WITH LACEDAEMON, §§ 28—41 (390 B.C.).

The alliance of Sparta preferable to that of Argos. Instances in which Athens has suffered by choosing the wrong side. Character of the Athenian Dêmos. The Athenian Empire—lessons of its rise and fall 43

LYSIAS.

I. OLYMPIACUS (388 B.C.).

The spirit of the festival at Olympia; it is a pledge of Hellenic unity. Greeks must put aside their jealousies, and unite against the two foes of Greece—the King of Persia and the despot of Sicily . 49

II. A PLEA FOR THE ATHENIAN CONSTITUTION (403 B.C.).

On a proposal to limit the franchise to landowners. The hopes of Athens—now stripped of empire—depend on maintaining the Democracy against oligarchic dictation from Sparta . . . 52

CONTENTS.

III. For Mantitheus (About 392 B.C.).

A young Athenian—defending himself against the charge of having served as a knight under the Thirty Tyrants—gives some details of his private life, and of his recent campaigns 56

IV. For the Invalid, §§ 10—14 (After 403 B.C.).

A cripple is defending his own claim to receive alms from the State; here he answers the objection that he is able to ride 62

V. Against Eratosthenes (403 B.C.).

1. §§ 1—36. Narrative. The Thirty Tyrants resolve to plunder the resident aliens. Narrow escape of Lysias. His brother Polemarchus receives the order to drink the hemlock. Eratosthenes cross-examined: comments 65

2. §§ 92—100. Peroration: twofold appeal to the adherents and to the opponents of the Thirty Tyrants. The character of that Tyranny . . 74

VI. Against Agoratus, §§ 5—48 (About 399 B.C.).

Narrative. Affairs at Athens just after the great defeat at Aegospotami (405 B.C.). Theramenes sent to arrange a peace with Sparta. The terms. The oligarchs plot to remove their opponents. Agoratus, their instrument, denounces certain persons, who are executed. A scene in prison. The reign of terror 78

VII. On the Sacred Olive, §§ 17—25 (Not before 395 B.C.).

The speaker defends himself against the charge of having uprooted a sacred olive (*moria*) on a farm which he rented 90

CONTENTS.

VIII. AGAINST THEOMNESTUS, §§ 6—20 (384 or 3 B.C.).
Theomnêstus, accused of libel, pleaded that he had not used the phrase forbidden by the law: the speaker, replying, gives examples of old Attic words or phrases, found in laws, but no longer current in the same sense 92

IX. AGAINST PANCLEON (Prob. about 380 B.C.).
Plataeans at Athens had the legal status of citizens. Pancleon, a fuller at Athens, had claimed to be a Plataean: the speech is to show that he is not such, but an alien 97

ISOCRATES.

I. NICOCLES, OR THE CYPRIANS, §§ 14—22 (Prob. between 372 and 365 B.C.).
Nicocles, the Greek King of Salamis in Cyprus, is addressing his subjects. In this passage he argues for Monarchy as preferable to Oligarchy or Democracy 102

II. ENCOMIUM ON HELEN, §§ 54—58 (About 370 B.C.).
The praise of beauty 107

III. EVAGORAS, §§ 47—50 (About 365 B.C.).
The contrast between Phoenician and Hellenic rule in Cyprus, after Evagoras, father of Nicocles, became King of Salamis 108

IV. AGAINST THE SOPHISTS (391 or 390 B.C.).
Isocrates, early in his career, criticizes three classes of teachers from whose methods and aims he desires that his own may be distinguished . . 110

V. ON THE ANTIDOSIS, §§ 270—302 (353 B.C.).
His account of his own 'philosophy,' or theory of culture, and the grounds upon which he rests its claims 117

CONTENTS. xxiii

VI. PANEGYRICUS, §§ 160—186 (380 B.C.).

    Reasons which make the moment favourable for an invasion of Asia by united Greece. Condition of Persia and of Greece. The Peace of Antalcidas criticized. Summary 127

VII. PHILIPPUS, §§ 81—104 (346 B.C.).

    Philip of Macedon is urged to lead a Greek expedition against Persia. Policy of Agesilaus. Cyrus the Younger and the Ten Thousand. Ease of raising a Greek army. Artaxerxes Ochus—his embarrassments. The word 'Liberty' is the true spell for Asia 136

VIII. PLATAICUS, §§ 56—63 (373 B.C.).

    A Plataean, pleading before the Athenian Ecclesia for help against Thebes, thus perorates . . . 143

IX. ON THE PEACE, §§ 121—131 (355 B.C.).

    The party of war and 'empire'—results to Athens of their policy. Pericles contrasted with subsequent leaders of the people 146

X. ARCHIDAMUS, §§ 52—57 (366 B.C.).

    Archidamus III., son of Agesilaus, speaks at Sparta against a proposal to recognize the independence of Messene, lately restored by Epameinondas . . 149

XI. AREOPAGITICUS, §§ 36—55 (355 B.C.).

    A plea for restoring general functions of moral censorship to the Council of the Areiopagus. The contrast between the Old Democracy and the New . 151

XII. AEGINETICUS, §§ 18—27 (394 or 393 B.C.).

    A forensic speech, for a case tried in Aegina. The narrative—a story of life in the islands of the Aegean 158

CONTENTS.

                                                          PAGE

XIII. To ALEXANDER (342 B.C.).
    A letter from Isocrates to Alexander the Great—then a boy of fourteen, just beginning his studies with Aristotle 161

XIV. To PHILIP (338 B.C.).
    A letter from Isocrates to Philip of Macedon—written probably after the conclusion of that peace between Philip and Athens which ensued on the battle of Chaeroneia 163

ISAEUS.

I. ON THE ESTATE OF DICAEOGENES (390 B.C.).
    1. §§ 7—24. Conduct of Dicaeogenes to his relatives. Action for perjury. Mortgage. Purchase with a bad title. Action for ejectment . . . 166
    2. §§ 39—47. Conclusion. The tests of 'public spirit.' Dicaeogenes contrasted with his ancestors. His descent from Harmodius and Aristogeiton must not avail him 174

II. ON THE ESTATE OF HAGNIAS, §§ 1—19 (359 B.C.).
    Attic law of succession. A thrice-contested inheritance 177

III. ON THE ESTATE OF CIRON, §§ 1—42 (About 375 B.C.).
    Attic usages regarding betrothal, marriage, and dowry. Torture as a test of truth. A family festival in the country. Worship of household gods. A bride introduced to her husband's clan: a compliment paid to her by the women of her deme. Law dealing with breaches of natural piety. Funeral customs 185

NOTES 201
INDEX I., GREEK 407
INDEX II., MATTERS 425

ΑΝΤΙΦΩΝ.

I. ΤΕΤΡΑΛΟΓΙΑ Β. β.

ΑΠΟΛΟΓΙΑ ΦΟΝΟΥ ΑΚΟΥΣΙΟΥ.

Νῦν δὴ φανερόν μοι ὅτι αὐταὶ αἱ συμφοραὶ καὶ χρεῖαι τούς τε ἀπράγμονας εἰς ἀγῶνας <καταστῆναι> τούς τε ἡσυχίους τολμᾶν τά τε ἄλλα <καὶ> παρὰ φύσιν λέγειν καὶ δρᾶν βιάζονται. ἐγὼ γὰρ

ANTIPHON.

A = the codex Crippsianus, or Burneianus 95, now in the British Museum, said to be of the 13th century: N = Oxoniensis, saec. 13 or 14. These, the two best, are closely connected. Sauppe, who with Spengel and others gives the palm to A, thinks that N was copied from A before the latter had been corrected, and that the points in which N is superior are due to the conjectures of its learned scribe. The Teubner editor argues against this view, and sums up the relative merits of the two mss. by saying that, if we had N and the others except A, we should lack the true reading in some twelve places; if A and the others except N, in some ninety. But neither A nor N wholly supersedes other mss. B = Laurentianus, saec. 15: L = Marcianus, saec. 14: Z = Vratislaviensis, saec. 14: M = Burneianus, saec. 15.

Turr. (Turicenses) = Baiter and Sauppe's edition: Bl. = the Teubner text edited by F. Blass: Bk. = Immanuel Bekker's Berlin edition.

I. § 1. <καταστῆναι>] supplied by Reiske, and printed in brackets by Turr. Bl. ‖ The mss. have τολμᾶν τά τε ἄλλα παρὰ φύσιν λέγειν καὶ δρᾶν: and so Bk. Bl. With this reading,

ἥκιστα τοιοῦτος ὢν καὶ βουλόμενος εἶναι, εἰ μὴ πολύ γε ἔψευσμαι, ὑπ' αὐτῆς τῆς συμφορᾶς ἠναγκάσθην παρὰ τὸν ἄλλον τρόπον ὑπὲρ πραγμάτων ἀπολογεῖσθαι, ὧν ἐγὼ χαλεπῶς μὲν τὴν ἀκρίβειαν ἔγνων, ἔτι δὲ ἀπορωτέρως διάκειμαι ὅπως χρὴ ὑμῖν ἑρμη-
2 νεῦσαι ταῦτα. ὑπὸ δὲ σκληρᾶς ἀνάγκης βιαζόμενος, καὶ αὐτὸς εἰς τὸν ὑμέτερον ἔλεον, ὦ ἄνδρες δικασταί, καταπεφευγὼς δέομαι ὑμῶν, ἐὰν ἀκριβέστερον ἢ ὡς σύνηθες ὑμῖν δόξω εἰπεῖν, μὴ διὰ τὰς προειρημένας τύχας <ἧττόν τι> ἀποδεξαμένους μου τὴν ἀπολογίαν δόξῃ καὶ μὴ ἀληθείᾳ τὴν κρίσιν ποιήσασθαι· ἡ μὲν γὰρ δόξα τῶν πραχθέντων πρὸς τῶν λέγειν δυναμένων ἐστίν, ἡ δὲ ἀλήθεια πρὸς τῶν δίκαια καὶ ὅσια πραττόντων.
3 Ἐδόκουν μὲν οὖν ἔγωγε ταῦτα παιδεύων τὸν υἱὸν ἐξ ὧν μάλιστα τὸ κοινὸν ὠφελεῖται ἀμφοῖν τι ἡμῖν ἀγαθὸν ἀποβήσεσθαι· συμβέβηκε δέ μοι πολὺ παρὰ γνώμην τούτων. τὸ γὰρ μειράκιον οὐχ ὕβρει οὐδὲ ἀκολασίᾳ, ἀλλὰ μελετῶν μετὰ τῶν

we have our choice between two versions: (1) 'force peaceable men to be audacious (τολμᾶν), and (τε) in other respects to speak and act,' etc. Here the absolute use of τολμᾶν is objectionable, and the τε is most awkward, τε having occurred twice before in the sentence. (2) 'make peaceable men dare *both* (τε) in other matters to speak, etc., *and* (καὶ) to act,'— λέγειν and δρᾶν both depending on τολμᾶν. This is intolerable. I feel sure, then, that Turr. are right in supplying, with Sauppe, καὶ before παρὰ φύσιν: 'force peaceable men *both* (τε) to venture on other steps, *and* (καὶ) to speak and act,' etc. For τολμᾶν τά τε ἄλλα instead of τά τε ἄλλα τολμᾶν, see comment. || ὅπως χρὴ] ὅπως Bl., on his own conjecture: vulg. ὡς χρή. § **2**. διὰ τὰς προειρημένας τύχας] Bl. reads, on his own conject., ἴσα ταῖς προειρημέναις τύχαις. It is more probable that ἧττόν τι (or an equivalent) should be supplied before ἀποδεξαμένους: unless, indeed, the latter has supplanted a word of opposite meaning,

ἡλίκων ἀκοντίζειν ἐν τῷ γυμνασίῳ ἔβαλε μέν, οὐκ ἀπέκτεινε δὲ οὐδένα κατά γε τὴν ἀλήθειαν ὧν ἔπραξεν, ἄλλου δ᾽ εἰς αὐτὸν ἁμαρτόντος εἰς ἀκουσίους αἰτίας ἦλθεν. εἰ μὲν γὰρ τὸ ἀκόντιον ἔξω τῶν ὅρων τῆς αὑτοῦ πορείας ἐπὶ τὸν παῖδα ἐξενεχθὲν ἔτρωσεν αὐτόν, οὐδεὶς <ἂν> ἡμῖν λόγος ὑπελείπετο μὴ φονεῦσιν εἶναι· τοῦ δὲ παιδὸς ὑπὸ τὴν τοῦ 4 ἀκοντίου φορὰν ὑποδραμόντος καὶ τὸ σῶμα προστήσαντος, <ὁ μὲν ἐκωλύθη> τοῦ σκοποῦ τυχεῖν, ὁ δὲ ὑπὸ τὸ ἀκόντιον ὑπελθὼν ἐβλήθη, καὶ τὴν αἰτίαν οὐχ ἡμετέραν οὖσαν προσέβαλεν ἡμῖν. διὰ 5 δὲ τὴν ὑποδρομὴν βληθέντος τοῦ παιδὸς τὸ μὲν μειράκιον οὐ δικαίως ἐπικαλεῖται, οὐδένα γὰρ ἔβαλε τῶν ἀπὸ τοῦ σκοποῦ ἀφεστώτων· ὁ δὲ παῖς εἴπερ ἑστὼς φανερὸς ὑμῖν ἐστὶ μὴ βληθείς, ἑκουσίως ὑπὸ τὴν φορὰν τοῦ ἀκοντίου ὑπελθὼν ἔτι σαφεστέρως δηλοῦται διὰ τὴν αὑτοῦ ἁμαρτίαν ἀποθανών· οὐ γὰρ ἂν ἐβλήθη ἀτρεμίζων καὶ μὴ διατρέχων.

Ἀκουσίου δὲ τοῦ φόνου ἐξ ἀμφοῖν ὑμῖν ὁμο- 6 λογουμένου γενέσθαι, ἐκ τῆς ἁμαρτίας, ὁποτέρου αὐτῶν ἐστίν, ἔτι γε σαφέστερον ἂν ὁ φονεὺς ἐλεγχθείη. οἵ τε γὰρ ἁμαρτάνοντες ὧν ἂν ἐπι-

such as ἀποδοκιμάσαντας. See comment. § 3. εἰς ἀκουσίους αἰτίας] εἰς ἀνοσίους αἰτίας, Bl. on his own conject. ‖ εἰ μὲν γὰρ τὸ ἀκόντιον...μὴ φονεῦσιν εἶναι. Bl. shifts this whole passage, placing it after προσέβαλεν ἡμῖν at the end of § 4, and altering τοῦ δὲ παιδὸς into τοῦ γὰρ παιδὸς. To me no change seems required. ‖ οὐδεὶς <ἂν> ἡμῖν λόγος ὑπελείπετο] ἂν is conjecturally added by Bl., rightly, I think; but remark that the impf. without ἂν could be defended as='was (by a logical inference) left,' in the supposed case (εἰ ἔτρωσεν). See on ἐγίγνετο in Isaeos or. v. § 13. § 4. <ὁ μὲν ἐκωλύθη>] supplied by Reiske, and printed

νοήσωσί τι δρᾶσαι, οὗτοι πράκτορες τῶν ἀκουσίων εἰσίν· οἵ τε ἑκούσιόν τι δρῶντες ἢ πάσχοντες, 7 οὗτοι τῶν παθημάτων αἴτιοι γίγνονται. τὸ μὲν τοίνυν μειράκιον περὶ οὐδένα οὐδὲν ἥμαρτεν. οὔτε γὰρ ἀπειρημένον ἀλλὰ προστεταγμένον ἐξεμελέτα, οὔτε ἐν γυμναζομένοις ἀλλ' ἐν τῇ τῶν ἀκοντιζόντων τάξει ἠκόντιζεν, οὔτε τοῦ σκοποῦ ἁμαρτών, εἰς τοὺς ἀφεστῶτας ἀκοντίσας, τοῦ παιδὸς ἔτυχεν, ἀλλὰ πάντα ὀρθῶς ὡς ἐπενόει δρῶν ἔδρασε μὲν οὐδὲν ἀκούσιον, ἔπαθε δὲ διακωλυθεὶς τοῦ σκοποῦ 8 τυχεῖν. ὁ δὲ παῖς βουλόμενος προδραμεῖν, τοῦ καιροῦ διαμαρτὼν ἐν ᾧ διατρέχων οὐκ ἂν ἐπλήγη, περιέπεσεν οἷς οὐκ ἤθελεν, ἀκουσίως δὲ ἁμαρτὼν εἰς ἑαυτὸν οἰκείαις συμφοραῖς κέχρηται, τῆς δ' ἁμαρτίας τετιμωρημένος ἑαυτὸν ἔχει τὴν δίκην, οὐ συνηδομένων μὲν οὐδὲ συνεθελόντων ἡμῶν, συναλγούντων δὲ καὶ συλλυπουμένων. τῆς δὲ ἁμαρτίας εἰς τοῦτον ἡκούσης τό <τε> ἔργον οὐχ ἡμέτερον ἀλλὰ τοῦ ἐξαμαρτόντος ἐστί, τό τε πάθος εἰς τὸν δράσαντα ἐλθὸν ἡμᾶς μὲν ἀπολύει τῆς αἰτίας, τὸν δὲ δράσαντα δικαίως ἅμα τῇ ἁμαρτίᾳ τετιμώρηται.

9 Ἀπολύει δὲ καὶ ὁ νόμος ἡμᾶς, ᾧ πιστεύων, εἴργοντι μήτε ἀδίκως μήτε δικαίως ἀποκτείνειν, ὡς φονέα με διώκει. ὑπὸ μὲν γὰρ τῆς αὐτοῦ τοῦ τεθνεῶτος ἁμαρτίας ὅδε ἀπολύεται μηδὲ ἀκουσίως ἀποκτεῖναι αὐτόν· ὑπὸ δὲ τοῦ διώκοντος οὐδ' ἐπι-

in brackets by Turr. and Bl. § 6. οἵ τε ἑκούσιον] τε Spengel, Bl.: οἱ δὲ ἑκούσιον vulg. § 7. οὐδὲν ἥμαρτεν] Bl., with N: ἥμαρτεν οὐδέν vulg. § 8. τοῦ καιροῦ] Spengel, Bl.—τοῦ χώρου mss. and Bk.—τοῦ χρόνου Reiske and Turr. ‖ τό <τε> ἔργον]

καλούμενος ὡς ἑκὼν ἀπέκτεινεν, ἀμφοῖν ἀπολύεται τοῖν ἐγκλημάτοιν, μήτ' ἄκων μήτε ἑκὼν ἀποκτεῖναι. ἀπολυόμενος δὲ ὑπό τε τῆς ἀληθείας τῶν πραχ- 10 θέντων ὑπό τε τοῦ νόμου καθ' ὃν διώκεται, οὐδὲ τῶν ἐπιτηδευμάτων εἵνεκα δίκαιοι τοιούτων κακῶν ἀξιοῦσθαί ἐσμεν. οὗτός τε γὰρ ἀνόσια πείσεται τὰς οὐ προσηκούσας φέρων ἁμαρτίας, ἐγώ τε μᾶλλον μὲν οὐδέν, ὁμοίως δὲ τούτῳ ἀναμάρτητος ὢν εἰς πολλαπλασίους τούτου συμφορὰς ἥξω· ἐπί τε γὰρ τῇ τούτου διαφθορᾷ ἀβίωτον τὸ λειπόμενον τοῦ βίου διάξω, ἐπί τε τῇ ἐμαυτοῦ ἀπαιδίᾳ ζῶν ἔτι κατορυχθήσομαι.

Ἐλεοῦντες οὖν τοῦδε μὲν τοῦ νηπίου τὴν 11 ἀναμάρτητον συμφοράν, ἐμοῦ δὲ τοῦ γηραιοῦ καὶ ἀθλίου τὴν ἀπροσδόκητον κακοπάθειαν, μὴ καταψηφισάμενοι δυσμόρους ἡμᾶς καταστήσητε, ἀλλ' ἀπολύοντες εὐσεβεῖτε. ὅ τε γὰρ ἀποθανὼν συμφοραῖς περιπεσὼν οὐκ ἀτιμώρητός ἐστιν, ἡμεῖς τε οὐ δίκαιοι τὰς τούτων ἁμαρτίας συμφέρειν ἐσμέν. τήν τε οὖν εὐσέβειαν τούτων τῶν πραχθέντων καὶ 12 τὸ δίκαιον αἰδούμενοι ὁσίως καὶ δικαίως ἀπολύετε ἡμᾶς, καὶ μὴ ἀθλιωτάτω δύο πατέρα καὶ παῖδα ἀώροις συμφοραῖς περιβάλητε.

Bl., Spengel having conjectured τό τ' ἔργον: vulg. τὸ ἔργον.
§ 9. μήτε ἑκὼν] Bl. with N.—μηθ' ἑκὼν vulg.

II. ΤΕΤΡΑΛΟΓΙΑ Γ. ա.

ΚΑΤΗΓΟΡΙΑ ΦΟΝΟΥ ΚΑΤΑ ΤΟΥ ΛΕΓΟΝΤΟΣ ΑΜΥΝΑΣΘΑΙ.

Νενόμισται μὲν ὀρθῶς τὰς φονικὰς δίκας περὶ πλείστου τοὺς κρίνοντας ποιεῖσθαι διώκειν τε καὶ μαρτυρεῖν κατὰ τὸ δίκαιον, μήτε τοὺς ἐνόχους ἀφιέντας μήτε τοὺς καθαροὺς εἰς ἀγῶνα καθι-
2 στάντας. ὅ τε γὰρ θεὸς βουλόμενος ποιῆσαι τὸ ἀνθρώπινον φῦλον τοὺς πρώτους γενομένους ἔφυσεν ἡμῶν, τροφέας τε παρέδωκε τὴν γῆν καὶ τὴν θάλασσαν, ἵνα μὴ σπάνει τῶν ἀναγκαίων προαποθνήσκοιμεν τῆς γηραιοῦ τελευτῆς. ὅστις οὖν τούτων ὑπὸ τοῦ θεοῦ *ἀξιωθέντος τοῦ βίου ἡμῶν ἀνόμως τινὰ ἀποκτείνει, ἀσεβεῖ μὲν περὶ τοὺς
3 θεούς, συγχεῖ δὲ τὰ νόμιμα τῶν ἀνθρώπων. ὅ τε γὰρ ἀποθανών, στερόμενος ὧν ὁ θεὸς ἔδωκεν αὐτῷ, εἰκότως θεοῦ τιμωρίαν ὑπολείπει τὴν τῶν ἀλιτηρίων δυσμένειαν, ἣν οἱ παρὰ τὸ δίκαιον κρίνοντες ἢ

II. § 2. πρώτους] Bl. with N.—πρῶτον vulg. ‖ Bk. and Turr., with most mss., give—ὅστις οὖν τούτων ὑπὸ τοῦ θεοῦ ἀξιωθεὶς τοῦ βίου ἀνόμως τινὰ ἀποκτείνει (Reiske conject. ἀποστερεῖ). Bl., adopting Sauppe's ἀξιωθέντων, gives —ὅστις οὖν τῶν ὑπὸ τοῦ θεοῦ ἀξιωθέντων τοῦ βίου ἡμῶν ἀνόμως τινὰ ἀποκτείνει ('whoever, then, unlawfully slays any one of us who have been deemed worthy of life by the god'). I had conjectured another remedy—which, indeed, was not far to seek—without knowing that it is actually found in N,—namely, for ἀξιωθεὶς to read ἀξιωθέντος. 'Whoever, then,—our life having been deemed worthy of these things by the god,—unlawfully slays another.' Even without the testimony of N this reading would have very strong probability: with that testimony added, it seems reasonably certain.

μαρτυροῦντες, συνασεβοῦντες τῷ ταῦτα δρῶντι, οὐ προσῆκον μίασμα εἰς τοὺς ἰδίους οἴκους εἰσάγονται· ἡμεῖς τε οἱ τιμωροὶ τῶν διεφθαρμένων, εἰ δι' ἄλλην 4 τινὰ ἔχθραν τοὺς ἀναιτίους διώκοιμεν, τῷ μὲν ἀποθανόντι οὐ τιμωροῦντες δεινοὺς ἀλιτηρίους ἕξομεν τοὺς τῶν ἀποθανόντων προστροπαίους, τοὺς δὲ καθαροὺς ἀδίκως ἀποκτείνοντες ἔνοχοι τοῦ φόνου τοῖς ἐπιτιμίοις ἐσμέν, ὑμᾶς τε ἄνομα δρᾶν πείθοντες καὶ τοῦ ὑμετέρου ἁμαρτήματος ὑπαίτιοι γιγνόμεθα.

Ἐγὼ μὲν οὖν δεδιὼς ταῦτα εἰς ὑμᾶς παρά- 5 γων τὸν ἀσεβήσαντα καθαρὸς τῶν ἐγκλημάτων εἰμί· ὑμεῖς δὲ ἀξίως τῶν προειρημένων τῇ κρίσει προσέχοντες τὸν νοῦν, ἀξίαν δίκην τοῦ πάθους τῷ εἰργασμένῳ ἐπιθέντες, ἅπασαν τὴν πόλιν καθαρὰν τοῦ μιάσματος καταστήσετε. εἰ 6 μὲν γὰρ ἄκων ἀπέκτεινε τὸν ἄνδρα, ἄξιος ἂν ἦν συγγνώμης τυχεῖν τινός· ὕβρει δὲ καὶ ἀκολασίᾳ παροινῶν εἰς ἄνδρα πρεσβύτην, τύπτων τε καὶ πνίγων ἕως τῆς ψυχῆς ἀπεστέρησεν αὐτόν, ὡς μὲν ἀποκτείνας τοῦ φόνου τοῖς ἐπιτιμίοις ἔνοχός ἐστιν, ὡς δὲ συγχέων ἅπαντα τῶν γεραιοτέρων τὰ νόμιμα οὐδενὸς ἁμαρτεῖν οἷς οἱ τοιοῦτοι κολάζονται δίκαιός ἐστιν. ὁ μὲν τοίνυν νόμος ὀρθῶς ὑμῖν τιμωρεῖσθαι 7 παραδίδωσιν αὐτόν· τῶν δὲ μαρτύρων ἀκηκόατε, οἳ παρῆσαν παροινοῦντι αὐτῷ. ὑμᾶς δὲ χρὴ τῇ τε ἀνομίᾳ τοῦ παθήματος ἀμύνοντας, τήν τε ὕβριν κολάζοντας ἀξίως τοῦ πάθους, τὴν βουλεύσασαν ψυχὴν ἀνταφελέσθαι αὐτόν.

§ 6. τῶν γεραιοτέρων] τὸν γεραιότερον N. See comment.

III. ΠΕΡΙ ΤΟΥ ΗΡΩΔΟΥ ΦΟΝΟΥ.

[Or. v.—Date, about 417 B.C.]

1. §§ 1—30.

Ἐβουλόμην μὲν, ὦ ἄνδρες, τὴν δύναμιν τοῦ λέγειν καὶ τὴν ἐμπειρίαν τῶν πραγμάτων ἐξ ἴσου μοι καθεστάναι τῇ τε συμφορᾷ καὶ τοῖς κακοῖς τοῖς γεγενημένοις· νῦν δὲ τοῦ μὲν πεπείραμαι πέρα τοῦ προσήκοντος, τοῦ δὲ ἐνδεής εἰμι μᾶλλον 2 τοῦ συμφέροντος. οὐ μὲν γάρ με ἔδει κακοπαθεῖν τῷ σώματι μετὰ τῆς αἰτίας τῆς οὐ προσηκούσης, ἐνταυθοῖ οὐδέν με ὠφέλησεν ἡ ἐμπειρία· οὗ δέ με δεῖ σωθῆναι μετὰ τῆς ἀληθείας εἰπόντα τὰ γενόμενα, ἐν τούτῳ με βλάπτει ἡ τοῦ λέγειν ἀδυναμία. 3 πολλοὶ μὲν γὰρ ἤδη τῶν οὐ δυναμένων λέγειν ἄπιστοι γενόμενοι τοῖς ἀληθέσιν, αὐτοῖς τούτοις ἀπώλοντο, οὐ δυνάμενοι δηλῶσαι αὐτά· πολλοὶ δὲ τῶν λέγειν δυναμένων, πιστοὶ γενόμενοι τῷ ψεύδεσθαι, τούτῳ ἐσώθησαν, διότι ἐψεύσαντο. ἀνάγκη οὖν, ὅταν τις ἄπειρος ᾖ τοῦ ἀγωνίζεσθαι, ἐπὶ τοῖς τῶν κατηγόρων λόγοις εἶναι μᾶλλον ἢ ἐπ' αὐτοῖς τοῖς ἔργοις καὶ τῇ ἀληθείᾳ τῶν πραγμάτων.

4 Ἐγὼ οὖν, ὦ ἄνδρες, αἰτήσομαι ὑμᾶς, οὐχ ἅπερ οἱ

III. § 3. διότι ἐψεύσαντο: condemned by Dobree, and now bracketed by Bl. Dobree further proposed to read αὐτῷ τούτῳ instead of αὐτοῖς τούτοις, and also suspected the words οὐ δυνάμενοι δηλῶσαι αὐτά,—without good reason. Indeed I incline to believe that διότι ἐψεύσαντο too is genuine. It should be remembered that an immature rhetorical prose is sometimes forced to employ these awkward explanatory clauses. That is the price which it pays for using ornament over which it has not complete mastery. A phrase may be sound in Antiphon which could safely be pronounced a gloss in Demosthenes.

πολλοὶ τῶν ἀγωνιζομένων ἀκροᾶσθαι σφῶν αὐτῶν αἰτοῦνται, σφίσι μὲν αὐτοῖς ἀπιστοῦντες, ὑμῶν δὲ προκατεγνωκότες ἄδικόν τι· εἰκὸς γὰρ ἐν ἀνδράσι γε ἀγαθοῖς καὶ ἄνευ τῆς αἰτήσεως τὴν ἀκρόασιν ὑπάρχειν τοῖς φεύγουσιν, οὗπερ καὶ οἱ διώκοντες ἔτυχον ἄνευ αἰτήσεως· τάδε δὲ δέομαι ὑμῶν, τοῦτο 5 μὲν ἐάν τι τῇ γλώσσῃ ἁμάρτω, συγγνώμην ἔχειν μοι, καὶ ἡγεῖσθαι ἀπειρίᾳ αὐτὸ μᾶλλον ἢ ἀδικίᾳ ἡμαρτῆσθαι, τοῦτο δὲ ἐάν τι ὀρθῶς εἴπω, ἀληθείᾳ μᾶλλον ἢ δεινότητι εἰρῆσθαι. οὐ γὰρ δίκαιον οὔτ' ἔργῳ ἁμαρτόντα διὰ ῥήματα σωθῆναι, οὔτ' ἔργῳ ὀρθῶς πράξαντα διὰ ῥήματα ἀπολέσθαι· τὸ μὲν γὰρ ῥῆμα τῆς γλώσσης ἁμάρτημά ἐστι, τὸ δὲ ἔργον τῆς γνώμης. ἀνάγκη δὲ κινδυνεύοντα περὶ 6 αὑτοῦ καί που τι καὶ ἐξαμαρτεῖν. οὐ γὰρ μόνον τῶν λεγομένων ἀνάγκη ἐνθυμεῖσθαι, ἀλλὰ καὶ τῶν ἐσομένων· ἅπαντα γὰρ τὰ ἐν ἀδήλῳ ἔτ' ὄντα ἐπὶ τῇ τύχῃ μᾶλλον ἀνάκειται ἢ τῇ προνοίᾳ. ταῦτ' οὖν ἔκπληξιν πολλὴν παρέχειν ἀνάγκη ἐστὶ τῷ κινδυνεύοντι. ὁρῶ γὰρ ἔγωγε καὶ τοὺς πάνυ 7 ἐμπείρους τοῦ ἀγωνίζεσθαι πολλῷ χεῖρον ἑαυτῶν λέγοντας, ὅταν ἔν τινι κινδύνῳ ὦσιν· ὅταν δ' ἄνευ κινδύνων τι διαπράσσωνται, μᾶλλον ὀρθουμένους. ἡ μὲν οὖν αἴτησις, ὦ ἄνδρες, καὶ νομίμως καὶ ὁσίως ἔχουσα, καὶ ἐν τῷ ὑμετέρῳ δικαίῳ οὐχ ἧσσον ἢ ἐν τῷ ἐμῷ· περὶ δὲ τῶν κατηγορημένων ἀπολογήσομαι καθ' ἕκαστον.

§ 5. τοῦτο μὲν ἐάν τι τῇ γλώσσῃ ἁμάρτω, συγγνώμην ἔχειν μοι] The mss. and Bk., συγγνώμην ἔχειν μοι, τοῦτο μὲν ἐάν τι τῇ γλώσσῃ ἁμάρτω. Baiter made the transposition, which is adopted by Turr. and Bl. ‖ εἰρῆσθαι] Bl., with G. A. Hirschig, ⟨εὖ⟩

8 Πρῶτον μὲν οὖν, ὡς παρανομώτατα καὶ βιαιότατα εἰς τόνδε τὸν ἀγῶνα καθέστηκα, τοῦτο ὑμᾶς διδάξω, οὐ τῷ φεύγειν ἂν τὸ πλῆθος τὸ ὑμέτερον· ἐπεὶ κἂν ἀνωμότοις ὑμῖν καὶ μὴ κατὰ νόμον μηδένα ἐπιτρέψαιμι περὶ τοῦ σώματος τοῦ ἐμοῦ διαψηφίσασθαι, ἕνεκά γε τοῦ πιστεύειν ἐμοί τε μηδὲν ἐξημαρτῆσθαι εἰς τόδε τὸ πρᾶγμα καὶ ὑμᾶς γνώσεσθαι τὰ δίκαια· ἀλλ' ἵνα ᾖ τεκμήρια ὑμῖν καὶ τῶν ἄλλων πραγμάτων τῶν εἰς ἐμὲ ἡ τούτων

9 βιαιότης καὶ παρανομία. πρῶτον μὲν γὰρ κακοῦργος ἐνδεδειγμένος φόνου δίκην φεύγω, ὃ οὐδεὶς πώποτ' ἔπαθε τῶν ἐν τῇ γῇ ταύτῃ. καὶ ὡς μὲν οὐ κακοῦργός εἰμι οὐδ' ἔνοχος τῷ τῶν κακούργων νόμῳ, αὐτοὶ οὗτοι τούτου γε μάρτυρες γεγένηνται. περὶ γὰρ τῶν κλεπτῶν καὶ λωποδυτῶν ὁ νόμος κεῖται, ὧν οὐδὲν ἐμοὶ προσὸν ἀπέδειξαν. οὕτως εἴς γε ταύτην τὴν ἀπαγωγὴν νομιμωτάτην καὶ δικαιοτάτην πεποιήκασιν ὑμῖν τὴν ἀποψήφισίν

10 μου. φασὶ δὲ αὖ τό τε ἀποκτείνειν μέγα κακούργημα εἶναι, καὶ ἐγὼ ὁμολογῶ μέγιστόν γε, καὶ τὸ ἱεροσυλεῖν καὶ τὸ προδιδόναι τὴν πόλιν· ἀλλὰ χωρὶς περὶ αὐτῶν ἑκάστου οἱ νόμοι κεῖνται. ἐμοὶ δὲ πρῶτον μέν, οὐ τοῖς ἄλλοις εἴργεσθαι προ-

εἰρῆσθαι. § 8. πραγμάτων τῶν εἰς ἐμὲ] πραγμάτων καὶ τῶν εἰς ἐμέ mss. and Bk.—Turr. and Bl., with Sauppe, omit καί. § 10. φασὶ δὲ αὖ τό τε ἀποκτείνειν μέγα κακούργημα εἶναι,...καὶ τὸ ἱεροσυλεῖν] mss. Bk. Turr. For τό τε Sauppe conj. τό γε. The Aldine has φασὶ δὲ αὐτό τε τὸ ἀποκτείνειν, κ.τ.λ., and so (with γε for τε) Bl. reads, inserting (ὥσπερ) before καὶ τὸ ἱεροσυλεῖν. ‖ ἀνταποθανεῖν τοῦ νόμου κειμένου τὸν ἀποκτείναντα] A (1st hand), N, Bl.—τοῦ νόμου κειμένου τὸν ἀποκτείναντα ἀνταποθανεῖν vulg. Bk. Turr., and so the corrector of A, only with ἀνταποθ. before τὸν ἀποκτ.

ἀγορεύουσι τοῖς τοῦ φόνου φεύγουσι τὰς δίκας, ἐνταυθοῖ πεποιήκασι τὴν κρίσιν ἐν τῇ ἀγορᾷ· ἔπειτα τιμήσω μοι ἐποίησαν, ἀνταποθανεῖν τοῦ νόμου κειμένου τὸν ἀποκτείναντα, οὐ τοῦ ἐμοὶ συμφέροντος ἕνεκα, ἀλλὰ τοῦ σφίσιν αὐτοῖς λυσιτελοῦντος, καὶ ἐνταῦθα ἔλασσον ἔνειμαν τῷ τεθνηκότι τῶν ἐν τῷ νόμῳ κειμένων· οὗ δ' ἕνεκα, γνώσεσθε προϊόντος τοῦ λόγου.

Ἔπειτα δέ, ὃ πάντας οἶμαι ὑμᾶς ἐπίστασθαι, ἅπαντα τὰ δικαστήρια ἐν ὑπαίθρῳ δικάζει τὰς δίκας τοῦ φόνου, οὐδενὸς ἄλλου ἕνεκα ἢ ἵνα τοῦτο μὲν οἱ δικασταὶ μὴ ἴωσιν εἰς τὸ αὐτὸ τοῖς μὴ καθαροῖς τὰς χεῖρας, τοῦτο δὲ ὁ διώκων τὴν δίκην τοῦ φόνου ἵνα μὴ ὁμωρόφιος γίγνηται τῷ αὐθέντῃ. σὺ δὲ τοῦτο μὲν παρελθὼν τοῦτον τὸν νόμον τοὐναντίον τοῖς ἄλλοις πεποίηκας· τοῦτο δὲ δέον σε διομόσασθαι ὅρκον τὸν μέγιστον καὶ ἰσχυρότατον, ἐξώλειαν αὐτῷ καὶ γένει καὶ οἰκίᾳ τῇ σῇ ἐπαρώμενον, ἦ μὴν μὴ ἄλλα κατηγορήσειν ἐμοῦ ἢ εἰς αὐτὸν τὸν φόνον, ὡς ἔκτεινα, ἐν ᾧ οὔτ' ἂν κακὰ πολλὰ εἰργασμένος ἡλισκόμην ἄλλῳ ἢ αὐτῷ τῷ πράγματι, οὔτ' αὖ πολλὰ ἀγαθὰ εἰργασμένος τούτοις ἂν ἐσωζόμην τοῖς ἀγαθοῖς· ἃ σὺ παρελθών, αὐτὸς σεαυτῷ νόμους ἐξευρών, ἀνώμοτος μὲν αὐτὸς ἐμοῦ κατηγορεῖς, ἀνώμοτοι δὲ οἱ μάρτυρες καταμαρτυροῦσι, δέον αὐτοὺς τὸν αὐτὸν ὅρκον σοὶ διομοσαμένους καὶ ἁπτομένους τῶν σφαγίων καταμαρτυρεῖν ἐμοῦ.

§ 11. ἐξώλειαν αὑτῷ] αὐτῷ Maetzner, Bl. — αὐτῷ vulg.

ἔπειτα κελεύεις τοὺς δικαστὰς ἀνωμότοις πιστεύ-
σαντας τοῖς μαρτυροῦσι φόνου δίκην καταγνῶναι,
οὓς σὺ αὐτὸς ἀπίστους κατέστησας παρελθὼν τοὺς
κειμένους νόμους, καὶ *ἡγεῖ χρῆναι αὐτοῖς τὴν σὴν
παρανομίαν κρείσσω γενέσθαι αὐτῶν τῶν νόμων.

13 Λέγεις δὲ ὡς οὐκ ἂν παρέμεινα εἰ ἐλελύ-
μην, ἀλλ᾽ ᾠχόμην ἂν ἀπιών, ὡσπερεὶ ἄκοντά με
ἀναγκάσας εἰσελθεῖν εἰς τὴν γῆν ταύτην. καίτοι
ἐμοὶ εἰ μηδὲν διέφερε στέρεσθαι τῆσδε τῆς πό-
λεως, <τοῦτο μὲν> ἴσον ἦν μοι καὶ προσκληθέντι
μὴ ἐλθεῖν, ἀλλ᾽ ἐρήμην ὀφλεῖν τὴν δίκην, τοῦτο
δ᾽ ἀπολογησαμένῳ τὴν προτέραν *ἐξῆν ἐξελθεῖν·
ἅπασι γὰρ τοῦτο κοινόν ἐστι. σὺ δέ, ὃ τοῖς
ἄλλοις Ἕλλησι κοινόν ἐστιν, ἰδίᾳ ζητεῖς ἐμὲ
μόνον ἀποστερεῖν, αὐτὸς σαυτῷ νόμον θέμενος.

14 καίτοι τούς γε νόμους οἳ κεῖνται περὶ τῶν τοιούτων
πάντας ἂν οἶμαι ὁμολογῆσαι κάλλιστα νόμων
ἁπάντων κεῖσθαι καὶ ὁσιώτατα. ὑπάρχει μέν γε
αὐτοῖς ἀρχαιοτάτοις εἶναι ἐν τῇ γῇ ταύτῃ, ἔπειτα
τοὺς αὐτοὺς ἀεὶ περὶ τῶν αὐτῶν, ὅπερ μέγιστόν
ἐστι σημεῖον νόμων καλῶς κειμένων· ὁ γὰρ χρόνος
καὶ ἡ ἐμπειρία τὰ μὴ καλῶς ἔχοντα ἐκδιδάσκει
τοὺς ἀνθρώπους. ὥστε οὐ δεῖ ὑμᾶς ἐκ τῶν τοῦ

§ 12. *ἡγεῖ χρῆναι] Bl., ascribing ἡγεῖ to Dryander and P. R. Müller.—εἶ γε mss. Bk. Turr.—Sauppe conj. οἴει γε. § 13. ὀφλεῖν τὴν δίκην] Bl. reads, from A, ὀφλεῖν εἶναι τὴν δίκην: but see comment. ‖ *ἐξῆν] ἐξεῖναι mss. Dobree thought that ἐξεῖναι had arisen from ἐξιέναι, a gloss on ἐξελθεῖν. Omitting it, he proposed to read (instead of τοῦτο δ᾽ ἀπολογησαμένῳ) καὶ ἐλθόντι οὕτω δ᾽ ἀπολογησαμένῳ. But I believe that the true remedy is simpler: ἐξεῖναι should be ἐξῆν. I also think that τοῦτο μὲν, the correlative of τοῦτο δέ, has dropped out before ἴσον ἦν.

κατηγόρου λόγων τοὺς νόμους καταμανθάνειν, εἰ καλῶς ὑμῖν κεῖνται ἢ μή, ἀλλ' ἐκ τῶν νόμων τοὺς τοῦ κατηγόρου λόγους, εἰ ὀρθῶς καὶ νομίμως ὑμᾶς διδάσκει τὸ πρᾶγμα ἢ οὔ. οὕτως οἵ γε νόμοι 15 κάλλιστα κεῖνται οἱ περὶ φόνου, οὓς οὐδεὶς πώποτε ἐτόλμησε κινῆσαι· σὺ δὲ μόνος δὴ τετόλμηκας γενέσθαι νομοθέτης ἐπὶ τὰ πονηρότατα, καὶ ταῦτα παρελθὼν ζητεῖς με ἀδίκως ἀπολέσαι. ἃ δὲ σὺ παρανομεῖς, αὐτά ταῦτά μοι μέγιστα μαρτύριά ἐστιν· εὖ γὰρ ᾔδεις ὅτι οὐδεὶς ἄν ἦν σοι ὃς ἐκεῖνον τὸν ὅρκον διομοσάμενος ἐμοῦ κατεμαρτύρησεν. ἔπειτα δὲ οὐχ ὡς πιστεύων τῷ πράγματι ἀναμ- 16 φισβητήτως ἕνα τὸν ἀγῶνα περὶ τοῦ πράγματος ἐποιήσω, ἀλλὰ ἀμφισβήτησιν καὶ λόγον ὑπελίπου ὡς καὶ τοῖς τότε δικασταῖς ἀπιστήσων. ὥστε μηδέν μοι ἐνθάδε μηδὲ πλέον εἶναι μηδ' ἀποφυγόντι, ἀλλ' ἐξεῖναί σοι λέγειν ὅτι κακοῦργος ἀπέφυγον, ἀλλ' οὐ τοῦ φόνου τὴν δίκην· ἑλὼν δ' αὖ ἀξιώσεις με ἀποκτεῖναι ὡς τοῦ φόνου τὴν δίκην ὠφληκότα. καίτοι πῶς ἂν εἴη τούτων δεινότερα μηχανήματα, εἰ ὑμῖν μὲν ἅπαξ τουτουσὶ πείσασι κατείργασται ἃ βούλεσθε, ἐμοὶ δ' ἅπαξ ἀποφυγόντι ὁ αὐτὸς κίνδυνος ὑπολείπεται; ἔτι δὲ μᾶλλ 17 ἐδέθην, ὦ ἄνδρες, παρανομώτατα ἁπάντων ἀνθρώπων. ἐθέλοντος γάρ μου ἐγγυητὰς τρεῖς καθιστάναι κατὰ τὸν νόμον οὕτως οὗτοι διεπράξαντο ὥστε τοῦτο μὴ ἐγγενέσθαι μοι ποιῆσαι. τῶν δὲ ἄλλων ξένων ὅστις πώποτε ἠθέλησε καταστῆσαι ἐγγυητάς, οὐδεὶς πώποτε ἐδέθη. καίτοι οἱ ἐπιμεληταὶ τῶν κακούργων τῷ αὐτῷ χρῶνται νόμῳ

14 SELECTIONS.

τούτῳ. ὥστε καὶ οὗτος κοινὸς τοῖς ἄλλοις πᾶσιν ὢν ἐμοὶ μόνῳ ἐπέλιπε μὴ ὠφελεῖσθαι τοῦδε τοῦ

18 νόμου. τούτοις γὰρ ἦν τοῦτο συμφέρον, πρῶτον μὲν <ὡς> ἀπαρασκευότατον γενέσθαι με, μὴ δυνάμενον, διαπράσσεσθαι αὐτὸν τἀμαυτοῦ πράγματα· ἔπειτα κακοπαθεῖν τῷ σώματι, τούς τε φίλους προθυμοτέρους ἔχειν τοὺς ἐμαυτοῦ τούτοις τὰ ψευδῆ μαρτυρεῖν ἢ ἐμοὶ τἀληθῆ λέγειν διὰ τὴν τοῦ σώματος κακοπάθειαν. ὄνειδός τε αὐτῷ τε ἐμοὶ περιέθεσαν καὶ τοῖς ἐμοῖς προσήκουσιν εἰς τὸν βίον ἅπαντα.

19 Οὑτωσὶ μὲν δὴ πολλοῖς ἐλασσωθεὶς τῶν νόμων τῶν ὑμετέρων καὶ τοῦ δικαίου καθέστηκα εἰς τὸν ἀγῶνα· ὅμως μέντοι γε καὶ ἐκ τούτων πειράσομαι ἐμαυτὸν ἀναίτιον ἐπιδεῖξαι. καίτοι χαλεπόν γε τὰ ἐκ πολλοῦ κατεψευσμένα καὶ ἐπιβεβουλευμένα, ταῦτα παραχρῆμα ἀπελέγχειν· ἃ γάρ τις μὴ προσεδόκησεν, οὐδὲ φυλάξασθαι ἐγχωρεῖ.

20 Ἐγὼ δὲ τὸν μὲν πλοῦν ἐποιησάμην ἐκ τῆς Μιτυλήνης, ὦ ἄνδρες, ἐν τῷ πλοίῳ πλέων ᾧ Ἡρώδης οὗτος, ὅν φασιν ὑπ᾽ ἐμοῦ ἀποθανεῖν· ἐπλέομεν δὲ εἰς τὴν Αἶνον, ἐγὼ μὲν ὡς τὸν πατέρα (ἐτύγχανε γὰρ ἐκεῖ ὢν τότε), ὁ δ᾽ Ἡρώδης ἀνδράποδα Θρᾳξὶν ἀνθρώποις ἀπολύσων. συνέπλει δὲ τά τε ἀνδράποδα ἃ ἔδει αὐτὸν ἀπολῦσαι, καὶ οἱ Θρᾷκες οἱ λυσόμενοι. τούτων δ᾽ ὑμῖν τοὺς μάρτυρας παρέξομαι. [ΜΑΡΤΥΡΕΣ.]

§ 17. ἐμοὶ μόνῳ ἐπέλιπε] Bl., on Reiske's conj., adds (ἐπ᾽) before ἐμοί. For ἐπέλιπε Baiter proposes ἐνέλιπε. He would also omit τοῦδε τοῦ νόμου after ὠφελεῖσθαι. § 18. <ὡς> ἀπαρασκευότατον Bl., with Hirschig: rightly. § 19. ἐλασσωθείς] Dobree's conjecture,

Ἡ μὲν πρόφασις ἑκατέρῳ τοῦ πλοῦ αὕτη· 21 ἐτύχομεν δὲ χειμῶνί τινι χρησάμενοι, ὑφ' οὗ ἠναγκάσθημεν κατασχεῖν εἰς τῆς Μηθυμναίας τι χωρίον, οὗ τὸ πλοῖον ὥρμει· τοῦτο εἰς ὃ μετεκβάντα φασὶν ἀποθανεῖν αὐτόν [τὸν Ἡρώδην]. καὶ πρῶτον μὲν αὐτὰ ταῦτα σκοπεῖτε, ὅτι *οὐ τῇ ἐμῇ προνοίᾳ μᾶλλον ἐγίγνετο ἢ τύχῃ. οὔτε γὰρ πείσας τὸν ἄνδρα οὐδαμοῦ ἀπελέγχομαι σύμπλουν μοι γενέσθαι, ἀλλ' αὐτὸς καθ' αὑτὸν τὸν πλοῦν πεποιημένος ἕνεκα πραγμάτων ἰδίων· οὔτ' αὖ ἐγὼ ἄνευ προφά- 22 σεως ἱκανῆς φαίνομαι τὸν πλοῦν ποιησάμενος εἰς τὴν Αἶνον, οὔτε κατασχόντες εἰς τὸ χωρίον τοῦτο ἀπὸ παρασκευῆς οὐδεμιᾶς, ἀλλ' ἀνάγκῃ χρησάμενοι· οὔτ' αὖ ἐπειδὴ ὡρμισάμεθα, ἡ μετέκβασις ἐγένετο εἰς τὸ ἕτερον πλοῖον οὐδενὶ μηχανήματι οὐδ' ἀπάτῃ, ἀλλ' ἀνάγκῃ καὶ τοῦτο ἐγίγνετο. ἐν ᾧ μὲν γὰρ ἐπλέομεν, ἀστέγαστον ἦν τὸ πλοῖον, εἰς ὃ δὲ μετέβημεν, ἐστεγασμένον· τοῦ δὲ ὑετοῦ ἕνεκα ταῦτ' ἦν. τούτων δ' ὑμῖν *μάρτυρας παρέξομαι. [ΜΑΡΤΥΡΕΣ.]

now confirmed by N and perhaps by the 1st hand of A: Turr. Bl. The other mss., ἂν σωθεὶς, and so Bk.: see comment. § 21. [τὸν Ἡρώδην]. A gloss on αὐτόν, as Dobree saw, with whom Maetzner and Blass agree. Reiske, keeping τὸν Ἡρώδην, wished to change αὐτόν into οὗτοι. ‖ ὅτι *οὐ τῇ ἐμῇ προνοίᾳ] ὅτι μὴ προνοίᾳ mss., Bk. Turr. Bl. This is an impossible solecism. Maetzner proposed to substitute οὐ. We must certainly do so. But we can also suggest the source of the error. ὅτι μὴ προνοίᾳ arose, surely, from ὅτι (οὐ τῇ ἐ)μῇ προνοίᾳ. § 22. μετέκβασις. A (corrector), N, Turr. Bl.—μετάβασις vulg. and Bk. ‖ *μάρτυρας is Reiske's conject., supported by the constant usage of Antiphon, and now adopted by Bl. There is, however, one drawback to it—the iambic metre, which at the end of a sentence is too striking. I should prefer ὑμῖν παρέξομαι μάρτυρας.—μαρτυρίας, vulg. Bk. Turr.

23 Ἐπειδὴ δὲ μετεξέβημεν εἰς τὸ ἕτερον πλοῖον, ἐπίνομεν. καὶ ὁ μέν ἐστι φανερὸς ἐκβὰς ἐκ τοῦ πλοίου καὶ οὐκ εἰσβὰς πάλιν· ἐγὼ δὲ τὸ παράπαν οὐκ ἐξέβην ἐκ τοῦ πλοίου τῆς νυκτὸς ἐκείνης. τῇ δ' ὑστεραίᾳ, ἐπειδὴ ἀφανὴς ἦν ὁ ἀνήρ, ἐζητεῖτο οὐδέν τι μᾶλλον ὑπὸ τῶν ἄλλων ἢ καὶ ὑπ' ἐμοῦ· καὶ εἴ τῳ τῶν ἄλλων ἐδόκει δεινὸν εἶναι, καὶ ἐμοὶ ὁμοίως. καὶ εἴς τε τὴν Μιτυλήνην ἐγὼ αἴτιος ἦν πεμφθῆναι ἄγγελον, καὶ τῇ ἐμῇ γνώμῃ ἐπέμπετο·
24 καὶ ἄλλου οὐδενὸς ἐθέλοντος βαδίζειν, οὔτε τῶν ἀπὸ τοῦ πλοίου οὔτε τῶν αὐτῷ τῷ Ἡρώδῃ συμπλεόντων, ἐγὼ τὸν ἀκόλουθον τὸν ἐμαυτοῦ πέμπειν ἕτοιμος ἦν· καίτοι οὐ δήπου γε κατ' ἐμαυτοῦ μηνυτὴν ἔπεμπον εἰδώς. ἐπειδὴ δὲ ὁ ἀνὴρ οὔτε ἐν τῇ Μιτυλήνῃ ἐφαίνετο ζητούμενος οὔτ' ἄλλοθι οὐδαμοῦ, πλοῦς τε ἡμῖν ἐγίγνετο, καὶ τἆλλα ἀνήγετο πλοῖα ἅπαντα, ᾠχόμην κἀγὼ πλέων. τούτων δ' ὑμῖν τοὺς μάρτυρας παρασχήσομαι.

[ΜΑΡΤΥΡΕΣ.]

25 Τὰ μὲν γενόμενα ταῦτ' ἐστίν· ἐκ δὲ τούτων ἤδη σκοπεῖτε τὰ εἰκότα. πρῶτον μὲν γὰρ πρὶν ἀνάγεσθαί με εἰς τὴν Αἶνον, ὅτε ἦν ἀφανὴς ὁ ἀνήρ, οὐδείς ᾐτιάσατό με ἀνθρώπων, ἤδη πεπυσμένων τούτων τὴν ἀγγελίαν· οὐ γὰρ ἄν ποτε ᾠχόμην πλέων. ἀλλ' εἰς μὲν τὸ παραχρῆμα κρεῖσσον ἦν τὸ ἀληθὲς καὶ τὸ γεγενημένον τῆς τούτων αἰτιάσεως, καὶ ἅμα ἐγὼ ἔτι ἐπεδήμουν· ἐπειδὴ δὲ ἐγώ τε ᾠχόμην πλέων καὶ οὗτοι ἐξ ἐπιβουλῆς συνέθεσαν ταῦτα καὶ ἐμηχανήσαντο κατ' ἐμοῦ, τότε
26 ᾐτιάσαντο. λέγουσι δὲ ὡς ἐν μὲν τῇ γῇ ἀπέθανεν

ὁ ἀνήρ, κἀγὼ λίθον αὐτῷ ἐνέβαλον εἰς τὴν κεφαλήν, ὃς οὐκ ἐξέβην τὸ παράπαν ἐκ τοῦ πλοίου. καὶ τοῦτο μὲν ἀκριβῶς οὗτοι ἴσασιν· ὅπως δ᾽ ἠφανίσθη ὁ ἀνήρ, οὐδενὶ λόγῳ εἰκότι δύνανται ἀποφαίνειν. δῆλον γὰρ ὅτι ἐγγύς που τοῦ λιμένος εἰκὸς ἦν τοῦτο γίγνεσθαι, τοῦτο μὲν μεθύοντος τοῦ ἀνδρός, τοῦτο δὲ νύκτωρ ἐκβάντος ἐκ τοῦ πλοίου· οὔτε γὰρ αὑτοῦ κρατεῖν ἴσως ἂν ἐδύνατο, οὔτε τῷ ἀπάγοντι νύκτωρ μακρὰν ὁδὸν ἡ πρόφασις ἂν εἰκότως ἐγίγνετο· ζητουμένου δὲ τοῦ ἀνδρὸς δύο ἡμέρας 27 καὶ ἐν τῷ λιμένι καὶ ἄποθεν τοῦ λιμένος, οὔτε ὀπτὴρ οὐδεὶς ἐφάνη οὔτε αἷμα οὔτε ἄλλο σημεῖον οὐδέν. εἶτ᾽ ἐγὼ συγχωρῶ τῷ τούτων λόγῳ, παρεχόμενος μὲν τοὺς μάρτυρας ὡς οὐκ ἐξέβην ἐκ τοῦ πλοίου· εἰ δὲ καὶ ὡς μάλιστα ἐξέβην ἐκ τοῦ πλοίου, οὐδενὶ τρόπῳ εἰκὸς ἦν ἀφανισθέντα λαθεῖν τὸν ἄνθρωπον, εἴπερ γε μὴ πάνυ πόρρω ἀπῆλθεν ἀπὸ τῆς θαλάσσης. ἀλλ᾽ ὡς κατεποντώθη λέγου- 28 σιν. ἐν τίνι πλοίῳ; δῆλον γὰρ ὅτι ἐξ αὐτοῦ τοῦ λιμένος ἦν τὸ πλοῖον. πῶς ἂν οὖν οὐκ ἐξευρέθη; καὶ μὴν εἰκός γε ἦν καὶ σημεῖόν τι γενέσθαι ἐν τῷ πλοίῳ ἀνδρὸς τεθνεῶτος καὶ ἐκβαλλομένου νύκτωρ. νῦν δὲ ἐν μὲν ᾧ ἔπινε πλοίῳ καὶ ἐξ οὗ ἐξέβαινεν, ἐν τούτῳ φασὶν εὑρεῖν σημεῖα, ἐν ᾧ αὐτοὶ μὴ ὁμολογοῦσιν ἀποθανεῖν τὸν ἄνδρα· ἐν ᾧ δὲ κατεποντώθη, οὐχ εὗρον οὔτ᾽ αὐτὸ τὸ πλοῖον οὔτε

§ 26. αὐτῷ ἐνέβαλον] Bl.: ἐνέβαλον αὐτῷ Α, Β, Bk. Turr.
§ 28. ἀνδρὸς τεθνεῶτος καὶ ἐκβαλλομένου] ἀνδρὸς τεθνεῶτος <ἐντιθεμένου> καὶ ἐκβαλλομένου Bl. on his own conj. He also suggests that, instead of adding ἐντιθεμένου, we might omit καί. But the text is surely sound as it stands: 'when a man

18   SELECTIONS.

σημεῖον οὐδέν· τούτων δ' ὑμῖν τοὺς μάρτυρας
*παρασχήσομαι.   [ΜΑΡΤΥΡΕΣ.]

29   Ἐπειδὴ δὲ ἐγὼ μὲν φροῦδος ἦν πλέων εἰς τὴν
Αἶνον, τὸ δὲ πλοῖον ἧκεν εἰς τὴν Μιτυλήνην ἐν ᾧ
ἐγὼ καὶ ὁ Ἡρώδης ἐπλέομεν, πρῶτον μὲν εἰσβάντες
εἰς τὸ πλοῖον ἠρεύνων, καὶ ἐπειδή *τι αἷμα εὗρον,
ἐνταῦθα ἔφασαν τεθνάναι τὸν ἄνδρα· ἐπειδὴ δὲ
αὐτοῖς τοῦτο οὐκ ἐνεχώρει, ἀλλ' ἐφαίνετο τῶν
προβάτων ὂν αἷμα, ἀποτραπόμενοι τούτου τοῦ
λόγου συλλαβόντες ἐβασάνιζον τοὺς ἀνθρώπους.

30 καὶ ὃν μὲν τότε παραχρῆμα ἐβασάνισαν, οὗτος
μὲν οὐδὲν εἶπε περὶ ἐμοῦ φλαῦρον· ὃν δ' ἡμέραις
ὕστερον πολλαῖς ἐβασάνισαν, ἔχοντες παρὰ σφίσιν
αὐτοῖς τὸν πρόσθεν χρόνον, οὗτος ἦν ὁ πεισθεὶς
ὑπὸ τούτων καὶ καταψευσάμενος ἐμοῦ. παρέξομαι
δὲ τούτων τοὺς μάρτυρας.   [ΜΑΡΤΥΡΕΣ.]

2.   §§ 81—96.

81   Ὅσα μὲν οὖν ἐκ τῶν ἀνθρωπίνων τεκμηρίων
καὶ μαρτυριῶν οἷά τε ἦν ἀποδειχθῆναι, ἀκηκόατε·
χρὴ δὲ καὶ τοῖς ἀπὸ τῶν θεῶν σημείοις γενομένοις
εἰς τὰ τοιαῦτα οὐχ ἥκιστα τεκμηραμένους ψηφί-
ζεσθαι. καὶ γὰρ τὰ τῆς πόλεως κοινὰ τούτοις
μάλιστα πιστεύοντες ἀσφαλῶς διαπράσσεσθε,
τοῦτο μὲν τὰ εἰς τοὺς κινδύνους ἥκοντα, τοῦτο

had been killed, and was being thrown overboard.' ‖ *παρα-
σχήσομαι] restored here by Bekker (whom Bl. follows) from
§ 24.—παραστήσομαι vulg. Turr. § 29. *τι αἷμα] Bk. Turr.:
τὸ αἷμα mss. Bl.

δὲ εἰς τὰ ἔξω τῶν κινδύνων. χρὴ δὲ καὶ εἰς τὰ 82
ἴδια ταῦτα μέγιστα καὶ πιστότατα ἡγεῖσθαι.
οἶμαι γὰρ ὑμᾶς ἐπίστασθαι ὅτι πολλοὶ ἤδη ἄνθρω-
ποι μὴ καθαροὶ χεῖρας ἢ ἄλλο τι μίασμα ἔχοντες
συγεισβάντες εἰς τὸ πλοῖον συναπώλεσαν μετὰ
τῆς αὑτῶν ψυχῆς τοὺς ὁσίως διακειμένους τὰ πρὸς
τοὺς θεούς· τοῦτο δὲ ἤδη ἑτέρους ἀπολομένους μὲν
οὔ, κινδυνεύσαντας δὲ τοὺς ἐσχάτους κινδύνους διὰ
τοὺς τοιούτους ἀνθρώπους· τοῦτο δὲ ἱεροῖς παρα-
στάντες πολλοὶ δὴ καταφανεῖς ἐγένοντο οὐχ ὅσιοι
ὄντες καὶ διακωλύοντες τὰ ἱερὰ μὴ γίγνεσθαι τὰ
νομιζόμενα. ἐμοὶ τοίνυν ἐν πᾶσι τούτοις τὰ ἐναν- 83
τία ἐγένετο. τοῦτο μὲν γὰρ ὅσοις συνέπλευσα,
καλλίστοις ἐχρήσαντο πλοῖς· τοῦτο δὲ ὅπου ἱεροῖς
παρέστην, οὐκ ἔστιν ὅπου οὐχὶ κάλλιστα τὰ ἱερὰ
ἐγένετο. ἃ ἐγὼ ἀξιῶ μεγάλα μοι τεκμήρια εἶναι
τῆς αἰτίας, ὅτι οὐκ ἀληθῆ μου οὗτοι κατηγοροῦσι.
<καί μοι ἀνάβητε> τούτων μάρτυρες. [ΜΑΡΤΥΡΕΣ.]

Ἐπίσταμαι δὲ καὶ τάδε, ὦ ἄνδρες δικασταί, 84
ὅτι εἰ μὲν ἐμοῦ κατεμαρτύρουν οἱ μάρτυρες ὥς
ἀνόσιον γεγένηται ἐμοῦ παρόντος ἐν πλοίῳ ἢ ἐν
ἱεροῖς, αὐτοῖς γε τούτοις ἰσχυροτάτοις ἂν ἐχρῶντο,
καὶ πίστιν τῆς αἰτίας ταύτην σαφεστάτην ἀπέ-
φαινον, τὰ σημεῖα τὰ ἀπὸ τῶν θεῶν· νῦν δὲ
τῶν τε σημείων ἐναντίων τοῖς τούτων λόγοις
γεγενημένων, τῶν τε μαρτύρων ἃ μὲν ἐγὼ λέγω
μαρτυρούντων ἀληθῆ εἶναι, ἃ δ' οὗτοι κατηγοροῦσι

2. § 81. εἰς τὰ ἔξω] εἰς is bracketed by Maetzner, Bk. Bl.
§ 83. <καί μοι ἀνάβητε>] These words are supplied by
Stephanus. § 84. γεγενημένων] Weidner, Bl.—γιγνομένων

ψευδῆ, τοῖς μὲν μαρτυροῦσιν ἀπιστεῖν ὑμᾶς κελεύουσι, τοῖς δὲ λόγοις οὓς αὐτοὶ λέγουσι πιστεύειν ὑμᾶς χρῆναί φασι. καὶ οἱ μὲν ἄλλοι ἄνθρωποι τοῖς ἔργοις τοὺς λόγους ἐλέγχουσιν, οὗτοι δὲ τοῖς λόγοις τὰ ἔργα ζητοῦσιν ἄπιστα καθιστάναι.

85 Ὅσα μὲν οὖν ἐκ τῶν κατηγορηθέντων μέμνημαι, ὦ ἄνδρες, ἀπολελόγημαι· οἶμαι δὲ καὶ <πρὸς> ὑμῶν <εἶναι> ἀποψηφίσασθαι. ταῦτα γὰρ ἐμέ τε σῴζει, καὶ ὑμῖν νόμιμα καὶ εὔορκα γίγνεται. κατὰ γὰρ τοὺς νόμους ὠμόσατε δικάσειν· ἐγὼ δὲ καθ' οὓς μὲν ἀπήχθην, οὐκ ἔνοχός εἰμι τοῖς νόμοις, ὧν δ' ἔχω τὴν αἰτίαν, ἀγών μοι νόμιμος ὑπολείπεται. εἰ δὲ δύο ἐξ ἑνὸς ἀγῶνος γεγένησθον, οὐκ ἐγὼ αἴτιος, ἀλλ' οἱ κατήγοροι. καίτοι οὐ δή που οἱ μὲν ἔχθιστοι οἱ ἐμοὶ δύο ἀγῶνας περὶ ἐμοῦ πεποιήκασιν, ὑμεῖς δὲ οἱ τῶν δικαίων ἴσοι κριταὶ προκαταγνώσεσθέ μου ἐν τῷδε τῷ ἀγῶνι τὸν φόνον.

86 μὴ ὑμεῖς γε, ὦ ἄνδρες· ἀλλὰ δότε τι καὶ τῷ χρόνῳ, μεθ' οὗ ὀρθότατα εὑρίσκουσιν οἱ τὴν ἀκρίβειαν ζητοῦντες τῶν πραγμάτων. ἠξίουν μὲν γὰρ ἔγωγε περὶ τῶν τοιούτων, ὦ ἄνδρες, εἶναι τὴν δίκην κατὰ τοὺς νόμους, κατὰ μέντοι τὸ δίκαιον ὡς πλειστάκις ἐλέγχεσθαι. τοσούτῳ γὰρ ἄμεινον ἂν ἐγιγνώσκετο· οἱ γὰρ πολλοὶ ἀγῶνες τῇ μὲν ἀληθείᾳ

87 σύμμαχοί εἰσι, τῇ δὲ διαβολῇ πολεμιώτατοι. φόνου γὰρ δίκη καὶ μὴ ὀρθῶς γνωσθεῖσα ἰσχυρότερον τοῦ δικαίου καὶ τοῦ ἀληθοῦς ἐστιν· ἀνάγκη γάρ, ἐὰν ὑμεῖς μου καταψηφίσησθε, καὶ μὴ ὄντα φονέα

vulg. § 85. οἶμαι δὲ καὶ <πρὸς> ὑμῶν <εἶναι>] Kayser, whom Bl. follows, thus inserts πρὸς and εἶναι.—Dobree for οἶμαι con-

ANTIPHON. 21

μηδ' ἔνοχον τῷ ἔργῳ χρῆσθαι τῇ δίκῃ καὶ τῷ νόμῳ· καὶ οὐδεὶς ἂν τολμήσειεν οὔτε τὴν δίκην τὴν δεδικασμένην παραβαίνειν πιστεύσας αὐτῷ ὅτι οὐκ ἔνοχός ἐστιν, οὔτε ξυνειδὼς αὑτῷ τοιοῦτον ἔργον εἰργασμένῳ μὴ οὐ χρῆσθαι τῷ νόμῳ· ἀνάγκη δὲ τῆς <τε> δίκης νικᾶσθαι παρὰ τὸ ἀληθές, αὐτοῦ τε τοῦ ἀληθοῦς, ἄλλως τε καὶ ἐὰν μὴ ᾖ ὁ τιμωρήσων. αὐτῶν δὲ τούτων εἵνεκα οἵ τε νόμοι καὶ 88 αἱ διωμοσίαι καὶ τὰ τόμια καὶ αἱ προρρήσεις, καὶ τἆλλα ὁπόσα γίγνεται τῶν δικῶν ἕνεκα τοῦ φόνου, πολὺ διαφέροντά ἐστιν ἢ [καὶ] ἐπὶ τοῖς ἄλλοις, ὅτι καὶ αὐτὰ τὰ πράγματα, περὶ ὧν οἱ κίνδυνοι, περὶ πλείστου ἐστὶν ὀρθῶς γιγνώσκεσθαι· ὀρθῶς μὲν γὰρ γνωσθέντα τιμωρία ἐστὶ τῷ ἀδικηθέντι, φονέα δὲ τὸν μὴ αἴτιον ψηφισθῆναι ἁμαρτία καὶ ἀσέβειά ἐστιν εἴς τε τοὺς θεοὺς καὶ εἰς τοὺς νόμους. καὶ 89 οὐκ ἴσον ἐστὶ τόν τε διώκοντα μὴ ὀρθῶς αἰτιάσασθαι καὶ ὑμᾶς τοὺς δικαστὰς μὴ ὀρθῶς γνῶναι. ἡ μὲν γὰρ τούτων αἰτίασις οὐκ ἔχει τέλος, ἀλλ' ἐν ὑμῖν ἐστι καὶ τῇ δίκῃ· ὅ τι δ' ἂν ὑμεῖς ἐν αὐτῇ τῇ δίκῃ μὴ ὀρθῶς γνῶτε, τοῦτο οὐκ ἔστιν ὅποι ἄν τις ἀνενεγκὼν τὴν ἁμαρτίαν ἀπολύσαιτο.

jectured δέομαι. § 87. τῆς <τε> δίκης νικᾶσθαι παρὰ τὸ ἀληθές, αὐτοῦ τε τοῦ ἀληθοῦς, ἄλλως τε καὶ ἐὰν] In Antiphon or. VI. § 5, where this whole passage recurs, we have τῆς τε δίκης νικᾶσθαι παρὰ τὸ ἀληθές, αὐτοῦ τε τοῦ ἀληθοῦς, κἂν, etc. Guided by this, Bl. inserts τε after τῆς here. He also follows Spengel in bracketing ἄλλως τε: which words, however, seem necessary to the sense, and ought rather to be restored in or. VI. § 5. After ἀληθοῦς, ἄλλως could easily drop out. See comment. § 88. ἢ καὶ ἐπὶ τοῖς ἄλλοις] καὶ is omitted by Maetzner and Turr., comparing or. VI. § 6, where in the repetition of this passage we find ἢ ἐπὶ τοῖς ἄλλοις: Bl. brackets it: rightly, I

90 Πῶς ἂν οὖν ὀρθῶς δικάσαιτε περὶ αὐτῶν; εἰ τούτους τε ἐάσετε τὸν νομιζόμενον ὅρκον διομοσαμένους κατηγορῆσαι, κἀμὲ περὶ αὐτοῦ τοῦ πράγματος ἀπολογήσασθαι. πῶς δὲ ἐάσετε; ἐὰν νυνὶ ἀποψηφίσησθέ μου. διαφεύγω γὰρ οὐδ' οὕτω τὰς ὑμετέρας γνώμας, ἀλλ' ὑμεῖς ἔσεσθε οἱ κἀκεῖ περὶ ἐμοῦ διαψηφιζόμενοι. καὶ ἀποψηφισαμένοις μὲν ὑμῖν ἐμοῦ νῦν ἔξεστι τότε χρῆσθαι ὅ τι ἂν δὴ βούλησθε, ἀπολέσασι δὲ οὐδὲ βουλεύσασθαι ἔτι περὶ

91 ἐμοῦ ἐγχωρεῖ. καὶ μὴν εἰ δέοι ἁμαρτεῖν *τι, τὸ ἀδίκως ἀπολῦσαι ὁσιώτερον ἂν εἴη τοῦ μὴ δικαίως ἀπολέσαι· τὸ μὲν γὰρ ἁμάρτημα μόνον ἐστί, τὸ δὲ ἕτερον καὶ ἀσέβημα. ἐν ᾧ χρὴ πολλὴν πρόνοιαν ἔχειν, μέλλοντας ἀνήκεστον ἔργον ἐργάζεσθαι. ἐν μὲν γὰρ ἀκεστῷ πράγματι καὶ ὀργῇ χρησαμένους καὶ διαβολῇ πειθομένους ἔλασσον ἔστιν ἐξαμαρτεῖν· μεταγνοὺς γὰρ ἔτι ἂν ὀρθῶς βουλεύσαιτο· ἐν δὲ τοῖς ἀνηκέστοις πλέον βλάβος τὸ μετανοεῖν καὶ γνῶναι ἐξημαρτηκότας. ἤδη δέ τισιν ὑμῶν καὶ μετεμέλησεν ἀπολωλεκόσι. καίτοι οὔπω <ἀπολελυκόσιν> ὑμῖν οὐδ' ἐξαπατηθεῖσι μετεμέλησεν, εἰ καὶ πάνυ τοι χρὴ τούς γε ἐξαπατῶντας ἀπολωλέναι.

92 Ἔπειτα δὲ τὰ μὲν ἀκούσια τῶν ἁμαρτημάτων ἔχει συγγνώμην, τὰ δὲ ἑκούσια οὐκ ἔχει. τὸ μὲν

think. See comment. § 90. ἀπολέσασι] Dobree's conjecture, adopted by Turr. Bl.—ἀπολογήσασθαι vulg. Bk. § 91. ἁμαρτεῖν *τι, τὸ ἀδίκως] So Maetzner and Bl.: Stobaeus has, τι ἁμαρτεῖν τὸ ἀδίκως. The mss. have ἁμαρτεῖν ἐπὶ τῷ or ἐπί τῳ (the latter, N, Bk. Turr.). ‖ <ἀπολελυκόσιν> ὑμῖν οὐδ' ἐξαπατηθεῖσι] The insertion of ἀπολελυκόσιν is due to Weidner, whom Bl. follows, writing ὑμῖν οὐδ' for ὑμῖν τοῖς.—Vulg. ὑμῖν

γὰρ ἀκούσιον ἁμάρτημα, ὦ ἄνδρες, τῆς τύχης ἐστί,
τὸ δὲ ἑκούσιον τῆς γνώμης. ἑκούσιον δὲ πῶς ἂν εἴη
μᾶλλον ἢ εἴ τις, ὧν βουλὴν ποιοῖτο, ταῦτα παρα-
χρῆμα ἐξεργάζοιτο; καὶ μὴν τὴν ἴσην γε δύναμιν
ἔχει, ὅστις τε ἂν τῇ χειρὶ ἀποκτείνῃ ἀδίκως καὶ
ὅστις τῇ ψήφῳ. εὖ δ' ἴστε ὅτι οὐκ ἂν ποτ' ἦλθον 93
εἰς τὴν πόλιν, εἴ τι ξυνῄδειν ἐμαυτῷ τοιοῦτον· νῦν
δὲ πιστεύων τῷ δικαίῳ, οὗ πλέονος οὐδέν ἐστιν
ἄξιον ἀνδρὶ συναγωνίζεσθαι, μηδὲν αὐτῷ ξυνειδότι
ἀνόσιον εἰργασμένῳ μηδ' εἰς τοὺς θεοὺς ἠσεβηκότι·
ἐν γὰρ τῷ τοιούτῳ ἤδη καὶ τὸ σῶμα ἀπειρηκὸς ἡ
ψυχὴ συνεξέσωσεν, ἐθέλουσα ταλαιπωρεῖν διὰ τὸ
μὴ ξυνειδέναι ἑαυτῇ· τῷ δὲ ξυνειδότι τοῦτο αὐτὸ
πρῶτον πολέμιόν ἐστιν· ἔτι γὰρ καὶ τοῦ σώματος
ἰσχύοντος ἡ ψυχὴ προαπολείπει, ἡγουμένη τὴν
τιμωρίαν (οἱ ἥκειν ταύτην) τῶν ἀσεβημάτων· ἐγὼ
δ' ἐμαυτῷ τοιοῦτον οὐδὲν ξυνειδὼς ἥκω εἰς ὑμᾶς.

Τὸ δὲ τοὺς κατηγόρους διαβάλλειν οὐδέν ἐστι 94
θαυμαστόν. τούτων γὰρ ἔργον τοῦτο, ὑμῶν δὲ τὸ
μὴ πείθεσθαι τὰ μὴ δίκαια, τοῦτο μὲν γὰρ ἐμοὶ
πειθομένοις ὑμῖν μεταμελῆσαι ἔστιν, καὶ τούτου
φάρμακον τὸ αὖθις κολάσαι, τοῦ δὲ τούτοις πειθο-
μένους ἐξεργάσασθαι ἃ οὗτοι βούλονται οὐκ ἔστιν
ἴασις. οὐδὲ χρόνος πολὺς ὁ διαφέρων, ἐν ᾧ ταῦτα
νομίμως πράξεθ' ἃ νῦν ὑμᾶς παρανόμως πείθουσιν
οἱ κατήγοροι ψηφίσασθαι. οὔ τοι τῶν ἐπειγομένων

τοῖς ἐξαπατηθεῖσι. § 93. τὴν τιμωρίαν...ταύτην] τὴν is
bracketed by Bl. (though not by Turr.), as Sauppe and Kayser
suggested: Maetzner would either omit it, or else, keeping it,
change ταύτην to τήν. But see comment.

24   SELECTIONS.

ἐστὶ τὰ πράγματα, ἀλλὰ τῶν εὖ βουλευομένων.
νῦν μὲν οὖν γνωρισταὶ γίγνεσθε τῆς δίκης, τότε δὲ
δικασταί· τῶν μαρτύρων· νῦν μὲν δοξασταί, τότε
95 δὲ κριταὶ τῶν ἀληθῶν. ῥᾷστον δέ τοί ἐστιν ἀνδρὸς
περὶ θανάτου φεύγοντος τὰ ψευδῆ καταμαρτυρῆσαι.
ἐὰν γὰρ τὸ παραχρῆμα μόνον πείσωσιν ὥστε ἀπο-
κτεῖναι, ἅμα τῷ σώματι καὶ ἡ τιμωρία ἀπόλωλεν.
οὔτε γὰρ οἱ φίλοι ἔτι θελήσουσιν ὑπὲρ ἀπολωλότος
τιμωρεῖν· ἐὰν δὲ καὶ βουληθῶσιν, τί ἔσται πλέον
96 τῷ γε ἀποθανόντι; νῦν μὲν οὖν ἀποψηφίσασθέ
μου· ἐν δὲ τῇ τοῦ φόνου δίκῃ οὗτοί τε τὸν νομι-
ζόμενον ὅρκον διομοσάμενοι ἐμοῦ κατηγορήσουσι,
καὶ ὑμεῖς περὶ ἐμοῦ κατὰ τοὺς κειμένους νόμους
διαγνώσεσθε, καὶ ἐμοὶ οὐδεὶς λόγος ἔσται ἔτι, ἐάν
τι πάσχω, ὡς *παρανόμως ἀπωλόμην. ταῦτά τοι
δέομαι ὑμῶν, οὔτε τὸ ὑμέτερον εὐσεβὲς παρεὶς οὔτε
ἐμαυτὸν ἀποστερῶν τὸ δίκαιον· ἐν δὲ τῷ ὑμετέρῳ
ὅρκῳ καὶ ἡ ἐμὴ σωτηρία ἔνεστι. πειθόμενοι δὲ
τούτων ὅτῳ βούλεσθε, ἀποψηφίσασθέ μου.

§ 95. ῥᾷστον δέ τοι] Dobree's conject., Maetzner, Turr. Bl. The mss. have ἀραῖς τῶν δέ τοι, which Bk. prints. Other emendations are ἀπαισίων δέ (Scaliger), ἆρα ἴστ' ὦ ἄνδρες οἷόν ἐστι (Reiske), ἀράσιμον (Stephanus), χρηστῶν (Valcknaer). It is remarkable that N omits the words altogether, so that τῶν ἀληθῶν. is immediately followed by ἔστιν ἀνδρὸς, κ.τ.λ. Perhaps the scribe of N may have taken ἔστιν as = 'it is possible': this would give at least a complete sense, and may have prevented his noticing that he had left out any words. § 96. ἐάν *τι πάσχω] τι Bk.: mss. τε, vulg. before Bk. γε. ǁ *παρανόμως] Reiske's correction. The παράνομος of the mss. still appears in Bk.'s Berlin text of 1823.

IV. ΠΕΡΙ ΤΟΥ ΧΟΡΕΥΤΟΥ.

[Or. VI.—About 412 B.C.]

§§ 11—15.

Ἐπειδὴ χορηγὸς κατεστάθην εἰς Θαργήλια καὶ 11 ἔλαχον Παντακλέα διδάσκαλον καὶ Κεκροπίδα φυλὴν πρὸς τῇ ἐμαυτοῦ, [τουτέστι τῇ Ἐρεχθηίδι,] ἐχορήγουν ὡς ἄριστα ἐδυνάμην καὶ δικαιότατα. καὶ πρῶτον μὲν διδασκαλεῖον ᾗ ἦν ἐπιτηδειότατον τῆς ἐμῆς οἰκίας κατεσκεύασα, ἐν ᾧπερ καὶ Διονυσίοις ὅτε ἐχορήγουν ἐδίδασκον· ἔπειτα τὸν χορὸν συνέλεξα ὡς ἐδυνάμην ἄριστα, οὔτε ζημιώσας οὐδένα οὔτε ἐνέχυρα βίᾳ φέρων οὔτ' ἀπεχθανόμενος οὐδενί, ἀλλ' ὥσπερ ἂν ἥδιστα καὶ ἐπιτηδειότατα ἀμφοτέροις ἐγίγνετο, ἐγὼ μὲν ἐκέλευον καὶ *ᾐτούμην, οἱ δ' ἑκόντες καὶ βουλόμενοι ἔπεμπον. ἐπεὶ δὲ 12 ἧκον οἱ παῖδες, πρῶτον μέν μοι ἀσχολία ἦν παρεῖναι καὶ ἐπιμελεῖσθαι· ἐτύγχανε γάρ μοι πράγματα ὄντα πρὸς Ἀριστίωνα καὶ Φιλῖνον, ἃ ἐγὼ περὶ πολλοῦ ἐποιούμην, ἐπειδήπερ εἰσήγγειλα, ὀρθῶς καὶ δικαίως ἀποδεῖξαι τῇ βουλῇ καὶ τοῖς ἄλλοις Ἀθηναίοις.

Ἐγὼ μὲν οὖν τούτοις προσεῖχον τὸν νοῦν, κατέστησα δὲ ἐπιμελεῖσθαι, εἴ τι δέοι τῷ χορῷ, Φανόστρατον, δημότην μὲν τουτωνὶ τῶν διωκόντων, κηδεστὴν δ' ἐμαυτοῦ, ᾧ ἐγὼ δέδωκα τὴν θυγατέρα, καὶ ἠξίουν αὐτὸν <ὡς> ἄριστα ἐπι-

IV. § 11. [τουτέστι τῇ Ἐρεχθηίδι,]] Bl. follows Reiske in bracketing this as a scholium which has come in from § 13.
|| *ᾐτούμην Bekker's conject.: ἡγούμην mss. || <ὡς> supplied

26   SELECTIONS.

13 μελεῖσθαι· ἔτι δὲ πρὸς τούτῳ δύο ἄνδρας, τὸν μὲν Ἐρεχθηίδος Ἀμυνίαν, ὃν αὐτοὶ οἱ φυλέται ἐψηφίσαντο συλλέγειν καὶ ἐπιμελεῖσθαι τῆς φυλῆς ἑκάστοτε, δοκοῦντα χρηστὸν εἶναι, τὸν δ' ἕτερον τῆς Κεκροπίδος, ὅσπερ ἑκάστοτε εἴωθε ταύτην τὴν φυλὴν συλλέγειν· ἔτι δὲ τέταρτον Φίλιππον, ᾧ προσετέτακτο ὠνεῖσθαι καὶ ἀναλίσκειν εἴ τι φράζοι ὁ διδάσκαλος ἢ ἄλλος τις τούτων, ὅπως <ὡς> ἄριστα χορηγοῖντο οἱ παῖδες καὶ μηδενὸς ἐνδεεῖς εἶεν διὰ τὴν ἐμὴν ἀσχολίαν.

14 Καθειστήκει μὲν ἡ χορηγία οὕτω. καὶ τούτων εἴ τι ψεύδομαι προφάσεως ἕνεκα, ἔξεστι τῷ κατηγόρῳ *ἐξελέγξαντί ἐν τῷ ὑστέρῳ λόγῳ ὅ τι ἂν βούληται εἰπεῖν· ἐπεί τοι οὕτως ἔχει, ὦ ἄνδρες· πολλοὶ τῶν περιεστώτων τούτων τὰ μὲν πράγματα ταῦτα πάντα ἀκριβῶς ἐπίστανται, καὶ τοῦ ὀρκωτοῦ ἀκούουσι, καὶ ἐμοὶ προσέχουσι τὸν νοῦν ἅττα ἐγὼ ἀποκρίνομαι, οἷς ἐγὼ *βουλοίμην ἂν δοκεῖν αὐτός τε εὔορκος εἶναι καὶ ὑμᾶς τἀληθῆ λέγων πεῖσαι

15 ἀποψηφίσασθαί μου. πρῶτον μὲν οὖν ἀποδείξω ὑμῖν ὅτι οὔτε ἐκέλευσα πιεῖν τὸν παῖδα τὸ φάρμακον οὔτ' ἠνάγκασα οὔτ' ἔδωκα καὶ οὐδὲ παρῆν

by Bl.: cp. *De Caed. Herod.* § 18 (above, p. 14). **§ 13.** τὸν δ' ἕτερον] Sauppe thinks that a proper name has either dropped out after τῆς Κεκροπίδος or is concealed in ἕτερον. ‖ <ὡς> supplied by Bl. **§ 14.** Καθειστήκει μὲν] After μὲν Reiske would add οὖν,—needlessly. ‖ ἔξεστι τῷ κατηγόρῳ *ἐξελέγξαντι ...ὅ τι ἂν βούληται εἰπεῖν] The mss. give ἐξελέγξαι (Bk. Turr.). But, if we do not omit εἰπεῖν, as Dobree proposed, then it is a dilemma. Keeping ἐξελέγξαι we must read εἰπών, as Sauppe suggests; or, keeping εἰπεῖν, we must read ἐξελέγξαντι, as Bl. does. I prefer the latter. ‖ *βουλοίμην ἄν] so Bl., with Dobree. The objection to ἐβουλόμην (mss.) here is that it implies a belief on the speaker's part that he was not thought

ANTIPHON. 27

ὅτ' ἔπιεν. καὶ οὐ τούτου ἕνεκα ταῦτα σφόδρα λέγω, ὡς ἐμαυτὸν ἔξω αἰτίας καταστήσω, ἕτερον δέ τινα εἰς αἰτίαν ἀγάγω· οὐ δῆτα ἔγωγε, πλήν γε τῆς τύχης, ἥπερ οἶμαι καὶ ἄλλοις πολλοῖς ἀνθρώπων αἰτία ἐστὶν ἀποθανεῖν· ἣν οὔτ' ἂν ἐγὼ οὔτ' ἄλλος οὐδεὶς οἷός τ' ἂν εἴη *ἀποτρέψαι μὴ οὐ γενέσθαι ἥντινα δεῖ ἑκάστῳ.

εὔορκος. § 15. σφόδρα] Bl., on Reiske's conj., gives <οὕτω> σφόδρα. || *ἀποτρέψαι] Dobree's conject., adopted by Bl.— ἀποστρέψαι mss., Bk. Turr.

ΑΝΔΟΚΙΔΗΣ.

I. ΠΕΡΙ ΤΗΣ ΕΑΥΤΟΥ ΚΑΘΟΔΟΥ.

[Or. π.—410 b.c.]

§§ 10—16.

10 Καίτοι ἐγὼ τότ' αὐτὸς γνοὺς τὰς ἐμαυτοῦ συμφοράς, ᾧ τινι κακῶν τε καὶ αἰσχρῶν οὐκ οἶδ' εἴ τι ἀπεγένετο, τὰ μὲν παρανοίᾳ τῇ ἐμαυτοῦ, τὰ δ' ἀνάγκῃ τῶν παρόντων πραγμάτων, ἔγνων ἥδιστον εἶναι πράττειν τε τοιαῦτα καὶ διαιτᾶσθαι ἐκεῖ, ὅπου ἥκιστα μέλλοιμι ὀφθήσεσθαι ὑφ' ὑμῶν. ἐπειδὴ δὲ χρόνῳ ὕστερον εἰσῆλθέ μοι, ὥσπερ εἰκός, ἐπιθυμία τῆς τε μεθ' ὑμῶν πολιτείας ἐκείνης καὶ διαίτης, ἐξ ἧς δευρὶ μετέστην, ἔγνων λυσιτελεῖν μοι ἢ τοῦ βίου ἀπηλλάχθαι, ἢ τὴν πόλιν ταύτην

ANDOCIDES.

The sources for the text of Andocides are chiefly the same as for that of Antiphon. Here, however, the codex Crippsianus *A* has no longer any rival in its claim to be the most faithful representative of the common archetype, since the Oxoniensis *N* does not contain Andocides. *A* was collated by I. Bekker, and by Dobson, who also collated afresh in Andocides the whole Burneianus *M*, used by Bekker only in a few passages. Not much, however, has been gained from *M*, or from the codex Ambrosianus *P*, which Bekker consulted in some places; still less from Marcianus *L* or Vratislaviensis *Z*. The mss. and editions are indicated by the same letters as in the case of Antiphon.

ἀγαθόν τι τοσοῦτον ἐργάσασθαι, ὥστε ὑμῶν ἑκόντων εἶναί ποτέ μοι πολιτεύσασθαι μεθ' ὑμῶν. ἐκ 11
δὲ τούτου οὐ πώποτε οὔτε τοῦ σώματος οὔτε τῶν
ὄντων ἐμοὶ ἐφεισάμην, ὅπου ἔδει παρακινδυνεύειν·
ἀλλ' αὐτίκα μὲν τότε εἰσήγαγον εἰς στρατιὰν ὑμῶν
οὖσαν ἐν Σάμῳ κωπέας, τῶν τετρακοσίων ἤδη τὰ
πράγματα ἐνθάδε κατειληφότων, ὄντος μοι Ἀρχελάου ξένου πατρικοῦ καὶ διδόντος *τέμνεσθαί τε
καὶ ἐξάγεσθαι ὁπόσους ἐβουλόμην. τούτους τε
εἰσήγαγον τοὺς κωπέας, καὶ παρόν μοι πέντε
δραχμῶν τὴν τιμὴν αὐτῶν δέξασθαι οὐκ ἠθέλησα
πράξασθαι πλέον ἢ ὅσον ἐμοὶ κατέστησαν, εἰσήγαγον δὲ σῖτόν τε καὶ χαλκόν· καὶ οἱ ἄνδρες 12
ἐκεῖνοι ἐκ τούτων παρεσκευασμένοι ἐνίκησαν μετὰ
ταῦτα Πελοποννησίους ναυμαχοῦντες, καὶ τὴν
πόλιν ταύτην μόνοι ἀνθρώπων ἔσωσαν ἐν τῷ τότε
χρόνῳ. εἰ τοίνυν μεγάλων ἀγαθῶν ἄξια ὑμᾶς
εἰργάσαντο ἐκεῖνοι, μέρος ἐγὼ οὐκ ἂν ἐλάχιστον
δικαίως ταύτης τῆς αἰτίας ἔχοιμι. εἰ γὰρ τοῖς
ἀνδράσιν ἐκείνοις τότε τὰ ἐπιτήδεια μὴ εἰσήχθη,
οὐ περὶ τοῦ σῶσαι τὰς Ἀθήνας ὁ κίνδυνος ἦν
αὐτοῖς μᾶλλον ἢ περὶ τοῦ μηδὲ αὐτοὺς σωθῆναι.

Τούτων τοίνυν οὕτως ἐχόντων οὐκ ὀλίγῳ μοι 13
παρὰ γνώμην ηὑρέθη τὰ ἐνταῦθα πράγματα ἔχοντα.
κατέπλευσα μὲν γὰρ ὡς ἐπαινεθησόμενος ὑπὸ τῶν
ἐνθάδε προθυμίας τε εἵνεκα καὶ ἐπιμελείας τῶν

I. § 11. *τέμνεσθαι] Dobree's conject., Turr. Bl.—γενέσθαι mss. Bk. § 12. μεγάλων ἀγαθῶν ἄξια] So the mss. For ἄξια Bl. conjectures αἰτία: but the subsequent phrase ταύτης τῆς αἰτίας is rather against the change than in its favour.

ὑμετέρων πραγμάτων· πυθόμενοι δέ τινές με ἥκοντα τῶν τετρακοσίων ἐζήτουν τε παραχρῆμα, 14 καὶ λαβόντες ἤγαγον εἰς τὴν βουλήν. εὐθὺς δὲ παραστάς μοι Πείσανδρος, "ἄνδρες," ἔφη, "βουλευταί, ἐγὼ τὸν ἄνδρα τοῦτον ἐνδεικνύω ὑμῖν σῖτόν τε εἰς τοὺς πολεμίους εἰσαγαγόντα καὶ κωπέας." καὶ τὸ πρᾶγμα ἤδη πᾶν διηγεῖτο ὡς ἐπέπρακτο. ἐν δὲ τῷ τότε τὰ ἐναντία φρονοῦντες δῆλοι ἦσαν ἤδη οἱ ἐπὶ στρατιᾶς ὄντες τοῖς τε- 15 τρακοσίοις. κἀγώ, θόρυβος γὰρ δὴ τοιοῦτος ἐγίγνετο τῶν βουλευτῶν, ἐπειδὴ ἐγίγνωσκον ἀπολούμενος, εὐθὺς προσπηδῶ πρὸς τὴν ἑστίαν καὶ λαμβάνομαι τῶν ἱερῶν. ὅπερ μοι καὶ πλείστου ἄξιον ἐγίγνετο ἐν τῷ τότε· εἰς γὰρ τοὺς θεοὺς *ἔχοντα ὀνείδη οὗτοί με μᾶλλον τῶν ἀνθρώπων ἐοίκασι κατελεῆσαι, βουληθέντων τε αὐτῶν ἀποκτεῖναί με οὗτοι ἦσαν οἱ διασώσαντες. δεσμά τε ὕστερον καὶ κακὰ ὅσα τε καὶ οἷα τῷ σώματι ἠνεσχόμην, μακρὸν ἂν εἴη μοι λέγειν. οὗ δὴ καὶ 16 μάλιστ' ἐμαυτὸν ἀπωλοφυράμην· ὅστις τοῦτο μὲν ἐν ᾧ ἐδόκει ὁ δῆμος κακοῦσθαι, ἐγὼ ἀντὶ τούτου κακὰ εἶχον, τοῦτο δὲ ἐπειδὴ ἐφαίνετο εὖ ὑπ' ἐμοῦ πεπονθώς, πάλιν αὖ καὶ διὰ τοῦτ' ἐγὼ *ἀπωλλύμην· ὥστε ὁδόν τε καὶ πόρον μηδαμῇ ἔτι εἶναί μοι

§ 14. στρατιᾶς] A, Turr. Bl.—στρατείας vulg. Bk. § 15. ἐπειδὴ] so Reiske, Turr. Bl.—καὶ ἐπειδὴ mss. Bk. ‖ *ἔχοντα ὀνείδη οὗτοί με] Sauppe's conject., Turr. Bl.—εἶχον τὰ ὀνείδη οὗτοι, οἵ με mss. Bk. § 16. πάλιν αὖ καὶ διὰ τοῦτ' ἐγὼ *ἀπωλλύμην] ἀπωλλύμην is a conjecture of Bekker, who, however, prints the vulg. ἀπολοίμην: and so Turr. Bl. As ὅστις is causal, the optat. is possible, though harsh in combination with εἶχον. The insertion of εἰ before πάλιν αὖ, which Bl. suggests, would

εὐθαρσεῖν· ὅποι γὰρ τραποίμην, πάντοθεν κακόν τί μοι ἐφαίνετο ἑτοιμαζόμενον. ἀλλ᾽ ὅμως καὶ ἐκ τούτων τοιούτων ὄντων ἀπαλλαγεὶς οὐκ ἔστιν ὅ τι ἕτερον ἔργον περὶ πλείονος ἐποιούμην ἢ τὴν πόλιν ταύτην ἀγαθόν τι ἐργάσασθαι.

II. ΠΕΡΙ ΤΩΝ ΜΥΣΤΗΡΙΩΝ.

[Or. I.—399 B.C.]

§§ 34—45.

Περὶ δὲ τῶν ἀναθημάτων τῆς περικοπῆς καὶ 34 τῆς μηνύσεως, ὥσπερ καὶ ὑπεσχόμην ὑμῖν, οὕτω καὶ ποιήσω· ἐξ ἀρχῆς γὰρ ὑμᾶς διδάξω ἅπαντα τὰ γεγενημένα. ἐπειδὴ Τεῦκρος ἦλθε Μεγαρόθεν ἄδειαν εὑρόμενος, μηνύει περί τε τῶν μυστηρίων ἃ ᾔδει καὶ τῶν περικοψάντων τὰ ἀναθήματα, καὶ ἀπογράφει δυοῖν δέοντας εἴκοσιν ἄνδρας. ἐπειδὴ δὲ οὗτοι ἀπεγράφησαν, οἱ μὲν αὐτῶν φεύγοντες ᾤχοντο, οἱ δὲ συλληφθέντες ἀπέθανον κατὰ τὴν Τεύκρου μήνυσιν. καί μοι ἀνάγνωθι αὐτῶν τὰ ὀνόματα.

ΟΝΟΜΑΤΑ. Τεῦκρος ἐπὶ τοῖς Ἑρμαῖς ἐμήνυσεν Εὐκτή- 35 μονα, Γλαύκιππον, Εὐρύμαχον, Πολύευκτον, Πλάτωνα, Ἀντίδωρον, Χάριππον, Θεόδωρον, Ἀλκισθένη, Μενέστρατον, Ἐρυξίμαχον, Εὐφίλητον, Εὐρυδάμαντα, Φερεκλέα, Μέλητον, Τιμάνθη, Ἀρχίδαμον, Τελένικον.

only remove one difficulty by introducing another. And if for ὅστις we read εἰ, εἶχον followed by ἀπολοίμην would still be awkward. I have little doubt that ἀπολοίμην was a mere error, occasioned by the neighbouring optat. τραποίμην. ‖ οὐκ ἔστιν ὅ τι ἕτερον ἔργον] B, Z (in A ἕτερον is written over ἔργον), Bk. Turr.: Bl. brackets ἔργον: vulg. οὐκέτι ἕτερον.

II. § 35. Ἀλκισθένη...Τιμάνθη] so, with C. Schiller, Bl.—

Τούτων τοίνυν τῶν ἀνδρῶν οἱ μὲν ἥκουσι καί εἰσιν ἐνθάδε, τῶν δὲ ἀποθανόντων εἰσὶ πολλοὶ προσήκοντες· ὧν ὅστις βούλεται, ἐν τῷ ἐμῷ λόγῳ ἀναβάς με ἐλεγξάτω ἢ ὡς ἔφυγέ τις δι' ἐμὲ τούτων τῶν ἀνδρῶν ἢ ὡς ἀπέθανεν.

36 Ἐπειδὴ δὲ ταῦτα ἐγένετο, Πείσανδρος καὶ Χαρικλῆς, ὄντες μὲν τῶν ζητητῶν, δοκοῦντες δ' ἐν ἐκείνῳ τῷ χρόνῳ εὐνούστατοι εἶναι τῷ δήμῳ, ἔλεγον ὡς εἴη τὰ ἔργα τὰ γεγενημένα οὐκ ὀλίγων ἀνδρῶν ἀλλ' ἐπὶ τῇ τοῦ δήμου καταλύσει, καὶ χρῆναι ἔτι ζητεῖν καὶ μὴ παύσασθαι. καὶ ἡ πόλις οὕτως διέκειτο, ὥστ' ἐπειδὴ τὴν βουλὴν εἰς τὸ βουλευτήριον ὁ κῆρυξ * ἀνείποι ἰέναι καὶ τὸ σημεῖον καθέλοι, τῷ αὐτῷ σημείῳ ἡ μὲν βουλὴ εἰς τὸ βουλευτήριον ᾔει, οἱ δ' ἐκ τῆς ἀγορᾶς * ἔφευγον, δεδιότες εἰς ἕκασ-
37 τος μὴ συλληφθείη. ἐπαρθεὶς οὖν τοῖς τῆς πόλεως κακοῖς εἰσαγγέλλει Διοκλείδης εἰς τὴν βουλήν, φάσκων εἰδέναι τοὺς περικόψαντας τοὺς Ἑρμᾶς, καὶ εἶναι αὐτοὺς εἰς τριακοσίους· ὡς δ' ἴδοι καὶ περιτύχοι τῷ πράγματι, ἔλεγε. καὶ τούτοις, ὦ ἄνδρες, δέομαι ὑμῶν προσέχοντας τὸν νοῦν ἀναμιμνήσκεσθαι, ἐὰν ἀληθῆ λέγω, καὶ διδάσκειν ἀλλήλους· ἐν ὑμῖν γὰρ ἦσαν οἱ λόγοι, καί μοι ὑμεῖς τούτων μάρτυρές ἐστε.

38 Ἔφη γὰρ εἶναι μὲν ἀνδράποδόν οἱ ἐπὶ Λαυρίῳ, δεῖν δὲ κομίσασθαι ἀποφοράν. ἀναστὰς δὲ πρῲ

Ἀλκισθένην...Τιμάνθην Bk. Turr. § 36. οὕτως διέκειτο] οὕτως A, Turr. Bl.—οὕτω Bk. vulg. ‖ *ἀνείποι...καθέλοι] ἀνείπῃ... καθέλῃ mss. (except that A, B have καθέλοι). Corrected by Dobree, and by Schömann De Comitiis p. 151. ‖ *ἔφευγον] Baiter's conjecture, adopted by Bl.—ἔφυγον mss. Bk. Turr.

ψευσθεὶς τῆς ὥρας βαδίζειν· εἶναι δὲ πανσέληνον. ἐπεὶ δὲ παρὰ τὸ προπύλαιον τοῦ Διονύσου ἦν, ὁρᾶν ἀνθρώπους πολλοὺς ἀπὸ τοῦ ᾠδείου καταβαίνοντας εἰς τὴν ὀρχήστραν· δείσας δὲ αὐτούς, εἰσελθὼν ὑπὸ τὴν σκιὰν καθέζεσθαι μεταξὺ τοῦ κίονος καὶ τῆς στήλης ἐφ' ᾗ ὁ στρατηγός ἐστιν ὁ χαλκοῦς. ὁρᾶν δὲ ἀνθρώπους τὸν μὲν ἀριθμὸν μάλιστα τριακοσίους, ἑστάναι δὲ κύκλῳ ἀνὰ πέντε καὶ δέκα ἄνδρας, τοὺς δὲ ἀνὰ εἴκοσιν· ὁρῶν δὲ αὐτῶν πρὸς τὴν σελήνην τὰ πρόσωπα τῶν πλείστων γιγνώσκειν. καὶ πρῶτον μέν, ὦ ἄνδρες, τοῦθ' ὑπέθετο 39 δεινότατον πρᾶγμα, οἶμαι, ὅπως ἐν ἐκείνῳ εἴη ὅντινα βούλοιτο Ἀθηναίων φάναι τῶν ἀνδρῶν τούτων εἶναι, ὅντινα δὲ μὴ βούλοιτο, λέγειν ὅτι οὐκ ἦν. ἰδὼν δὲ ταῦτ' ἔφη ἐπὶ Λαύριον ἰέναι, καὶ τῇ ὑστεραίᾳ ἀκούειν ὅτι οἱ Ἑρμαῖ εἶεν περικεκομμένοι· γνῶναι οὖν εὐθὺς ὅτι τούτων εἴη τῶν ἀνδρῶν τὸ ἔργον. ἥκων δὲ εἰς ἄστυ ζητητάς τε 40 ἤδη ᾑρημένους καταλαμβάνειν καὶ μήνυτρα κεκηρυγμένα ἑκατὸν μνᾶς. ἰδὼν δὲ Εὔφημον τὸν Καλλίου τοῦ Τηλεκλέους ἀδελφὸν ἐν τῷ χαλκείῳ καθήμενον, ἀναγαγὼν αὐτὸν εἰς τὸ Ἡφαιστεῖον λέγειν ἅπερ ὑμῖν ἐγὼ εἴρηκα, ὡς ἴδοι ἡμᾶς ἐν ἐκείνῃ τῇ νυκτί· οὔκουν δέοιτο παρὰ τῆς πόλεως χρήματα λαβεῖν μᾶλλον ἢ παρ' ἡμῶν, ὥσθ' ἡμᾶς ἔχειν φίλους. εἰπεῖν οὖν τὸν Εὔφημον ὅτι καλῶς ποιήσειεν εἰπών, καὶ νῦν ἥκειν κελεῦσαί οἱ εἰς τὴν Λεωγόρου οἰκίαν, ἵν' ἐκεῖ συγγένῃ μετ' ἐμοῦ

§ 38. τοῦ Διονύσου] Turr. Bl.—τὸ Διονύσου Z, M, Bk. § 40. ἐν τῷ χαλκείῳ] ἐν τῳ χαλκείῳ Valckenaer conj., and so Bl.

34 SELECTIONS.

41 Ἀνδοκίδῃ καὶ ἑτέροις οἷς δεῖ. ἥκειν ἔφη τῇ ὑστεραίᾳ, καὶ δὴ κόπτειν τὴν θύραν, τὸν δὲ πατέρα τὸν ἐμὸν τυχεῖν ἐξιόντα, καὶ εἰπεῖν αὐτόν· "ἆρά γε σὲ οἵδε περιμένουσι; χρὴ μέντοι μὴ ἀπωθεῖσθαι τοιούτους φίλους." εἰπόντα δὲ αὐτὸν ταῦτα οἴχεσθαι. καὶ τούτῳ μὲν τῷ τρόπῳ τὸν πατέρα μου ἀπώλλυε, συνειδότα ἀποφαίνων. εἰπεῖν δὲ ἡμᾶς ὅτι δεδογμένον ἡμῖν εἴη δύο μὲν τάλαντα ἀργυρίου διδόναι οἱ ἀντὶ τῶν ἑκατὸν μνῶν τῶν ἐκ τοῦ δημοσίου, ἐὰν δὲ κατάσχωμεν ἡμεῖς ἃ βουλόμεθα, ἕνα *αὐτὸν ἡμῶν εἶναι, πίστιν δὲ τούτων
42 δοῦναί τε καὶ δέξασθαι. ἀποκρίνασθαι δὲ αὐτὸς πρὸς ταῦτα ὅτι βουλεύσοιτο· ἡμᾶς δὲ κελεύειν αὐτὸν ἥκειν εἰς Καλλίου τοῦ Τηλεκλέους, ἵνα κἀκεῖνος παρείη. τὸν δ' αὖ κηδεστήν μου οὕτως ἀπώλλυεν. ἥκειν ἔφη εἰς Καλλίου, καὶ καθομολογήσας ἡμῖν πίστιν δοῦναι ἐν ἀκροπόλει, καὶ ἡμᾶς συνθεμένους οἱ τὸ ἀργύριον εἰς τὸν *ἐπιόντα μῆνα δώσειν διαψεύδεσθαι καὶ οὐ διδόναι· ἥκειν οὖν μηνύσων τὰ γενόμενα.
43 Ἡ μὲν εἰσαγγελία *αὐτῷ, ὦ ἄνδρες, τοιαύτη· ἀπογράφει δὲ τὰ ὀνόματα τῶν ἀνδρῶν ὧν ἔφη γνῶναι, δύο καὶ τετταράκοντα, πρώτους μὲν Μαντίθεον καὶ Ἀψεφίωνα, βουλευτὰς ὄντας καὶ καθημένους ἔνδον, εἶτα δὲ καὶ τοὺς ἄλλους. ἀναστὰς

§ 41. ἕνα *αὐτὸν ἡμῶν] Reiske's conject. (Bk. Turr. Bl.) for vulg. ἕνα αὐτῶν ἡμῶν. § 42. καθομολογήσας] A, B, Bk. Turr. Bl.: vulg. καθοδηγήσας. ‖ *ἐπιόντα] Emperius's conject., and so Turr. Bl. εἰσιόντα mss. Bk. § 43. *αὐτῷ] Reiske, Turr. Bl.—αὐτῶν vulg. Bk. ‖ Ἀψεφίωνα] so Turr. (comparing Boeckh Corp. Inscr. II. 840) Bl., and so below, § 44, Ἀψεφίων.—Bk.

δὲ Πείσανδρος ἔφη χρῆναι λύειν τὸ ἐπὶ Σκαμανδρίου ψήφισμα καὶ ἀναβιβάζειν ἐπὶ τὸν τροχὸν τοὺς ἀπογραφέντας, ὅπως μὴ πρότερον νὺξ ἔσται πρὶν πυθέσθαι τοὺς ἄνδρας ἅπαντας. ἀνέκραγεν ἡ βουλὴ ὡς εὖ λέγει. ἀκούσαντες δὲ ταῦτα 44 Μαντίθεος καὶ Ἀψεφίων ἐπὶ τὴν ἑστίαν ἐκαθέζοντο, ἱκετεύοντες μὴ στρεβλωθῆναι ἀλλ' ἐξεγγυηθέντες κριθῆναι. μόλις δὲ τούτων τυχόντες ἐπειδὴ τοὺς ἐγγυητὰς κατέστησαν, ἐπὶ τοὺς ἵππους ἀναβάντες ᾤχοντο εἰς τοὺς πολεμίους αὐτομολήσαντες, καταλιπόντες τοὺς ἐγγυητάς, οὓς ἔδει τοῖς αὐτοῖς ἐνέχεσθαι ἐν οἷσπερ οὓς ἠγγυήσαντο. ἡ δὲ βουλὴ ἐξελθοῦσα ἐν ἀπορρήτῳ συνέλαβεν 45 ἡμᾶς καὶ ἔδησεν ἐν τοῖς ξύλοις. ἀνακαλέσαντες δὲ τοὺς στρατηγοὺς ἀνειπεῖν ἐκέλευσαν Ἀθηναίων τοὺς μὲν ἐν ἄστει οἰκοῦντας ἰέναι εἰς τὴν ἀγορὰν τὰ ὅπλα λαβόντας, τοὺς δ' ἐν μακρῷ τείχει εἰς *τὸ Θησεῖον, τοὺς δ' ἐν Πειραιεῖ εἰς τὴν Ἱπποδαμείαν ἀγοράν, τοὺς δὲ *ἱππέας ἔτι νυκτὸς σημῆναι τῇ σάλπιγγι ἥκειν εἰς τὸ Ἀνάκειον, τὴν δὲ βουλὴν εἰς ἀκρόπολιν ἰέναι κἀκεῖ καθεύδειν, τοὺς δὲ πρυτάνεις ἐν τῇ θόλῳ. Βοιωτοὶ δὲ πεπυσμένοι τὰ πράγματα ἐπὶ τοῖς ὁρίοις ἦσαν ἐξεστρατευμένοι. τὸν δὲ τῶν κακῶν τούτων αἴτιον Διο-

Ἀφεψίωνα, Reiske Ἀφεψίονα. § **44**. καταλιπόντες] Sauppe conjectures ἐγκαταλιπόντες. § **45**. εἰς *τὸ Θησεῖον] So Reiske Bk. Turr. Bl. The mss. have εἴς τε or εἴς γε. ‖ Ἱπποδαμείαν] Turr. (referring to Lobeck on Soph. *Ajax* 108) Bl.—Ἱπποδαμίαν mss. Bk. ‖ *ἱππέας] ἱππεῖς mss. and edd. But this form of acc. pl. is not found in Attic inscriptions before *circ*. 318 B.C. (Meisterhans, p. 57). ‖ νυκτὸς] (πρὸ) νυκτὸς Bl., on his own conjecture.

κλείδην ὡς σωτῆρα ὄντα τῆς πόλεως ἐπὶ ζεύγους ἦγον εἰς τὸ πρυτανεῖον στεφανώσαντες, καὶ ἐδείπνει ἐκεῖ.

§§ 48—69.

48 Ἐπειδὴ δὲ ἐδεδέμεθα πάντες ἐν τῷ αὐτῷ καὶ νύξ τε ἦν καὶ τὸ δεσμωτήριον συνεκέκλειστο, ἧκον δὲ τῷ μὲν μήτηρ τῷ δὲ ἀδελφὴ τῷ δὲ γυνὴ καὶ παῖδες, ἦν δὲ βοὴ καὶ οἶκτος κλαιόντων καὶ ὀδυρομένων τὰ παρόντα κακά, λέγει πρός με Χαρμίδης, ὢν μὲν ἀνεψιός, ἡλικιώτης δὲ καὶ συνεκτραφεὶς ἐν τῇ 49 οἰκίᾳ τῇ ἡμετέρᾳ ἐκ παιδός, ὅτι, "Ἀνδοκίδη, τῶν μὲν παρόντων κακῶν ὁρᾷς τὸ μέγεθος, ἐγὼ δ' ἐν μὲν τῷ παρελθόντι χρόνῳ οὐδὲν ἐδεόμην λέγειν οὐδέ σε λυπεῖν, νῦν δὲ ἀναγκάζομαι διὰ τὴν παροῦσαν ἡμῖν συμφοράν. οἷς γὰρ ἐχρῶ καὶ οἷς συνῆσθα, ἄνευ ἡμῶν τῶν συγγενῶν, οὗτοι ἐπὶ ταῖς αἰτίαις δι' ἃς ἡμεῖς ἀπολλύμεθα οἱ μὲν αὐτῶν τεθνᾶσιν, οἱ δὲ οἴχονται φεύγοντες, σφῶν αὐτῶν 50 καταγνόντες ἀδικεῖν......εἰ ἤκουσάς τι τούτου τοῦ πράγματος τοῦ γενομένου, εἰπέ, καὶ πρῶτον μὲν σεαυτὸν σῶσον, εἶτα δὲ τὸν πατέρα, ὃν εἰκός ἐστί σε μάλιστα φιλεῖν, εἶτα δὲ τὸν κηδεστήν, ὃς ἔχει σου τὴν ἀδελφὴν ἥπερ σοι μόνη ἐστίν, ἔπειτα δὲ

§ 49. ἀδικεῖν...εἰ ἤκουσας] A, B, L have a lacuna between ἀδικεῖν and εἰ. In A this lacuna (acc. to Sauppe) represents 12 lost letters, which he proposes to supply by inserting τούτων τοίνυν (where τούτων would be masc., 'from them'). Another suggestion is φέρε δὴ τοίνυν (Linder and Kayser).

τοὺς ἄλλους συγγενεῖς καὶ ἀναγκαίους τοσούτους ὄντας, ἔτι δὲ ἐμέ, ὃς ἐν ἅπαντι τῷ βίῳ ἠνίασα μὲν σε οὐδὲν πώποτε, προθυμότατος δὲ εἰς σὲ καὶ τὰ σὰ πράγματά εἰμι, ὅ τι ἂν δέῃ ποιεῖν." λέγοντος 51 δέ, ὦ ἄνδρες, Χαρμίδου ταῦτα, ἀντιβολούντων δὲ τῶν ἄλλων καὶ ἱκετεύοντος ἑνὸς ἑκάστου, ἐνεθυμήθην πρὸς ἐμαυτόν· "Ὦ πάντων ἐγὼ δεινοτάτῃ συμφορᾷ περιπεσών, πότερα περιίδω τοὺς ἐμαυτοῦ συγγενεῖς ἀπολλυμένους ἀδίκως, καὶ αὐτούς τε ἀποθανόντας καὶ τὰ χρήματα αὐτῶν δημευθέντα, πρὸς δὲ τούτοις ἀναγραφέντας ἐν στήλαις ὡς ὄντας ἀλιτηρίους τῶν θεῶν τοὺς οὐδενὸς αἰτίους τῶν γεγενημένων, ἔτι δὲ τριακοσίους Ἀθηναίων μέλλοντας ἀδίκως *ἀπολεῖσθαι, τὴν δὲ πόλιν ἐν κακοῖς οὖσαν τοῖς μεγίστοις καὶ ὑποψίαν εἰς ἀλλήλους ἔχοντας, ἢ εἴπω Ἀθηναίοις ἅ περ ἤκουσα Εὐφιλήτου αὐτοῦ τοῦ ποιήσαντος;] ἔτι δὲ ἐπὶ τούτοις 52 καὶ τόδε ἐνεθυμήθην, ὦ ἄνδρες, καὶ ἐλογιζόμην πρὸς ἐμαυτὸν τοὺς ἐξημαρτηκότας καὶ τὸ ἔργον εἰργασμένους, ὅτι οἱ μὲν αὐτῶν ἤδη ἐτεθνήκεσαν ὑπὸ Τεύκρου μηνυθέντες, οἱ δὲ φεύγοντες ᾤχοντο καὶ αὐτῶν θάνατος κατέγνωστο, τέτταρες δὲ ἦσαν ὑπόλοιποι οἳ οὐκ ἐμηνύθησαν ὑπὸ Τεύκρου τῶν πεποιηκότων, Παναίτιος Χαιρέδημος Διάκριτος Λυσίστρατος· οὓς εἰκὸς ἦν ἁπάντων μάλιστα 53 δοκεῖν εἶναι τούτων τῶν ἀνδρῶν οὓς ἐμήνυσε Διοκλείδης, φίλους ὄντας τῶν ἀπολωλότων ἤδη. καὶ τοῖς μὲν οὐδέπω βέβαιος ἦν ἡ σωτηρία, τοῖς

§ 51. *ἀπολεῖσθαι] The conject. of Stephanus and Reiske, approved by Baiter, and adopted by Bl.—ἀπολέσθαι mss. Bk.

δὲ ἐμοῖς οἰκείοις φανερὸς <ὁ> ὄλεθρος, εἰ μή τις
ἐρεῖ Ἀθηναίοις τὰ γενόμενα. ἐδόκει οὖν μοι κρεῖτ-
τον εἶναι τέτταρας ἄνδρας ἀποστερῆσαι τῆς πατρί-
δος δικαίως, οἳ νῦν ζῶσι καὶ κατεληλύθασι καὶ
ἔχουσι τὰ σφέτερα αὐτῶν, ἢ ἐκείνους ἀποθανόντας
54 ἀδίκως περιιδεῖν. εἰ οὖν τινι ὑμῶν, ὦ ἄνδρες, <ἢ>
τῶν ἄλλων πολιτῶν γνώμη τοιαύτη παρειστήκει
πρότερον περὶ ἐμοῦ, ὡς ἄρα ἐγὼ ἐμήνυσα κατὰ
τῶν ἑταίρων τῶν ἐμαυτοῦ, ὅπως ἐκεῖνοι μὲν ἀπό-
λοιντο, ἐγὼ δὲ σωθείην—ἃ ἐλογοποίουν οἱ ἐχθροὶ
περὶ ἐμοῦ, βουλόμενοι διαβάλλειν με—σκοπεῖσθε
55 ἐξ αὐτῶν τῶν γεγενημένων. νῦν γὰρ ἐμὲ μὲν
λόγον <δεῖ> διδόναι τῶν ἐμοὶ πεπραγμένων μετὰ
τῆς ἀληθείας, αὐτῶν παρόντων οἵπερ ἥμαρτον καὶ
ἔφυγον ταῦτα ποιήσαντες, ἴσασι δὲ ἄριστα εἴτε
ψεύδομαι εἴτε ἀληθῆ λέγω, ἔξεστι δὲ αὐτοῖς
ἐλέγχειν με ἐν τῷ ἐμῷ λόγῳ· ἐγὼ γὰρ ἐφίημι·
56 ὑμᾶς δὲ δεῖ μαθεῖν τὰ γενόμενα. ἐμοὶ γάρ, ὦ
ἄνδρες, τοῦδε τοῦ ἀγῶνος τοῦτ' ἔστι μέγιστον,
σωθέντι μὴ δοκεῖν κακῷ εἶναι, εἶτα <δὲ> καὶ τοὺς
ἄλλους ἅπαντας μαθεῖν ὅτι οὔτε μετὰ κακίας οὔτε
μετ' ἀνανδρίας οὐδεμιᾶς τῶν γεγενημένων πέπρακ-
ται ὑπ' ἐμοῦ οὐδέν, ἀλλὰ διὰ συμφορὰν γεγενημένην

Turr. § 53. <ὁ> ὄλεθρος] ὁ, wanting in the mss., is added, with Reiske, by Bk. Turr. Bl. § 54. <ἢ> τῶν ἄλλων] τῶν ἄλλων mss.: ἢ is added, with Sluiter, by Bk. Turr. Bl. § 55. λόγον <δεῖ> διδόναι] δεῖ is added, with Reiske, by Turr. Bl.— λόγον διδόναι vulg. Bk. § 56. μὴ δοκεῖν κακῷ εἶναι] After these words, <ἀλλὰ πρῶτον μὲν ὑμᾶς> is inserted, on his own conject., by Bl.: see commentary. Reiske, with the same object, would insert ὑμῖν after μὴ δοκεῖν: Scheibe would insert ὑμῖν after κακῷ. ‖ εἶτα <δὲ> καί] A, as reported by Dobson, has a small lacuna between εἶτα and καί, which Sluiter fills up by

μάλιστα μὲν τῇ πόλει, εἶτα δὲ καὶ ἡμῖν, εἶπον δὲ ἃ ἤκουσα Εὐφιλήτου προνοίᾳ μὲν τῶν συγγενῶν καὶ τῶν φίλων, προνοίᾳ δὲ τῆς πόλεως ἁπάσης, μετ' ἀρετῆς ἀλλ' οὐ μετὰ κακίας, ὡς ἐγὼ νομίζω. εἰ οὖν οὕτως ἔχει ταῦτα, σῴζεσθαί τε ἀξιῶ καὶ δοκεῖν ὑμῖν εἶναι μὴ κακός.

Φέρε δή—χρὴ γάρ, ὦ ἄνδρες, ἀνθρωπίνως περὶ 57 τῶν πραγμάτων ἐκλογίζεσθαι, ὥσπερ ἂν αὐτὸν ὄντα ἐν τῇ συμφορᾷ—τί ἂν ὑμῶν ἕκαστος ἐποίησεν; εἰ μὲν γὰρ ἦν δυοῖν τὸ ἕτερον ἑλέσθαι, ἢ καλῶς ἀπολέσθαι ἢ αἰσχρῶς σωθῆναι, ἔχοι ἄν τις εἰπεῖν κακίαν εἶναι τὰ *γενόμενα· καίτοι πολλοὶ ἂν καὶ τοῦτο εἵλοντο, τὸ ζῆν περὶ πλείονος ποιησάμενοι τοῦ καλῶς ἀποθανεῖν· ὅπου δὲ τούτων τὸ ἐναντιώ- 58 τατον ἦν, σιωπήσαντι μὲν αὐτῷ τε αἴσχιστα ἀπολέσθαι μηδὲν ἀσεβήσαντι, ἔτι δὲ τὸν πατέρα περιιδεῖν ἀπολόμενον καὶ τὸν κηδεστὴν καὶ τοὺς συγγενεῖς καὶ ἀνεψιοὺς τοσούτους, οὓς οὐδεὶς ἀπώλλυεν ἢ ἐγὼ μὴ εἰπὼν ὡς ἕτεροι ἥμαρτον· (Διοκλείδης μὲν γὰρ ψευσάμενος ἔδησεν αὐτούς, σωτηρία δὲ αὐτῶν ἄλλη οὐδεμία ἦν ἢ πυθέσθαι Ἀθηναίους πάντα τὰ πραχθέντα· φονεὺς οὖν αὐτῶν ἐγιγνόμην ἐγὼ μὴ εἰπὼν ὑμῖν ἃ ἤκουσα· ἔτι δὲ τριακοσίους Ἀθηναίων ἀπώλλυον, καὶ ἡ πόλις ἐν κακοῖς τοῖς μεγίστοις ἐγίγνετο· ταῦτα 59 μὲν οὖν ἦν ἐμοῦ μὴ εἰπόντος· εἰπὼν δὲ τὰ ὄντα αὐτός τε ἐσῳζόμην καὶ τὸν πατέρα ἔσῳζον καὶ τοὺς ἄλλους συγγενεῖς, καὶ τὴν πόλιν ἐκ φόβου

adding δὲ, and so Bl.—εἶτα καὶ Bk. Turr. § 57. τὰ *γενόμενα] Reiske's conject., approved by Baiter and adopted by Bl.—τὰ

καὶ κακῶν τῶν μεγίστων ἀπήλλαττον· φυγάδες δὲ δι' ἐμὲ τέτταρες ἄνδρες ἐγίγνοντο, οἵπερ καὶ ἥμαρτον· τῶν δ' ἄλλων, *οἳ πρότερον ὑπὸ Τεύκρου ἐμηνύθησαν, οὔτε δήπου οἱ τεθνεῶτες δι' ἐμὲ μᾶλλον ἐτέθνασαν οὔτε οἱ φεύγοντες μᾶλλον ἔφευγον·)
60 ταῦτα δὲ πάντα σκοπῶν εὕρισκον, ὦ ἄνδρες, τῶν παρόντων κακῶν ταῦτα ἐλάχιστα εἶναι, εἰπεῖν τὰ γενόμενα ὡς τάχιστα καὶ ἐλέγξαι Διοκλείδην ψευσάμενον, καὶ τιμωρήσασθαι ἐκεῖνον, ὃς ἡμᾶς μὲν ἀπώλλυεν ἀδίκως, τὴν δὲ πόλιν ἐξηπάτα, ταῦτα δὲ ποιῶν μέγιστος εὐεργέτης ἐδόκει εἶναι
61 καὶ χρήματα ἐλάμβανε. διὰ ταῦτα εἶπον τῇ βουλῇ ὅτι εἰδείην τοὺς ποιήσαντας, καὶ ἐξήλεγξα τὰ γενόμενα, ὅτι εἰσηγήσατο μὲν πινόντων ἡμῶν ταύτην τὴν βουλὴν Εὐφίλητος, ἀντεῖπον δὲ ἐγώ, καὶ τότε μὲν οὐ γένοιτο δι' ἐμέ, ὕστερον δ' ἐγὼ μὲν ἐν Κυνοσάργει ἐπὶ πωλίον ὅ μοι ἦν ἀναβὰς ἔπεσον καὶ τὴν κλεῖν συνετρίβην καὶ τὴν κεφαλὴν κατεάγην φερόμενός τε ἐπὶ κλίνης ἀπεκομίσθην οἴκαδε.
62 αἰσθόμενος δ' Εὐφίλητος ὡς ἔχοιμι, λέγει πρὸς αὐτοὺς ὅτι πέπεισμαι ταῦτα συμποιεῖν καὶ ὡμολόγηκα αὐτῷ μεθέξειν τοῦ ἔργου καὶ περικόψειν τὸν Ἑρμῆν τὸν παρὰ τὸ Φορβαντεῖον. ταῦτα

λεγόμενα mss. Turr. Bk. § 59. τῶν δ' ἄλλων, *οἳ πρότερον ὑπὸ Τεύκρου ἐμηνύθησαν, οὔτε δήπου] τῶν δ' ἄλλων οἱ λοιποὶ πρότερον ὑπὸ Τεύκρου ἐμηνύθησαν. οὔτε δήπου vulg. and Bk.— Dobree conjectured that οἱ λοιποὶ should be οἱ (or οἵπερ, or ὅσοιπερ), and that the full stop after ἐμηνύθησαν should be changed to a comma. So Turr. Bl.—Dobree would have preferred to omit the whole clause, οἱ λοιποὶ...ἐμηνύθησαν: but (when corrected) it has its significance, as defining the otherwise vague τῶν ἄλλων. § 61. ταύτην τὴν βουλὴν] After βουλὴν the mss. have γενέσθαι, which Bk. brackets, and which

δ' ἔλεγεν ἐξαπατῶν ἐκείνους· καὶ διὰ ταῦτα ὁ Ἑρμῆς ὃν ὁρᾶτε πάντες, ὁ παρὰ τὴν πατρῴαν οἰκίαν τὴν ἡμετέραν, ὃν ἡ Αἰγηὶς ἀνέθηκεν, οὐ περιεκόπη μόνος τῶν Ἑρμῶν τῶν Ἀθήνησιν, ὡς ἐμοῦ τοῦτο *ποιήσοντος, ὡς ἔφη πρὸς αὐτοὺς Εὐφίλητος. οἱ δ' αἰσθόμενοι δεινὰ ἐποίουν ὅτι 63 εἰδείην μὲν τὸ πρᾶγμα, πεποιηκὼς δὲ οὐκ εἴην. προσελθόντες δέ μοι τῇ ὑστεραίᾳ Μέλητος καὶ Εὐφίλητος ἔλεγον ὅτι "γεγένηται, ὦ Ἀνδοκίδη, καὶ πέπρακται ἡμῖν ταῦτα. σὺ μέντοι εἰ μὲν ἀξιοῖς ἡσυχίαν ἔχειν καὶ σιωπᾶν, ἕξεις ἡμᾶς ἐπιτηδείους ὥσπερ καὶ πρότερον· εἰ δὲ μή, χαλεπώτεροί σοι ἡμεῖς ἐχθροὶ ἐσόμεθα ἢ ἄλλοι τινὲς δι' ἡμᾶς φίλοι." εἶπον αὐτοῖς ὅτι νομίζοιμι μὲν 64 διὰ τὸ πρᾶγμα Εὐφίλητον πονηρὸν εἶναι, ἐκείνοις δὲ οὐκ ἐμὲ δεινὸν εἶναι, ὅτι οἶδα, ἀλλὰ μᾶλλον αὐτὸ τὸ ἔργον πολλῷ, ὅτι πεποίηται. ὡς οὖν ἦν ταῦτ' ἀληθῆ, τόν τε παῖδα τὸν ἐμὸν παρέδωκα βασανίσαι, ὅτι ἔκαμνον καὶ οὐδ' ἀνιστάμην ἐκ τῆς κλίνης, καὶ τὰς θεραπαίνας ἔλαβον οἱ πρυτάνεις, ὅθεν ὁρμώμενοι ταῦτ' ἐποίουν ἐκεῖνοι. ἐξελέγ- 65 χοντες δὲ τὸ πρᾶγμα ἥ τε βουλὴ καὶ οἱ ζητηταί, ἐπειδὴ ἦν ᾗ ἐγὼ ἔλεγον καὶ ὡμολογεῖτο πανταχόθεν, τότε δὴ καλοῦσι τὸν Διοκλείδην· καὶ οὐ πολλῶν λόγων ἐδέησεν, ἀλλ' εὐθὺς ὡμολόγει ψεύδεσθαι, καὶ ἐδεῖτο σῴζεσθαι φράσας τοὺς πείσαντας αὐτὸν λέγειν ταῦτα· εἶναι δὲ Ἀλκιβιάδην τὸν Φηγούσιον καὶ Ἀμίαντον τὸν ἐξ Αἰγίνης. καὶ οὗτοι μὲν δείσαντες ᾤχοντο φεύγοντες· ὑμεῖς δὲ 66

Turr. Bl. omit. § 62. *ποιήσοντος] Reiske's conject., Turr.

ἀκούσαντες ταῦτα Διοκλείδην μὲν τῷ δικαστηρίῳ παραδόντες ἀπεκτείνατε, τοὺς δὲ δεδεμένους καὶ μέλλοντας ἀπολεῖσθαι ἐλύσατε, τοὺς ἐμοὺς συγγενεῖς, δι' ἐμέ, καὶ τοὺς φεύγοντας κατεδέξασθε, αὐτοὶ δὲ λαβόντες τὰ ὅπλα ἀπῇτε, πολλῶν κακῶν 67 καὶ κινδύνων ἀπαλλαγέντες. ἐν οἷς ἐγώ, ὦ ἄνδρες, τῆς μὲν τύχης ᾗ ἐχρησάμην δικαίως ἂν ὑπὸ πάντων ἐλεηθείην, τῶν δὲ *γενομένων ἕνεκεν εἰκότως <ἂν> ἀνὴρ ἄριστος δοκοίην εἶναι, ὅστις εἰσηγησαμένῳ μὲν Εὐφιλήτῳ πίστιν τῶν ἐν ἀνθρώποις ἀπιστοτάτην ἠναντιώθην καὶ ἀντεῖπον καὶ ἐλοιδόρησα ἐκείνῳ ὧν ἦν ἄξιος, ἁμαρτόντων δ' ἐκείνων τὴν ἁμαρτίαν αὐτοῖς συνέκρυψα, καὶ μηνύσαντος κατ' αὐτῶν Τεύκρου οἱ μὲν αὐτῶν ἀπέθανον οἱ δ' ἔφυγον, πρὶν ἡμᾶς ὑπὸ Διοκλείδου δεθῆναι καὶ μέλλειν ἀπολεῖσθαι. τότε δὲ ἀπέγραψα τέτταρας ἄνδρας, Παναίτιον Διάκριτον Λυσίστρατον Χαι-
68 ρέδημον· οὗτοι μὲν ἔφυγον δι' ἐμέ, ὁμολογῶ· ἐσώθη δέ γε ὁ πατήρ, ὁ κηδεστής, ἀνεψιοὶ τρεῖς, τῶν ἄλλων συγγενῶν ἑπτά, μέλλοντες ἀποθανεῖσθαι ἀδίκως· οἳ νῦν ὁρῶσι τοῦ ἡλίου τὸ φῶς δι' ἐμέ, καὶ αὐτοὶ ὁμολογοῦσιν· ὁ δὲ τὴν πόλιν ὅλην συνταράξας καὶ εἰς τοὺς ἐσχάτους κινδύνους καταστήσας ἐξηλέγχθη, ὑμεῖς δὲ ἀπηλλάγητε μεγάλων φόβων 69 καὶ τῶν εἰς ἀλλήλους ὑποψιῶν. καὶ ταῦτ' εἰ ἀληθῆ λέγω, ὦ ἄνδρες, ἀναμιμνήσκεσθε, καὶ οἱ *εἰδότες

Bl.—ποιήσαντος vulg. Bk. § 66. ἀπῇτε] Weidner, Bl.—ἀπῄειτε vulg. Bk. Turr. § 67. *γενομένων] Baiter's conject., Turr. Bl.—γιγνομένων vulg. Bk. || <ἂν> ἀνήρ] ἂν is added, with Reiske, by Bl. § 69. οἱ *εἰδότες] Reiske's conject., Turr. Bl.—οἱ ἰδόντες vulg. Bk.

διδάσκετε τοὺς ἄλλους. σὺ δέ μοι αὐτοὺς κάλει τοὺς λυθέντας δι' ἐμέ· ἄριστα γὰρ ἂν εἰδότες τὰ γενόμενα λέγοιεν εἰς τούτους. οὑτωσὶ δὲ ἔχει, ὦ ἄνδρες· μέχρι τούτου ἀναβήσονται καὶ λέξουσιν ὑμῖν, ἕως ἂν ἀκροᾶσθαι βούλησθε, ἔπειτα δ' ἐγὼ περὶ τῶν ἄλλων ἀπολογήσομαι. [ΜΑΡΤΥΡΕΣ.]

III.

ΠΕΡΙ ΤΗΣ ΠΡΟΣ ΛΑΚΕΔΑΙΜΟΝΙΟΥΣ ΕΙΡΗΝΗΣ.

[Or. III.—390 B.C.]

§§ 28—41.

Τοιούτων δ' ἐλπίδων μετασχόντας ἡμᾶς δεῖ 28 δυοῖν θάτερον ἑλέσθαι, ἢ πολεμεῖν μετὰ Ἀργείων Λακεδαιμονίοις, ἢ μετὰ Βοιωτῶν κοινῇ τὴν εἰρήνην ποιεῖσθαι. ἐγὼ μὲν οὖν ἐκεῖνο δέδοικα μάλιστα, ὦ Ἀθηναῖοι, τὸ εἰθισμένον κακόν, ὅτι τοὺς κρείττους φίλους ἀφιέντες ἀεὶ τοὺς ἥττους αἱρούμεθα, καὶ πόλεμον ποιούμεθα δι' ἑτέρους, ἐξὸν δι' ἡμᾶς αὐτοὺς εἰρήνην ἄγειν· οἵτινες πρῶτον μὲν βασιλεῖ 29 τῷ μεγάλῳ—χρὴ γὰρ ἀναμνησθέντας τὰ γεγενημένα καλῶς βουλεύσασθαι—σπονδὰς ποιησάμενοι καὶ συνθέμενοι φιλίαν εἰς τὸν ἅπαντα χρόνον, ἃ ἡμῖν ἐπρέσβευσεν Ἐπίλυκος Τισάνδρου, τῆς μητρὸς τῆς ἡμετέρας ἀδελφός, ταῦτα Ἀμόργῃ πειθόμενοι τῷ δούλῳ τοῦ βασιλέως καὶ φυγάδι τὴν μὲν βασιλέως δύναμιν ἀπεβαλόμεθα ὡς *οὐδενὸς

III. § 29. *οὐδενὸς οὖσαν ἀξίαν] οὐδενὸς for οὐδὲν is

οὖσαν ἀξίαν, τὴν δὲ Ἀμόργου φιλίαν εἰλόμεθα, κρείττω νομίσαντες εἶναι· ἀνθ᾽ ὧν βασιλεὺς ὀργισθεὶς ἡμῖν, σύμμαχος γενόμενος Λακεδαιμονίοις, παρέσχεν αὐτοῖς εἰς τὸν πόλεμον πεντακισχίλια τάλαντα, ἕως κατέλυσεν ἡμῶν τὴν δύναμιν. ἓν μὲν βούλευμα τοιοῦτον ἐβουλευσάμεθα·
30 Συρακούσιοι δ᾽ ὅτε ἦλθον ἡμῶν δεόμενοι, φιλότητα μὲν ἀντὶ διαφορᾶς ἐθέλοντες εἰρήνην δ᾽ ἀντὶ πολέμου ποιεῖσθαι, τήν τε συμμαχίαν ἀποδεικνύντες ὅσῳ κρείττων ἡ σφετέρα εἴη τῶν Ἐγεσταίων καὶ τῶν Καταναίων, εἰ βουλοίμεθα πρὸς αὐτοὺς ποιεῖσθαι, ἡμεῖς τοίνυν εἰλόμεθα καὶ τότε πόλεμον μὲν ἀντὶ εἰρήνης, Ἐγεσταίους δὲ ἀντὶ Συρακουσίων, στρατεύεσθαι δ᾽ εἰς Σικελίαν ἀντὶ τοῦ *μένοντες οἴκοι συμμάχους ἔχειν Συρακουσίους. ἐξ ὧν πολλοὺς μὲν Ἀθηναίων ἀπολέσαντες ἀριστίνδην καὶ τῶν συμμάχων, πολλὰς δὲ ναῦς καὶ χρήματα καὶ δύναμιν ἀποβαλόντες, αἰσχρῶς διεκο-
31 μίσθησαν οἱ σωθέντες αὐτῶν. ὕστερον δ᾽ ὑπ᾽ Ἀργείων ἐπείσθημεν, οἵπερ νῦν ἥκουσι πείθοντες πολεμεῖν, πλεύσαντες ἐπὶ τὴν Λακωνικὴν εἰρήνης ἡμῖν οὔσης πρὸς Λακεδαιμονίους *ἐκκαλεῖν αὐτῶν τὸν θυμόν, ἀρχὴν πολλῶν κακῶν· ἐξ οὗ πολεμήσαντες ἠναγκάσθημεν τὰ τείχη κατασκάπτειν καὶ

Reiske's conject.; Bk. Turr. Bl. § 30. *μένοντες] Bl.—μένοντας vulg. Bk. Turr. See comment. § 31. *ἐκκαλεῖν αὐτῶν τὸν θυμόν] So Bl.; the mss. have ἐκτεῖναι τὸν θυμόν, which can only mean *to stretch forth our anger*, an impossible phrase for classical Greek prose. Reiske proposed ἐκείνων κινεῖν τὸν θυμόν: Sluiter, κινεῖν αὐτῶν τὸν θυμόν. Dobree's comment on ἐκτεῖναι τὸν θυμόν is 'Latet, nisi fallor, nomen proprium.' Did he take ἐκτεῖναι to be a corruption of (ἀπο)κτεῖναι?

τὰς ναῦς παραδιδόναι καὶ τοὺς φεύγοντας καταδέχεσθαι. ταῦτα δὲ πασχόντων ἡμῶν οἱ πείσαντες ἡμᾶς πολεμεῖν Ἀργεῖοι τίνα ὠφέλειαν παρέσχον ἡμῖν; τίνα δὲ κίνδυνον ὑπὲρ τῶν Ἀθηναίων ἐποιήσαντο; νῦν οὖν τοῦτο ὑπόλοιπόν ἐστιν 32 ἡμῖν, πόλεμον μὲν ἑλέσθαι καὶ νῦν ἀντ᾽ εἰρήνης, τὴν δὲ Ἀργείων συμμαχίαν ἀντὶ τῆς Βοιωτῶν, Κορινθίων δὲ τοὺς νῦν ἔχοντας τὴν πόλιν ἀντὶ Λακεδαιμονίων. μὴ δῆτα, ὦ Ἀθηναῖοι, μηδεὶς ἡμᾶς ταῦτα πείσῃ· τὰ γὰρ παραδείγματα τὰ γεγενημένα τῶν ἁμαρτημάτων ἱκανὰ τοῖς σώφροσι τῶν ἀνθρώπων ὥστε μηκέτι ἁμαρτάνειν.

Εἰσὶ δέ τινες ὑμῶν οἳ τοσαύτην ὑπερβολὴν τῆς 33 ἐπιθυμίας ἔχουσιν εἰρήνην ὡς τάχιστα γενέσθαι· φασὶ γὰρ καὶ τὰς τετταράκονθ᾽ ἡμέρας ἐν αἷς ἡμῖν ἔξεστι βουλεύεσθαι περίεργον εἶναι, καὶ τοῦτο ἀδικεῖν ἡμᾶς. αὐτοκράτορας γὰρ πεμφθῆναι εἰς Λακεδαίμονα διὰ *ταῦθ᾽, ἵνα μὴ πάλιν ἐπαναφέρωμεν. τήν τε ἀσφάλειαν ἡμῶν τῆς ἐπαναφορᾶς δέος ὀνομάζουσι, λέγοντες ὡς οὐδεὶς πώποτε τὸν δῆμον τῶν Ἀθηναίων ἐκ τοῦ φανεροῦ πείσας ἔσωσεν, ἀλλὰ δεῖ λαθόντας ἢ ἐξαπατήσαντας αὐτὸν εὖ ποιῆσαι. τὸν λόγον οὖν τοῦτον οὐκ ἐπαινῶ. φημὶ γάρ, ὦ Ἀθηναῖοι, πολέμου μὲν 34 ὄντος ἄνδρα στρατηγὸν τῇ πόλει τε εὔνουν εἰδότα τε ὅ τι πράττοι λανθάνοντα δεῖν τοὺς πολλοὺς τῶν ἀνθρώπων καὶ ἐξαπατῶντα ἄγειν ἐπὶ τοὺς

§ 32. Ἀργείων συμμαχίαν] συμμαχίαν Ἀργείων mss. The transposition is mine. The alternative is to add a second τὴν before Ἀργείων. § 33. ἐν αἷς ἡμῖν ἔξεστι] ἡμῶν mss. Bl.—ὑμῖν Bk. Turr. || διὰ *ταῦθ᾽] Reiske's conject., Turr. Bl.—διὰ ταύτην mss.

κινδύνους, εἰρήνης δὲ πέρι πρεσβεύοντας κοινῆς τοῖς Ἕλλησιν, ἐφ᾽ οἷς ὅρκοι τε ὀμοσθήσονται στῆλαί τε σταθήσονται γεγραμμέναι, ταῦτα δὲ οὔτε λαθεῖν οὔτε ἐξαπατῆσαι δεῖν, ἀλλὰ πολὺ μᾶλλον ἐπαινεῖν ἢ ψέγειν, εἰ πεμφθέντες αὐτοκράτορες *ἔτι *ἀπεδώκαμεν ὑμῖν περὶ αὐτῶν σκέψασθαι· βουλεύσασθαι μὲν οὖν ἀσφαλῶς χρὴ κατὰ δύναμιν, οἷς δ᾽ ἂν ὀμόσωμεν καὶ συνθώμεθα, 35 τούτοις ἐμμένειν. οὐ γὰρ μόνον, ὦ Ἀθηναῖοι, πρὸς γράμματα τὰ γεγραμμένα δεῖ βλέποντας πρεσβεύειν ἡμᾶς, ἀλλὰ καὶ πρὸς τοὺς τρόπους τοὺς ὑμετέρους. ὑμεῖς γὰρ περὶ μὲν τῶν ἑτοίμων ὑμῖν ὑπονοεῖν εἰώθατε καὶ δυσχεραίνειν, τὰ δ᾽ οὐκ ὄντα λογοποιεῖν ὡς ἔστιν ὑμῖν ἕτοιμα· κἂν μὲν πολεμεῖν δέῃ, τῆς εἰρήνης ἐπιθυμεῖτε, ἐὰν δέ τις ὑμῖν τὴν εἰρήνην πράττῃ, λογίζεσθε τὸν πόλεμον 36 ὅσα ἀγαθὰ ὑμῖν κατειργάσατο· ὅπου καὶ νῦν ἤδη τινὲς λέγουσιν οὐ γιγνώσκειν τὰς διαλλαγὰς αἵτινές εἰσιν, τείχη καὶ νῆες εἰ γενήσονται τῇ πόλει· τὰ γὰρ ἴδια τὰ σφέτερ᾽ αὐτῶν ἐκ τῆς ὑπερορίας οὐκ ἀπολαμβάνειν, ἀπὸ δὲ τῶν τειχῶν οὐκ εἶναι σφίσι τροφήν. ἀναγκαίως οὖν ἔχει καὶ πρὸς ταῦτ᾽ ἀντειπεῖν.

37 Ἦν γάρ ποτε χρόνος, ὦ Ἀθηναῖοι, ὅτε τείχη καὶ ναῦς οὐκ ἐκτήμεθα· γενομένων δὲ τούτων τὴν ἀρχὴν ἐποιησάμεθα τῶν ἀγαθῶν. ὧν εἰ καὶ νῦν ἐπιθυμεῖτε, ταῦτα κατεργάσασθε. ταύτην δὲ λαβόντες ἀφορμὴν οἱ πατέρες ἡμῶν κατειργάσαντο

Bk. § 34. αὐτοκράτορες *ἔτι *ἀπεδώκαμεν] αὐτοκράτορές τι ἀποδώσομεν mss. Bk. Turr.: ἔτι is due to Reiske, ἀπεδώκαμεν to Bl.

τῇ πόλει δύναμιν τοσαύτην ὅσην οὔπω τις ἄλλη πόλις ἐκτήσατο, τὰ μὲν πείσαντες τοὺς Ἕλληνας, τὰ δὲ λαθόντες, τὰ δὲ πριάμενοι, τὰ δὲ βιασάμενοι· πείσαντες μὲν οὖν Ἀθήνησι ποιήσασθαι τῶν 38 κοινῶν χρημάτων Ἑλληνοταμίας, καὶ τὸν σύλλογον τῶν νεῶν παρ' ἡμῖν γενέσθαι, ὅσαι δὲ τῶν πόλεων τριήρεις μὴ κέκτηνται, ταύταις ἡμᾶς παρέχειν· λαθόντες δὲ Πελοποννησίους *τειχισάμενοι τὰ τείχη· πριάμενοι δὲ παρὰ Λακεδαιμονίων μὴ δοῦναι τούτων δίκην· βιασάμενοι δὲ τοὺς ἐναντίους τὴν ἀρχὴν τῶν Ἑλλήνων κατειργασάμεθα. καὶ ταῦτα τὰ ἀγαθὰ ἐν ὀγδοήκοντα καὶ πέντε ἡμῖν ἔτεσιν ἐγένετο. κρατηθέντες δὲ τῷ πολέμῳ τά τε 39 ἄλλα ἀπωλέσαμεν, καὶ τὰ τείχη καὶ τὰς ναῦς ἔλαβον ἡμῶν ἐνέχυρα Λακεδαιμόνιοι, *τὰς μὲν παραλαβόντες, τὰ δὲ καθελόντες, ὅπως μὴ πάλιν ταῦτ' ἔχοντες ἀφορμὴν δύναμιν τῇ πόλει κατασκευάσαιμεν. πεισθέντες τοίνυν ὑφ' ἡμῶν Λακεδαιμόνιοι πάρεισι νυνὶ πρέσβεις αὐτοκράτορες, τά τε ἐνέχυρα ἡμῖν ἀποδιδόντες, καὶ τὰ τείχη καὶ ναῦς ἐῶντες κεκτῆσθαι, τάς τε νήσους ἡμετέρας εἶναι.

Τὴν αὐτὴν τοίνυν ἀρχὴν ἀγαθῶν λαμβάνοντας 40 ἥπερ ἡμῶν ἐλάμβανον οἱ πρόγονοι, ταύτην οὐκ ἀκτέον φασὶ τὴν εἰρήνην τινὲς εἶναι. παριόντες οὖν αὐτοὶ διδασκόντων *ὑμᾶς—ἐξουσίαν δ' αὐτοῖς ἡμεῖς ἐποιήσαμεν, προσθέντες τετταράκοντα

§ 88. *τειχισάμενοι] A conjecture of Emperius, received by Bl.—ἐτειχίσαμεν vulg. Bk. Turr. § 89. *τὰς μὲν παραλαβόντες] τὰς Reiske, Bk. Turr. Bl.—τὰ mss. || τάς τε νήσους] τάς τε Z, M, Bl.—τὰς δὲ vulg. Bk. Turr. § 40. διδασκόντων *ὑμᾶς] ὑμᾶς Sluiter (approved by Baiter), Bl.—ἡμᾶς vulg. Bk. Turr. ||

48   SELECTIONS.

ἡμέρας βουλεύσασθαι—τοῦτο μὲν τῶν γεγραμμένων εἴ τι τυγχάνει μὴ καλῶς ἔχον· ἔξεστι γὰρ ἀφελεῖν· τοῦτο δ' εἴ τίς <τι> προσθεῖναι βούλεται, πείσας ὑμᾶς προσγραψάτω. πᾶσί τε τοῖς γεγραμμένοις χρωμένοις ἔστιν εἰρήνην ἄγειν. εἰ δὲ
41 μηδὲν ἀρέσκει τούτων, πολεμεῖν ἕτοιμον. καὶ ταῦτ' ἐφ' ὑμῖν πάντ' ἐστίν, ὦ Ἀθηναῖοι, τούτων ὅ τι ἂν βούλησθε ἐλέσθαι. πάρεισι μὲν γὰρ Ἀργεῖοι καὶ Κορίνθιοι διδάξοντες ὡς ἄμεινόν ἐστι πολεμεῖν, ἥκουσι δὲ Λακεδαιμόνιοι πείσοντες ὑμᾶς εἰρήνην ποιήσασθαι. τούτων δ' ἐστὶ τὸ τέλος παρ' ὑμῖν, ἀλλ' οὐκ ἐν Λακεδαιμονίοις, δι' ἡμᾶς. πρεσβευτὰς οὖν πάντας ὑμᾶς ἡμεῖς οἱ πρέσβεις ποιοῦμεν· ὁ γὰρ τὴν χεῖρα μέλλων ὑμῶν αἴρειν, οὗτος ὁ πρεσβεύων ἐστίν, ὁπότερ' ἂν αὐτῷ δοκῇ, καὶ τὴν εἰρήνην καὶ τὸν πόλεμον ποιεῖν. μέμνησθε μὲν οὖν, ὦ Ἀθηναῖοι, τοὺς ἡμετέρους λόγους, ψηφίσασθε δὲ τοιαῦτα ἐξ ὧν ὑμῖν μηδέποτε μεταμελήσει.

εἴ τίς <τι> προσθεῖναι] Bl.—εἴτις προσθεῖναι mss. Bk. Turr.: the latter would prefer εἴ τί τις. Sluiter proposed εἴ τις προσθεῖναί τι. § 41. ἐλέσθαι] A, B, M, Z, Turr. Bl.—ἔλεσθε other mss. and Bk., who points thus: Ἀθηναῖοι· τούτων ὅτι ἂν βούλησθε ἔλεσθε.

ΛΥΣΙΑΣ.

I. ΟΛΥΜΠΙΑΚΟΣ.

[Or. xxxiii.—388 B.C.]

Ἄλλων τε πολλῶν καὶ καλῶν ἔργων ἕνεκα, ὦ ἄνδρες, ἄξιον Ἡρακλέους μεμνῆσθαι, καὶ ὅτι τόνδε

LYSIAS.

The codex Palatinus *X* (Heidelberg) is the parent of all other manuscripts of Lysias yet collated (except Marciani *F, G*, and Parisini *U, V*, which contain only or. II., the spurious Ἐπιτάφιος); it is also the basis of the Aldine. This was shown at length by Hermann Sauppe in an *epistola critica* to Godfrey Hermann (1841), and is now generally admitted. Carl Scheibe's first edition of Lysias, in the Teubner series, appeared in 1852. Subsequently *X* was carefully collated for him by C. L. Kayser, and this new collation is the critical basis of Scheibe's second edition (1876), in which the distinctive feature is the recognition of the codex Palatinus as an authority of paramount value. When Baiter and Hermann Sauppe were engaged upon their *Oratores Attici*, the authorities of Heidelberg sent Palatinus *X* to Zurich for their inspection, but before it arrived the first twenty orations of Lysias had already been printed. An examination of it, however, led Sauppe to the conclusions which he embodied in the letter already mentioned. Second in importance is Laurentianus *C* (15th century). This was I. Bekker's principal guide. So confident was he of its superior merit, that he looked at *X* only occasionally, and without much attention. It has now been shown that the points in which *C* varies from *X* are nowhere due to a better archetype, but simply to the conjectures of a scribe whose learning was at least equalled by his temerity. In orations X—XXIV inclusive Bekker used only *C* and *X*; in orations I—IX he drew from time to time on eleven inferior mss. (mostly containing only these nine speeches), viz. Marciani *F, G, I, K*: Laurentiani *D, E*: Vaticani *M, N*: Parisini *U, V*: Urbinas *O*. As a rule, *X* and *C* are the only mss. which have much weight in regard to the real difficulties of the text.

Schb. = Carl Scheibe's second edition (Teubner, 1876). Turr., as before, = Baiter and Sauppe; Bk. = Bekker's Berlin edition.

τὸν ἀγῶνα πρῶτος συνήγειρε δι' εὔνοιαν τῆς Ἑλλάδος. ἐν μὲν γὰρ τῷ τέως χρόνῳ ἀλλοτρίως 2 αἱ πόλεις πρὸς ἀλλήλας διέκειντο· ἐπειδὴ δὲ ἐκεῖνος τοὺς τυράννους ἔπαυσε καὶ τοὺς ὑβρίζοντας ἐκώλυσεν, ἀγῶνα μὲν σωμάτων ἐποίησε, φιλοτιμίαν δὲ πλούτου, γνώμης δ' ἐπίδειξιν ἐν τῷ καλλίστῳ τῆς Ἑλλάδος, ἵνα τούτων ἁπάντων ἕνεκα εἰς τὸ αὐτὸ συνέλθωμεν, τὰ μὲν ὀψόμενοι, τὰ δὲ ἀκουσόμενοι· ἡγήσατο γὰρ τὸν ἐνθάδε σύλλογον ἀρχὴν <ἂν> γενέσθαι τοῖς Ἕλλησι τῆς πρὸς ἀλλήλους 3 φιλίας. ἐκεῖνος μὲν οὖν ταῦθ' ὑφηγήσατο, ἐγὼ δ' ἥκω οὐ μικρολογησόμενος οὐδὲ περὶ τῶν ὀνομάτων μαχούμενος. ἡγοῦμαι γὰρ ταῦτα ἔργα μὲν εἶναι *σοφιστῶν λίαν *ἀχρήστων καὶ σφόδρα βίου δεομένων, ἀνδρὸς δὲ ἀγαθοῦ καὶ πολίτου πολλοῦ ἀξίου περὶ τῶν μεγίστων συμβουλεύειν, ὁρῶν οὕτως αἰσχρῶς διακειμένην τὴν Ἑλλάδα, καὶ πολλὰ μὲν αὐτῆς ὄντα ὑπὸ τῷ βαρβάρῳ, πολλὰς δὲ πόλεις 4 ὑπὸ τυράννων ἀναστάτους γεγενημένας. καὶ ταῦτα εἰ μὲν δι' ἀσθένειαν ἐπάσχομεν, στέργειν ἂν ἦν ἀνάγκη τὴν τύχην· ἐπειδὴ δὲ διὰ στάσιν καὶ τὴν πρὸς ἀλλήλους φιλονεικίαν, πῶς οὐκ ἄξιον τῶν μὲν παύσασθαι τὰ δὲ κωλῦσαι, εἰδότας ὅτι φιλονεικεῖν μέν ἐστιν εὖ πραττόντων, γνῶναι δὲ τὰ

I. § 2. πλούτου] Turr. Schb. Undoubtedly the true reading, though not found in X or C: Turr. quote for it two mss., 'A B Grosii,'—the same from which they cite the true reading ἐγγείους (for ἐγγύους) in Lys. or. XXXII § 15.—πλούτῳ vulg. Bk. ‖ <ἂν> γενέσθαι] I have inserted ἂν, which could easily drop out after ἀρχήν. Markland conjectures γενήσεσθαι, and so Turr. Schb. § 3. *σοφιστῶν λίαν *ἀχρήστων] Markland, Bk. Turr. Schb.—σοφῶν τῶν λίαν χρηστῶν mss.

βέλτιστα τῶν *ἀτυχῶν; ὁρῶμεν γὰρ τοὺς κινδύ- 5
νους καὶ μεγάλους καὶ πανταχόθεν περιεστηκότας·
ἐπίστασθε δὲ ὅτι ἡ μὲν ἀρχὴ τῶν κρατούντων τῆς
θαλάσσης, τῶν δὲ χρημάτων βασιλεὺς ταμίας, τὰ
δὲ τῶν Ἑλλήνων σώματα τῶν δαπανᾶσθαι δυνα-
μένων, ναῦς δὲ πολλὰς μὲν αὐτὸς κέκτηται, πολλὰς
δ᾽ ὁ τύραννος τῆς Σικελίας. ὥστε ἄξιον τὸν μὲν 6
πρὸς ἀλλήλους πόλεμον καταθέσθαι, τῇ δ᾽ αὐτῇ
γνώμῃ χρωμένους τῆς σωτηρίας ἀντέχεσθαι, καὶ
περὶ μὲν τῶν παρεληλυθότων αἰσχύνεσθαι, περὶ
δὲ τῶν μελλόντων ἔσεσθαι δεδιέναι, καὶ τοὺς προ-
γόνους μιμεῖσθαι, οἳ τοὺς μὲν βαρβάρους ἐποίησαν
τῆς ἀλλοτρίας ἐπιθυμοῦντας τῆς σφετέρας αὐτῶν
ἐστερῆσθαι, τοὺς δὲ τυράννους ἐξελάσαντες κοινὴν
ἅπασι τὴν ἐλευθερίαν κατέστησαν. θαυμάζω δὲ 7
Λακεδαιμονίους πάντων μάλιστα, τίνι ποτὲ γνώμῃ
χρώμενοι καιομένην τὴν Ἑλλάδα περιορῶσιν,
ἡγεμόνες ὄντες τῶν Ἑλλήνων οὐκ ἀδίκως καὶ διὰ
τὴν ἔμφυτον ἀρετὴν καὶ διὰ τὴν πρὸς τὸν πόλεμον
ἐπιστήμην, μόνοι δὲ οἰκοῦντες ἀπόρθητοι καὶ
ἀτείχιστοι καὶ ἀστασίαστοι καὶ ἀήττητοι καὶ
τρόποις ἀεὶ τοῖς αὐτοῖς χρώμενοι· ὧν ἕνεκα ἐλπὶς
ἀθάνατον τὴν ἐλευθερίαν αὐτοὺς κεκτῆσθαι, καὶ ἐν
τοῖς παρεληλυθόσι κινδύνοις σωτῆρας γενομένους
τῆς Ἑλλάδος περὶ τῶν μελλόντων προορᾶσθαι.
οὐ τοίνυν ὁ ἐπιὼν καιρὸς τοῦ παρόντος βελτίων· 8
οὐ γὰρ ἀλλοτρίας δεῖ τὰς τῶν ἀπολωλότων συμφο-

§ 4. τῶν *ἀτυχῶν is my conjecture. The τῶν αὐτῶν of the mss. is certainly corrupt. Sauppe conjectures τῶν εὖ νοούντων.
§ 7. διὰ τὴν πρὸς] Schb., with Reiske, reads διὰ τὴν τῶν

ράς νομίζειν ἀλλ' οἰκείας, οὐδ' ἀναμεῖναι, ἕως ἂν ἐπ' αὐτοὺς ἡμᾶς αἱ δυνάμεις ἀμφοτέρων ἔλθωσιν, ἀλλ' ἕως ἔτι ἔξεστι, τὴν τούτων ὕβριν κωλῦσαι. 9 τίς γὰρ οὐκ ἂν *ἐνορῴη ἐν τῷ πρὸς ἀλλήλους πολέμῳ μεγάλους αὐτοὺς γεγενημένους; ὧν οὐ μόνον αἰσχρῶν ὄντων ἀλλὰ καὶ δεινῶν, τοῖς μὲν μεγάλα ἡμαρτηκόσιν ἐξουσία γεγένηται τῶν πεπραγμένων, τοῖς δὲ Ἕλλησιν οὐδεμία αὐτῶν τιμωρία.

II. ΠΕΡΙ ΤΟΥ ΜΗ ΚΑΤΑΛΥΣΑΙ ΤΗΝ ΠΑΤΡΙΟΝ ΠΟΛΙΤΕΙΑΝ ΑΘΗΝΗΣΙ.

[Or. xxxiv.—408 b.c.]

Ὅτε ἐνομίζομεν, ὦ Ἀθηναῖοι, τὰς γεγενημένας συμφορὰς ἱκανὰ μνημεῖα τῇ πόλει καταλελεῖφθαι, ὥστε μηδ' ἂν τοὺς ἐπιγιγνομένους ἑτέρας πολιτείας ἐπιθυμεῖν, τότε δὴ οὗτοι τοὺς κακῶς πεπονθότας καὶ ἀμφοτέρων πεπειραμένους ἐξαπατῆσαι ζητοῦσι τοῖς αὐτοῖς ψηφίσμασιν οἷσπερ καὶ πρότερον *δὶς 2 ἤδη. καὶ τούτων μὲν οὐ θαυμάζω, ὑμῶν δὲ τῶν ἀκροωμένων, ὅτι πάντων *ἐστὲ ἐπιλησμονέστατοι ἢ πάσχειν ἑτοιμότατοι κακῶς ὑπὸ τοιούτων ἀνδρῶν, οἳ τῇ μὲν τύχῃ τῶν ἐκ Πειραιῶς πραγμάτων μετέ-

πρὸς. § 9. οὐκ ἂν *ἐνορῴη (Stephanus) is the simplest and best correction of οὐκ ἂν ἐνορῶν.—Baiter, οὐκ ἂν ἀγανακτήσειεν ὁρῶν.—Dobson, οὐκ ἀνιᾶται ὁρῶν (which Schb. inadvertently attributes to Dobree).—Reiske, οὐκ ἂν ἐντρέποιτο ὁρῶν.

II. § 1. πρότερον *δὶς ἤδη. καὶ] Dobree's conject., Turr. Schb.—πρότερον. διὸ δὴ καὶ mss. Bk. § 2. *ἐστὲ] Markland

σχον, τῇ δὲ γνώμῃ τῶν ἐξ ἄστεος. καίτοι τί ἔδει φεύγοντας κατελθεῖν, εἰ χειροτονοῦντες ὑμᾶς αὐτοὺς καταδουλώσεσθε; ἐγὼ μὲν οὖν, ὦ Ἀθηναῖοι, <οὔτε 3 πλούτῳ> οὔτε γένει ἀπελαυνόμενος, ἀλλ' ἀμφότερα τῶν ἀντιλεγόντων πρότερος ὤν, ἡγοῦμαι ταύτην μόνην σωτηρίαν εἶναι τῇ πόλει ἅπασιν Ἀθηναίοις τῆς πολιτείας μετεῖναι, ἐπεὶ ὅτε καὶ τὰ τείχη καὶ τὰς ναῦς καὶ τὰ χρήματα καὶ συμμάχους ἐκτήμεθα, οὐχ *ὅπως <ἄτιμον> Ἀθηναίων τινὰ ποιήσομεν διενοούμεθα, ἀλλὰ καὶ Εὐβοεῦσιν ἐπιγαμίαν ἐποιούμεθα· νῦν δὲ καὶ τοὺς ὑπάρχοντας πολίτας ἀπολοῦμεν; οὐκ ἂν ἔμοιγε *πείθησθε, οὐδὲ μετὰ 4 τῶν τειχῶν καὶ ταῦτα ἡμῶν αὐτῶν περιαιρησόμεθα, ὁπλίτας πολλοὺς καὶ ἱππέας καὶ τοξότας, ὧν ὑμεῖς ἀντεχόμενοι βεβαίως δημοκρατήσεσθε, τῶν δὲ ἐχθρῶν πλέον ἐπικρατήσετε, ὠφελιμώτεροι δὲ τοῖς συμμάχοις ἔσεσθε· ἐπίστασθε γὰρ <ἐν> ταῖς ἐφ' ἡμῶν ὀλιγαρχίαις γεγενημέναις οὐ τοὺς γῆν κεκτημένους ἔχοντας τὴν πόλιν, ἀλλὰ καὶ πολλοὺς

conject., Turr. Schb.—εἰσὶν mss. Bk. § 3. <οὔτε πλούτῳ>. Markland thus supplies the lost words; Sauppe supplies οὔτε οὐσίᾳ, which Schb. prints between brackets; Stephanus, οὔτε ἡλικίᾳ, which Bk. prints. Turr. leave dots. ‖ ἐκτήμεθα Aldine, Turr. (quoting the codices A B Grosii).—ἐκτησάμεθα mss. Bk.—ἐκεκτήμεθα Emperius, Schb. ‖ οὐχ *ὅπως <ἄτιμον> Ἀθηναίων τινὰ ποιήσομεν] The mss. have οὐχ οὕτως ἵνα Ἀθηναίων τινὰ ποιήσωμεν (Bk.), or ποιήσομεν. Stephanus conjectured ὅπως for οὕτως ἵνα. I supply ἄτιμον before Ἀθηναίων, believing that a vestige of it remains in the corrupt ἵνα of the mss.—Turr., whom Schb. follows, read on their own conject., οὐχ ὅπως Ἀθηναίων τινὰ ἀπώσομεν. ‖ ἀπολοῦμεν] Bk., on Reiske's conject., reads ἀπελῶμεν. § 4. *πείθησθε] Sluiter conject., Turr. Schb.—πειθώμεθα mss. Bk. ‖ <ἐν> ταῖς] Reiske, Turr.—ταῖς mss. Bk.—κἂν ταῖς Franz, Schb. ‖ οὐ τοὺς γῆν] mss. and Bk. have καὶ before οὐ: Turr. and Schb. follow Markland in omitting

μὲν αὐτῶν ἀποθανόντας, πολλοὺς δ' ἐκ τῆς πόλεως
5 ἐκπεσόντας, οὓς ὁ δῆμος καταγαγὼν ὑμῖν μὲν τὴν
ὑμετέραν ἀπέδωκεν, αὐτὸς δὲ ταύτης οὐκ ἐτόλμησε
μετασχεῖν. ὥστε, ἂν ἔμοιγε πείθησθε, οὐ τοὺς εὐερ-
γέτας, καθὸ δύνασθε, τῆς πατρίδος ἀποστερήσετε,
οὐδὲ τοὺς λόγους πιστοτέρους τῶν ἔργων οὐδὲ τὰ
μέλλοντα τῶν γεγενημένων νομιεῖτε, ἄλλως τε καὶ
μεμνημένοι τῶν περὶ τῆς ὀλιγαρχίας μαχομένων, οἳ
τῷ μὲν λόγῳ τῷ δήμῳ πολεμοῦσι, τῷ δὲ ἔργῳ τῶν
ὑμετέρων ἐπιθυμοῦσιν· ἅπερ κτήσονται, ὅταν ὑμᾶς
ἐρήμους συμμάχων λάβωσιν.
6   Εἶτα τοῖς τῶν ὑμῖν ὑπαρχόντων ἐρῶσι τίς
ἔσται σωτηρία τῇ πόλει, εἰ μὴ ποιήσομεν ἃ
Λακεδαιμόνιοι κελεύουσιν; ἐγὼ δὲ τούτους εἰπεῖν
ἀξιῶ, τί τῷ πλήθει περιγενήσεται, εἰ ποιήσαιμεν
ἃ ἐκεῖνοι προστάττουσιν; εἰ δὲ μή, πολὺ κάλλιον
μαχομένους ἀποθνῄσκειν ἢ φανερῶς ἡμῶν αὐτῶν
7 θάνατον καταψηφίσασθαι. ἡγοῦμαι γάρ, ἐὰν μὲν
πείθω, ἀμφοτέροις κοινὸν εἶναι κίνδυνον. ὁρῶ δὲ
Ἀργείους καὶ Μαντινέας τὴν αὐτὴν ἔχοντας
γνώμην τὴν αὐτῶν οἰκοῦντας, τοὺς μὲν ὁμόρους
ὄντας Λακεδαιμονίοις, τοὺς δὲ ἐγγὺς οἰκοῦντας,
καὶ τοὺς μὲν οὐδὲν ἡμῶν πλείους, τοὺς δὲ οὐδὲ
8 τρισχιλίους ὄντας. ἴσασι γὰρ ὅτι, κἂν πολλάκις
εἰς τὴν τούτων ἐμβάλλωσι, πολλάκις αὐτοῖς

---

it. § 6. εἶτα τοῖς τῶν ὑμῖν ὑπαρχόντων ἐρῶσι] mss., Bk.; rightly, I think. For ἐρῶσι Markland conject. ἐρωτῶσι, which Turr. adopt. In doing so, they ought to have omitted τοῖς: see comment. Schb., on Baiter's conject., gives εἶτα τοιούτων ὑμῖν ὑπαρχόντων ἐρωτῶσι. § 7. κίνδυνον] Schb., on his own conject., τὸν κίνδυνον. ‖ Ἀργείους] Schb. καὶ Ἀργείους. § 8. καταδου-

ἀπαντήσονται ὅπλα λαβόντες, ὥστε οὐ καλὸς ὁ κίνδυνος αὐτοῖς δοκεῖ εἶναι, ἐὰν μὲν νικήσωσι, τούτους καταδουλώσεσθαί γε, ἐὰν δὲ ἡττηθῶσι, σφᾶς αὐτοὺς τῶν ὑπαρχόντων ἀγαθῶν ἀποστερῆσαι· ὅσῳ δ' ἂν ἄμεινον πράττωσι, τοσούτῳ <ἧττον> ἐπιθυμοῦσι κινδυνεύειν. εἴχομεν δέ, ὦ 9 Ἀθηναῖοι, καὶ ἡμεῖς ταύτην τὴν γνώμην, ὅτε τῶν Ἑλλήνων ἤρχομεν, καὶ ἐδοκοῦμεν καλῶς βουλεύεσθαι περιορῶντες μὲν τὴν χώραν τεμνομένην, οὐ νομίζοντες δὲ χρῆναι περὶ αὐτῆς διαμάχεσθαι. ἄξιον γὰρ ἦν ὀλίγων ἀμελοῦντας πολλῶν ἀγαθῶν φείσασθαι. νῦν δέ, ἐπεὶ ἐκείνων μὲν ἁπάντων μάχῃ ἐστερήμεθα, ἡ δὲ πατρὶς ἡμῖν λέλειπται, ἴσμεν ὅτι ὁ κίνδυνος οὗτος μόνος ἔχει τὰς ἐλπίδας τῆς σωτηρίας. ἀλλὰ γὰρ χρὴ ἀναμνησθέντας ὅτι 10 ἤδη καὶ ἑτέροις ἀδικουμένοις βοηθήσαντες ἐν τῇ ἀλλοτρίᾳ πολλὰ τρόπαια τῶν πολεμίων ἐστήσαμεν, ἄνδρας ἀγαθοὺς περὶ τῆς πατρίδος καὶ ἡμῶν αὐτῶν γίγνεσθαι, πιστεύοντας μὲν τοῖς θεοῖς καὶ ἐλπίζοντας τὸ δίκαιον μετὰ τῶν ἀδικουμένων ἔσεσθαι. δεινὸν γὰρ ἂν εἴη, ὦ Ἀθηναῖοι, εἰ, ὅτε μὲν ἐφεύγο- 11 μεν, ἐμαχόμεθα Λακεδαιμονίοις ἵνα κατέλθωμεν, κατελθόντες δὲ φευξόμεθα ἵνα μὴ μαχώμεθα.

λώσεσθαί γε] οὐ was conjecturally inserted before by Reiske, whom Turr. Schb. follow. To me it seems clear that the mss. (and Bk.) are right in omitting it: see comment. ‖ τοσούτῳ <ἧττον>] ἧττον is added by Turr. and Schb., on Reiske's conject. § 9. ὦ Ἀθηναῖοι] Turr. (with A B Grosii), Schb.—ὦ ἄνδρες the other mss. Bk. ‖ ἡμῖν λέλειπται] ἡμῶν Turr. (with A B as reported by Auger), Schb.—ἡμῶν the other mss. Bk. § 10. ἐλπίζοντας τὸ δίκαιον] τὸ δίκαιον Taylor, Turr. Schb.—ἐπὶ τὸ δίκαιον mss. Bk.—Franz suggested ἔτι for ἐπί. See comment.

οὔκουν αἰσχρὸν εἰ εἰς τοῦτο κακίας ἥξομεν, ὥστε οἱ μὲν πρόγονοι καὶ ὑπὲρ τῆς τῶν ἄλλων ἐλευθερίας Ἑλλήνων διεκινδύνευον, ὑμεῖς δὲ οὐδὲ ὑπὲρ τῆς ὑμετέρας αὐτῶν τολμᾶτε πολεμεῖν;

III. ΥΠΕΡ ΜΑΝΤΙΘΕΟΥ.

[Or. xvi.—About 392 B.C.]

Εἰ μὴ συνῄδειν, ὦ βουλή, τοῖς κατηγόροις βουλομένοις ἐκ παντὸς τρόπου κακῶς ἐμὲ ποιεῖν, πολλὴν ἂν αὐτοῖς χάριν εἶχον ταύτης τῆς κατηγορίας· ἡγοῦμαι γὰρ τοῖς ἀδίκως διαβεβλημένοις τούτους εἶναι μεγίστων ἀγαθῶν αἰτίους, οἵτινες ἂν αὐτοὺς ἀναγκάζωσιν εἰς ἔλεγχον τῶν αὐτοῖς 2 βεβιωμένων καταστῆναι. ἐγὼ γὰρ οὕτω σφόδρα ἐμαυτῷ πιστεύω, ὥστ᾽ ἐλπίζω καὶ εἴ τις πρός με τυγχάνει ἀηδῶς ἢ κακῶς διακείμενος, ἐπειδὰν ἐμοῦ λέγοντος ἀκούσῃ περὶ τῶν πεπραγμένων, μεταμελήσειν αὐτῷ καὶ πολὺ βελτίω με εἰς τὸν λοιπὸν 3 χρόνον ἡγήσεσθαι. ἀξιῶ δέ, ὦ βουλή, ἐὰν μὲν τοῦτο μόνον ὑμῖν ἐπιδείξω, ὡς εὔνους εἰμὶ τοῖς καθεστηκόσι πράγμασι καὶ ὡς ἠνάγκασμαι τῶν αὐτῶν κινδύνων μετέχειν ὑμῖν, μηδέν πώ μοι πλέον εἶναι· ἐὰν δὲ φαίνωμαι <καὶ> περὶ τὰ ἄλλα μετρίως βεβιωκὼς καὶ πολὺ παρὰ τὴν δόξαν καὶ παρὰ τοὺς λόγους τοὺς τῶν ἐχθρῶν, δέομαι ὑμῶν ἐμὲ μὲν δοκιμάζειν, τούτους δὲ ἡγεῖσθαι χείρους

III. § 3. <καὶ> περὶ τὰ ἄλλα] καὶ is supplied by Reiske

εἶναι. πρῶτον δὲ ἀποδείξω ὡς οὐχ ἵππευον *οὐδ᾽ ἐπεδήμουν ἐπὶ τῶν τριάκοντα, οὐδὲ μετέσχον τῆς τότε πολιτείας.

Ἡμᾶς γὰρ ὁ πατὴρ πρὸ τῆς ἐν Ἑλλησπόντῳ 4 συμφορᾶς ὡς Σάτυρον τὸν ἐν τῷ Πόντῳ διαιτησομένους ἐξέπεμψε, καὶ οὔτε τῶν τειχῶν καθαιρουμένων οὔτε μεθισταμένης τῆς πολιτείας <ἐπεδημοῦμεν>, ἀλλ᾽ ἤλθομεν πρὶν τοὺς ἀπὸ Φυλῆς εἰς τὸν Πειραιᾶ κατελθεῖν πρότερον πένθ᾽ ἡμέραις. καίτοι 5 οὔτε ἡμᾶς εἰκὸς ἦν εἰς τοιοῦτον καιρὸν ἀφιγμένους ἐπιθυμεῖν μετέχειν τῶν ἀλλοτρίων κινδύνων, οὔτ᾽ ἐκεῖνοι φαίνονται τοιαύτην γνώμην ἔχοντες ὥστε καὶ τοῖς ἀποδημοῦσι καὶ τοῖς μηδὲν ἐξαμαρτάνουσι μεταδιδόναι τῆς πολιτείας, ἀλλὰ μᾶλλον ἠτίμαζον καὶ τοὺς συγκαταλύσαντας τὸν δῆμον. ἔπειτα δὲ 6 ἐκ μὲν τοῦ σανιδίου τοὺς ἱππεύσαντας σκοπεῖν εὔηθές ἐστιν· ἐν τούτῳ γὰρ πολλοὶ μὲν τῶν ὁμολογούντων ἱππεύειν οὐκ ἔνεισιν, ἔνιοι δὲ τῶν ἀποδημούντων ἐπιγεγραμμένοι εἰσίν. ἐκεῖνος δ᾽ ἐστὶν ἔλεγχος μέγιστος· ἐπειδὴ γὰρ κατήλθετε, ἐψηφίσασθε τοὺς φυλάρχους ἀπενεγκεῖν τοὺς ἱππεύσαντας, ἵνα τὰς καταστάσεις ἀναπράττητε παρ᾽

and Schb., but not by Bk. Turr. ‖ *οὐδ᾽ ἐπεδήμουν] οὐδ᾽ Turr. rightly.—οὔτ᾽ mss. Bk. Schb. In the few places where the solecism οὐ—οὔτε occurs, it is probably a mere slip of the scribe for οὔτε—οὔτε or οὐ...οὐδέ. 'Huiusmodi errores etiam contra consensum librorum tollendi sunt.' (Elmsley, Eur. Med. 4, 5.) § 4. μεθισταμένης τῆς πολιτείας] After these words, a verb has been lost in the mss.; ἐπεδημοῦμεν is a conjectural restoration of it. § 5. ἔχοντες] Schb., on Sauppe's conject., reads σχόντες. But φαίνονται ἔχοντες can mean φαίνεται ὅτι εἶχον as well as φαίνεται ὅτι ἔχουσιν. § 6. ἀναπράττητε] Schb., from Harpocration s.v. κατάστασις, gives ἀναπράξητε: Sauppe conj. ἀναπράξαιτε: but the present denotes the repeated

7 αὐτῶν. ἐμὲ τοίνυν οὐδεὶς ἂν ἀποδείξειεν οὔτ' ἀπενεχθέντα ὑπὸ τῶν φυλάρχων οὔτε παραδοθέντα τοῖς συνδίκοις οὔτε κατάστασιν παραλαβόντα. καίτοι πᾶσι ῥᾴδιον τοῦτο γνῶναι, διότι ἀναγκαῖον ἦν τοῖς φυλάρχοις, εἰ μὴ ἀποδείξειαν τοὺς ἔχοντας τὰς καταστάσεις, αὐτοῖς ζημιοῦσθαι. ὥστε πολὺ ἂν δικαιότερον ἐκείνοις τοῖς γράμμασιν ἢ τούτοις πιστεύοιτε· ἐκ μὲν γὰρ τούτων ῥᾴδιον ἦν ἐξαλειφθῆναι τῷ βουλομένῳ, ἐν ἐκείνοις δὲ τοὺς ἱππεύσαντας ἀναγκαῖον ἦν ὑπὸ τῶν φυλάρχων
8 ἀπενεχθῆναι. ἔτι δέ, ὦ βουλή, εἴπερ ἵππευσα, οὐκ ἂν ἦν ἔξαρνος ὡς δεινόν τι πεποιηκώς, ἀλλ' ἠξίουν, ἀποδείξας ὡς οὐδεὶς ὑπ' ἐμοῦ τῶν πολιτῶν κακῶς πέπονθε, δοκιμάζεσθαι. ὁρῶ δὲ καὶ ὑμᾶς ταύτῃ τῇ γνώμῃ χρωμένους, καὶ πολλοὺς μὲν τῶν τότε ἱππευσάντων βουλεύοντας, πολλοὺς δ' αὐτῶν στρατηγοὺς καὶ ἱππάρχους κεχειροτονημένους. ὥστε μηδὲν δι' ἄλλο με ἡγεῖσθε ταύτην ποιεῖσθαι τὴν ἀπολογίαν ἢ ὅτι περιφανῶς ἐτόλμησάν μου καταψεύσασθαι. ἀνάβηθι δέ μοι καὶ μαρτύρησον. [ΜΑΡΤΥΡΙΑ.]
9 Περὶ μὲν τοίνυν ταύτης τῆς αἰτίας οὐκ οἶδ' ὅ τι δεῖ πλείω λέγειν· δοκεῖ δέ μοι, ὦ βουλή, ἐν μὲν τοῖς ἄλλοις ἀγῶσι περὶ αὐτῶν μόνων τῶν κατηγορημένων προσήκειν ἀπολογεῖσθαι, ἐν δὲ ταῖς δοκιμασίαις δίκαιον εἶναι παντὸς τοῦ βίου λόγον διδόναι. δέομαι οὖν ὑμῶν μετ' εὐνοίας ἀκροά-

or continued action. § 7. παραλαβόντα] Bake conjectured καταβαλόντα. ‖ ἀποδείξειαν] Schb. with Cobet.—ἀποδείξαιεν mss. Bk. Turr. ‖ γνῶναι, διότι] Schb. γνῶναι, ὅτι with

σασθαί μου. ποιήσομαι δὲ τὴν ἀπολογίαν ὡς ἂν δύνωμαι διὰ βραχυτάτων.

Ἐγὼ γὰρ πρῶτον μὲν οὐσίας μοι οὐ πολλῆς 10 καταλειφθείσης διὰ τὰς συμφορὰς καὶ τὰς τοῦ πατρὸς καὶ τὰς τῆς πόλεως, δύο μὲν ἀδελφὰς ἐξέδωκα, ἐπιδοὺς τριάκοντα μνᾶς ἑκατέρᾳ, πρὸς τὸν ἀδελφὸν δ᾽ οὕτως ἐνειμάμην ὥστ᾽ ἐκεῖνον πλέον ὁμολογεῖν ἔχειν ἐμοῦ τῶν πατρῴων, καὶ πρὸς τοὺς ἄλλους ἅπαντας οὕτω βεβίωκα ὥστε μηδεπώποτέ μοι μηδὲ πρὸς ἕνα μηδὲν ἔγκλημα γενέσθαι. καὶ τὰ μὲν ἴδια οὕτω διῴκησα· περὶ 11 δὲ τῶν κοινῶν μοι μέγιστον ἡγοῦμαι τεκμήριον εἶναι τῆς ἐμῆς ἐπιεικείας, ὅτι τῶν νεωτέρων ὅσοι περὶ κύβους ἢ πότους ἢ περὶ τὰς τοιαύτας ἀκολασίας τυγχάνουσι τὰς διατριβὰς ποιούμενοι, πάντας αὐτοὺς ὄψεσθέ μοι διαφόρους ὄντας, καὶ πλεῖστα τούτους περὶ ἐμοῦ λογοποιοῦντας καὶ ψευδομένους. καίτοι δῆλον ὅτι, εἰ τῶν αὐτῶν ἐπεθυμοῦμεν, οὐκ ἂν τοιαύτην γνώμην εἶχον περὶ ἐμοῦ. ἔτι δ᾽, ὦ βουλή, οὐδεὶς ἂν ἀποδεῖξαι περὶ 12 ἐμοῦ δύναιτο οὔτε δίκην αἰσχρὰν οὔτε γραφὴν οὔτε εἰσαγγελίαν γεγενημένην· καίτοι ἑτέρους ὁρᾶτε πολλάκις εἰς τοιούτους ἀγῶνας καθεστηκότας. πρὸς τοίνυν τὰς στρατείας καὶ τοὺς κινδύνους τοὺς πρὸς τοὺς πολεμίους σκέψασθε οἷον ἐμαυτὸν παρέχω τῇ πόλει. πρῶτον μὲν γάρ, ὅτε τὴν 13 συμμαχίαν ἐποιήσασθε πρὸς τοὺς Βοιωτοὺς καὶ εἰς Ἁλίαρτον ἔδει βοηθεῖν, ὑπὸ Ὀρθοβούλου κατειλεγμένος ἱππεύειν, ἐπειδὴ πάντας ἑώρων τοῖς

Kayser. § 11. διῴκησα] Schb. διῴκηκα on Sauppe's conject.

μὲν ἱππεύουσιν ἀσφάλειαν εἶναι δεῖν νομίζοντας, τοῖς δ' ὁπλίταις κίνδυνον ἡγουμένους, ἑτέρων ἀναβάντων ἐπὶ τοὺς ἵππους ἀδοκιμάστων παρὰ τὸν νόμον ἐγὼ προσελθὼν ἔφην τῷ Ὀρθοβούλῳ ἐξαλεῖψαί με ἐκ τοῦ καταλόγου, ἡγούμενος αἰσχρὸν εἶναι τοῦ πλήθους μέλλοντος κινδυνεύειν ἄδειαν ἐμαυτῷ παρασκευάσαντι στρατεύεσθαι. καί μοι ἀνάβηθι, Ὀρθόβουλε. [ΜΑΡΤΥΡΙΑ.]

14 Συλλεγέντων τοίνυν τῶν δημοτῶν πρὸ τῆς ἐξόδου, εἰδὼς αὐτῶν ἐνίους πολίτας μὲν χρηστοὺς ὄντας καὶ προθύμους, ἐφοδίων δὲ ἀπορο ῦντας, εἶπον ὅτι χρὴ τοὺς ἔχοντας παρέχειν τὰ ἐπιτήδεια τοῖς ἀπόρως διακειμένοις. καὶ οὐ μόνον τοῦτο συνεβούλευον τοῖς ἄλλοις, ἀλλὰ καὶ αὐτὸς ἔδωκα δυοῖν ἀνδροῖν τριάκοντα δραχμὰς ἑκατέρῳ, οὐχ ὡς πολλὰ κεκτημένος, ἀλλ' ἵνα παράδειγμα τοῦτο τοῖς ἄλλοις γένηται. καί μοι ἀνάβητε, <μάρτυρες>. [ΜΑΡΤΥΡΕΣ.]

15 Μετὰ ταῦτα τοίνυν, ὦ βουλή, εἰς Κόρινθον ἐξόδου γενομένης καὶ πάντων προειδότων ὅτι δεήσει κινδυνεύειν, ἑτέρων ἀναδυομένων ἐγὼ διεπραξάμην ὥστε τῆς πρώτης τεταγμένος μάχεσθαι τοῖς πολεμίοις· καὶ μάλιστα τῆς ἡμετέρας φυλῆς δυστυχησάσης, καὶ πλείστων *ἐναποθανόντων, ὕστερον ἀνεχώρησα τοῦ σεμνοῦ Στειριέως τοῦ πᾶσιν
16 ἀνθρώποις δειλίαν ὠνειδικότος. καὶ οὐ πολλαῖς ἡμέραις ὕστερον μετὰ ταῦτα ἐν Κορίνθῳ χωρίων

§ 13. εἶναι δεῖν] Schb. suggests εἶναι δεινόν. § 14. ἀνάβητε <μάρτυρες>.] μάρτυρες is conjecturally added by Stephanus, Turr., Schb. § 15. *ἐναποθανόντων is my correction of ἐνθανόντων. Markland conjectured ἔνθα or ἐνταῦθα θανόντων.

ἰσχυρῶν κατειλημμένων, ὥστε τοὺς πολεμίους μὴ δύνασθαι προσιέναι, Ἀγησιλάου δ' εἰς τὴν Βοιωτίαν ἐμβαλόντος, ψηφισαμένων τῶν ἀρχόντων ἀποχωρίσαι τάξεις αἵτινες βοηθήσουσι, φοβουμένων ἁπάντων, (εἰκότως, ὦ βουλή· δεινὸν γὰρ ἦν ἀγαπητῶς ὀλίγῳ πρότερον σεσωσμένους ἐφ' ἕτερον κίνδυνον ἰέναι,) προσελθὼν ἐγὼ τὸν ταξίαρχον ἐκέλευον ἀκληρωτὶ τὴν ἡμετέραν τάξιν πέμπειν. ὥστ' εἴ τινες ὑμῶν ὀργίζονται τοῖς τὰ μὲν τῆς 17 πόλεως ἀξιοῦσι πράττειν, ἐκ δὲ τῶν κινδύνων ἀποδιδράσκουσιν, οὐκ ἂν δικαίως περὶ ἐμοῦ τὴν γνώμην ταύτην ἔχοιεν· οὐ γὰρ μόνον τὰ προσταττόμενα ἐποίουν προθύμως, ἀλλὰ καὶ κινδυνεύειν ἐτόλμων. καὶ ταῦτ' ἐποίουν οὐχ ὡς οὐ δεινὸν ἡγούμενος εἶναι Λακεδαιμονίοις μάχεσθαι, ἀλλ' ἵνα, εἴ ποτε ἀδίκως εἰς κίνδυνον καθισταίμην, διὰ ταῦτα βελτίων ὑφ' ὑμῶν νομιζόμενος ἁπάντων τῶν δικαίων τυγχάνοιμι. καί μοι ἀνάβητε τούτων μάρτυρες. [ΜΑΡΤΥΡΕΣ.]

Τῶν τοίνυν ἄλλων στρατειῶν καὶ φρουρῶν 18 οὐδεμιᾶς ἀπελείφθην πώποτε, ἀλλὰ πάντα τὸν χρόνον διατετέλεκα μετὰ τῶν πρώτων μὲν τὰς ἐξόδους ποιούμενος, μετὰ τῶν τελευταίων δὲ ἀναχωρῶν. καίτοι χρὴ τοὺς φιλοτίμως καὶ κοσμίως πολιτευομένους ἐκ τῶν τοιούτων σκοπεῖν, ἀλλ' οὔκ, εἴ τις *κομᾷ, διὰ τοῦτο μισεῖν· τὰ μὲν γὰρ τοιαῦτα ἐπιτηδεύματα οὔτε τοὺς ἰδιώτας οὔτε τὸ κοινὸν τῆς πόλεως βλάπτει, ἐκ δὲ τῶν κινδυνεύειν ἐθελόντων πρὸς τοὺς πολεμίους ἅπαντες ὑμεῖς

§ 18. *κομᾷ] Hamaker's conj., adopted by Rauchenstein,

19 ὠφελεῖσθε. ὥστε οὐκ ἄξιον ἀπ' ὄψεως, ὦ βουλή, οὔτε φιλεῖν οὔτε μισεῖν οὐδένα, ἀλλ' ἐκ τῶν ἔργων σκοπεῖν· πολλοὶ μὲν γὰρ μικρὸν διαλεγόμενοι καὶ κοσμίως *ἀμπεχόμενοι μεγάλων κακῶν αἴτιοι γεγόνασιν, ἕτεροι δὲ τῶν τοιούτων ἀμελοῦντες πολλὰ κἀγαθὰ ὑμᾶς εἰσιν εἰργασμένοι.

20 Ἤδη δέ τινων ᾐσθόμην, ὦ βουλή, καὶ διὰ ταῦτα ἀχθομένων μοι, ὅτι νεώτερος ὢν ἐπεχείρησα λέγειν ἐν τῷ δήμῳ. ἐγὼ δὲ τὸ μὲν πρῶτον ἠναγκάσθην ὑπὲρ τῶν ἐμαυτοῦ πραγμάτων δημηγορῆσαι, ἔπειτα μέντοι καὶ ἐμαυτῷ δοκῶ φιλοτιμότερον διατεθῆναι τοῦ δέοντος, ἅμα μὲν τῶν προγόνων ἐνθυμούμενος, ὅτι οὐδὲν πέπαυνται *τὰ τῆς πόλεως πράττοντες,

21 ἅμα δὲ ὑμᾶς ὁρῶν (τὰ γὰρ ἀληθῆ χρὴ λέγειν) τούτους μόνους ἀξίους νομίζοντας εἶναι, ὥστε ὁρῶν ὑμᾶς ταύτην τὴν γνώμην ἔχοντας τίς οὐκ ἂν ἐπαρθείη πράττειν καὶ λέγειν ὑπὲρ τῆς πόλεως; ἔτι δὲ τί ἂν τοῖς τοιούτοις ἄχθοισθε; οὐ γὰρ ἕτεροι περὶ αὐτῶν κριταί εἰσιν, ἀλλ' ὑμεῖς.

IV. ΠΡΟΣ ΤΗΝ ΕΙΣΑΓΓΕΛΙΑΝ ΠΕΡΙ ΤΟΥ ΜΗ ΔΙΔΟΣΘΑΙ ΤΩΙ ΑΔΥΝΑΤΩΙ ΑΡΓΥΡΙΟΝ.

[Or. XXIV.—After 403 B.C.]

§§ 10—14.

10 Περὶ δὲ τῆς ἐμῆς ἱππικῆς, ἧς οὗτος ἐτόλμησε μνησθῆναι πρὸς ὑμᾶς, οὔτε τὴν τύχην δείσας οὔτε

instead of τολμᾷ: see comment. § 19. *ἀμπεχόμενοι] Dobree conject., Turr., Rauchenstein.—ἀπερχόμενοι mss. Bk.—περιερχόμενοι Emperius, Schb. § 20. *τὰ τῆς πόλεως] Dobree conject., Turr. Rauchenstein.—τῶν τῆς πόλεως mss. Bk. Schb.

ὑμᾶς αἰσχυνθείς, οὐ πολὺς ὁ λόγος. ἐγὼ γάρ, ὦ βουλή, πάντας οἶμαι τοὺς ἔχοντάς τι δυστύχημα τοιοῦτον ῥᾳστώνην τινὰ ζητεῖν, καὶ τοῦτο φιλοσοφεῖν, ὅπως ὡς ἀλυπότατα μεταχειριοῦνται τὸ συμβεβηκὸς πάθος. ὧν εἷς ἐγώ, καὶ περιπεπτωκὼς τοιαύτῃ συμφορᾷ ταύτην ἐμαυτῷ ῥᾳστώνην ἐξηῦρον εἰς τὰς ὁδοὺς τὰς μακροτέρας τῶν ἀναγκαίων. ὃ δὲ μέγιστον, ὦ βουλή, τεκμήριον ὅτι διὰ 11 τὴν συμφορὰν ἀλλ' οὐ διὰ τὴν ὕβριν, ὡς οὗτός φησιν, ἐπὶ τοὺς ἵππους ἀναβαίνω, ῥᾴδιόν ἐστι μαθεῖν. εἰ γὰρ ἐκεκτήμην οὐσίαν, ἐπ' ἀστράβης ἂν ὠχούμην, ἀλλ' οὐκ ἐπὶ τοὺς ἀλλοτρίους ἵππους ἀνέβαινον· νυνὶ δ' ἐπειδὴ τοιοῦτον οὐ δύναμαι κτήσασθαι, τοῖς ἀλλοτρίοις ἵπποις ἀναγκάζομαι χρῆσθαι πολλάκις· καίτοι πῶς οὐκ ἄτοπόν ἐστιν, 12 ὦ βουλή, τοῦτον αὐτόν, εἰ μὲν ἐπ' ἀστράβης ὀχούμενον ἑώρα με, σιωπᾶν (τί γὰρ ἂν καὶ ἔλεγεν;), ὅτι δ' ἐπὶ τοὺς ᾐτημένους ἵππους ἀναβαίνω, πειρᾶσθαι πείθειν ὑμᾶς ὡς δυνατὸς εἴην; καὶ ὅτι μὲν δυοῖν βακτηρίαιν χρῶμαι, τῶν ἄλλων μιᾷ χρωμένων, μὴ κατηγορεῖν ὡς καὶ τοῦτο τῶν δυναμένων ἐστίν· ὅτι δ' ἐπὶ τοὺς ἵππους ἀναβαίνω, τεκμηρίῳ χρῆσθαι πρὸς ὑμᾶς ὡς εἰμὶ τῶν δυναμένων; οἷς ἐγὼ διὰ τὴν αὐτὴν αἰτίαν ἀμφοτέροις χρῶμαι.

IV. § 10. ἐγὼ γάρ] mss. Bk. Turr.—ἔγνων γὰρ Schb. on his own conject., omitting οἶμαι, which is wanting in X.—εἰκὸς γὰρ Sauppe conject., Rauchenstein (edit. 5), also omitting οἶμαι. ‖ ῥᾳστώνην τινὰ] These words are in C, but not in X. They are retained by Bk. and Turr., but omitted by Schb., who reads ἔχοντάς τι δυστύχημα τοιοῦτόν τι ζητεῖν. § 12. σιωπᾶν] σιωπᾶν ἂν Schb.: Kayser wished to insert ἂν after τοῦτον. But it is needless: see comment. ‖ δυνατὸς εἴην] δυνατός

13 Τοσοῦτον δὲ διενήνοχεν ἀναισχυντίᾳ τῶν ἁπάντων ἀνθρώπων, ὥστε ὑμᾶς πειρᾶται πείθειν, τοσούτους ὄντας εἷς ὤν, ὡς οὐκ εἰμὶ τῶν ἀδυνάτων ἐγώ. καίτοι εἰ τοῦτο πείσει τινὰς ὑμῶν, ὦ βουλή, τί με κωλύει κληροῦσθαι τῶν ἐννέα ἀρχόντων, καὶ ὑμᾶς ἐμοῦ μὲν ἀφελέσθαι τὸν ὀβολὸν ὡς ὑγιαίνοντος, τούτῳ δὲ ψηφίσασθαι πάντας ὡς ἀναπήρῳ; οὐ γὰρ δήπου τὸν αὐτὸν ὑμεῖς μὲν ὡς δυνάμενον ἀφαιρήσεσθε τὸ διδόμενον, οἱ δὲ ὡς ἀδύνατον ὄντα
14 κληροῦσθαι κωλύσουσιν. ἀλλὰ γὰρ οὔτε ὑμεῖς τούτῳ τὴν αὐτὴν ἔχετε γνώμην, οὔθ᾽ οὗτος *εὔλογα δοκεῖ ποιεῖν. ὁ μὲν γὰρ ὥσπερ ἐπικλήρου τῆς συμφορᾶς οὔσης ἀμφισβητήσων ἥκει καὶ πειρᾶται πείθειν ὑμᾶς ὡς οὐκ εἰμὶ τοιοῦτος οἷον ὑμεῖς ὁρᾶτε πάντες· ὑμεῖς δὲ (ὃ τῶν εὖ φρονούντων ἔργον ἐστί) μᾶλλον πιστεύετε τοῖς ὑμετέροις αὐτῶν ὀφθαλμοῖς ἢ τοῖς τούτου λόγοις.

εἰμι Schb., on Kayser's conject. § 14. *εὔ[λογα δοκεῖ] ποιεῖν is my conjecture. The mss. have simply εὖ ποιῶν, which is certainly corrupt, and probably arose through the loss cf several letters after εὖ, which then became εὖ. I am persuaded that the above suggestion represents, at least, the true sense; and, in such a case, it seems warrantable to admit a provisional remedy to the text. Other conjectures are:—(1) Reiske, οὔθ᾽ οὗτοι <ὑμῖν,> εὖ ποιῶν, i.e. 'nor does he (agree) with you,—and quite right too': rather pointless irony. (2) Schb., οὔθ᾽ οὗτος <ὑμῖν ὥς> εὖ ποιῶν, i.e. 'and he differs from you, as if he were acting rightly.' (3) Markland, εὖ *φρονῶν: i.e., 'you do not think with him, nor does he think so—when he is in his right mind.' (4) Sauppe, εὖ *νοῶν: 'nor does he (profess this belief) with any good intent (towards me).'

V. ΚΑΤΑ ΕΡΑΤΟΣΘΕΝΟΥΣ.

[Or. xii.—403 b.c.]

§§ 1—36.

Οὐκ ἄρξασθαί μοι δοκεῖ ἄπορον εἶναι, ὦ ἄνδρες δικασταί, τῆς κατηγορίας, ἀλλὰ παύσασθαι λέγοντι· τοιαῦτα αὐτοῖς τὸ μέγεθος καὶ τοσαῦτα τὸ πλῆθος εἴργασται, ὥστε μήτ᾽ ἂν ψευδόμενον δεινότερα τῶν ὑπαρχόντων κατηγορῆσαι, μήτε τἀληθῆ βουλόμενον εἰπεῖν ἅπαντα δύνασθαι, ἀλλ᾽ ἀνάγκη ἢ τὸν κατήγορον ἀπειπεῖν ἢ τὸν χρόνον ἐπιλιπεῖν. τοὐναντίον δέ μοι δοκοῦμεν πείσεσθαι ἢ ἐν τῷ πρὸ 2 τοῦ χρόνῳ. πρότερον μὲν γὰρ ἔδει τὴν ἔχθραν τοὺς κατηγοροῦντας ἐπιδεῖξαι, ἥτις εἴη πρὸς τοὺς φεύγοντας· νυνὶ δὲ παρὰ τῶν φευγόντων χρὴ πυνθάνεσθαι ἥτις ἦν αὐτοῖς πρὸς τὴν πόλιν ἔχθρα, ἀνθ᾽ ὅτου τοιαῦτα ἐτόλμησαν εἰς αὐτὴν ἐξαμαρτάνειν. οὐ μέντοι ὡς οὐκ ἔχων οἰκείας ἔχθρας καὶ συμφορὰς τοὺς λόγους ποιοῦμαι, ἀλλ᾽ ὡς ἅπασι πολλῆς ἀφθονίας οὔσης ὑπὲρ τῶν ἰδίων ἢ ὑπὲρ τῶν δημοσίων ὀργίζεσθαι. ἐγὼ μὲν οὖν, ὦ ἄνδρες 3 δικασταί, οὔτ᾽ ἐμαυτοῦ πώποτε οὔτε ἀλλότρια πράγματα πράξας νῦν ἠνάγκασμαι ὑπὸ τῶν γεγενημένων τούτου κατηγορεῖν, ὥστε πολλάκις εἰς πολλὴν ἀθυμίαν κατέστην, μὴ διὰ τὴν ἀπειρίαν ἀναξίως καὶ ἀδυνάτως ὑπὲρ τοῦ ἀδελφοῦ καὶ ἐμαυτοῦ τὴν κατηγορίαν ποιήσωμαι· ὅμως δὲ πειράσομαι ὑμᾶς ἐξ ἀρχῆς ὡς ἂν δύνωμαι δι᾽ ἐλαχίστων διδάξαι.

4 Ούμὸς πατὴρ Κέφαλος ἐπείσθη μὲν ὑπὸ Περικλέους εἰς ταύτην τὴν γῆν ἀφικέσθαι, ἔτη δὲ τριάκοντα ᾤκησε, καὶ οὐδενὶ πώποτε οὔτε ἡμεῖς οὔτε ἐκεῖνος δίκην οὔτε ἐδικασάμεθα οὔτε ἐφύγομεν, ἀλλ' οὕτως ᾠκοῦμεν δημοκρατούμενοι ὥστε μήτε εἰς τοὺς ἄλλους ἐξαμαρτάνειν μήτε ὑπὸ τῶν 5 ἄλλων ἀδικεῖσθαι. ἐπειδὴ δ' οἱ τριάκοντα πονηροὶ μὲν καὶ συκοφάνται ὄντες εἰς τὴν ἀρχὴν κατέστησαν, φάσκοντες χρῆναι τῶν ἀδίκων καθαρὰν ποιῆσαι τὴν πόλιν καὶ τοὺς λοιποὺς πολίτας ἐπ' ἀρετὴν καὶ δικαιοσύνην τραπέσθαι, [καὶ] τοιαῦτα λέγοντες οὐ τοιαῦτα ποιεῖν ἐτόλμων, ὡς ἐγὼ περὶ τῶν ἐμαυτοῦ πρῶτον εἰπὼν καὶ περὶ τῶν ὑμετέρων 6 ἀναμνῆσαι πειράσομαι. Θέογνις γὰρ καὶ Πείσων ἔλεγον ἐν τοῖς τριάκοντα περὶ τῶν μετοίκων ὡς εἶέν τινες τῇ πολιτείᾳ ἀχθόμενοι· καλλίστην οὖν εἶναι πρόφασιν τιμωρεῖσθαι μὲν δοκεῖν, τῷ δ' ἔργῳ χρηματίζεσθαι· πάντως δὲ τὴν μὲν πόλιν *πένεσθαι, 7 τὴν *δ' ἀρχὴν δεῖσθαι χρημάτων. καὶ τοὺς ἀκούοντας οὐ χαλεπῶς ἔπειθον· ἀποκτιννύναι μὲν γὰρ ἀνθρώπους περὶ οὐδενὸς ἡγοῦντο, λαμβάνειν δὲ χρήματα περὶ πολλοῦ ἐποιοῦντο. ἔδοξεν οὖν αὐτοῖς δέκα συλλαβεῖν, τούτων δὲ δύο πένητας, ἵνα αὑτοῖς ᾖ πρὸς τοὺς ἄλλους ἀπολογία, ὡς οὐ χρημάτων ἕνεκα ταῦτα πέπρακται, ἀλλὰ συμφέροντα τῇ πολιτείᾳ γεγένηται, ὥσπερ τι τῶν ἄλλων εὐλόγως πεποιηκότες. διαλαβόντες δὲ τὰς οἰκίας ἐβάδιζον.

V. § 5. φάσκοντες] φάσκοντες δὲ Schb., with Emperius. || [καὶ] τοιαῦτα] Schb. and Rauchenstein, with Markland, omit καὶ: see comment. § 6. *πένεσθαι, τὴν *δ' ἀρχὴν] Markland, Turr. Schb.—γενέσθαι τὴν ἀρχὴν mss. Bk.

Καὶ ἐμὲ μὲν ξένους ἑστιῶντα κατέλαβον, 8
οὓς ἐξελάσαντες Πείσωνί με παραδιδόασιν· οἱ
δὲ ἄλλοι εἰς τὸ ἐργαστήριον ἐλθόντες τὰ ἀνδρά-
ποδα ἀπεγράφοντο. ἐγὼ δὲ Πείσωνα μὲν ἠρώτων
εἰ βούλοιτό με σῶσαι χρήματα λαβών· ὁ δ᾽
ἔφασκεν, εἰ πολλὰ εἴη. εἶπον οὖν ὅτι τάλαντον 9
ἀργυρίου ἕτοιμος εἴην δοῦναι· ὁ δ᾽ ὡμολόγησε
ταῦτα ποιήσειν. ἠπιστάμην μὲν οὖν ὅτι οὔτε
θεοὺς οὔτ᾽ ἀνθρώπους νομίζει, ὅμως δ᾽ ἐκ τῶν
παρόντων ἐδόκει μοι ἀναγκαιότατον εἶναι πίστιν
παρ᾽ αὐτοῦ λαβεῖν. ἐπειδὴ δὲ ὤμοσεν ἐξώλειαν 10
ἑαυτῷ καὶ τοῖς παισὶν ἐπαρώμενος, λαβὼν τὸ
τάλαντόν με σώσειν, εἰσελθὼν εἰς τὸ δωμάτιον
τὴν κιβωτὸν ἀνοίγνυμι· Πείσων δ᾽ αἰσθόμενος
εἰσέρχεται, καὶ ἰδὼν τὰ ἐνόντα καλεῖ τῶν ὑπη-
ρετῶν δύο, καὶ τὰ ἐν τῇ κιβωτῷ λαβεῖν ἐκέ-
λευσεν. ἐπεὶ δὲ οὐχ ὅσον ὡμολόγησα εἶχεν, ὦ 11
ἄνδρες δικασταί, ἀλλὰ τρία τάλαντα ἀργυρίου καὶ
τετρακοσίους κυζικηνοὺς καὶ ἑκατὸν δαρεικοὺς καὶ
φιάλας ἀργυρᾶς τέσσαρας, ἐδεόμην αὐτοῦ ἐφόδιά
μοι δοῦναι, ὁ δ᾽ ἀγαπήσειν με ἔφασκεν, εἰ τὸ σῶμα
σώσω.

Ἐξιοῦσι δ᾽ ἐμοὶ καὶ Πείσωνι ἐπιτυγχάνει Μη- 12
λόβιός τε καὶ Μνησιθείδης ἐκ τοῦ ἐργαστηρίου
ἀπιόντες, καὶ καταλαμβάνουσι πρὸς αὐταῖς ταῖς
θύραις, καὶ ἐρωτῶσιν ὅπῃ βαδίζοιμεν· ὁ δ᾽ ἔφα-
σκεν εἰς τὰ τοῦ ἀδελφοῦ τοῦ ἐμοῦ, ἵνα καὶ τὰ ἐν
ἐκείνῃ τῇ οἰκίᾳ σκέψηται. ἐκεῖνον μὲν οὖν ἐκέ-
λευον βαδίζειν, ἐμὲ δὲ μεθ᾽ αὑτῶν ἀκολουθεῖν εἰς
Δαμνίππου. Πείσων δὲ προσελθὼν σιγᾶν μοι 13

παρεκελεύετο καὶ θαρρεῖν, ὡς ἥξων ἐκεῖσε. καταλαμβάνομεν δὲ αὐτόθι Θέογνιν ἑτέρους φυλάττοντα· ᾧ παραδόντες ἐμὲ πάλιν ᾤχοντο. ἐν τοιούτῳ δ' ὄντι μοι κινδυνεύειν ἐδόκει, ὡς τοῦ γε
14 ἀποθανεῖν ὑπάρχοντος ἤδη. καλέσας δὲ Δάμνιππον λέγω πρὸς αὐτὸν τάδε, "ἐπιτήδειος μέν μοι τυγχάνεις ὤν, ἥκω δ' εἰς τὴν σὴν οἰκίαν, ἀδικῶ δ' οὐδέν, χρημάτων δ' ἕνεκα ἀπόλλυμαι. σὺ οὖν ταῦτα πάσχοντί μοι πρόθυμον παράσχου τὴν σεαυτοῦ δύναμιν εἰς τὴν ἐμὴν σωτηρίαν." ὁ δ' ὑπέσχετο ταῦτα ποιήσειν. ἐδόκει δ' αὐτῷ βέλτιον εἶναι πρὸς Θέογνιν μνησθῆναι· ἡγεῖτο γὰρ ἅπαν
15 ποιήσειν αὐτόν, εἴ τις ἀργύριον διδοίη· ἐκείνου δὲ διαλεγομένου Θεόγνιδι, (ἔμπειρος γὰρ ὢν ἐτύγχανον τῆς οἰκίας, καὶ ᾔδειν ὅτι ἀμφίθυρος εἴη,) ἐδόκει μοι ταύτῃ πειρᾶσθαι σωθῆναι, ἐνθυμουμένῳ ὅτι, ἐὰν μὲν λάθω, σωθήσομαι, ἐὰν δὲ ληφθῶ, ἡγούμην μέν, εἰ Θέογνις εἴη πεπεισμένος ὑπὸ τοῦ Δαμνίππου χρήματα λαβεῖν, οὐδὲν ἧττον ἀφεθή-
16 σεσθαι, εἰ δὲ μή, ὁμοίως ἀποθανεῖσθαι. ταῦτα διανοηθεὶς ἔφευγον, ἐκείνων ἐπὶ τῇ αὐλείῳ θύρᾳ τὴν φυλακὴν ποιουμένων· τριῶν δὲ θυρῶν οὐσῶν ἃς ἔδει με διελθεῖν, ἅπασαι ἀνεῳγμέναι ἔτυχον. ἀφικόμενος δὲ εἰς Ἀρχένεω τοῦ ναυκλήρου ἐκεῖνον πέμπω εἰς ἄστυ, πευσόμενον περὶ τοῦ ἀδελφοῦ· ἥκων δὲ ἔλεγεν ὅτι Ἐρατοσθένης αὐτὸν ἐν τῇ ὁδῷ λαβὼν εἰς τὸ δεσμωτήριον ἀπαγάγοι.
17 Καὶ ἐγὼ τοιαῦτα πεπυσμένος τῆς ἐπιούσης νυκτὸς διέπλευσα Μέγαράδε. Πολεμάρχῳ δὲ παρήγ-

§ 13. παρεκελεύετο] παρακελεύεται C, Bk. § 17. ὑπ'

γειλαν οἱ τριάκοντα τὸ ὑπ' ἐκείνων εἰθισμένον παράγγελμα, πίνειν κώνειον, πρὶν τὴν αἰτίαν εἰπεῖν δι' ἥντινα ἔμελλεν ἀποθανεῖσθαι· οὕτω πολλοῦ ἐδέησε κριθῆναι καὶ ἀπολογήσασθαι. καὶ ἐπειδὴ ἀπεφέ- 18 ρετο ἐκ τοῦ δεσμωτηρίου τεθνεώς, τριῶν ἡμῖν οἰκιῶν οὐσῶν οὐδεμιᾶς εἴασαν ἐξενεχθῆναι, ἀλλὰ κλίσιον μισθωσάμενοι προὔθεντο αὐτόν. καὶ πολλῶν ὄντων ἱματίων αἰτοῦσιν οὐδὲν ἔδοσαν εἰς τὴν ταφήν, ἀλλὰ τῶν φίλων ὁ μὲν ἱμάτιον ὁ δὲ προσκεφάλαιον ὁ δὲ ὅ τι ἕκαστος ἔτυχεν ἔδωκεν εἰς τὴν ἐκείνου ταφήν. καὶ ἔχοντες μὲν ἑπτακοσίας ἀσπίδας τῶν ἡμετέρων, 19 ἔχοντες δὲ ἀργύριον καὶ χρυσίον τοσοῦτον, χαλκὸν δὲ καὶ κόσμον καὶ ἔπιπλα καὶ ἱμάτια γυναικεῖα ὅσα οὐδεπώποτε ᾤοντο κτήσασθαι, καὶ ἀνδράποδα εἴκοσι καὶ ἑκατόν, ὧν τὰ μὲν βέλτιστα ἔλαβον, τὰ δὲ λοιπὰ εἰς τὸ δημόσιον ἀπέδοσαν, εἰς τοσαύτην ἀπληστίαν καὶ αἰσχροκέρδειαν ἀφίκοντο καὶ τοῦ τρόπου τοῦ αὐτῶν ἀπόδειξιν ἐποιήσαντο· τῆς γὰρ Πολεμάρχου γυναικὸς χρυσοῦς ἑλικτῆρας, οὓς ἔχουσα ἐτύγχανεν, ὅτε τὸ πρῶτον ἦλθεν εἰς τὴν οἰκίαν Μηλόβιος, ἐκ τῶν ὤτων ἐξείλετο. καὶ οὐδὲ 20 κατὰ τὸ ἐλάχιστον μέρος τῆς οὐσίας ἐλέου παρ' αὐτῶν ἐτυγχάνομεν· ἀλλ' οὕτως εἰς ἡμᾶς διὰ τὰ χρήματα ἐξημάρτανον, ὥσπερ <οὐδ'> ἂν ἕτεροι μεγάλων ἀδικημάτων ὀργὴν ἔχοντες, οὐ τούτων ἀξίους γε ὄντας τῇ πόλει, ἀλλὰ πάσας τὰς χορηγίας

ἐκείνων] X, C, Turr. Schb.——ἐπ' ἐκείνων Aldine, Bk. (= 'in their time'),—a tempting variant, which may be right. § 20. ὥσπερ <οὐδ'> ἂν ἕτεροι] The insertion of οὐδ' is due to Westermann, whom Rauchenstein follows; it seems requisite. Scheibe, with Sauppe, inserts οὐκ.

χορηγήσαντας, πολλὰς δ' εἰσφορὰς εἰσενεγκόντας, κοσμίους δ' ἡμᾶς αὐτοὺς παρέχοντας καὶ πᾶν τὸ προσταττόμενον ποιοῦντας, ἐχθρὸν δ' οὐδένα κεκτημένους, πολλοὺς δ' Ἀθηναίων ἐκ τῶν πολεμίων λυσαμένους τοιούτων ἠξίωσαν, οὐχ ὁμοίως μετοικοῦντας ὥσπερ αὐτοὶ ἐπολιτεύοντο.

21 Οὗτοι γὰρ πολλοὺς μὲν τῶν πολιτῶν εἰς τοὺς πολεμίους ἐξήλασαν, πολλοὺς δ' ἀδίκως ἀποκτείναντες ἀτάφους ἐποίησαν, πολλοὺς δ' ἐπιτίμους ὄντας ἀτίμους τῆς πόλεως κατέστησαν, πολλῶν δὲ
22 θυγατέρας μελλούσας ἐκδίδοσθαι ἐκώλυσαν. καὶ εἰς τοσοῦτόν εἰσι τόλμης ἀφιγμένοι ὥσθ' ἥκουσιν ἀπολογησόμενοι, καὶ λέγουσιν ὡς οὐδὲν κακὸν οὐδ' αἰσχρὸν εἰργασμένοι εἰσίν. ἐγὼ δ' ἐβουλόμην ἂν αὐτοὺς ἀληθῆ λέγειν· μετῆν γὰρ ἂν καὶ ἐμοὶ
23 τούτου τἀγαθοῦ οὐκ ἐλάχιστον μέρος. νῦν δὲ οὔτε πρὸς τὴν πόλιν αὐτοῖς τοιαῦτα ὑπάρχει οὔτε πρὸς ἐμέ· τὸν ἀδελφὸν γάρ μου, ὥσπερ καὶ πρότερον εἶπον, Ἐρατοσθένης ἀπέκτεινεν, οὔτε αὐτὸς ἰδίᾳ ἀδικούμενος οὔτε εἰς τὴν πόλιν ὁρῶν ἐξαμαρτάνοντα, ἀλλὰ τῇ ἑαυτοῦ παρανομίᾳ προθύμως ἐξυπηρετῶν.
24 ἀναβιβασάμενος δ' αὐτὸν βούλομαι ἐρέσθαι, ὦ ἄνδρες δικασταί. τοιαύτην γὰρ γνώμην ἔχω· ἐπὶ μὲν τῇ τούτου ὠφελείᾳ καὶ πρὸς ἕτερον περὶ τούτου διαλέγεσθαι ἀσεβὲς εἶναι νομίζω, ἐπὶ δὲ τῇ τούτου βλάβῃ καὶ πρὸς αὐτὸν τοῦτον ὅσιον καὶ εὐσεβές. ἀνάβηθι οὖν μοι καὶ ἀπόκριναι, *ὅ τι ἄν σε ἐρωτῶ.

λυσάμενους τοιούτων ἠξίωσαν] Schb., with Bergk, points thus: λυσαμένους· τοιούτων ἠξίωσαν. § 24. ὅσιον] Stephanus, Bk. Turr. Schb.—ὅσον C, X. ‖ ὅ τι] Brunck's and Bk.'s cor-

Ἀπήγαγες Πολέμαρχον ἢ οὔ; Τὰ ὑπὸ τῶν 25
ἀρχόντων προσταχθέντα δεδιὼς ἐποίουν. Ἦσθα
δ' ἐν τῷ βουλευτηρίῳ, ὅτε οἱ λόγοι ἐγίγνοντο περὶ
ἡμῶν; Ἦν. Πότερον συνηγόρευες τοῖς κελεύουσιν
ἀποκτεῖναι ἢ ἀντέλεγες; Ἀντέλεγον. Ἵνα <ἀπο-
θάνωμεν ἢ> μὴ ἀποθάνωμεν; Ἵνα μὴ ἀποθάνητε.
Ἡγούμενος ἡμᾶς ἄδικα πάσχειν ἢ δίκαια; Ἄδικα.

Εἶτ', ὦ σχετλιώτατε πάντων, ἀντέλεγες μὲν 26
ἵνα σώσειας, συνελάμβανες δὲ ἵνα *ἀποκτείναις;
καὶ ὅτε μὲν τὸ πλῆθος ἦν ὑμῶν κύριον τῆς σωτηρίας
τῆς ἡμετέρας, ἀντιλέγειν φῂς τοῖς βουλομένοις
ἡμᾶς ἀπολέσαι, ἐπειδὴ δὲ ἐπὶ σοὶ μόνῳ ἐγένετο
καὶ σῶσαι Πολέμαρχον καὶ μή, εἰς τὸ δεσμωτήριον
ἀπήγαγες; εἶθ' ὅτι μέν, ὡς φῄς, ἀντειπὼν οὐδὲν
ὠφέλησας, ἀξιοῖς χρηστὸς νομίζεσθαι, ὅτι δὲ
συλλαβὼν ἀπέκτεινας, οὐκ οἴει ἐμοὶ καὶ τουτοισὶ
δοῦναι δίκην;

Καὶ μὴν οὐδὲ τοῦτο εἰκὸς αὐτῷ πιστεύειν, εἴπερ 27
ἀληθῆ λέγει φάσκων ἀντειπεῖν, ὡς αὐτῷ προσ-
ετάχθη. οὐ γὰρ δή που ἐν τοῖς μετοίκοις πίστιν
παρ' αὐτοῦ ἐλάμβανον. ἔπειτα τῷ *ἧττον εἰκὸς ἦν
προσταχθῆναι ἢ ὅστις ἀντειπών γε ἐτύγχανε καὶ
γνώμην ἀποδεδειγμένος; τίνα γὰρ εἰκὸς ἦν ἧττον

rection of the mss. εἴ τι. § 25. ἵνα <ἀποθάνωμεν ἢ>
μὴ ἀποθάνωμεν;] Rauchenstein follows Reiske, Frei, and
Frohberger in reading thus, as Dobree also wished to do.
The mss. have simply ἵνα μὴ ἀποθάνωμεν; and X omits μὴ.
See comment.   § 26.   *ἀποκτείναις] Bk. conject., Turr.
Schb.—ἀποκτείνοις Bk. in text.—ἀποκτείνῃς (sic) X (acc. to
Kayser), C. § 27. ἔπειτα] mss. Bk. Turr.—ἐπεί τοι
Taylor conject., Schb. ‖ *ἧττον εἰκὸς] ἧττον is due to
Canter; C has οὐ πιστόν: the other mss., πίστιν. ‖ ἐτύγχανε]
X, Schb.—ἐτύγχανεν Bk. Turr. ‖ καὶ γνώμην] Schb.,

ταῦτα ὑπηρετῆσαι ἢ τὸν ἀντειπόντα οἷς ἐκεῖνοι
28 ἐβούλοντο πραχθῆναι; ἔτι δὲ τοῖς μὲν ἄλλοις
Ἀθηναίοις ἱκανή μοι δοκεῖ πρόφασις εἶναι τῶν
γεγενημένων εἰς τοὺς τριάκοντα ἀναφέρειν τὴν
αἰτίαν· αὐτοὺς δὲ τοὺς τριάκοντα, ἂν εἰς σφᾶς
αὐτοὺς ἀναφέρωσι, πῶς ὑμᾶς εἰκὸς ἀποδέχεσθαι;
29 εἰ μὲν γάρ τις ἦν ἐν τῇ πόλει ἀρχὴ ἰσχυροτέρα
αὐτῆς, ὑφ' ἧς αὐτῷ προσετάττετο παρὰ τὸ δίκαιον
ἀνθρώπους ἀπολλύναι, ἴσως ἂν εἰκότως αὐτῷ συγ-
γνώμην εἴχετε· νῦν δὲ παρὰ τοῦ ποτε καὶ λήψεσθε
δίκην, εἴπερ ἐξέσται τοῖς τριάκοντα λέγειν ὅτι τὰ
30 ὑπὸ τῶν τριάκοντα προσταχθέντα ἐποίουν; καὶ
μὲν δὴ οὐκ ἐν τῇ οἰκίᾳ ἀλλ' ἐν τῇ ὁδῷ, *σῴζειν
αὐτὸν *κατὰ τὰ τούτοις ἐψηφισμένα *παρόν, συλ-
λαβὼν ἀπήγαγεν. ὑμεῖς δὲ *πᾶσιν ὀργίζεσθε, ὅσοι
εἰς τὰς οἰκίας ἦλθον τὰς ὑμετέρας ζήτησιν ποιού-
31 μενοι ἢ ὑμῶν ἢ τῶν ὑμετέρων τινός. καίτοι εἰ χρὴ
*τοῖς διὰ τὴν ἑαυτῶν σωτηρίαν ἑτέρους ἀπολέσασι
συγγνώμην ἔχειν, ἐκείνοις ἂν δικαιότερον ἔχοιτε·
κίνδυνος γὰρ ἦν πεμφθεῖσι μὴ ἐλθεῖν καὶ κατα-
λαβοῦσιν ἐξάρνοις γενέσθαι. τῷ δὲ Ἐρατοσθένει
ἐξῆν εἰπεῖν ὅτι οὐκ ἀπήντησεν, ἔπειτα ὅτι οὐκ

on his own conject., gives καὶ [ἐναντίαν] γνώμην. § **29**. ἰσχυ-
ροτέρα αὐτῆς] Dobree wished to read ταύτης for αὐτῆς, or else to
omit the latter, suggesting that it may have arisen from a
variant αὐτοῖς for αὐτῷ just afterwards. § **30**. σῴζειν...παρόν]
Most of the mss. give σῴζοντα αὐτὸν καὶ τὰ τούτοις ἐψηφισμένα
ὂν συλλαβὼν ἀπήγαγεν. C has σῴζων αὐτόν, omitting ὄν: and
so Bk. reads. Baiter conject. σῴζοντα αὐτόν, κατὰ τὰ τούτοις
ἐψηφισμένα συλλαβὼν ἀπήγαγεν. Sauppe conject. σῴζειν τε αὐτὸν
καὶ τὰ τούτοις ἐψηφισμένα παρόν, and so Schb. now (1876) reads.
Rauchenstein, combining Baiter's κατὰ with Sauppe's σῴζειν
παρόν, gives (edit. 5) the reading adopted in the text. || *πᾶσιν
is my correction of πάντες. § **31**. *τοῖς διὰ] Reiske, Turr. Schb.—

εἶδεν· ταῦτα γὰρ οὔτ' ἔλεγχον οὔτε βάσανον εἶχεν, ὥστε μηδ' ὑπὸ τῶν ἐχθρῶν βουλομένων οἷόν τ' εἶναι ἐξελεγχθῆναι. χρῆν δέ σε, ὦ Ἐρατόσθενες, 32 εἴπερ ἦσθα χρηστός, πολὺ μᾶλλον τοῖς μέλλουσιν ἀδίκως ἀποθανεῖσθαι μηνυτὴν γενέσθαι ἢ τοὺς ἀδίκως ἀπολουμένους συλλαμβάνειν. νῦν δέ σου τὰ ἔργα φανερὰ γεγένηται οὐχ ὡς ἀνιωμένου ἀλλ' ὡς ἡδομένου τοῖς γιγνομένοις, ὥστε τούσδε ἐκ τῶν 33 ἔργων χρὴ μᾶλλον ἢ ἐκ τῶν λόγων τὴν ψῆφον φέρειν, ἃ ἴσασι γεγενημένα τῶν τότε λεγομένων τεκμήρια λαμβάνοντας, ἐπειδὴ μάρτυρας περὶ αὐτῶν οὐχ οἷόν τε παρασχέσθαι. οὐ γὰρ μόνον ἡμῖν παρεῖναι οὐκ ἐξῆν, ἀλλ' οὐδὲ παρ' αὐτοῖς εἶναι, ὥστ' ἐπὶ τούτοις ἐστὶ πάντα τὰ κακὰ εἰργασμένοις τὴν πόλιν πάντα τἀγαθὰ περὶ αὑτῶν λέγειν. τοῦτο μέντοι οὐ φεύγω, ἀλλ' ὁμολογῶ σοι, 34 εἰ βούλει, ἀντειπεῖν. θαυμάζω δὲ τί ἄν ποτε *ἐποίησας συνειπών, ὁπότε ἀντειπεῖν φάσκων ἀπέκτεινας Πολέμαρχον. φέρε δή, τί ἂν εἰ καὶ ἀδελφοὶ ὄντες ἐτύχετε αὐτοῦ ἢ καὶ υἱεῖς; ἀπεψηφίσασθε; δεῖ γάρ, ὦ ἄνδρες δικασταί, Ἐρατοσθένην δυοῖν θάτερον ἀποδεῖξαι, ἢ ὡς οὐκ ἀπήγαγεν αὐτόν, ἢ ὡς δικαίως τοῦτ' ἔπραξεν. οὗτος δὲ ὡμολόγηκεν ἀδίκως συλλαβεῖν, ὥστε ῥᾳδίαν ὑμῖν τὴν διαψήφισιν περὶ αὐτοῦ πεποίηκε.

Καὶ μὲν δὴ πολλοὶ καὶ τῶν ἀστῶν καὶ τῶν ξένων 35 ἥκουσιν εἰσόμενοι τίνα γνώμην περὶ τούτων ἕξετε.

τούτοις διὰ mss. Bk. § 34. *ἐποίησας] Dobree, Schb., Rauchenstein.—ποιήσαις mss. Bk. Turr. See comment. || ἐτύχετε...ἀπεψηφίσασθε] Rauchenstein, on Kayser's conject., ἐτυγχάνετε... ἀπεψηφίζεσθε, to which Schb. inclines, though he keeps the

ὧν οἱ μὲν ὑμέτεροι ὄντες πολῖται μαθόντες ἅπασιν ὅτι ἢ δίκην δώσουσιν ὧν ἂν ἐξαμάρτωσιν, ἢ πράξαντες μὲν ὧν ἐφίενται τύραννοι τῆς πόλεως ἔσονται, δυστυχήσαντες δὲ τὸ ἴσον ὑμῖν ἕξουσιν· ὅσοι δὲ ξένοι ἐπιδημοῦσιν, εἴσονται πότερον ἀδίκως τοὺς τριάκοντα ἐκκηρύττουσιν ἐκ τῶν πόλεων ἢ δικαίως. εἰ γὰρ δὴ αὐτοὶ οἱ κακῶς πεπονθότες λαβόντες ἀφήσουσιν, ἦ που σφᾶς αὐτοὺς ἡγήσονται περιέρ-
36 γους ὑπὲρ ὑμῶν *τιμωρουμένους. οὐκ οὖν δεινόν, εἰ τοὺς μὲν στρατηγοὺς οἳ ἐνίκων ναυμαχοῦντες, ὅτε διὰ χειμῶνα οὐχ οἷοί τ' ἔφασαν εἶναι τοὺς ἐκ τῆς θαλάττης ἀνελέσθαι, θανάτῳ ἐζημιώσατε, ἡγούμενοι χρῆναι τῇ τῶν τεθνεώτων ἀρετῇ παρ' ἐκείνων δίκην λαβεῖν, τούτους δέ, οἳ ἰδιῶται μὲν ὄντες καθ' ὅσον ἐδύναντο ἐποίησαν ἡττηθῆναι ναυμαχοῦντας, ἐπειδὴ δὲ εἰς τὴν ἀρχὴν κατέστησαν, ὁμολογοῦσιν ἑκόντες πολλοὺς τῶν πολιτῶν ἀκρίτους ἀποκτιννύναι, οὐκ ἄρα χρὴ αὐτοὺς καὶ τοὺς παῖδας ὑφ' ὑμῶν ταῖς ἐσχάταις ζημίαις κολάζεσθαι;

§§ 92—100.

92 Βούλομαι δὲ ὀλίγα ἑκατέρους ἀναμνήσας καταβαίνειν, τούς τε ἐξ ἄστεος καὶ τοὺς ἐκ Πειραιῶς,

aorists: but see comment. § 35. *τιμωρουμένους] Markland conject., Turr. Schb.—τειρομένους Canter conject., Bk.—τηρουμένους or τηρομένους mss. § 36. οὐκ οὖν] οὔκουν Bk. ‖ ὅτε] Schb., with the mss. (X has ὅτε, acc. to Kayser: ὅτι, acc. to Bk.).—ὅτι Markland, Turr. Bk. ‖ τοὺς ἐκ τῆς θαλάττης] Reiske would add ναυαγοῦντας: Schb., τεθνεῶτας. ‖ τούτους δέ] X, C, Schb.—τούτους δὲ δή Bk. Turr.

ἵνα τὰς ὑμῖν διὰ τούτων γεγενημένας συμφορὰς παραδείγματα ἔχοντες τὴν ψῆφον φέρητε. καὶ πρῶτον μὲν ὅσοι ἐξ ἄστεός ἐστε, σκέψασθε ὅτι ὑπὸ τούτων οὕτω σφόδρα ἤρχεσθε ὥστε ἀδελφοῖς καὶ υἱέσι καὶ πολίταις ἠναγκάζεσθε πολεμεῖν τοιοῦτον πόλεμον ἐν ᾧ ἡττηθέντες μὲν τοῖς νικήσασι τὸ ἴσον ἔχετε, νικήσαντες δ᾽ ἂν τούτοις ἐδουλεύετε. καὶ τοὺς ἰδίους οἴκους οὗτοι μὲν ἂν 93 ἐκ τῶν πραγμάτων μεγάλους ἐκτήσαντο, ὑμεῖς δὲ διὰ τὸν πρὸς ἀλλήλους πόλεμον ἐλάττους ἔχετε. συνωφελεῖσθαι μὲν γὰρ ὑμᾶς οὐκ ἠξίουν, συνδιαβάλλεσθαι δ᾽ ἠνάγκαζον, εἰς τοσοῦτον ὑπεροψίας ἐλθόντες ὥστε οὐ τῶν ἀγαθῶν κοινούμενοι πιστοὺς ὑμᾶς ἐκτῶντο, ἀλλὰ τῶν ὀνειδῶν μεταδιδόντες *εὖνοι ᾤοντο εἶναι· ἀνθ᾽ ὧν ὑμεῖς νῦν ἐν τῷ 94 θαρραλέῳ ὄντες, καθ᾽ ὅσον δύνασθε, καὶ ὑπὲρ ὑμῶν αὐτῶν καὶ ὑπὲρ τῶν ἐκ Πειραιῶς τιμωρήσασθε, ἐνθυμηθέντες μὲν ὅτι ὑπὸ τούτων πονηροτάτων ὄντων ἤρχεσθε, ἐνθυμηθέντες δὲ ὅτι μετ᾽ ἀνδρῶν νῦν ἀρίστων πολιτεύεσθε καὶ τοῖς πολεμίοις μάχεσθε καὶ περὶ τῆς πόλεως βουλεύεσθε, ἀναμνησθέντες δὲ τῶν ἐπικούρων, οὓς οὗτοι φύλακας τῆς σφετέρας ἀρχῆς καὶ τῆς ὑμετέρας δουλείας εἰς τὴν ἀκρόπολιν κατέστησαν.

Καὶ πρὸς ὑμᾶς μὲν ἔτι πολλῶν ὄντων εἰπεῖν 95

§ 92. διὰ τούτων] C, Turr. Schb.—διὰ τοῦτον X, Bk. § 93. οὗτοι μὲν ἂν...ἐκτήσαντο] Schb. and Rauchenstein reject the ἂν: Turr. and Bk. do not. I hesitate to reject it, since it gives good sense; though its omission would make the passage simpler. See comment. || *εὖνοι] εὔνους mss. See comment.

τοσαῦτα λέγω. ὅσοι δ' ἐκ Πειραιῶς ἐστε, πρῶτον μὲν τῶν ὅπλων ἀναμνήσθητε, ὅτι πολλὰς μάχας ἐν τῇ ἀλλοτρίᾳ μαχεσάμενοι οὐχ ὑπὸ τῶν πολεμίων ἀλλ' ὑπὸ τούτων εἰρήνης οὔσης ἀφῃρέθητε τὰ ὅπλα, ἔπειθ' ὅτι ἐξεκηρύχθητε μὲν ἐκ τῆς πόλεως ἣν ὑμῖν οἱ πατέρες παρέδοσαν, φεύγοντας δὲ ὑμᾶς

96 ἐκ τῶν πόλεων ἐξῃτοῦντο· ἀνθ' ὧν ὀργίσθητε μὲν ὥσπερ ὅτ' ἐφεύγετε, ἀναμνήσθητε δὲ καὶ τῶν ἄλλων κακῶν ἃ πεπόνθατε ὑπ' αὐτῶν, οἳ τοὺς μὲν ἐκ τῆς ἀγορᾶς τοὺς δ' ἐκ τῶν ἱερῶν συναρπάζοντες βιαίως ἀπέκτειναν, τοὺς δὲ ἀπὸ τέκνων καὶ γονέων καὶ γυναικῶν ἀφέλκοντες φονέας αὑτῶν ἠνάγκασαν γενέσθαι καὶ οὐδὲ ταφῆς τῆς νομιζομένης εἴασαν τυχεῖν, ἡγούμενοι τὴν αὑτῶν ἀρχὴν βεβαιοτέραν

97 εἶναι τῆς παρὰ τῶν θεῶν τιμωρίας. ὅσοι δὲ τὸν θάνατον διέφυγον, πολλαχοῦ κινδυνεύσαντες καὶ εἰς πολλὰς πόλεις πλανηθέντες καὶ πανταχόθεν ἐκκηρυττόμενοι, ἐνδεεῖς ὄντες τῶν ἐπιτηδείων, οἱ μὲν ἐν πολεμίᾳ τῇ πατρίδι τοὺς παῖδας καταλιπόντες, οἱ δ' ἐν ξένῃ γῇ, πολλῶν ἐναντιουμένων ἤλθετε εἰς τὸν Πειραιᾶ. πολλῶν δὲ καὶ μεγάλων κινδύνων ὑπαρξάντων ἄνδρες ἀγαθοὶ γενόμενοι τοὺς μὲν ἠλευθερώσατε, τοὺς δ' εἰς τὴν πατρίδα

98 κατηγάγετε. εἰ δὲ ἐδυστυχήσατε καὶ τούτων ἡμάρτετε, αὐτοὶ μὲν ἂν δείσαντες ἐφεύγετε μὴ πάθητε τοιαῦτα οἷα καὶ πρότερον, καὶ οὔτ' ἂν ἱερὰ οὔτε βωμοὶ ὑμᾶς ἀδικουμένους διὰ τοὺς τούτων τρόπους ὠφέλησαν, ἃ καὶ τοῖς ἀδικοῦσι σωτήρια γίγνεται· οἱ δὲ παῖδες ὑμῶν, ὅσοι μὲν ἐνθάδε ἦσαν, ὑπὸ τούτων ἂν ὑβρίζοντο, οἱ δ' ἐπὶ ξένης μικρῶν

ἂν ἕνεκα συμβολαίων ἐδούλευον ἐρημίᾳ τῶν ἐπικουρησόντων.

Ἀλλὰ γὰρ οὐ τὰ μέλλοντα ἔσεσθαι βούλομαι 99 λέγειν, τὰ πραχθέντα ὑπὸ τούτων οὐ δυνάμενος εἰπεῖν· οὐδὲ γὰρ ἑνὸς κατηγόρου οὐδὲ δυοῖν ἔργον ἐστίν, ἀλλὰ πολλῶν. ὅμως δὲ τῆς ἐμῆς προθυμίας <οὐδὲν> ἐλλέλειπται, ὑπέρ <τε> τῶν ἱερῶν, ἃ οὗτοι τὰ μὲν ἀπέδοντο τὰ δ' εἰσιόντες ἐμίαινον, ὑπέρ τε τῆς πόλεως, ἣν μικρὰν ἐποίουν, ὑπέρ τε τῶν νεωρίων, ἃ καθεῖλον, καὶ ὑπὲρ τῶν τεθνεώτων, οἷς ὑμεῖς, ἐπειδὴ ζῶσιν ἐπαμῦναι οὐκ ἠδύνασθε, ἀποθανοῦσι βοηθήσατε. οἶμαι δ' αὐτοὺς ἡμῶν τε ἀκροᾶσθαι 100 καὶ ὑμᾶς εἴσεσθαι τὴν ψῆφον φέροντας, ἡγουμένους, ὅσοι μὲν ἂν τούτων ἀποψηφίσησθε, αὐτῶν θάνατον *κατεψηφίσθαι, ὅσοι δ' ἂν παρὰ τούτων δίκην λάβωσιν, ὑπὲρ αὐτῶν τὰς τιμωρίας πεποιημένους.

Παύσομαι κατηγορῶν· ἀκηκόατε, ἑωράκατε, πεπόνθατε, ἔχετε, δικάζετε.

§ 99. <οὐδὲν> ἐλλέλειπται] οὐδὲν was added by Canter: Turr., Schb., print it in brackets, Bk. without brackets. ǀǀ ὑπέρ <τε> τῶν ἱερῶν] τε is added, on Sauppe's conject., by Rauchenstein, Schb.—ὑπὲρ τῶν ἱερῶν mss. Bk. Turr. § 100. *κατεψηφίσθαι] Baiter.—καταψηφιεῖσθαι mss. Bk. Turr. Schb.— κατεψηφισμένους ἔσεσθαι Rauchenstein, and to this, or κατεψηφισμένους φανήσεσθαι, Schb. also inclines. ǀǀ πεποιημένους] Reiske and Kayser think that φανήσεσθαι has dropped out after this. If anything were to be supplied, I should prefer εἶναι. But see comment.

VI. ΚΑΤΑ ΑΓΟΡΑΤΟΥ.

[Or. XIII.—About 399 B.C.]

§§ 5—48.

5 Ἐπειδὴ γὰρ αἱ νῆες αἱ ὑμέτεραι διεφθάρησαν καὶ τὰ πράγματα ἐν τῇ πόλει ἀσθενέστερα ἐγεγένητο, οὐ πολλῷ χρόνῳ ὕστερον αἵ τε νῆες αἱ Λακεδαιμονίων ἐπὶ τὸν Πειραιᾶ ἀφικνοῦνται, καὶ ἅμα λόγοι πρὸς Λακεδαιμονίους περὶ τῆς εἰρήνης 6 ἐγίγνοντο. ἐν δὲ τῷ χρόνῳ τούτῳ οἱ βουλόμενοι νεώτερα πράγματα ἐν τῇ πόλει γίγνεσθαι ἐπεβούλευον, νομίζοντες κάλλιστον καιρὸν εἰληφέναι καὶ μάλιστ᾽ <ἂν> ἐν τῷ τότε χρόνῳ τὰ πράγματα, ὡς 7 αὐτοὶ ἠβούλοντο, καταστήσασθαι. ἡγοῦντο δὲ οὐδὲν ἄλλο σφίσιν ἐμποδὼν εἶναι ἢ τοὺς τοῦ δήμου προεστηκότας καὶ τοὺς στρατηγοῦντας καὶ ταξιαρχοῦντας. τούτους οὖν ἐβούλοντο ἁμωσγέπως ἐκποδὼν ποιήσασθαι, ἵνα ῥᾳδίως ἃ βούλοιντο διαπράττοιντο. πρῶτον μὲν οὖν Κλεοφῶντι ἐπέθεντο ἐκ τρόπου τοιούτου.

8 Ὅτε γὰρ ἡ πρώτη ἐκκλησία περὶ τῆς εἰρήνης ἐγίγνετο, καὶ οἱ παρὰ Λακεδαιμονίων ἥκοντες ἔλεγον ἐφ᾽ οἷς ἕτοιμοι εἶεν τὴν εἰρήνην ποιεῖσθαι Λακεδαιμόνιοι, εἰ κατασκαφείη τῶν τειχῶν τῶν μακρῶν ἐπὶ δέκα στάδια ἑκατέρου, τότε ὑμεῖς τε, ὦ ἄνδρες Ἀθηναῖοι, οὐκ ἠνέσχεσθε ἀκούσαντες περὶ τῶν τειχῶν τῆς κατασκαφῆς, Κλεοφῶν τε

VI. § 6. μάλιστ᾽ <ἂν>...καταστήσασθαι] The mss. have μάλιστα: but, as Dobree saw, we require either μάλιστ᾽ ἂν or

ὑπὲρ ὑμῶν πάντων ἀναστὰς ἀντεῖπεν ὡς οὐδενὶ τρόπῳ οἷόν τε εἴη ποιεῖν ταῦτα. μετὰ δὲ ταῦτα 9 Θηραμένης, ἐπιβουλεύων τῷ πλήθει τῷ ὑμετέρῳ, ἀναστὰς λέγει ὅτι, ἐὰν αὐτὸν ἕλησθε περὶ τῆς εἰρήνης πρεσβευτὴν αὐτοκράτορα, ποιήσειν ὥστε μήτε τῶν τειχῶν διελεῖν μήτε ἄλλο τὴν πόλιν ἐλαττῶσαι μηδέν· οἴοιτο δὲ καὶ ἄλλο τι ἀγαθὸν παρὰ Λακεδαιμονίων τῇ πόλει εὑρήσεσθαι. πει- 10 σθέντες δὲ ὑμεῖς εἵλεσθε ἐκεῖνον πρεσβευτὴν αὐτοκράτορα, ὃν τῷ προτέρῳ ἔτει στρατηγὸν χειροτονηθέντα ἀπεδοκιμάσατε, οὐ νομίζοντες εὔνουν εἶναι τῷ πλήθει τῷ ὑμετέρῳ. ἐκεῖνος μὲν οὖν 11 ἐλθὼν εἰς Λακεδαίμονα ἔμεινεν ἐκεῖ πολὺν χρόνον, καταλιπὼν ὑμᾶς πολιορκουμένους, εἰδὼς τὸ ὑμέτερον πλῆθος ἐν ἀπορίᾳ ἐχόμενον, καὶ διὰ τὸν πόλεμον καὶ τὰ κακὰ τοὺς πολλοὺς τῶν ἐπιτηδείων ἐνδεεῖς ὄντας, νομίζων, εἰ διαθείη ὑμᾶς ἀπόρως ὥσπερ διέθηκεν, ἀσμένως ὁποιαντινοῦν ἐθελῆσαι ἂν εἰρήνην ποιήσασθαι. οἱ δ' ἐνθάδε ὑπομένοντες 12 καὶ ἐπιβουλεύοντες καταλῦσαι τὴν δημοκρατίαν εἰς ἀγῶνα Κλεοφῶντα καθιστᾶσι, πρόφασιν μὲν ὅτι οὐκ ἦλθεν εἰς τὰ ὅπλα ἀναπαυσόμενος, τὸ δ' ἀληθὲς ὅτι ἀντεῖπεν ὑπὲρ ὑμῶν μὴ καθαιρεῖν τὰ τείχη. ἐκείνῳ μὲν οὖν δικαστήριον παρασκευάσαντες καὶ εἰσελθόντες οἱ βουλόμενοι ὀλιγαρχίαν καταστήσασθαι ἀπέκτειναν ἐν τῇ προφάσει ταύτῃ.

καταστήσεσθαι. The former is most probable. § 9. ποιήσειν] X, C, Turr. Schb.—ποιήσει Stephanus, Bk. § 11. ἀπόρως] Schb., while keeping this in the text, thinks with Kayser that it is a gloss. § 12. ἐν τῇ προφάσει] Baiter would read ἐπὶ instead

13 Θηραμένης δὲ ὕστερον ἀφικνεῖται ἐκ Λακεδαίμονος. προσιόντες δ' αὐτῷ τῶν τε στρατηγῶν τινες καὶ τῶν ταξιάρχων, ὧν ἦν Στρομβιχίδης καὶ Διονυσόδωρος, καὶ ἄλλοι τινὲς τῶν πολιτῶν εὐνοοῦντες ὑμῖν, ὥς γ' ἐδήλωσαν ὕστερον, ἠγανάκτουν σφόδρα. ἦλθε γὰρ φέρων εἰρήνην τοιαύτην, ἣν ἡμεῖς ἔργῳ μαθόντες ἔγνωμεν· πολλοὺς γὰρ τῶν πολιτῶν καὶ ἀγαθοὺς ἀπωλέσαμεν, καὶ αὐτοὶ ὑπὸ
14 τῶν τριάκοντα ἐξηλάθημεν. ἦν γὰρ ἀντὶ μὲν τοῦ ἐπὶ δέκα στάδια τῶν μακρῶν τειχῶν διελεῖν ὅλα τὰ μακρὰ τείχη *κατασκάψαι, ἀντὶ δὲ τοῦ ἄλλο τι ἀγαθὸν τῇ πόλει εὑρέσθαι τάς τε ναῦς παραδοῦναι τοῖς Λακεδαιμονίοις καὶ τὸ περὶ τὸν Πειραιᾶ τεῖχος
15 περιελεῖν. ὁρῶντες δὲ οὗτοι οἱ ἄνδρες ὀνόματι μὲν εἰρήνην *λεγομένην, τῷ δ' ἔργῳ τὴν δημοκρατίαν καταλυομένην, οὐκ <ἂν> ἔφασαν ἐπιτρέψαι ταῦτα γενέσθαι, οὐκ ἐλεοῦντες, ὦ ἄνδρες Ἀθηναῖοι, τὰ τείχη, εἰ πεσεῖται, οὐδὲ κηδόμενοι τῶν νεῶν, εἰ Λακεδαιμονίοις παραδοθήσονται (οὐδὲν γὰρ αὐτοῖς
16 τούτων πλεῖον ἢ ὑμῶν ἑκάστῳ προσῆκεν), ἀλλ' αἰσθόμενοι ἐκ τοῦ τρόπου τούτου τὸ ὑμέτερον πλῆθος καταλυθησόμενον, οὐδ'(ὥς φασί τινες) οὐκ ἐπιθυμοῦντες εἰρήνην γίγνεσθαι, ἀλλὰ βουλόμενοι βελτίω ταύτης εἰρήνην τῷ δήμῳ τῶν Ἀθηναίων ποιήσασθαι. ἐνόμιζον δὲ δυνήσεσθαι, καὶ ἔπραξαν ἂν ταῦτα, εἰ μὴ

of ἐν: but see comment. § 14. *κατασκάψαι] Bk. conject., Turr. Schb.—διασκάψαι mss., Bk. in text. § 15. *λεγομένην] Schb., on Hirschig's conject., γενομένην. || οὐκ <ἂν> ἔφασαν ἐπιτρέψαι] οὐκ ἔφασαν ἐπιτρέψαι mss. Turr. Schb. We must add ἂν before ἔφασαν (with Dobree), or after it (with Markland); or else read ἐπιτρέψειν with Stephanus and Rauchenstein. || νεῶν] νηῶν mss. Bk. Turr. (the latter, indeed, with the remark,

ὑπ' Ἀγοράτου τουτουὶ ἀπώλοντο. γνοὺς δὲ ταῦτα 17
Θηραμένης καὶ οἱ ἄλλοι οἱ ἐπιβουλεύοντες ὑμῖν,
ὅτι εἰσί τινες οἳ κωλύσουσι τὸν δῆμον καταλυθῆναι
καὶ ἐναντιώσονται περὶ τῆς ἐλευθερίας, εἵλοντο,
πρὶν τὴν ἐκκλησίαν τὴν περὶ τῆς εἰρήνης γενέσθαι,
τούτους πρῶτον εἰς διαβολὰς καὶ κινδύνους κατα-
στῆσαι, ἵνα μηδεὶς ἐκεῖ ὑπὲρ τοῦ ὑμετέρου πλήθους
ἀντιλέγοι.

Ἐπιβουλὴν οὖν τοιαύτην ἐπιβουλεύουσι. πεί- 18
θουσι γὰρ Ἀγόρατον τουτονὶ μηνυτὴν κατὰ τῶν
στρατηγῶν καὶ τῶν ταξιάρχων γενέσθαι, οὐ ξυνει-
δότα ἐκείνοις, ὦ ἄνδρες Ἀθηναῖοι, οὐδέν (οὐ γὰρ
δήπου ἐκεῖνοι οὕτως ἀνόητοι ἦσαν καὶ ἄφιλοι,
ὥστε περὶ τηλικούτων ἂν πραγμάτων πράττοντες
Ἀγόρατον ὡς πιστὸν καὶ εὔνουν, δοῦλον καὶ ἐκ
δούλων ὄντα, παρεκάλεσαν), ἀλλ' ἐδόκει αὐτοῖς
οὗτος ἐπιτήδειος εἶναι μηνυτής. ἐβούλοντο οὖν 19
ἄκοντα δοκεῖν αὐτὸν καὶ μὴ ἑκόντα μηνύειν, ὅπως
πιστότερα ὑμῖν ὑποφαίνοιτο. ὡς δὲ ἑκὼν ἐμήνυσε,
καὶ ὑμᾶς οἶμαι ἐκ τῶν πεπραγμένων αἰσθήσεσθαι.
*εἰσπέμπουσι γὰρ εἰς τὴν βουλὴν [τὴν πρὸ τῶν
τριάκοντα βουλεύουσαν] Θεόκριτον τὸν τοῦ Ἐλα-
φοστίκτου καλούμενον· ὁ δὲ Θεόκριτος οὗτος ἑταῖ-
ρος ἦν τῷ Ἀγοράτῳ καὶ ἐπιτήδειος. ἡ δὲ βουλὴ ἡ 20
πρὸ τῶν τριάκοντα βουλεύουσα διέφθαρτο καὶ
ὀλιγαρχίας ἐπεθύμει, ὡς ἴστε, μάλιστα. τεκμήριον
δέ· οἱ γὰρ πολλοὶ οἱ ἐξ ἐκείνης τῆς βουλῆς τὴν

'immo νεῶν'). § 19. *εἰσπέμπουσι Dobree, Sauppe, Rauchen-
stein: ἐκπέμπουσι mss.: see comment. ‖ [τὴν πρὸ τῶν τριάκοντα
βουλεύουσαν]] Dobree pointed out the interpolation. The words

ὑστέραν βουλὴν τὴν ἐπὶ τῶν τριάκοντα ἐβούλευον. τοῦ δ' ἕνεκα ταῦτα λέγω ὑμῖν; ἵν' εἰδῆτε ὅτι τὰ ψηφίσματα τὰ ἐξ ἐκείνης τῆς βουλῆς οὐκ ἐπ' εὐνοίᾳ τῇ ὑμετέρᾳ ἀλλ' ἐπὶ καταλύσει τοῦ δήμου τοῦ ὑμετέρου ἅπαντα *ἐγένετο, καὶ ὡς τοιούτοις 21 οὖσιν αὐτοῖς τὸν νοῦν προσέχητε. εἰσελθὼν δὲ εἰς ταύτην τὴν βουλὴν ἐν ἀπορρήτῳ Θεόκριτος μηνύει ὅτι συλλέγονταί τινες ἐναντιωσόμενοι τοῖς τότε καθισταμένοις πράγμασι. τὰ μὲν οὖν ὀνόματα οὐκ ἔφη αὐτῶν ἐρεῖν καθ' ἕκαστον· ὅρκους τε γὰρ ὀμωμοκέναι τοὺς αὐτοὺς ἐκείνοις, καὶ εἶναι ἑτέρους οἳ ἐροῦσι τὰ ὀνόματα, αὐτὸς δὲ οὐκ ἄν ποτε 22 ποιῆσαι ταῦτα. καίτοι εἰ μὴ ἐκ παρασκευῆς ἐμηνύετο, πῶς οὐκ ἂν ἠνάγκασεν ἡ βουλὴ εἰπεῖν τὰ ὀνόματα Θεόκριτον καὶ μὴ ἀνώνυμον τὴν μήνυσιν ποιήσασθαι; νυνὶ δὲ τοῦτο τὸ ψήφισμα *ἐψηφίσατο. [ΨΗΦΙΣΜΑ.]

23 Ἐπειδὴ τοίνυν τοῦτο τὸ ψήφισμα ἐψηφίσθη, κατέρχονται ἐπὶ τὸν Ἀγόρατον εἰς τὸν Πειραιᾶ οἱ αἱρεθέντες τῶν βουλευτῶν, καὶ περιτυχόντες αὐτῷ ἐν ἀγορᾷ ἐζήτουν ἄγειν, παραγενόμενος δὲ Νικίας καὶ Νικομένης καὶ ἄλλοι τινές, ὁρῶντες τὰ πράγματα οὐχ οἷα βέλτιστα ἐν τῇ πόλει ὄντα, ἄγειν μὲν τὸν Ἀγόρατον οὐκ ἔφασαν προήσεσθαι, ἀφῃροῦντο δὲ καὶ ἠγγυῶντο καὶ ὡμολόγουν παρέξειν

are bracketed by Rauchenstein and Schb. § 20. *ἐγένετο] Markland conject., Schb. (1st edit.), ἐλέγετο mss. Bk. Turr. Schb. (2nd edit.). ‖ τὸν νοῦν προσέχητε] X, Turr. Schb.— τὸν νοῦν μὴ προσέχητε C.—τὸν νοῦν ἧσσον προσέχητε Reiske, Bk. § 22. *ἐψηφίσατο] Reiske, Bk. Turr.—ψηφίζεται Schb., on his own conject.—ψηφίσετε (sic) X, ψηφίσατο (sic) C, ψηφίσεσθαι the other mss. § 23. παρέξειν] mss. Bk. Turr.—

εἰς τὴν βουλήν. γραψάμενοι δὲ οἱ βουλευταὶ τὰ 24
ὀνόματα τῶν ἐγγυωμένων καὶ κωλυόντων, ἀπιόντες
ᾤχοντο εἰς ἄστυ. ὁ δὲ Ἀγόρατος καὶ οἱ ἐγγυηταὶ
καθίζουσιν ἐπὶ τὸν βωμὸν Μουνυχίασιν· ἐπειδὴ
δὲ *ἐκεῖ ἦσαν, ἐβουλεύοντο τί χρὴ ποιεῖν. ἐδόκει
οὖν τοῖς ἐγγυηταῖς καὶ τοῖς ἄλλοις ἅπασιν ἐκποδὼν
*ποιήσασθαι τὸν Ἀγόρατον ὡς τάχιστα, καὶ πα- 25
ρορμίσαντες δύο πλοῖα Μουνυχίασιν ἐδέοντο αὐτοῦ
παντὶ τρόπῳ ἀπελθεῖν Ἀθήνηθεν, καὶ αὐτοὶ ἔφασαν
συνεκπλευσεῖσθαι, ἕως τὰ πράγματα κατασταίη,
λέγοντες ὅτι, εἰ κομισθείη εἰς τὴν βουλήν, βασα-
νιζόμενος ἴσως ἀναγκασθήσεται ὀνόματα εἰπεῖν
Ἀθηναίων ὧν ἂν ὑποβάλωσιν οἱ βουλόμενοι κακόν
τι ἐν τῇ πόλει ἐργάζεσθαι. ταῦτα ἐκείνων δεομέ- 26
νων, καὶ παρασκευασάντων πλοῖα, καὶ αὐτῶν
ἑτοίμων ὄντων συνεκπλεῖν, οὐκ ἠθέλησε πείθεσθαι
αὐτοῖς Ἀγόρατος οὑτοσί. καίτοι, ὦ Ἀγόρατε, εἰ
μή τί σοι ἦν παρεσκευασμένον καὶ ἐπίστευες μηδὲν
κακὸν πείσεσθαι, πῶς οὐκ ἂν ᾤχου καὶ πλοίων
παρεσκευασμένων καὶ τῶν ἐγγυητῶν ἑτοίμων ὄντων
σοι συνεκπλεῖν; ἔτι γὰρ οἷόν τέ σοι ἦν, καὶ οὔπω
ἡ βουλή σου ἐκράτει. ἀλλὰ μὲν δὴ οὐχ ὅμοιά γε 27
σοὶ καὶ ἐκείνοις ὑπῆρχε. πρῶτον μὲν *γὰρ Ἀθη-
ναῖοι ἦσαν ὥστε οὐκ ἐδεδίεσαν βασανισθῆναι·
ἔπειτα πατρίδα σφετέραν αὐτῶν καταλιπόντες
ἕτοιμοι ἦσαν συνεκπλεῖν μετὰ σοῦ, ἡγησάμενοι
ταῦτα μᾶλλον λυσιτελεῖν ἢ τῶν πολιτῶν πολλοὺς

ταράξειν Cobet, Schb. See comment. § 24. *ἐκεῖ ἦσαν]
Taylor conject., Turr. Schb.—ἐκάθισαν C, Bk.—ἐκίνησαν mss.
∥ *ποιήσασθαι] Foertsch conject., Turr. Schb.—ποιῆσαι mss.
Bk. § 27. μὲν *γὰρ] Cobet, Schb.—μὲν γε mss. Bk. Turr.

καὶ ἀγαθοὺς ὑπὸ σοῦ ἀδίκως ἀπολέσθαι. σοὶ δὲ πρῶτον μὲν κίνδυνος ἦν βασανισθῆναι ὑπομείναντι,
28 ἔπειτα οὐ πατρίδα ἂν σαυτοῦ *κατέλιπες· ὥστ' ἐκ παντὸς τρόπου σοὶ μᾶλλον ἢ ἐκείνοις ἐκπλεῦσαι συνέφερεν, εἰ μή τι ἦν ᾧ ἐπίστευες. νῦν δὲ ἄκων μὲν προσποιῇ, ἑκὼν δὲ πολλοὺς καὶ ἀγαθοὺς Ἀθηναίων ἀπέκτεινας. ὡς δὲ παρεσκευάσθη ἅπαντα ἃ ἐγὼ λέγω, καὶ μάρτυρές εἰσι καὶ αὐτὸ τὸ ψήφισμα σοῦ τὸ τῆς βουλῆς καταμαρτυρήσει.
[ΨΗΦΙΣΜΑ.]

29 Ἐπειδὴ τοίνυν τοῦτο τὸ ψήφισμα ἐψηφίσθη καὶ ἦλθον οἱ ἐκ τῆς βουλῆς Μουνυχίαζε, ἑκὼν ἀνέστη Ἀγόρατος ἀπὸ τοῦ βωμοῦ· καίτοι νῦν γε
30 βίᾳ φησὶν ἀφαιρεθῆναι. ἐπειδὴ δὲ εἰς τὴν βουλὴν ἐκομίσθησαν, ἀπογράφει Ἀγόρατος πρῶτον μὲν τῶν αὐτοῦ ἐγγυητῶν τὰ ὀνόματα, ἔπειτα τῶν στρατηγῶν καὶ τῶν ταξιάρχων, ἔπειτα δὲ καὶ ἄλλων τινῶν πολιτῶν. ἡ δὲ ἀρχὴ αὕτη τοῦ παντὸς κακοῦ ἐγένετο. ὡς δὲ ἀπέγραψε τὰ ὀνόματα, οἶμαι μὲν καὶ αὐτὸν ὁμολογήσειν· εἰ δὲ μή, ἐπ' αὐτοφώρῳ ἐγὼ αὐτὸν ἐξελέγξω. ἀπόκριναι δή μοι. [ΕΡΩΤΗΣΙΣ.]

31 Ἐβούλοντο τοίνυν, ὦ ἄνδρες δικασταί, ἔτι πλειόνων αὐτὸν τὰ ὀνόματα ἀπογράψαι· οὕτω σφόδρα ἔρρωτο ἡ βουλὴ κακόν τι ἐργάζεσθαι, *καὶ οὗτος οὐκ ἐδόκει αὐτοῖς ἅπαντα τἀληθῆ πω κατη-

|| *κατέλιπες] G. A. Hirschig conject., Rauchenstein, Schb.—ἀπέλιπες mss. Bk. Turr. § 28. ἢ ἐκείνοις ἐκπλεῦσαι] X, Schb.—ἐκπλεῦσαι ἢ ἐκείνοις Bk. Turr. § 30. ἐκομίσθησαν] X, Rauchenstein, Schb.—ἐκομίσθη Bk. Turr. § 31. ἐργάζεσθαι, *καὶ οὗτος] so Rauchenstein, and this seems the best

γορηκέναι. τούτους μὲν οὖν ἅπαντας ἑκὼν ἀπογράφει, οὐδεμιᾶς αὐτῷ ἀνάγκης οὔσης· [μετὰ τοῦτο προσαπογράφει ἑτέρους τῶν πολιτῶν·] ἐπει- 32 δὴ δὲ ἡ ἐκκλησία Μουνυχίασιν ἐν τῷ θεάτρῳ ἐγίγνετο, οὕτω σφόδρα τινὲς ἐπεμελοῦντο ὅπως καὶ ἐν τῷ δήμῳ περὶ τῶν στρατηγῶν καὶ τῶν ταξιάρχων μήνυσις γένοιτο (περὶ δὲ τῶν ἄλλων ἀπέχρη ἡ ἐν τῇ βουλῇ μήνυσις γεγενημένη), ὥστε καὶ ἐκεῖ παράγουσιν εἰς τὸν δῆμον. καί μοι ἀπόκριναι, ὦ Ἀγόρατε· οὐ γὰρ <ἂν> οἶμαί σε ἔξαρνον γενέσθαι ἃ ἐναντίον Ἀθηναίων ἁπάντων ἐποίησας. [ΕΡΩΤΗΣΙΣ.]

Ὁμολογεῖ μὲν καὶ αὐτός, ὅμως δὲ καὶ τὰ 33 ψηφίσματα ὑμῖν τοῦ δήμου ἀναγνώσεται. [*ΨΗΦΙΣΜΑΤΑ.]

Ὅτι μὲν ἀπέγραψεν Ἀγόρατος οὑτοσὶ τῶν ἀνδρῶν ἐκείνων τὰ ὀνόματα, καὶ τὰ ἐν τῇ βουλῇ καὶ τὰ ἐν τῷ δήμῳ, καὶ ἔστι φονεὺς ἐκείνων,

reading of the passage. X has ἐργάζεσθαι αὐτὸς, C ἐργάζεσθαι αὐτὸν ὥστ' (and so Bk. reads). Turr. give ἐργάζεσθαι, αὐτὸς δ'. Schb. adopts Sauppe's conject., ἐργάζεσθαι, καὶ αὐτὸς. Dobree inclined to read ἐργάζεσθαι ὥστ' (omitting αὐτὸν), but suggested also ἐργάζεσθαι, οὗτος δ'. ‖ [μετὰ τοῦτο προσαπογράφει ἑτέρους τῶν πολιτῶν]] interpolated, as Dobree remarked, from § 56. Bk. and Turr. omit the words; Schb. brackets them. § 32. ἡ ἐν τῇ βουλῇ μήνυσις γεγενημένη)] so Schb., but brackets μήνυσις, which Bremi and Cobet would omit. X has ἐν τῇ βουλῇ μήνυσις μὲν ἡ γεγενημένη : C has ἐν τῇ βουλῇ μήνυσις ἡ γεγενημένη, and so Bk.—Turr. give ἐν τῇ βουλῇ μήνυσις μόνη γεγενημένη: Rauchenstein, ἐν τῇ βουλῇ μόνη γεγενημένη. ‖ οὐ γὰρ <ἂν> οἶμαί σε ἔξαρνον γενέσθαι] οὐ γὰρ οἶμαί σε ἔξαρνον γενέσθαι C: ἂν was supplied by Reiske. Turr., like Bk., omit ἂν in the text, but remark in a note that we require it, unless we read γενήσεσθαι. On the hint of X, which has ἀλλ' οἶμαί σε ἔξαρνον γενέσθαι, Schb. gives ἀλλ' οὐκ οἶμαί σε ἔξαρνον ἂν γενέσθαι. § 33. [*ΨΗΦΙΣΜΑΤΑ]] Reiske conject.,

σχεδόν τι οἶμαι ὑμᾶς ἐπίστασθαι· ὡς τοίνυν ἁπάντων τῶν κακῶν αἴτιος τῇ πόλει ἐγένετο καὶ οὐδ᾽ ὑφ᾽ ἑνὸς αὐτὸν προσήκει ἐλεεῖσθαι, ἐγὼ οἶμαι ὑμῖν
34 ἐν κεφαλαίοις ἀποδείξειν. ἐπειδὴ γὰρ ἐκεῖνοι συλληφθέντες ἐδέθησαν, τότε καὶ ὁ Λύσανδρος εἰς τοὺς λιμένας τοὺς ὑμετέρους εἰσέπλευσε, καὶ αἱ νῆες αἱ ὑμέτεραι Λακεδαιμονίοις παρεδόθησαν, καὶ τὰ τείχη κατεσκάφη, καὶ οἱ τριάκοντα κατέστησαν,
35 καὶ τί οὐ τῶν δεινῶν τῇ πόλει ἐγένετο; ἐπειδὴ τοίνυν οἱ τριάκοντα κατεστάθησαν, εὐθέως κρίσιν τοῖς ἀνδράσι τούτοις ἐποίουν ἐν τῇ βουλῇ, ὁ δὲ δῆμος ἐν τῷ δικαστηρίῳ ἐν δισχιλίοις ἐψηφίσατο. καί μοι ἀνάγνωθι τὸ ψήφισμα. [ΨΗΦΙΣΜΑ.]

36 Εἰ μὲν οὖν ἐν τῷ δικαστηρίῳ ἐκρίνοντο, ῥᾳδίως ἂν ἐσῴζοντο· ἅπαντες γὰρ ἤδη ἐγνωκότες ἦτε οὗ ἦν κακοῦ ἡ πόλις, ἐν ᾧ οὐδὲν ἔτι ὠφελεῖν ἐδύνασθε· νῦν δ᾽ εἰς τὴν βουλὴν αὐτοὺς τὴν ἐπὶ τῶν τριάκοντα εἰσάγουσιν. ἡ δὲ κρίσις τοιαύτη ἐγίγνετο,
37 οἵαν καὶ ὑμεῖς αὐτοὶ ἐπίστασθε. οἱ μὲν γὰρ τριάκοντα ἐκάθηντο ἐπὶ τῶν βάθρων, οὗ νῦν οἱ πρυτάνεις καθέζονται· δύο δὲ τράπεζαι ἐν τῷ πρόσθεν τῶν τριάκοντα ἐκείσθην· τὴν δὲ ψῆφον οὐκ εἰς καδίσκους ἀλλὰ φανερὰν ἐπὶ τὰς τραπέζας ταύτας ἔδει τίθεσθαι, τὴν μὲν <ἀπολύουσαν ἐπὶ τὴν πρώτην, τὴν δὲ> καθαιροῦσαν ἐπὶ τὴν ὑστέραν·

Turr. Schb.—ΨΗΦΙΣΜΑ mss. Bk. § 37. τὴν μὲν...ὑστέραν] I supply the words in brackets. Some such words have plainly been lost.—X has only τὴν μὲν καθαιροῦσαν ἐπὶ τὴν ὑστέραν, and so Schb. reads, leaving dots after ὑστέραν.—C has τὴν μὲν ἐπὶ τὴν πρώτην, τὴν δὲ καθαιροῦσαν ἐπὶ τὴν ὑστέραν, and so Bk. Turr.—The Aldine gives τὴν μὲν καθαιροῦσαν ἐπὶ τὴν ὑστέραν, τὴν δὲ σῴζουσαν ἐπὶ τὴν προτέραν, which Rauchenstein (with Reiske) prints, but

ὥστε ἐκ τίνος τρόπου ἔμελλέ τις αὐτῶν σωθήσεσθαι; ἑνὶ δὲ λόγῳ, ὅσοι εἰς τὸ βουλευτήριον ἐπὶ 38
τῶν τριάκοντα εἰσῆλθον κριθησόμενοι, ἁπάντων
θάνατος κατεγιγνώσκετο καὶ οὐδενὸς ἀπεψηφίσαντο, πλὴν Ἀγοράτου τουτουΐ· τοῦτον δὲ ἀφεῖσαν
ὡς εὐεργέτην ὄντα· ἵνα δὲ εἰδῆτε ὡς πολλοὶ ὑπὸ
τούτου τεθνᾶσι, βούλομαι ὑμῖν τὰ ὀνόματα αὐτῶν
ἀναγνῶναι. [ΟΝΟΜΑΤΑ.]

Ἐπειδὴ τοίνυν, ὦ ἄνδρες δικασταί, θάνατος 39
αὐτῶν κατεγνώσθη καὶ ἔδει αὐτοὺς ἀποθνήσκειν,
μεταπέμπονται εἰς τὸ δεσμωτήριον ὁ μὲν ἀδελφήν,
ὁ δὲ μητέρα, ὁ δὲ γυναῖκα, ὁ δ᾽ ἥ τις ἦν ἑκάστῳ
αὐτῶν προσήκουσα, ἵνα τὰ ὕστατα ἀσπασάμενοι
τοὺς αὐτῶν οὕτω τὸν βίον τελευτήσειαν. καὶ δὴ 40
καὶ Διονυσόδωρος μεταπέμπεται τὴν ἀδελφὴν τὴν
ἐμὴν εἰς τὸ δεσμωτήριον, γυναῖκα ἑαυτοῦ οὖσαν.
πυθομένη δ᾽ ἐκείνη ἀφικνεῖται, μέλαν [τε] ἱμάτιον
ἠμφιεσμένη, ὡς εἰκὸς ἦν ἐπὶ τῷ ἀνδρὶ αὐτῆς
τοιαύτῃ συμφορᾷ κεχρημένῳ. ἐναντίον δὲ τῆς 41
ἀδελφῆς τῆς ἐμῆς Διονυσόδωρος τά τε οἰκεῖα τὰ
αὑτοῦ διέθετο ὅπως αὐτῷ ἐδόκει, καὶ περὶ Ἀγοράτου τουτουῒ ἔλεγεν ὅτι αἴτιος ἦν τοῦ θανάτου, καὶ
ἐπέσκηπτεν ἐμοὶ καὶ Διονυσίῳ τουτωΐ, τῷ ἀδελφῷ
τῷ αὑτοῦ, καὶ τοῖς φίλοις πᾶσι τιμωρεῖν ὑπὲρ
αὑτοῦ Ἀγόρατον· καὶ τῇ γυναικὶ τῇ αὑτοῦ ἐπέ- 42

follows Kayser in bracketing as a gloss. § 40. μέλαν [τε] ἱμάτιον ἠμφιεσμένη] mss. Bk.—Turr. say, 'τε malimus abesse': Schb. adds dots after ἠμφιεσμένη, to mark a lacuna. In his 1st edit. Schb. gave μέλαν τὸ instead of μέλαν τε. § 41. τὰ αὑτοῦ] Schb.—τὰ αὐτοῦ X.—τὰ ἑαυτοῦ vulg. Bk. Turr. ‖ ὑπὲρ αὑτοῦ] Sauppe, Turr. Schb.—ὑπὲρ αὐτοῦ vulg. Bk.

σκῆπτε, νομίζων αὐτὴν κυεῖν ἐξ αὑτοῦ, ἐὰν γένηται αὐτῇ παιδίον, φράζειν τῷ γενομένῳ ὅτι τὸν πατέρα αὐτοῦ Ἀγόρατος ἀπέκτεινε, καὶ κελεύειν τιμωρεῖν ὑπὲρ αὑτοῦ ὡς φονέα ὄντα. ὡς οὖν ἀληθῆ λέγω, μάρτυρας τούτων παρέξομαι. [ΜΑΡΤΥΡΕΣ.]

43 Οὗτοι μὲν τοίνυν, ὦ ἄνδρες Ἀθηναῖοι, ὑπ' Ἀγοράτου ἀπογραφέντες, ἀπέθανον· ἐπεὶ δὲ τούτους ἐκποδὼν ἐποιήσαντο οἱ τριάκοντα, σχεδὸν οἶμαι ὑμᾶς ἐπίστασθαι ὡς πολλὰ καὶ δεινὰ μετὰ ταῦτα τῇ πόλει ἐγένετο· ὧν οὗτος ἁπάντων αἴτιός ἐστιν, ἀποκτείνας ἐκείνους. ἀνιῶμαι μὲν οὖν ὑπομιμνήσκων τὰς γεγενημένας συμφορὰς τῇ πόλει,
44 ἀνάγκη δ' ἐστίν, ὦ ἄνδρες δικασταί, ἐν τῷ παρόντι καιρῷ, ἵν' εἰδῆτε ὡς σφόδρα ὑμῖν ἐλεεῖν προσήκει Ἀγόρατον. ἴστε μὲν γὰρ τοὺς ἐκ Σαλαμῖνος τῶν πολιτῶν κομισθέντας, οἷοι ἦσαν καὶ ὅσοι, καὶ οἵῳ ὀλέθρῳ ὑπὸ τῶν τριάκοντα ἀπώλοντο· ἴστε δὲ τοὺς ἐξ Ἐλευσῖνος, ὡς πολλοὶ ταύτῃ τῇ συμφορᾷ ἐχρήσαντο· μέμνησθε δὲ καὶ τοὺς ἐνθάδε διὰ τὰς
45 ἰδίας ἔχθρας ἀπαγομένους εἰς τὸ δεσμωτήριον· οἳ οὐδὲν κακὸν τὴν πόλιν ποιήσαντες ἠναγκάζοντο αἰσχίστῳ καὶ ἀκλεεστάτῳ ὀλέθρῳ ἀπόλλυσθαι, οἱ μὲν γονέας σφετέρους αὐτῶν πρεσβύτας καταλείποντες, οἳ ἤλπιζον ὑπὸ τῶν σφετέρων αὐτῶν παίδων γηροτροφηθέντες, ἐπειδὴ τελευτήσειαν τὸν βίον, ταφήσεσθαι, οἱ δὲ ἀδελφὰς ἀνεκδότους, οἱ δὲ παῖδας μικροὺς πολλῆς ἔτι θεραπείας δεο-

§ 42. κυεῖν] κύειν Χ, Bk.   § 45. σφετέρους αὐτῶν] Dobree and Baiter would omit these words: Schb. brackets them. ‖ τελευτήσειαν] Cobet, Schb. Rauchenstein.—τελευτήσαιεν Bk.

μένους· οὕς, ὦ ἄνδρες δικασταί, ποίαν τινὰ οἴεσθε 46
γνώμην περὶ τούτου ἔχειν, ἢ ποίαν τινὰ ἂν
ψῆφον θέσθαι, εἰ ἐπ' ἐκείνοις γένοιτο, ἀποστε-
ρηθέντας διὰ τοῦτον τῶν ἡδίστων; ἔτι δὲ τὰ
τείχη ὡς κατεσκάφη, καὶ αἱ νῆες τοῖς πολεμίοις
παρεδόθησαν, καὶ τὰ νεώρια καθῃρέθη, καὶ Λακε-
δαιμόνιοι τὴν ἀκρόπολιν ὑμῶν εἶχον, καὶ ἡ δύναμις
ἅπασα τῆς πόλεως παρελύθη, ὥστε μηδὲν διαφέ-
ρειν τῆς ἐλαχίστης πόλεως τὴν πόλιν. πρὸς δὲ 47
τούτοις τὰς ἰδίας οὐσίας ἀπωλέσατε, καὶ τὸ τελευ-
ταῖον συλλήβδην ἅπαντες ὑπὸ τῶν τριάκοντα ἐκ
τῆς πατρίδος ἐξηλάθητε. ταῦτα ἐκεῖνοι οἱ ἀγαθοὶ
ἄνδρες αἰσθόμενοι οὐκ <ἂν> ἔφασαν ἐπιτρέψαι τὴν
εἰρήνην, ὦ ἄνδρες δικασταί, ποιήσασθαι· οὓς σύ, 48
Ἀγόρατε, βουλομένους ἀγαθόν τι πρᾶξαι τῇ πόλει
ἀπέκτεινας, μηνύσας αὐτοὺς [τῇ πόλει] ἐπιβου-
λεύειν τῷ πλήθει τῷ ὑμετέρῳ, καὶ αἴτιος εἶ ἁπάν-
των τῇ πόλει τῶν κακῶν τῶν γεγενημένων. νῦν
οὖν μνησθέντες καὶ τῶν ἰδίων ἕκαστος δυστυχημά-
των καὶ τῶν κοινῶν τῆς πόλεως τιμωρεῖσθε τὸν
αἴτιον τούτων.)

Turr. § **47**. οὐκ <ἂν> ἔφασαν ἐπιτρέψαι] We must read ἐπιτρέψειν, or else insert ἂν before ἔφασαν: op. above on § 15. § **48**. αὐτοὺς [τῇ πόλει] ἐπιβουλεύειν] Dobree proposed to read αὐτὸς ἐπιβουλεύων and omit τῇ πόλει. It is plain that τῇ πόλει, here, came in either from the preceding or from the following clause.—Bk., with Reiske, τῇ βουλῇ ἐπιβουλεύειν. || τῷ πλήθει τῷ ὑμετέρῳ] bracketed by Rauchenstein and Schb.

VII. ΠΕΡΙ ΤΟΥ ΣΗΚΟΥ.

[Or. VII.—Not before 395 B.C.]

§§ 17—25.

17 Ἔτι τοίνυν εἰ τῶν οἰκετῶν παρέστη μοι μηδὲν φροντίζειν, πῶς ἂν ἐτόλμησα, τοσούτων μεμισθωμένων καὶ ἁπάντων συνειδότων, ἀφανίσαι τὸν σηκὸν βραχέος μὲν κέρδους ἕνεκα, προθεσμίας δὲ οὐδεμιᾶς οὔσης τῷ κινδύνῳ, τοῖς εἰργασμένοις ἅπασι τὸ χωρίον ὁμοίως προσῆκον εἶναι σῶον τὸν σηκόν, ἵν' εἴ τις αὐτοὺς ᾐτιᾶτο, εἶχον ἀνενεγκεῖν ὅτῳ παρέδοσαν. νῦν δὲ καὶ ἐμὲ ἀπολύσαντες φαίνονται, καὶ σφᾶς αὐτούς, εἴπερ ψεύδονται, μετόχους τῆς αἰτίας καθιστάντες. 18 εἰ τοίνυν καὶ ταῦτα παρεσκευασάμην, πῶς ἂν οἷός τ' ἦν πάντας πεῖσαι τοὺς παριόντας, ἢ τοὺς γείτονας, οἳ οὐ μόνον ἀλλήλων ταῦτ' ἴσασιν ἃ πᾶσιν ὁρᾶν ἔξεστιν, ἀλλὰ καὶ περὶ ὧν ἀποκρυπτόμεθα μηδένα εἰδέναι, καὶ περὶ ἐκείνων πυνθάνονται; ἐμοὶ τοίνυν τούτων οἱ μὲν φίλοι οἱ δὲ διάφοροι περὶ τῶν ἐμῶν 19 τυγχάνουσιν ὄντες. οὓς ἐχρῆν τοῦτον παρασχέσθαι μάρτυρας, καὶ μὴ μόνον οὕτω τολμηρὰς κατηγορίας ποιεῖσθαι· ὅς φησιν ὡς ἐγὼ μὲν παρειστήκειν, οἱ δ' οἰκέται ἐξέτεμνον τὰ πρέμνα, ἀναθέμενος δὲ ὁ βοηλάτης ᾤχετο ἀπάγων τὰ ξύλα. 20 καίτοι, ὦ Νικόμαχε, χρῆν σε τότε καὶ παρακαλεῖν τοὺς παριόντας μάρτυρας, καὶ φανερὸν ποιεῖν τὸ

VII. § 18. τοὺς παριόντας, ἢ] bracketed by Schb., with Dobree and Kayser. ‖ ἀποκρυπτόμεθα] ἀποκρυπτόμενοι οἰόμεθα

πρᾶγμα· καὶ ἐμοὶ μὲν οὐδεμίαν ἂν ἀπολογίαν
*ὑπέλιπες, αὐτὸς δέ, εἰ μέν σοι ἐχθρὸς ἦν, ἐν τούτῳ
τῷ τρόπῳ ἦσθα ἄν με τετιμωρημένος, εἰ δὲ τῆς
πόλεως ἕνεκα ἔπραττες, οὕτως ἐξελέγξας οὐκ ἂν
ἐδόκεις εἶναι συκοφάντης, εἰ δὲ κερδαίνειν ἐβούλου, 21
τότ᾽ ἂν πλεῖστον ἔλαβες· φανεροῦ γὰρ ὄντος τοῦ
πράγματος οὐδεμίαν ἄλλην ἡγούμην ἂν εἶναί μοι
σωτηρίαν ἢ σὲ πεῖσαι. τούτων τοίνυν οὐδὲν ποιή-
σας διὰ τοὺς σοὺς λόγους ἀξιοῖς με ἀπολέσθαι,
καὶ κατηγορεῖς ὡς ὑπὸ τῆς ἐμῆς δυνάμεως καὶ τῶν
ἐμῶν χρημάτων οὐδεὶς ἐθέλει σοι μαρτυρεῖν. καί- 22
τοι εἰ *φήσας μ᾽ ἰδεῖν τὴν μορίαν ἀφανίζοντα τοὺς
ἐννέα ἄρχοντας ἐπήγαγες ἢ ἄλλους τινὰς τῶν ἐξ
Ἀρείου πάγου, οὐκ ἂν ἑτέρων ἔδει σοι μαρτύρων·
οὕτω γὰρ ἄν σοι συνῄδεσαν ἀληθῆ λέγοντι, οἵπερ
καὶ διαγιγνώσκειν ἔμελλον περὶ τοῦ πράγματος.
δεινότατα οὖν πάσχω, ὃς εἰ μὲν παρέσχετο μάρτυ- 23
ρας, τούτοις ἂν ἠξίου πιστεύειν, ἐπειδὴ δὲ οὐκ
εἰσὶν αὐτῷ, ἐμοὶ καὶ ταύτην ζημίαν οἴεται χρῆναι
γενέσθαι. καὶ τούτου μὲν οὐ θαυμάζω· οὐ γὰρ
δήπου συκοφαντῶν ἅμα τοιούτων γε λόγων ἀπο-
ρήσει καὶ μαρτύρων· ὑμᾶς δ᾽ οὐκ ἀξιῶ τὴν αὐτὴν
τούτῳ γνώμην ἔχειν. ἐπίστασθε γὰρ ἐν τῷ πεδίῳ 24
πολλὰς μορίας οὔσας καὶ πυρκαϊὰς ἐν τοῖς ἄλλοις
τοῖς ἐμοῖς χωρίοις, ἅς, εἴπερ ἐπεθύμουν, πολὺ ἦν

Schb. on his own conject. § 20. *ὑπέλιπες] Franz. conject.,
Turr. Schb.—ἀπέλιπες mss. Bk. § 22. *φήσας μ᾽ ἰδεῖν]
Reiske conject., Bk. Turr. Schb.—φῆς (sic) μὴ δεῖν mss.—φήσας
μ᾽ ἰδεῖν Meutzner, Rauchenstein: see comment. § 23. ὃς εἰ]
Schb., retaining ὃς εἰ, conjectures ὅσῳ εἰ, which Rauchenstein
adopts. || ταύτην ζημίαν] Turr. Rauchenstein.—ταύτην τὴν

ἀσφαλέστερον καὶ ἀφανίσαι καὶ ἐκκόψαι καὶ ἐπεργάσασθαι, ὅσῳπερ ἧττον τὸ ἀδίκημα πολλῶν οὐσῶν ἔμελλε δῆλον ἔσεσθαι. νῦν δ' οὕτως αὐτὰς περὶ πολλοῦ ποιοῦμαι ὥσπερ καὶ τὴν ἄλλην οὐσίαν, ἡγούμενος περὶ ἀμφοτέρων τούτων εἶναί μοι τὸν κίνδυνον. αὐτοὺς τοίνυν ὑμᾶς τούτων μάρτυρας παρέξομαι, ἐπιμελουμένους μὲν ἑκάστου μηνός, γνώμονας δὲ πέμποντας καθ' ἕκαστον ἐνιαυτόν· ὧν οὐδεὶς πώποτ' ἐζημίωσεν ὡς ἐργαζόμενον τὰ περὶ τὰς μορίας χωρία.

VIII. ΚΑΤΑ ΘΕΟΜΝΗΣΤΟΥ.

[Or. x.—384 or 383 B.C.]

§§ 6—20.

6 Ἴσως τοίνυν, ὦ ἄνδρες δικασταί, περὶ τούτων μὲν οὐδὲν ἀπολογήσεται, ἐρεῖ δὲ πρὸς ὑμᾶς ἅπερ ἐτόλμα λέγειν καὶ πρὸς τὸν διαιτητήν, ὡς οὐκ ἔστι τῶν ἀπορρήτων, ἐάν τις εἴπῃ τὸν πατέρα ἀπεκτονέναι· τὸν γὰρ νόμον οὐ ταῦτ' ἀπαγορεύειν, 7 ἀλλ' ἀνδροφόνον οὐκ ἐᾶν λέγειν. ἐγὼ δ' οἶμαι ὑμᾶς, ὦ ἄνδρες δικασταί, οὐ περὶ τῶν ὀνομάτων διαφέρεσθαι ἀλλὰ τῆς τούτων διανοίας, καὶ πάντας

ζημίαν mss. Schb.—ταύτην [τὴν] ζημίαν Bk. § 25. ὥσπερ καὶ τὴν ἄλλην οὐσίαν] Schb. and Rauchenstein insert καὶ τὴν πατρίδα after ὥσπερ. Kayser had proposed to insert τὴν πατρίδα (without καί). || ἐπιμελουμένους] X, C, O, Turr. Schb. —ἐπιμελομένους Bk.

VIII. § 7. οἶμαι] οἶμαι δεῖν Schb., from the epitome, or.

εἰδέναι ὅτι, ὅσοι <ἀπεκτόνασί τινας, καὶ ἀνδροφόνοι τῶν αὐτῶν εἰσι, καὶ ὅσοι> ἀνδροφόνοι εἰσί, καὶ ἀπεκτόνασί τινας. πολὺ γὰρ <ἂν> ἔργον ἦν τῷ νομοθέτῃ ἅπαντα τὰ ὀνόματα γράφειν, ὅσα τὴν αὐτὴν δύναμιν ἔχει· ἀλλὰ περὶ ἑνὸς εἰπὼν περὶ πάντων ἐδήλωσεν. οὐ γὰρ δήπου, ὦ Θεόμνηστε, 8 εἰ μέν τίς σ᾽ εἴποι πατραλοίαν ἢ μητραλοίαν, ἠξίους ἂν αὐτὸν ὀφλεῖν σοι δίκην, εἰ δέ τις εἴποι ὡς τὴν τεκοῦσαν ἢ τὸν φύσαντα ἔτυπτες, ᾤου ἂν αὐτὸν ἀζήμιον δεῖν εἶναι ὡς οὐδὲν τῶν ἀπορρήτων εἰρηκότα. ἡδέως γὰρ ἄν σου πυθοίμην (περὶ τοῦτο 9 γὰρ δεινὸς εἶ καὶ μεμελέτηκας καὶ ποιεῖν καὶ λέγειν)· εἴ τίς σε εἴποι ῥῖψαι τὴν ἀσπίδα, ἐν δὲ τῷ νόμῳ εἴρητο, ἐάν τις φάσκῃ ἀποβεβληκέναι, ὑπόδικον εἶναι, οὐκ ἂν ἐδικάζου αὐτῷ, ἀλλ᾽ ἐξήρκει ἄν σοι ἐρριφέναι τὴν ἀσπίδα λέγοντι οὐδέν σοι *μέλειν; οὐδὲ γὰρ τὸ αὐτό ἐστι ῥῖψαι καὶ ἀποβεβληκέναι. ἀλλ᾽ οὐδ᾽ ἂν τῶν ἕνδεκα γενόμενος 10 ἀποδέξαιο, εἴ τις ἀπάγοι τινὰ φάσκων θοἰμάτιον ἀποδεδύσθαι ἢ τὸν χιτωνίσκον ἐκδεδύσθαι, ἀλλ᾽ ἀφείης ἂν τὸν αὐτὸν τρόπον, ὅτι οὐ λωποδύτης ὀνομάζεται. οὐδ᾽ εἴ τις παῖδα ἐξαγαγὼν ληφθείη, οὐκ ἂν φάσκοις αὐτὸν ἀνδραποδιστὴν εἶναι, εἴπερ

xi. § 8. ‖ <ἀπεκτόνασί τινας καὶ ἀνδροφόνοι τῶν αὐτῶν εἰσι, καὶ ὅσοι>] Dobree suggested the insertion of these words, comparing or. xi. § 8. Turr. and Schb. print them in brackets. Sauppe says, 'τῶν αὐτῶν hic abesse malim.' ‖ γὰρ <ἄν>] ἄν is added by Turr. (comparing or. xi. § 4) Schb. § 9. οὐδέν σοι *μέλειν] μέλειν Stephanus, Turr.—οὐδέν σοι μέλει C, Bk. (X has μέλλει).—οὐδέν μοι μέλει Schb., placing all from οὐδέν to ἀποβεβληκέναι inclusive between inverted commas. But the clause οὐδὲ γὰρ τὸ αὐτό ἐστι ῥῖψαι καὶ ἀποβεβληκέναι is clearly, I think, part of the speaker's own argument, not a remark

μαχῇ τοῖς ὀνόμασιν, ἀλλὰ μὴ τοῖς ἔργοις τὸν νοῦν προσέξεις, ὧν ἕνεκα τὰ ὀνόματα πάντες τίθενται.
11 ἔτι τοίνυν σκέψασθε, ὦ ἄνδρες δικασταί· οὑτοσὶ γάρ μοι δοκεῖ ὑπὸ ῥᾳθυμίας καὶ μαλακίας οὐδ' εἰς Ἄρειον πάγον ἀναβεβηκέναι. πάντες γὰρ ἐπίστασθε ὅτι ἐν ἐκείνῳ τῷ χωρίῳ, ὅταν τὰς τοῦ φόνου δίκας δικάζωνται, οὐ διὰ τούτου τοῦ ὀνόματος τὰς διωμοσίας ποιοῦνται, ἀλλὰ δι' οὗπερ ἐγὼ κακῶς ἀκήκοα· ὁ μὲν γὰρ διώκων ὡς ἔκτεινε
12 διόμνυται, ὁ δὲ φεύγων ὡς οὐκ ἔκτεινεν. οὐκοῦν ἄτοπον ἂν εἴη τὸν φεύγοντα, *δόξαντα κτεῖναι, <ἀπολογεῖσθαι> φάσκοντα ἀνδροφόνον εἶναι, ὅτι ὁ διώκων, ὡς ἔκτεινε, διωμόσατο. τί γὰρ ταῦτα, ὧν οὗτος ἐρεῖ, διαφέρει; καὶ αὐτὸς μὲν Θέωνι κακηγορίας ἐδικάσω εἰπόντι σε ἐρριφέναι τὴν ἀσπίδα. καίτοι περὶ μὲν τοῦ ῥῖψαι οὐδὲν <ἐν> τῷ νόμῳ εἴρηται, ἐὰν δέ τις εἴπῃ ἀποβεβληκέναι τὴν ἀσπίδα, πεντακοσίας δραχμὰς
13 ὀφείλειν κελεύει. οὐκ οὖν δεινόν, εἰ ὅταν μὲν

. supposed to be made by Theomnêstos. § 12. οὐκοῦν... διωμόσατο.] The mss. have οὐκοῦν ἄτοπον ἂν εἴη τὸν δείξαντα κτεῖναι φάσκοντα ἀνδροφόνον εἶναι ὅτι ὁ διώκων ὡς ἔκτεινε τὸν φεύγοντα διωμόσατο.—δόξαντα is Reiske's certain correction of δείξαντα. Some infinitive has dropped out: the notion required is either 'to seek acquittal' or 'to acquit.' Bk., with Reiske, inserts ἀποφεύγειν after κτεῖναι. Schb. indicates by dots a lacuna after εἴη, and thinks, with Foertsch, that we should supply ἀφεῖναι. Turr. print the reading of the mss. as given above, with the comment 'vel ἀποφεύγειν vel ἀφεῖναι deesse certum est.' I like ἀποφεύγειν better than ἀφεῖναι, but prefer ἀπολογεῖσθαι to either. I also think that τὸν φεύγοντα must stand immediately after εἴη, and that the τὸν before δόξαντα must be omitted. See comment. ‖ οὐδὲν <ἐν> τῷ νόμῳ] ἐν is supplied by Markland, Turr. Schb.: omitted, with the mss., by Bk. § 13. οὐκ οὖν] (interrogative) X, Schb., who

δέῃ σὲ κακῶς ἀκούσαντα τοὺς ἐχθροὺς τιμωρεῖσθαι, οὕτω τοὺς νόμους ὥσπερ ἐγὼ νῦν *λαμβάνεις, ὅταν δ᾽ ἕτερον παρὰ τοὺς νόμους εἴπῃς κακῶς, οὐκ ἀξιοῖς δοῦναι δίκην; πότερον οὕτως σὺ δεινὸς εἶ ὥστε, ὅπως ἂν βούλῃ, οἷός τ᾽ εἶ χρῆσθαι τοῖς νόμοις, ἢ τοσοῦτον δύνασαι ὥστ᾽ οὐδέποτε οἴει τοὺς ἀδικουμένους ὑπὸ σοῦ τιμωρίας τεύξεσθαι; εἶτ᾽ οὐκ αἰσχύνῃ οὕτως ἀνοήτως διακείμενος, ὥστ᾽ 14 οὐκ ἐξ ὧν εὖ πεποίηκας τὴν πόλιν, ἀλλ᾽ ἐξ ὧν ἀδικῶν οὐ δέδωκας δίκην, οἴει δεῖν πλεονεκτεῖν; καί *μοι ἀνάγνωθι τὸν νόμον. [ΝΟΜΟΣ.]

Ἐγὼ τοίνυν, ὦ ἄνδρες δικασταί, ὑμᾶς μὲν 15 πάντας εἰδέναι ἡγοῦμαι ὅτι ἐγὼ μὲν ὀρθῶς λέγω, τοῦτον δὲ οὕτω σκαιὸν εἶναι ὥστε οὐ δύνασθαι μαθεῖν τὰ λεγόμενα. βούλομαι οὖν αὐτὸν καὶ ἐξ ἑτέρων νόμων περὶ τούτων διδάξαι, ἄν πως ἀλλὰ νῦν ἐπὶ τοῦ βήματος παιδευθῇ καὶ τὸ λοιπὸν ἡμῖν μὴ παρέχῃ πράγματα. καί μοι ἀνάγνωθι τούτους τοὺς νόμους τοὺς Σόλωνος τοὺς παλαιούς.

ΝΟΜΟΣ. *Δεδέσθαι δ᾽ ἐν τῇ ποδοκάκκῃ ἡμέρας πέντε 16 τὸν πόδα, ἐὰν προστιμήσῃ ἡ ἡλιαία.

Ἡ ποδοκάκκη αὐτό ἐστιν, ὦ Θεόμνηστε, ὃ νῦν

compares or. xi. § 6, πῶς οὖν οὐ δεινόν...; || δέῃ σὲ] Turr. Schb.—δέῃ σε Markland.—δεήσῃ mss. Bk. || *λαμβάνεις] Taylor conject., Bk.—λαμβάνειν mss. Turr. Schb. § 14. ὥστ᾽ οὐκ] ὥστε οὐκ X, Schb. || καί *μοι] Markland, Turr. Schb.—καίτοι mss. Bk. § 15. ἀλλὰ νῦν] ἀλλὰ νῦν γ᾽ Reiske, Bk. § 16. ποδοκάκκῃ] ποδοκάκῃ X, C. || πέντε] δέκα X, C. But πέντε is confirmed by the νόμος in Dem. or. xxiv. § 105, πένθ᾽ ἡμέρας καὶ νύκτας ἴσας. Sauppe proposed to insert καὶ νύκτας ἴσας here after τὸν πόδα. || αὐτό] so Harpocration s. v. ποδοκάκκη, Turr.—ταὐτὸ Schb. on his own conject.—αὕτη mss.

καλεῖτε ἐν τῷ ξύλῳ δεδέσθαι. εἰ οὖν ὁ δεθεὶς ἐξελθὼν ἐν ταῖς εὐθύναις τῶν ἕνδεκα κατηγοροίη ὅτι οὐκ ἐν τῇ ποδοκάκκῃ ἐδέδετο ἀλλ' ἐν τῷ ξύλῳ, οὐκ ἂν ἠλίθιον αὐτὸν νομίζοιεν; λέγε ἕτερον νόμον.

17 ΝΟΜΟΣ. Ἐπεγγυᾶν δ' ἐπιορκήσαντα τὸν Ἀπόλλω. δεδιότα δὲ δίκης ἕνεκα δρασκάζειν.

Τούτων τὸ <μὲν> ἐπιορκήσαντα ὀμόσαντά ἐστι, τὸ δὲ δρασκάζειν, ὃ νῦν ἀποδιδράσκειν ὀνομάζομεν.

Ὅστις δὲ ἀπίλλει τῇ θύρᾳ, ἔνδον τοῦ κλέπτου ὄντος.

Τὸ ἀπίλλειν τὸ ἀποκλείειν νομίζεται, καὶ μηδὲν διὰ τοῦτο διαφέρου.

18 Τὸ ἀργύριον στάσιμον εἶναι ἐφ' ὁπόσῳ ἂν βούληται ὁ δανείζων.

Τὸ στάσιμον τοῦτό ἐστιν, ὦ βέλτιστε, οὐ ζυγῷ ἱστάναι ἀλλὰ τόκον πράττεσθαι ὁπόσον ἂν βούληται. ἐπανάγνωθι τουτὶ τοῦ νόμου τὸ τελευταῖον.

19 Ὅσαι δὲ πεφασμένως πολοῦνται,

καὶ

οἰκῆος καὶ *δούλης τὴν *βλάβην εἶναι ὀφείλειν.

Bk. § 17. τούτων τὸ <μὲν>] Bk. Turr.—τοῦτο τὸ X, Schb.—τούτων τὸ the other mss. ‖ ὀμόσαντα] Harpocr. s. v. ἐπιορκήσαντα, Turr. Schb.—ὀμόσαι mss. Bk. ‖ ἀπίλλειν] ἀπείλλειν X. § 18. τουτί] mss. Bk. Turr.—τουτουὶ Markland, Schb. § 19. πολοῦνται...πολεῖσθαι] πωλοῦνται...πωλεῖσθαι X. ‖ ὅσαι δὲ...καὶ οἰκῆος...ὀφείλειν] Bk. prints the whole as a single citation: Taylor pointed out that two different laws are quoted. ‖ οἰκῆος...ὀφείλειν] The mss. have οἰκῆος καὶ βλάβης τὴν δούλην εἶναι ὀφείλειν: and so Bk. Turr. The obvious

Προσέχετε τὸν νοῦν. τὸ μὲν πεφασμένως ἐστὶ φανερῶς, πολεῖσθαι δὲ βαδίζειν, τὸ δὲ οἰκῆος θεράποντος. πολλὰ δὲ τοιαῦτα καὶ ἄλλα ἐστίν, 20 ὦ ἄνδρες δικασταί. ἀλλ' εἰ μὴ σιδηροῦς ἐστιν, οἴομαι αὐτὸν ἔννουν γεγονέναι ὅτι τὰ μὲν πράγματα ταὐτά ἐστι νῦν τε καὶ πάλαι, τῶν δὲ ὀνομάτων ἐνίοις οὐ τοῖς αὐτοῖς χρώμεθα νῦν τε καὶ πρότερον. δηλώσει δέ· οἰχήσεται γὰρ ἀπιὼν ἀπὸ τοῦ βήματος σιωπῇ.

IX. ΚΑΤΑ ΠΑΓΚΛΕΩΝΟΣ ΟΤΙ ΟΥΚ ΗΝ ΠΛΑΤΑΙΕΥΣ.

[Or. XXIII.—Date uncertain: prob. about 380 B.C.]

Πολλὰ μὲν λέγειν, ὦ ἄνδρες δικασταί, περὶ τουτουὶ τοῦ πράγματος οὔτ' ἂν δυναίμην οὔτε μοι δοκεῖ δεῖν· ὡς δὲ ὀρθῶς τὴν δίκην ἔλαχον *τουτωὶ Παγκλέωνι οὐκ ὄντι Πλαταιεῖ, τοῦτο ὑμῖν πειράσομαι ἀποδεῖξαι.

Ὡς γὰρ ἀδικῶν με πολὺν χρόνον οὐκ ἐπαύετο, 2 ἐλθὼν ἐπὶ τὸ γναφεῖον ἐν ᾧ εἰργάζετο προσεκαλεσάμην αὐτὸν πρὸς τὸν πολέμαρχον, νομίζων μέτοικον εἶναι. εἰπόντος δὲ τούτου ὅτι Πλαταιεὺς εἴη, ἠρόμην ὁπόθεν δημοτεύοιτο, παραινέσαντός τινος τῶν παρόντων προσκαλέσασθαι καὶ πρὸς τὴν φυλήν, ἧς τινος εἶναι σκήπτοιτο. ἐπειδὴ δὲ ἀπε- 3

correction δούλης...βλάβην is made by Schb.; but εἶναι, if not interpolated, went with something which is now lost. H. Schelling conjectured καὶ οἰκῆος βλάβης τὴν διπλῆν εἶναι ὀφείλειν.

IX. § 1. *τουτωὶ Schb., comparing τουτονὶ in § 9: so in or. III. § 4 Cobet and Schb. Σίμων οὑτοσί for Σίμων οὗτος.—

κρίνατο ὅτι Δεκελειόθεν, προσκαλεσάμενος αὐτὸν καὶ πρὸς τοὺς τῇ *Ἱπποθωντίδι δικάζοντας, ἐλθὼν ἐπὶ τὸ κουρεῖον τὸ παρὰ τοὺς Ἑρμᾶς, ἵνα οἱ Δεκελεῖς προσφοιτῶσιν, ἠρώτων, οὕς τε ἐξευρίσκοιμι Δεκελέων ἐπυνθανόμην εἴ τινα γιγνώσκοιεν Δεκελειόθεν δημοτευόμενον Παγκλέωνα. ἐπειδὴ δὲ οὐδεὶς ἔφασκεν γιγνώσκειν αὐτόν, πυθόμενος ὅτι καὶ ἑτέρας δίκας τὰς μὲν φεύγοι τὰς δ᾽ ὠφλήκοι παρὰ τῷ πολεμάρχῳ, ἔλαχον καὶ ἐγώ.

4 Πρῶτον μὲν οὖν ὑμῖν Δεκελέων οὓς ἠρόμην μάρτυρας παρέξομαι, ἔπειτα δὲ καὶ τῶν ἄλλων τῶν λαχόντων τε δίκας αὐτῷ πρὸς τὸν πολέμαρχον καὶ καταδικασαμένων, ὅσοι τυγχάνουσι παρόντες. καί μοι ἐπίλαβε τὸ ὕδωρ. [ΜΑΡΤΥΡΕΣ.]

5 Ἐκ μὲν τούτων πεισθεὶς πρὸς τὸν πολέμαρχον αὐτῷ τὴν δίκην ἔλαχον. ἐπειδὴ δέ μοι αὐτὴν ἀντεγράψατο μὴ εἰσαγώγιμον εἶναι, περὶ πολλοῦ ποιούμενος μηδενὶ δόξαι ὑβρίζειν βούλεσθαι μᾶλλον ἢ δίκην λαβεῖν ὧν ἠδικήθην, πρῶτον μὲν Εὐθύκριτον, ὃν πρεσβύτατόν τε Πλαταιέων ἐγίγνωσκον καὶ μάλιστα ᾠόμην εἰδέναι, ἠρόμην εἴ τινα γιγνώσκοι Ἱππαρμοδώρου υἱὸν Παγκλέωνα

6 Πλαταιέα· ἔπειτα δέ, ἐπειδὴ ἐκεῖνος ἀπεκρίνατό μοι ὅτι τὸν Ἱππαρμόδωρον μὲν γιγνώσκοι, υἱὸν δὲ ἐκείνῳ οὐδένα οὔτε Παγκλέωνα οὔτε ἄλλον οὐδένα εἰδείη ὄντα, ἠρώτων δὴ καὶ τῶν ἄλλων ὅσους ᾔδειν Πλαταιέας ὄντας. πάντες οὖν ἀγνοοῦντες τὸ ὄνομα αὐτοῦ, ἀκριβέστατα ἂν ἔφασάν με πυθέσθαι ἐλθόν-

τούτῳ mss. § 3. *Ἱπποθωντίδι] Sauppe Turr. Schb. Rauchenstein.—Ἱπποθοωντίδι mss. Bk. § 6. γιγνώσκοι] γινώσκοι X,

τα εἰς τὸν χλωρὸν τυρὸν τῇ ἔνῃ καὶ νέᾳ· ταύτῃ γὰρ τῇ ἡμέρᾳ τοῦ μηνὸς ἑκάστου ἐκεῖσε συλλέγεσθαι τοὺς Πλαταιέας. ἐλθὼν οὖν εἰς τὸν τυρὸν 7 ταύτῃ τῇ ἡμέρᾳ ἐπυνθανόμην αὐτῶν, εἴ τινα γιγνώσκοιεν Παγκλέωνα πολίτην σφέτερον. καὶ οἱ μὲν ἄλλοι οὐκ ἔφασαν γιγνώσκειν, εἷς δέ τις εἶπεν ὅτι τῶν μὲν πολιτῶν οὐδενὶ εἰδείη τοῦτο ὂν τὸ ὄνομα, δοῦλον μέντοι ἔφη ἑαυτοῦ ἀφεστῶτα εἶναι Παγκλέωνα, τήν τε ἡλικίαν λέγων τὴν τούτου καὶ τὴν τέχνην ᾗ οὗτος χρῆται. ταῦτ᾽ οὖν ὡς ἀληθῆ ἐστι, 8 τόν τε Εὐθύκριτον, ὃν πρῶτον ἠρόμην, καὶ τῶν ἄλλων Πλαταιέων ὅσοις προσῆλθον, καὶ τὸν ὃς ἔφη δεσπότης τούτου εἶναι, μάρτυρας παρέξομαι. καί μοι ἐπίλαβε τὸ ὕδωρ. [ΜΑΡΤΥΡΕΣ.]

Ἡμέραις τοίνυν μετὰ ταῦτα οὐ πολλαῖς ὕστε- 9 ρον ἰδὼν ἀγόμενον τουτονὶ Παγκλέωνα ὑπὸ Νικομήδους, ὃς ἐμαρτύρησεν αὐτοῦ δεσπότης εἶναι, προσῆλθον βουλόμενος εἰδέναι ὁποῖόν τι περὶ αὐτοῦ πραχθήσοιτο. τότε μὲν οὖν ἐπειδὴ ἐπαύσαντο μαχόμενοι, εἶπόν τινες τῶν τούτῳ παρόντων ὅτι εἴη αὐτῷ ἀδελφὸς ὃς ἐξαιρήσοιτο αὐτὸν εἰς ἐλευθερίαν· ἐπὶ τούτοις ἐγγυησάμενοι παρέξειν εἰς ἀγορὰν ᾤχοντο ἀπιόντες. τῇ δ᾽ ὑστεραίᾳ τῆς 10 τε ἀντιγραφῆς ἕνεκα ταυτησὶ καὶ αὐτῆς τῆς δίκης ἔδοξέ μοι χρῆναι μάρτυρας λαβόντι παραγενέσθαι, ἵν᾽ εἰδείην τόν τ᾽ ἐξαιρησόμενον αὐτὸν καὶ ὅ τι λέγων ἀφαιρήσοιτο. ἐφ᾽ οἷς μὲν οὖν ἐξηγγυήθη,

Schb. § 9. ἐμαρτύρησεν] ἐμαρτύρετο Rauchenstein, with Westermann. See comment. παρέξειν] παρέξειν Schb., with Cobet and Kayser. But see above on VI. § 23. § 10. ἀντιγραφῇ] Turr. Schb.—ἀντιγράψεως C, Bk.—X, acc. to Kayser, has

οὔτε ἀδελφὸς οὔτε ἄλλος οὐδεὶς ἦλθε, γυνὴ δὲ φάσκουσα αὐτῆς αὐτὸν εἶναι δοῦλον, ἀμφισβητοῦσα τῷ Νικομήδει, καὶ οὐκ ἔφη ἐάσειν αὐτὸν

11 ἄγειν. ὅσα μὲν οὖν αὐτόθι ἐρρήθη, πολὺς ἂν εἴη μοι λόγος διηγεῖσθαι· εἰς τοῦτο δὲ βιαιότητος ἦλθον οἵ τε παρόντες τούτῳ καὶ αὐτὸς οὗτος, ὥστε ἐθέλοντος μὲν τοῦ Νικομήδους ἐθελούσης δὲ τῆς γυναικὸς ἀφιέναι, εἴ τις ἢ εἰς ἐλευθερίαν τοῦτον ἄγοι ἢ φάσκων ἑαυτοῦ δοῦλον εἶναι, τούτων οὐδὲν ποιήσαντες ἀφελόμενοι ᾤχοντο. ὡς οὖν τῇ τε προτεραίᾳ ἐπὶ τούτοις ἐξηγγυήθη καὶ τότε βίᾳ ᾤχοντο ἀφελόμενοι αὐτόν, μάρτυρας παρέξομαι ὑμῖν. καί μοι ἐπίλαβε τὸ ὕδωρ. [ΜΑΡΤΥΡΕΣ.]

12 Ῥᾴδιον τοίνυν εἰδέναι ὅτι οὐδ᾽ αὐτὸς Παγκλέων νομίζει ἑαυτὸν μὴ ὅτι Πλαταιέα εἶναι, ἀλλ᾽ οὐδ᾽ ἐλεύθερον. ὅστις γὰρ ἐβουλήθη βίᾳ ἀφαιρεθεὶς ἐνόχους καταστῆσαι τοὺς ἑαυτοῦ ἐπιτηδείους τοῖς βιαίοις μᾶλλον ἢ κατὰ τοὺς νόμους εἰς τὴν ἐλευθερίαν ἐξαιρεθεὶς δίκην λαβεῖν παρὰ τῶν ἀγόντων αὐτόν, οὐδενὶ χαλεπὸν γνῶναι ὅτι εὖ εἰδὼς ἑαυτὸν ὄντα δοῦλον ἔδεισεν ἐγγυητὰς καταστήσας περὶ τοῦ σώματος ἀγωνίσασθαι.

13 Ὅτι μὲν οὖν Πλαταιεὺς εἶναι πολλοῦ δεῖ, οἶμαι ὑμᾶς ἐκ τούτων σχεδόν τι γιγνώσκειν· ὅτι δὲ οὐδ᾽

ἀντιγρᾷ (sic). § 11. ἄγοι ἢ φάσκων] so mss., Turr.: ἢ, which C omits, is printed in brackets by Bk.—<ἐξαιροῖτο> ἢ <εἰς δουλείαν> ἄγοι φάσκων Reiske conject.: and Schb. now gives <ἐξαιροῖτο> ἢ ἄγοι φάσκων. So Sauppe conjectures, but with ἀφαιροῖτο.—Franz proposes ἢ εἰς δουλείαν ἄγοι φάσκων: Stephanus, ἄγοι ἢ φάσκοι. This last would be best, as it is simplest, but for one drawback. ἄγειν εἰς δουλείαν is correct, but hardly ἄγειν εἰς ἐλευθερίαν. The regular phrase was ἀφαιρεῖσθαι or

οὗτος, ὃς ἄριστα οἶδε τὰ αὑτοῦ, ἡγήσατο δόξαι ἂν ὑμῖν Πλαταιεὺς εἶναι, ἐξ ὧν ἔπραξε ῥᾳδίως μαθήσεσθε. ἐν τῇ ἀντωμοσίᾳ γὰρ τῆς δίκης ἣν αὐτῷ ἔλαχεν Ἀριστόδικος οὑτοσί, ἀμφισβητῶν μὴ πρὸς τὸν πολέμαρχον εἶναί οἱ τὰς δίκας, διεμαρτυρήθη μὴ Πλαταιεὺς εἶναι, ἐπισκηψάμενος δὲ τῷ μάρτυρι 14 οὐκ ἐπεξῆλθεν, ἀλλ' εἴασε καταδικάσασθαι αὑτοῦ τὸν Ἀριστόδικον. ἐπεὶ δὲ ὑπερήμερος ἐγένετο, ἐξέτεισε τὴν δίκην, καθότι ἔπειθε. καὶ τούτων, ὡς ἀληθῆ ἐστι, μάρτυρας ἐγὼ παρέξομαι ὑμῖν. καί μοι ἐπίλαβε τὸ ὕδωρ. [ΜΑΡΤΥΡΕΣ.]

Πρὶν τοίνυν ταῦτα ὁμολογηθῆναι αὐτῷ, δεδιὼς 15 τὸν Ἀριστόδικον, μεταστὰς ἐντεῦθεν Θήβησι μετῴκει. καίτοι οἶμαι εἰδέναι ὑμᾶς ὅτι, εἴπερ ἦν Πλαταιεύς, πανταχοῦ μᾶλλον ἢ Θήβησιν εἰκὸς ἦν αὐτὸν μετοικῆσαι. ὡς οὖν ᾤκει <ἐκεῖ> πολὺν χρόνον, τούτων ὑμῖν μάρτυρας παρέξομαι. καί μοι ἐπίλαβε τὸ ὕδωρ. [ΜΑΡΤΥΡΕΣ.]

Ἐξαρκεῖν μοι νομίζω τὰ εἰρημένα, ὦ ἄνδρες 16 δικασταί· ἐὰν γὰρ διαμνημονεύητε, οἶδ' ὅτι τά τε δίκαια καὶ τἀληθῆ ψηφιεῖσθε, καὶ ἃ ἐγὼ ὑμῶν δέομαι.

ἐξαιρεῖσθαι εἰς ἐλευθερίαν, vindicare in libertatem. § 18. δόξαι ἂν ὑμῖν Πλαταιεὺς εἶναι] X, Turr. Schb.—δόξαι ἂν ὑμῖν εἶναι Πλαταιεὺς vulg. Bk. § 14. ἐξέτεισε] the spelling attested by Attic inscriptions of the 5th and 4th cent. B.C. (Meisterhans p. 88).—ἐξέτισε mss. § 15. <ἐκεῖ>, supplied by Markland, is given by Bk. and Turr. in brackets, by Rauchenstein and Schb. without them. || τούτων ὑμῖν] ὑμῖν is omitted by Bk.

ΙΣΟΚΡΑΤΗΣ.

I. ΝΙΚΟΚΛΗΣ Η ΚΥΠΡΙΟΙ.

[Or. III.—Probable date, between 372 and 365 B.C.]

§§ 14—24.

14 Περὶ μὲν οὖν τῶν πολιτειῶν, ἐντεῦθεν γὰρ ὑποτιθέμενος ἠρξάμην, οἶμαι πᾶσι δοκεῖν δεινότα-

ISOCRATES.

The smooth style and lucid syntax of Isocrates favoured a pure tradition of his text. But his very popularity with the grammarians and rhetoricians brought in a mass of interlinear or marginal glosses. The citations by Priscian and Stobaeus, who usually agree with our inferior mss., show that this had happened before the sixth century. Coming after Jerome Wolf and Koraes, Immanuel Bekker restored the text to comparative soundness. He used five mss., viz. (1) codex Urbinas 111, Γ: (2) Vaticanus 936, Δ: (3) Laurentianus 87. 14, Θ (13th century). These three belong to the same family, and have oration xv. entire. (4) Vaticanus 65, Λ: (5) Marcianus 415, Ξ: these two, again, are from the same archetype, with or. xv. incomplete. Γ, the best of all the mss., was Bekker's chief guide.

Baiter and Sauppe follow Γ, in their own words, 'even more constantly than Bekker did.' But at the same time they recognize that the true reading is often preserved only by a ms. which was not among his five,—codex Ambrosianus O. 144, E, collated in or. xv. by A. Mustoxydes, in the rest partly by Melchior Ulrich, partly by Baiter. The readings of E were given in full by G. E. Benseler in his 2nd edit. (1854—55). Benseler thus sums up the difference between the Zurich edition and his own. 'Baiter and Sauppe's first rule was—"follow the Urbino ms. (Γ)": my rule is—"follow the usage of Isocrates, even when something else is supported by Γ."' By 'the usage of Isocrates' Benseler meant that author's theory of composition so far as it can be inferred from his own

τον μὲν εἶναι τὸ τῶν αὐτῶν ἀξιοῦσθαι τοὺς χρηστοὺς καὶ τοὺς πονηρούς, δικαιότατον δὲ τὸ διωρίσθαι περὶ τούτων καὶ μὴ τοὺς ἀνομοίους τῶν ὁμοίων τυγχάνειν, ἀλλὰ καὶ πράττειν καὶ τιμᾶσθαι κατὰ τὴν ἀξίαν ἑκάστους. αἱ μὲν τοίνυν ὀλιγαρ- 15 χίαι καὶ δημοκρατίαι τὰς ἰσότητας τοῖς μετέχουσι τῶν πολιτειῶν ζητοῦσι, καὶ τοῦτ' εὐδοκιμεῖ παρ' αὐταῖς, ἢν μηδὲν ἕτερος ἑτέρου δύνηται πλέον ἔχειν· ὃ τοῖς πονηροῖς συμφέρον ἐστίν· αἱ δὲ μοναρχίαι πλεῖστον μὲν νέμουσι τῷ βελτίστῳ, δεύτερον δὲ τῷ μετ' ἐκεῖνον, τρίτον δὲ καὶ τέταρτον τοῖς ἄλλοις

recorded precepts or from the statements of ancient writers. Thus Isocrates is said to have observed the rule that there should be no 'collision of vowels' (φωνήεντα μὴ συμπίπτειν),—no 'hiatus'; i.e., that a word ending with a vowel should not be immediately followed by a word beginning with a vowel. Hence Benseler says:—'When, therefore, in the writings of Isocrates a hiatus remains, the passage is corrupt, or not Isocratic.' Such logic is dangerously rigid. And when, on the other hand, a general conception of the writer's style is made to overbear the mss., the process becomes dangerously lax. A new edition of Benseler has lately appeared (1878—79) under the revision of F. Blass, who regards E as not much inferior to Γ. He has amended Benseler's readings in about 300 places, but has usually followed him in details of form (e.g., ἂν versus ἐὰν, ἠδυνάμην versus ἐδυνάμην), even where he did not agree with him.

The questions on which the more recent editors of the text differ are now principally of this last kind—e.g., δεκαδαρχία or δεκαρχία, κυλινδεῖσθαι or καλινδεῖσθαι, μεγαλοφρονεῖν or μέγα φρονεῖν—or else concern the order of words. Not many graver difficulties remain.

Bens. = Benseler: Bl. = changes made in Benseler's text by F. Blass, the reviser of the new edition (Teubner, 1878—79). As before, Bk. = Bekker's Berlin edit., Turr. = Baiter and Sauppe.

I. § 15. τοῦτ'] E, Turr. Bl.—τοῦτο Bk. ‖ δεύτερον δὲ τῷ μετ' ἐκεῖνον, τρίτον δὲ καὶ τέταρτον τοῖς ἄλλοις] vulg. Bk. Turr.—δευτέρῳ δὲ τὸ μετ' ἐκεῖνο τρίτῳ δὲ καὶ τετάρτῳ καὶ τοῖς ἄλλοις, Bens. with Γ, except that Γ has τῷ μετ' ἐκεῖνον, which Bl.

κατὰ τὸν αὐτὸν λόγον. καὶ ταῦτ' εἰ μὴ πανταχοῦ καθέστηκεν, ἀλλὰ τό γε βούλημα τῆς πολιτείας 16 τοιοῦτόν ἐστιν. καὶ μὲν δὴ διορᾶν καὶ τὰς φύσεις τῶν ἀνθρώπων καὶ τὰς πράξεις ἅπαντες ἂν τὰς τυραννίδας μᾶλλον ὁμολογήσειαν. καίτοι τίς οὐκ ἂν δέξαιτο τῶν εὖ φρονούντων τοιαύτης πολιτείας μετέχειν, ἐν ᾗ μὴ διαλήσει χρηστὸς ὤν, μᾶλλον ἢ φέρεσθαι μετὰ τοῦ πλήθους μὴ γιγνωσκόμενος ὁποῖός τίς ἐστιν; ἀλλὰ μὴν καὶ πραοτέραν τοσούτῳ δικαίως ἂν αὐτὴν εἶναι κρίναιμεν ὅσῳπερ ῥᾷον ἐστιν ἑνὸς ἀνδρὸς γνώμῃ προσέχειν τὸν νοῦν μᾶλλον ἢ πολλαῖς καὶ παντοδαπαῖς διανοίαις ζητεῖν ἀρέσκειν.

17 Ὅτι μὲν οὖν ἡδίων ἐστὶ καὶ πραοτέρα καὶ δικαιοτέρα, διὰ πλειόνων μὲν ἄν τις ἀποδείξειεν, οὐ μὴν ἀλλὰ καὶ διὰ τούτων συνιδεῖν ῥᾴδιόν ἐστι· περὶ δὲ τῶν λοιπῶν, ὅσον αἱ μοναρχίαι πρὸς τὸ βουλεύεσθαι καὶ πρᾶξαί τι τῶν δεόντων διαφέρουσιν, οὕτως ἂν κάλλιστα θεωρήσαιμεν, εἰ τὰς μεγίστας τῶν πράξεων παρ' ἀλλήλας τιθέντες ἐξετάζειν ἐπιχειρήσαιμεν αὐτάς. οἱ μὲν τοίνυν κατ' ἐνιαυτὸν εἰς τὰς ἀρχὰς εἰσιόντες πρότερον ἰδιῶται γίγνονται πρὶν αἰσθέσθαι τι τῶν 18 τῆς πόλεως καὶ λαβεῖν ἐμπειρίαν αὐτῶν. οἱ δ' ἀεὶ τοῖς αὐτοῖς ἐπιστατοῦντες, ἢν καὶ τὴν φύσιν καταδεεστέραν ἔχωσιν, ἀλλ' οὖν ταῖς γ' ἐμπειρίαις πολὺ τῶν ἄλλων προέχουσιν. ἔπειθ' οἱ μὲν πολλῶν καταμελοῦσιν εἰς ἀλλήλους ἀπο-

gives. § 16. κρίναιμεν] Stobaeus, Koraes, Bens.— κρίναιμεν Γ, Bk. Turr. Bl. § 17. αὐτάς] bracketed by Bl.

βλέποντες, οἱ δ' οὐδενὸς ὀλιγωροῦσιν, εἰδότες ὅτι πάντα δεῖ δι' αὐτῶν γίγνεσθαι. πρὸς δὲ τούτοις οἱ μὲν ἐν ταῖς ὀλιγαρχίαις καὶ ταῖς δημοκρατίαις διὰ τὰς πρὸς σφᾶς αὐτοὺς φιλοτιμίας λυμαίνονται τοῖς κοινοῖς· οἱ δ' ἐν ταῖς μοναρχίαις ὄντες, οὐκ ἔχοντες ὅτῳ φθονήσουσι, πάντων ὡς οἷόν τ' ἐστὶ βέλτιστα πράττουσιν. ἔπειθ' οἱ μὲν ὑστερίζουσι τῶν πραγμάτων· τὸν μὲν γὰρ πλεῖστον χρόνον ἐπὶ 19 τοῖς ἰδίοις διατρίβουσιν, ἐπειδὰν δ' εἰς τὰ συνέδρια συνέλθωσιν, πλεονάκις ἄν τις αὐτοὺς εὕροι διαφερομένους ἢ κοινῇ βουλευομένους· οἱ δ' οὔτε συνεδρίων οὔτε χρόνων αὐτοῖς ἀποδεδειγμένων ἀλλὰ καὶ τὰς ἡμέρας καὶ τὰς νύκτας ἐπὶ ταῖς πράξεσιν ὄντες οὐκ ἀπολείπονται τῶν καιρῶν, ἀλλ' ἕκαστον ἐν τῷ δέοντι πράττουσιν. ἔτι δ' οἱ μὲν δυσμενῶς 20 ἔχουσι, καὶ βούλοιντ' ἂν καὶ τοὺς πρὸ αὐτῶν ἄρχοντας καὶ τοὺς ἐφ' αὑτοῖς ὡς κάκιστα διοικῆσαι τὴν πόλιν, ἵν' ὡς μεγίστην δόξαν αὐτοὶ λάβωσιν· οἱ δὲ διὰ παντὸς τοῦ βίου κύριοι τῶν πραγμάτων ὄντες εἰς ἅπαντα τὸν χρόνον καὶ τὰς εὐνοίας ἔχουσιν. τὸ δὲ μέγιστον· τοῖς γὰρ κοινοῖς 21 οἱ μὲν ὡς ἰδίοις, οἱ δ' ὡς ἀλλοτρίοις προσέχουσι τὸν νοῦν, καὶ συμβούλοις χρῶνται περὶ αὐτῶν οἱ μὲν τῶν ἀστῶν τοῖς τολμηροτάτοις, οἱ δ' ἐξ ἁπάντων ἐκλεξάμενοι τοῖς φρονιμωτάτοις, καὶ τιμῶσιν οἱ μὲν τοὺς ἐν τοῖς ὄχλοις εἰπεῖν δυναμένους, οἱ δὲ τοὺς χρῆσθαι τοῖς πράγμασιν ἐπισταμένους.

Οὐ μόνον δ' ἐν τοῖς ἐγκυκλίοις καὶ τοῖς κατὰ 22

§ 18. φιλοτιμίας] φιλονικίας Bl. with Stob. 47. 14. ‖ βέλτιστα] τὰ βέλτιστα Bens., with Stob. § 20. δυσμενῶς] Γ, Ε, Turr.

τὴν ἡμέραν ἑκάστην γιγνομένοις αἱ μοναρχίαι διαφέρουσιν, ἀλλὰ καὶ τὰς ἐν τῷ πολέμῳ πλεονεξίας ἁπάσας περιειλήφασιν. καὶ γὰρ παρασκευάσασθαι δυνάμεις καὶ χρήσασθαι ταύταις, ὥστε καὶ λαθεῖν καὶ ὀφθῆναι, καὶ τοὺς μὲν πεῖσαι, τοὺς δὲ βιάσασθαι, παρὰ δὲ τῶν ἐκπρίασθαι, τοὺς δὲ ταῖς ἄλλαις θεραπείαις προσαγαγέσθαι μᾶλλον αἱ τυραννίδες τῶν ἄλλων πολιτειῶν οἷαί τ' εἰσίν. καὶ ταῦτ' ἐκ τῶν ἔργων ἄν τις οὐχ ἧττον ἢ τῶν λόγων
23 πιστεύσειεν. τοῦτο μὲν γὰρ τὴν τῶν Περσῶν δύναμιν ἅπαντες ἴσμεν τηλικαύτην τὸ μέγεθος γεγενημένην οὐ διὰ τὴν τῶν ἀνδρῶν φρόνησιν, ἀλλ' ὅτι μᾶλλον τῶν ἄλλων τὴν βασιλείαν τιμῶσι· τοῦτο δὲ Διονύσιον τὸν τύραννον, ὅτι παραλαβὼν τὴν μὲν ἄλλην Σικελίαν ἀνάστατον γεγενημένην, τὴν δ' αὑτοῦ πατρίδα πολιορκουμένην, οὐ μόνον αὐτὴν τῶν παρόντων κινδύνων ἀπήλλαξεν, ἀλλὰ καὶ μεγίστην τῶν Ἑλληνίδων
24 πόλεων ἐποίησεν· ἔτι δὲ Καρχηδονίους καὶ Λακεδαιμονίους, τοὺς ἄριστα τῶν Ἑλλήνων πολιτευομένους, οἴκοι μὲν ὀλιγαρχουμένους, παρὰ δὲ τὸν πόλεμον βασιλευομένους. ἔχοι δ' ἄν τις ἐπιδεῖξαι καὶ τὴν πόλιν τῶν Ἀθηναίων, τὴν μάλιστα τὰς τυραννίδας μισοῦσαν, ὅταν μὲν πολλοὺς ἐκπέμψῃ στρατηγούς, ἀτυχοῦσαν, ὅταν δὲ δι' ἑνὸς ποιήσηται τοὺς κινδύνους, κατορθοῦσαν.

Bens.—πρὸς ἀλλήλους δυσμενῶς vulg. Bk. § **22.** ὀφθῆναι] φθῆναι Koraes conject., Bens. § **24.** τῶν Ἑλλήνων] τῶν ἄλλων Bens. on his own conject. || τῶν Ἀθηναίων] omitted by Γ, Ε, Bens., with Baiter's assent.

II. ΕΛΕΝΗΣ ΕΓΚΩΜΙΟΝ.

[Or. x.—About 370 b.c.]

§§ 54—58.

Εὐλόγως δὲ κἀκεῖνοι ταῦτ' ἔγνωσαν, κἀγὼ 54 τηλικαύταις ὑπερβολαῖς ἔχω χρήσασθαι περὶ αὐτῆς· κάλλους γὰρ πλεῖστον μέρος μετέσχεν, ὃ σεμνότατον καὶ τιμιώτατον καὶ θειότατον τῶν ὄντων ἐστίν. ῥᾴδιον δὲ γνῶναι τὴν δύναμιν αὐτοῦ· τῶν μὲν γὰρ ἀνδρίας ἢ σοφίας ἢ δικαιοσύνης μὴ μετεχόντων πολλὰ φανήσεται τιμώμενα μᾶλλον ἢ τούτων ἕκαστον, τῶν δὲ κάλλους ἀπεστερημένων οὐδὲν εὑρήσομεν ἀγαπώμενον ἀλλὰ πάντα καταφρονούμενα, πλὴν ὅσα ταύτης τῆς ἰδέας κεκοινώνηκε, καὶ τὴν ἀρετὴν διὰ τοῦτο μάλιστ' εὐδοκιμοῦσαν, ὅτι κάλλιστον τῶν ἐπιτηδευμάτων ἐστίν. γνοίη δ' ἄν τις κἀκεῖθεν, ὅσον διαφέρει τῶν ὄντων, 55 ἐξ ὧν αὐτοὶ διατιθέμεθα πρὸς ἕκαστον αὐτῶν· τῶν μὲν γὰρ ἄλλων, ὧν ἂν ἐν χρείᾳ γενώμεθα, τυχεῖν μόνον βουλόμεθα, περαιτέρω δὲ περὶ αὐτῶν οὐδὲν τῇ ψυχῇ προσπεπόνθαμεν· τῶν δὲ καλῶν ἔρως ἡμῖν ἐγγίγνεται, τοσούτῳ μείζω τοῦ βούλεσθαι

II. § 54. μὴ μετεχόντων...ἢ τούτων ἕκαστον] Cp. Lucian *Charid.* 26, τῶν μὲν ἢ δικαιοσύνης ἢ σοφίας ἢ ἀνδρείας μετεχόντων πολλά τις ἂν εὕροι τιμώμενα μᾶλλον, τῶν δὲ ταύτης τῆς ἰδέας κεκοινωνηκότων βέλτιον ἔστιν εὑρεῖν οὐδέν, ὥσπερ δὴ καὶ τῶν μὴ μετεσχηκότων ἀτιμότερον οὐδέν. So loose a transcript from Isocr. affords no ground for the changes which have been proposed here on the strength of it,—viz. to omit μὴ before μετεχόντων, or to omit ἢ τούτων ἕκαστον. Lucian's μετεσχηκότων suggests, however, that he had μετέσχηκεν (the reading of our inferior mss.), instead of μετέσχεν, in § 54.

ῥώμην ἔχων, ὅσῳ περ καὶ τὸ πρᾶγμα κρεῖττόν
56 ἐστιν. καὶ τοῖς μὲν κατὰ σύνεσιν ἢ κατ' ἄλλο τι
προέχουσι φθονοῦμεν, ἢν μὴ τῷ ποιεῖν ἡμᾶς εὖ
καθ' ἑκάστην τὴν ἡμέραν προσαγάγωνται καὶ
στέργειν σφᾶς αὐτοὺς ἀναγκάσωσι· τοῖς δὲ καλοῖς
εὐθὺς ἰδόντες εὔνοι γιγνόμεθα, καὶ μόνους αὐτοὺς
ὥσπερ τοὺς θεοὺς οὐκ ἀπαγορεύομεν θεραπεύοντες,
57 ἀλλ' ἥδιον δουλεύομεν τοῖς τοιούτοις ἢ τῶν ἄλλων
ἄρχομεν, πλείω χάριν ἔχοντες τοῖς πολλὰ προσ-
τάττουσιν ἢ τοῖς μηδὲν ἐπαγγέλλουσιν. καὶ
τοὺς μὲν ὑπ' ἄλλῃ τινὶ δυνάμει γιγνομένους λοι-
δοροῦμεν καὶ κόλακας ἀποκαλοῦμεν, τοὺς δὲ τῷ
κάλλει λατρεύοντας φιλοκάλους καὶ φιλοπόνους
58 εἶναι νομίζομεν. τοσαύτῃ δ' εὐσεβείᾳ καὶ προνοίᾳ
χρώμεθα περὶ τὴν ἰδέαν τὴν τοιαύτην, ὥστε καὶ
τῶν ἐχόντων τὸ κάλλος τοὺς μὲν μισθαρνήσαντας
καὶ κακῶς βουλευσαμένους περὶ τῆς αὑτῶν ἡλικίας
μᾶλλον ἀτιμάζομεν ἢ τοὺς εἰς τὰ τῶν ἄλλων
σώματ' ἐξαμαρτόντας· ὅσοι δ' ἂν τὴν αὑτῶν ὥραν
διαφυλάξωσιν, ἄβατον τοῖς πονηροῖς ὥσπερ ἱερὸν
ποιήσαντες, τούτους εἰς τὸν ἐπίλοιπον χρόνον
ὁμοίως τιμῶμεν ὥσπερ τοὺς ὅλην τὴν πόλιν
ἀγαθόν τι ποιήσαντας.

III. ΕΥΑΓΟΡΑΣ.

[Or. ix.—About 365 b.c.]

§§ 47—50.

47 Παραλαβὼν γὰρ τὴν πόλιν ἐκβεβαρβαρω-

μένην καὶ διὰ τὴν τῶν Φοινίκων ἀρχὴν οὔτε τοὺς Ἕλληνας προσδεχομένην οὔτε τέχνας ἐπισταμένην οὔτ᾽ ἐμπορίῳ χρωμένην οὔτε λιμένα κεκτημένην, ταῦτά τε πάντα διώρθωσε, καὶ πρὸς τούτοις καὶ χώραν πολλὴν προσεκτήσατο καὶ τείχη προσπεριεβάλετο καὶ τριήρεις ἐναυπηγήσατο καὶ ταῖς ἄλλαις κατασκευαῖς οὕτως ηὔξησε τὴν πόλιν ὥστε μηδεμιᾶς τῶν Ἑλληνίδων ἀπολελεῖφθαι, καὶ δύναμιν τοσαύτην ἐνεποίησεν ὥστε πολλοὺς φοβεῖσθαι τῶν πρότερον καταφρονούντων αὐτῆς. καίτοι 48 τηλικαύτας ἐπιδόσεις τὰς πόλεις λαμβάνειν οὐχ οἷόν τ᾽ ἐστίν, ἢν μή τις αὐτὰς διοικῇ τοιούτοις ἤθεσιν οἵοις Εὐαγόρας μὲν εἶχεν, ἐγὼ δ᾽ ὀλίγῳ πρότερον ἐπειράθην διελθεῖν. ὥστ᾽ οὐ δέδοικα μὴ φανῶ μείζω λέγων τῶν ἐκείνῳ προσόντων, ἀλλὰ μὴ πολὺ λίαν ἀπολειφθῶ τῶν πεπραγμένων αὐτῷ. τίς γὰρ ἂν ἐφίκοιτο τοιαύτης φύσεως, ὃς οὐ μόνον 49 τὴν ἑαυτοῦ πόλιν πλείονος ἀξίαν ἐποίησεν ἀλλὰ καὶ τὸν τόπον ὅλον τὸν περιέχοντα τὴν νῆσον ἐπὶ πραότητα καὶ μετριότητα προήγαγεν; πρὶν μέν γε λαβεῖν Εὐαγόραν τὴν ἀρχὴν οὕτως ἀπροσοίστως καὶ χαλεπῶς εἶχον ὥστε καὶ τῶν ἀρχόντων τούτους ἐνόμιζον εἶναι βελτίστους οἵτινες ὠμότατα πρὸς τοὺς Ἕλληνας διακείμενοι τυγχάνοιεν· νῦν 50 δὲ τοσοῦτον μεταπεπτώκασιν ὥσθ᾽ ἁμιλλᾶσθαι μὲν οἵτινες αὐτῶν δόξουσι φιλέλληνες εἶναι μάλιστα, παιδοποιεῖσθαι δὲ τοὺς πλείστους αὐτῶν γυναῖκας λαμβάνοντας παρ᾽ ἡμῶν, χαίρειν δὲ καὶ τοῖς κτήμασι καὶ τοῖς ἐπιτηδεύμασι τοῖς Ἑλληνικοῖς

III. § 47. τῶν Φοινίκων] Φοινίκων Aldine, Bens.

μᾶλλον ἢ τοῖς παρὰ σφίσιν αὐτοῖς, πλείους δὲ καὶ τῶν περὶ τὴν μουσικὴν καὶ περὶ τὴν ἄλλην παίδευσιν ἐν τούτοις τοῖς τόποις διατρίβειν ἢ παρ' οἷς πρότερον εἰωθότες ἦσαν. καὶ τούτων ἁπάντων οὐδεὶς ὅστις οὐκ ἂν Εὐαγόραν αἴτιον εἶναι προσομολογήσειεν.

IV. ΚΑΤΑ ΤΩΝ ΣΟΦΙΣΤΩΝ.

[Or. xiii.—391 or 390 B.C.]

Εἰ πάντες ἤθελον οἱ παιδεύειν ἐπιχειροῦντες ἀληθῆ λέγειν καὶ μὴ μείζους ποιεῖσθαι τὰς ὑποσχέσεις ὧν ἤμελλον ἐπιτελεῖν, οὐκ ἂν κακῶς ἤκουον ὑπὸ τῶν ἰδιωτῶν· νῦν δ' οἱ τολμῶντες λίαν ἀπερισκέπτως ἀλαζονεύεσθαι πεποιήκασιν ὥστε δοκεῖν ἄμεινον βουλεύεσθαι τοὺς ῥᾳθυμεῖν αἱρουμένους τῶν περὶ τὴν φιλοσοφίαν διατριβόντων.

Τίς γὰρ οὐκ ἂν μισήσειεν ἅμα καὶ καταφρονήσειε πρῶτον μὲν τῶν περὶ τὰς ἔριδας διατριβόντων, οἳ προσποιοῦνται μὲν τὴν ἀλήθειαν ζητεῖν, εὐθὺς δ' ἐν ἀρχῇ τῶν ἐπαγγελμάτων ψευδῆ λέγειν 2 ἐπιχειροῦσιν; οἶμαι γὰρ ἅπασιν εἶναι φανερὸν ὅτι τὰ μέλλοντα προγιγνώσκειν οὐ τῆς ἡμετέρας φύσεώς ἐστιν, ἀλλὰ τοσοῦτον ἀπέχομεν ταύτης τῆς φρονήσεως ὥσθ' Ὅμηρος ὁ μεγίστην ἐπὶ σοφίᾳ δόξαν εἰληφὼς καὶ τοὺς θεοὺς πεποίηκεν ἔστιν ὅτε βουλευομένους ὑπὲρ αὐτῶν, οὐ τὴν ἐκείνων γνώμην εἰδὼς ἀλλ' ἡμῖν ἐνδείξασθαι βουλόμενος

§ 50. καὶ περὶ τὴν ἄλλην] καὶ τῶν περὶ τὴν ἄλλην Δ, Bens.

ὅτι τοῖς ἀνθρώποις ἓν τοῦτο τῶν ἀδυνάτων ἐστίν. οὗτοι τοίνυν εἰς τοῦτο τόλμης ἐληλύθασιν, ὥστε 3 πειρῶνται πείθειν τοὺς νεωτέρους, ὡς, ἢν αὑτοῖς πλησιάζωσιν, ἅ τε πρακτέον ἐστὶν εἴσονται καὶ διὰ ταύτης τῆς ἐπιστήμης εὐδαίμονες γενήσονται. καὶ τηλικούτων ἀγαθῶν αὑτοὺς διδασκάλους καὶ κυρίους καταστήσαντες οὐκ αἰσχύνονται τρεῖς ἢ τέτταρας μνᾶς ὑπὲρ τούτων αἰτοῦντες. ἀλλ᾽ εἰ 4 μέν τι τῶν ἄλλων κτημάτων πολλοστοῦ μέρους τῆς ἀξίας ἐπώλουν, οὐκ ἂν ἠμφισβήτησαν ὡς [οὐκ] εὖ φρονοῦντες τυγχάνουσι, σύμπασαν δὲ τὴν ἀρετὴν καὶ τὴν εὐδαιμονίαν οὕτως ὀλίγου τιμῶντες ὡς νοῦν ἔχοντες διδάσκαλοι τῶν ἄλλων ἀξιοῦσι γίγνεσθαι. καὶ λέγουσι μὲν ὡς οὐδὲν δέονται χρημάτων, ἀργυρίδιον καὶ χρυσίδιον τὸν πλοῦτον ἀποκαλοῦντες, μικροῦ δὲ κέρδους ὀρεγόμενοι μόνον οὐκ ἀθανάτους ὑπισχνοῦνται τοὺς συνόντας ποιήσειν. ὃ δὲ πάντων καταγελαστότατον, ὅτι παρὰ μὲν ὧν 5 δεῖ λαβεῖν αὐτούς, τούτοις μὲν ἀπιστοῦσιν, οἷς μέλλουσι τὴν δικαιοσύνην παραδώσειν, ὧν δ᾽ οὐδεπώποτε διδάσκαλοι γεγόνασι, παρὰ τούτοις τὰ παρὰ τῶν μαθητῶν μεσεγγυοῦνται, πρὸς μὲν τὴν ἀσφάλειαν εὖ βουλευόμενοι, τῷ δ᾽ ἐπαγγέλματι τἀναντία πράττοντες. τοὺς μὲν γὰρ ἄλλο τι 6 παιδεύοντας, προσήκει διακριβοῦσθαι περὶ τῶν διαφερόντων (οὐδὲν γὰρ κωλύει τοὺς περὶ ἕτερα δεινοὺς γενομένους μὴ χρηστοὺς εἶναι περὶ τὰ συμβόλαια)· τοὺς δὲ τὴν ἀρετὴν καὶ τὴν σωφρο-

IV. § 4. οὐκ ἂν ἠμφισβήτησαν ὡς [οὐκ]] Δ, Ε, Ζ, Turr. Bens.—ἠμφεσβήτησαν Γ, Bk.—Dobree saw that the second οὐκ

σύνην ἐνεργαζομένους πῶς οὐκ ἄλογόν ἐστι μὴ τοῖς μαθηταῖς μάλιστα πιστεύειν; οὐ γὰρ δή που περὶ τοὺς ἄλλους ὄντες καλοὶ κἀγαθοὶ καὶ δίκαιοι περὶ τούτους ἐξαμαρτήσονται δι' οὓς τοιοῦτοι γεγόνασιν.

7 Ἐπειδὰν οὖν τῶν ἰδιωτῶν τινες, ἄπαντα ταῦτα συλλογισάμενοι, κατίδωσι τοὺς τὴν σοφίαν διδάσκοντας καὶ τὴν εὐδαιμονίαν παραδιδόντας αὐτούς τε πολλῶν δεομένους καὶ τοὺς μαθητὰς μικρὸν πραττομένους, καὶ τὰς ἐναντιώσεις ἐπὶ μὲν τῶν λόγων τηροῦντας, ἐπὶ δὲ τῶν ἔργων μὴ καθορῶντας, ἔτι δὲ περὶ μὲν τῶν μελλόντων εἰδέναι προσ-
8 ποιουμένους, περὶ δὲ τῶν παρόντων μηδὲν τῶν δεόντων μήτ' εἰπεῖν μήτε συμβουλεῦσαι δυναμένους, ἀλλὰ μᾶλλον ὁμονοοῦντας καὶ πλείω κατορθοῦντας τοὺς ταῖς δόξαις χρωμένους ἢ τοὺς τὴν ἐπιστήμην ἔχειν ἐπαγγελλομένους, εἰκότως οἶμαι καταφρονοῦσι, καὶ νομίζουσιν ἀδολεσχίαν καὶ μικρολογίαν ἀλλ' οὐ τῆς ψυχῆς ἐπιμέλειαν εἶναι τὰς τοιαύτας διατριβάς.

9 Οὐ μόνον δὲ τούτοις ἀλλὰ καὶ τοῖς τοὺς πολιτικοὺς λόγους ὑπισχνουμένοις ἄξιον ἐπιτιμῆσαι· καὶ γὰρ ἐκεῖνοι τῆς μὲν ἀληθείας οὐδὲν φροντίζουσιν, ἡγοῦνται δὲ τοῦτ' εἶναι τὴν τέχνην, ἢν ὡς πλείστους τῇ μικρότητι τῶν μισθῶν καὶ τῷ μεγέθει τῶν ἐπαγγελμάτων προσαγάγωνται καὶ λαβεῖν τι παρ' αὐτῶν δυνηθῶσιν· οὕτω δ' ἀναισθήτως αὐτοί τε διάκεινται καὶ τοὺς ἄλλους ἔχειν ὑπειλήφασιν,

is spurious; Bl. brackets it. See comment. § 9. τῶν μισθῶν] Δ, Ε, mg. Γ, Turr. Bens.—τοῦ μισθοῦ vulg. Bk.

ὥστε χεῖρον γράφοντες τοὺς λόγους ἢ τῶν ἰδιωτῶν τινες αὐτοσχεδιάζουσιν, ὅμως ὑπισχνοῦνται τοιούτους ῥήτορας τοὺς συνόντας ποιήσειν ὥστε μηδὲν τῶν ἐνόντων ἐν τοῖς πράγμασι παραλιπεῖν. καὶ ταύτης τῆς δυνάμεως οὐδὲν οὔτε ταῖς ἐμπει- 10 ρίαις οὔτε τῇ φύσει τῇ τοῦ μαθητοῦ μεταδιδόασιν, ἀλλά φασιν ὁμοίως τὴν τῶν λόγων ἐπιστήμην, ὥσπερ τὴν τῶν γραμμάτων παραδώσειν, ὡς μὲν ἔχει τούτων ἑκάτερον, οὐκ ἐξετάσαντες, οἰόμενοι δὲ διὰ τὰς ὑπερβολὰς τῶν ἐπαγγελμάτων αὐτοί τε θαυμασθήσεσθαι καὶ τὴν παίδευσιν τὴν τῶν λόγων πλέονος ἀξίαν δόξειν εἶναι, κακῶς εἰδότες ὅτι μεγάλας ποιοῦσι τὰς τέχνας οὐχ οἱ τολμῶντες ἀλαζονεύεσθαι περὶ αὐτῶν, ἀλλ' οἵτινες ἄν, ὅσον ἔνεστιν ἐν ἑκάστῃ, τοῦτ' ἐξευρεῖν δυνηθῶσιν.

Ἐγὼ δὲ πρὸ πολλῶν μὲν ἂν χρημάτων ἐτιμη- 11 σάμην τηλικοῦτον δύνασθαι τὴν φιλοσοφίαν, ὅσον οὗτοι λέγουσιν (ἴσως γὰρ οὐκ ἂν ἡμεῖς πλεῖστον ἀπελείφθημεν, οὐδ' ἂν ἐλάχιστον μέρος ἀπελαύσαμεν αὐτῆς)· ἐπειδὴ δ' οὐχ οὕτως ἔχει, βουλοίμην ἂν παύσασθαι τοὺς φλυαροῦντας· ὁρῶ γὰρ οὐ μόνον περὶ τοὺς ἐξαμαρτάνοντας τὰς βλασφημίας γιγνομένας, ἀλλὰ καὶ τοὺς ἄλλους ἅπαντας συνδιαβαλλομένους τοὺς περὶ τὴν αὐτὴν διατριβὴν ὄντας.

Θαυμάζω δ' ὅταν ἴδω τούτους μαθητῶν ἀξιου- 12 μένους, οἳ ποιητικοῦ πράγματος τεταγμένην τέχνην παράδειγμα φέροντες λελήθασι σφᾶς αὐτούς. τίς γὰρ οὐκ οἶδε πλὴν τούτων ὅτι τὸ μὲν τῶν γραμμάτων ἀκινήτως ἔχει καὶ μένει κατὰ ταὐτόν, ὥστε

τοῖς αὐτοῖς ἀεὶ περὶ τῶν αὐτῶν χρώμενοι διατελοῦμεν, τὸ δὲ τῶν λόγων πᾶν τοὐναντίον πέπονθεν· τὸ γὰρ ὑφ' ἑτέρου ῥηθὲν τῷ λέγοντι μετ' ἐκεῖνον οὐχ ὁμοίως χρήσιμόν ἐστιν, ἀλλ' οὗτος εἶναι δοκεῖ τεχνικώτατος, ὅς τις ἂν ἀξίως μὲν λέγῃ τῶν πραγμάτων, μηδὲν δὲ τῶν αὐτῶν τοῖς ἄλλοις εὑρίσκειν
13 δύνηται. μέγιστον δὲ σημεῖον τῆς ἀνομοιότητος αὐτῶν· τοὺς μὲν γὰρ λόγους οὐχ οἷόν τε καλῶς ἔχειν, ἢν μὴ τῶν καιρῶν καὶ τοῦ πρεπόντως καὶ τοῦ καινῶς ἔχειν μετάσχωσιν, τοῖς δὲ γράμμασιν οὐδενὸς τούτων προσεδέησεν. ὥσθ' οἱ χρώμενοι τοῖς τοιούτοις παραδείγμασι πολὺ ἂν δικαιότερον ἀποτίνοιεν ἢ λαμβάνοιεν ἀργύριον, ὅτι πολλῆς ἐπιμελείας αὐτοὶ δεόμενοι παιδεύειν τοὺς ἄλλους ἐπιχειροῦσιν.

14 Εἰ δὲ δεῖ μὴ μόνον κατηγορεῖν τῶν ἄλλων ἀλλὰ καὶ τὴν ἐμαυτοῦ δηλῶσαι διάνοιαν, ἡγοῦμαι πάντας ἄν μοι τοὺς εὖ φρονοῦντας συνειπεῖν, ὅτι πολλοὶ μὲν τῶν φιλοσοφησάντων ἰδιῶται διετέλεσαν ὄντες, ἄλλοι δέ τινες οὐδενὶ πώποτε συγγενόμενοι τῶν σοφιστῶν καὶ λέγειν καὶ πολιτεύεσθαι δεινοὶ γεγόνασιν. αἱ μὲν γὰρ δυνάμεις καὶ τῶν λόγων καὶ τῶν ἄλλων ἔργων ἁπάντων ἐν τοῖς εὐφυέσιν ἐγγίγνονται καὶ τοῖς περὶ τὰς ἐμπειρίας
15 γεγυμνασμένοις· ἡ δὲ παίδευσις τοὺς μὲν τοιούτους τεχνικωτέρους καὶ πρὸς τὸ ζητεῖν εὐπορωτέρους ἐποίησεν· οἷς γὰρ νῦν ἐντυγχάνουσι πλανώμενοι, ταῦτ' ἐξ ἑτοιμοτέρου λαμβάνειν αὐτοὺς ἐδίδαξεν·

§ 13. καὶ τοῦ καινῶς ἔχειν] E, Bk. Turr. Bl. (who brackets ἔχειν).—καὶ καινῶς ἔχειν Γ, Δ (acc. to Bk.), Bens. (1873).

τοὺς δὲ καταδεεστέραν τὴν φύσιν ἔχοντας ἀγωνιστὰς μὲν ἀγαθοὺς ἢ λόγων ποιητὰς οὐκ ἂν ἀποτελέσειεν, αὐτοὺς δ' ἂν αὐτῶν προαγάγοι καὶ πρὸς πολλὰ φρονιμωτέρως διακεῖσθαι ποιήσειεν.

Βούλομαι δ' ἐπειδή περ εἰς τοῦτο προῆλθον, 16 ἔτι σαφέστερον εἰπεῖν περὶ αὐτῶν. φημὶ γὰρ ἐγὼ τῶν μὲν ἰδεῶν, ἐξ ὧν τοὺς λόγους ἅπαντας καὶ λέγομεν καὶ συντίθεμεν, λαβεῖν τὴν ἐπιστήμην οὐκ εἶναι τῶν πάνυ χαλεπῶν, ἤν τις αὑτὸν παραδῷ μὴ τοῖς ῥᾳδίως ὑπισχνουμένοις ἀλλὰ τοῖς εἰδόσι τι περὶ αὐτῶν· τὸ δὲ τούτων ἐφ' ἑκάστῳ τῶν πραγμάτων ἃς δεῖ προελέσθαι καὶ μῖξαι πρὸς ἀλλήλας καὶ τάξαι κατὰ τρόπον, ἔτι δὲ τῶν καιρῶν μὴ διαμαρτεῖν, ἀλλὰ καὶ τοῖς ἐνθυμήμασι πρεπόντως ὅλον τὸν λόγον καταποικῖλαι καὶ τοῖς ὀνόμασιν εὐρύθμως καὶ μουσικῶς εἰπεῖν, ταῦτα δὲ πολλῆς 17 ἐπιμελείας δεῖσθαι καὶ ψυχῆς ἀνδρικῆς καὶ δοξαστικῆς ἔργον εἶναι, καὶ δεῖν τὸν μὲν μαθητὴν πρὸς τῷ τὴν φύσιν ἔχειν οἵαν χρὴ τὰ μὲν εἴδη τὰ τῶν λόγων μαθεῖν, περὶ δὲ τὰς χρήσεις αὐτῶν γυμνασθῆναι, τὸν δὲ διδάσκαλον τὰ μὲν οὕτως ἀκριβῶς οἷόν τ' εἶναι διελθεῖν ὥστε μηδὲν τῶν διδακτῶν παραλιπεῖν, περὶ δὲ τῶν λοιπῶν τοιοῦτον αὑτὸν παράδειγμα παρασχεῖν, ὥστε τοὺς ἐκτυπωθέντας 18 καὶ μιμήσασθαι δυναμένους εὐθὺς ἀνθηρότερον καὶ χαριέστερον τῶν ἄλλων φαίνεσθαι λέγοντας· καὶ τούτων μὲν ἁπάντων συμπεσόντων τελείως ἕξουσιν οἱ φιλοσοφοῦντες· καθ' ὃ δ' ἂν ἐλλειφθῇ τι τῶν

§ 16. παραδῷ] E, Turr. Bens.—παραδιδῷ vulg. Bk. ‖ μῖξαι] Turr. Bl.—μίξαι Bk.—μίξασθαι vulg. Bens. ‖ τάξαι] Bk. Turr.

εἰρημένων, ἀνάγκη ταύτῃ χεῖρον διακεῖσθαι τοὺς πλησιάζοντας.

19 Οἱ μὲν οὖν ἄρτι τῶν σοφιστῶν ἀναφυόμενοι καὶ νεωστὶ προσπεπτωκότες ταῖς ἀλαζονείαις, εἰ καὶ νῦν πλεονάζουσιν, εὖ οἶδ' ὅτι πάντες ἐπὶ ταύτην κατενεχθήσονται τὴν ὑπόθεσιν. λοιποὶ δ' ἡμῖν εἰσὶν οἱ πρὸ ἡμῶν γενόμενοι καὶ τὰς καλουμένας τέχνας γράψαι τολμήσαντες, οὓς οὐκ ἀφετέον ἀνεπιτιμήτους· οἵτινες ὑπέσχοντο δικάζεσθαι διδάξειν, ἐκλεξάμενοι τὸ δυσχερέστατον τῶν ὀνομάτων, ὃ τῶν φθονούντων ἔργον ἦν λέγειν ἀλλ' οὐ
20 τῶν προεστώτων τῆς τοιαύτης παιδεύσεως, καὶ ταῦτα τοῦ πράγματος, καθ' ὅσον ἐστὶ διδακτόν, οὐδὲν μᾶλλον πρὸς τοὺς δικανικοὺς λόγους ἢ πρὸς τοὺς ἄλλους ἅπαντας ὠφελεῖν δυναμένου. τοσούτῳ δὲ χείρους ἐγένοντο τῶν περὶ τὰς ἔριδας καλινδουμένων, ὅσον οὗτοι μὲν τοιαῦτα λογίδια διεξιόντες, οἷς εἴ τις ἐπὶ τῶν πράξεων ἐμμείνειεν, εὐθὺς ἂν ἐν πᾶσιν εἴη κακοῖς, ὅμως ἀρετὴν ἐπηγγείλαντο καὶ σωφροσύνην περὶ αὑτῶν, ἐκεῖνοι δ' ἐπὶ τοὺς πολιτικοὺς λόγους παρακαλοῦντες, ἀμελήσαντες τῶν ἄλλων τῶν προσόντων αὐτοῖς ἀγαθῶν, πολυπραγμοσύνης καὶ πλεονεξίας ὑπέστησαν εἶναι διδάσκα-
21 λοι. καίτοι τοὺς βουλομένους πειθαρχεῖν τοῖς ὑπὸ τῆς φιλοσοφίας ταύτης προσταττομένοις πολὺ ἂν θᾶττον πρὸς ἐπιείκειαν ἢ πρὸς ῥητορείαν ὠφελήσειεν. καὶ μηδεὶς οἰέσθω με λέγειν ὡς ἔστι δικαιοσύνη διδακτόν· ὅλως μὲν γὰρ οὐδεμίαν ἡγοῦμαι τοιαύτην εἶναι τέχνην, ἥτις τοῖς κακῶς πεφυ-

Bl.—τάξασθαι Γ, Δ, Ε², Θ², Bens. § 19. ἔργον ἦν λέγειν]

κόσι πρὸς ἀρετὴν σωφροσύνην ἂν καὶ δικαιοσύνην ἐμποιήσειεν· οὐ μὴν ἀλλὰ συμπαρακελεύσασθαί γε καὶ συνασκῆσαι μάλιστ' ἂν οἶμαι τὴν τῶν λόγων τῶν πολιτικῶν ἐπιμέλειαν.

Ἵνα δὲ μὴ δοκῶ τὰς μὲν τῶν ἄλλων ὑποσχέσεις 22 διαλύειν, αὐτὸς δὲ μείζω λέγειν τῶν ἐνόντων, ἐξ ὧνπερ αὐτὸς ἐπείσθην οὕτω ταῦτ' ἔχειν, ῥᾳδίως οἶμαι καὶ τοῖς ἄλλοις φανερὸν καταστήσειν.

V. ΠΕΡΙ ΑΝΤΙΔΟΣΕΩΣ.

[Or. xv.—353 b.c.]

§§ 270—302.

Περὶ μὲν οὖν τούτων ἀπόχρη μοι τὸ νῦν εἶναι 270 ταῦτ' εἰρηκέναι καὶ συμβεβουλευκέναι· περὶ δὲ σοφίας καὶ φιλοσοφίας τοῖς μὲν περὶ ἄλλων τινῶν ἀγωνιζομένοις οὐκ ἂν ἁρμόσειε λέγειν περὶ τῶν ὀνομάτων τούτων (ἔστι γὰρ ἀλλότρια πάσαις ταῖς πραγματείαις), ἐμοὶ δ' ἐπειδὴ καὶ κρίνομαι περὶ τῶν τοιούτων καὶ τὴν καλουμένην ὑπό τινων φιλοσοφίαν οὐκ εἶναι φημί, προσήκει τὴν δικαίως ἂν νομιζομένην ὁρίσαι καὶ δηλῶσαι πρὸς ὑμᾶς. ἁπλῶς 271 δέ πως τυγχάνω γιγνώσκων περὶ αὐτῶν. ἐπειδὴ γὰρ οὐκ ἔνεστιν ἐν τῇ φύσει τῇ τῶν ἀνθρώπων ἐπιστήμην λαβεῖν, ἣν ἔχοντες ἂν εἰδεῖμεν ὅ τι πρακτέον ἢ λεκτέον ἐστίν, ἐκ τῶν λοιπῶν σοφοὺς

Dobree would omit λέγειν. § 21. πρὸς ἀρετὴν σωφροσύνην ἂν καὶ δικαιοσύνην] Bk. Turr. Bl.—ἀρετὴν ἂν καὶ δικαιοσύνην Bens.: cp. next extract, § 274.

μὲν νομίζω τοὺς ταῖς δόξαις ἐπιτυγχάνειν ὡς ἐπὶ τὸ πολὺ τοῦ βελτίστου δυναμένους, φιλοσόφους δὲ τοὺς ἐν τούτοις διατρίβοντας ἐξ ὧν τάχιστα 272 λήψονται τὴν τοιαύτην φρόνησιν. ἃ δ' ἐστὶ τῶν ἐπιτηδευμάτων ταύτην ἔχοντα τὴν δύναμιν ἔχω μὲν εἰπεῖν, ὀκνῶ δὲ λέγειν· οὕτω γάρ ἐστι σφόδρα καὶ παράδοξα καὶ πολὺ τῆς τῶν ἄλλων ἀφεστῶτα διανοίας, ὥστε φοβοῦμαι μὴ τὴν ἀρχὴν αὐτῶν ἀκούσαντες θορύβου καὶ βοῆς ἅπαν ἐμπλήσητε τὸ δικαστήριον. ὅμως δὲ καίπερ οὕτω διακείμενος ἐπιχειρήσω διαλεχθῆναι περὶ αὐτῶν· αἰσχύνομαι γάρ, εἴ τισι δόξω δεδιὼς ὑπὲρ γήρως καὶ μικροῦ 273 βίου προδιδόναι τὴν ἀλήθειαν. δέομαι δ' ὑμῶν μὴ προκαταγνῶναί μου τοιαύτην μανίαν, ὡς ἄρ' ἐγὼ κινδυνεύων προειλόμην ἂν λόγους εἰπεῖν ἐναντίους ταῖς ὑμετέραις γνώμαις, εἰ μὴ καὶ τοῖς προειρημένοις ἀκολούθους αὐτοὺς ἐνόμιζον εἶναι καὶ τὰς ἀποδείξεις ἀληθεῖς καὶ σαφεῖς ᾤμην ἔχειν ὑπὲρ αὐτῶν.

274 Ἡγοῦμαι δὲ τοιαύτην μὲν τέχνην, ἥτις τοῖς κακῶς πεφυκόσιν ἀρετὴν ἐνεργάσαιτ' ἂν καὶ δικαιοσύνην, οὔτε πρότερον οὔτε νῦν οὐδεμίαν εἶναι, τούς τε τὰς ὑποσχέσεις ποιουμένους περὶ αὐτῶν πρότερον ἀπερεῖν καὶ παύσεσθαι ληροῦντας πρὶν 275 εὑρεθῆναί τινα παιδείαν τοιαύτην, οὐ μὴν ἀλλ'

V. § **278**. ταῖς ὑμετέραις] Θ, Turr. Bl.—καὶ ταῖς ὑμετέραις vulg. Bk. (who proposed to omit καί). § **274**. πεφυκόσιν ἀρετὴν ἐνεργάσαιτ' ἂν καὶ δικαιοσύνην] So Turr. Bens., with Θ. The other mss. (which Bk. follows) add πρὸς before ἀρετήν: but then the καί before δικαιοσύνην becomes unmeaning. Bl., reading πεφυκόσι πρός, meets that difficulty by inserting σωφρο-

αὐτοὺς γ' αὐτῶν βελτίους ἂν γίγνεσθαι καὶ πλείονος ἀξίους, εἰ πρός τε τὸ λέγειν εὖ φιλοτίμως διατεθεῖεν καὶ τοῦ πείθειν δύνασθαι τοὺς ἀκούοντας ἐρασθεῖεν, καὶ πρὸς τούτοις τῆς πλεονεξίας ἐπιθυμήσειαν, μὴ τῆς ὑπὸ τῶν ἀνοήτων νομιζομένης ἀλλὰ τῆς ὡς ἀληθῶς τὴν δύναμιν ταύτην ἐχούσης. καὶ ταῦθ' ὡς οὕτω πέφυκε, ταχέως οἶμαι δηλώσειν. 276 πρῶτον μὲν γὰρ ὁ λέγειν ἢ γράφειν προαιρούμενος λόγους ἀξίους ἐπαίνου καὶ τιμῆς οὐκ ἔστιν ὅπως ποιήσεται τὰς ὑποθέσεις ἀδίκους ἢ μικρὰς ἢ περὶ τῶν ἰδίων συμβολαίων, ἀλλὰ μεγάλας καὶ καλὰς καὶ φιλανθρώπους καὶ περὶ τῶν κοινῶν πραγμάτων· μὴ γὰρ τοιαύτας εὑρίσκων οὐδὲν διαπράξεται τῶν δεόντων. ἔπειτα τῶν πράξεων τῶν συντει- 277 νουσῶν πρὸς τὴν ὑπόθεσιν ἐκλέξεται τὰς πρεπωδεστάτας καὶ μάλιστα συμφερούσας· ὁ δὲ τὰς τοιαύτας συνεθιζόμενος θεωρεῖν καὶ δοκιμάζειν οὐ μόνον περὶ τὸν ἐνεστῶτα λόγον ἀλλὰ καὶ περὶ τὰς ἄλλας πράξεις τὴν αὐτὴν ἕξει ταύτην δύναμιν, ὥσθ' ἅμα τὸ λέγειν εὖ καὶ τὸ φρονεῖν παραγενήσεται τοῖς φιλοσόφως καὶ φιλοτίμως πρὸς τοὺς λόγους διακειμένοις. καὶ μὴν οὐδ' ὁ πείθειν τινὰς 278 βουλόμενος ἀμελήσει τῆς ἀρετῆς, ἀλλὰ τούτῳ μάλιστα προσέξει τὸν νοῦν, ὅπως δόξαν ὡς ἐπιεικεστάτην λήψεται παρὰ τοῖς συμπολιτευομένοις. τίς γὰρ οὐκ οἶδε καὶ τοὺς λόγους ἀληθεστέρους δοκοῦντας εἶναι τοὺς ὑπὸ τῶν εὖ διακειμένων

σύτην, with Orelli, after ἀρετήν. § **275**. ἐπιθυμήσειαν] Θ, Bens.—ἐπιθυμήσαιεν Bk. Turr. Bl. § **277**. τὴν αὐτὴν ἕξει ταύτην] ταύτην Θ, Bk. Turr. Bl.—ταύτῃ Γ, Δ, Bens. § **278**. πείθειν τινὰς] Bk. Turr.—τινὰς is omitted by Γ, Bens.

λεγομένους ἢ τοὺς ὑπὸ τῶν διαβεβλημένων, καὶ τὰς πίστεις μεῖζον δυναμένας τὰς ἐκ τοῦ βίου γεγενημένας ἢ τὰς ὑπὸ τοῦ λόγου πεπορισμένας; ὥσθ᾽ ὅσῳ ἄν τις ἐρρωμενεστέρως ἐπιθυμῇ πείθειν τοὺς ἀκούοντας, τοσούτῳ μᾶλλον ἀσκήσει καλὸς κἀγαθὸς εἶναι καὶ παρὰ τοῖς πολίταις εὐδοκιμεῖν.

279 καὶ μηδεὶς ὑμῶν οἰέσθω τοὺς μὲν ἄλλους ἅπαντας γιγνώσκειν, ὅσην ἔχει ῥοπὴν εἰς τὸ πείθειν τὸ τοῖς κρίνουσιν ἀρέσκειν, τοὺς δὲ περὶ τὴν φιλοσοφίαν ὄντας μόνους ἀγνοεῖν τὴν τῆς εὐνοίας δύναμιν·

280 πολὺ γὰρ ἀκριβέστερον τῶν ἄλλων καὶ ταῦτ᾽ ἴσασι, καὶ πρὸς τούτοις ὅτι τὰ μὲν εἰκότα καὶ τὰ τεκμήρια καὶ πᾶν τὸ τῶν πίστεων εἶδος τοῦτο μόνον ὠφελεῖ τὸ μέρος, ἐφ᾽ ᾧ ἂν αὐτῶν ἕκαστον τύχῃ ῥηθέν, τὸ δὲ δοκεῖν εἶναι καλὸν κἀγαθὸν οὐ μόνον τὸν λόγον πιστότερον ἐποίησεν, ἀλλὰ καὶ τὰς πράξεις τοῦ τὴν τοιαύτην δόξαν ἔχοντος ἐντιμοτέρας κατέστησεν, ὑπὲρ οὗ σπουδαστέον ἐστὶ τοῖς εὖ φρονοῦσι μᾶλλον ἢ περὶ τῶν ἄλλων ἁπάντων.

281 Τὸ τοίνυν περὶ τὴν πλεονεξίαν, ὃ δυσχερέστατον ἦν τῶν ῥηθέντων· εἰ μέν τις ὑπολαμβάνει τοὺς ἀποστεροῦντας ἢ παραλογιζομένους ἢ κακόν τι ποιοῦντας πλεονεκτεῖν, οὐκ ὀρθῶς ἔγνωκεν· οὐδένες γὰρ ἐν ἅπαντι τῷ βίῳ μᾶλλον ἐλαττοῦνται τῶν τοιούτων, οὐδ᾽ ἐν πλέοσιν ἀπορίαις εἰσίν, οὐδ᾽ ἐπονειδιστότερον ζῶσιν, οὐδ᾽ ὅλως ἀθλιώτεροι

282 τυγχάνουσιν ὄντες· χρὴ δὲ καὶ νῦν πλέον ἔχειν

‖ ὅσῳ] ὅσῳπερ Bens. § 280. ἐφ᾽ ᾧ] ἐφ᾽ ᾧπερ Bens.
§ 281. πλέοσιν] vulg. Bk. Turr.—πλείοσιν E, Θ, Bens.

ἡγεῖσθαι καὶ πλεονεκτήσειν νομίζειν παρὰ μὲν τῶν θεῶν τοὺς εὐσεβεστάτους καὶ τοὺς περὶ τὴν θεραπείαν τὴν ἐκείνων ἐπιμελεστάτους ὄντας, παρὰ δὲ τῶν ἀνθρώπων τοὺς ἄριστα πρὸς τούτους μεθ' ὧν ἂν οἰκῶσι καὶ πολιτεύωνται διακειμένους καὶ τοὺς βελτίστους αὐτοὺς εἶναι δοκοῦντας. καὶ 283 ταῦτα καὶ ταῖς ἀληθείαις οὕτως ἔχει, καὶ συμφέρει τὸν τρόπον τοῦτον λέγεσθαι περὶ αὐτῶν, ἐπεὶ νῦν γ' οὕτως ἀνέστραπται καὶ συγκέχυται πολλὰ τῶν κατὰ τὴν πόλιν, ὥστ' οὐδὲ τοῖς ὀνόμασιν ἔνιοί τινες ἔτι χρῶνται κατὰ φύσιν, ἀλλὰ μεταφέρουσιν ἀπὸ τῶν καλλίστων πραγμάτων ἐπὶ τὰ φαυλότατα τῶν ἐπιτηδευμάτων. τοὺς μέν γε βωμολοχευομέ- 284 νους καὶ σκώπτειν καὶ μιμεῖσθαι δυναμένους εὐφυεῖς καλοῦσι, προσῆκον τῆς προσηγορίας ταύτης τυγχάνειν τοὺς ἄριστα πρὸς ἀρετὴν πεφυκότας· τοὺς δὲ ταῖς κακοηθείαις καὶ ταῖς κακουργίαις χρωμένους, καὶ μικρὰ μὲν λαμβάνοντας πονηρὰν δὲ δόξαν κτωμένους, πλεονεκτεῖν νομίζουσιν, ἀλλ' οὐ τοὺς ὁσιωτάτους καὶ δικαιοτάτους, οἳ περὶ τῶν ἀγαθῶν ἀλλ' οὐ τῶν κακῶν πλεονεκτοῦσι· τοὺς 285 δὲ τῶν μὲν ἀναγκαίων ἀμελοῦντας, τὰς δὲ τῶν παλαιῶν σοφιστῶν τερατολογίας ἀγαπῶντας φιλοσοφεῖν φασιν, †ἀμελήσαντες τοὺς τὰ τοιαῦτα μανθάνοντας καὶ μελετῶντας ἐξ ὧν καὶ τὸν ἴδιον οἶκον

§ 283. τοῖς ὀνόμασιν] Γ (1st hand) Turr. Bens.—τοῖς ὀνόμασιν ἐν τῇ διαλέκτῳ vulg. Bk. § 284. πλεονεκτεῖν] Γ, Bk. Turr.—πλεονεκτικοὺς Δ, Ε, Θ, Bens. ‖ οἳ περὶ τῶν ἀγαθῶν] mss. Bk. Turr. Bens.—οἵπερ τῶν ἀγαθῶν Dobree conject., Bl. § 285. †ἀμελήσαντες τοὺς τὰ τοιαῦτα μανθάνοντας καὶ μελετῶντας] Γ, Δ, Ε, Bk. Turr. I leave ἀμελήσαντες in the text. It is certainly spurious, but no emendation

καὶ τὰ κοινὰ τὰ τῆς πόλεως καλῶς διοικήσουσιν, ὧνπερ ἕνεκα καὶ πονητέον καὶ φιλοσοφητέον καὶ πάντα πρακτέον ἐστίν. ἀφ' ὧν ὑμεῖς πολὺν ἤδη χρόνον ἀπελαύνετε τοὺς νεωτέρους, ἀποδεχόμενοι τοὺς λόγους τῶν διαβαλλόντων τὴν τοιαύτην 286 παιδείαν. καὶ γάρ τοι πεποιήκατε τοὺς μὲν ἐπιεικεστάτους αὐτῶν ἐν πότοις καὶ συνουσίαις καὶ ῥᾳθυμίαις καὶ παιδιαῖς τὴν ἡλικίαν διάγειν, ἀμελήσαντας τοῦ σπουδάζειν ὅπως ἔσονται βελτίους, τοὺς δὲ χείρω τὴν φύσιν ἔχοντας ἐν τοιαύταις ἀκολασίαις ἡμερεύειν, ἐν αἷς πρότερον οὐδ' ἂν 287 οἰκέτης ἐπιεικὴς οὐδεὶς ἐτόλμησεν· οἱ μὲν γὰρ αὐτῶν ἐπὶ τῆς Ἐννεακρούνου ψύχουσιν οἶνον, οἱ δ' ἐν τοῖς καπηλείοις πίνουσιν, ἕτεροι δ' ἐν τοῖς σκιραφείοις κυβεύουσι, πολλοὶ δ' ἐν τοῖς τῶν αὐλητρίδων διδασκαλείοις διατρίβουσι. καὶ τοὺς μὲν ἐπὶ ταῦτα προτρέποντας οὐδεὶς πώποτε τῶν κήδεσθαι φασκόντων τῆς ἡλικίας ταύτης εἰς ὑμᾶς εἰσήγαγεν· ἡμῖν δὲ κακὰ παρέχουσιν, οἷς ἄξιον ἦν, εἰ καὶ μηδενὸς ἄλλου, τούτου γε χάριν ἔχειν, ὅτι τοὺς συνόντας τῶν τοιούτων ἐπιτηδευμάτων

is satisfactory. My own impression is that ἀμελήσαντες has displaced a partic. similar in general sense, such as ἀτιμάσαντες. The gen. is required after ἀμελήσαντες: we cannot compare such a passage as Eur. Ion 439, θνήσκοντας ἀμελεῖ, 'recks not that they die,' where ἀμελεῖ=περιορᾷ. Dobree thought that ἀμελήσαντες was an interpolation arising from ἀμελοῦντας just above. Benseler, with Θ, gives ἀμελήσαντες ἐπαινεῖν τοὺς, κ.τ.λ. Sauppe conjectures ἀπελάσαντες τοὺς, κ.τ.λ. He also proposed ἀσελγήσαντες ἐς τούς.—Baiter, ἀμελήσαντες τοῦ τὰ τοιαῦτα μανθάνειν καὶ μελετᾶν.—Bake and Havet would omit ἀμελήσαντες and in its place read simply οὐ: and Bl. now omits it ('quamvis dubitanter'), substituting ἀλλ' οὐ. This is surely to cut the knot. § 287. διατρίβουσι] Turr.—διατρίβουσιν Bk. Bens.

ἀποτρέπομεν. οὕτω δ' ἐστὶ δυσμενὲς ἅπασι τὸ 288
τῶν συκοφαντῶν γένος, ὥστε τοῖς μὲν λυομέ-
νοις εἴκοσι καὶ τριάκοντα μνῶν τὰς μελλούσας
καὶ τὸν ἄλλον οἶκον συναναιρήσειν οὐχ ὅπως ἂν
ἐπιπλήξειαν, ἀλλὰ καὶ συγχαίρουσι ταῖς ἀσω-
τίαις αὐτῶν, τοὺς δ' εἰς τὴν αὐτῶν παιδείαν ὁτιοῦν
ἀναλίσκοντας διαφθείρεσθαί φασιν. ὧν τίνες ἂν
ἀδικώτερον ἔχοιεν τὴν αἰτίαν ταύτην; οἵτινες ἐν 289
ταύταις μὲν ταῖς ἀκμαῖς ὄντες ὑπερεῖδον τὰς
ἡδονάς, ἐν αἷς οἱ πλεῖστοι τῶν τηλικούτων μάλιστ'
αὐτῶν ἐπιθυμοῦσιν, ἐξὸν δ' αὐτοῖς ῥᾳθυμεῖν μηδὲν
δαπανωμένοις εἵλοντο πονεῖν χρήματα τελέσαντες,
ἄρτι δ' ἐκ παίδων ἐξεληλυθότες ἔγνωσαν ἃ πολλοὶ
τῶν πρεσβυτέρων οὐκ ἴσασιν, ὅτι δεῖ τὸν ὀρθῶς 290
καὶ πρεπόντως προεστῶτα τῆς ἡλικίας καὶ καλὴν
ἀρχὴν τοῦ βίου ποιούμενον αὐτοῦ πρότερον ἢ τῶν
αὑτοῦ ποιήσασθαι τὴν ἐπιμέλειαν, καὶ μὴ σπεύδειν
*μηδὲ ζητεῖν ἑτέρων ἄρχειν πρὶν ἂν τῆς αὑτοῦ
διανοίας λάβῃ τὸν ἐπιστατήσοντα, μηδ' οὕτω χαί-
ρειν μηδὲ μέγα φρονεῖν ἐπὶ τοῖς ἄλλοις ἀγαθοῖς ὡς
ἐπὶ τοῖς ἐν τῇ ψυχῇ διὰ τὴν παιδείαν ἐγγιγνομέ-
νοις. καίτοι τοὺς τοιούτῳ λογισμῷ κεχρημένους
πῶς οὐκ ἐπαινεῖσθαι χρὴ μᾶλλον ἢ ψέγεσθαι, καὶ
νομίζεσθαι βελτίστους εἶναι καὶ σωφρονεστάτους
τῶν ἡλικιωτῶν;

Θαυμάζω δ' ὅσοι τοὺς μὲν φύσει δεινοὺς ὄντας 291
εἰπεῖν εὐδαιμονίζουσιν ὡς ἀγαθοῦ καὶ καλοῦ πράγ-

§ 289. ἐν ταύταις μὲν ταῖς ἀκμαῖς...τῶν τηλικούτων] Dobree wished to read ἐν μὲν ταῖς (or ἐν ταῖς μὲν) ἀκμαῖς, and to omit τηλικούτων.—ἐν αὑταῖς μὲν ταῖς ἀκμαῖς Θ. § 290. μὴ σπεύδειν *μηδὲ ζητεῖν] μηδὲ Baiter, Turr. Bl.: μήτε mss. Bk.—μὴ σπεύδειν καὶ ζητεῖν

ματος αὐτοῖς συμβεβηκότος, τοὺς δὲ τοιούτους γενέσθαι βουλομένους λοιδοροῦσιν ὡς ἀδίκου καὶ κακοῦ παιδεύματος ἐπιθυμοῦντας. καί τοι τί τῶν φύσει καλῶν ὄντων μελέτῃ κατεργασθὲν αἰσχρὸν ἢ κακόν ἐστιν; οὐδὲν γὰρ εὑρήσομεν τοιοῦτον, ἀλλ' ἔν γε τοῖς ἄλλοις ἐπαινοῦμεν τοὺς ταῖς φιλοπονίαις ταῖς αὑτῶν ἀγαθόν τι κτήσασθαι δυνηθέντας μᾶλλον ἢ τοὺς παρὰ τῶν προγόνων παρα-
292 λαβόντας, εἰκότως· συμφέρει γὰρ ἐπί τε τῶν ἄλλων ἁπάντων, καὶ μάλιστ' ἐπὶ τῶν λόγων, μὴ τὰς εὐτυχίας ἀλλὰ τὰς ἐπιμελείας εὐδοκιμεῖν. οἱ μὲν γὰρ φύσει καὶ τύχῃ δεινοὶ γενόμενοι λέγειν οὐ πρὸς τὸ βέλτιστον ἀποβλέπουσιν, ἀλλ' ὅπως ἂν τύχωσιν, οὕτω χρῆσθαι τοῖς λόγοις εἰώθασιν· οἱ δὲ φιλοσοφίᾳ καὶ λογισμῷ τὴν δύναμιν ταύτην λαβόντες, οὐδὲν ἀσκέπτως λέγοντες, ἧττον περὶ
293 τὰς πράξεις πλημμελοῦσιν. ὥσθ' ἅπασι μὲν βούλεσθαι προσήκει πολλοὺς εἶναι τοὺς ἐκ παιδείας δεινοὺς εἰπεῖν γιγνομένους, μάλιστα δ' ὑμῖν· καὶ γὰρ αὐτοὶ προέχετε καὶ διαφέρετε τῶν ἄλλων οὐ ταῖς περὶ τὸν πόλεμον ἐπιμελείαις, οὐδ' ὅτι κάλλιστα πολιτεύεσθε καὶ μάλιστα φυλάττετε τοὺς νόμους οὓς ὑμῖν οἱ πρόγονοι κατέλιπον, ἀλλὰ τούτοις οἷς περ ἡ φύσις ἡ τῶν ἀνθρώπων τῶν ἄλλων ζώων, καὶ τὸ γένος τὸ τῶν Ἑλλήνων τῶν
294 βαρβάρων, τῷ καὶ πρὸς τὴν φρόνησιν καὶ πρὸς τοὺς λόγους ἄμεινον πεπαιδεῦσθαι τῶν ἄλλων. ὥστε πάντων ἂν συμβαίη δεινότατον, εἰ τοὺς βουλομένους τοῖς αὐτοῖς τούτοις διενεγκεῖν τῶν ἡλι-

Bens. § 296. ζώων] Γ (1st hand), Turr. Bens.—ζώων διήνεγκε

κιωτῶν, οἷς περ ὑμεῖς ἁπάντων, διαφθείρεσθαι ψηφίσαισθε, καὶ τοὺς τῇ παιδείᾳ ταύτῃ χρωμένους, ἧς ὑμεῖς ἡγεμόνες γεγένησθε, συμφορᾷ τινὶ περιβάλοιτε.

Χρὴ γὰρ μηδὲ τοῦτο λανθάνειν ὑμᾶς, ὅτι πάντων τῶν δυναμένων λέγειν ἢ παιδεύειν ἡ πόλις ἡμῶν δοκεῖ γεγενῆσθαι διδάσκαλος. εἰκότως· καὶ γὰρ ἆθλα μέγιστα τιθεῖσαν αὐτὴν ὁρῶσι τοῖς τὴν δύναμιν ταύτην ἔχουσι, καὶ γυμνάσια πλεῖστα καὶ παντοδαπώτατα παρέχουσαν τοῖς ἀγωνίζεσθαι προῃρημένοις καὶ περὶ τὰς τοιαύτας <διατριβὰς> γυμνάζεσθαι βουλομένοις, ἔτι δὲ τὴν ἐμπειρίαν, ἥ περ μάλιστα ποιεῖ δύνασθαι λέγειν, ἐνθένδε πάντας λαμβάνοντας· πρὸς δὲ τούτοις καὶ τὴν τῆς φωνῆς κοινότητα καὶ μετριότητα καὶ τὴν ἄλλην εὐτραπελίαν καὶ φιλολογίαν οὐ μικρὸν ἡγοῦνται συμβαλέσθαι μέρος πρὸς τὴν τῶν λόγων παιδείαν· ὥστ' οὐκ ἀδίκως ὑπολαμβάνουσιν ἅπαντας τοὺς λέγειν ὄντας δεινοὺς τῆς πόλεως εἶναι μαθητάς. σκοπεῖτ' οὖν μὴ παντάπασιν ᾖ καταγέλαστον τῆς δόξης ταύτης φλαῦρόν τι καταγιγνώσκειν, ἣν ὑμεῖς ἔχετε παρὰ τοῖς Ἕλλησι πολὺ μᾶλλον ἢ ἐγὼ παρ' ὑμῖν· οὐδὲν γὰρ ἀλλ' ἢ φανερῶς ὑμῶν αὐτῶν ἔσεσθε κατεψηφισμένοι τὴν τοιαύτην ἀδικίαν, καὶ πεποιηκότες ὅμοιον ὥσπερ ἂν εἰ Λακεδαιμόνιοι τοὺς τὰ περὶ

vulg. Bk. § **295**. <διατριβὰς>. The mss. have περὶ τὰς τοιαύτας γυμνάζεσθαι, without any substantive. Havet and Bl. simply alter the fem. pl. into τὰ τοιαῦτα: but, since there was nothing to provoke the change into τὰς τοιαύτας, it seems far more likely that a substantive has been lost. I have conjecturally supplied διατριβάς. § **297**. ἢ ἐγὼ] ἡγὼ Baiter, Bens. ‖ ἀλλ' ἢ]. ἀλλ' ἢ Bens. § **298**. τὰ περὶ τὸν πόλεμον]

τὸν πόλεμον ἀσκοῦντας ζημιοῦν ἐπιχειροῖεν, ἢ Θετταλοὶ παρὰ τῶν ἱππεύειν μελετώντων δίκην λαμβάνειν ἀξιοῖεν. ὑπὲρ ὧν φυλακτέον ἐστίν, ὅπως μηδὲν τοιοῦτον ἐξαμαρτήσεσθε περὶ ὑμᾶς αὐτούς, μηδὲ πιστοτέρους *ποιήσετε τοὺς λόγους τοὺς τῶν κατηγορούντων τῆς πόλεως ἢ τοὺς τῶν ἐπαινούντων.

299 Οἶμαι δ' ὑμᾶς οὐκ ἀγνοεῖν ὅτι τῶν Ἑλλήνων οἱ μὲν δυσκόλως πρὸς ὑμᾶς ἔχουσιν, οἱ δ' ὡς οἷόν τε μάλιστα φιλοῦσι καὶ τὰς ἐλπίδας τῆς σωτηρίας ἐν ὑμῖν ἔχουσι. καί φασιν οἱ μὲν τοιοῦτοι μόνην εἶναι ταύτην πόλιν, τὰς δ' ἄλλας κώμας, καὶ δικαίως ἂν αὐτὴν ἄστυ τῆς Ἑλλάδος προσαγορεύεσθαι καὶ διὰ τὸ μέγεθος καὶ διὰ τὰς εὐπορίας τὰς ἐνθένδε τοῖς ἄλλοις γιγνομένας καὶ μάλιστα

300 διὰ τὸν τρόπον τῶν ἐνοικούντων· οὐδένας γὰρ εἶναι πραοτέρους οὐδὲ κοινοτέρους οὐδ' οἷς οἰκειότερον ἄν τις τὸν ἅπαντα βίον συνδιατρίψειεν. οὕτω δὲ μεγάλαις χρῶνται ταῖς ὑπερβολαῖς, ὥστ' οὐδὲ τοῦτ' ὀκνοῦσι λέγειν, ὡς ἥδιον ἂν ὑπ' ἀνδρὸς Ἀθηναίου ζημιωθεῖεν ἢ διὰ τῆς ἑτέρων ὠμότητος εὖ πάθοιεν. οἱ δὲ ταῦτα μὲν διασύρουσι, διεξιόντες δὲ τὰς τῶν συκοφαντῶν πικρότητας καὶ κακοπραγίας ὅλης τῆς πόλεως ὡς ἀμίκτου καὶ χαλεπῆς

301 οὔσης κατηγοροῦσιν. ἔστιν οὖν δικαστῶν νοῦν ἐχόντων τοὺς μὲν τῶν τοιούτων λόγων αἰτίους γιγνομένους ἀποκτείνειν ὡς μεγάλην αἰσχύνην τῇ πόλει περιποιοῦντας, τοὺς δὲ τῶν ἐπαίνων τῶν

Bk. omits τά, perh. by a mere oversight. ‖ *ποιήσετε] Baiter, Turr. Bens.—ποιήσητε Θ.—ποιήσεσθε mss. Bk.

λεγομένων περὶ αὐτῆς μέρος τι συμβαλλομένους τιμᾶν μᾶλλον ἢ τοὺς ἀθλητὰς τοὺς ἐν τοῖς στεφανίταις ἀγῶσι νικῶντας· πολὺ γὰρ καλλίω δόξαν 302 ἐκείνων κτώμενοι τῇ πόλει τυγχάνουσι καὶ μᾶλλον ἁρμόττουσαν. περὶ μὲν γὰρ τὴν τῶν σωμάτων ἀγωνίαν πολλοὺς τοὺς ἀμφισβητοῦντας ἔχομεν, περὶ δὲ τὴν παιδείαν ἅπαντες ἂν ἡμᾶς πρωτεύειν προκρίνειαν.

VI. ΠΑΝΗΓΥΡΙΚΟΣ.

[Or. iv.—380 b. c.]

§§ 160—186.

"Ὥστε μοι δοκεῖ πολλὰ λίαν εἶναι τὰ παρα- 160 κελευόμενα πολεμεῖν αὐτοῖς, μάλιστα δ' ὁ παρὼν καιρός, ὃν οὐκ ἀφετέον· καὶ γὰρ αἰσχρὸν παρόντι μὲν μὴ χρῆσθαι, παρελθόντος δ' αὐτοῦ μεμνῆσθαι. τί γὰρ ἂν καὶ βουληθεῖμεν ἡμῖν προσγενέσθαι, μέλλοντες βασιλεῖ πολεμεῖν, ἔξω τῶν νῦν ὑπαρχόντων; οὐκ Αἴγυπτος μὲν αὐτοῦ καὶ Κύπρος 161 ἀφέστηκε, Φοινίκη δὲ καὶ Συρία διὰ τὸν πόλεμον ἀνάστατοι γεγόνασι, Τύρος δ', ἐφ' ᾗ μέγ' ἐφρόνησεν, ὑπὸ τῶν ἐχθρῶν τῶν ἐκείνου κατείληπται; τῶν δ' ἐν Κιλικίᾳ πόλεων τὰς μὲν πλείστας οἱ μεθ' ἡμῶν ὄντες ἔχουσι, τὰς δ' οὐ χαλεπόν ἐστι κτήσασθαι. Λυκίας δ' οὐδεὶς πώποτε Περσῶν ἐκράτησεν. Ἑκα- 162 τόμνως δ' ὁ Καρίας ἐπίσταθμος τῇ μὲν ἀληθείᾳ

VI. § 160. ὁ παρὼν καιρός, ὃν οὐκ ἀφετέον] Γ (1st hand), Bk. Turr.—ὁ παρὼν καιρός, οὗ σαφέστερον οὐδέν. ὃν οὐκ ἀφετέον Ε, Γ (corrector), Bens. § 161. τῶν ἐχθρῶν τῶν ἐκείνου]

πολὺν ἤδη χρόνον ἀφέστηκεν, ὁμολογήσει δ' ὅταν ἡμεῖς βουληθῶμεν. ἀπὸ δὲ Κνίδου μέχρι Σινώπης Ἕλληνες τὴν Ἀσίαν παροικοῦσιν, οὓς οὐ δεῖ πείθειν ἀλλὰ μὴ κωλύειν πολεμεῖν. καίτοι τοιούτων ὁρμητηρίων ὑπαρξάντων καὶ τοσούτου πολέμου τὴν Ἀσίαν περιστάντος τί δεῖ τὰ συμβησόμενα λίαν ἀκριβῶς ἐξετάζειν; ὅπου γὰρ μικρῶν μερῶν ἥττους εἰσίν, οὐκ ἄδηλον ὡς ἂν διατεθεῖεν, εἰ πᾶσιν

163 ἡμῖν πολεμεῖν ἀναγκασθεῖεν. ἔχει δ' οὕτως. ἐὰν μὲν ὁ βάρβαρος ἐρρωμενεστέρως κατάσχῃ τὰς πόλεις τὰς ἐπὶ θαλάττῃ, φρουρὰς μείζους ἐν αὐταῖς ἢ νῦν ἐγκαταστήσας, τάχ᾽ ἂν καὶ τῶν νήσων αἱ περὶ τὴν ἤπειρον, οἷον Ῥόδος καὶ Σάμος καὶ Χίος, ἐπὶ τὰς ἐκείνου τύχας ἀποκλίνειαν· ἢν δ' ἡμεῖς αὐτὰς πρότεροι καταλάβωμεν, εἰκὸς τοὺς τὴν Λυδίαν καὶ Φρυγίαν καὶ τὴν ἄλλην τὴν ὑπερκειμένην χώραν οἰκοῦντας ἐπὶ τοῖς ἐντεῦθεν ὁρμωμένοις εἶναι.

164 Διὸ δεῖ σπεύδειν καὶ μηδεμίαν ποιεῖσθαι διατριβήν, ἵνα μὴ πάθωμεν ὅπερ οἱ πατέρες ἡμῶν. ἐκεῖνοι γὰρ ὑστερίσαντες τῶν βαρβάρων καὶ προέμενοί τινας τῶν συμμάχων ἠναγκάσθησαν ὀλίγοι πρὸς πολλοὺς κινδυνεύειν, ἐξὸν αὐτοῖς προτέροις διαβᾶσιν εἰς τὴν ἤπειρον μετὰ πάσης τῆς τῶν Ἑλλήνων δυνάμεως ἐν μέρει τῶν ἐθνῶν ἕκασ-

165 τον χειροῦσθαι. δέδεικται γάρ, ὅταν τις πολεμῇ πρὸς ἀνθρώπους ἐκ πολλῶν τόπων συλλεγομένους, ὅτι δεῖ μὴ περιμένειν ἕως ἂν ἐπιστῶσιν, ἀλλ' ἔτι διεσπαρμένοις αὐτοῖς ἐπιχειρεῖν. ἐκεῖνοι μὲν οὖν

Bk. Turr. Bl.—τῶν ἐχθρῶν ἐκείνου Γ, Bens. § 185. ἐκεῖνα

προεξαμαρτόντες ἄπαντα ταῦτ' ἐπηνωρθώσαντο, καταστάντες εἰς τοὺς μεγίστους ἀγῶνας· ἡμεῖς δ', ἂν σωφρονῶμεν, ἐξ ἀρχῆς φυλαξόμεθα καὶ πειρασόμεθα φθῆναι περὶ τὴν Λυδίαν καὶ τὴν Ἰωνίαν στρατόπεδον ἐγκαταστήσαντες, εἰδότες ὅτι καὶ 166 βασιλεὺς οὐχ ἑκόντων ἄρχει τῶν ἠπειρωτῶν, ἀλλὰ μείζω δύναμιν περὶ αὑτὸν ἑκάστων αὐτῶν ποιησάμενος· ἧς ἡμεῖς ὅταν κρείττω διαβιβάσωμεν, ὃ βουληθέντες ῥᾳδίως ἂν ποιήσαιμεν, ἀσφαλῶς ἅπασαν τὴν Ἀσίαν καρπωσόμεθα. πολὺ δὲ κάλλιον ἐκείνῳ περὶ τῆς βασιλείας πολεμεῖν ἢ πρὸς ἡμᾶς αὐτοὺς περὶ τῆς ἡγεμονίας ἀμφισβητεῖν.

Ἄξιον δ' ἐπὶ τῆς νῦν ἡλικίας ποιήσασθαι τὴν 167 στρατείαν, ἵν' οἱ τῶν συμφορῶν κοινωνήσαντες, οὗτοι καὶ τῶν ἀγαθῶν ἀπολαύσωσι καὶ μὴ πάντα τὸν χρόνον δυστυχοῦντες διαγάγωσιν· ἱκανὸς γὰρ ὁ παρεληλυθώς, ἐν ᾧ τί τῶν δεινῶν οὐ γέγονεν; πολλῶν γὰρ κακῶν τῇ φύσει τῇ τῶν ἀνθρώπων ὑπαρχόντων αὐτοὶ πλείω τῶν ἀναγκαίων προσεξευρήκαμεν, πολέμους καὶ στάσεις ἡμῖν αὐτοῖς ἐμποιήσαντες, ὥστε τοὺς μὲν ἐν ταῖς αὑτῶν ἀνόμως 168 ἀπόλλυσθαι, τοὺς δ' ἐπὶ ξένης μετὰ παίδων καὶ γυναικῶν ἀλᾶσθαι, πολλοὺς δὲ δι' ἔνδειαν τῶν καθ' ἡμέραν ἐπικουρεῖν ἀναγκαζομένους ὑπὲρ τῶν ἐχθρῶν τοῖς φίλοις μαχομένους ἀποθνήσκειν. ὑπὲρ ὧν οὐδεὶς πώποτ' ἠγανάκτησεν, ἀλλ' ἐπὶ μὲν ταῖς συμφοραῖς ταῖς ὑπὸ τῶν ποιητῶν συγκειμέναις δακρύειν ἀξιοῦσιν, ἀληθινὰ δὲ πάθη πολλὰ καὶ δεινὰ γιγνόμενα διὰ τὸν πόλεμον ἐφορῶντες τοσού-

μὲν οὖν] οὖν is omitted by Γ, Ε, Bens.

του δέουσιν ἐλεεῖν, ὥστε καὶ μᾶλλον χαίρουσιν ἐπὶ τοῖς ἀλλήλων κακοῖς ἢ τοῖς αὑτῶν ἰδίοις 169 ἀγαθοῖς. ἴσως δ' ἂν καὶ τῆς ἐμῆς εὐηθείας πολλοὶ καταγελάσειαν, εἰ δυστυχίας ἀνδρῶν ὀδυροίμην ἐν τοῖς τοιούτοις καιροῖς, ἐν οἷς Ἰταλία μὲν ἀνάστατος γέγονε, Σικελία δὲ καταδεδούλωται, τοσαῦται δὲ πόλεις τοῖς βαρβάροις ἐκδέδονται, τὰ δὲ λοιπὰ μέρη τῶν Ἑλλήνων ἐν τοῖς μεγίστοις κινδύνοις ἐστίν.

170 Θαυμάζω δὲ τῶν δυναστευόντων ἐν ταῖς πόλεσιν, εἰ προσήκειν αὑτοῖς ἡγοῦνται μέγα φρονεῖν, μηδὲν πώποθ' ὑπὲρ τηλικούτων πραγμάτων μήτ' εἰπεῖν μήτ' ἐνθυμηθῆναι δυνηθέντες. ἐχρῆν γὰρ αὐτούς, εἴπερ ἦσαν ἄξιοι τῆς παρούσης δόξης, ἁπάντων ἀφεμένους τῶν ἄλλων περὶ τοῦ πολέμου τοῦ πρὸς τοὺς βαρβάρους εἰσηγεῖσθαι καὶ συμβου-171 λεύειν. τυχὸν μὲν γὰρ ἄν τι συνεπέραναν· εἰ δὲ καὶ προαπεῖπον, ἀλλ' οὖν τούς γε λόγους ὥσπερ χρησμοὺς εἰς τὸν ἐπιόντα χρόνον ἂν κατέλιπον. νῦν δ' οἱ μὲν ἐν ταῖς μεγίσταις δόξαις ὄντες ἐπὶ μικροῖς σπουδάζουσιν, ἡμῖν δὲ τοῖς τῶν πολιτικῶν ἐξεστηκόσι περὶ τηλικούτων πραγμάτων συμβουλεύειν παραλελοίπασιν.

172 Οὐ μὴν ἀλλ' ὅσῳ μικροψυχότεροι τυγχάνουσιν ὄντες οἱ προεστῶτες ἡμῶν, τοσούτῳ τοὺς ἄλλους ἐρρωμενεστέρως δεῖ σκοπεῖν ὅπως ἀπαλλαγησόμεθα τῆς παρούσης ἔχθρας. νῦν μὲν γὰρ μάτην ποιούμεθα τὰς περὶ τῆς εἰρήνης συνθήκας· οὐ γὰρ διαλυόμεθα τοὺς πολέμους ἀλλ' ἀναβαλλόμεθα,

§ 168. τοῖς αὑτῶν ἰδίοις] αὐτῶν Turr. Bens.—αὐτῶν Bk.
§ 171. ἐξεστηκόσι] Bk. Turr. Bl.—ἐξεστῶσι Bens.

καὶ περιμένομεν τοὺς καιροὺς ἐν οἷς ἀνήκεστόν τι κακὸν ἀλλήλους ἐργάσασθαι δυνησόμεθα. δεῖ δὲ 173 ταύτας τὰς ἐπιβουλὰς ἐκποδὼν ποιησαμένους ἐκείνοις τοῖς ἔργοις ἐπιχειρεῖν ἐξ ὧν τάς τε πόλεις ἀσφαλέστερον οἰκήσομεν καὶ πιστότερον διακεισόμεθα πρὸς ἡμᾶς αὐτούς. ἔστι δ᾽ ἁπλοῦς καὶ ῥᾴδιος ὁ λόγος ὁ περὶ τούτων· οὔτε γὰρ εἰρήνην οἷόν τε βεβαίαν ἀγαγεῖν, ἢν μὴ κοινῇ τοῖς βαρβάροις πολεμήσωμεν, οὔθ᾽ ὁμονοῆσαι τοὺς Ἕλληνας, πρὶν ἂν καὶ τὰς ὠφελείας ἐκ τῶν αὐτῶν καὶ τοὺς κινδύνους πρὸς τοὺς αὐτοὺς ποιησώμεθα. τούτων 174 δὲ γενομένων καὶ τῆς ἀπορίας τῆς περὶ τὸν βίον ἡμῶν ἀφαιρεθείσης, ἣ καὶ τὰς ἑταιρίας διαλύει καὶ τὰς συγγενείας εἰς ἔχθραν προάγει καὶ πάντας ἀνθρώπους εἰς πολέμους καὶ στάσεις καθίστησιν, οὐκ ἔστιν ὅπως οὐχ ὁμονοήσομεν καὶ τὰς εὐνοίας ἀληθινὰς πρὸς ἡμᾶς αὐτοὺς ἕξομεν. ὧν ἕνεκα περὶ παντὸς ποιητέον ὅπως ὡς τάχιστα τὸν ἐνθένδε πόλεμον εἰς τὴν ἤπειρον διοριοῦμεν, ὡς μόνον ἂν τοῦτ᾽ ἀγαθὸν ἀπολαύσαιμεν τῶν κινδύνων τῶν πρὸς ἡμᾶς αὐτούς, εἰ ταῖς ἐμπειρίαις ταῖς ἐκ τούτων γεγενημέναις πρὸς τὸν βάρβαρον καταχρήσασθαι δόξειεν ἡμῖν.

Ἀλλὰ γὰρ ἴσως διὰ τὰς συνθήκας ἄξιον ἐπισ- 175 χεῖν, ἀλλ᾽ οὐκ ἐπειχθῆναι καὶ θᾶττον ποιήσασθαι τὴν στρατείαν; δι᾽ ἃς αἱ μὲν ἠλευθερωμέναι τῶν πόλεων βασιλεῖ χάριν ἴσασιν, ὡς δι᾽ ἐκεῖνον τυχοῦσαι τῆς αὐτονομίας ταύτης, αἱ δ᾽ ἐκδεδομέναι τοῖς βαρβάροις μάλιστα μὲν Λακεδαιμονίοις ἐπικαλοῦ-

§ 173. ὠφελείας] Ε, Bens.—ὠφελίας Γ, Bk. Turr.—φιλίας vulg.

σιν, ἔπειτα δὲ καὶ τοῖς ἄλλοις τοῖς μετασχοῦσι τῆς εἰρήνης, ὡς ὑπὸ τούτων δουλεύειν ἠναγκασμέναι. καίτοι πῶς οὐ χρὴ διαλύειν ταύτας τὰς ὁμολογίας, ἐξ ὧν τοιαύτη δόξα γέγονεν, ὡς ὁ μὲν βάρβαρος κήδεται τῆς Ἑλλάδος καὶ φύλαξ τῆς εἰρήνης ἐστίν, ἡμῶν δέ τινές εἰσιν οἱ λυμαινόμενοι καὶ κακῶς 176 ποιοῦντες αὐτήν; ὃ δὲ πάντων καταγελαστότατον, ὅτι τῶν γεγραμμένων ἐν ταῖς ὁμολογίαις τὰ χείριστα τυγχάνομεν διαφυλάττοντες. ἃ μὲν γὰρ αὐτονόμους ἀφίησι τάς τε νήσους καὶ τὰς πόλεις τὰς ἐπὶ τῆς Εὐρώπης, πάλαι λέλυται καὶ μάτην ἐν ταῖς στήλαις ἐστίν· ἃ δ' αἰσχύνην ἡμῖν φέρει καὶ πολλοὺς τῶν συμμάχων ἐκδέδωκε, ταῦτα δὲ κατὰ χώραν μένει καὶ πάντες αὐτὰ κύρια ποιοῦμεν, ἃ χρῆν ἀναιρεῖν καὶ μηδὲ μίαν ἐᾶν ἡμέραν, νομίζοντας προστάγματα καὶ μὴ συνθήκας εἶναι. τίς γὰρ οὐκ οἶδεν, ὅτι συνθῆκαι μέν εἰσιν, αἵτινες ἂν ἴσως καὶ κοινῶς ἀμφοτέροις ἔχωσι, προστάγματα δὲ τὰ τοὺς ἑτέρους ἐλαττοῦντα παρὰ τὸ δίκαιον; 177 διὸ καὶ τῶν πρεσβευσάντων ταύτην τὴν εἰρήνην δικαίως ἂν κατηγοροῖμεν, ὅτι πεμφθέντες ὑπὸ τῶν Ἑλλήνων ὑπὲρ τῶν βαρβάρων ἐποιήσαντο τὰς συνθήκας. ἐχρῆν γὰρ αὐτούς, εἴτ' ἐδόκει τὴν αὑτῶν ἔχειν ἑκάστους, εἴτε καὶ τῶν δοριαλώτων ἐπάρχειν, εἴτε τούτων κρατεῖν ὧν ὑπὸ τὴν εἰρήνην ἐτυγχάνομεν ἔχοντες, ἕν τι τούτων ὁρισαμένους καὶ κοινὸν τὸ δίκαιον ποιησαμένους οὕτω συγγρά-

§ 175. ὡς ὁ μὲν] E, Turr. Bens.—ὥστε vulg. Bk. § 176. μηδὲ μίαν] Sauppe, Turr. Bens.—μηδεμίαν Bk. § 177. τὴν αὑτῶν ἔχειν] αὑτῶν Turr. Bens.—ἑαυτῶν Bk.

φεσθαι περὶ αὐτῶν. νῦν δὲ τῇ μὲν ἡμετέρᾳ πόλει 178
καὶ τῇ Λακεδαιμονίων οὐδεμίαν τιμὴν ἀπένειμαν,
τὸν δὲ βάρβαρον ἁπάσης τῆς Ἀσίας δεσπότην
κατέστησαν, ὥσπερ ὑπὲρ ἐκείνου πολεμησάντων
ἡμῶν, ἢ τῆς μὲν Περσῶν ἀρχῆς πάλαι καθεστη-
κυίας, ἡμῶν δὲ ἄρτι τὰς πόλεις κατοικούντων,
ἀλλ' οὐκ ἐκείνων μὲν νεωστὶ ταύτην τὴν τιμὴν
ἐχόντων, ἡμῶν δὲ τὸν ἅπαντα χρόνον ἐν τοῖς
Ἕλλησι δυναστευόντων. οἶμαι δ' ἐκείνως εἰπὼν 179
μᾶλλον δηλώσειν τήν τε περὶ ἡμᾶς ἀτιμίαν γεγε-
νημένην καὶ τὴν τοῦ βασιλέως πλεονεξίαν. τῆς
γὰρ γῆς ἁπάσης τῆς ὑπὸ τῷ κόσμῳ κειμένης δίχα
τετμημένης, καὶ τῆς μὲν Ἀσίας, τῆς δ' Εὐρώπης
καλουμένης, τὴν ἡμίσειαν ἐκ τῶν συνθηκῶν εἴλη-
φεν, ὥσπερ πρὸς τὸν Δία τὴν χώραν νεμόμενος
ἀλλ' οὐ πρὸς ἀνθρώπους τὰς συνθήκας ποιούμενος.
καὶ ταύτας ἡμᾶς ἠνάγκασεν ἐν στήλαις λιθίναις 180
ἀναγράψαντας ἐν τοῖς κοινοῖς τῶν ἱερῶν καταθεῖ-
ναι, πολὺ κάλλιον τρόπαιον τῶν ἐν ταῖς μάχαις
γιγνομένων· τὰ μὲν γὰρ ὑπὲρ μικρῶν ἔργων καὶ
μιᾶς τύχης ἐστίν, αὗται δ' ὑπὲρ ἅπαντος τοῦ
πολέμου καὶ καθ' ὅλης τῆς Ἑλλάδος ἑστήκασιν.

Ὑπὲρ ὧν ἄξιον ὀργίζεσθαι, καὶ σκοπεῖν ὅπως 181
τῶν τε γεγενημένων δίκην ληψόμεθα καὶ τὰ μέλ-
λοντα διορθωσόμεθα. καὶ γὰρ αἰσχρὸν ἰδίᾳ μὲν
τοῖς βαρβάροις οἰκέταις ἀξιοῦν χρῆσθαι, δημοσίᾳ
δὲ τοσούτους τῶν συμμάχων περιορᾶν αὐτοῖς δου-

§ 178. ὥσπερ ὑπὲρ] E, Turr. Bens.—ὡς ὑπὲρ Bk. § 179.
τὴν τοῦ βασιλέως] τὴν [τοῦ] βασιλέως Bk. ‖ πρὸς ἀνθρώπους]
Bk. Turr. Bl.—πρὸς τοὺς ἀνθρώπους Bens. § 180. καταθεῖναι]
Γ, E, Turr. Bens.—ἀναθεῖναι Bk.

λεύοντας, καὶ τοὺς μὲν περὶ τὰ Τρωϊκὰ γενομένους μιᾶς γυναικὸς ἁρπασθείσης οὕτως ἅπαντας συνοργισθῆναι τοῖς ἀδικηθεῖσιν ὥστε μὴ πρότερον παύσασθαι πολεμοῦντας πρὶν τὴν πόλιν ἀνάστατον
182 ἐποίησαν τοῦ τολμήσαντος ἐξαμαρτεῖν, ἡμᾶς δ' ὅλης τῆς Ἑλλάδος ὑβριζομένης μηδεμίαν ποιήσασθαι κοινὴν τιμωρίαν, ἐξὸν ἡμῖν εὐχῆς ἄξια διαπράξασθαι. μόνος γὰρ οὗτος ὁ πόλεμος εἰρήνης κρείττων ἐστί, θεωρίᾳ μὲν μᾶλλον ἢ *στρατείᾳ προσεοικώς, ἀμφοτέροις δὲ συμφέρων, καὶ τοῖς ἡσυχίαν ἄγειν καὶ πολεμεῖν ἐπιθυμοῦσιν· εἴη γὰρ ἂν τοῖς μὲν ἀδεῶς τὰ σφέτερ' αὐτῶν καρποῦσθαι, τοῖς δ' ἐκ τῶν ἀλλοτρίων μεγάλους πλούτους κατακτήσασθαι.

183 Πολλαχῇ δ' ἄν τις λογιζόμενος εὕροι ταύτας τὰς πράξεις μάλιστα λυσιτελούσας ἡμῖν. φέρε γάρ, πρὸς τίνας χρὴ πολεμεῖν τοὺς μηδεμιᾶς πλεονεξίας ἐπιθυμοῦντας ἀλλ' αὐτὸ τὸ δίκαιον σκοποῦντας; οὐ πρὸς τοὺς καὶ πρότερον κακῶς τὴν Ἑλλάδα ποιήσαντας καὶ νῦν ἐπιβουλεύοντας καὶ πάντα τὸν χρόνον οὕτω πρὸς ἡμᾶς διακειμένους;
184 τίσι δὲ φθονεῖν εἰκός ἐστι τοὺς μὴ παντάπασιν ἀνάνδρως διακειμένους ἀλλὰ μετρίως τούτῳ τῷ πράγματι χρωμένους; οὐ τοῖς μείζους μὲν τὰς δυναστείας ἢ κατ' ἀνθρώπους περιβεβλημένοις, ἐλάττονος δ' ἀξίοις τῶν παρ' ἡμῖν δυστυχούντων; ἐπὶ τίνας δὲ στρατεύειν προσήκει τοὺς ἅμα μὲν

§ 182. *στρατείᾳ] Koraes, Bk. Turr. Bens.—στρατιᾷ mss. ἄγειν] Γ, Ε, Turr. Bens.—ἄγειν βουλομένοις Bk. § 183. πολλαχῇ] Ε, Koraes, Turr. Bens.—πολλαχοῦ vulg. Bk.

ISOCRATES.   135

εὐσεβεῖν βουλομένους, ἅμα δὲ τοῦ συμφέροντος ἐνθυμουμένους; οὐκ ἐπὶ τοὺς καὶ φύσει πολεμίους καὶ πατρικοὺς ἐχθρούς, καὶ πλεῖστα μὲν ἀγαθὰ κεκτημένους, ἥκιστα δ' ὑπὲρ αὐτῶν ἀμύνεσθαι δυναμένους; οὐκοῦν ἐκεῖνοι πᾶσι τούτοις ἔνοχοι τυγχάνουσιν ὄντες.

Καὶ μὴν οὐδὲ τὰς πόλεις λυπήσομεν στρα- 185 τιώτας ἐξ αὐτῶν καταλέγοντες, ὃ νῦν ἐν τῷ πολέμῳ τῷ πρὸς ἀλλήλους χαλεπώτατόν ἐστιν αὐταῖς· πολὺ γὰρ οἶμαι σπανιωτέρους ἔσεσθαι τοὺς μένειν ἐθελήσοντας τῶν συνακολουθεῖν ἐπιθυμησόντων. τίς γὰρ οὕτως ἢ νέος ἢ παλαιὸς ῥᾴθυμός ἐστιν, ὅστις οὐ μετασχεῖν βουλήσεται ταύτης τῆς στρατιᾶς τῆς ὑπ' Ἀθηναίων μὲν καὶ Λακεδαιμονίων στρατηγουμένης, ὑπὲρ δὲ τῆς τῶν συμμάχων ἐλευθερίας ἀθροιζομένης, ὑπὸ δὲ τῆς Ἑλλάδος ἁπάσης ἐκπεμπομένης, ἐπὶ δὲ τὴν τῶν βαρβάρων τιμωρίαν πορευομένης; φήμην δὲ καὶ 186 μνήμην καὶ δόξαν πόσην τινὰ χρὴ νομίζειν ἢ ζῶντας ἕξειν ἢ τελευτήσαντας καταλείψειν τοὺς ἐν τοῖς τοιούτοις ἔργοις ἀριστεύσαντας; ὅπου γὰρ οἱ πρὸς Ἀλέξανδρον πολεμήσαντες καὶ μίαν πόλιν ἑλόντες τοιούτων ἐπαίνων ἠξιώθησαν, ποίων τινῶν χρὴ προσδοκᾶν ἐγκωμίων τεύξεσθαι τοὺς ὅλης τῆς Ἀσίας κρατήσαντας; τίς γὰρ ἢ τῶν ποιεῖν δυναμένων ἢ τῶν λέγειν ἐπισταμένων οὐ πονήσει καὶ

§ 185. τίς γὰρ οὕτως ἢ νέος ἢ παλαιὸς ῥᾴθυμός ἐστιν] mss. Bk. Turr. Bens.—τίς γὰρ οὕτως ἠλίθιος [ἢ παλαιὸς] ἢ ῥᾴθυμός ἐστιν conject. E. Mehler (ed. Panegyr. Areopag. 1861), following Hirschig. Bl. thinks that, if anything should be expunged, it is ῥᾴθυμος.

φιλοσοφήσει βουλόμενος ἅμα τῆς θ' αὑτοῦ διανοίας καὶ τῆς ἐκείνων ἀρετῆς μνημεῖον εἰς ἅπαντα τὸν χρόνον καταλιπεῖν;

VII. ΦΙΛΙΠΠΟΣ.

[Or. v.—346 B. C.]

§§ 81—104.

81 Καὶ μὴ θαυμάσῃς, ἅπερ ἐπέστειλα καὶ πρὸς Διονύσιον τὴν τυραννίδα κτησάμενον, εἰ μήτε στρατηγὸς ὢν μήτε ῥήτωρ μήτ' ἄλλως δυνάστης θρασύτερόν σοι διείλεγμαι τῶν ἄλλων. ἐγὼ γὰρ πρὸς μὲν τὸ πολιτεύεσθαι πάντων ἀφυέστατος ἐγενόμην τῶν πολιτῶν, οὔτε γὰρ φωνὴν ἔσχον ἱκανὴν οὔτε τόλμαν δυναμένην ὄχλῳ χρῆσθαι καὶ μολύνεσθαι καὶ λοιδορεῖσθαι τοῖς ἐπὶ τοῦ βήματος 82 καλινδουμένοις, τοῦ δὲ φρονεῖν εὖ καὶ πεπαιδεῦσθαι καλῶς, εἰ καί τις ἀγροικότερον εἶναι φήσει τὸ ῥηθέν, ἀμφισβητῶ, καὶ θείην ἂν ἐμαυτὸν οὐκ ἐν τοῖς ἀπολελειμμένοις ἀλλ' ἐν τοῖς προέχουσι τῶν ἄλλων. διόπερ ἐπιχειρῶ συμβουλεύειν τὸν τρόπον τοῦτον, ὃν ἐγὼ πέφυκα καὶ δύναμαι, καὶ τῇ πόλει καὶ τοῖς ἄλλοις Ἕλλησι καὶ τῶν ἀνδρῶν τοῖς ἐνδοξοτάτοις.

83 Περὶ μὲν οὖν τῶν ἐμῶν καὶ ὧν σοὶ πρακτέον

VII. § 81. τὴν τυραννίδα κτησάμενον] Γ, Bk. Turr.— τὸν τὴν τυραννίδα κτησάμενον E, Bens. But see comment. § 82. καλινδουμένοις] E, Z, Bens.—κυλινδουμένοις Γ, Bk. Turr. ‖ καὶ τοῖς ἄλλοις Ἕλλησι] E, Bens.—τοῖς Ἕλλησι Bk. Turr. Bl. § 83. καὶ ὧν] Γ, E, Bk. Turr.—καὶ περὶ ὧν Bens.

ἐστὶ πρὸς τοὺς Ἕλληνας, σχεδὸν ἀκήκοας, περὶ δὲ τῆς στρατείας τῆς εἰς τὴν Ἀσίαν ταῖς μὲν πόλεσιν, ἃς ἔφην χρῆναί σε διαλλάττειν, τότε συμβουλεύσομεν, ὡς χρὴ πολεμεῖν πρὸς τοὺς βαρβάρους, ὅταν ἴδωμεν αὐτὰς ὁμονοούσας, πρὸς σὲ δὲ νῦν ποιήσομαι τοὺς λόγους, οὐ τὴν αὐτὴν ἔχων διάνοιαν καὶ κατ' ἐκείνην τὴν ἡλικίαν ὅτ' ἔγραφον περὶ τὴν αὐτὴν ὑπόθεσιν ταύτην. τότε μὲν γὰρ 84 παρεκελευόμην τοῖς ἀκουσομένοις καταγελᾶν μου καὶ καταφρονεῖν, ἢν μὴ καὶ τῶν πραγμάτων καὶ τῆς δόξης τῆς ἐμαυτοῦ καὶ τοῦ χρόνου τοῦ περὶ τὸν λόγον διατριφθέντος ἀξίως φαίνωμαι διεξιών, νῦν δὲ φοβοῦμαι μὴ πάντων τῶν προειρημένων πολὺ καταδεέστερον τύχω διαλεχθείς. καὶ γὰρ πρὸς τοῖς ἄλλοις ὁ λόγος ὁ πανηγυρικός, ὁ τοὺς ἄλλους τοὺς περὶ τὴν φιλοσοφίαν διατρίβοντας εὐπορωτέρους ποιήσας, ἐμοὶ πολλὴν ἀπορίαν παρέσχηκεν· οὔτε γὰρ ταὐτὰ βούλομαι λέγειν τοῖς ἐν ἐκείνῳ γεγραμμένοις, οὔτ' ἔτι καινὰ δύναμαι ζητεῖν. οὐ μὴν ἀποστατέον ἐστὶν ἀλλὰ λεκτέον 85 περὶ ὧν ὑπεθέμην, ὅ τι ἂν ὑποπέσῃ καὶ συμφέρῃ πρὸς τὸ πεῖσαί σε ταῦτα πράττειν. καὶ γὰρ ἢν ἐλλίπω τι καὶ μὴ δυνηθῶ τὸν αὐτὸν τρόπον γράψαι τοῖς πρότερον ἐκδεδομένοις, ἀλλ' οὖν ὑπογράψειν γ' οἶμαι χαριέντως τοῖς ἐξεργάζεσθαι καὶ διαπονεῖν δυναμένοις.

Τὴν μὲν οὖν ἀρχὴν τοῦ λόγου τοῦ σύμπαντος 86 οἶμαι πεποιῆσθαι ταύτην, ἥνπερ προσήκει τοὺς ἐπὶ τὴν Ἀσίαν πείθοντας στρατεύειν. δεῖ γὰρ

| τότε συμβουλεύσομεν] Bk. Turr. Bens.—τότε μοι δοκῶ συμ-

μηδὲν πρότερον πράττειν, πρὶν ἂν λάβῃ τις τοὺς Ἕλληνας δυοῖν θάτερον, ἢ συναγωνιζομένους ἢ πολλὴν εὔνοιαν ἔχοντας τοῖς πραττομένοις. ὧν Ἀγησίλαος ὁ δόξας εἶναι Λακεδαιμονίων φρονιμώτατος ὠλιγώρησεν, οὐ διὰ κακίαν ἀλλὰ διὰ φιλο-
87 τιμίαν. ἔσχε γὰρ διττὰς ἐπιθυμίας, καλὰς μὲν ἀμφοτέρας, οὐ συμφωνούσας δ' ἀλλήλαις οὐδ' ἅμα πράττεσθαι δυναμένας. προῃρεῖτο γὰρ βασιλεῖ τε πολεμεῖν καὶ τοὺς ἑταίρους εἰς τὰς πόλεις τὰς αὑτῶν καταγαγεῖν καὶ κυρίους ποιῆσαι τῶν πραγμάτων. συνέβαινεν οὖν ἐκ μὲν τῆς πραγματείας τῆς ὑπὲρ τῶν ἑταίρων ἐν κακοῖς καὶ κινδύνοις εἶναι τοὺς Ἕλληνας, διὰ δὲ τὴν ταραχὴν τὴν ἐνθάδε γιγνομένην μὴ σχολὴν ἄγειν μηδὲ δύνασθαι
88 πολεμεῖν τοῖς βαρβάροις. ὥστ' ἐκ τῶν ἀγνοηθέντων κατ' ἐκεῖνον τὸν χρόνον ῥᾴδιον καταμαθεῖν ὅτι δεῖ τοὺς ὀρθῶς βουλευομένους μὴ πρότερον ἐκφέρειν πρὸς βασιλέα πόλεμον, πρὶν ἂν διαλλάξῃ τις τοὺς Ἕλληνας καὶ παύσῃ τῆς μανίας τῆς νῦν αὐτοῖς ἐνεστώσης· ἅπερ καὶ σοὶ συμβεβουλευκότες τυγχάνομεν.
89 Περὶ μὲν οὖν τούτων οὐδεὶς ἂν ἀντειπεῖν τῶν εὖ φρονούντων τολμήσειεν· οἶμαι δὲ τῶν μὲν

βουλεύειν (Koraes συμβουλεύσειν) vulg. before Bk. § 88. τοὺς ὀρθῶς βουλευομένους] Γ, E, Turr. (comparing Epist. IX. § 14) Bens.—τὸν ὀρθῶς βουλευόμενον vulg. Bk. ‖ πρὸς βασιλέα πόλεμον] so Turr. Bens., with E in Epist. IX. § 14, where this passage, from ἔσχε γὰρ διττὰς ἐπιθυμίας down to ἐνεστώσης, recurs nearly verbatim. πρὸς τὸν βασιλέα πόλεμον E (here), Γ (here), Bl.—τὸν πρὸς βασιλέα πόλεμον Z, Bk.—πρὸς βασιλέα τὸν πόλεμον Γ in Epist. IX. § 14. ‖ διαλλάξῃ τις τοὺς Ἕλληνας] τις is added from Epist. IX. § 14 by Turr. Bens. ‖ ἐνεστώσης] Bk. Turr.—ἐνεστηκυίας Bens.

ἄλλων εἴ τισι δόξειε περὶ τῆς στρατείας τῆς εἰς
τὴν Ἀσίαν συμβουλεύειν, ἐπὶ ταύτην ἂν ἐπιπεσεῖν τὴν παράκλησιν, λέγοντας, ὡς ὅσοιπερ ἐπεχείρησαν πρὸς τὸν βασιλέα πολεμεῖν, ἅπασι
συνέπεσεν ἐξ ἀδόξων μὲν γενέσθαι λαμπροῖς, ἐκ
πενήτων δὲ πλουσίοις, ἐκ ταπεινῶν δὲ πολλῆς
χώρας καὶ πόλεων δεσπόταις. ἐγὼ δ' οὐκ ἐκ τῶν 90
τοιούτων μέλλω σε παρακαλεῖν, ἀλλ' ἐκ τῶν ἠτυχηκέναι δοξάντων, λέγω δ' ἐκ τῶν μετὰ Κύρου καὶ
Κλεάρχου συστρατευσαμένων. ἐκείνους γὰρ ὁμολογεῖται νικῆσαι μὲν μαχομένους ἅπασαν τὴν
βασιλέως δύναμιν τοσοῦτον, ὅσονπερ ἂν εἰ ταῖς
γυναιξὶν αὐτῶν συνέβαλον, ἤδη δ' ἐγκρατεῖς δοκοῦντας εἶναι τῶν πραγμάτων διὰ τὴν Κύρου
προπέτειαν ἀτυχῆσαι· περιχαρῆ γὰρ αὐτὸν ὄντα
καὶ διώκοντα πολὺ πρὸ τῶν ἄλλων, ἐν μέσοις
γενόμενον τοῖς πολεμίοις ἀποθανεῖν. ἀλλ' ὅμως 91
τηλικαύτης συμφορᾶς συμπεσούσης οὕτω σφόδρα
κατεφρόνησεν ὁ βασιλεὺς τῆς περὶ αὐτὸν δυνάμεως, ὥστε προκαλεσάμενος Κλέαρχον καὶ τοὺς
ἄλλους ἡγεμόνας εἰς λόγον ἐλθεῖν, καὶ τούτοις μὲν
ὑπισχνούμενος μεγάλας δωρεὰς δώσειν, τοῖς δ'
ἄλλοις στρατιώταις ἐντελῆ τὸν μισθὸν ἀποδοὺς
ἀποπέμψειν, τοιαύταις ἐλπίσιν ὑπαγαγόμενος, καὶ
πίστεις δοὺς τῶν ἐκεῖ νομιζομένων τὰς μεγίστας,
συλλαβὼν αὐτοὺς ἀπέκτεινε, καὶ μᾶλλον εἵλετο
περὶ τοὺς θεοὺς ἐξαμαρτεῖν ἢ τοῖς στρατιώταις
οὕτως ἐρήμοις οὖσι συμβαλεῖν. ὥστε τίς ἂν 92
γένοιτο παράκλησις ταύτης καλλίων καὶ πιστοτέρα; φαίνονται γὰρ κἀκεῖνοι κρατήσαντες ἂν τῶν

βασιλέως πραγμάτων, εἰ μὴ διὰ Κῦρον. σοὶ δὲ τὴν τ' ἀτυχίαν τὴν τότε γεγενημένην οὐ χαλεπὸν φυλάξασθαι, τοῦ τε στρατοπέδου τοῦ κρατήσαντος τὴν ἐκείνου δύναμιν ῥᾴδιον πολὺ κρεῖττον κατασκευάσασθαι. καίτοι τούτων ἀμφοτέρων ὑπαρξάντων πῶς οὐ χρὴ θαρρεῖν ποιούμενον τὴν στρατείαν ταύτην;

93 Καὶ μηδεὶς ὑπολάβῃ με βούλεσθαι λαθεῖν ὅτι τούτων ἔνια πέφρακα τὸν αὐτὸν τρόπον ὅνπερ πρότερον. ἐπιστὰς γὰρ ἐπὶ τὰς αὐτὰς διανοίας εἱλόμην μὴ πονεῖν γλιχόμενος τὰ δεδηλωμένα καλῶς ἑτέρως εἰπεῖν· καὶ γὰρ εἰ μὲν ἐπίδειξιν ἐποιούμην, ἐπειρώμην ἂν ἅπαντα τὰ τοιαῦτα δια-
94 φεύγειν, σοὶ δὲ συμβουλεύων μωρὸς ἂν ἦν, εἰ περὶ τὴν λέξιν πλείω χρόνον διέτριβον ἢ περὶ τὰς πράξεις, ἔτι δ' εἰ τοὺς ἄλλους ὁρῶν τοῖς ἐμοῖς χρωμένους αὐτὸς μόνος ἀπειχόμην τῶν ὑπ' ἐμοῦ πρότερον εἰρημένων. τοῖς μὲν οὖν οἰκείοις τυχὸν ἂν χρησαίμην, ἤν που σφόδρα κατεπείγῃ καὶ πρέπῃ, τῶν δ' ἀλλοτρίων οὐδὲν ἂν προσδεξαίμην, ὥσπερ οὐδ' ἐν τῷ παρελθόντι χρόνῳ.

95 Ταῦτα μὲν οὖν οὕτως· δοκεῖ δέ μοι μετὰ ταῦτα περὶ τῆς παρασκευῆς διαλεκτέον εἶναι τῆς τε σοὶ γενησομένης καὶ τῆς ἐκείνοις ὑπαρξάσης· τὸ μὲν τοίνυν μέγιστον, σὺ μὲν τοὺς Ἕλληνας εὔνους ἕξεις, ἤν περ ἐθελήσῃς ἐμμεῖναι τοῖς περὶ τούτων εἰρημένοις, ἐκεῖνοι δὲ διὰ τὰς δεκαρχίας τὰς ἐπὶ

§ 92. κατασκευάσασθαι] Γ, E (corrector), Turr.— παρασκευάσασθαι E (1st hand), Bk. Bens. § 94. ἤν του σφόδρα] E, Bk. Turr.— ἢν σφόδρα Γ, Bens. § 95. δεκαρχίας] E, Λ,

Λακεδαιμονίων ὡς οἷόν τε δυσμενεστάτους. ἡγοῦντο γὰρ Κύρου μὲν καὶ Κλεάρχου κατορθωσάντων μᾶλλον ἔτι δουλεύσειν, βασιλέως δὲ κρατήσαντος ἀπαλλαγήσεσθαι τῶν κακῶν τῶν παρόντων· ὅπερ καὶ συνέπεσεν αὐτοῖς. καὶ μὴν καὶ στρατιώτας 96 σὺ μὲν ἐξ ἑτοίμου λήψει τοσούτους ὅσους ἂν βουληθῇς· οὕτω γὰρ ἔχει τὰ τῆς Ἑλλάδος, ὥστε ῥᾷον εἶναι συστῆσαι στρατόπεδον μεῖζον καὶ κρεῖττον ἐκ τῶν πλανωμένων ἢ τῶν πολιτευομένων· ἐν ἐκείνοις δὲ τοῖς χρόνοις οὐκ ἦν ξενικὸν οὐδέν, ὥστ' ἀναγκαζόμενοι ξενολογεῖν ἐκ τῶν πόλεων πλέον ἀνήλισκον εἰς τὰς διδομένας τοῖς συλλέγουσι δωρεὰς ἢ τὴν εἰς τοὺς στρατιώτας μισθοφοράν. καὶ μὴν εἰ βουληθεῖμεν ἐξετάσαι καὶ παραβαλεῖν 97 σέ τε τὸν νῦν ἡγησόμενον τῆς στρατείας καὶ βουλευσόμενον περὶ ἁπάντων καὶ Κλέαρχον τὸν ἐπιστατήσαντα τῶν τότε πραγμάτων, εὑρήσομεν ἐκεῖνον μὲν οὐδεμιᾶς πώποτε δυνάμεως πρότερον οὔτε ναυτικῆς οὔτε πεζῆς καταστάντα κύριον ἀλλ' ἐκ τῆς ἀτυχίας τῆς συμβάσης αὐτῷ περὶ τὴν ἤπειρον ὀνομαστὸν γενόμενον, σὲ δὲ τοσαῦτα καὶ 98 τηλικαῦτα τὸ μέγεθος διαπεπραγμένον, περὶ ὧν εἰ μὲν πρὸς ἑτέρους τὸν λόγον ἐποιούμην, καλῶς ἂν εἶχε διελθεῖν, πρὸς σὲ δὲ διαλεγόμενος, εἰ τὰς σὰς πράξεις σοι διεξιοίην, δικαίως ἂν ἀνόητος ἅμα καὶ περίεργος εἶναι δοκοίην.

Ἄξιον δὲ μνησθῆναι καὶ τῶν βασιλέων ἀμφο- 99 τέρων, ἐφ' ὃν σοί τε συμβουλεύω στρατεύειν καὶ

Bens.—δεκαδαρχίας Γ, Bk. Turr. See comment. ‖ δυσμενεστάτους] after this word Koraes added εἶχον, which Bens. adopted,

πρὸς ὃν Κλέαρχος ἐπολέμησεν, ἵν᾽ ἑκατέρου τὴν γνώμην καὶ τὴν δύναμιν εἰδῇς. ὁ μὲν τοίνυν τούτου πατὴρ τὴν πόλιν τὴν ἡμετέραν καὶ πάλιν τὴν Λακεδαιμονίων κατεπολέμησεν, οὗτος δ᾽ οὐδενὸς πώποτε τῶν στρατευμάτων τῶν τὴν χώραν αὐτοῦ
100 λυμαινομένων ἐπεκράτησεν. ἔπειθ᾽ ὁ μὲν τὴν Ἀσίαν ἅπασαν παρὰ τῶν Ἑλλήνων ἐν ταῖς συνθήκαις ἐξέλαβεν, οὗτος δὲ τοσούτου δεῖ τῶν ἄλλων ἄρχειν, ὥστ᾽ οὐδὲ τῶν ἐκδοθεισῶν αὐτῷ πόλεων ἐγκρατής ἐστιν. ὥστ᾽ οὐδεὶς ὅστις οὐκ ἂν ἀπορήσειε, πότερα χρὴ νομίζειν τοῦτον αὐτῶν ἀφεστάναι δι᾽ ἀνανδρίαν ἢ ἐκείνας ὑπερεωρακέναι καὶ καταπεφρονηκέναι τῆς βαρβαρικῆς δυναστείας.

101 Τὰ τοίνυν περὶ τὴν χώραν ὡς διάκειται, τίς οὐκ ἂν ἀκούσας παροξυνθείη πολεμεῖν πρὸς αὐτόν; Αἴγυπτος γὰρ ἀφειστήκει μὲν καὶ κατ᾽ ἐκεῖνον τὸν χρόνον, οὐ μὴν ἀλλ᾽ ἐφοβοῦντο μή ποτε βασιλεὺς αὐτὸς ποιησάμενος στρατείαν κρατήσειε καὶ τῆς διὰ τὸν ποταμὸν δυσχωρίας καὶ τῆς ἄλλης παρασκευῆς ἁπάσης· νῦν δ᾽ οὗτος ἀπήλλαξεν αὐτοὺς τοῦ δέους τούτου. συμπαρασκευασάμενος γὰρ δύναμιν ὅσην οἷός τ᾽ ἦν πλείστην, καὶ στρατεύσας ἐπ᾽ αὐτούς, ἀπῆλθεν ἐκεῖθεν οὐ μόνον ἡττηθείς, ἀλλὰ καὶ καταγελασθεὶς καὶ δόξας οὔτε βασιλεύ-
102 ειν οὔτε στρατηγεῖν ἄξιος εἶναι. τὰ τοίνυν περὶ Κύπρον καὶ Φοινίκην καὶ Κιλικίαν καὶ τὸν τόπον ἐκεῖνον, ὅθεν ἐχρῶντο ναυτικῷ, τότε μὲν ἦν βασι-

but in the new edit. of Bens. Bl. omits it. § 100. αὐτῷ] bracketed by Bl., with Dobree. § 101. γὰρ ἀφειστήκει μὲν] μὲν γὰρ ἀφειστήκει μὲν Bl. on his own conject. § 102. ναυτικῷ] τῷ ναυτικῷ Bens.

λέως, νῦν δὲ τὰ μὲν ἀφέστηκε, τὰ δ' ἐν πολέμῳ καὶ κακοῖς τοσούτοις ἐστὶν ὥστ' ἐκείνῳ μὲν μηδὲν εἶναι τούτων τῶν ἐθνῶν χρήσιμον, σοὶ δ', ἢν πολεμεῖν πρὸς αὐτὸν βουληθῇς, συμφόρως ἕξειν. καὶ 103 μὲν Ἰδριέα γε τὸν εὐπορώτατον τῶν νῦν περὶ τὴν ἤπειρον προσήκει δυσμενέστερον εἶναι τοῖς βασιλέως πράγμασι τῶν πολεμούντων· ἢ πάντων γ' ἂν εἴη σχετλιώτατος, εἰ μὴ βούλοιτο καταλελύσθαι ταύτην τὴν ἀρχήν, τὴν αἰκισαμένην μὲν τὸν ἀδελφόν, πολεμήσασαν δὲ πρὸς αὐτόν, ἅπαντα δὲ τὸν χρόνον ἐπιβουλεύουσαν καὶ βουλομένην τοῦ τε σώματος αὐτοῦ καὶ τῶν χρημάτων ἁπάντων γενέσθαι κυρίαν. ὑπὲρ ὧν δεδιὼς νῦν μὲν ἀναγκάζεται 104 θεραπεύειν αὐτὸν καὶ χρήματα πολλὰ καθ' ἕκαστον τὸν ἐνιαυτὸν ἀναπέμπειν· εἰ δὲ σὺ διαβαίης εἰς τὴν ἤπειρον, ἐκεῖνός τ' ἂν ἅσμενος ἴδοι βοηθὸν ἥκειν αὐτῷ σε νομίζων, τῶν τ' ἄλλων σατραπῶν πολλοὺς ἀποστήσεις, ἢν ὑπόσχῃ τὴν ἐλευθερίαν αὐτοῖς, καὶ τοὔνομα τοῦτο διασπείρῃς εἰς τὴν Ἀσίαν, ὅπερ εἰς τοὺς Ἕλληνας εἰσπεσὸν καὶ τὴν ἡμετέραν καὶ τὴν Λακεδαιμονίων ἀρχὴν κατέλυσεν.

VIII. ΠΛΑΤΑΙΚΟΣ.

[Or. xiv.—373 b.c.]

§§ 56—63.

Ὑπὲρ ὧν ἅπαντας ὑμᾶς ἱκετεύομεν ἀποδοῦναι 56 τὴν χώραν ἡμῖν καὶ τὴν πόλιν, τοὺς μὲν πρεσβυτέρους ὑπομιμνήσκοντες ὡς οἰκτρὸν τοὺς τηλικούτους ὁρᾶσθαι δυστυχοῦντας καὶ τῶν καθ' ἡμέραν ἀπορούντας, τοὺς δὲ νεωτέρους ἀντιβολοῦντες καὶ δεόμενοι βοηθῆσαι τοῖς ἡλικιώταις καὶ μὴ περιιδεῖν 57 ἔτι πλείω κακὰ τῶν εἰρημένων παθόντας. ὀφείλετε δὲ μόνοι τῶν Ἑλλήνων τοῦτον τὸν ἔρανον, ἀναστάτοις ἡμῖν γενομένοις ἐπαμῦναι. καὶ γὰρ τοὺς ἡμετέρους προγόνους φασίν, ἐκλιπόντων τῶν ὑμετέρων πατέρων ἐν τῷ Περσικῷ πολέμῳ ταύτην τὴν χώραν, μόνους τῶν ἔξω Πελοποννήσου κοινωνοὺς ἐκείνοις τῶν κινδύνων γενομένους συνανασῶσαι τὴν πόλιν αὐτοῖς· ὥστε δικαίως ἂν τὴν αὐτὴν εὐεργεσίαν ἀπολάβοιμεν ἥνπερ αὐτοὶ τυγχάνομεν εἰς ὑμᾶς ὑπάρξαντες.

58 Εἰ δ' οὖν καὶ μηδὲν ὑμῖν τῶν σωμάτων τῶν ἡμετέρων δέδοκται φροντίζειν, ἀλλὰ τήν γε χώραν οὐ πρὸς ὑμῶν ἐστιν ἀνέχεσθαι πεπορθημένην, ἐν ᾗ μέγιστα σημεῖα τῆς ἀρετῆς τῆς ὑμετέρας καὶ τῶν 59 ἄλλων τῶν συναγωνισαμένων καταλείπεται· τὰ μὲν γὰρ ἄλλα τρόπαια πόλει πρὸς πόλιν γέγονεν, ἐκεῖνα δ' ὑπὲρ ἁπάσης τῆς Ἑλλάδος πρὸς ὅλην τὴν ἐκ τῆς Ἀσίας δύναμιν ἕστηκεν. ἃ Θηβαῖοι μὲν εἰκότως ἀφανίζουσι (τὰ γὰρ μνημεῖα τῶν τότε γενομένων αἰσχύνη τούτοις ἐστίν), ὑμῖν δὲ προσήκει διασῴζειν· ἐξ ἐκείνων γὰρ τῶν ἔργων ἡγε-60 μόνες κατέστητε τῶν Ἑλλήνων. ἄξιον δὲ καὶ τῶν θεῶν καὶ τῶν ἡρώων μνησθῆναι τῶν ἐκεῖνον τὸν τόπον κατεχόντων, καὶ μὴ περιορᾶν τὰς τιμὰς αὐτῶν καταλυομένας, οἷς ὑμεῖς καλλιερησάμενοι

VIII. § 57. γενομένοις] Γ, Bk. Turr. Bl.—γεγενημένοις vulg. Bens. (1st edit.). § 59. τὰ μὲν γὰρ ἄλλα] Γ omits ἄλλα,

τοιοῦτον ὑπέστητε κίνδυνον, ὃς καὶ τούτους καὶ τοὺς ἄλλους ἅπαντας Ἕλληνας ἠλευθέρωσεν.

Χρὴ δὲ καὶ τῶν προγόνων ποιήσασθαί τινα πρόνοιαν, καὶ μὴ παραμελῆσαι μηδὲ τῆς περὶ ἐκείνους εὐσεβείας, οἳ πῶς ἂν διατεθεῖεν, εἴ τις 61 ἄρα τοῖς ἐκεῖ φρόνησίς ἐστι περὶ τῶν ἐνθάδε γιγνομένων, εἰ κυρίων ὑμῶν ὄντων αἴσθοιντο τοὺς μὲν δουλεύειν τοῖς βαρβάροις ἀξιώσαντας δεσπότας τῶν ἄλλων καθισταμένους, ἡμᾶς δὲ τοὺς ὑπὲρ τῆς ἐλευθερίας συναγωνισαμένους μόνους τῶν Ἑλλήνων ἀναστάτους γεγενημένους, καὶ τοὺς μὲν τῶν συγκινδυνευσάντων τάφους μὴ τυγχάνοντας τῶν νομιζομένων σπάνει τῶν ἐποισόντων, Θηβαίους δὲ τοὺς τἀναντία παραταξαμένους κρατοῦντας τῆς χώρας ἐκείνης; ἐνθυμεῖσθε δ' ὅτι Λακεδαιμονίων 62 μεγίστην ἐποιεῖσθε κατηγορίαν, ὅτι Θηβαίοις χαριζόμενοι τοῖς τῶν Ἑλλήνων προδόταις ἡμᾶς τοὺς εὐεργέτας διέφθειραν. μὴ τοίνυν ἐάσητε ταύτας τὰς βλασφημίας περὶ τὴν ὑμετέραν γενέσθαι πόλιν, μηδὲ τὴν ὕβριν τὴν τούτων ἀντὶ τῆς παρούσης ἕλησθε δόξης.

Πολλῶν δ' ἐνόντων εἰπεῖν ἐξ ὧν ἄν τις ὑμᾶς 63 ἐπαγάγοιτο μᾶλλον φροντίσαι τῆς ἡμετέρας σωτηρίας, οὐ δύναμαι πάντα περιλαβεῖν, ἀλλ' αὐτοὺς χρὴ καὶ τὰ παραλελειμμένα συνιδόντας καὶ μνησθέντας μάλιστα μὲν τῶν ὅρκων καὶ τῶν συνθη-

and so Bens. (2nd edit.): Bl. replaces it. § 68. δ' ἐνόντων] Bk. Turr. Bl.—δ' ὄντων Γ, Bens.—δὲ ὄντων E. ‖ ἐπαγάγοιτο] Γ (corrector), E, Bk. Turr.—ἐπαγάγοι Γ (1st hand), Bens. ‖ αὐτοὺς] Γ, E, Turr. Bens.—αὐτοὺς ὑμᾶς vulg. Bk.

κῶν, ἔπειτα δὲ καὶ τῆς ἡμετέρας εὐνοίας καὶ τῆς τούτων ἔχθρας, ψηφίσασθαι τὰ δίκαια περὶ ἡμῶν.

IX. ΠΕΡΙ ΕΙΡΗΝΗΣ.

[Or. VIII.—355 B. C.]

§§ 121—131.

121 Ὧν ἐνθυμουμένους χρὴ μὴ προσέχειν τὸν νοῦν τοῖς ἐν τῷ παρόντι μὲν χαριζομένοις, τοῦ δὲ μέλλοντος χρόνου μηδεμίαν ἐπιμέλειαν ποιουμένοις, μηδὲ τοῖς φιλεῖν μὲν τὸν δῆμον φάσκουσιν, ὅλην δὲ τὴν πόλιν λυμαινομένοις· ὡς καὶ πρότερον, ἐπειδὴ παρέλαβον οἱ τοιοῦτοι τὴν ἐπὶ τοῦ βήματος δυναστείαν, εἰς τοσαύτην ἄνοιαν προήγαγον τὴν πόλιν, ὥστε παθεῖν αὐτὴν οἷάπερ ὀλίγῳ πρό- 122 τερον ὑμῖν διηγησάμην. ἃ καὶ πάντων μάλιστ᾽ ἄν τις θαυμάσειεν, ὅτι προχειρίζεσθε δημαγωγοὺς οὐ τοὺς τὴν αὐτὴν γνώμην ἔχοντας τοῖς μεγάλην τὴν πόλιν ποιήσασιν, ἀλλὰ τοὺς ὅμοια καὶ λέγοντας καὶ πράττοντας τοῖς ἀπολέσασιν αὐτήν, καὶ ταῦτ᾽ εἰδότες οὐ μόνον ἐν τῷ ποιῆσαι τὴν πόλιν εὐδαίμονα τοὺς χρηστοὺς τῶν πονηρῶν 123 διαφέροντας, ἀλλὰ καὶ τὴν δημοκρατίαν ἐπὶ μὲν ἐκείνων ἐν πολλοῖς ἔτεσιν οὔτε κινηθεῖσαν οὔτε μεταστᾶσαν, ἐπὶ δὲ τούτων ἐν ὀλίγῳ χρόνῳ δὶς ἤδη καταλυθεῖσαν, καὶ τὰς φυγὰς τὰς ἐπὶ τῶν

‖ τὰ δίκαια περὶ ἡμῶν] Θ, Bk. Turr.—τι περὶ ἡμῶν δίκαιον Γ, E, Bens.
IX. § 121. οἷάπερ] Bk. Turr. Bl.—ὅπερ, Γ, E, Bens.
§ 122. ἃ καὶ] Γ, E, Turr.—ὃ καὶ vulg. Bk. Bens. § 123. τὰς φυγὰς τὰς ἐπὶ τῶν τυράννων] Bk. Turr.—τὰς φυγὰς καὶ τὰς

τυράννων καὶ τὰς ἐπὶ τῶν τριάκοντα γενομένας οὐ διὰ τοὺς συκοφάντας κατελθούσας, ἀλλὰ διὰ τοὺς μισοῦντας τοὺς τοιούτους καὶ μεγίστην ἐπ' ἀρετῇ δόξαν ἔχοντας.

Ἀλλ' ὅμως τηλικούτων ἡμῖν ὑπομνημάτων καταλελειμμένων ὡς ἐφ' ἑκατέρων αὐτῶν ἡ πόλις ἔπραττεν, οὕτω χαίρομεν ταῖς τῶν ῥητόρων πονηρίαις, ὥσθ' ὁρῶντες διὰ τὸν πόλεμον καὶ τὰς ταραχάς, ἃς οὗτοι πεποιήκασι, τῶν μὲν ἄλλων πολιτῶν πολλοὺς ἐκ τῶν πατρῴων ἐκπεπτωκότας, τούτους δ' ἐκ πενήτων πλουσίους γεγενημένους, οὐκ ἀγανακτοῦμεν οὐδὲ φθονοῦμεν ταῖς εὐπραγίαις αὐτῶν, ἀλλ' ὑπομένομεν τὴν μὲν πόλιν διαβολὰς ἔχουσαν ὡς λυμαίνεται καὶ δασμολογεῖ τοὺς Ἕλληνας, τούτους δὲ τὰς ἐπικαρπίας λαμβάνοντας, καὶ τὸν μὲν δῆμον, ὃν φασιν οὗτοι δεῖν τῶν ἄλλων ἄρχειν, χεῖρον πράττοντα τῶν ταῖς ὀλιγαρχίαις δουλευόντων, οἷς δ' οὐδὲν ὑπῆρχεν ἀγαθόν, τούτους δὲ διὰ τὴν ἄνοιαν τὴν ἡμετέραν ἐκ ταπεινῶν εὐδαίμονας γεγενημένους. καίτοι Περικλῆς ὁ πρὸ τῶν τοιούτων δημαγωγὸς καταστάς, παραλαβὼν τὴν πόλιν χεῖρον μὲν φρονοῦσαν ἢ πρὶν κατασχεῖν τὴν ἀρχήν, ἔτι δ' ἀνεκτῶς πολιτευομένην, οὐκ ἐπὶ τὸν ἴδιον χρηματισμὸν ὥρμησεν, ἀλλὰ τὸν μὲν οἶκον ἐλάττω τὸν αὑτοῦ κατέλιπεν ἢ παρὰ τοῦ πατρὸς παρέλαβεν, εἰς δὲ τὴν ἀκρόπολιν ἀνήγαγεν ὀκτακισχίλια τάλαντα χωρὶς τῶν ἱερῶν. οὗτοι δὲ

ὑπὸ τῶν τυράννων Γ, Bens. § 125. εὐδαίμονας] Bk. Turr. Bl.—εὐδαιμονεστέρους Γ, Ε, Bens.—εὐδαιμονεστάτους Sauppe conject. § 126. ἀνήγαγεν] Γ, Ε, Turr.—ἀνήνεγκεν Bk.

τοσοῦτον ἐκείνου διενηνόχασιν, ὥστε λέγειν μὲν τολμῶσιν ὡς διὰ τὴν τῶν κοινῶν ἐπιμέλειαν οὐ δύνανται τοῖς αὑτῶν ἰδίοις προσέχειν τὸν νοῦν, φαίνεται δὲ τὰ μὲν ἀμελούμενα τοσαύτην εἰληφότα τὴν ἐπίδοσιν ὅσην οὐδ᾽ ἂν εὔξασθαι τοῖς θεοῖς πρότερον ἠξίωσαν, τὸ δὲ πλῆθος ἡμῶν, οὗ κήδεσθαί φασιν, οὕτω διακείμενον ὥστε μηδένα τῶν πολιτῶν ἡδέως ζῆν μηδὲ ῥαθύμως, ἀλλ᾽ ὀδυρ-
128 μῶν μεστὴν εἶναι τὴν πόλιν. οἱ μὲν γὰρ τὰς πενίας καὶ τὰς ἐνδείας ἀναγκάζονται διεξιέναι καὶ θρηνεῖν πρὸς σφᾶς αὑτούς, οἱ δὲ τὸ πλῆθος τῶν προσταγμάτων καὶ τῶν λειτουργιῶν καὶ τὰ κακὰ τὰ περὶ τὰς συμμορίας καὶ τὰς ἀντιδόσεις· ἃ τοιαύτας ἐμποιεῖ λύπας, ὥστ᾽ ἄλγιον ζῆν τοὺς τὰς οὐσίας κεκτημένους ἢ τοὺς συνεχῶς πενομένους.

129 Θαυμάζω δ᾽ εἰ μὴ δύνασθε συνιδεῖν ὅτι γένος οὐδέν ἐστι κακονούστερον τῷ πλήθει πονηρῶν ῥητόρων καὶ δημαγωγῶν· πρὸς γὰρ τοῖς ἄλλοις κακοῖς καὶ τῶν κατὰ τὴν ἡμέραν ἑκάστην ἀναγκαίων οὗτοι μάλιστα βούλονται σπανίζειν ὑμᾶς, ὁρῶντες τοὺς μὲν ἐκ τῶν ἰδίων δυναμένους τὰ σφέτερ᾽ αὐτῶν διοικεῖν τῆς πόλεως ὄντας καὶ τῶν
130 τὰ βέλτιστα λεγόντων, τοὺς δ᾽ ἀπὸ τῶν δικαστηρίων ζῶντας καὶ τῶν ἐκκλησιῶν καὶ τῶν ἐντεῦθεν λημμάτων ὑφ᾽ αὑτοῖς διὰ τὴν ἔνδειαν ἠναγκασμένους εἶναι, καὶ πολλὴν χάριν ἔχοντας ταῖς εἰσαγγελίαις καὶ ταῖς γραφαῖς καὶ ταῖς ἄλλαις συκο-
131 φαντίαις ταῖς δι᾽ αὐτῶν γιγνομέναις. ἐν οὖν ταῖς

Bens. § 128. προσταγμάτων] πραγμάτων Γ, Bens. (2nd edit.).

ἀπορίαις ἐν αἷς αὐτοὶ δυναστεύουσιν, ἐν ταύταις ἥδιστ' ἂν ἴδοιεν ἅπαντας ὄντας τοὺς πολίτας. τεκμήριον δὲ μέγιστον· οὐ γὰρ τοῦτο σκοποῦσιν, ἐξ οὗ τρόπου τοῖς δεομένοις βίον ἐκποριοῦσιν, ἀλλ' ὅπως τοὺς ἔχειν τι δοκοῦντας τοῖς ἀπόροις ἐξισώσουσιν.

X. ΑΡΧΙΔΑΜΟΣ.

[Or. vi.—866 B.C.]

§§ 52—57.

Ὧν ἐνθυμουμένους χρὴ μὴ προπετῶς ὑμᾶς 52 αὐτοὺς ἐμβαλεῖν εἰς αἰσχρὰς ὁμολογίας μηδὲ ῥᾳθυμότερον ὑπὲρ τῆς πατρίδος ἢ τῶν ἄλλων φανῆναι βουλευομένους. ἀναμνήσθητε δὲ πρὸς ὑμᾶς αὐτοὺς ὅτι τὸν παρελθόντα χρόνον, εἰ πολιορκουμένῃ τινὶ τῶν πόλεων τῶν συμμαχίδων εἷς μόνος Λακεδαιμονίων βοηθήσειεν, ὑπὸ πάντων ἂν ὡμολογεῖτο παρὰ τοῦτον γενέσθαι τὴν σωτηρίαν αὐτοῖς. καὶ τοὺς μὲν πλείστους τῶν τοιούτων ἀνδρῶν παρὰ τῶν πρεσβυτέρων ἄν τις ἀκούσειεν, τοὺς δ' ὀνομαστοτάτους ἔχω κἀγὼ διελθεῖν. Πεδάριτος 53 μὲν γὰρ εἰς Χίον εἰσπλεύσας τὴν πόλιν αὐτῶν διέσωσε· Βρασίδας δ' εἰς Ἀμφίπολιν εἰσελθών, ὀλίγους περὶ αὐτὸν τῶν πολιορκουμένων συνταξάμενος, πολλοὺς ὄντας τοὺς πολιορκοῦντας ἐνίκησε

§ 181. αὐτοὶ δυναστεύουσιν] αὐτοὶ is omitted by Γ, E, Bens.; but we should certainly retain it. It points the contrast between the power which these men win for themselves and the misery which they inflict on others.

μαχόμενος· Γύλιππος δὲ Συρακοσίοις βοηθήσας οὐ μόνον ἐκείνους διέσωσεν ἀλλὰ καὶ τὴν δύναμιν τὴν κρατοῦσαν αὐτῶν καὶ κατὰ γῆν καὶ κατὰ 54 θάλατταν ἅπασαν αἰχμάλωτον ἔλαβεν. καίτοι πῶς οὐκ αἰσχρὸν τότε μὲν ἕκαστον ἡμῶν ἱκανὸν εἶναι τὰς ἀλλοτρίας πόλεις διαφυλάττειν, νυνὶ δὲ πάντας μηδὲ πειρᾶσθαι τὴν ἡμετέραν αὐτῶν διασῴζειν; καὶ τὴν μὲν Εὐρώπην καὶ τὴν Ἀσίαν μεστὴν πεποιηκέναι τροπαίων ὑπὲρ τῶν ἄλλων πολεμοῦντας, ὑπὲρ δὲ τῆς πατρίδος οὕτω φανερῶς ὑβριζομένης μηδὲ μίαν μάχην ἀξίαν λόγου φαί- 55 νεσθαι μεμαχημένους; ἀλλ' ἑτέρας μὲν πόλεις ὑπὲρ τῆς ἡμετέρας ἀρχῆς τὰς ἐσχάτας ὑπομεῖναι πολιορκίας, αὐτοὺς δ' ἡμᾶς ὑπὲρ τοῦ μηδὲν ἀναγκασθῆναι παρὰ τὸ δίκαιον ποιεῖν μηδὲ μικρὰν οἴεσθαι δεῖν ὑπενεγκεῖν κακοπάθειαν, ἀλλὰ ζεύγη μὲν ἵππων ἀδηφαγούντων ἔτι καὶ νῦν ὁρᾶσθαι τρέφοντας, ὥσπερ δὲ τοὺς εἰς τὰς δεινοτάτας ἀνάγκας ἀφιγμένους καὶ τῶν καθ' ἡμέραν ἐνδεεῖς ὄντας, οὕτω ποιεῖσθαι τὴν εἰρήνην.

56 Ὁ δὲ πάντων σχετλιώτατον, εἰ φιλοπονώτατοι δοκοῦντες εἶναι τῶν Ἑλλήνων ῥᾳθυμότερον τῶν ἄλλων βουλευσόμεθα περὶ τούτων. τίνας γὰρ ἴσμεν, ὧν καὶ ποιήσασθαι μνείαν ἄξιόν ἐστιν, οἵτινες ἅπαξ ἡττηθέντες καὶ μιᾶς εἰσβολῆς γενο-

X. § 54. μηδὲ πειρᾶσθαι] μήτε δύνασθαι μήτε πειρᾶσθαι Γ, E, Bens. This reading, though it has Γ's support, is immeasurably inferior to the other, and possibly arose from a corruption of μηδὲ to μήτε, when μήτε δύνασθαι may have been inserted to balance it. ‖ μηδὲ μίαν] Sauppe, Turr. Bens.— μηδεμίαν Bk. § 56. ἐστιν] ἐστι Bk.

μένης οὕτως ἀνάνδρως ὡμολόγησαν πάντα τὰ προσταττόμενα ποιήσειν; πῶς δ' ἂν οἱ τοιοῦτοι πολὺν χρόνον δυστυχοῦντες ἀνταρκέσειαν; τίς δ' 57 οὐκ ἂν ἐπιτιμήσειεν ἡμῖν, εἰ Μεσσηνίων ὑπὲρ ταύτης τῆς χώρας εἴκοσιν ἔτη πολιορκηθέντων ἡμεῖς οὕτω ταχέως κατὰ συνθήκας αὐτῆς ἀποσταίημεν καὶ μηδὲ τῶν προγόνων μνησθείημεν, ἀλλ' ἣν ἐκεῖνοι μετὰ πολλῶν πόνων καὶ κινδύνων ἐκτήσαντο, ταύτην ἡμεῖς ὑπὸ λόγων πεισθέντες ἀποβάλοιμεν;

XI. ΑΡΕΟΠΑΓΙΤΙΚΟΣ.

[Or. VII.—355 B.C.]

§§ 36—55.

Ἴσως ἂν οὖν τις ἐπιτιμήσειε τοῖς εἰρημένοις 36 ὅτι τὰς μὲν πράξεις ἐπαινῶ τὰς ἐν ἐκείνοις τοῖς χρόνοις γεγενημένας, τὰς δ' αἰτίας οὐ φράζω, δι' ἃς οὕτω καλῶς καὶ τὰ πρὸς σφᾶς αὐτοὺς εἶχον καὶ τὴν πόλιν διῴκουν. ἐγὼ δ' οἶμαι μὲν εἰρηκέναι τι καὶ τοιοῦτον, οὐ μὴν ἀλλ' ἔτι πλείω καὶ σαφέστερον πειράσομαι διαλεχθῆναι περὶ αὐτῶν.

Ἐκεῖνοι γὰρ οὐκ ἐν μὲν ταῖς παιδείαις πολλοὺς 37 τοὺς ἐπιστατοῦντας εἶχον, ἐπειδὴ δ' εἰς ἄνδρας δοκιμασθεῖεν, ἐξῆν αὐτοῖς ποιεῖν ὅ τι βουληθεῖεν, ἀλλ' ἐν αὐταῖς ταῖς ἀκμαῖς πλέονος ἐπιμελείας ἐτύγχανον ἢ παῖδες ὄντες. οὕτω γὰρ ἡμῶν οἱ

XI. § 36. ἐπιτιμήσειε] ἐπιτιμήσειεν Bk. § 37. ἐν αὐταῖς] Bk.

πρόγονοι σφόδρα περὶ τὴν σωφροσύνην ἐσπούδαζον, ὥστε τὴν ἐξ Ἀρείου πάγου βουλὴν ἐπέστησαν ἐπιμελεῖσθαι τῆς εὐκοσμίας, ἧς οὐχ οἶόν τ᾿ ἦν μετασχεῖν πλὴν τοῖς καλῶς γεγονόσι καὶ πολλὴν ἀρετὴν ἐν τῷ βίῳ καὶ σωφροσύνην ἐνδεδειγμένοις, ὥστ᾿ εἰκότως αὐτὴν διενεγκεῖν τῶν ἐν τοῖς Ἕλλησι
38 συνεδρίων. σημείοις δ᾿ ἄν τις χρήσαιτο περὶ τῶν τότε καθεστώτων καὶ τοῖς ἐν τῷ παρόντι γιγνομένοις· ἔτι γὰρ καὶ νῦν ἁπάντων τῶν περὶ τὴν αἵρεσιν καὶ τὴν δοκιμασίαν κατημελημένων ἴδοιμεν ἂν τοὺς ἐν τοῖς ἄλλοις πράγμασιν οὐκ ἀνεκτοὺς ὄντας, ἐπειδὰν εἰς Ἄρειον πάγον ἀναβῶσιν, ὀκνοῦντας τῇ φύσει χρῆσθαι καὶ μᾶλλον τοῖς ἐκεῖ νομίμοις ἢ ταῖς αὑτῶν κακίαις ἐμμένοντας. τοσοῦτον φόβον ἐκεῖνοι τοῖς πονηροῖς ἐνειργάσαντο καὶ τοιοῦτον μνημεῖον ἐν τῷ τόπῳ τῆς αὑτῶν ἀρετῆς καὶ σωφροσύνης ἐγκατέλιπον.
39 Τὴν δὴ τοιαύτην, ὥσπερ εἶπον, κυρίαν ἐποίησαν τῆς εὐταξίας ἐπιμελεῖσθαι, ἣ τοὺς μὲν οἰομένους ἐνταῦθα βελτίστους ἄνδρας γίγνεσθαι, παρ᾿ οἷς οἱ νόμοι μετὰ πλείστης ἀκριβείας κείμενοι τυγχάνουσιν, ἀγνοεῖν ἐνόμιζεν· οὐδὲν γὰρ ἂν κωλύειν ὁμοίους ἅπαντας εἶναι τοὺς Ἕλληνας ἕνεκά γε τοῦ ῥᾴδιον εἶναι τὰ γράμματα λαβεῖν παρ᾿ ἀλλήλων.
40 ἀλλὰ γὰρ οὐκ ἐκ τούτων τὴν ἐπίδοσιν εἶναι τῆς ἀρετῆς ἀλλ᾿ ἐκ τῶν καθ᾿ ἑκάστην τὴν ἡμέραν ἐπιτηδευμάτων· τοὺς γὰρ πολλοὺς ὁμοίους τοῖς ἤθεσιν ἀποβαίνειν, ἐν οἷς ἂν ἕκαστοι παιδευθῶσιν. ἐπεὶ τά γε πλήθη καὶ τὰς ἀκριβείας τῶν νόμων

Turr.—ἐν ταύταις Γ, Bens. § 38. τοιοῦτον μνημεῖον] Bens.

σημεῖον εἶναι τοῦ κακῶς οἰκεῖσθαι τὴν πόλιν ταύτην· ἐμφράγματα γὰρ αὐτοὺς ποιουμένους τῶν ἁμαρτημάτων πολλοὺς τίθεσθαι τοὺς νόμους ἀναγκάζεσθαι. δεῖν δὲ τοὺς ὀρθῶς πολιτευομένους 41 οὐ τὰς στοὰς ἐμπιπλάναι γραμμάτων, ἀλλ' ἐν ταῖς ψυχαῖς ἔχειν τὸ δίκαιον· οὐ γὰρ τοῖς ψηφίσμασιν ἀλλὰ τοῖς ἤθεσι καλῶς οἰκεῖσθαι τὰς πόλεις, καὶ τοὺς μὲν κακῶς τεθραμμένους καὶ τοὺς ἀκριβῶς τῶν νόμων ἀναγεγραμμένους τολμήσειν παραβαίνειν, τοὺς δὲ καλῶς πεπαιδευμένους καὶ τοῖς ἁπλῶς κειμένοις ἐθελήσειν ἐμμένειν. ταῦτα 42 διανοηθέντες οὐ τοῦτο πρῶτον ἐσκόπουν, δι' ὧν κολάσουσι τοὺς ἀκοσμοῦντας, ἀλλ' ἐξ ὧν παρασκευάσουσι μηδὲν αὐτοὺς ἄξιον ζημίας ἐξαμαρτάνειν· ἡγοῦντο γὰρ τοῦτο μὲν αὐτῶν ἔργον εἶναι, τὸ δὲ περὶ τὰς τιμωρίας σπουδάζειν τοῖς ἐχθροῖς προσήκειν.

Ἁπάντων μὲν οὖν ἐφρόντιζον τῶν πολιτῶν, 43 μάλιστα δὲ τῶν νεωτέρων. ἑώρων γὰρ τοὺς τηλικούτους ταραχωδέστατα διακειμένους καὶ πλείστων γέμοντας ἐπιθυμιῶν, καὶ τὰς ψυχὰς αὐτῶν μάλιστα *γυμνασθῆναι δεομένας *ἐπιμελείαις

—τοιοῦτο Γ, Bk. Turr.—τοσοῦτον mss. § 41. τοὺς δὲ καλῶς] Bens. (on his own conject.?) gave τοὺς δ' ἀσφαλῶς: Bl. replaces the vulg. ‖ πεπαιδευμένους] Bk. Turr. Bl.—παιδευομένους Γ, Bens. § 42. ζημίας ἐξαμαρτάνειν] After ζημίας the mss. (except Γ) insert βουλήσεσθαι, which is bracketed by Bk., and omitted by Turr. Bens. § 43. *γυμνασθῆναι is my conjecture. The first hand in Γ wrote δαμασθῆναι (which Turr. keep),—a word otherwise strange to classical Attic prose. The corrector of Γ gave παιδευθῆναι (so Bk. Bens.), which suits the sense, but does not explain the corruption. ‖ *ἐπιμελείαις] Bk. conject., Turr. —ἐπιθυμίαις Γ, Bk. in text: ἐν ἐπιθυμίαις other mss.—γυμνα-

καλῶν ἐπιτηδευμάτων καὶ πόνοις ἡδονὰς ἔχουσιν·
ἐν μόνοις γὰρ ἂν τούτοις ἐμμεῖναι τοὺς ἐλευθέρως
44 τεθραμμένους καὶ μεγαλοφρονεῖν εἰθισμένους. ἅ-
παντας μὲν οὖν ἐπὶ τὰς αὐτὰς ἄγειν διατριβὰς
οὐχ οἷόν τ᾽ ἦν, ἀνωμάλως τὰ περὶ τὸν βίον
ἔχοντας· ὡς δὲ πρὸς τὴν οὐσίαν ἥρμοττεν, οὕτως
ἑκάστοις προσέταττον. τοὺς μὲν γὰρ ὑποδεέστε-
ρον πράττοντας ἐπὶ τὰς γεωργίας καὶ τὰς ἐμπορίας
ἔτρεπον, εἰδότες τὰς ἀπορίας μὲν διὰ τὰς ἀργίας
γιγνομένας, τὰς δὲ κακουργίας διὰ τὰς ἀπορίας·
45 ἀναιροῦντες οὖν τὴν ἀρχὴν τῶν κακῶν ἀπαλλάξειν
ᾤοντο καὶ τῶν ἄλλων ἁμαρτημάτων τῶν μετ᾽
ἐκείνην γιγνομένων. τοὺς δὲ βίον ἱκανὸν κεκτημέ-
νους περὶ *τὴν ἱππικὴν καὶ τὰ γυμνάσια καὶ τὰ
κυνηγέσια καὶ τὴν φιλοσοφίαν ἠνάγκασαν διατρί-
βειν, ὁρῶντες ἐκ τούτων τοὺς μὲν διαφέροντας
γιγνομένους, τοὺς δὲ τῶν πλείστων κακῶν ἀπεχο-
μένους.
46 Καὶ ταῦτα νομοθετήσαντες οὐδὲ τὸν λοιπὸν
χρόνον ὠλιγώρουν, ἀλλὰ διελόμενοι τὴν μὲν πόλιν
κατὰ κώμας, τὴν δὲ χώραν κατὰ δήμους, ἐθεώρουν
τὸν βίον τὸν ἑκάστου, καὶ τοὺς ἀκοσμοῦντας ἀνῆ-
γον εἰς τὴν βουλήν. ἡ δὲ τοὺς μὲν ἐνουθέτει τοὺς
δ᾽ ἠπείλει, τοὺς δ᾽ ὡς προσῆκεν, ἐκόλαζεν. ἠπί-
σταντο γὰρ ὅτι δύο τρόποι τυγχάνουσιν ὄντες οἱ
καὶ προτρέποντες ἐπὶ τὰς ἀδικίας καὶ παύοντες

σίαις Bl. on his own conject. || ἐλευθέρως] Bk. Turr.—ἐλευθερίως
E. Mehler, Bl. || μεγαλοφρονεῖν] Bk. Turr.—μέγα φρονεῖν
Cobet, Bl. See comment. § 44. τὰς ἀπορίας μὲν] Γ, E,
Turr. Bens.—τὰς μὲν ἀπορίας vulg. Bk. § 45. περὶ *τὴν
ἱππικήν] Γ, Bk. Turr.—περί τε ἱππικὴν mss.—περί τε τὴν

τῶν πονηριῶν· παρ' οἷς μὲν γὰρ μήτε φυλακὴ 47
*μηδεμία τῶν τοιούτων καθέστηκε μήθ' αἱ κρίσεις
ἀκριβεῖς εἰσι, παρὰ τούτοις μὲν διαφθείρεσθαι καὶ
τὰς ἐπιεικεῖς τῶν φύσεων, ὅπου δὲ μήτε λαθεῖν
τοῖς ἀδικοῦσι ῥᾴδιόν ἐστι μήτε φανεροῖς γενομένοις
συγγνώμης τυχεῖν, ἐνταῦθα δ' ἐξιτήλους γίγνεσθαι
τὰς κακοηθείας. ἅπερ ἐκεῖνοι γιγνώσκοντες ἀμφοτέροις κατεῖχον τοὺς πολίτας, καὶ ταῖς τιμωρίαις
καὶ ταῖς ἐπιμελείαις· τοσούτου γὰρ ἔδεον αὐτοὺς
λανθάνειν οἱ κακόν τι δεδρακότες, ὥστε καὶ τοὺς
ἐπιδόξους ἁμαρτήσεσθαί τι προῃσθάνοντο. τοι- 48
γαροῦν οὐκ ἐν τοῖς σκιραφείοις οἱ νεώτεροι διέτριβον, οὐδ' ἐν ταῖς αὐλητρίσιν, οὐδ' ἐν τοῖς τοιούτοις
συλλόγοις ἐν οἷς νῦν διημερεύουσιν, ἀλλ' ἐν τοῖς
ἐπιτηδεύμασιν ἔμενον ἐν οἷς ἐτάχθησαν, θαυμάζοντες καὶ ζηλοῦντες τοὺς ἐν τούτοις πρωτεύοντας.
οὕτω δ' ἔφευγον τὴν ἀγοράν, ὥστ' εἰ καί ποτε
διελθεῖν ἀναγκασθεῖεν, μετὰ πολλῆς αἰδοῦς καὶ
σωφροσύνης ἐφαίνοντο τοῦτο ποιοῦντες. ἀντει- 49
πεῖν δὲ τοῖς πρεσβυτέροις ἢ λοιδορήσασθαι δεινότερον ἐνόμιζον ἢ νῦν περὶ τοὺς γονέας ἐξαμαρτεῖν.
ἐν καπηλείῳ δὲ φαγεῖν ἢ πιεῖν οὐδεὶς οὐδ' ἂν
οἰκέτης ἐπιεικὴς ἐτόλμησεν· σεμνύνεσθαι γὰρ ἐμελέτων ἀλλ' οὐ βωμολοχεύεσθαι. καὶ τοὺς εὐτραπέλους δὲ καὶ τοὺς σκώπτειν δυναμένους, οὓς νῦν
εὐφυεῖς προσαγορεύουσιν, ἐκεῖνοι δυστυχεῖς ἐνόμιζον.

Καὶ μηδεὶς οἰέσθω με δυσκόλως διακεῖσθαι 50

ἱππικὴν Bl. § 47. *μηδεμία] Bk. conject. (Γ, 1st hand, μήτε μία), Turr. Bens.—μήτε ζημία vulg., Bk. in text.

πρὸς τοὺς ταύτην ἔχοντας τὴν ἡλικίαν. οὔτε γὰρ ἡγοῦμαι τούτους αἰτίους εἶναι τῶν γιγνομένων, σύνοιδά τε τοῖς πλείστοις αὐτῶν ἥκιστα χαίρουσι ταύτῃ τῇ καταστάσει, δι' ἣν ἔξεστιν αὐτοῖς ἐν ταῖς ἀκολασίαις ταύταις διατρίβειν· ὥστ' οὐκ ἂν εἰκότως τούτοις ἐπιτιμῴην ἀλλὰ πολὺ δικαιότερον τοῖς 51 ὀλίγῳ πρὸ ἡμῶν τὴν πόλιν διοικήσασιν. ἐκεῖνοι γὰρ ἦσαν οἱ προτρέψαντες ἐπὶ ταύτας τὰς ὀλιγωρίας καὶ καταλύσαντες τὴν τῆς βουλῆς δύναμιν. ἧς ἐπιστατούσης οὐ δικῶν οὐδ' ἐγκλημάτων οὐδ' εἰσφορῶν οὐδὲ πενίας οὐδὲ πολέμων ἡ πόλις ἔγεμεν, ἀλλὰ καὶ πρὸς ἀλλήλους ἡσυχίαν εἶχον καὶ πρὸς τοὺς ἄλλους ἅπαντας εἰρήνην ἦγον. παρεῖχον γὰρ σφᾶς αὐτοὺς τοῖς μὲν Ἕλλησι πιστούς, τοῖς δὲ 52 βαρβάροις φοβερούς· τοὺς μὲν γὰρ σεσωκότες ἦσαν, παρὰ δὲ τῶν δίκην τηλικαύτην εἰληφότες, ὥστ' ἀγαπᾶν ἐκείνους εἰ μηδὲν ἔτι κακὸν πάσχοιεν. τοιγάρτοι διὰ ταῦτα μετὰ τοσαύτης ἀσφαλείας διῆγον, ὥστε καλλίους εἶναι καὶ πολυτελεστέρας τὰς οἰκήσεις καὶ τὰς κατασκευὰς τὰς ἐπὶ τῶν ἀγρῶν ἢ τὰς ἐντὸς τείχους, καὶ πολλοὺς τῶν πολιτῶν μηδ' εἰς τὰς ἑορτὰς εἰς ἄστυ καταβαίνειν ἀλλ' αἱρεῖσθαι μένειν ἐπὶ τοῖς ἰδίοις ἀγαθοῖς μᾶλλον ἢ 53 τῶν κοινῶν ἀπολαύειν. οὐδὲ γὰρ τὰ περὶ τὰς θεωρίας, ὧν ἕνεκ' ἄν τις ἦλθεν, ἀσελγῶς οὐδ' ὑπερηφάνως ἀλλὰ νουνεχόντως ἐποίουν. οὐ γὰρ ἐκ τῶν πομπῶν οὐδ' ἐκ τῶν περὶ τὰς χορηγίας φιλονεικιῶν οὐδ' ἐκ τῶν τοιούτων ἀλαζονειῶν τὴν

§ 53. νουνεχόντως] Bk.—νοῦν ἐχόντως Turr. (with Baiter and Panegyr. p. 25) Bens. ‖ φιλονεικιῶν] φιλονικιῶν Bens., with

εὐδαιμονίαν ἐδοκίμαζον, ἀλλ' ἐκ τοῦ σωφρόνως οἰκεῖν καὶ τοῦ βίου τοῦ καθ' ἡμέραν καὶ τοῦ μηδένα τῶν πολιτῶν ἀπορεῖν τῶν ἐπιτηδείων. ἐξ ὧνπερ χρὴ κρίνειν τοὺς ὡς ἀληθῶς εὖ πράττοντας καὶ μὴ φορτικῶς πολιτευομένους· ἐπεὶ νῦν γε τίς 54 οὐκ ἂν ἐπὶ τοῖς γιγνομένοις τῶν εὖ φρονούντων ἀλγήσειεν, ὅταν ἴδῃ πολλοὺς τῶν πολιτῶν αὐτοὺς μὲν περὶ τῶν ἀναγκαίων, εἴθ' ἕξουσιν εἴτε μή, πρὸ τῶν δικαστηρίων κληρουμένους, τῶν δ' Ἑλλήνων τοὺς ἐλαύνειν τὰς ναῦς βουλομένους τρέφειν ἀξιοῦντας, καὶ χορεύοντας μὲν ἐν χρυσοῖς ἱματίοις, χειμάζοντας δ' ἐν τοιούτοις ἐν οἷς οὐ βούλομαι λέγειν, καὶ τοιαύτας ἄλλας ἐναντιώσεις περὶ τὴν διοίκησιν γιγνομένας, αἳ μεγάλην αἰσχύνην τῇ πόλει ποιοῦσιν; ὧν οὐδὲν ἦν ἐπ' ἐκείνης τῆς 55 βουλῆς· ἀπήλλαξε γὰρ τοὺς μὲν πένητας τῶν ἀποριῶν ταῖς ἐργασίαις καὶ ταῖς παρὰ τῶν ἐχόντων ὠφελείαις, τοὺς δὲ νεωτέρους τῶν ἀκολασιῶν τοῖς ἐπιτηδεύμασι καὶ ταῖς αὐτῶν ἐπιμελείαις, τοὺς δὲ πολιτευομένους τῶν πλεονεξιῶν ταῖς τιμωρίαις καὶ τῷ μὴ λανθάνειν τοὺς ἀδικοῦντας, τοὺς δὲ πρεσβυτέρους τῶν ἀθυμιῶν ταῖς τιμαῖς ταῖς πολιτικαῖς καὶ ταῖς παρὰ τῶν νεωτέρων θεραπείαις. καίτοι πῶς ἂν γένοιτο ταύτης πλείονος ἀξία πολιτεία, τῆς οὕτω καλῶς ἁπάντων τῶν πραγμάτων ἐπιμεληθείσης;

Baiter. § 54. τῇ πόλει ποιοῦσιν] Bk. Turr. Bl.—περιποιοῦσι τῇ πόλει vulg.—τῇ πόλει περιποιοῦσιν Bens.

XII. ΑΙΓΙΝΗΤΙΚΟΣ.

[Or. xix.—394 or 393 B.C.]

§§ 18—27.

18 Καὶ περὶ μὲν τῶν παλαιῶν πολὺ ἂν ἔργον εἴη λέγειν· ὅτε δὲ Πασῖνος Πάρον κατέλαβεν, ἔτυχεν αὐτοῖς ὑπεκκείμενα τὰ πλεῖστα τῆς οὐσίας παρὰ τοῖς ξένοις τοῖς ἐμοῖς· ᾠόμεθα γὰρ μάλιστα ταύτην τὴν νῆσον ἀσφαλῶς ἔχειν. ἀπορούντων δ' ἐκείνων καὶ νομιζόντων αὔτ' ἀπολωλέναι, πλεύσας ἐγὼ τῆς νυκτὸς ἐξεκόμισ' αὐτοῖς τὰ χρήματα, 19 κινδυνεύσας περὶ τοῦ σώματος· ἐφρουρεῖτο μὲν γὰρ ἡ χώρα, συγκατειληφότες δ' ἦσάν τινες τῶν ἡμετέρων φυγάδων τὴν πόλιν, οἳ μιᾶς ἡμέρας ἀπέκτειναν αὐτόχειρες γενόμενοι τόν τε πατέρα τὸν ἐμὸν καὶ τὸν θεῖον καὶ τὸν κηδεστήν, καὶ πρὸς τούτοις ἀνεψιοὺς τρεῖς. ἀλλ' ὅμως οὐδέν με τούτων ἀπέτρεψεν, ἀλλ' ᾠχόμην πλέων, ἡγούμενος ὁμοίως με δεῖν ὑπὲρ ἐκείνων κινδυνεύειν 20 ὥσπερ ὑπὲρ ἐμαυτοῦ. μετὰ δὲ ταῦτα φυγῆς ἡμῖν γενομένης ἐκ τῆς πόλεως μετὰ τοσούτου θορύβου καὶ δέους, ὥστ' ἐνίους καὶ τῶν σφετέρων αὐτῶν ἀμελεῖν, οὐδ' ἐν τούτοις τοῖς κακοῖς ἠγάπησα εἰ τοὺς οἰκείους τοὺς ἐμαυτοῦ διασῶσαι δυνηθείην, ἀλλ' εἰδὼς Σώπολιν μὲν ἀποδημοῦντα, αὐτὸν δ' ἐκεῖνον ἀρρώστως διακείμενον, συνεξεκόμισ' αὐτῷ καὶ τὴν μητέρα καὶ τὴν ἀδελφὴν καὶ τὴν οὐσίαν

XII. § 18. Πασῖνος Πάρον] Γ, Ε, edd.: πᾶσιν οὓς παρὼν (παρὸν) the other mss. § 20. τοσούτου] Bk. Turr.—τοιούτου Γ, Ε, Bens. ‖ οἰκείους] οἰκέτας Γ, Bens.: Bl. replaces the

ἅπασαν. καίτοι τίνα δικαιότερον αὐτὴν ἔχειν ἢ τὸν τότε μὲν συνδιασώσαντα, νῦν δὲ παρὰ τῶν κυρίων εἰληφότα;

Τὰ μὲν τοίνυν εἰρημένα ἐστὶν ἐν οἷς ἐκινδύνευσα 21 μέν, φλαῦρον δ᾽ οὐδὲν ἀπέλαυσα· ἔχω δὲ καὶ τοιαῦτ᾽ εἰπεῖν, ἐξ ὧν ἐκείνῳ χαριζόμενος αὐτὸς ταῖς μεγίσταις συμφοραῖς περιέπεσον. ἐπειδὴ γὰρ ἤλθομεν εἰς Μῆλον, αἰσθόμενος ὅτι μέλλοιμεν αὐτοῦ καταμένειν ἐδεῖτό μου συμπλεῖν εἰς Τροιζῆνα καὶ μηδαμῶς αὐτὸν ἀπολιπεῖν, λέγων τὴν ἀρρωστίαν τοῦ σώματος καὶ τὸ πλῆθος τῶν ἐχθρῶν, καὶ ὅτι χωρὶς ἐμοῦ γενόμενος οὐδὲν ἕξοι χρῆσθαι τοῖς αὑτοῦ πράγμασιν. φοβουμένης δὲ τῆς μητρός, ὅτι 22 τὸ χωρίον ἐπυνθάνετο νοσῶδες εἶναι, καὶ τῶν ξένων συμβουλευόντων αὐτοῦ μένειν, ὅμως ἔδοξεν ἡμῖν ἐκείνῳ χαριστέον εἶναι. καὶ μετὰ ταῦτ᾽ οὐκ ἔφθημεν εἰς Τροιζῆνα ἐλθόντες, καὶ τοιαύταις νόσοις ἐλήφθημεν ἐξ ὧν αὐτὸς μὲν παρὰ μικρὸν ἦλθον ἀποθανεῖν, ἀδελφὴν δὲ κόρην τετρακαιδεκέτιν γεγονυῖαν ἐντὸς τριάκονθ᾽ ἡμερῶν κατέθαψα, τὴν δὲ μητέρα οὐδὲ πένθ᾽ ἡμέραις ἐκείνης ὕστερον. καίτοι τίν᾽ οἴεσθέ με γνώμην ἔχειν τοσαύτης μοι μεταβολῆς τοῦ βίου γεγενημένης; ὃς τὸν μὲν 23 ἄλλον χρόνον ἀπαθὴς ἦν κακῶν, νεωστὶ δ᾽ ἐπειρώμην φυγῆς καὶ τοῦ παρ᾽ ἑτέροις μὲν μετοικεῖν, στέρεσθαι δὲ τῶν ἐμαυτοῦ, πρὸς δὲ τούτοις *ἑώρων

vulg. οἰκείους. § 21. εἰρημένα ἐστὶν] εἰρημέν᾽ ἐστὶν Bl.—εἰρημένα ταῦτ᾽ ἐστὶν Ξ, Bens. § 23. *ἑώρων] Koraes conject., Turr.—ὁρῶν mss. Bk. Bl. I cannot think that ὁρῶν derives any confirmation from the fact that Priscian (XVIII. § 174) has it, since he, like Stobaeus, sometimes agrees with the manifestly

τὴν μητέρα τὴν ἐμαυτοῦ καὶ τὴν ἀδελφὴν ἐκ μὲν τῆς πατρίδος ἐκπεπτωκυίας, ἐπὶ ξένης δὲ καὶ παρ' ἀλλοτρίοις τὸν βίον τελευτώσας. ὥστ' οὐδεὶς ἂν μοι δικαίως φθονήσειεν, εἴ τι τῶν Θρασυλόχου πραγμάτων ἀγαθὸν ἀπολέλαυκα· καὶ γὰρ ἵνα χαρισαίμην ἐκείνῳ, κατοικισάμενος ἐν Τροιζῆνι τοιαύταις ἐχρησάμην συμφοραῖς ὧν οὐδέποτ' ἂν ἐπιλαθέσθαι δυνηθείην.

24 Καὶ μὴν οὐδὲ τοῦθ' ἕξουσιν εἰπεῖν, ὡς εὖ μὲν πράττοντος Θρασυλόχου πάντα ταῦθ' ὑπέμενον, δυστυχήσαντα δ' αὐτὸν ἀπέλιπον· ἐν αὐτοῖς γὰρ τούτοις ἔτι σαφέστερον καὶ μᾶλλον ἐπεδειξάμην τὴν εὔνοιαν ἣν εἶχον εἰς ἐκεῖνον. ἐπειδὴ γὰρ εἰς Αἴγιναν κατοικισάμενος ἠσθένησε ταύτην τὴν νόσον ἐξ ἧσπερ ἀπέθανεν, οὕτως αὐτὸν ἐθεράπευσα ὡς οὐκ οἶδ' ὅστις πώποθ' ἕτερος ἕτερον, τὸν μὲν πλεῖστον τοῦ χρόνου πονήρως μὲν ἔχοντα περιιέναι δ' ἔτι δυνάμενον, ἓξ μῆνας δὲ συνεχῶς ἐν τῇ κλίνῃ
25 κείμενον. καὶ τούτων τῶν ταλαιπωριῶν οὐδεὶς τῶν συγγενῶν μετασχεῖν ἠξίωσεν, ἀλλ' οὐδ' ἐπισκεψόμενος ἀφίκετο, πλὴν τῆς μητρὸς καὶ τῆς ἀδελφῆς, αἳ πλέον θάτερον ἐποίησαν· ἀσθενοῦσαι γὰρ ἦλθον ἐκ Τροιζῆνος, ὥστ' αὐταὶ θεραπείας ἐδέοντο. ἀλλ' ὅμως ἐγώ, τοιούτων τῶν ἄλλων περὶ αὐτὸν γεγενημένων, οὐκ ἀπεῖπον οὐδ' ἀπέστην, ἀλλ' ἐνοσήλευον αὐτὸν μετὰ παιδὸς ἑνός·

corrupt readings of the inferior mss. Here ὁρῶν is surely a mere blunder. ‖ ἐμαυτοῦ] αὑτοῦ Bens. ‖ ξένης δὲ] Turr. (E, ξένοις δὲ)—δὲ ξένης Bk. Bens. § **24**. ἐπεδειξάμην] mss. Bk. Turr.—ἐνεπεδειξάμην Priscian XVIII. § 174, Bens. —ἐπεδειξάμην Koraes conject. ‖ μῆνας δὲ] Γ, E, Turr.

οὐδὲ γὰρ τῶν οἰκετῶν οὐδεὶς ὑπέμενεν. καὶ γὰρ 26
φύσει χαλεπὸς ὢν ἔτι δυσκολώτερον διὰ τὴν νόσον
διέκειτο, ὥστ' οὐκ ἐκείνων ἄξιον θαυμάζειν, εἰ μὴ
παρέμενον, ἀλλὰ πολὺ μᾶλλον ὅπως ἐγὼ τοιαύτην
νόσον θεραπεύων ἀνταρκεῖν ἠδυνάμην· ὃς ἔμπυος
μὲν ἦν πολὺν χρόνον, ἐκ δὲ τῆς κλίνης οὐκ ἠδύνατο 27
κινεῖσθαι, τοιαῦτα δ' ἔπασχεν ὥσθ' ἡμᾶς μηδεμίαν
ἡμέραν ἀδακρύτους διαγαγεῖν, ἀλλὰ θρηνοῦντες
διετελοῦμεν καὶ τοὺς πόνους τοὺς ἀλλήλων καὶ
τὴν φυγὴν καὶ τὴν ἐρημίαν τὴν ἡμετέραν αὐτῶν.
καὶ ταῦτ' οὐδένα χρόνον διέλιπεν· οὐδὲ γὰρ ἀπελ-
θεῖν οἷόν τ' ἦν ἢ δοκεῖν ἀμελεῖν, ὃ ἐμοὶ πολὺ
δεινότερον ἦν τῶν κακῶν τῶν παρόντων.

XIII. ΑΛΕΞΑΝΔΡΩΙ.

[Epist. v.—342 b.c.]

Πρὸς τὸν πατέρα σου γράφων ἐπιστολὴν ἄτο-
πον ᾤμην ποιήσειν, εἰ περὶ τὸν αὐτὸν ὄντα σὲ
τόπον ἐκείνῳ μήτε προσερῶ μήτ' ἀσπάσομαι,
μήτε γράψω τι τοιοῦτον ὃ ποιήσει τοὺς ἀναγνόν-
τας μὴ νομίζειν ἤδη με παραφρονεῖν διὰ τὸ γῆρας
μηδὲ παντάπασι ληρεῖν, ἀλλ' ἔτι τὸ καταλελειμ-
μένον μου μέρος καὶ λοιπὸν ὂν οὐκ ἀνάξιον εἶναι
τῆς δυνάμεως ἣν ἔσχον νεώτερος ὤν.

Ἀκούω δέ σε πάντων λεγόντων, ὡς φιλάνθρω- 2

Bens.—δὲ μῆνας Bk. § 25. ὑπέμενεν] Γ, Bk. Turr. Bens.—
ὑπέμεινε Ξ, ὑπέμεινεν Bl. § 27. ἀδακρύτους] Bk. Turr. Bens.
—ἀδακρυτί Ξ: as in or. xiv. § 47 all the mss. have οὐδεμίαν
ἡμέραν ἀδακρυτὶ διάγομεν (ἀδακρυτεὶ E). ‖ διέλιπεν] διέλειπεν
Bens.

πος εἶ καὶ φιλαθήναιος καὶ φιλόσοφος, οὐκ ἀφρόνως ἀλλὰ νουνεχόντως. τῶν τε γὰρ πολιτῶν ἀποδέχεσθαί σε τῶν ἡμετέρων οὐ τοὺς ἠμεληκότας αὑτῶν καὶ πονηρῶν πραγμάτων ἐπιθυμοῦντας, ἀλλ' οἷς συνδιατρίβων τε οὐκ ἂν λυπηθείης συμβάλλων τε καὶ κοινωνῶν πραγμάτων οὐδὲν ἂν βλαβείης οὐδ' ἀδικηθείης, οἵοισπερ χρὴ πλησιά-
3 ζειν τοὺς εὖ φρονοῦντας· τῶν τε φιλοσοφιῶν οὐκ ἀποδοκιμάζειν μὲν οὐδὲ τὴν περὶ τὰς ἔριδας, ἀλλὰ νομίζειν εἶναι πλεονεκτικὴν ἐν ταῖς ἰδίαις διατριβαῖς, οὐ μὴν ἁρμόττειν οὔτε τοῖς τοῦ πλήθους προεστῶσιν οὔτε τοῖς τὰς μοναρχίας ἔχουσιν· οὐδὲ γὰρ συμφέρειν οὐδὲ πρέπειν τοῖς μεῖζον τῶν ἄλλων φρονοῦσιν οὔτ' αὐτοῖς ἐρίζειν πρὸς τοὺς συμπολιτευομένους οὔτε τοῖς ἄλλοις ἐπιτρέπειν πρὸς αὐ-
4 τοὺς ἀντιλέγειν. ταύτην μὲν οὖν οὐκ ἀγαπᾶν σε τὴν διατριβήν, προαιρεῖσθαι δὲ τὴν παιδείαν τὴν περὶ τοὺς λόγους οἷς χρώμεθα περὶ τὰς πράξεις τὰς προσπιπτούσας καθ' ἑκάστην τὴν ἡμέραν, καὶ μεθ' ὧν βουλευόμεθα περὶ τῶν κοινῶν· δι' ἣν νῦν τε δοξάζεις περὶ τῶν μελλόντων ἐπιεικῶς, τοῖς τ' ἀρχομένοις προστάττειν οὐκ ἀνοήτως ἃ δεῖ πράττειν ἑκάστους ἐπιστήσει, περὶ δὲ τῶν καλῶν καὶ δικαίων καὶ τῶν τούτοις ἐναντίων ὀρθῶς κρίνειν, πρὸς δὲ τούτοις τιμᾶν τε καὶ κολάζειν, ὡς προσή-

XIII. § 2. νουνεχόντως] Bk.—νοῦν ἐχόντως Turr. Bens. § 3. οὐδὲ γάρ] Γ, E, Turr. Bens.—οὐ γὰρ Bk. ‖ συμφέρειν οὐδὲ πρέπειν] Bk. Turr.—συμφέρον οὐδὲ πρέπον ἐστὶ Γ, Bens. Acc. to Bl., three letters seem to have been effaced in Γ after συμφέρειν οὐδὲ. § 4. δοξάζεις] Γ, Bk. Turr. Bens.—δοξάζειν Bl. on his own conject. ‖ τιμᾶν τε] The τε is added

κόν ἐστιν ἑκατέρους. σωφρονεῖς οὖν νῦν ταῦτα 5 μελετῶν· ἐλπίδας γὰρ τῷ τε πατρὶ καὶ τοῖς ἄλλοις παρέχεις ὡς, ἐὰν πρεσβύτερος γενόμενος ἐμμείνῃς τούτοις, τοσοῦτον προέξεις τῇ φρονήσει τῶν ἄλλων ὅσονπερ ὁ πατήρ σου διενήνοχεν ἁπάντων.

XIV. ΦΙΛΙΠΠΩΙ.

[Epist. III.—338 B.C.]

Ἐγὼ διελέχθην μὲν καὶ πρὸς Ἀντίπατρον περὶ τε τῶν τῇ πόλει καὶ τῶν σοὶ συμφερόντων ἐξαρκούντως, ὡς ἐμαυτὸν ἔπειθον, ἠβουλήθην δὲ καὶ πρὸς σὲ γράψαι περὶ ὧν μοι δοκεῖ πρακτέον εἶναι μετὰ τὴν εἰρήνην, παραπλήσια τοῖς ἐν τῷ λόγῳ γεγραμμένοις, πολὺ δ' ἐκείνων συντομώτερα.

Κατ' ἐκεῖνον μὲν γὰρ τὸν χρόνον συνεβούλευον 2 ὡς χρὴ διαλλάξαντά σε τὴν πόλιν τὴν ἡμετέραν καὶ τὴν Λακεδαιμονίων καὶ τὴν Θηβαίων καὶ τὴν Ἀργείων εἰς ὁμόνοιαν καταστῆσαι τοὺς Ἕλληνας, ἡγούμενος, ἐὰν τὰς προεστώσας πόλεις πείσῃς οὕτω φρονεῖν, ταχέως καὶ τὰς ἄλλας ἐπακολουθήσειν. τότε μὲν οὖν ἄλλος ἦν καιρός, νῦν δὲ συμβέβηκε μηκέτι δεῖν πείθειν· διὰ γὰρ τὸν ἀγῶνα τὸν γεγενημένον ἠναγκασμένοι πάντες εἰσὶν εὖ φρονεῖν, καὶ τούτων ἐπιθυμεῖν ὧν ὑπονοοῦσί σε βούλεσθαι

by E, Turr. Bens. § 5. ὡς, ἐὰν] Bk. Turr.—ὡσὰν Γ.—ὡς, ἂν Bens.
XIV. § 2. προεστώσας] Γ, Bk. Turr. Bl.—προεχούσας vulg. Bens. ‖ ὑπονοοῦσι] Γ (corrector), E, Koraes, Bk. Turr. Bl.— ἐπενοούμην mss. (codex Matthaei ἐπινοοῦσι).—ὑπενοούμην Bens.

πράττειν, καὶ λέγειν ὡς δεῖ παυσαμένους τῆς μανίας καὶ τῆς πλεονεξίας, ἣν ἐποιοῦντο πρὸς ἀλλήλους, εἰς τὴν Ἀσίαν τὸν πόλεμον ἐξενεγκεῖν.

3 καὶ πολλοὶ πυνθάνονται παρ' ἐμοῦ πότερον ἐγώ σοι παρῄνεσα ποιεῖσθαι τὴν στρατείαν τὴν ἐπὶ τοὺς βαρβάρους, ἢ σοῦ διανοηθέντος συνεῖπον· ἐγὼ δ' οὐκ εἰδέναι μέν φημι τὸ σαφές (οὐ γὰρ συγγεγενῆσθαί σοι πρότερον), οὐ μὴν ἀλλ' οἴεσθαι σὲ μὲν ἐγνωκέναι περὶ τούτων, ἐμὲ δὲ συνειρηκέναι ταῖς σαῖς ἐπιθυμίαις. ταῦτα δ' ἀκούοντες ἐδέοντό μου πάντες παρακελεύεσθαί σοι καὶ προτρέπειν ἐπὶ τῶν αὐτῶν τούτων μένειν, ὡς οὐδέποτ' ἂν γενομένων οὔτε καλλιόνων ἔργων οὔτε ὠφελιμοτέρων τοῖς Ἕλλησιν οὔτ' ἐν καιρῷ μᾶλλον πραχθησομένων.

4 Εἰ μὲν οὖν εἶχον τὴν αὐτὴν δύναμιν ἥνπερ πρότερον, καὶ μὴ παντάπασιν ἦν ἀπειρηκώς, οὐκ ἂν δι' ἐπιστολῆς διελεγόμην, ἀλλὰ παρὼν αὐτὸς παρώξυνον ἄν σε καὶ παρεκάλουν ἐπὶ τὰς πράξεις ταύτας. νῦν δ' ὡς δύναμαι παρακελεύομαί σοι μὴ καταμελῆσαι τούτων, πρὶν ἂν τέλος ἐπιθῇς αὐτοῖς. *ἔστι δὲ πρὸς μὲν ἄλλο τι τῶν ὄντων ἀπλήστως ἔχειν οὐ καλόν (αἱ γὰρ μετριότητες παρὰ τοῖς πολλοῖς εὐδοκιμοῦσι), δόξης δὲ μεγάλης καὶ καλῆς ἐπιθυμεῖν καὶ μηδέποτ' ἐμπίπλασθαι προσήκει τοῖς πολὺ τῶν ἄλλων διενεγκοῦσιν·

§ 3. οὔτ' ἐν καιρῷ] οὐδ' ἐν καιρῷ Sauppe conject., comparing Epist. I. § 8, καὶ μὴν οὐδ' ἀκαίρως, κ.τ.λ. § 4. *ἔστι] The conject. of H. Wolf, received by Bk. Turr. Bl.—ἔσται Γ, Ε, Bens.—ἔτι the other mss. ‖ ὄντων] mss. (except Γ, Ε) Turr. (comparing or. v. § 135, τοὺς δὲ πρὸς ἄλλο τι τῶν ὄντων ἀπλήστως

ὅπερ σοὶ συμβέβηκεν. ἡγοῦ δὲ τόθ' ἕξειν ἀνυπέρ- 5
βλητον αὐτὴν καὶ τῶν σοὶ πεπραγμένων ἀξίαν,
ὅταν τοὺς μὲν βαρβάρους ἀναγκάσῃς εἱλωτεύειν
τοῖς Ἕλλησι, πλὴν τῶν σοὶ συναγωνισαμένων,
τὸν δὲ βασιλέα τὸν νῦν μέγαν προσαγορευόμενον
ποιήσῃς τοῦτο πράττειν ὅ τι ἂν σὺ προστάττῃς.
*οὐδὲν γὰρ ἔσται λοιπὸν ἔτι πλὴν θεὸν γενέσθαι.
ταῦτα δὲ κατεργάσασθαι πολὺ ῥᾷόν ἐστιν ἐκ τῶν
νῦν παρόντων, ἢ προελθεῖν ἐπὶ τὴν δύναμιν καὶ
τὴν δόξαν, ἣν νῦν ἔχεις, ἐκ τῆς βασιλείας τῆς ἐξ
ἀρχῆς ὑμῖν ὑπαρξάσης. χάριν δ' ἔχω τῷ γήρᾳ 6
ταύτην μόνην, ὅτι προήγαγεν εἰς τοῦτό μου τὸν
βίον, ὥσθ' ἃ νέος ὢν διενοούμην καὶ γράφειν ἐπε-
χείρουν ἔν τε τῷ πανηγυρικῷ λόγῳ καὶ τῷ πρὸς
σὲ πεμφθέντι, ταῦτα νῦν τὰ μὲν ἤδη γιγνόμενα
διὰ τῶν σῶν ἐφορῶ πράξεων, τὰ δ' ἐλπίζω γενή-
σεσθαι.

διακειμένους) Bl.—δεόντων Γ, Ε, Bk. Bens. § 5. *οὐδὲν γὰρ ἔσται λοιπὸν ἔτι πλὴν θεὸν γενέσθαι.] These words are wrongly placed in the mss. after ὑπαρξάσῃς (four lines lower down). Dobree saw this, and Turr. assent, though they leave the vulg. in their text. Bl. makes the transposition in the new edit. of Bens.

ΙΣΑΙΟΣ.

I. ΠΕΡΙ ΤΟΥ ΔΙΚΑΙΟΓΕΝΟΥΣ ΚΛΗΡΟΥ.

[Or. v.—Probably 390 B.C.]

1. §§ 7—24.

7 Ἐπειδὴ δὲ ἐνείμαντο τὸν κλῆρον, ὀμόσαντες μὴ παραβήσεσθαι τὰ ὡμολογημένα, ἐκέκτητο ἕκαστος δώδεκα ἔτη ἃ ἔλαχε· καὶ ἐν τοσούτῳ χρόνῳ οὐσῶν δικῶν οὐδεὶς αὐτῶν ἠξίωσε τὰ πεπραγμένα

ISAEUS.

The British Museum ms., codex Crippsianus *A*, already cited for Antiphon and Andocides, is the best for Isaeus, as it is also for Lycurgus and Deinarchus. Besides *A*, Bekker had five other mss. Three of these five have already been mentioned in relation to Antiphon and Andocides—Laurentianus *B* (the second-best for Isaeus), Marcianus *L*, Vratislaviensis *Z*. The other two were very inferior,—Ambrosianus A. 99, *P*, and Ambrosianus D. 42, *Q*. Bekker dismissed *P* after or. 1; he used *L*, which closely resembles *Z*, only in I. and III.: *Q* contains only I. and II. Thus for or. IV. and the eight following orations he consulted only three mss.,—*A*, *B*, *Z*. G. F. Schömann had no further apparatus for his edition (1831), except a Paris ms., *R*, which had been collated for him in part of or. I. He had, however, examined the Aldine much more carefully than Bekker, and not without some gain. Schömann followed Bekker's text as a general rule, but altered his readings in some sixty places, for reasons which he gives either briefly in his critical notes or more fully in his excellent commentary, where his knowledge of Attic law is so fruitfully brought to the illustration of his author. Baiter and Sauppe profited by a new

εἰπεῖν ἀδίκως πεπρᾶχθαι, πρὶν δυστυχησάσης τῆς πόλεως καὶ στάσεως γενομένης κἀγῶνος οὑτοσὶ πεισθεὶς ὑπὸ Μέλανος τοῦ Αἰγυπτίου, ᾧπερ καὶ τἄλλα ἐπείθετο, ἠμφισβήτει ἡμῖν ἅπαντος τοῦ κλήρου, φάσκων ἐφ᾽ ὅλῃ ποιηθῆναι υἱὸς ὑπὸ τοῦ θείου τοῦ ἡμετέρου. ἡμεῖς μὲν οὖν μαίνεσθαι 8 αὐτὸν ἡγούμεθα τῇ λήξει, οὐκ ἄν ποτε οἰόμενοι τὸν αὐτὸν ἄνδρα τοτὲ μὲν φάσκοντα ἐπὶ τῷ τρίτῳ μέρει ποιηθῆναι τοτὲ δ᾽ ἐφ᾽ ἅπαντι τῷ κλήρῳ δόξαι τἀληθὲς λέγειν ὑμῖν· εἰς δὲ τὸ δικαστήριον εἰσελθόντες καὶ πολλῷ πλείω καὶ δικαιότερα λέγοντες ἠδικήθημεν, οὐχ ὑπὸ τῶν δικαστῶν ἀλλ᾽ ὑπὸ Μέλανος τοῦ Αἰγυπτίου καὶ τῶν ἐκείνου φίλων, οἳ διὰ τὰς τῆς πόλεως συμφορὰς ἐξουσίαν

collation of *A*, and of Burneianus 96, *M*, which Dobson had given in vol. 4 of his edition (1828). C. Scheibe, in the Teubner Isaeus (1860), made it his special aim to complete the work of predecessors by restoring the distinctively Attic forms of words. The mss. of Isaeus have some forms which can be at once rejected, such as οὐθείς, ἐφόρεσαν, etc., but they have also some others on which critics are divided. Scheibe performed a delicate task with much tact and judgment. Thus he corrected the mss. by writing such forms as ἠγγύα for ἐνεγύα, συγκαταγηρᾶσαν for συγκαταγηράσασαν, γίγνεσθαι for γίνεσθαι, δέδιμεν for δεδίαμεν, etc. On the other hand he followed the consent of the Isaean mss. in retaining such forms as Δικαιογένην (instead of -η), φανήσομαι (not φανοῦμαι); and he also deferred to the mss. in cases where the question might be considered open, as when he refrained from altering Ελληθυίας into Ελλειθυίας, φράτερες into φράτορες. On two, at least, of these points the mss. are supported by epigraphic evidence coeval with Isaeus. In Attic inscriptions of the 4th century B.C., proper names in -ης form the acc. regularly in -ην, rarely in -η : and from φράτηρ we have regularly φράτερα, φράτερες, φρατέρων, φράτερσι, φράτερας (cp. Meisterhans, *Gramm. der Attischen Inschriften*, pp. 58, 63, 1885).

Schöm. = Schömann, Schb. = Scheibe. As before, Bk. = Bekker's Berlin text, Turr. = Baiter and Sauppe.

σφίσιν αὐτοῖς ἡγοῦντο εἶναι κεκτῆσθαί τε τἀλλότρια καὶ τὰ ψευδῆ ἀλλήλοις μαρτυρεῖν· ὑπὸ δὲ τῶν τὰ τοιαῦτα ποιούντων ἐξηπατήθησαν οἱ δικασταί.

9 Καὶ ἡμεῖς μὲν καταψευδομαρτυρηθέντες ἀπωλέσαμεν τὰ ὄντα· καὶ γὰρ ὁ πατὴρ οὐ πολλῷ χρόνῳ ὕστερον μετὰ τὴν δίκην ἐτελεύτησε, πρὶν ἐπεξελθεῖν οἷς ἐπεσκήψατο τῶν μαρτύρων· Δικαιογένης δὲ πρὸς ἡμᾶς ὡς ἐβούλετο ἀγωνισάμενος τῇ αὐτῇ ἡμέρᾳ ἐξήλασε μὲν τὴν Κηφισοφῶντος τοῦ Παιανιέως θυγατέρα ἐκ τοῦ μέρους, ἀδελφιδῆν οὖσαν Δικαιογένους τοῦ καταλιπόντος τὰ χρήματα, ἀφείλετο δὲ τὴν Δημοκλέους γενομένην γυναῖκα, *ἃ Δικαιογένης ἀδελφὸς ὢν ἔδωκεν, ἀφείλετο <δὲ> καὶ τὴν Κηφισοδότου μητέρα καὶ αὐτὸν 10 τοῦτον ἅπαντα. καὶ γὰρ τούτων *γε ἅμα καὶ ἐπίτροπος καὶ κύριος καὶ ἀντίδικος ἦν, καὶ οὐδὲ κατὰ τὸ ἐλάχιστον μέρος τῆς οἰκειότητος ἐλέου παρ' αὐτοῦ ἔτυχον, ἀλλ' ὀρφανοὶ καὶ ἔρημοι καὶ πένητες γενόμενοι πάντων καὶ τῶν καθ' ἡμέραν ἐπιτηδείων ἦσαν ἐνδεεῖς. οὕτως αὐτοὺς Δικαιογένης οὑτοσὶ ἐγγυτάτω ὢν γένους ἐπετρόπευεν· ὅς γε, ἃ μὲν ὁ πατὴρ αὐτοῖς Θεόπομπος κατέλιπε, τοῖς τούτων ἐχθροῖς παρέδωκεν, ἃ δὲ ὁ πρὸς μητρὸς θεῖος καὶ ὁ πάππος αὐτοῖς ἔδωκεν, 11 αὐτὸς ἀφείλετο πρὸ δίκης. καὶ ὁ πάντων δει-

§ 9. *ἃ Δικαιογένης] ἃ Reiske conject., editors: ᾗ mss. || ἀφείλετο <δὲ> καὶ] ἀφείλετο καὶ mss.: δὲ was supplied by Reiske. § 10. τούτων *γε] γε Dobree conject.—τούτων τε mss. Bk. Schöm. Turr.—τούτων τοι Schb. on his own conject. He had formerly proposed τούτων τότε.—Cp. comment.

νότατον, τὴν οἰκίαν αὐτῶν τὴν πατρῴαν, παίδων ὄντων τούτων, πριάμενος καὶ κατασκάψας τὸν κῆπον ἐποιήσατο <τὸν> πρὸς τῇ αὐτοῦ οἰκίᾳ τῇ ἐν ἄστει. καὶ λαμβάνων μίσθωσιν ὀγδοήκοντα μνᾶς ἐκ τῶν Δικαιογένους τοῦ ἡμετέρου θείου χρημάτων, τὸν ἐκείνου ἀδελφιδοῦν Κηφισόδοτον τῷ ἑαυτοῦ ἀδελφῷ Ἁρμοδίῳ συνέπεμψεν εἰς Κόρινθον ἀντ' ἀκολούθου· εἰς τοῦτο ὕβρεως καὶ μιαρίας ἀφίκετο. καὶ πρὸς τοῖς ἄλλοις κακοῖς ὀνειδίζει καὶ ἐγκαλεῖ αὐτῷ ὅτι ἐμβάδας καὶ τριβώνια φορεῖ, ὥσπερ ἀδικούμενός τι εἰ ἐμβάδας Κηφισόδοτος φορεῖ, ἀλλ' οὐκ ἀδικῶν ὅτι ἀφελόμενος αὐτὸν τὰ ὄντα πένητα πεποίηκεν.

Ἀλλὰ μὴν περὶ τούτων τοσαῦτά μοι εἰρήσθω· 12 πάλιν δ' ἐπάνειμι ὅθεν ἀπέλιπον. Μενέξενος γὰρ ὁ Κηφισοφῶντος υἱός, ἀνεψιὸς ὢν Κηφισοδότῳ τουτῳὶ καὶ ἐμοί, καὶ προσῆκον αὐτῷ τοῦ κλήρου μέρος ὅσονπερ ἐμοί, ἐπεξῄει τοῖς καταμαρτυρήσασιν ἡμῶν καὶ ἐκείνου τὰ ψευδῆ, καὶ Λύκωνα, ὅνπερ εἰσήγαγε πρῶτον εἰς τὸ δικαστήριον, τοῦτον εἷλεν· ὃς ἐμαρτύρησε Δικαιογένην ποιηθῆναι τὸν νῦν ὄντα ὑπὸ τοῦ θείου τοῦ ἡμετέρου υἱὸν ἐπὶ παντὶ

§ 11. τὸν κῆπον ἐποιήσατο <τὸν> πρὸς τῇ αὐτοῦ οἰκίᾳ] I have supplied the second τόν. The other possible courses are: (1) as Dobree suggested, to omit the first τόν, reading κῆπον ἐποιήσατο πρὸς τῇ αὐτοῦ οἰκίᾳ: (2) as Schb. suggested, to transpose it, reading κῆπον ἐπ. τὸν πρὸς τῇ αὐτ. οἰκίᾳ. But from a palaeographical point of view it is more probable that a second τόν should have dropped out than that the first should here have been interpolated or misplaced. ‖ τριβώνια] τρίβωνα Schb., with Cobet: but see comment. § 12. Δικαιογένην] so Aldine, Schöm. Schb. (and in § 33).—Δικαιογένη A (and in § 33, contrary to the otherwise uniform preference of the Isaean mss. for the accus. in -ην), Bk. Turr., though Sauppe

σφίσιν αὐτοῖς ἡγοῦντο εἶναι κεκτῆσθαί τε τἀλλότρια καὶ τὰ ψευδῆ ἀλλήλοις μαρτυρεῖν· ὑπὸ δὲ τῶν τὰ τοιαῦτα ποιούντων ἐξηπατήθησαν οἱ δικασταί.

9 Καὶ ἡμεῖς μὲν καταψευδομαρτυρηθέντες ἀπωλέσαμεν τὰ ὄντα· καὶ γὰρ ὁ πατὴρ οὐ πολλῷ χρόνῳ ὕστερον μετὰ τὴν δίκην ἐτελεύτησε, πρὶν ἐπεξελθεῖν οἷς ἐπεσκήψατο τῶν μαρτύρων· Δικαιογένης δὲ πρὸς ἡμᾶς ὡς ἐβούλετο ἀγωνισάμενος τῇ αὐτῇ ἡμέρᾳ ἐξήλασε μὲν τὴν Κηφισοφῶντος τοῦ Παιανιέως θυγατέρα ἐκ τοῦ μέρους, ἀδελφιδῆν οὖσαν Δικαιογένους τοῦ καταλιπόντος τὰ χρήματα, ἀφείλετο δὲ τὴν Δημοκλέους γενομένην γυναῖκα, *ἃ Δικαιογένης ἀδελφὸς ὢν ἔδωκεν, ἀφείλετο <δὲ> καὶ τὴν Κηφισοδότου μητέρα καὶ αὐτὸν
10 τοῦτον ἅπαντα. καὶ γὰρ τούτων *γε ἅμα καὶ ἐπίτροπος καὶ κύριος καὶ ἀντίδικος ἦν, καὶ οὐδὲ κατὰ τὸ ἐλάχιστον μέρος τῆς οἰκειότητος ἐλέου παρ' αὐτοῦ ἔτυχον, ἀλλ' ὀρφανοὶ καὶ ἔρημοι καὶ πένητες γενόμενοι πάντων καὶ τῶν καθ' ἡμέραν ἐπιτηδείων ἦσαν ἐνδεεῖς. οὕτως αὐτοὺς Δικαιογένης οὑτοσὶ ἐγγυτάτω ὢν γένους ἐπετρόπευεν· ὅς γε, ἃ μὲν ὁ πατὴρ αὐτοῖς Θεόπομπος κατέλιπε, τοῖς τούτων ἐχθροῖς παρέδωκεν, ἃ δὲ ὁ πρὸς μητρὸς θεῖος καὶ ὁ πάππος αὐτοῖς ἔδωκεν,
11 αὐτὸς ἀφείλετο πρὸ δίκης. καὶ ὃ πάντων δει-

§ 9. *ἃ Δικαιογένης] ἃ Reiske conject., editors: ᾗ mss. ‖ ἀφείλετο <δὲ> καὶ] ἀφείλετο καὶ mss.: δὲ was supplied by Reiske. § 10. τούτων *γε] γε Dobree conject.—τούτων τε mss. Bk. Schöm. Turr.—τούτων τοι Schb. on his own conject. He had formerly proposed τούτων τότε.—Cp. comment.

νότατον, τὴν οἰκίαν αὐτῶν τὴν πατρῴαν, παίδων ὄντων τούτων, πριάμενος καὶ κατασκάψας τὸν κῆπον ἐποιήσατο <τὸν> πρὸς τῇ αὑτοῦ οἰκίᾳ τῇ ἐν ἄστει. καὶ λαμβάνων μίσθωσιν ὀγδοήκοντα μνᾶς ἐκ τῶν Δικαιογένους τοῦ ἡμετέρου θείου χρημάτων, τὸν ἐκείνου ἀδελφιδοῦν Κηφισόδοτον τῷ ἑαυτοῦ ἀδελφῷ Ἁρμοδίῳ συνέπεμψεν εἰς Κόρινθον ἀντ᾽ ἀκολούθου· εἰς τοῦτο ὕβρεως καὶ μιαρίας ἀφίκετο. καὶ πρὸς τοῖς ἄλλοις κακοῖς ὀνειδίζει καὶ ἐγκαλεῖ αὐτῷ ὅτι ἐμβάδας καὶ τριβώνια φορεῖ, ὥσπερ ἀδικούμενός τι εἰ ἐμβάδας Κηφισόδοτος φορεῖ, ἀλλ᾽ οὐκ ἀδικῶν ὅτι ἀφελόμενος αὐτὸν τὰ ὄντα πένητα πεποίηκεν.

Ἀλλὰ μὴν περὶ τούτων τοσαῦτά μοι εἰρήσθω· 12 πάλιν δ᾽ ἐπάνειμι ὅθεν ἀπέλιπον. Μενέξενος γὰρ ὁ Κηφισοφῶντος υἱός, ἀνεψιὸς ὢν Κηφισοδότῳ τουτῳὶ καὶ ἐμοί, καὶ προσῆκον αὐτῷ τοῦ κλήρου μέρος ὅσονπερ ἐμοί, ἐπεξῄει τοῖς καταμαρτυρήσασιν ἡμῶν καὶ ἐκείνου τὰ ψευδῆ, καὶ Λύκωνα, ὅνπερ εἰσήγαγε πρῶτον εἰς τὸ δικαστήριον, τοῦτον εἷλεν· ὃς ἐμαρτύρησε Δικαιογένην ποιηθῆναι τὸν νῦν ὄντα ὑπὸ τοῦ θείου τοῦ ἡμετέρου υἱὸν ἐπὶ παντὶ

§ 11. τὸν κῆπον ἐποιήσατο <τὸν> πρὸς τῇ αὑτοῦ οἰκίᾳ] I have supplied the second τόν. The other possible courses are: (1) as Dobree suggested, to omit the first τόν, reading κῆπον ἐποιήσατο πρὸς τῇ αὑτοῦ οἰκίᾳ: (2) as Schb. suggested, to transpose it, reading κῆπον ἐπ. τὸν πρὸς τῇ αὑτ. οἰκίᾳ. But from a palaeographical point of view it is more probable that a second τόν should have dropped out than that the first should here have been interpolated or misplaced. || τριβώνια] τρίβωνα Schb., with Cobet: but see comment. § 12. Δικαιογένην] so Aldine, Schöm. Schb. (and in § 33).—Δικαιογένη Α (and in § 33, contrary to the otherwise uniform preference of the Isaean mss. for the accus. in -ην), Bk. Turr., though Sauppe

τῷ κλήρῳ. μαρτυρήσας δὲ ταῦτα ἑάλω ψευδο-
13 μαρτυριῶν. ἐπειδὴ δὲ Δικαιογένης, ὦ ἄνδρες,
οὐκέτι ὑμᾶς δύναται ἐξαπατᾶν, πείθει Μενέξενον
τὸν ὑπὲρ ἡμῶν τε καὶ ὑπὲρ αὑτοῦ πράττοντα, ἃ
ἐγὼ αἰσχυνόμενος ἀναγκάζομαι διὰ τὴν ἐκείνου
πονηρίαν λέγειν,—τί ποιῆσαι; κομισάμενον αὐτὸν
μέρος ἐκ τοῦ κλήρου ὅ τι ἐγίγνετο, ἡμᾶς μὲν ὑπὲρ
ὧν ἔπραττε προδοῦναι, τοὺς δὲ μήπω ἑαλωκότας
τῶν μαρτύρων ἀφεῖναι. καὶ ἡμεῖς μὲν ταῦτα ὑπὸ
τῶν φίλων καὶ τῶν ἐχθρῶν παθόντες εἴχομεν
ἡσυχίαν. τούτων δ' ὑμῖν μάρτυρας παρέξομαι.
[ΜΑΡΤΥΡΕΣ.]

14 Ὁ μὲν τοίνυν Μενέξενος παθὼν ἄξια τῶν
ἑαυτοῦ τρόπων ἠπατήθη ὑπὸ τοῦ Δικαιογένους·
ἀφεὶς γὰρ τοὺς μάρτυρας καὶ ἡμᾶς προδούς, ὧν
ἕνεκα ταῦτ' ἔπραξεν οὐκ ἐκομίσατο. ἀδικηθεὶς δὲ
ὑπὸ Δικαιογένους μεθ' ἡμῶν πάλιν ἔπραττεν.
ἡμεῖς δὲ καθηγούμενοι οὐκέτι προσήκειν Δικαιογέ-
νει ἔχειν τῶν ἐκ τοῦ κλήρου μέρος οὐδέν, ἐπειδὴ οἱ
μάρτυρες ἑάλωσαν, ἀμφισβητοῦμεν αὐτῷ ἅπαντος
τοῦ οἴκου κατ' ἀγχιστείαν. καὶ ὅτι ἡμεῖς τε ὀρθῶς
ἐγνώκαμεν καὶ οὐδὲν ἔτι προσήκει Δικαιογένει τοῦ
15 κλήρου, ῥᾳδίως διδάξω. δύο γὰρ διαθῆκαι ἐφάνη-
σαν, ἡ μὲν πάλαι πολλῷ, ἡ δ' ὕστερον, καὶ κατὰ
μὲν τὴν παλαιάν, ἣν ἀπέφηνε Πρόξενος ὁ Δικαιο-
γένους τούτου πατήρ, ἐπὶ τῷ τρίτῳ μέρει τοῦ

approves the form in -ην. § 14. δὲ καθηγούμενοι] δὲ ἄθ' ἡγούμενοι Baiter conject.—δ' ὦ ἄνδρες ἡγούμενοι Sauppe conject. But see comment. § 15. ἐφάνησαν] ἀπεφάνησαν Schb., with Dobree. ‖ πάλαι πολλῷ, ἡ δ' ὕστερον] Turr. and Schb. wish to place πολλῷ either immediately before or immediately after ὕστερον: but see comment. ‖ Δικαιογένους τούτου] for τούτου

κλήρου ἐγίγνετο τῷ θείῳ τῷ ἡμετέρῳ υἱὸς ποιητός, καθ' ἣν δ' αὐτὸς ἀπέφηνε Δικαιογένης, ἐπὶ παντὶ τῷ οἴκῳ. ταύταιν δὲ ταῖν διαθήκαιν ἣν μὲν Πρόξενος ἀπέφηνε, Δικαιογένης ἔπεισε τοὺς δικαστὰς ὡς οὐκ ἀληθὴς εἴη· ἣν δὲ Δικαιογένης ἀπέφηνεν, οἱ μαρτυρήσαντες αὐτὴν τὸν θεῖον τὸν ἡμέτερον διαθέσθαι ἑάλωσαν ψευδομαρτυριῶν. ἀμφοῖν δὲ 16 ταῖν διαθήκαιν ἀκύροιν γιγνομέναιν, καὶ ἑτέρας μηδεμιᾶς ὁμολογουμένης εἶναι, κατὰ δόσιν μὲν οὐδενὶ προσῆκε τοῦ κλήρου, κατ' ἀγχιστείαν δὲ ταῖς Δικαιογένους τοῦ ἀποθανόντος ἀδελφαῖς, ὧν εἰσιν αἱ ἡμέτεραι μητέρες. διὰ δὲ ταῦτα ἔδοξέ τε ἡμῖν λαχεῖν τοῦ κλήρου κατ' ἀγχιστείαν καὶ ἐλάχομεν τὸ μέρος ἕκαστος. μελλόντων δ' ἡμῶν ἀντόμνυσθαι διεμαρτύρησε Λεωχάρης οὑτοσὶ μὴ ἐπίδικον εἶναι τὸν κλῆρον ἡμῖν. ἐπισκηψαμένων 17 δ' ἡμῶν ἡ μὲν λῆξις τοῦ κλήρου διεγράφη, ἡ δὲ τῶν ψευδομαρτυριῶν δίκη εἰσῄει. ἐν δὲ τῷ δικαστηρίῳ πάντα μὲν ἡμῶν εἰπόντων ἅπερ νυνί, πολλὰ δὲ Λεωχάρους ἀνταπολογησαμένου, ἔγνωσαν τὰ ψευδῆ μαρτυρῆσαι Λεωχάρην οἱ δικασταί. ἐπειδὴ δὲ τοῦτο φανερὸν ἐγένετο ἐξαιρεθεισῶν τῶν ψήφων, ἃ μὲν τῶν δικαστῶν καὶ ἡμῶν ἐδεήθη Λεωχάρης ἢ ὅσα ἡμῖν ἐξεγένετο διαπράξασθαι τότε, οὐκ οἶδ' ὅ τι δεῖ λέγειν, ἃ δὲ ὡμολογήθη ἡμῖν, ταῦτα ἀκούσατε. συγχωρούντων γὰρ ἡμῶν τῷ 18 ἄρχοντι μὴ συναριθμεῖν ἀλλὰ συγχέαι τὰς ψήφους, ἀφίστατο μὲν Δικαιογένης τοῖν δυοῖν μεροῖν τοῦ κλήρου ταῖς Δικαιογένους ἀδελφαῖς, καὶ ὡμο-

Schb. gives τουτουί. § 16. ἀμφοῖν δὲ] ἀμφοῖν δὴ Reiske conject.

λόγει ἀναμφισβήτητα παραδώσειν ἡμῖν ταῦτα τὰ μέρη· καὶ ταῦτα ἠγγυᾶτο αὐτὸν Λεωχάρης οὗτος <ὡς> ὡμολόγει *καὶ ποιήσειν, οὐ μόνος ἀλλὰ καὶ Μνησιπτόλεμος ὁ Πλωθειεύς. καὶ τούτων ὑμῖν τοὺς μάρτυρας παρέξομαι. [ΜΑΡΤΥΡΕΣ.]

19 Ἡμεῖς τοίνυν ταῦτα παθόντες ὑπὸ Λεωχάρους, καὶ ἐγγενόμενον ἡμῖν αὐτὸν ἐπειδὴ εἴλομεν τῶν ψευδομαρτυριῶν ἀτιμῶσαι, οὐκ ἐβουλήθημεν, ἀλλ' ἐξήρκεσε τὰ ἡμέτερα ἡμῖν κομισαμένοις ἀπηλλάχθαι. τοιοῦτοι δὲ γενόμενοι περὶ Λεωχάρην καὶ Δικαιογένην ἐξηπατήθημεν ὑπ' αὐτῶν, ὦ ἄνδρες· οὔτε γὰρ Δικαιογένης τὰ δύο μέρη ἡμῖν τοῦ κλήρου παρέδωκεν, ὁμολογήσας ἐπὶ τοῦ δικαστηρίου, οὔτε Λεωχάρης ὁμολογεῖ ἐγγυήσασθαι

20 αὐτὸν τότε. καίτοι εἰ μὴ ἐναντίον μὲν τῶν δικαστῶν, πεντακοσίων ὄντων, ἐναντίον δὲ τῶν περιεστηκότων ἠγγυᾶτο, οὐκ οἶδ' ὅ τι ἂν ἐποίησεν. ὡς μὲν τοίνυν περιφανῶς ψεύδονται, μάρτυρας ὑμῖν παρεχόμεθα τοὺς παρόντας, ὅτε Δικαιογένης μὲν ἀφίστατο τοῖν δυοῖν μεροῖν τοῦ κλήρου καὶ ὡμολόγει ἀναμφισβήτητα παραδώσειν ταῖς Δικαιογένους ἀδελφαῖς. Λεωχάρης δὲ ἠγγυᾶτο αὐτὸν ἃ ὡμολόγησε καὶ ποιήσειν. δεόμεθα δὲ καὶ ὑμῶν, ὦ ἄνδρες, εἴ τις ἐτύγχανε παρὼν τότε, ἀναμνησθῆ-

21 ναι εἰ λέγομεν ἀληθῆ καὶ βοηθῆσαι ἡμῖν· ἐπεί, ὦ

§ 18. <ὡς> ὡμολόγει *καὶ ποιήσειν. I thus correct the reading of the mss., καὶ ὡμολόγει ποιήσειν. I believe that ὡς dropped out after οὗτος, and that καὶ was then transposed. Cp. § 20 ἠγγυᾶτο αὐτὸν ἃ ὡμολόγησε καὶ ποιήσειν., Scheibe deletes ὡμολόγει,—a drastic remedy; Sauppe would either (a) delete καὶ ὡμολόγει, or (b) change καὶ to ὡς. || Πλωθειεύς] Schöm. Turr. Schb.—Πλωτιεύς vulg. Bk.

ἄνδρες, εἰ Δικαιογένης ἀληθῆ λέγει, τί ἡμεῖς ὠφελούμεθα νικήσαντες, ἢ τί οὗτος ἐζημιώθη ἡττηθείς; εἰ γὰρ ἀπέστη μόνον, ὥς φησι, τοῖν δυοῖν μεροῖν τοῦ κλήρου, ἀναμφισβήτητα δὲ μὴ ὡμολόγει παραδώσειν, τί ἐζημιοῦτο ἀφιστάμενος ὧν τιμὴν εἶχεν; οὐδὲ γὰρ πρὶν ἡττηθῆναι τὴν δίκην εἶχεν ὧν ἡμεῖς δικαζόμεθα, ἀλλ' οἱ παρὰ τούτου πριάμενοι καὶ θέμενοι, οἷς ἔδει αὐτὸν ἀποδόντα τὴν τιμὴν ἡμῖν τὰ μέρη ἀποδοῦναι. διὰ ταῦτα γὰρ καὶ τοὺς ἐγ- 22 γυητὰς παρ' αὐτοῦ ἐλάβομεν, οὐ πιστεύοντες αὐτῷ ἃ ὡμολόγησε ποιήσειν. πλὴν γὰρ δυοῖν οἰκιδίοιν ἔξω τείχους καὶ ἐν Πεδίῳ ἐξήκοντα πλέθρων οὐδὲν κεκομίσμεθα, ἀλλ' οἱ παρὰ τούτου θέμενοι καὶ πριάμενοι· ἡμεῖς δ' οὐκ ἐξάγομεν· δέδιμεν γὰρ μὴ ὄφλωμεν δίκας. καὶ γὰρ Μικίωνα, κελεύοντος Δικαιογένους καὶ φάσκοντος μὴ βεβαιώσειν, ἐξάγοντες ἐκ τοῦ βαλανείου ὤφλομεν τετταράκοντα μνᾶς διὰ Δικαιογένην, ὦ ἄνδρες. ἡγούμενοι γὰρ 23 οὐκ ἂν αὐτὸν βεβαιώσειν οὐδὲν ὧν ἡμῖν ἀπέστη ἐν τῷ δικαστηρίῳ, διισχυριζόμεθα πρὸς Μικίωνα ἐναντίον τῶν δικαστῶν, ἐθέλοντες ὁτιοῦν πάσχειν, εἰ βεβαιώσειεν αὐτῷ Δικαιογένης τὸ βαλανεῖον, οὐκ ἄν ποτε οἰόμενοι αὐτὸν ἐναντία οἷς ὡμολόγησε πρᾶξαι, οὐ δι' ἄλλ' οὐδὲν ἢ διὰ τοὺς ἐγγυητάς, ὅτι καθειστήκεσαν ἡμῖν. ἀποστὰς δὲ Δικαιογένης 24

§ 21. ἀναμφισβήτητα] Schöm. Turr. Schb.—ἀναμφισβήτητον mss. Bk. § 22. ἃ ὡμολόγησε ποιήσειν] Reiske would add καὶ before ποιήσειν: but in this negative sentence it is less missed than it would be in an affirmative statement, such as that in § 18. || δέδιμεν] Cobet, Schb.—δεδίαμεν mss. Bk. Schöm. Turr. || Μικίωνα] Reiske, Schöm. Turr. Schb.—Μηκίωνα A, B (and in § 24), Bk.—μήλλωνα Z.

[ταῦτα τὰ μέρη], ὧν καὶ νῦν ὁμολογεῖ ἀφεστάναι ἡμῖν, ἐβεβαίωσε Μικίωνι τὸ βαλανεῖον. καὶ ἐγὼ μὲν ὁ ἄθλιος οὐχ ὅπως τι ἐκ τοῦ κλήρου εἰληφώς, ἀλλὰ προσαπολωλεκὼς τετταράκοντα μνᾶς, ἀπῄειν ὑβρισμένος ὑπὸ τοῦ Δικαιογένους. καὶ τούτων ὑμῖν μάρτυρας παρέξομαι. [ΜΑΡΤΥΡΕΣ.]

2. §§ 39—47.

39 Εἰς μὲν τὴν πόλιν οὕτω καὶ τοσαῦτα λελειτούργηκε Δικαιογένης ἀπὸ τοσούτων χρημάτων· περὶ δὲ τοὺς προσήκοντας τοιοῦτός ἐστιν οἷον ὁρᾶτε, ὥστε τοὺς μὲν ἡμῶν ἀφείλετο τὴν οὐσίαν, ὅτι μεῖζον ἐδυνήθη, τοὺς δὲ περιεώρα εἰς τοὺς μισθωτοὺς ἰόντας δι' ἔνδειαν τῶν ἐπιτηδείων. τὴν δὲ μητέρα τὴν *αὑτοῦ καθημένην ἐν τῷ τῆς Εἰλειθυίας ἱερῷ πάντες ἑώρων, καὶ τούτῳ ἐγκαλοῦσαν ἃ ἐγὼ αἰσχύνομαι λέγειν, οὗτος δὲ ποιῶν οὐκ
40 ᾐσχύνετο. τῶν δ' ἐπιτηδείων Μέλανα μὲν τὸν Αἰγύπτιον, ᾧ ἐκ μειρακίου φίλος ἦν, ὅπερ ἔλαβε παρ' αὐτοῦ ἀργύριον ἀποστερήσας, ἔχθιστός ἐστι· τῶν δὲ ἄλλων αὐτοῦ φίλων οἱ μὲν οὐκ ἀπέλαβον ἃ ἐδάνεισαν, οἱ δ' ἐξηπατήθησαν, καὶ οὐκ ἔλαβον ἃ ὑπέσχετο αὐτοῖς, εἰ ἐπιδικάσαιτο τοῦ κλήρου,
41 δώσειν. καίτοι, ὦ ἄνδρες, οἱ ἡμέτεροι πρόγονοι οἱ

§ 24. [ταῦτα τὰ μέρη] Dobree rightly condemned these words as interpolated, and Turr. assent, though they keep them in the text. Schb. omits them.

2. § 39. μητέρα τὴν *αὐτοῦ] for αὐτοῦ I read αὑτοῦ. Schb., on his own conject., gives μητέρα τὴν τούτου.—Turr. propose to omit τὴν: if this were done, αὐτοῦ would be the adverb, 'there.'
|| Εἰλειθυίας] Εἰληθυίας mss.,—a form which occurs as a variant in Theocr. 17. 60, but which seems very questionable. Turr. and Schb. retain it here, though with hesitation.

ταῦτα κτησάμενοι καὶ καταλιπόντες πάσας μὲν χορηγίας ἐχορήγησαν, εἰσήνεγκαν δὲ εἰς τὸν πόλεμον, χρήματα πολλὰ ὑμῖν, καὶ τριηραρχοῦντες οὐδένα χρόνον διέλιπον. καὶ τούτων μαρτύρια ἐν τοῖς ἱεροῖς ἀναθήματα ἐκεῖνοι ἐκ τῶν περιόντων, μνημεῖα τῆς αὐτῶν ἀρετῆς, ἀνέθεσαν, τοῦτο μὲν ἐν Διονύσου τρίποδας, οὓς χορηγοῦντες καὶ νικῶντες ἔλαβον, τοῦτο δ' ἐν Πυθίου· ἔτι δ' ἐν ἀκροπόλει 42 ἀπαρχὰς τῶν ὄντων ἀναθέντες πολλοῖς, ὡς ἀπὸ ἰδίας κτήσεως, ἀγάλμασι χαλκοῖς καὶ λιθίνοις κεκοσμήκασι τὸ ἱερόν. αὐτοὶ δ' ὑπὲρ τῆς πατρίδος πολεμοῦντες ἀπέθανον, Δικαιογένης μὲν ὁ Μενεξένου τοῦ ἐμοῦ πάππου πατὴρ στρατηγῶν ὅτε ἡ ἐν *Ἁλιεῦσι μάχη ἐγένετο, Μενέξενος δ' ὁ ἐκείνου υἱὸς φυλαρχῶν τῆς *Ὀλυνθίας ἐν Σπαρτώλῳ, Δικαιογένης δὲ ὁ Μενεξένου τριηραρχῶν τῆς Παράλου ἐν Κνίδῳ.

Τὸν μὲν τούτου οἶκον σύ, ὦ Δικαιόγενες, πα- 43 ραλαβὼν κακῶς καὶ αἰσχρῶς διολώλεκας, καὶ ἐξαργυρισάμενος πενίαν ὀδύρῃ, ποῖ ἀναλώσας; οὔτε γὰρ εἰς τὴν πόλιν οὔτε εἰς τοὺς φίλους φανερὸς εἰ δαπανηθεὶς οὐδέν. ἀλλὰ μὴν οὐδὲ καθιπποτρόφηκας· οὐ γὰρ πώποτε ἐκτήσω ἵππον πλείονος ἄξιον ἢ τριῶν μνῶν· οὔτε κατεζευγυτρόφηκας, ἐπεὶ οὐδὲ ζεῦγος ἐκτήσω ὀρικὸν οὐδεπώποτε ἐπὶ τοσούτοις ἀγροῖς καὶ κτήμασιν. ἀλλ' οὐδ' ἐκ τῶν πολεμίων ἐλύσω οὐδένα. 44 ἀλλ' οὐδὲ τὰ ἀναθήματα, ἃ Μενέξενος τριῶν τα-

§ 42. *Ἁλιεῦσι is Dobree's certain correction of Ἐλευσῖνι. See comment. ‖ *Ὀλυνθίας] Palmer conject., Schb.—Ὀλυσίας

λάντων ποιησάμενος ἀπέθανε πρὶν ἀναθεῖναι, εἰς τὴν πόλιν κεκόμικας, ἀλλ' ἐν τοῖς λιθουργείοις ἔτι κυλινδεῖται, καὶ αὐτὸς μὲν ἠξίους κεκτῆσθαι ἃ σοι οὐδὲν προσῆκε χρήματα, τοῖς δὲ θεοῖς οὐκ
45 ἀπέδωκας ἃ ἐκείνων ἐγίγνετο ἀγάλματα. διὰ τί οὖν ἀξιώσεις σου τοὺς δικαστὰς ἀποψηφίσασθαι, ὦ Δικαιόγενες; πότερον ὅτι πολλὰς λειτουργίας λελειτούργηκας τῇ πόλει, καὶ πολλὰ χρήματα δαπανήσας σεμνοτέραν τὴν πόλιν τούτοις ἐποίησας; ἢ ὡς τριηραρχῶν πολλὰ κακὰ τοὺς πολεμίους εἰργάσω, καὶ εἰσφορὰς δεομένῃ τῇ πατρίδι εἰς τὸν πόλεμον εἰσενεγκὼν μεγάλα ὠφέληκας; ἀλλ' οὐδέν σοι τούτων πέπρακται. ἀλλ' ὡς στρατιώτης ἀγα-
46 θός; ἀλλ' οὐκ ἐστράτευσαι τοσούτου καὶ τοιούτου γενομένου πολέμου, εἰς ὃν Ὀλύνθιοι μὲν καὶ νησιῶται ὑπὲρ τῆσδε τῆς γῆς ἀποθνήσκουσι μαχόμενοι τοῖς πολεμίοις, σὺ δέ, ὦ Δικαιόγενες, πολίτης ὢν οὐδ' ἐστράτευσαι. ἀλλ' ἴσως διὰ τοὺς προγόνους ἀξιώσεις μου πλέον ἔχειν, ὅτι τὸν τύραννον ἀπέκτειναν. ἐγὼ δ' ἐκείνους μὲν ἐπαινῶ, σοὶ δὲ
47 οὐδὲν ἡγοῦμαι τῆς ἐκείνων ἀρετῆς μετεῖναι. πρῶτον μὲν γὰρ εἵλου ἀντὶ τῆς ἐκείνων δόξης τὴν ἡμετέραν οὐσίαν κτήσασθαι, καὶ ἐβουλήθης μᾶλλον Δικαιογένους καλεῖσθαι υἱὸς ἢ Ἁρμοδίου, ὑπεριδὼν μὲν τὴν ἐν Πρυτανείῳ σίτησιν, καταφρονήσας δὲ προεδριῶν καὶ ἀτελειῶν, ἃ τοῖς ἐξ ἐκείνων γεγονόσι δέδοται. ἔτι δὲ ὁ Ἀριστογείτων ἐκεῖνος καὶ

vulg. Bk. Schöm. Turr. § 44. εἰς τὴν πόλιν] εἰς πόλιν A, Schb. § 46. Ὀλύνθιοι] Schöm. would read Κορίνθιοι. I have defended the vulg. Ὀλύνθιοι in the *Attic Orators*, II. 351. Op. comment.

Ἁρμόδιος οὐ διὰ τὸ γένος ἐτιμήθησαν ἀλλὰ διὰ τὴν ἀνδραγαθίαν, ἧς σοι οὐδὲν μέτεστιν, ὦ Δικαιόγενες.

II. ΠΕΡΙ ΤΟΥ ΑΓΝΙΟΥ ΚΛΗΡΟΥ.

[Or. xi.—359 b.c.]

§§ 1—19.

ΝΟΜΟΙ.

Διὰ ταῦθ᾽ ὑμῖν ἀνέγνων τοὺς νόμους, ὅτι κατὰ τὸν πρῶτον αὐτῶν ἰσχυρίζεται τῷ παιδὶ τοῦ ἡμικληρίου προσήκειν, οὐκ ἀληθῆ λέγων. οὐ γὰρ ἦν ἡμῖν Ἁγνίας ἀδελφός, ὁ δὲ νόμος περὶ ἀδελφοῦ χρημάτων πρῶτον ἀδελφοῖς τε καὶ ἀδελφιδοῖς πεποίηκε τὴν κληρονομίαν, ἂν ὦσιν ὁμοπάτορες· τοῦτο γὰρ ἐγγυτάτω τοῦ τελευτήσαντος γένους ἐστίν. ἐὰν δ᾽ οὗτοι μὴ ὦσι, δεύτερον ἀδελφὰς 2 ὁμοπατρίας καλεῖ καὶ παῖδας τοὺς ἐκ τούτων. ἐὰν δὲ μὴ ὦσι, τρίτῳ γένει δίδωσι τὴν ἀγχιστείαν, ἀνεψιοῖς πρὸς πατρὸς μέχρι ἀνεψιῶν παίδων. ἐὰν δὲ καὶ τοῦτ᾽ ἐκλείπῃ, εἰς τὸ γένος πάλιν ἐπανέρχεται, καὶ ποιεῖ τοὺς πρὸς μητρὸς τοῦ τελευτήσαντος κυρίους αὐτῶν, κατὰ ταὐτὰ καθάπερ τοῖς πρὸς πατρὸς ἐξ ἀρχῆς ἐδίδου τὴν κληρονομίαν. ταύτας ποιεῖ τὰς ἀγχιστείας ὁ νομοθέτης μόνας, 3 συντομωτέρως τοῖς ῥήμασιν ἢ ἐγὼ φράζω· τὴν

II. § 1. ΝΟΜΟΙ] added by Turr. Schb. § 2. μέχρι ἀνεψιῶν] μέχρι Turr. Schb. (and below, §§ 11, 12). In § 11 M (1st hand) has μέχρι (Dobson).—μέχρις vulg. Bk. Schöm. ‖ ἐκλείπῃ, εἰς τὸ γένος πάλιν] Schöm., bracketing εἰς, reads ἐκλείπῃ

μέντοι διάνοιαν ὧν βούλεται ταύτῃ δείκνυσιν· ὁ δὲ παῖς οὗτος οὐδὲ καθ' ἓν τούτων τῶν ὀνομάτων Ἁγνίᾳ προσήκει τῇ ἀγχιστείᾳ, ἀλλ' ἔξω τῆς συγγενείας ἐστίν. ἵνα δ' ἀκριβῶς μάθητε περὶ ὧν ψηφιεῖσθε, τοὺς πολλοὺς λόγους ἐάσας οὗτος εἰπάτω ὅ τι ὁ παῖς προσήκει τουτωνὶ τῶν εἰρημένων τῷ τὸν κλῆρον καταλιπόντι· κἂν φανῇ κατά τι προσήκων, ἑκὼν ἐγὼ συγχωρῶ τὸ ἡμικλήριον 4 εἶναι τοῦ παιδός. εἰ δέ τοι μηδὲν τούτων ἕξει εἰπεῖν, πῶς οὐκ ἐλεγχθήσεται φανερῶς ἐμὲ μὲν συκοφαντῶν, ὑμᾶς δ' ἐξαπατῆσαι παρὰ τοὺς νόμους ζητῶν; ἀναβιβασάμενος οὖν αὐτὸν ἐναντίον ὑμῶν ἐρωτήσω τὰ ἐν τοῖς νόμοις ὑπαναγινώσκων· οὕτω γὰρ εἴσεσθε εἰ προσήκει τῷ παιδὶ τῶν Ἁγνίου χρημάτων ἢ μή. Λαβὲ οὖν αὐτοῖς τοὺς νόμους· σὺ δ' ἀνάβηθι δεῦρο, ἐπειδὴ δεινὸς εἶ διαβάλλειν καὶ τοὺς νόμους διαστρέφειν. σὺ δ' ἀναγίγνωσκε. [ΝΟΜΟΙ.]

5 Ἐπίσχες. ἐρωτήσω σέ. ἀδελφός ἐσθ' ὁ παῖς Ἁγνίου, <ἢ> ἀδελφιδοῦς ἐξ ἀδελφοῦ ἢ ἐξ ἀδελφῆς γεγονώς, ἢ ἀνεψιός, ἢ ἐξ ἀνεψιοῦ πρὸς μητρὸς ἢ πρὸς πατρός; τί τούτων τῶν ὀνομάτων, οἷς ὁ νόμος τὴν ἀγχιστείαν δίδωσι; καὶ ὅπως μὴ ἐκεῖνο ἐρεῖς, ὅτι ἐμὸς ἀδελφιδοῦς. οὐ γὰρ περὶ τοῦ ἐμοῦ κλήρου νῦν ὁ λόγος ἐστί· ζῶ γάρ. εἰ δ' ἦν ἄπαις ἐγὼ τετελευτηκὼς καὶ ἠμφισβήτει τῶν ἐμῶν, τοῦτο ἂν προσήκοι ἀποκρίνασθαι ἐρωτωμένῳ. νῦν δὲ

τὸ γένος, πάλιν. § 5. Ἁγνίου, <ἢ> ἀδελφιδοῦς] ἢ is added by Taylor, Turr. Schb.—Ἁγνίου, ἀδελφιδοῦς Bk. Schöm. || ἂν προσήκοι] Bk. Turr.—ἂν προσῆκεν Schöm. Schb.—ἂν προσήκῃ

φῂς τῶν Ἀγνίου χρημάτων τὸ ἡμικλήριον εἶναι τοῦ παιδός· δεῖ δή σε τῆς ἀγχιστείας, ὅ τι ὁ παῖς Ἀγνίᾳ προσήκει, τὸ γένος εἰπεῖν. φράσον οὖν τουτοισί.

Αἰσθάνεσθε ὅτι οὐκ ἔχει τὴν συγγένειαν εἰπεῖν, 6 ἀλλ᾽ ἀποκρίνεται πάντα μᾶλλον ἢ ὃ δεῖ μαθεῖν ὑμᾶς. καίτοι τόν γε πράττοντά τι δίκαιον οὐ προσῆκεν ἀπορεῖν ἀλλ᾽ εὐθὺς λέγειν, καὶ μὴ μόνον τοῦτο ποιεῖν, ἀλλὰ καὶ διόμνυσθαι καὶ τοῦ γένους παρέχεσθαι μαρτυρίας, ἵνα μᾶλλον ἂν ἐπιστεύετο ὑφ᾽ ὑμῶν. νῦν δ᾽ ἐφ᾽ οἷς ἀπόκρισιν οὐ δέδωκεν, οὐ μάρτυρας παρέσχετο, οὐχ ὅρκον ὤμοσεν, οὐ νόμον ἀνέγνωκεν, οἴεται δεῖν ὑμᾶς, ὀμωμοκότας ψηφιεῖσθαι κατὰ τοὺς νόμους, αὐτῷ πειθομένους· ἐμοῦ καταγνῶναι ταύτην τὴν εἰσαγγελίαν παρὰ τοὺς νόμους· οὕτω σχέτλιος καὶ ἀναιδὴς ἄνθρωπός ἐστιν. ἀλλ᾽ οὐκ ἐγὼ ποιήσω τούτων οὐδέν, 7 ἀλλὰ καὶ τὸ γένος ἐρῶ τοὐμὸν καὶ ὅθεν μοι προσήκει τῆς κληρονομίας, καὶ τὸν παῖδα ἐπιδείξω καὶ τοὺς πρότερον ἀμφισβητήσαντας ἐμοὶ τοῦ κλήρου πάντας ἔξω τῆς ἀγχιστείας ὄντας, ὥσθ᾽ ὑμᾶς ὁμολογεῖν. ἀνάγκη δ᾽ ἐστὶν ἐξ ἀρχῆς τὰ συμβεβηκότα εἰπεῖν· ἐκ τούτων γὰρ γνώσεσθε τήν τε ἐμὴν ἀγχιστείαν καὶ ὅτι τούτοις οὐδὲν προσήκει τῆς κληρονομίας.

Ἐγὼ γὰρ καὶ Ἀγνίας, ὦ ἄνδρες, καὶ Εὐβουλί- 8 δης καὶ Στρατοκλῆς καὶ Στρατίος ὁ τῆς Ἀγνίου

A: ἂν προσήκει B, Z. See comment. § 6. παρέχεσθαι μαρτυρίας] παρέχεσθαι μάρτυρας Schb., with Cobet. ‖ μᾶλλον ἂν ἐπιστεύετο] Schb. omits ἂν, with Dobree and Cobet; Baiter,

μητρὸς ἀδελφὸς ἐξ ἀνεψιῶν ἐσμεν γεγονότες· καὶ γὰρ οἱ πατέρες ἡμῶν ἦσαν ἀνεψιοὶ ἐκ πατραδέλφων. Ἁγνίας οὖν, ὅτε ἐκπλεῖν παρεσκευάζετο πρεσβεύσων ἐπὶ ταύτας τὰς πράξεις αἳ τῇ πόλει συμφερόντως εἶχον, οὐκ ἐφ᾽ ἡμῖν τοῖς ἐγγύτατα γένους, εἴ τι πάθοι, τὰ ὄντα κατέλιπεν, ἀλλ᾽ ἐποιήσατο θυγατέρα αὑτοῦ ἀδελφιδῆν· εἰ δέ τι καὶ αὕτη πάθοι, Γλαύκωνι τὰ ὄντα ἐδίδου, ἀδελφῷ ὄντι ὁμομητρίῳ· καὶ ταῦτ᾽ ἐν διαθήκαις ἐνέγραψε.

9 χρόνων δὲ διαγενομένων μετὰ ταῦτα τελευτᾷ μὲν Εὐβουλίδης, τελευτᾷ δ᾽ ἡ θυγάτηρ ἣν ἐποιήσατο Ἁγνίας, λαμβάνει δὲ τὸν κλῆρον Γλαύκων κατὰ τὴν διαθήκην. ἡμεῖς δ᾽ οὐ πώποτ᾽ ἠξιώσαμεν ἀμφισβητῆσαι πρὸς τὰς ἐκείνου διαθήκας, ἀλλ᾽ ᾠόμεθα δεῖν περὶ τῶν αὑτοῦ τὴν ἐκείνου γνώμην εἶναι κυρίαν, καὶ τούτοις ἐνεμένομεν. ἡ δ᾽ Εὐβουλίδου θυγάτηρ μετὰ τῶν αὐτῇ συμπραττόντων λαγχάνει τοῦ κλήρου καὶ λαμβάνει νικήσασα τοὺς κατὰ τὴν διαθήκην ἀμφισβητήσαντας, ἔξω μὲν οὖσα τῆς ἀγχιστείας, ἐλπίσασα δ᾽, ὡς ἔοικεν, ἡμᾶς πρὸς αὐτὴν οὐκ ἀντιδικήσειν, ὅτι οὐδὲ πρὸς τὰς
10 διαθήκας ἠμφισβητήσαμεν. ἡμεῖς δέ, ἐγὼ καὶ Στράτιος καὶ Στρατοκλῆς, ἐπειδὴ τοῖς ἐγγύτατα γένους ἐγεγένητο ἐπίδικος ὁ κλῆρος, παρεσκευάζοντο ἅπαντες λαγχάνειν· πρὶν δὲ γενέσθαι τὰς λήξεις τῶν δικῶν ἡμῖν τελευτᾷ μὲν ὁ Στράτιος, τελευτᾷ δ᾽ ὁ Στρατοκλῆς, λείπομαι δ᾽ ἐγὼ μόνος *τῶν πρὸς πατρὸς ὢν ἀνεψιοῦ παῖς, ᾧ μόνῳ κατὰ

too, approves: but see comment. § 9. περὶ τῶν αὐτοῦ] περὶ τῶν αὑτοῦ Schb., on Baiter's conject. § 10. *τῶν πρὸς

τοὺς νόμους ἐγίγνετο ἡ κληρονομία, πάντων ἤδη τῶν ἄλλων ἐκλελοιπότων, οἳ ταὐτὸν ἐμοὶ τῇ συγγενείᾳ προσήκοντες ἐτύγχανον. τῷ δὲ γνώσεσθε 11 τοῦθ', ὅτι ἐμοὶ μὲν ἀγχιστεύειν, τοῖς δ' ἐξ ἐκείνων γεγονόσιν οὐκ ἦν, ἐν οἷς οὗτος ὁ παῖς ἦν; αὐτὸς ὁ νόμος δηλώσει. τὸ μὲν γὰρ εἶναι τὴν ἀγχιστείαν ἀνεψιοῖς πρὸς πατρὸς μέχρι ἀνεψιῶν παίδων ὁμολογεῖται παρὰ πάντων· εἰ δὲ μεθ' ἡμᾶς δίδωσι τοῖς ἡμετέροις παισί, τοῦτ' ἤδη σκεπτέον ἐστί. Λαβὲ οὖν αὐτοῖς τὸν νόμον καὶ ἀναγίνωσκε.

ΝΟΜΟΣ. Ἐὰν δὲ μηδεὶς ᾖ πρὸς πατρὸς μέχρι ἀνεψιῶν παίδων, τοὺς πρὸς μητρὸς κυρίους εἶναι κατὰ τὰ αὐτά.

Ἀκούετε, ὦ ἄνδρες, ὅτι ὁ νομοθέτης οὐκ εἶπεν, 12 ἐὰν μηδεὶς ᾖ πρὸς πατρὸς μέχρι ἀνεψιῶν παίδων, τοὺς τῶν ἀνεψιαδῶν εἶναι κυρίους, ἀλλὰ ἀπέδωκε τοῖς πρὸς μητρὸς τοῦ τελευτήσαντος, ἂν ἡμεῖς μὴ ὦμεν, τὴν κληρονομίαν ἤδη, ἀδελφοῖς καὶ ἀδελφαῖς καὶ παισὶ τοῖς τούτων καὶ τοῖς ἄλλοις, κατὰ ταὐτὰ καθάπερ καὶ ἐξ ἀρχῆς ἦν ὑπειρημένον· τοὺς δὲ ἡμετέρους παῖδας ἔξω τῆς ἀγχιστείας ἐποίησεν. οἷς δὲ μηδ' εἰ *καὶ τετελευτηκὼς ἦν ἐγὼ δίδωσιν ὁ νόμος τὴν Ἁγνίου κληρονομίαν, πῶς ἐμοῦ τε ζῶντος καὶ κατὰ τοὺς νόμους ἔχοντος οἴονται αὐ-

πατρὸς] τῶν Dobree conject., Schöm. Turr. Schb.—τοῦ πρὸς πατρὸς mss. Bk. § 12. μηδ' εἰ *καὶ τετελευτηκὼς ἦν ἐγώ] μηδ' εἰ τετελευτηκότες ὦσιν, ὡς ἐγώ mss. Bk. Turr.—Schöm., printing this, approves Reiske's emendation, εἰ καὶ τετελευτηκὼς ὦ ἐγώ: but, to make this tolerable, we must with Dobree change ὦ into ἦν.—μηδ' ἐὰν τετελευτηκὼς ὦ ἐγώ, Schb. The emendation εἰ—ἦν is decidedly better: see comment. Sauppe suggests, not happily, μηδὲ, κἂν τετελευτηκότες ὦσιν, οἷος ἐγώ.

13 τοῖς εἶναι τὴν ἀγχιστείαν; οὐδαμῶς δήπουθεν. ἀλλὰ μὴν εἰ τούτοις μὴ μέτεστιν, ὧν οἱ πατέρες ταὐτὸν ἐμοὶ προσῆκον, οὐδὲ τούτῳ τῷ παιδὶ γίγνεται· καὶ γὰρ ὁ τούτου πατὴρ ὁμοίως ἦν ἐκείνοις συγγενής. οὐκ οὖν δεινὸν ἐμοὶ μὲν διαρρήδην οὕτω τῶν νόμων δεδωκότων τὴν κληρονομίαν, τούτους δ' ἔξω τῆς ἀγχιστείας πεποιηκότων, τολμᾶν τουτονὶ συκοφαντεῖν, καὶ διαγωνίσασθαι μέν, ἡνίκ' ἐγὼ τοῦ κλήρου τὴν δίκην ἐλάγχανον, μὴ οἴεσθαι δεῖν μηδὲ παρακαταβάλλειν, οὗ περὶ τῶν τοιούτων εἴ τι δίκαιον εἶχεν εἰπεῖν διαγνωσθῆναι προσῆκεν, ἐπὶ δὲ τοῦ παιδὸς ὀνόματι πράγματ' ἐμοὶ παρέχειν καὶ περὶ τῶν μεγίστων εἰς κίνδυνον καθιστάναι;

14 καὶ περὶ μὲν τῶν ὁμολογουμένων εἶναι τοῦ παιδὸς χρημάτων μηδ' αἰτιᾶσθαί με, μηδ' ὥς τι εἴληφα ἔχειν εἰπεῖν (ἐφ' οἷς, εἴ τι αὐτῶν κακῶς διῴκουν ὥσπερ οὗτος, κρίνεσθαί μοι προσῆκεν), ἃ δ' ὑμεῖς ἐμὰ εἶναι ἐψηφίσασθε, τῷ βουλομένῳ δόντες ἐξουσίαν ἀμφισβητεῖν αὐτῶν, ἐπὶ τούτοις ἐμοὶ τοιούτους ἀγῶνας παρασκευάζειν καὶ εἰς τοῦτο ἀναισχυντίας ἥκειν;

15 Οἴομαι μὲν οὖν καὶ ἐκ τῶν ἤδη εἰρημένων γιγνώσκεσθαι ὑμῖν ὅτι οὔτ' ἀδικῶ τὸν παῖδα οὐδὲν οὔτ' ἔνοχός εἰμι ταύταις ταῖς αἰτίαις οὐδὲ κατὰ μικρόν· ἔτι δὲ ἀκριβέστερον ἡγοῦμαι καὶ ἐκ τῶν ἄλλων ὑμᾶς μαθήσεσθαι καὶ τὴν ἐμὴν ἐπιδικασίαν, ὡς γέγονεν, ἀκούσαντας περὶ αὐτῶν. ἐμοὶ γάρ, ὦ ἄνδρες, λαχόντι τοῦ κλήρου τὴν δίκην οὔτε οὗτος ὁ νῦν ἐμὲ εἰσαγγέλλων ᾠήθη δεῖν παρακαταβάλλειν ὑπὲρ τοῦ παιδός, οὔτε οἱ Στρατίου παῖδες οἱ αὐτὸ τῷ

παιδὶ προσήκοντες, *οὐδὲν δι' ἄλλο <ἢ ὅτι> οὐδὲν
αὐτοῖς ἐνόμιζον προσήκειν τούτων τῶν χρημάτων·
ἐπεὶ οὐδ' ἂν οὗτος νῦν ἐμοὶ πράγματα παρεῖχεν, εἰ 16
τὰ τοῦ παιδὸς εἴων ἁρπάζειν καὶ μὴ ἠναντιούμην
αὐτῷ. οὗτοι μὲν οὖν, ὥσπερ εἶπον, εἰδότες ὅτι
ἔξω ἦσαν τῆς ἀγχιστείας, οὐκ ἠμφισβήτουν ἀλλ'
ἡσυχίαν εἶχον· οἱ δ' ὑπὲρ τῆς Εὐβουλίδου θυγα-
τρὸς πράττοντες, τῆς τὸ αὐτὸ δικαίως τῷ Στρατίου
παιδὶ προσηκούσης, καὶ οἱ κύριοι τῆς Ἁγνίου
μητρὸς ἦσαν οἷοί τε πρὸς ἐμὲ ἀντιδικεῖν. εἰς 17
τοσαύτας δ' ἀπορίας κατέστησαν ὅ τι ἀντιγρά-
ψωνται περὶ τῆς ἀγχιστείας, ὥστε ἡ μὲν τὸν
κλῆρον ἔχουσα καὶ οἱ λέγοντες τὸ περὶ αὐτῆς
γένος, ἐπειδὴ κατεψεύσαντο, ῥᾳδίως ὑπ' ἐμοῦ τότε
ἐξηλέγχθησαν οὐκ ἀληθές τι γράψαι τολμήσαντες,
οἱ δ' ὑπὲρ τῆς Ἁγνίου μητρός, γένει μὲν ἐμοὶ
ταὐτὸ προσηκούσης (ἀδελφὴ γὰρ ἦν τοῦ Στρατίου)
νόμῳ δὲ ἀποκλειομένης, ὃς κελεύει κρατεῖν τοὺς
ἄρρενας, τοῦτο μὲν εἴασαν, οἰόμενοι δ' ἐμοῦ πλεο-
νεκτήσειν μητέρα εἶναι τοῦ τελευτήσαντος ἔγρα-

§ 15. *οὐδὲν δι' ἄλλο <ἢ ὅτι> οὐδὲν αὐτοῖς ἐνόμιζον προσή-
κειν] This is Schömann's correction of the corrupt reading
in the mss., οὔτε δι' ἄλλο οὐδὲν αὐτοῖς ἐνόμιζον προσήκειν. See
comment. § 16. δικαίως] Dobree and Schb. would omit
this word. Baiter conject. ἡσυχίαν εἶχον δικαίως· οἱ δ' κ.τ.λ.
But the vulgate is sound. The word δικαίως concedes that
there is a legitimate distinction between the daughter of
Eubulides and those persons who were ἔξω τῆς ἀγχιστείας. ||
τῷ Στρατίου παιδί] τῷ Στρατοκλέους παιδὶ Schb., on Schöm.'s
conject., who himself gives τῷ [Στρατίου] παιδί.—τοῖς Στρατίου
παισὶ Baiter conject. See comment. || ἦσαν οἷοί τε] Schb. errs
in giving ἦσαν οἷοι on his own conject. See comment. § 17.
οἱ λέγοντες τὸ περὶ αὐτῆς γένος, ἐπειδὴ κατεψεύσαντο] So Bk.
Schöm. Schb.—λέγοντες, τὸ περὶ αὐτῆς γένος ἐπειδὴ κατεψεύσαντο
Turr.—λέγοντες ὑπὲρ αὐτῆς, ἐπειδὴ τὸ γένος κατεψεύσαντο Reiske

184   SELECTIONS.

ψαν· ὃ συγγενέστατον μὲν ἦν τῇ φύσει πάντων, ἐν δὲ ταῖς ἀγχιστείαις ὁμολογουμένως οὐκ ἔστιν.
18 εἶτα *γραψάσης ἀνεψιοῦ *παιδὸς εἶναι, κἀκείνας ἐξήλεγξα οὐκ οὔσας ἐν ταῖς ἀγχιστείαις. οὕτως ἐπεδικασάμην παρ' ὑμῖν, καὶ αὐτῶν οὐκ ἴσχυσέ τι οὔτε τῇ τὸν κλῆρον ἐχούσῃ τὸ προνενικηκέναι τοὺς κατὰ διαθήκην ἀμφισβητήσαντας, οὔτε τῇ ἑτέρᾳ τὸ μητέρα εἶναι τοῦ τὸν κλῆρον καταλιπόντος, ἀλλ' οὕτως οἱ τότε δικάζοντες καὶ τὸ δίκαιον καὶ τοὺς ὅρκους περὶ πολλοῦ ἐποιήσαντο, ὥστ' ἐμοὶ τῷ κατὰ τοὺς νόμους ἀμφισβητοῦντι τὴν ψῆφον
19 ἤνεγκαν. καίτοι εἰ τὰς μὲν νενίκηκα τοῦτον τὸν τρόπον, ἐπιδείξας μηδὲν Ἁγνίᾳ κατ' ἀγχιστείαν προσηκούσας, οὗτος δὲ μὴ ἐτόλμησεν ἀντιδικῆσαι τῷ παιδὶ τοῦ ἡμικληρίου πρὸς *ἡμᾶς, οἱ δὲ Στρατίου παῖδες οἱ ταὐτὸν τούτῳ προσήκοντες μηδὲ νῦν ἀξιοῦσιν ἀντιδικῆσαι πρὸς ἐμὲ περὶ αὐτῶν, ἔχω δ' ἐγὼ τὸν κλῆρον ἐπιδικασάμενος παρ' ὑμῖν, ἐξελέγχω δὲ τοῦτον μηδέπω καὶ τήμερον ἔχοντ' εἰπεῖν ὅ τι ὁ παῖς Ἁγνίᾳ προσήκει κατ' ἀγχιστείαν, τί ἔτι δεῖ μαθεῖν ὑμᾶς ἢ τί ποθεῖτε ἀκοῦσαι περὶ τούτων; ἐγὼ μὲν γὰρ ὡς εὖ φρονοῦσιν ὑμῖν ἱκανὰ τὰ εἰρημένα νομίζω.

conject. § 18. εἶτα *γραψάσης ἀνεψιοῦ *παιδὸς εἶναι, κἀκείνας ἐξήλεγξα οὐκ οὔσας ἐν ταῖς ἀγχιστείαις. οὕτως ἐπεδικασάμην] I venture to think that the remedy for the corruption here is the simple change of γράψας...παῖδας into γραψάσης...παιδὸς. See comment.—εἶτα γράψας ἀνεψιοῦ παῖς εἶναι κἀκείνας ἐξελέγξας οὐκ οὔσας ἐν ταῖς ἀγχιστείαις, οὕτως ἐπεδικασάμην Schb., ταῖς for παῖδας being his own conject., and ἐξελέγξας for ἐξήλεγξα (with a comma instead of a full stop at ἀγχιστείαις) Reiske's. Sauppe proposes the same, only with παῖδά με instead of ταῖς. § 19. ἡμικληρίου πρὸς *ἡμᾶς] ἡμᾶς Reiske, Turr. Schb.—ὑμᾶς mss. Bk. Schöm.

III. ΠΕΡΙ ΤΟΥ ΚΙΡΩΝΟΣ ΚΛΗΡΟΥ.

[Or. VIII.—About 375 B.C.]

§§ 1—42.

Ἐπὶ τοῖς τοιούτοις, ὦ ἄνδρες, ἀνάγκη ἐστὶ χαλεπῶς φέρειν, ὅταν τινὲς μὴ μόνον τῶν ἀλλοτρίων ἀμφισβητεῖν τολμῶσιν, ἀλλὰ καὶ τὰ ἐκ τῶν νόμων δίκαια τοῖς σφετέροις αὐτῶν λόγοις ἀφανίζειν ἐλπίζωσιν· ὅπερ καὶ νῦν οὗτοι ποιεῖν ἐγχειροῦσι. τοῦ γὰρ ἡμετέρου πάππου Κίρωνος οὐκ ἄπαιδος τελευτήσαντος, ἀλλ᾿ ἡμᾶς ἐκ θυγατρὸς αὐτοῦ γνησίας παῖδας αὐτῷ καταλελοιπότος, οὗτοί τε τοῦ κλήρου λαγχάνουσιν ὡς ἐγγυτάτω γένους ὄντες, ἡμᾶς τε ὑβρίζουσιν ὡς οὐκ ἐξ ἐκείνου θυγατρὸς ὄντας, *οὐδὲ γενομένης αὐτῷ πώποτε τὸ παράπαν. αἴτιον δὲ τοῦ ταῦτα ποιεῖν αὐτούς ἐστιν ἡ 2 τούτων πλεονεξία, τό ⟨τε⟩ πλῆθος τῶν χρημάτων ὧν Κίρων μὲν καταλέλοιπεν, οὗτοι δ᾿ ἔχουσι βιασάμενοι καὶ κρατοῦσι· καὶ τολμῶσιν ἅμα μὲν λέγειν ὡς οὐδὲν καταλέλοιπεν ἐκεῖνος, ἅμα δὲ ποιεῖσθαι τοῦ κλήρου τὴν ἀμφισβήτησιν. τὴν μὲν οὖν 3 κρίσιν οὐ δεῖ μοι νομίζειν εἶναι ταύτην πρὸς τὸν εἰληχότα τοῦ κλήρου τὴν δίκην, ἀλλὰ πρὸς Διοκλέα τὸν Φλυέα, τὸν Ὀρέστην ἐπικαλούμενον· οὗτος γάρ ἐστιν ὁ τοῦτον παρασκευάσας πράγμαθ᾿ ἡμῖν παρέχειν, ἀποστερῶν τὰ χρήματα ἃ Κίρων ὁ

III. § 1. *οὐδὲ γενομένης] οὐδὲ Reiske, Turr. Schb.—οὔτε (a solecism) mss. Bk. Schöm. § 2. τό ⟨τε⟩ πλῆθος] τε is supplied by Turr.—τὸ πλῆθος mss. Bk.—καὶ τὸ πλῆθος Schöm.

πάππος ἀποθνήσκων κατέλιπεν, ἡμῖν δὲ τούτους
τοὺς κινδύνους ἐπάγων, ἵνα μηδὲν ἀποδιδῷ τούτων,
ἐὰν ὑμεῖς ἐξαπατηθῆτε πεισθέντες ὑπὸ τῶν τούτου
4 λόγων. δεῖ δὴ τούτων τοιαῦτα μηχανωμένων
πάνθ' ὑμᾶς τὰ πεπραγμένα μαθεῖν, ἵνα μηδὲν
ἀγνοήσαντες τῶν γεγενημένων ἀλλὰ σαφῶς εἰδό-
τες περὶ αὐτῶν οὕτως ἐνέγκητε τὴν ψῆφον. εἴ
τινι οὖν καὶ ἄλλῃ πώποτε δίκῃ προσέσχετε ἀκρι-
βῶς τὸν νοῦν, δέομαι ὑμῶν καὶ ταύτῃ προσέχειν
ὁμοίως, ὥσπερ καὶ τὸ δίκαιόν ἐστι. πολλῶν δὲ
δικῶν ἐν τῇ πόλει γενομένων οὐδένες ἀναιδέστερον
τούτων οὐδὲ καταφανέστερον ἀντιποιησάμενοι φα-
5 νήσονται τῶν ἀλλοτρίων. ἔστι μὲν οὖν χαλεπόν,
ὦ ἄνδρες, πρὸς παρασκευὰς λόγων καὶ μάρτυρας
οὐ τἀληθῆ μαρτυροῦντας εἰς ἀγῶνα καθίστασθαι
περὶ τηλικούτων, παντάπασιν ἀπείρως ἔχοντα δι-
καστηρίων· οὐ μὴν ἀλλὰ πολλὰς ἐλπίδας ἔχω
καὶ παρ' ὑμῶν τεύξεσθαι τῶν δικαίων καὶ μέχρι
γε τοῦ τὰ δίκαια εἰπεῖν καὶ αὐτὸς ἀρκούντως ἐρεῖν,
ἂν μή τι συμβῇ τοιοῦτον ὃ νῦν ὑπ' ἐμοῦ τυγχάνει
προσδοκώμενον. δέομαι οὖν ὑμῶν, ὦ ἄνδρες, μετ'
εὐνοίας τέ μου ἀκοῦσαι, κἂν ἠδικῆσθαι δοκῶ, βοη-
θῆσαί μοι τὰ δίκαια.

6 Πρῶτον μὲν οὖν, ὡς ἦν ἡ μήτηρ ἡ 'μὴ Κίρωνος
θυγάτηρ γνησία, ἐπιδείξω τοῦτο ὑμῖν, τὰ μὲν
πάλαι γεγενημένα λόγων ἀκοῇ καὶ μαρτύρων, τὰ
δ' ὥστε καὶ μνημονεύεσθαι, τοῖς εἰδόσι χρώμενος
μάρτυσιν, ἔτι δὲ τεκμηρίοις ἃ κρείττω τῶν μαρτυ-
ριῶν ἐστιν· ἐπειδὰν δὲ ταῦτα φανερὰ καταστήσω,

Schb. § 6. ἡ 'μὴ] A, B, Turr. Schb.—ἡ ἐμὴ Z, Bk. Schöm.

τόθ' ὡς καὶ κληρονομεῖν μᾶλλον ἡμῖν ἢ *τούτοις προσήκει τῶν Κίρωνος χρημάτων. ὅθεν οὖν ἤρξαντο περὶ αὐτῶν, ἐντεῦθεν ὑμᾶς κἀγὼ πειράσομαι διδάσκειν.

Ὁ γὰρ πάππος ὁ ἐμός, ὦ ἄνδρες, Κίρων ἔγημε 7 τὴν ἐμὴν τήθην οὖσαν ἀνεψιάν, ἐξ ἀδελφῆς τῆς αὐτοῦ μητρὸς αὐτὴν γεγενημένην. ἐκείνη μὲν οὖν συνοικήσασα οὐ πολὺν χρόνον, τεκοῦσα αὐτῷ τὴν ἐμὴν μητέρα, μετὰ ἐνιαυτοὺς *τέτταρας τὸν βίον ἐτελεύτησεν· ὁ δὲ πάππος μιᾶς μόνης οὔσης αὐτῷ θυγατρὸς λαμβάνει πάλιν τὴν Διοκλέους ἀδελφήν, ἐξ ἧς αὐτῷ ἐγιγνέσθην υἱεῖς δύο. καὶ ἐκείνην τε ἔτρεφε παρὰ τῇ γυναικὶ καὶ μετὰ τῶν ἐξ ἐκείνης παίδων, ἐκείνων τε ἔτι ζώντων, ἐπεὶ συνοικεῖν 8 εἶχεν ἡλικίαν, ἐκδίδωσιν αὐτὴν Ναυσιμένει Χολαργεῖ, σὺν ἱματίοις καὶ χρυσίοις πέντε καὶ εἴκοσι μνᾶς ἐπιδούς. κἀκεῖνος μὲν τρισὶν ἢ τέτταρσιν ἔτεσι μετὰ ταῦτα κάμνων ἀποθνήσκει, πρὶν αὐτῷ γενέσθαι παῖδας ἐκ τῆς ἡμετέρας μητρός· ὁ δὲ πάππος κομισάμενος αὐτήν, καὶ τὴν προῖκα οὐκ ἀπολαβὼν ὅσην ἔδωκε διὰ τὴν Ναυσιμένους ἀπορίαν τῶν πραγμάτων, πάλιν ἐκδίδωσι τῷ ἐμῷ πατρὶ καὶ χιλίας δραχμὰς προῖκ' ἐπιδίδωσι. ταυτὶ 9 δὴ πάντα πρὸς τὰς αἰτίας ἃς νῦν οὗτοι λέγουσι

ἡμῖν ἢ *τούτοις] As Schb. saw, the τούτον of the mss. should be τούτοις: cp. § 45, προσήκει ὑμῖν μᾶλλον ἢ τούτοις κληρονομεῖν. § 7. τῆς αὐτοῦ μητρὸς] αὐτοῦ Baiter, Turr. Schb.—αὐτοῦ Bk. Schöm. || *τέτταρας] τριάκοντα mss. Bk. Schöm. Turr.— Dobree conjectured τέτταρας, suggesting that λ' had been written by mistake for δ', and so Schb. reads. Reiske and Sir W. Jones had already proposed to substitute τρεῖς for τριάκοντα. || ἐγιγνέσθην] B, Z, Turr. Schb.—γιγνέσθην A, whence

πῶς ἄν τις δείξειε γεγενημένα φανερῶς; ἐγὼ ζητῶν ἐξηῦρον. ἀνάγκη τὴν ἐμὴν μητέρα, εἴτε θυγάτηρ ἦν Κίρωνος εἴτε μή, καὶ εἰ παρ' ἐκείνῳ διῃτᾶτο ἢ οὔ, καὶ γάμους εἰ διττοὺς ὑπὲρ ταύτης εἱστίασεν ἢ μή, καὶ προῖκα ἥντινα ἑκάτερος ἐπ' αὐτῇ τῶν γημάντων ἔλαβε, πάντα ταῦτα εἰδέναι τοὺς οἰκέτας

10 καὶ τὰς θεραπαίνας ἃς ἐκεῖνος ἐκέκτητο. βουλόμενος οὖν πρὸς τοῖς ὑπάρχουσι μάρτυσιν ἔλεγχον ἐκ βασάνων ποιήσασθαι περὶ αὐτῶν, ἵνα μᾶλλον αὐτοῖς πιστεύητε μὴ μέλλουσι δώσειν ἔλεγχον ἀλλ' ἤδη δεδωκόσι περὶ ὧν μαρτυροῦσι, τούτους ἠξίουν ἐκδοῦναι τὰς θεραπαίνας καὶ τοὺς οἰκέτας περί τε τούτων καὶ περὶ τῶν ἄλλων ἁπάντων ὅσα

11 τυγχάνουσι συνειδότες. οὗτος δ' ὁ νῦν ὑμᾶς ἀξιώσων τοῖς αὐτοῦ μάρτυσι πιστεύειν ἔφυγε τὴν βάσανον. καίτοι εἰ φανήσεται ταῦτα ποιῆσαι μὴ θελήσας, τί ὑπολείπεται τοῖς ἐκείνου μάρτυσιν ἢ δοκεῖν νυνὶ τὰ ψευδῆ μαρτυρεῖν, τούτου τηλικοῦτον ἔλεγχον πεφευγότος; ἐγὼ μὲν οἶμαι οὐδέν. Ἀλλὰ μὴν ὡς ἀληθῆ λέγω, λαβέ μοι πρῶτον ταύτην τὴν μαρτυρίαν καὶ ἀνάγνωθι. [ΜΑΡΤΥΡΙΑ.]

12 Ὑμεῖς μὲν τοίνυν καὶ ἰδίᾳ καὶ δημοσίᾳ βάσανον ἀκριβέστατον ἔλεγχον νομίζετε· καὶ ὁπόταν δοῦλοι καὶ ἐλεύθεροι παραγένωνται καὶ δέῃ εὑρεθῆναί τι τῶν ζητουμένων, οὐ χρῆσθε ταῖς τῶν ἐλευθέρων μαρτυρίαις, ἀλλὰ τοὺς δούλους βασανίζοντες οὕτω ζητεῖτε εὑρεῖν τὴν ἀλήθειαν τῶν γεγε-

Bk. and Schöm. γίγνεσθον. § 9. ἢ οὔ] 'malim abesse,' Baiter: Schb. brackets them. ‖ εἰ διττοὺς] εἰ, which A (1st hand) omits, is bracketed by Schb. § 11. μὴ θελήσας] μὴ

νημένων. εἰκότως, ὦ ἄνδρες· σύνιστε γὰρ ὅτι τῶν μὲν μαρτυρησάντων ἤδη τινὲς ἔδοξαν οὐ τἀληθῆ μαρτυρῆσαι, τῶν δὲ βασανισθέντων οὐδένες πώποτε ἐξηλέγχθησαν ὡς οὐκ ἀληθῆ ἐκ τῶν βασάνων εἰπόντες. οὗτος δ' ὁ πάντων ἀναισχυντότατος 13 ἀνθρώπων λόγοις πεπλασμένοις καὶ μάρτυσιν οὐ τἀληθῆ μαρτυροῦσιν ἀξιώσει πιστεύειν ὑμᾶς, φεύγων οὕτως ἀκριβεῖς ἐλέγχους; ἀλλ' οὐχ ἡμεῖς, ἀλλὰ πρότερον ὑπὲρ τῶν μαρτυρηθήσεσθαι μελλόντων ἀξιώσαντες εἰς βασάνους ἐλθεῖν, *τούτου δὲ φεύγοντος, οὕτως οἰησόμεθα δεῖν ὑμᾶς τοῖς ἡμετέροις μάρτυσι πιστεύειν. Λαβὲ οὖν αὐτοῖς ταυτασὶ τὰς μαρτυρίας καὶ ἀνάγνωθι. [ΜΑΡΤΥΡΙΑΙ.]

Τίνας εἰκὸς εἰδέναι τὰ παλαιά; δῆλον ὅτι τοὺς 14 χρωμένους τῷ πάππῳ. μεμαρτυρήκασι τοίνυν ἀκοὴν οὗτοι. τίνας εἰδέναι τὰ περὶ τὴν ἔκδοσιν τῆς μητρὸς ἀνάγκη; τοὺς ἐγγυησαμένους καὶ τοὺς ἐκείνοις παρόντας ὅτε ἠγγυῶντο. μεμαρτυρήκασι τοίνυν οἵ τε Ναυσιμένους προσήκοντες καὶ οἱ τοῦ ἐμοῦ πατρός. τίνες δὲ οἱ τρεφομένην ἔνδον καὶ θυγατέρα οὖσαν εἰδότες γνησίαν Κίρωνος; οἱ νῦν ἀμφισβητοῦντες ἔργῳ φανερῶς μαρτυροῦσιν ὅτι ταῦτ' ἐστὶν ἀληθῆ, φεύγοντες τὴν βάσανον. ὥστε οὐ δήπου τοῖς ἡμετέροις ἂν ἀπιστήσαιτε εἰκότως, ἀλλὰ πολὺ μᾶλλον τοῖς τούτων μάρτυσιν.

'θελήσας Baiter conject. § 13. *τούτου δὲ φεύγοντος] Turr., on the conject. of A. Voigtlaender.—τούτους δὲ φεύγοντας mss. Bk. Schöm. Schb. The two latter indicate a lacuna, which Reiske proposed to fill up by inserting ἐπιδείξαντες after φεύγοντας. Stephanus conject. ἀξιώσαντες εἰς βασάνους ἐλθεῖν τούτους δὴ τοὺς φεύγοντας, which, as Schöm. says (p. 386), 'placere

15 Ἡμεῖς τοίνυν καὶ ἄλλα τεκμήρια πρὸς τούτοις ἔχομεν εἰπεῖν, *ἃ <μαθόντες> γνώσεσθε ὅτι ἐκ θυγατρὸς ἡμεῖς Κίρωνος ἐσμέν. οἷα γὰρ εἰκὸς παίδων *ὄντων ἐξ ἑαυτοῦ θυγατρός, οὐδεπώποτε θυσίαν ἄνευ ἡμῶν οὐδεμίαν ἐποίησεν, ἀλλ' εἴ τε μικρὰ εἴ τε μεγάλα θύοι, πανταχοῦ παρῆμεν ἡμεῖς καὶ συνεθύομεν. καὶ οὐ μόνον εἰς τὰ τοιαῦτα παρεκαλούμεθα, ἀλλὰ καὶ εἰς Διονύσια εἰς ἀγρὸν
16 ἦγεν ἀεὶ ἡμᾶς, καὶ μετ' ἐκείνου τε ἐθεωροῦμεν καθήμενοι παρ' αὐτόν, καὶ τὰς ἑορτὰς ἤγομεν παρ' ἐκεῖνον πάσας· τῷ Διί τε θύων τῷ Κτησίῳ, περὶ ἣν μάλιστ' ἐκεῖνος θυσίαν ἐσπούδαζε καὶ οὔτε δούλους προσῆγεν οὔτε ἐλευθέρους ὀθνείους, ἀλλ' αὐτὸς δι' ἑαυτοῦ πάντ' ἐποίει, ταύτης ἡμεῖς ἐκοινωνοῦμεν καὶ τὰ ἱερὰ συνεχειρουργοῦμεν καὶ *συνεπετίθεμεν καὶ τἆλλα συνεποιοῦμεν, καὶ ηὔχετο ἡμῖν ὑγίειαν διδόναι καὶ κτῆσιν ἀγαθήν, ὥσπερ
17 εἰκὸς ὄντα πάππον. καίτοι εἰ μὴ θυγατριδοῦς ἡμᾶς ἐνόμιζεν εἶναι καὶ μόνους ἐκγόνους ἑώρα λοιποὺς καταλελειμμένους αὐτῷ, οὐκ ἄν ποτε ἐποίει τούτων οὐδέν, ἀλλὰ τόνδ' ἂν αὐτῷ παρίστατο, ὃς ἀδελφιδοῦς αὐτοῦ νῦν εἶναι φησί. καὶ

nemini potest.' § 15. *ἃ <μαθόντες> γνώσεσθε] ἵνα γνώσεσθε mss.,—a solecism. I adopt Dobree's suggestion, that a partic. has fallen out before γνώσεσθε, and that ἵνα then arose through ἃ being connected with the last two letters of εἰπεῖν (ΕΙΠΕΙΝΑ). Bekker conjectures οἷς, which would not account for ἵνα. ‖ παίδων *ὄντων] The corrupt παίδων υἱέων is given by B, Z, Δ (corrector), Turr.— υἱέων (without παίδων) Α 1st hand.— πάππου υἱέων E, Aldine.— πάππον υἱέων Reiske conject., Bk. Schöm. Schb. I accept Sauppe's conjecture ὄντων as at least restoring the sense, but suspect that the fault really lies deeper. See comment. § 16. *συνεπετίθεμεν] Schb. on his own conject., rightly.— συνετίθεμεν mss. Bk.

ταῦθ᾽ ὅτι ἀληθῆ πάντ᾽ ἐστίν, ἀκριβέστατα μὲν οἱ τοῦ πάππου θεράποντες ἴσασιν, οὓς *οὗτος παραδοῦναι εἰς βάσανον οὐκ ἠθέλησεν, ἴσασι δὲ περιφανέστατα καὶ τῶν ἐκείνῳ χρωμένων τινές, οὓς παρέξομαι μάρτυρας. Καί μοι λαβὲ τὰς μαρτυρίας καὶ ἀνάγνωθι. [ΜΑΡΤΥΡΙΑΙ.]

Οὐ τοίνυν ἐκ τούτων δῆλόν ἐστι μόνον ὅτι ἦν 18 ἡμῶν ἡ μήτηρ θυγάτηρ γνησία Κίρωνος, ἀλλὰ καὶ ἐξ ὧν ὁ πατὴρ ἡμῶν ἔπραξε καὶ ἐξ ὧν αἱ γυναῖκες αἱ τῶν δημοτῶν περὶ αὐτῆς ἐγίγνωσκον. ὅτε γὰρ ὁ πατὴρ αὐτὴν ἐλάμβανε, γάμους εἱστίασε καὶ ἐκάλεσε τρεῖς αὑτοῦ φίλους μετὰ τῶν αὑτοῦ προσηκόντων, τοῖς τε φράτορσι γαμηλίαν εἰσήνεγκε κατὰ τοὺς ἐκείνων νόμους. αἵ τε γυναῖκες αἱ τῶν 19 δημοτῶν μετὰ ταῦτα προὔκριναν αὐτὴν μετὰ τῆς Διοκλέους γυναικὸς τοῦ Πιτθέως ἄρχειν εἰς τὰ Θεσμοφόρια καὶ ποιεῖν τὰ νομιζόμενα μετ᾽ ἐκείνης. ὅ τε πατὴρ ἡμῶν, ἐπειδὴ ἐγενόμεθα, εἰς τοὺς φράτορας ἡμᾶς εἰσήγαγεν, ὀμόσας κατὰ τοὺς νόμους τοὺς κειμένους ἦ μὴν ἐξ ἀστῆς καὶ ἐγγυητῆς γυναικὸς εἰσάγειν· τῶν δὲ φρατόρων οὐδεὶς ἀντεῖπεν οὐδ᾽ ἠμφισβήτησε μὴ οὐκ ἀληθῆ ταῦτ᾽ εἶναι, πολλῶν ὄντων καὶ ἀκριβῶς τὰ τοιαῦτα σκοπουμένων. καίτοι μὴ οἴεσθ᾽ ἄν, εἰ τοιαύτη τις ἦν ἡ μήτηρ 20 ἡμῶν οἵαν οὗτοί φασι, μήτ᾽ ἂν τὸν πατέρα ἡμῶν γάμους ἑστιᾶν καὶ γαμηλίαν εἰσενεγκεῖν, ἀλλὰ ἀποκρύψασθαι ταῦτα πάντα, μήτε τὰς τῶν ἄλλων

Schöm. Turr. § 17. οὗτος] Dobree conject., Schb.—αὐτὸς mss. Bk. Schöm. Turr. See comment. § 18. μόνον] μόνων Z, Bk. Schöm. § 19. Πιτθέως] Reiske, Bk. Schöm. Turr. Schb.—πιτέως (or πίτεως) mss.—Sauppe would prefer Πιθέως.

δημοτῶν γυναῖκας αἱρεῖσθαι ἂν αὐτὴν συνιεροποιεῖν τῇ Διοκλέους γυναικὶ καὶ κυρίαν ποιεῖν ἱερῶν, ἀλλ' ἑτέρᾳ ἄν τινι περὶ τούτων ἐπιτρέπειν, μήτε τοὺς φράτορας εἰσδέχεσθαι ἡμᾶς, ἀλλὰ κατηγορεῖν καὶ ἐξελέγχειν, εἰ μὴ πάντοθεν ἦν ὁμολογούμενον τὴν μητέρα ἡμῶν εἶναι θυγατέρα γνησίαν Κίρωνος· νῦν δὲ τῇ περιφανείᾳ τοῦ πράγματος καὶ τῷ συνειδέναι ταῦτα πολλοὺς οὐδαμόθεν ἠμφισβητήθη τοιοῦτον οὐδέν. Καὶ ταῦθ' ὡς ἀληθῆ λέγω, κάλει τούτων τοὺς μάρτυρας. [ΜΑΡΤΥΡΕΣ.]

21 Ἔτι τοίνυν, ὦ ἄνδρες, καὶ ἐξ ὧν ὁ Διοκλῆς ἔπραξεν ὅτε ἡμῶν ὁ πάππος ἐτελεύτησε γνῶναι ῥᾴδιον ὅτι ὡμολογούμεθα εἶναι θυγατριδοῖ Κίρωνος. ἧκον γὰρ ἐγὼ κομιούμενος αὐτὸν ὡς θάψων ἐκ τῆς οἰκίας τῆς ἐμαυτοῦ, τῶν ἐμαυτοῦ οἰκείων τινὰ ἔχων, ἀνεψιὸν τοῦ πατρός· καὶ Διοκλέα μὲν οὐ κατέλαβον ἔνδον, εἰσελθὼν δὲ εἴσω κομίζειν

22 οἷος ἦν, ἔχων τοὺς οἴσοντας. δεομένης δὲ τῆς τοῦ πάππου γυναικὸς ἐκ τῆς οἰκίας αὐτὸν ἐκείνης θάπτειν, καὶ λεγούσης ὅτι βούλοιτ' ἂν αὐτὴ τὸ σῶμα τὸ ἐκείνου συμμεταχειρίζεσθαι μεθ' ἡμῶν καὶ κοσμῆσαι, καὶ ταῦτα ἱκετευούσης καὶ κλαιούσης, ἐπείσθην, ὦ ἄνδρες, καὶ τούτῳ προσελθὼν μαρτύρων ἐναντίον εἶπον ὅτι ἐντεῦθεν ποιήσομαι τὴν ταφήν· δεδεημένη γὰρ εἴη ταῦτα ποιεῖν ἡ τούτου ἀδελφή.

23 καὶ ταῦτα Διοκλῆς ἀκούσας οὐδὲν ἀντεῖπεν, ἀλλὰ καὶ ἐωνῆσθαί τι τῶν εἰς τὴν ταφήν, τῶν δὲ ἀρραβῶνα δεδωκέναι οὗτος φάσκων ταῦτα ἠξίου παρ' ἐμοῦ λαβεῖν, καὶ διωμολογήσατο τῶν μὲν ἠγορασμένων τιμὴν ἀπολαβεῖν, ὧν δὲ ἀρραβῶνα ἔφασκε

δεδωκέναι, συστῆσαι τοὺς λαβάντας. εὐθὺς οὖν τοῦτο παρεφθέγγετο, ὡς οὐδ' ὁτιοῦν εἴη Κίρων καταλελοιπώς, οὐδένα λόγον ἐμοῦ πω ποιουμένου περὶ τῶν ἐκείνου χρημάτων. καίτοι εἰ μὴ ἦν 24 θυγατριδοῦς Κίρωνος, οὐκ ἂν ταῦτα διωμολογεῖτο, ἀλλ' ἐκείνους ἂν τοὺς λόγους ἔλεγε, σὺ δὲ τίς εἶ; σοὶ δὲ τί προσήκει θάπτειν; οὐ γιγνώσκω σε· οὐ μὴ *εἴσει <εἰς> τὴν οἰκίαν. ταῦτ' εἰπεῖν προσῆκεν, ἅπερ νῦν ἑτέρους πέπεικε λέγειν. νῦν δὲ τοιοῦτον μὲν οὐδὲν εἶπεν, εἰς ἕω δὲ τἀργύριον ἐκέλευεν εἰσενεγκεῖν. Καὶ ταῦτα ὡς ἀληθῆ λέγω, κάλει μοι τούτων τοὺς μάρτυρας. [ΜΑΡΤΥΡΕΣ.]

Οὐ τοίνυν ἐκεῖνος μόνος, ἀλλ' οὐδὲ ὁ νῦν ἀμ- 25 φισβητῶν τοῦ κλήρου τοιοῦτον εἶπεν οὐδέν, ἀλλ' ὑπὸ τούτου παρασκευασθεὶς ἀμφισβητεῖ. κἀκείνου τὸ μὲν παρ' ἐμοῦ κομισθὲν ἀργύριον οὐκ ἐθελήσαντος ἀπολαβεῖν, παρὰ τούτου δ' ἀπειληφέναι τῇ ὑστεραίᾳ φάσκοντος, οὐκ ἐκωλυόμην συνθάπτειν ἀλλὰ πάντα συνεποίουν· οὐχ ὅπως τοῦδε ἀναλίσκοντος οὐδὲ Διοκλέους, ἀλλ' ἐξ ὧν ἐκεῖνος κατέλιπε γιγνομένων τῶν εἰς αὐτὸν ἀναλωμάτων. καίτοι καὶ τούτῳ προσῆκεν, εἰ μὴ πάππος ἦν μοι 26 Κίρων, ὠθεῖν <καὶ> ἐκβάλλειν καὶ κωλύειν συνθάπτειν. οὐδὲν γὰρ ὅμοιον ἦν μοι πρὸς τοῦτον· ἐγὼ μὲν γὰρ εἴων αὐτὸν ἀδελφιδοῦν ὄντα τοῦ πάππου ταῦτα πάντα συμποιεῖν, τούτῳ δ' ἔμ' οὐ προσῆκεν ἐᾶν, εἴπερ ἀληθῆ ταῦτα ἦν ἅπερ νῦν λέγειν τολμῶ-

§ 24. οὐ μὴ *ἄσει <εἰς> τὴν οἰκίαν] Bk. conject., Turr. Schb.— οὐ μὴ εἰσίῃς τὴν οἰκίαν mss., Bk. in Berlin text, Schöm. § 26. <καὶ> ἐκβάλλειν] καὶ, rightly supplied by Schb., is absent from the mss., and from the texts of

27 σιν. ἀλλ' οὕτω τῇ τοῦ πράγματος ἀληθείᾳ κατεπέπληκτο, ὥστ' οὐδ' ἐπὶ τοῦ *μνήματος ἐμοῦ ποιουμένου λόγους, καὶ κατηγοροῦντος Διοκλέους ὅτι τὰ χρήματα ἀποστερῶν τοῦτόν μοι πέπεικεν ἀμφισβητεῖν, οὐκ ἐτόλμησε *γρῦξαι τὸ παράπαν οὐδὲν οὐδ' εἰπεῖν ἃ νῦν τολμᾷ λέγειν. Καὶ ταῦθ' ὅτι ἀληθῆ λέγω, κάλει μοι τούτων τοὺς μάρτυρας.
[ΜΑΡΤΥΡΕΣ.]

28 Πόθεν χρὴ πιστεύεσθαι τὰ εἰρημένα; οὐκ ἐκ τῶν μαρτυριῶν; οἶμαί γε. πόθεν δὲ τοὺς μάρτυρας; οὐκ ἐκ τῶν βασάνων; εἰκός γε. πόθεν δ' ἀπιστεῖν τοῖς τούτων λόγοις; οὐκ ἐκ τοῦ φεύγειν τοὺς ἐλέγχους; ἀνάγκη μεγάλη. πῶς οὖν ἄν τις σαφέστερον ἐπιδείξειε γνησίαν οὖσαν θυγατέρα Κίρωνος τὴν μητέρα τὴν ἐμὴν ἢ τοῦτον τὸν τρόπον

29 ἐπιδεικνύς, τῶν μὲν παλαιῶν ἀκοὴν μαρτυρούντων παρεχόμενος, τῶν δὲ ἔτι ζώντων τοὺς εἰδότας ἕκαστα τούτων, οἳ συνῄδεσαν παρ' ἐκείνῳ τρεφομένην, θυγατέρα νομιζομένην, δὶς ἐκδοθεῖσαν, δὶς ἐγγυηθεῖσαν, ἔτι δὲ περὶ πάντων τούτους βάσανον ἐξ οἰκετῶν πεφευγότας, οἳ ταῦτα πάντα ᾔδεσαν; *ἔγωγε μὰ τοὺς θεοὺς τοὺς Ὀλυμπίους οὐκ ἂν

Bk. Turr. Schöm. § 27. κατεπέπληκτο] Z, Schb.—καταπέπληκται vulg. ‖ *μνήματος] Schöm. on his own conject., Turr. Schb.—βήματος mss. Bk. See comment. ‖ *γρῦξαι] Due to Stephanus, who wrote γρύξαι, as do also Bk. Turr. Schöm.—γρῦξαι Cobet, Schb.—ἐρῦξαι mss. § 28. τὰ εἰρημένα] Reiske adds πρὸς θεῶν after εἰρημένα, quoting Dionys. De Isaeo c. 12, Bk.—Schöm. (p. 391) points out that it is uncertain whether Dionys. is there citing our passage, or some other of Isaeus, and that therefore there is no sufficient ground for the addition. § 29. ᾔδεσαν; *ἔγωγε] ἔγωγε Dobree conject.—ᾔδεσαν, ἔγωγε Schb.—ᾔδεσαν. ἐγὼ δὲ mss. Bk. Turr. Schöm.

ἔχοιμι πίστεις μείζους τούτων εἰπεῖν, ἀλλ' ἱκανὰς εἶναι νομίζω τὰς εἰρημένας.

Φέρε δή, καὶ ὡς προσήκει ἐμοὶ μᾶλλον ἢ τούτῳ 30 τῶν Κίρωνος χρημάτων, νῦν ἤδη τοῦτο ἐπιδείξω. καὶ νομίζω μὲν ἁπλῶς καὶ ὑμῖν ἤδη εἶναι φανερὸν ὅτι οὐκ ἐγγυτέρω τῆς ἀγχιστείας εἰσὶν οἱ μετ' ἐκείνου φύντες ἢ οἱ ἐξ ἐκείνου γεγονότες· πῶς γάρ; οἱ μὲν γὰρ ὀνομάζονται συγγενεῖς, οἱ δ' ἔκγονοι τοῦ τελευτήσαντος· οὐ μὴν ἀλλ' ἐπειδὴ καὶ οὕτως ἐχόντων τολμῶσιν ἀμφισβητεῖν, καὶ ἐξ αὐτῶν τῶν νόμων ἀκριβέστερον διδάξομεν. εἰ 31 γὰρ ἔζη μὲν ἡ ἐμὴ μήτηρ, θυγάτηρ δὲ Κίρωνος, μηδὲν δὲ ἐκεῖνος διαθέμενος ἐτελεύτησεν, ἦν δὲ ἀδελφὸς οὗτος αὐτῷ, μὴ ἀδελφιδοῦς, συνοικῆσαι μὲν ἂν τῇ γυναικὶ κύριος ἦν, τῶν δὲ χρημάτων οὐκ ἄν, ἀλλ' οἱ γενόμενοι παῖδες ἐκ τούτου καὶ ἐξ ἐκείνης, ὁπότε ἐπὶ διετὲς ἥβησαν· οὕτω γὰρ οἱ νόμοι κελεύουσιν. εἰ τοίνυν καὶ ζώσης κύριος αὐτὸς μὴ ἐγένετο τῶν τῆς γυναικός, ἀλλ' οἱ παῖδες, δῆλον ὅτι καὶ τετελευτηκυίας, ἐπεὶ παῖδας ἡμᾶς καταλέλοιπεν, οὐ τούτοις ἀλλ' ἡμῖν προσήκει κληρονομεῖν τῶν χρημάτων.

Οὐ τοίνυν ἐκ τούτου μόνον, ἀλλὰ καὶ ἐκ τοῦ 32 περὶ τῆς κακώσεως νόμου δῆλόν ἐστιν. εἰ γὰρ ἔζη μὲν ὁ πάππος, ἐνδεὴς δὲ ἦν τῶν ἐπιτηδείων, οὐκ ἂν οὗτος ὑπόδικος ἦν τῆς κακώσεως ἀλλ' ἡμεῖς. κελεύει γὰρ τρέφειν τοὺς γονέας· γονεῖς δ' εἰσὶ μήτηρ καὶ πατὴρ καὶ πάππος καὶ τήθη καὶ τούτων μήτηρ καὶ πατήρ, ἐὰν ἔτι ζῶσιν· ἐκεῖνοι

§ 31. ἥβησαν] A, Schöm. Turr. Schb.—ἡβήσειαν Scaliger

γὰρ ἀρχὴ τοῦ γένους εἰσί, καὶ τὰ ἐκείνων παραδίδοται τοῖς *ἐκγόνοις· διόπερ ἀνάγκη τρέφειν αὐτούς ἐστι, κἂν μηδὲν καταλίπωσι. πῶς οὖν δίκαιόν ἐστιν, ἐὰν μὲν μηδὲν καταλίπωσιν, ἡμᾶς ὑποδίκους εἶναι τῆς κακώσεως, ἢν μὴ τρέφωμεν; εἰ δέ τι καταλελοίπασι, τόνδ' εἶναι κληρονόμον ἀλλὰ μὴ ἡμᾶς; οὐδαμῶς δήπουθεν.

33 Πρὸς ἕνα δὲ τὸν πρῶτον τῶν συγγενῶν προσάξω, καὶ τοῦ γένους καθ' ἕκαστον ὑμᾶς ἐρωτήσω· ῥᾷστα γὰρ οὕτω μάθοιτ' ἄν. Κίρωνος πότερον θυγάτηρ ἢ ἀδελφὸς ἐγγυτέρω τοῦ γένους ἐστί; δῆλον γὰρ ὅτι θυγάτηρ· ἡ μὲν γὰρ ἐξ ἐκείνου γέγονεν, ὁ δὲ μετ' ἐκείνου. θυγατρὸς δὲ παῖδες ἢ ἀδελφός; παῖδες δήπουθεν· γένος γὰρ ἀλλ' οὐχὶ συγγένεια τοῦτ' ἐστίν. εἰ δὴ προέχομεν ἀδελφοῦ τοσοῦτον, ἦ που τοῦδέ γ' ὄντος ἀδελφιδοῦ πάμπολυ
34 πρότεροί ἐσμεν. δέδοικα δὲ μὴ λίαν ὁμολογούμενα λέγων ἐνοχλεῖν ὑμῖν δόξω· πάντες γὰρ ὑμεῖς τῶν πατρῴων, τῶν παππῴων, τῶν ἔτι περαιτέρω κληρονομεῖτε ἐκ γένους παρειληφότες τὴν ἀγχιστείαν ἀνεπίδικον, καὶ οὐκ οἶδ' εἴ τινι πρὸ τοῦ πώποτε τοιοῦτος ἀγὼν συμβέβηκεν. ἀναγνοὺς οὖν τὸν τῆς κακώσεως νόμον, ὧν ἕνεκα *ταῦτα γίγνεται, καὶ ταῦτ' ἤδη πειράσομαι διδάσκειν. [ΝΟΜΟΣ.]

35 Κίρων γὰρ ἐκέκτητο οὐσίαν, ὦ ἄνδρες, ἀγρὸν μὲν Φλυῆσι, καὶ ταλάντου ῥᾳδίως ἄξιον, οἰκίας δ' ἐν ἄστει δύο, τὴν μὲν μίαν μισθοφοροῦσαν, παρὰ

conject., Bk.—ἔβησαν B, Z. § 32. *ἐκγόνοις] Turr. Schb.—ἐγγόνοις mss. Bk. Schöm. § 34. *ταῦτα γίγνεται] ταῦτα Dobree and Schöm. (p. 395) conject., Turr.

τὸ ἐν Λίμναις Διονύσιον, δισχιλίας εὑρίσκουσαν, τὴν δ' ἑτέραν, ἐν ᾗ αὐτὸς ᾤκει, τριῶν καὶ δέκα μνῶν· ἔτι δὲ ἀνδράποδα μισθοφοροῦντα καὶ δύο θεραπαίνας καὶ παιδίσκην, καὶ ἔπιπλα δι' ὧν ᾤκει τὴν οἰκίαν, σχεδὸν σὺν τοῖς ἀνδραπόδοις ἄξια τρισκαίδεκα μνῶν· σύμπαντα δὲ ὅσα φανερὰ ἦν, πλέον ἢ ἐνενήκοντα μνῶν· χωρὶς δὲ τούτων δανείσματα οὐκ ὀλίγα, ἀφ' ὧν ἐκεῖνος τόκους ἐλάμβανε. τούτοις Διοκλῆς μετὰ τῆς ἀδελφῆς πάλαι ἐπεβού- 36 λευεν, ἐπειδὴ τάχιστα οἱ παῖδες οἱ Κίρωνος ἐτελεύτησαν. ἐκείνην μὲν γὰρ οὐκ ἐξεδίδου δυναμένην ἔτι τεκεῖν παῖδας ἐξ ἑτέρου ἀνδρός, ἵνα μὴ χωρισθείσης περὶ τῶν αὐτοῦ βουλεύσαιτο καθάπερ προσῆκεν, ἔπειθε δὲ μένειν φάσκουσαν ἐξ αὐτοῦ κυεῖν οἴεσθαι, προσποιουμένην δὲ διαφθείρειν ἄκουσαν, ἵν' ἐλπίζων ἀεὶ γενήσεσθαι παῖδας αὐτῷ μηδέτερον ἡμῶν εἰσποιήσαιτο υἱόν· καὶ τὸν πατέρα διέβαλλεν ἀεί, φάσκων αὐτὸν ἐπιβουλεύειν τοῖς ἐκείνου. τά τε οὖν χρέα πάντα ὅσα ὠφείλετο 37 αὐτῷ καὶ τόκους ἔπειθε τά *τε φανερὰ δι' αὐτοῦ ποιεῖσθαι, παράγων ἄνδρα πρεσβύτερον θεραπείαις καὶ κολακείαις, ἕως ἅπαντα τὰ ἐκείνου περιέλαβεν. εἰδὼς δὲ ὅτι πάντων ἐγὼ τούτων κατὰ τὸ προσῆκον εἶναι κύριος ζητήσω, ὁπότε ὁ πάππος ἐτελεύτησεν, εἰσιέναι μέν με καὶ θεραπεύειν ἐκεῖνον καὶ συνδιατρίβειν οὐκ ἐκώλυε, δεδιὼς μὴ τραχυνθεὶς εἰς ὀργὴν κατασταίην πρὸς αὐτόν, παρ-

Schb.—τἄλλα mss. Bk. Schöm. (in text). § 36. κυεῖν] Turr. Schb.—κύειν mss. Bk. Schöm. § 37. τά *τε φανερά] γε Sauppe, Turr. Schb. — τά γε φανερά mss. Bk. Schöm.

ἐσκεύαζε δέ μοι τὸν ἀμφισβητήσοντα τῆς οὐσίας, μέρος πολλοστὸν τούτῳ μεταδιδοὺς εἰ κατορθώσειεν, αὑτῷ δὲ ταῦτα πάντα περιποιῶν, καὶ οὐδὲ πρὸς τοῦτον ὁμολογῶν τὸν πάππον χρήματα κατα-
38 λιπεῖν, ἀλλ᾽ εἶναι φάσκων οὐδέν. καὶ ἐπειδὴ τάχιστα ἐτελεύτησεν, ἐντάφια προπαρασκευασάμενος τὸ μὲν ἀργύριον ἐμὲ ἐκέλευεν ἐνεγκεῖν, ὡς τῶν μαρτύρων ἠκούσατε μαρτυρησάντων, ἀπειληφέναι δὲ παρὰ τοῦδε προσεποιεῖτο, παρ᾽ ἐμοῦ δὲ οὐκέτι ἤθελεν ἀπολαβεῖν, ὑποπαρωθῶν, ὅπως ἐκεῖνος δοκοίη θάπτειν ἀλλὰ μὴ ἐγὼ τὸν πάππον. ἀμφισβητοῦντος δὲ τούτου καὶ τῆς οἰκίας ταύτης καὶ τῶν ἄλλων ὧν ἐκεῖνος κατέλιπε, καὶ οὐδὲν φάσκοντος καταλελοιπέναι, βιάσασθαι μὲν καὶ τὸν πάππον μεταφέρειν ἐν ταῖς τοιαύταις ἀκαιρίαις οὐκ ᾤμην δεῖν, τῶν φίλων μοι ταῦτα συγγιγνωσκόντων, συνεποίουν δὲ καὶ συνέθαπτον, ἐξ ὧν ὁ πάππος κατέλιπε τῶν ἀναλωμάτων γιγνομένων.
39 καὶ ταῦτα μὲν οὕτως ἀναγκασθεὶς ἔπραξα τοῦτοι τὸν τρόπον· ὅπως δὲ μηδέν μου ταύτῃ πλεονεκτοῖεν, παρ᾽ ὑμῖν φάσκοντες οὐδέν με εἰς τὴν ταφὴν ἀνηλωκέναι, τὸν ἐξηγητὴν ἐρόμενος ἐκείνου κελεύσαντος ἀνήλωσα παρ᾽ ἐμαυτοῦ καὶ τὰ ἔνατα ἐπήνεγκα, ὡς οἷόν τε κάλλιστα παρασκευάσας, ἵνα αὐτῶν ἐκκόψαιμι ταύτην τὴν ἱεροσυλίαν, καὶ ἵνα μὴ δοκεῖν οὗτοι μὲν ἀνηλωκέναι πάντα, ἐγὼ δὲ οὐδέν, ἀλλ᾽ ὁμοίως κἀγώ.
40 Καὶ τὰ μὲν γεγενημένα, καὶ δι᾽ ἃ τὰ πράγματα ταῦτ᾽ ἔχομεν, σχεδόν τι ταῦτ᾽ ἐστίν, ὦ ἄνδρες· δὲ εἰδείητε τὴν Διοκλέους ἀναισχυντίαν, καὶ περὶ

τὰ ἄλλα οἷός ἐστιν, οὐκ ἂν ἀπιστήσαι τις τῶν εἰρημένων οὐδενί. οὗτος μὲν γὰρ *ἔχει τὴν οὐσίαν, ἀφ' ἧς νῦν ἐστι λαμπρός, ἀλλοτρίαν, ἀδελφῶν τριῶν ὁμομητρίων ἐπικλήρων καταλειφθεισῶν αὐτὸν τῷ πατρὶ αὐτῶν εἰσποιήσας, οὐδεμίαν ἐκείνου περὶ τούτων ποιησαμένου διαθήκην. *τοῖν δ' ἀδελ- 41 φαῖν τοῖν δυοῖν ἐπειδὴ τὰ χρήματα εἰσεπράττετο ὑπὸ τῶν ἐκείναις συνοικούντων, τὸν μὲν τὴν πρεσβυτέραν ἔχοντα κατοικοδομήσας καὶ ἐπιβουλεύσας ἠτίμωσε, καὶ γραφὴν ὕβρεως γραφεὶς οὐδέπω τούτων δίκην *δέδωκε, τῆς δὲ μετ' ἐκείνην γενομένης τὸν ἄνδρα ἀποκτεῖναι κελεύσας οἰκέτην ἐκεῖνον μὲν ἐξέπεμψε, τὴν δ' αἰτίαν εἰς τὴν ἀδελφὴν ἔτρεψε, καταπλήξας δὲ ταῖς αὐτοῦ βδελυρίαις 42 προσαφῄρηται τὸν υἱὸν αὐτοῦ τὴν οὐσίαν ἐπιτροπεύσας, καὶ κατέχει τὸν ἀγρόν, *φελλία δὲ [χωρία] ἄττα ἐκείνῳ δέδωκε. καὶ ταῦτα ὅτι ἀληθῆ λέγω, δεδίασι μὲν αὐτόν, ἴσως δ' ἄν μοι καὶ μαρτυρῆσαι ἐθελήσειαν· εἰ δὲ μή, τοὺς εἰδότας παρέξομαι μάρτυρας.

§ 40. οὐκ ἂν ἀπιστήσαι τις] ἀπιστήσαιτ' ἴσως Schb. on his own conject. || *ἔχει] Baiter, Turr. Schb.—εἶχε mss. Bk.—ἔσχε Bk. conject., Schöm. § 41. *τοῖν] ταῖν mss. and edd. But Attic inscriptions of the 5th and 4th centuries B.C. always have τοῖν as the fem., never ταῖν. (Meisterhans, p. 50.) || *δέδωκε] Sauppe, Turr. Schb.—ἔδωκε mss. Bk. Schöm.
§ 42. φελλία δὲ [χωρία] ἄττα] φελλεάδε χωρία ἄττα Δ, φελλεάδε χωρία ἅ τὰ B, φολεὰ δὲ ἄτα Z. Bekker seems right in keeping ἄττα and rejecting χωρία as a gloss. But then we should write φελλία (Xen. Cyn. 5. 18): there is no adj. φελλεός. Schömann rejected ἄττα as well as χωρία, taking φελλέα as acc. sing. of φελλεύς: so, too, Turr. and Schb. See comment.

NOTES.

ANTIPHON.

ANTIPHON: 480—411 B.C. Approximate period of extant work, 421—411 B.C. *Life* in *Attic Orators*, I. 1—17.

Style. Antiphon, the earliest forensic speech-writer (λογογράφος), represents that early style of Attic prose composition which Dionysius (*de comp. verb.* 22—24) calls the 'austere' or 'rugged' (αὐστηρὰ ἁρμονία), as distinguished from the 'smooth' (γλαφυρά) of Isokrates, and the 'middle' (μέση) of Demosthenes. Its leading characteristics are (1) dignity: 'the movement of the whole is to be slow and majestic, impressing by its weight and grandeur, not charming by its life and flow': (2) reliance on contrasts of single words: *e.g.* γνωρισταί—δικασταί—δοξασταί—κριταί, Antiph. *De Caed. Her.* § 94: (3) bold, but not florid, imagery: *e.g.* ἐπὶ τῇ ἐμαυτοῦ ἀπαιδίᾳ ζῶν ἔτι κατορυχθήσομαι, *Tetr.* II. B § 10: (4) sparing use of the 'figures of thought', σχήματα διανοίας,—as irony, rhetorical question, etc.: see *Attic Orators*, I. 29: (5) predominance of direct appeals to feeling (pathos) over subtle expression of character (êthos): (6) in the structure of sentences, the transition from a 'continuous' style, λέξις εἰρομένη, in which clauses are simply strung together, to a periodic style, λέξις κατεστραμμένη.

Thucydides belongs to the same stage of Attic prose as Antiphon, differing from him principally in (1) a more pregnant brevity: (2) a tendency to peculiar arrangements of words, caused by desire of emphasis on the key-note of the thought: *e.g.* Thuc. v. 91, ἐπὶ σωτηρίᾳ νῦν τοὺς λόγους ἐροῦμεν τῆς ὑμετέρας πόλεως, instead of ἐπὶ σωτ. τῆς ὑμετ. πόλ.: (3) a tendency to bring a greater number of clauses within the compass of a single sentence, in order that the whole of a complex thought may be seen at one view.—See *Attic Orators*, I. 18—44. On Antiphon's **Works** in general, *ib.* 45—70.

I. ΤΕΤΡΑΛΟΓΙΑ Β. β. The *Tetralogies* have this special interest, that they represent rhetoric in its transition from the technical to the practical stage, from the schools to the lawcourts and the ecclesia. Antiphon stood between the sophists who preceded and the orators who followed him as the first Athenian who was at once a theorist of rhetoric and a master of practical eloquence. The Tetralogies hold a corresponding place between merely ornamental exercises and real orations. Each of them forms a set of four speeches, supposed to be spoken in a trial for homicide. The accuser states his charge, and the defendant replies; the accuser then speaks again, and the defendant follows with a second reply. The imaginary case is in each instance sketched as lightly as possible; details are dispensed with; only the essential frame-work for discussion is supplied. Hence, in these skeleton-speeches, the structure and anatomy of the argument stand forth in naked clearness, stripped of everything accidental, and showing in bold relief the organic lines of a rhetorical pleader's thought.—*Attic Orators*, I. 45 f. The Tetralogies are distinguished by their *practical* character from the 'displays' of the sophists as well as from the 'declamations' of the Augustan age.

The subject of the *Second Tetralogy* is the death of a boy accidentally struck by a javelin while watching a youth practising at the gymnasium. The boy's father accuses the youth—whose father defends him—of accidental homicide; and the case comes before the court of the Palladion. In order to understand the issues raised, it is necessary to keep in mind the Greek view of accidental homicide. This view was mainly a religious one. The death was a pollution. Some person, or thing, must be answerable for that pollution, and must be banished from the State, which would else remain defiled. In a case like the supposed one, three hypotheses were possible:—that the cause of the impurity had been the thrower, the person struck, or the missile. There was a special court—that held at the Prutaneion—for the trial of inanimate things which had caused death. Here, however, the question is only of living agents. The judges have nothing whatever to do with the question as to how far either was morally to blame. The question is simply which of them is to be considered as, in fact, the author or cause of the death.

The accuser's first speech consists only of a few sentences, in which he says that the facts admit of no doubt. A homicide has been committed, though an involuntary one. The penalty demanded is the banishment of the accused, in order that Athens may not be polluted by his presence (μὴ περιορᾶν ἅπασαν τὴν πόλιν ὑπὸ τούτου μιαινομένην § 2). It is expressed by the phrase εἴργειν ὧν ὁ νόμος εἴργει ib. and γ. § 11. The condemned person remained in exile until the relatives of the deceased gave their consent to his return (ἕως ἂν αἰδέσηταί τις τῶν ἐν γένει τοῦ πεπονθότος: cp. Dem. or. XXXVII. *Adv. Pantaen.* § 59, or. XLIII. *Adv. Macart.* § 57): the usual statement that the term was limited to a year (ἀπενιαυτισμός) needs confirmation, at least for Athens. See K. F. Hermann, *Antiq.* I. § 104. 11.

§ 1. ἀπράγμονας] ἀπράγμων, the man 'of quiet life', who keeps out of law-suits and politics: ἡσύχιος, the man 'of peaceful disposition'. In regard to law-suits, the Athenian ἀπράγμων stood in favourable contrast with the συκοφάντης, but in politics he was despised: Thuc. II. 40, τὸν μηδὲν τῶνδε (τῶν πολιτικῶν) μετέχοντα οὐκ ἀπράγμονα ἀλλὰ ἀχρεῖον νομίζομεν.

τολμᾶν τά τε ἄλλα]=τά τε ἄλλα τολμᾶν. For τε misplaced, cp. Thuc. IV. 10, ἢν ἐθέλωμέν τε μεῖναι καὶ μὴ καταπροδοῦναι.

τὴν ἀκρίβειαν] 'the exact truth'. Thuc. I. 22, χαλεπὸν ἦν διαμνημονεῦσαι τὴν ἀκρίβειαν αὐτὴν τῶν λεχθέντων, 'the exact form'.

§ 2. καὶ αὐτός] 'myself also':—alluding to the *accuser's* previous appeal (a. § 2), ὑμᾶς δὲ ἀξιῶ ἐλεοῦντας, κ.τ.λ.

ἀκριβέστερον] 'with more subtlety'—referring especially to the distinction which he proceeds to draw between πράκτορες τῶν ἀκουσίων and τῶν παθημάτων αἴτιοι (§ 6). The accuser, in his second speech (γ. § 3), says, μὴ ἔργα φανερὰ ὑπὸ πονηρᾶς λόγων ἀκριβείας ('a quibbling subtlety') πεισθέντες ψευδῆ τὴν ἀλήθειαν τῶν πραχθέντων ἡγήσησθε.

μὴ...τὴν κρίσιν ποιήσασθαι] With the vulg., μὴ διὰ τὰς προειρημένας τύχας ἀποδεξαμένους, κ.τ.λ., we can only render: 'I ask you to entertain my defence, and not to give your judgment—under the influence of those mischances to which I have referred—on grounds of opinion rather than of fact'. But the position of ἀποδεξαμένους...ἀπολογίαν, inserted between μή and ποιήσασθαι, is then intolerable. Blass conjectures ἴσα ταῖς προειρημέναις τύχαις: *i.e.* 'I beg you not to receive my defence in the spirit—not to view them in the light—of the mischances', etc. The objections are (1) the phrase ἴσα ταῖς... τύχαις, which surely will not yield such a sense: (2) the necessarily favourable sense of ἀποδεξαμένους. I propose, retaining διὰ...τὰς τύχας, to insert ἧττόν τι before ἀποδεξαμένους: 'I beg you not to entertain my defence the less favourably on account of the mischances to which I have referred'. See p. 55, § 8, for another instance in which ἧττον seems to have dropped out.—An alternative remedy would be to change ἀποδεξαμένους for some partic. of opposite meaning ('having rejected'); but neither ἀποδοκιμάσαντας nor ἀπωσαμένους is palaeographically probable.

πρὸς τῶν λέγειν δυν.] 'is on the side of', 'favours', those who can speak. Eur. *Alc.* 57, πρὸς τῶν ἐχόντων, Φοῖβε, τὸν νόμον τίθης, 'for the rich'—in their interest.

§ 2. **παρὰ γνώμην τούτων**] 'The result has completely disappointed these expectations': = παρὰ ταῦτα ἃ ἤλπιζον, the genitive τούτων depending on the idea of *contrariety* implied in παρὰ γνώμην, as if he had written συμβέβηκέ μοι ἐναντία τούτων.

μειράκιον] usu. denotes the age from about 14 to 18: παῖς is younger. Xen. *Symp.* IV. 17, ὥσπερ γε παῖς γίγνεται καλός, οὕτω καὶ μειράκιον καὶ ἀνὴρ καὶ πρεσβύτης.

οὐχ ὕβρει οὐδὲ ἀκολασίᾳ] 'insolence or wantonness'. The essence of ὕβρις is that it indulges the sense of power by humiliating another: ἀκολασία does what it likes at the moment, without thinking of others. Aristotle distinguishes three εἴδη of ὀλιγωρία (slight esteem),—viz. καταφρόνησις (contempt), ἐπηρεασμός (active spite), ὕβρις, outrage (*Rhet.* II. 2),—the point of ἐπηρεασμός being that it *vexes* the other, and of ὕβρις that it *dishonours* him. Arist. makes ἀκολασία the ὑπερβολὴ περὶ ἡδονὰς καὶ λύπας,—the μεσότης being σωφροσύνη. The accuser, in his reply, attributes ἀκολασία to the youth (γ. § 6).

3 **ἐν τῷ γυμνασίῳ**] The παλαίστρα, the school of wrestling and boxing, is often mentioned in connection with the διδασκαλεῖον as a place of training for boys : cp. Theophr. *Char.* VII. The γυμνάσιον was a more general resort, including grounds for running and archery, baths, and (as here) a range for javelin practice. Plato recommends that a boy should begin at six years of age to learn riding, and the use of the bow, javelin and sling: 'letters' he postpones to the age of ten (*Legg.* VII. 794 c).

ἀκουσίους αἰτίας] 'charges arising from an involuntary act'. A harsh phrase: but the conj. ἀνοσίους seems weak.

μὴ φονεῦσιν εἶναι] Notice the simple μή, where μὴ οὐ would be regular. Cp. Soph. *Phil.* 349, οὐ πολὺν | χρόνον μ' ἐπέσχον μή με ναυστολεῖν ταχύ. So *Trach.* 226. This is more frequent with τὸ μή, e.g. *O. T.* 1387: Xen. *Cyr.* V. 1. 25, τίς σοῦ ἀπελείφθη τὸ μή σοι ἀκολουθεῖν; Her. I. 209, οὐκ ὦν ἔστι μηχανή...οὐδεμία τὸ μὴ κεῖνον ἐπιβουλεύειν ἐμοί.

§ 4. **<ὁ μὲν ἐκωλύθη>**] Cp. § 7, ἔπαθε...διακωλυθεὶς τοῦ σκοποῦ τυχεῖν.

§ 5. **εἴπερ...ἀποθανών**] 'As to the boy, if it has been proved to you that he was not struck while he stood still (ἑστώς), it is still more manifest that, since he came of his own accord into the course of the javelin, he was killed through his own error'. μή and not οὐ before βληθείς because it depends on εἴπερ: but οὐ would have been admissible here, owing to the emphasis on the negative *fact*. Cp. on *De Caed. Her.* § 14. —**ὑπελθών...δηλοῦται...ἀποθανών**. *Since*, or *because*, he came,... it is clear that he died: = τὸ ὑπελθεῖν αὐτὸν δηλοῖ ὅτι...ἀπέθανε. So we might have, ἀμελήσας δῆλός ἐστιν ἁμαρτών, 'it is clear that he erred *by* carelessness'. The argument is: 'If he *voluntarily* left a *safe* place, he alone is answerable for the consequences'. In ἔτι σαφεστέρως the comparative is merely rhetorical:—It must be, if possible, more obvious still, etc. Note the alternative forms σαφεστέρως, σαφέστερον (§ 6): cp. Isocr. *Panegyr.* § 193.

§ 6. **ἂν ἂν ἐπινοήσωσί τι δρᾶσαι**] The proper construction would have been simply ἁμαρτάνοντες ὧν (=τούτων ἅ) ἂν ἐπινοήσωσι, failing in the designs which they may have formed. But to this τι δρᾶσαι is added, as if, instead of ἁμαρτάνοντες, such a word as κωλυθέντες had preceded: failing *to execute some part* of their designs. The redundancy was suggested by the antithesis between planning and doing: cp. Thuc. v. 13, οὐκ ἀξιόχρεων αὐτῶν ὄντων δρᾶν τι ὧν κἀκεῖνος ἐπενόει.

§ 7. **ἀπειρημένον...προστεταγμένον**] Accus. absol.: προστεταγμένον also in Plat. *Legg.* x. 902 D. So δέον—ἐξόν—παρέχον—παρασχόν—προσῆκον—εἰρημένον—δεδογμένον—γεγραμμένον—προσταχθέν, κ.τ.λ. Goodwin § 110. 2.

ἐξεμελέτα]: 'was carefully practising'. Plat. *Hipp. mai.* 286 D, ἀκούσας καὶ μαθὼν καὶ ἐκμελετήσας (having perfected my skill) πάλιν ἰέναι ἐπὶ τὸν ἐρωτήσαντα.

ἐν γυμναζομένοις] i.e. not among those who were practising athletic exercises (where the risk of an accident would have been greater), but 'in the rank' (τάξις) of the javelin-throwers, who had a special part of the gymnasium reserved for them.

§ 8. **τετιμωρημένος ἑαυτόν**] Cp. *De Caed. Her.* § 21, τὸν πλοῦν πεποιημένος. So Thuc. III. 67, τετιμωρημένοι, 'having taken vengeance': but in Thuc. VII. 77 it is passive, ἀποχρώντως ἤδη τετιμωρήμεθα, 'we have been punished': and so VI. 60, ἐτετιμώρηντο. So e.g. μεμιμημένος, ἐντεθυμημένος, ἐσκεμμένος, ἠτιαμένος, κεκτημένος, can be either midd. or pass.

οὐ συνηδομένων οὐδὲ συνεθ.] The use of συν- in the first pair of compounds is incorrect: the meaning is, οὐκ ἐπιχαιρόντων οὐδ' ἐθελόντων: but the form of the first clause is assimilated to that of the second. Cp. Thuc. I. 142 § 2, ἡ ἐπιτείχισις...ἡμῶν ἀντεπιτετειχισμένων, 'when our city (Athens) is a counter-fortress to theirs', as Shilleto takes it: the ἐπί in ἀντεπιτ. losing its proper force ('on hostile soil'), and being merely in rhetorical symmetry with ἐπιτείχισις.—ἡμῶν] = τοῦδε μὲν τοῦ νηπίου, ἐμοῦ δὲ τοῦ γηραιοῦ, § 11. More boldly below, § 9, ὡς φονέα με διώκει.

§ **9.** μηδὲ ἀκουσίως] 'not even involuntarily': *i.e.* the boy himself was αἴτιος τοῦ παθήματος, § 6.

§ **10.** ἀπολυόμενος δέ...ἐσμέν] The anacolouthon is caused by the speaker's thought passing, as the sentence goes on, from the charge of which the son is really innocent to the consequences for both father and son, if he is condemned.

τῶν ἐπιτηδευμάτων] 'our aims in life'. Cp. § 8, ταῦτα παιδεύων τὸν υἱὸν ἐξ ὧν μάλιστα τὸ κοινὸν ὠφελεῖται.—ἐπιτήδευμα, a practice founded on a principle, Thuc. I. 32, 37.

οὗτός τε γάρ] [I say *we*,] for *both* he, etc.

ἐπί τε γάρ] ἐπί before διαφθορᾷ might mean 'after': but it is better to take it, both with διαφθορᾷ and with ἀπαιδίᾳ, as denoting the condition. 'If he is to perish'...'if I am to be left childless'.

ζῶν...κατορυχθήσομαι] The accuser, in his second speech, appropriates the metaphor (γ. § 12), ζῶντες κατορωρύγμεθα ὑπ' αὐτοῦ. This is characteristic of the *Tetralogies* (cp. β. § 2 and γ. § 8, εἰς τὸν ὑμέτερον ἔλεον καταπεφεύγως), which are repertories of points and topics, not examples of finished form.

§ **11.** γηραιοῦ] A poetical word, used by Herod.; also once by Thuc. VI. 54, Πεισιστράτου...γηραιοῦ τελευτήσαντος: but not in later Attic prose.

συμφέρειν] Xen. *Cyr.* IV. 3 § 18, ἐκεῖνο δὲ οὐχὶ εὐπετές, τὸ ὅ τι ἂν δέῃ ὅπλον φέρειν, τὸν ἵππον τοῦτο συμφέρειν; (help to carry it.)

II. ΤΕΤΡΑΛΟΓΙΑ Γ. α.—An elderly man having died of blows received in a quarrel, the youth who had dealt them is accused of murder before the Areiopagus. The accuser's first address expresses in a striking form the religious view of homicide as a defilement. See *Attic Orators*, I. 55.

§ **2.** τοὺς πρώτους γενομένους] Cp. Hes. *Op.* 109, χρύσεον μὲν πρώτιστα γένος μερόπων ἀνθρώπων | ἀθάνατοι ποίησαν... καρπὸν δ' ἔφερε ζείδωρος ἄρουρα | αὐτομάτη πολλόν τε καὶ ἄφθονον.

§ **3.** τῶν ἀλιτηρίων] 'avenging spirits'. The gods under whose protection the murdered person stood, and *to whom his spirit turns for vengeance*—οἱ τῶν ἀποθανόντων προστρόπαιοι

(§ 4)—become ἀλιτήριοι, *punishers of sin*, in relation to the murderer. The commoner sense of ἀλιτήριος is 'sinful', with a genit. of the god offended or the place polluted (e.g. θεῶν, Ἑλλάδος): for the double meaning, cp. ἀλάστωρ, μιάστωρ, προστρόπαιος, ἀφίκτωρ, προσίκτωρ.

οὐ προσῆκον] 'gratuitous': strictly 'alien',—*not arising* 7 *from their own* sin. From another point of view, 'self-inflicted' woes are οἰκεῖα πάθη, Soph. *Ai.* 260.

§ 4. οὐ τιμωροῦντες] (1) τιμωρεῖν τινά τινι, to punish A for B's satisfaction: (2) τιμωρεῖσθαί τινά τινι, to *revenge oneself* on A for wronging B. The accus. is more often omitted with τιμωρεῖν, the dat. with τιμωρεῖσθαι.

τοῖς ἐπιτιμίοις] A word of poetical cast, like many which the older prose writers used: see *Attic Orators*, I. 20. Soph. *El.* 1382, τἀπιτίμια τῆς δυσσεβείας. Lycurg. *In Leocr.* § 4, τὰ ἐκ τῶν νόμων ἐπιτίμια.

καὶ τοῦ ὑμετέρου ἁμαρτ. ὑπαίτιοι] 'responsible for your offence also'. ὑπαίτιος is not 'accessory', like μεταίτιος or παραίτιος opposed to παναίτιος, but 'under', 'liable to, αἰτία'.

§ 6. ὕβρει καὶ ἀκολασίᾳ] Cp. note on *Tetr.* B. β. § 3.

τῶν γεραιοτέρων] As τὰ τῶν γ. νόμιμα could not mean 'the privileges of elders', we can only render 'the institutions of our ancestors'. But it may be suspected that the text is corrupt, and that the τὸν γεραιότερον of N points to this. The contention is that he would in any case have been guilty of homicide; but that the offence has been aggravated by violence to a man so much older than himself. After τὸν γεραιότερον, τύψας or a similar participle may have fallen out.

ἁμαρτεῖν] 'to miss': Andoc. *De Myst.* § 20, δυοῖν τοῖν μεγίστοιν κακοῖν οὐκ ἦν αὐτῷ ἁμαρτεῖν. Cp. δικαιοῦσθαι, 'to get one's due', to be punished, Thuc. III. 40.

§ 7. τιμωρεῖσθαι] Middle, 'to punish'. Cp. *Tetr.* Γ. δ. § 11, τὸν δὲ μιαρὸν τῷ χρόνῳ ἀποδόντες φῆναι τοῖς ἔγγιστα τιμωρεῖσθαι ὑπολείπετε.

τὴν βουλεύσασαν ψυχήν] Cp. Andoc. *De Reditu* § 24, where he argues that not his σῶμα but his γνώμη was answerable for his deeds: ἡ δὲ γνώμη ἀντὶ τῆς προτέρας ἑτέρα νυνὶ παρέστηκεν. Here, as there, the sinning mind is personified. In Thuc. ψυχή is nearly always 'the breath of life' in a physical sense: once, in II. 40 § 3, κράτιστοι τὴν ψυχήν = εὐψυχότατοι, of moral courage.

III. **ΠΕΡΙ ΤΟΥ ΗΡΩΔΟΥ ΦΟΝΟΥ**] Herodes, an Athe- 8 nian citizen, had settled at Mytilene in 424 B.C., after the revolt and reduction of that town. He was one of the cleruchs among whom its territory was apportioned, but not otherwise wealthy. Having occasion to make a voyage to Aenos on the coast of Thrace, to receive the ransom of some Thracian captives who were in his hands, he sailed from Mytilene with the accused,—a young man whose father, a citizen of Mytilene, lived chiefly at Aenos. Herodes and his companion were driven by a storm to put in at Methymna on the north-west coast of Lesbos; and there, as the weather was wet, exchanged their open vessel for another which was decked. After they had been drinking on board together, Herodes went ashore at night, and was never seen again.

The accused, after making every inquiry for him, went on to Aenos in the open vessel; while the decked vessel, into which they had moved at Methymna, returned to Mytilene. On reaching the latter place again, the defendant was charged by the relatives of Herodes with having murdered him at the instigation of Lycinus, an Athenian living at Mytilene, who had been on bad terms with the deceased. They rested their charge principally on three grounds. First, that the sole companion of the missing man must naturally be considered accountable for his disappearance. Secondly, that a slave had confessed under torture to having assisted the defendant in the murder. Thirdly, that on board the vessel which returned from Methymna had been found a letter in which the defendant announced to Lycinus the accomplishment of the murder.

It was necessary that the trial should take place at Athens, whither all subject-allies were compelled to bring their criminal causes. The ordinary course would have been to have laid an indictment for murder (γραφὴ φόνου) before the Areiopagus. Instead, however, of doing this the relatives of Herodes laid an information against the accused as a 'malefactor' (κακοῦργος). He was accordingly to be tried by an ordinary dikastery under the presidency of the Eleven. 'Malefactor', at Athens, ordinarily meant a thief, a housebreaker, a kidnapper, or criminal of the like class; but the term was, of course, applicable to murder, especially if accompanied by robbery. Date about 417 B.C. See *Attic Orators*, I. 55 ff.

1. *Narrative:* §§ 1—30.

§ 1. ἐβουλόμην] Without ἄν,—of that which one wishes were now true, but which is not so: Ar. *Ran.* 866, ἐβουλόμην μὲν οὐκ ἐρίζειν ἐνθάδε, 'I could have wished that I was not'... Cp. the use of ἔδει, ὤφελον, etc., with infin.: Goodwin § 49. 3. *c.*

τοῦ μέν...τοῦ δέ] τοῦ μέν=τῆς τε συμφορᾶς καὶ τῶν κακῶν, adversity: τοῦ δέ=τῆς δυνάμεως τοῦ λέγειν καὶ τῆς ἐμπειρίας τῶν πραγμάτων,—the power of self-defence.

§ 2. οὐ μὲν γάρ] 'In circumstances where I was forced to suffer personal ill-usage on the charge falsely brought, legal experience did not come to my rescue; and here, when I must save myself by help of the truth, and by a narrative of the facts, I am embarrassed by my incapacity for speaking'. κακοπαθεῖν, because he had been imprisoned, bail being refused: see § 17.

ἐνταυθοῖ] So § 10, ἐνταυθοῖ πεποιήκασι τὴν κρίσιν, 'they have brought the trial hither'. Here, too, the idea of motion can be elicited from ὠφέλησεν as = ἐβοήθησεν. In Soph. *Phil.* 481, ἐμβαλοῦ μ'...ὅποι | ἥκιστα μέλλω...ἀλγυνεῖν, ὅποι=ἐκεῖσε ὅπου. In Ar. *Lys.* 526, ποῖ χρῆν ἀναμεῖναι=μέχρι τίνος χρόνου; Cp. Pors. on Eur. *Hec.* 1062.

§ 3. ἄπιστοι γ. τοῖς ἀλ.] 'have been disbelieved because they told the truth': τοῖς ἀληθέσιν, a somewhat harsh instrumental dative, 'by the truth',=τῷ τὰ ἀληθῆ λέγειν.—δηλῶσαι αὐτά, to *prove*, establish their story, which, though really true, seemed improbable.

ἐπὶ τοῖς τῶν κατηγ. λόγ.] 'dependent upon'. αὐτὰ τὰ ἔργα, 'the actual facts': ἡ ἀλήθεια τῶν πραγμάτων, 'the true version' of the story. Cp. *Tetr.* B. β. § 2, ἡ δόξα τῶν πραχθέντων, opposed to ἡ ἀλήθεια.

§ 4. οὐχ ἅπερ...ἀκροᾶσθαι] Our idiom requires, οὐχ ἅπερ οἱ πολλοὶ αἰτοῦνται, ἀκροᾶσθαι αὐτῶν. Cp. Plat. *Gorg.* 522 A, πεινῆν καὶ διψῆν ἀναγκάζων, οὐχ ὥσπερ ἐγὼ πολλὰ καὶ ἡδέα καὶ παντοδαπὰ εὐώχουν ὑμᾶς: i.e. οὐχ ὥσπερ ἐγὼ ἐποίουν, εὐώχων.

§ 5. τάδε δέ] Note δέ, where (after οὐχ ἅπερ, κ.τ.λ.) later prose would usu. have ἀλλά: cp. Thuc. IV. 86, οὐκ ἐπὶ κακῷ, ἐπ' ἐλευθερώσει δέ. Soph. *Ant.* 84, προμηνύσῃς γε μηδενί...|... κρυφῇ δὲ κεῦθε. So οὐδέ=ἀλλ' οὐ, *Il.* XXIV. 25.

ἀληθείᾳ...εἰρῆσθαι] 'that it has the force of truth, not of rhetorical art'. The proposed insertion of εὖ before εἰρῆσθαι seems to weaken the sense. ἀληθείᾳ, δεινότητι, instrumental dat., like τοῖς ἀληθέσιν in § 3: by means of, in the strength of.

§ 6. καί πού τι καὶ ἐξαμ.] The first καί='also': i.e. as he is in peril, *so* will he be nervous: the second καί='e'en', 'actually', belonging to ἐξαμαρτεῖν: πού='I suppose', rather than 'at some point'. The very fact that a man's life is at stake makes it almost certain that he will commit some indiscretion.

§ 7. διαπράσσωνται...ὀρθουμένους] 'But when they are

210   SELECTIONS.   [ANTIPHON

seeking (*pres.*) to effect some object without risks, they are more successful (as speakers)'. Cp. Soph. *Ant.* 675, τῶν δ' ὀρθουμένων, 'of the prosperous'.

ἐν τῷ ὑμετ. δικ.] 'A part of your duty no less than of my right': *i.e.* compatible with the ἡλιαστικὸς ὅρκος taken by the dikasts.

10   § 8. οὐ τῷ φεύγειν ἄν] 'Not on the chance of eluding the judgment of the Athenian people'. τῷ φεύγειν is a dat. expressing the motive as a circumstance of the action, like εὐνοίᾳ ἔπραξα, I acted with (or from) good will: as we might say, 'I do not urge this *by way of* possibly escaping'. φεύγειν ἄν, the oblique of φεύγοιμι ἄν, not of ἔφευγον ἄν.—τὸ πλῆθος τὸ ὑμέτερον, the judges as representing τὸν δῆμον τὸν Ἀθηναῖον: a regular mode of respectful address: so Andoc. *Myst.* § 135, τὸ πλῆθος τῶν Ἀθηναίων.

κἂν ἀνωμότοις κ.τ.λ.] 'I would commit my life to your decision even if you were bound by no oath, and were to decide on no basis of law': καὶ μὴ κατὰ νόμον μηδένα with διαψηφίσασθαι.—ἕνεκά γε τοῦ πιστεύειν, 'so far as concerns', etc.

παρανομία] 'illegal conduct', often also in a general sense of anti-republican licence; οὐ δημοτικὴ παρανομία (of Alcibiades) Thuc. vi. 28.

§ 9. κακοῦργος] On the strength of the information (ἔνδειξις κακουργίας) laid against him, he was arrested by the Eleven (ἀπαγωγήν, § 9: ἀπήχθην, § 85). The same summary procedure (instead of the ordinary γραφὴ φόνου) was taken against the murderers of Phrynichus in 411 B.C. (Lycurg. *In Leocr.* § 12) and against Agoratus (Lys. *In Agorat.* § 85). The speaker here seems to have been treated harshly, but not, as he alleges, illegally.

§ 10. φασὶ δὲ αὖ] They argue that the general term κακουργία includes τὸ ἀποκτείνειν as well as τὸ ἱεροσυλεῖν, etc.: he admits this, but argues that these greater κακουργήματα should be tried under the laws special to each. The emendation φασὶ δὲ αὐτό γε τὸ ἀποκτείνειν, with ὥσπερ inserted before καὶ τὸ ἱεροσυλεῖν, is needless, and suggests a contrast, which has no point here, between accidental homicide and deliberate murder.

11   ἐν τῇ ἀγορᾷ] The prosecutor in a case of φόνος gave the accused formal notice (πρόρρησις) to keep away from all public places: see below § 88. Several law-courts were situated in the market-place: Lys. or. 19, § 55, ἐγγὺς οἰκῶν τῆς ἀγορᾶς (*though* I live near) οὔτε πρὸς δικαστηρίῳ οὔτε πρὸς βουλευτηρίῳ ὤφθην οὐδεπώποτε.

§ 11. ἄπαντα τὰ δικαστήρια] viz. (1) the Areiopagus, (2) τὸ ἐπὶ Παλλαδίῳ, for accidental homicide, (3) τὸ ἐν Φρεαττοῖ, when a man already banished for an accidental homicide is tried anew for murder, (4) τὸ ἐπὶ Δελφινίῳ, for homicide where justification is pleaded, (5) τὸ ἐπὶ Πρυτανείῳ, when an inanimate object had caused death. In the last four courts the ἐφέται judged. Cp. Hermann *Antiq.* I. § 104.

τοῦτο δὲ δέον σε] The apodosis would probably have been ἀνώμοτος μέν...κατηγορεῖς, at the beginning of § 12: but owing to the length of the sentence the construction is interrupted, and § 12 begins with ἁ (instead of ταῦτα) σὺ παρελθών.

§ 12. ἀνώμοτος μέν] The usual προωμοσία can scarcely have been dispensed with in cases of ἀπαγωγή. The expression is rhetorical: 'you have not taken the solemn oath of the Areiopagus'.

ἁπτομένους τῶν σφαγίων] 'with hand laid upon the sacrifice'. Dem. *In Aristocr.* § 67, πρῶτον μὲν διομεῖται κατ' ἐξωλείας αὑτοῦ καὶ γένους καὶ οἰκίας...στὰς ἐπὶ τῶν τομίων κάπρου καὶ κριοῦ καὶ ταύρου, καὶ τούτων ἐσφαγμένων ὑφ' ὧν δεῖ καὶ ἐν αἷς ἡμέραις καθήκει.

§ 13. <τοῦτο μὲν>...τοῦτο δ'] 'in the first place'...'in the next place'. The accuser says that the accused would have fled, if he had not been arrested. The accused replies that he would have had no motive for secret flight. He could have left Attica openly, either (1) before the proceedings began, in which case judgment would have gone by default: or (2) after the proceedings had begun, and when he had made his first speech in court,—in which case he would have accepted the penalty of exile.

ἴσον ἦν μοι] 'It was as good for me' not to come: 'I might as well not have come'. Blass inserts εἶναι after ὀφλεῖν, rendering *aequum erat licere mihi*: but the sense is, 'I might as well have incurred judgment by default'.

τὴν προτέραν] sc. ἀπολογίαν: his first speech, in reply to the first speech of the accuser. In a trial which ran its full course, the accuser and the accused would each speak a second time. Dem. *In Aristocr.* § 69, τὸν πρότερον δ' ἔξεστιν εἰπόντα λόγον μεταστῆναι. This voluntary withdrawal is expressed in *Tetr.* Γ. δ. § 1 by ὑπαπέστη.

§ 14. ἀρχαιοτάτοις] Isocr. *Panegyr.* § 40, οἱ γὰρ ἐν ἀρχῇ περὶ τῶν φονικῶν ἐγκαλέσαντες...ἐν τοῖς νόμοις τοῖς ἡμετέροις τὰς κρίσεις ἐποιήσαντο περὶ αὐτῶν.

ἢ οὔ] οὔ, and not μή, in the second clause, because there is an emphasis on the fact that he does not state the case correctly. He seeks to lead you into an abstract speculation (εἰ καλῶς κεῖνται ἢ μή): you must draw a practical conclusion. Cp. Soph. *Ai.* 7, ὅπως ἴδῃς | εἴτ' ἔνδον εἴτ' οὐκ ἔνδον.

§ 15. οὐδεὶς πώποτε] Grote (v. 498) is with those who deny that Ephialtes took away the jurisdiction of the Areiopagus in homicide. In Lys. or. I. *De Caed. Erat.* § 30, ᾧ καὶ πάτριόν ἐστι καὶ ἐφ' ὑμῶν ἀποδέδοται τοῦ φόνου τὰς δίκας δικάζειν, ἀποδέδοται is not 'it has been given back', but 'it is assigned'.

καὶ ταῦτα παρελθών] Cp. § 12 ὃ σὺ παρελθών, § 11 σὺ δὲ τοῦτο μὲν παρελθών, κ.τ.λ. Better here, then, 'and having disregarded these ordinances': rather than: 'and, what is more, you have come forward', etc.

§ 16. ὡς καὶ τοῖς τότε δικασταῖς, κ.τ.λ.] 'as if, in fact, you meant to dispute the previous verdict'. οἱ τότε δικασταί are the judges who are *now* trying the case, but who, at the time denoted by ἀπιστήσων, will be 'the *former* judges', whose verdict he will then seek to upset. It seems unnecessary to conjecture τοῖσδε τοῖς or τοῖς ἐνθάδε.

μηδὲ πλέον...μηδ'] '*even* if I am acquitted (so far from being finally *saved*) I am not *even* benefited'.

§ 17. ἔτι δὲ μάλ' ἐδέθην] 'Moreover, I was actually imprisoned'. μάλα is not='rigorously', but merely gives a certain colloquial emphasis, 'I can assure you'.

ἐγγυητὰς τρεῖς] Dem. *In Timocr.* § 144 (from the oath of the βουλευταί), οὐδὲ δήσω Ἀθηναίων οὐδένα ὃς ἂν ἐγγυητὰς τρεῖς καθιστῇ τὸ αὐτὸ τέλος τελοῦντας (*i.e.* three ἱππεῖς if he were a ἱππεύς, etc.). The only exception was when the accused was charged with προδοσία τῆς πόλεως or κατάλυσις τοῦ δήμου: and the object, Demosth. says, was to prevent malicious collusion among the ῥήτορες in the βουλή.

οἱ ἐπιμεληταὶ τῶν κ.]= οἱ ἕνδεκα, by whom the arrest on the ἔνδειξις κακουργίας was made. Herm. *Antiq.* I. § 139. 13.

14 **ἐμοὶ μόνῳ ἐπέλιπε**] 'failed in my case only'. The simple dat. gives this sense without the addition of ἐπ' proposed by Reiske. Baiter, needlessly, ἐνέλιπε.

§ 18. τούς τε φίλους] Cp. Dem. *In Timocr.* § 145, ἵνα μὴ διὰ τὸ δεδέσθαι χεῖρον ἀναγκάζοιντο ἀγωνίζεσθαι ἢ κεἰ παντάπασιν ἀπαράσκευοι εἶεν: where χεῖρον, 'at greater disadvantage', means that the disgrace of their imprisonment would estrange their supporters.

§ 19. πολλοῖς ἐλασσωθείς, κ.τ.λ.] 'placed at a disadvantage in respect to many points of your law and of justice': because he had been accused as a κακοῦργος, and bail had been refused. Cp. ἐλασσούμενοι, 'suffering a disadvantage', 'exacting less than our due', Thuc. I. 77: Dem. *De Cor.* § 8, πολλὰ μὲν οὖν ἔγωγ' ἐλαττοῦμαι κατὰ τουτονὶ τὸν ἀγῶνα Αἰσχίνου.—ἐλασσωθείς is Dobree's correction (supported by *N*) of the vulgate σωθεὶς ἄν, which could only mean, 'when I might (justly) be acquitted', 'though entitled to acquittal', =ὅτε σωθείην ἄν (εἰ τῶν δικαίων τύχοιμι). Cp. Xen. *Mem.* IV. 4. 4, ῥᾳδίως ἂν ἀφεθεὶς [=ὅτε ἀφείθη ἄν]...προείλετο ἀποθανεῖν. But, though grammatically possible, σωθεὶς ἄν ill suits the context.

§ 20. Αἶνον] a town on the coast of Thrace, on the promontory s.e. of the lake Stentoris at the mouth of the Hebrus: about 100 miles N. of Lesbos. It is named by Thuc. vii. 57 as one of three Aeolic places (Methymna and Tenedos being the others) which helped Athens against Sicily.

Θρᾷξίν] Her. v. 6 says of the Thracians, πωλεῦσι τὰ τέκνα ἐπ' ἐξαγωγῇ (as slaves). Θρᾷττα, a Thracian δούλη, Theoph. *Char.* xxviii.

§ 21. ἡ...πρόφασις] the (real) occasion: cp. Thuc. I. 23, τὴν ἀληθεστάτην πρόφασιν. But below § 26 ἡ πρόφασις is the (false) pretext. πρόφασις is a cause *alleged*—truly or untruly.

τῆς Μηθυμναίας] Μηθύμνη (Molivo) on N.W. coast of Lesbos. Thuc. III. 2, Λέσβος πλὴν Μηθύμνης ἀπέστη. The land of Methymna was not confiscated by Athens after the revolt (III. 50): and in vii. 57 its people are φόρῳ οὐχ ὑπήκοοι—an exemption shared in 415 B.C. only by Chios (vi. 85).

[τὸν Ἡρώδην] A manifest gloss, which a comma after αὐτὸν fails to make tolerable.

πεποιημένος] Cp. *Tetr.* B. β. § 8, τετιμωρημένος.

§ 22. ἐγίγνετο] 'This, too, *followed* (imperf.) of necessity': but ἐγένετο, 'took place',—of the same thing viewed, not as a consequence, but as an independent occurrence at a given moment in past time.

ταῦτ'] 'all this': the μετέκβασις and its circumstances.

§ 23. ἢ καὶ ὑπ' ἐμοῦ] The καί is redundant, and can be expressed only if we say 'by me on my part': but the Greek love of balanced contrast borrows it from the form, ἐζητεῖτο οὐ μόνον ὑπὸ τῶν ἄλλων ἀλλὰ καὶ ὑπ' ἐμοῦ. So Soph. *El.* 1146, *O. C.* 53, *Ant.* 927.

εἴς τε τὴν Μιτ.] The τε after εἰς corresponds with the καί before ἄλλου ('both—and', i.e. 'not only—but'): the clause καὶ τ. ἐ. γ. ἐπέμπετο explains ἐγὼ αἴτιος ἦν π.: 'Not only was I the cause of a messenger being sent,—that is, it was on my suggestion that it was proposed to send him (*imperf.*),—but' etc.

§ 24. ἔπεμπον] 'offered to send'. Aeschin. *In Ctes.* § 83, Ἀλόννησον ἐδίδου· ὁ δὲ ἀπηγόρευε μὴ λαμβάνειν: so ἔπειθον.

πλοῦς...ἐγίγνετο] 'The weather favoured our voyage': Thuc. I. 137, μηδένα ἐκβῆναι ἐκ τῆς νεὼς μέχρι πλοῦς γένηται.

§ 25. ἐπεδήμουν] 'was still in the country'—*i.e.* in Lesbos, before he had sailed for the coast of Thrace. Reiske wrongly, 'Athenis adhuc versabar'—supposing the speaker to have gone there from Aenos, before returning to Lesbos.

§ 26. ἐν μὲν τῇ γῇ] The μέν is taken up by ὅπως δ' ἠφανίσθη: he had certainly *been killed* on land, they said, but how the body had *disappeared*, they could not tell.

17 **ἂν ἐδύνατο**] The imperf. with ἄν might mean either (1) he would not *now* be able [as in fact he is]: or (2) he would not, at the supposed past time, have been able: the imperf. differing here from the aor. in expressing the man's *state*, and not merely his ability for a certain act at a certain moment. 'He probably *would not have been in a condition* to control his own movements'.

§ 27. ὀπτήρ] A poet. word, used by Xen. in this sense, *Cyr.* IV. 6. 17.

κᾆτ' ἐγώ] 'Nevertheless, I concede [I will take for granted] the assertion of the prosecutors,—παρεχόμενος, *although* I bring witnesses', etc. εἶτα, = after all that I have proved: cp. Plat. *Prot.* 327 c.

§ 28. μὴ ὁμολογοῦσιν ἀποθανεῖν] Franke would write ὁμολ. μὴ ἀποθ., but the unusual order arises from the eager stress on the negative. Thuc. VI. 18, οὐ μόνον ἐπιόντα τις ἀμύνεται, ἀλλὰ καὶ μὴ ὅπως ἔπεισι προκαταλαμβάνει, i.e. ὅπως μὴ ἔπεισι.

18 **§ 29.** τι αἷμα is a certain correction of the vulg. τὸ αἷμα. For the position of τι cp. Dem. *Phil.* III. § 47, ἔστι τοίνυν τις εὐήθης λόγος: Soph. *Ai.* 468, καὶ δρῶν τι χρηστόν.

οὐκ ἐνεχώρει] 'But when they found that this theory was inadmissible'.

ἀποτραπόμενοι...συλλαβόντες ἔβασ.] The second part. belongs more closely to the verb: cp. Plat. *Phaed.* p. 70 A, (ἡ ψυχή) διασκεδασθεῖσα οἴχηται διαπτομένη.

§ 30. φλαῦρον] 'compromising'.

2. *Peroration*: §§ 81—96.

§ 81. τεκμηρίων...σημείοις] Arist.'s distinction between the conclusive τεκμήριον and the fallible σημεῖον is not clearly drawn by earlier writers, though τεκμήριον often = 'a proof'. Antiphon, frag. XXIII. 2 (Sauppe), τὰ παρῳχημένα σημείοις πιστῶσαι τὰ δὲ μέλλοντα τεκμηρίοις,—where σημεῖα = indications furnished by facts, τεκμήρια = grounds of conjecture: and so Andoc. *De Pace* § 2, περὶ τῶν μελλόντων. Here, however, τεκμήρια are rather positive *proofs*: σημεῖα, *signs*.

τοὺς κινδύνους] 'their appointed dangers'.

§ 82. μὴ καθαροί] sc. ὄντες. Xen. *Cyr.* III. 1. 16, τί χρήσαιτ' ἄν τις ἰσχυρῷ ἢ ἀνδρείῳ, μὴ σώφρονι;

συνεσβάντες] Xen. *Cyr.* VIII. 1. 25, ὥσπερ οἱ πλεῖν αἱρούμενοι μετὰ τῶν εὐσεβῶν μᾶλλον ἢ μετὰ τῶν ἠσεβηκέναι τι δοκούντων. Cp. Aesch. *Theb.* 597—600: Hor. *Carm.* III. 2. 26: Eur. *El.* 1354.

διακωλύοντες...μὴ γίγνεσθαι] Xen. *Anab.* II. 3. 3, θυομένῳ ἰέναι ἐπὶ βασιλέα οὐκ ἐγίγνετο τὰ ἱερά, opp. to καλὰ ἡμῖν τὰ ἱερὰ ἦν. The pollution incurred by the slaying of the Persian heralds hindered the sacrifices at Sparta from being favourable until the μῆνις of Talthybius had been appeased, Her. VII. 134.

§ 83. τεκμήρια...τῆς αἰτίας, ὅτι, κ.τ.λ.] 'evidence concerning the charge (against me), showing that these men are accusing me falsely'.

§ 85. οἶμαι δὲ καὶ ὑμῶν] Dobree's emendation, δέομαι δὲ καὶ ὑμῶν, is the simplest, but gives less point than οἶμαι δὲ καὶ <πρὸς> ὑμῶν <εἶναι> ἀποψ.

καθ' οὓς μὲν ἀπήχθην] 'I am not liable to the laws under which I was arrested, while as to the acts with which I am charged, I can still be brought to trial in the legal form'. He was arrested for κακουργία: if that means φόνος, he can still be tried for it by a γραφὴ φόνου: if it means anything else, he is innocent.

εἰ δὲ δύο ἐξ ἑνός] 'If two trials have been made out of one, the fault is not mine, but that of the accusers. When, however, my worst enemies have left me the chance of a second trial, surely you, the impartial awarders of justice, will never pronounce on the present issue a premature verdict of murder'. In εἰ γεγένησθον, πεποιήκασιν he *assumes* that he will be acquitted now, and tried again. For the form of the sentence, οὐ δή που, κ.τ.λ., cp. Plat. *Gorg.* 512 A, λογίζεται οὖν ὅτι οὐκ, εἰ μέν τις, κ.τ.λ.

§ 86. δότε τι καὶ τῷ χρόνῳ] 'Leave some scope for that

other witness—Time'. Cp. Hor. Sat. II. 2. 94, *Das aliquid famae*.

ἠξίουν μέν] 'I should certainly desire, judges, that in such cases [of alleged murder] the sentence (τὴν δίκην) should be in accordance with the laws, [*i.e.* that death should be inflicted if deserved,] but that the investigation should, in every possible instance, be regulated by justice' (τὸ δίκαιον). Sauppe inserts τούτους (*sc.* τοὺς νόμους) before τὸ δίκαιον, thus weakening, I think, the antithesis between 'the laws' as the standard of punishment, and 'justice' as the canon of inquiry.—ἠξίουν like ἐβουλόμην, § 1, note.

§ 87. χρῆσθαι τῇ δίκῃ] 'abide by the sentence'.

οὔτε τὴν δίκην, κ.τ.λ.] 'No one would dare, through confidence in his own innocence, to *contravene the sentence* when once pronounced, or, if conscious of his guilt, *to rebel against the law*'. For a true antithesis, the italicised phrases should express opposite notions: but they are, in fact, merely different forms of the same notion. Cp. note on Lysias *Pro Mantitheo*, § 13 (p. 60) ἡγουμένους...νομίζοντας.

ἀνάγκη δέ...ὁ τιμωρήσων] 'A man must yield, not only to the actual truth (αὐτοῦ τοῦ ἀληθοῦς), but also to a verdict which contravenes the truth,—especially if there be no one to support his cause'.

§ 88. διωμοσίαι—τόμια—προρρήσεις] Oaths taken by the parties to a trial—the sacrifices on which they swear [see § 12]—the notices to the accused [§ 10]. For πρόρρησις see Plat. *Legg.* 873 A, προρρήσεις—τὰς περὶ τοῦ τῶν νομίμων εἴργεσθαι. [Dem.] *In Neaer.* § 9, προεῖπεν αὐτῷ ἐπὶ Παλλαδίῳ φόνου.

ἤ [καὶ] ἐπὶ τοῖς ἄλλ.] Cp. § 23. If the sentence were *negative* (οὐ διαφέροντα, κ.τ.λ.), καὶ might stand: as it is, we must surely omit it.

§ 89. οὐκ ἴσον ἐστί] 'It is less serious that the prosecutor should accuse wrongly than that you, the judges, should decide wrongly'.

οὐκ ἔχει τέλος] 'achieves no result: the result depends (ἐν) on you and on the trial'.

§ 90. διομοσαμένους] 'when they have first taken the usual oath' (made in γραφαὶ φόνου), and not merely the ordinary διωμοσία of parties to a law-suit. Cp. § 12.

κἀκεῖ] in the other trial also.

χρῆσθαι] *sc.* ἐμοί: 'to do what you please with me'.

§ 91. μεταγνοὺς γάρ] *sc.* τις: cp. Hes. *Op.* 12, τὴν μέν κεν ἐπαινήσειε νοήσας. Cobet's ἄν τις τὸ γεγονὸς ἐπανορθώσαιτο is more ingenious than probable.

ἤδη δέ τισιν] Alluding to the debate (427 B.C.) in the Athenian ecclesia on the fate of Mytilene, when Cleon's proposal of a massacre was first carried and afterwards rescinded—about ten years before the probable date of this speech.—καὶ μετεμέλησεν, 'have actually repented'.

§ 92. παραχρῆμα] *i.e.* while the purpose is still clearly present to his mind. From another point of view, an interval between the planning and the execution might be urged as heightening the deliberate character of the act: but here the contrast is merely between ἑκούσιον and ἀκούσιον.

τὴν ἴσην γε δύναμιν ἔχει, ὅστις] = ἴσον δύναται, εἴτε τις...εἴτε. Cp. Thuc. VI. 14, νόμιζε τὸ καλῶς ἄρξαι τοῦτ' εἶναι, ὃς ἂν τὴν πατρίδα ὠφελήσῃ.

§ 93. νῦν δὲ πιστεύων] The parenthesis beginning at ἐν γὰρ τῷ τοιούτῳ interrupts the constr., which is resumed by ἐγὼ δ' ἐμαυτῷ, κ.τ.λ., ἥκω εἰς ὑμᾶς. Cp. §§ 11, 12.

συνειδότι...ξυνειδέναι] The mss. of Antiphon fluctuate between σύν and ξύν: the latter recurs in § 78 of this speech, ξυμβόλων, and in § 87, ξυνειδώς.

τὴν τιμωρίαν...ταύτην] 'that this had come upon her as the punishment'. Cp. Lys. *In Agor.* § 30, ἡ δὲ ἀρχὴ αὕτη... ἐγένετο, 'this became the beginning'. The pronoun, which might have been neuter (τοῦτο), is assimilated to the gender of the noun. See my n. on Soph. *O.C.* 88. In this construction the definite article is not usually added to the noun, but is, of course, quite admissible. It is unwarrantable, therefore, to delete τὴν here.

§ 94. τοῦτο μὲν γάρ] 'For on the one hand, if you listen to me'—the correl. clause, τοῦτο δέ, τοῦ τούτοις, being compressed into τοῦ δὲ τούτοις. This is better than to understand, 'if you listen to me in this matter'.

γνωρισταί, κ.τ.λ.] 'On the present occasion, then, take a survey of the case; on the next, sit in judgment on the witnesses; form now an opinion, but defer a decision, on the facts'. Cp. Thuc. VI. 87, μήθ' ὡς δικασταί...τῶν ἡμῖν ποιουμένων, μήθ' ὡς σωφρονισταί. See introductory note on Antiphon's style.

§ 96. οὔτε...παρείς] 'with due regard to your conscience as well as to my own right': cp. § 7.

IV. ΠΕΡΙ ΤΟΥ ΧΟΡΕΥΤΟΥ] The speech On the Choreutes relates to the death of Diodotus, a boy who was in training as member of a chorus to be produced at the Thargelia, and who was poisoned by a draught given to him to improve his voice. The accused is the choregus, an Athenian citizen, who discharged that office for his own and another tribe, and at whose house the chorus received their lessons. The accuser, Philocrates, brother of the deceased Diodotus, laid an information for poisoning before the Archon Basileus; and, after some delay, the case came before the Areiopagus. It was not contended that the accused had intended to murder the boy, but only that he had ordered to be administered to him the draught which caused his death. According to Athenian law this was, however, a capital offence. The present speech is the second made by the defendant, and the last, therefore, of the trial. Its date may probably be placed about 412 B.C.: see *Attic Orators*, I. 62.—A short extract is given here as illustrating the greater ease and freedom of Antiphon's later style, which is already beginning to emancipate itself from the stiffness of the αὐστηρὰ ἁρμονία.

Narrative: §§ 11—15.

§ 11. **εἰς Θαργήλια...Διονυσίοις**] The second day of the Thargelia was celebrated by a procession and a musical contest (ἀγών) between choruses of boys: Herm. *Ant.* II. § 60. 21. At the Dionysia the chorus would have been dramatic.

οὔτε ζημιώσας κ.τ.λ.] 'Without fining any man [the last resort], without extorting pledges [from the parent who demurred to sending his son], without (even) incurring any dislike'.

ἀλλ' ὥσπερ ἄν...ἔπεμπον] 'But, just as if the business in hand were most agreeable and advantageous to both parties, I made my demand or request, while the parents sent their sons without compulsion,—indeed, with good will'. The full construction would be: ἀλλ' (οὕτω ἐγίγνετο) ὥσπερ ἂν ἐγίγνετο (εἰ ἥδιστα κ.τ.λ. ἐγίγνετο): and the clause οὕτω ἐγίγνετο is represented by ἐγὼ μὲν ἐκέλευον, κ.τ.λ.

ἡτούμην] So Bekk. for ms. ἡγούμην, which could mean only 'I conducted the levy' (sc. τῆς συλλογῆς). ἐκέλευον = 'I invited' (the official *invitation* being equivalent to a command: cp. Fr. *inviter*): ἡτούμην softens this down, 'or rather, I made a personal request': corresponding to the gradation of ἑκόντες—βουλόμενοι.

§ 12. **πράγματα**] 'for I happened to be engaged in cases against Ariston and Philinus, and was anxious to lose no time after the impeachment (εἰσήγγειλα) in making a due and formal statement to the Council and to the Athenian public'. Philinus and two other persons had been charged by the speaker with embezzling public monies, as appears from §§ 21, 55. Antiphon wrote a speech κατὰ Φιλίνου (*Attic Orators*, I. 63 *note*).

εἴ τι δέοι τῷ χορῷ] Cp. Eur. *Suppl.* 594, ἓν δεῖ μόνον μοι. Usually δεῖ μοί τινος, more rarely δεῖ μέ τινος.

§ 13. συλλέγειν] 'to conduct the levy and act as steward of the tribe on each occasion',—ἑκάστοτε, whenever it was called upon to contribute a chorus to a public festival. The ἐπιμεληταὶ τῶν φυλῶν were responsible to the Archon for the appointment of the choregi: cp. Dem. *In Mid.* § 13. Herm. *Ant.* I. § 149. 8. By τὴν φυλὴν συλλέγειν below is meant to levy (such a contribution) *in* the tribe. συλλογεῖς, at Athens, were esp. those who called in property confiscated to the State: Herm. *Ant.* I. § 151. 4.

§ 14. εἴ τι ψεύδομαι προφάσεως ἕνεκα] 'If any part of this statement is false, or made for effect'.

τοῦ ὁρκωτοῦ] The officer of the court who tenders the oath. See *De Caed. Her.* § 12.

§ 15. ταῦτα σφόδρα λέγω] 'insist upon this point'= περὶ τούτων ἰσχυρίζομαι. Reiske inserts οὕτω before σφόδρα.

πλήν γε τῆς τύχης] lit., 'putting Fortune out of the question': *i.e.* 'unless Fortune so ordain it', (viz. that I *should* bring another person into peril).

ANDOCIDES.

ANDOCIDES: born about 440 B.C.: died later than 390 B.C. Approximate period of extant work, 410—390 B.C. *Life* in *Attic Orators*, I. 71—87.

Style. Andocides is less a rhetorical artist than a vigorous speaker of quick native wit. The ancient criticism of oratory tended to regard it too much from the reader's point of view, and too little from the hearer's. This was unfavourable to Andocides. He is declared by Hermogenes (170 A.D. περὶ ἰδ. B. xi.) to be wanting in the distinctive excellences of practical oratory, deliberative and forensic. His diction is plain (ἀφελής), though not with the studied plainness of Lysias. He is sparing in the use of the rhetorical figures *of language* (σχήματα λέξεως), such as antithesis, parallelism between the forms of the two sentences (παρίσωσις), or assonance (παρομοίωσις): though he uses largely the figures *of thought* (σχήματα διανοίας), such as rhetorical question. In the arrangement of subject-matter he is simple and inartificial (ἁπλοῦς—ἀκατάσκευος). His strength lies in narrative, diversified by anecdote and enlivened by graphic description—sometimes by touches of true dramatic power. In addition to these literary merits, his speeches are of great historical value for the years 415—390 B.C.—See *Attic Orators*, I. 88—108. On the Works of Andocides in general, *ib.* 109—141.

I. ΠΕΡΙ ΤΗΣ ΕΑΥΤΟΥ ΚΑΘΟΔΟΥ] Spoken before the Athenian Ecclesia not later than the summer of 410 B.C. [See *Attic Orators*, I. 109. Andoc. lays stress on the service which he has rendered to Athens by securing a supply of corn from Cyprus: but the battle of Cyzicus in 410 B.C. was followed by the re-opening of the corn-trade between the Euxine and Athens: Xen. *H.* I. 1. 35. The benefit for which Andoc. claims credit would have been of little importance had it been conferred later than the middle of the year 410.] The object of the speech is to procure the removal of certain disabilities under which he was alleged to lie. His disclosures in 415 B.C. were made under a guarantee of immunity from penalties. But the decree of Isotimides, passed soon afterwards, excluded from the market-place and from temples all 'who had committed impiety and who had confessed it'; and his enemies maintained that this decree applied to him. The appeal was unsuccessful. He returned to Athens only after the general amnesty of 403 B.C. Having first deprecated the resentment felt against him for having denounced the mutilators of the Hermae in 415 B.C. (§§ 1—9), he proceeds, in the following passage, to speak of his life in exile—his services to the army at Samos in 411 B.C.—his return to Athens during the rule of the Four Hundred—and his imprisonment at the instance of Peisander.

§§ 10—16.

§ 10. τότ' αὐτὸς γνούς] In 415 B.C., when he had denounced certain persons as concerned in the mutilation of the Hermae. αὐτός: he *himself* felt the misery of his position as keenly as those who condemn him.

παρανοίᾳ—ἀνάγκῃ] So in § 7 he says that he had acted νεότητί τε καὶ ἀνοίᾳ. In this speech Andoc. distinctly implies that he was concerned in the sacrilege: this was his '*madness*': the ἀνάγκη was the necessity of denouncing the guilty, or else allowing the innocent to perish. In the *De Mysteriis* (see next Extract), speaking 11 years later, he protests his own entire innocence. (Cp. *Attic Orators*, I. 113.)

πράττειν...ὀφθ.] 'To live a life and choose an abode in which I should be as far as possible out of your sight': ὅπου, as relative to τοιαῦτα no less than to ἐκεῖ,=ἐν οἷς, or ἃ πράττων.—ὅπου μέλλοιμι, oblique for ὅπου ἂν μέλλω.

ἐκείνης...δευρί] 'A longing for that civic and social life with you in Athens (ἐκείνης), from which I passed into this exile' (δευρί). He is speaking at Athens; but the words describe his feeling *in banishment*. The vividness is characteristic of Andocides.

§ 11. ἐκ δὲ τούτου] 'from that moment'—which the context fixes to 411 B.C.

τῶν τετρακοσίων] The Four Hundred were in power from March to June, 411 B.C. For the details of the Revolution, see the life of Antiphon in the *Attic Orators*, I. 7 f.

διδόντος *τέμνεσθαι] Archelaus, king of Macedon (413—399 B.C.), had given Andoc. leave to cut down and export timber for oar-spars. Macedonia was the great timber-market of Greece (Xen. *Hellen.* VI. 1. 11). See my note on Theophrastus *Char.* XXIII (=VI. p. 195), where the ἀλαζών boasts that Antipater has offered him 'the privilege of exporting timber free of duty' (ἐξαγωγὴ ξύλων ἀτελής).

πέντε δραχμῶν] gen. of price: 'at the rate of five drachmas' (for each κωπεύς).

ὅσου ἐμοὶ κατέστησαν] ὅσου, not ὅσον: 'the sum in which they stood me'—the cost-price.

§ 12. ἐνίκησαν] Referring to the Athenian victory at Cynossema in 411, and perh. also to that at Cyzicus in 410 B.C.

τ. τῆς αἰτίας] 'this merit' or 'credit'. Cp. Aesch. *Theb.* 4, εἰ μὲν γὰρ εὖ πράξαιμεν, αἰτία θεοῦ.

εἰ γάρ, κ.τ.λ.] 'For if the supplies had not been imported for the army at that time, the prospect before them was not a chance of saving Athens, but a risk of losing their own lives'. κίνδυνος ἦν is equivalent to an apodosis with ἄν and aor. indic. (as εἰκότως οὐκ ἂν ἔσωσαν). Cp. Thuc. III. 74, ἡ πόλις ἐκινδύνευσε πᾶσα διαφθαρῆναι, εἰ ἄνεμος ἐπεγένετο. Cp. Aeschin. *Ctes.* § 123 (where ἐκινδυνεύσαμεν ἄν is a v. l.).

ἢ περὶ τοῦ μηδὲ αὐτοὺς σωθῆναι] κίνδυνος περὶ τοῦ σῶσαι, a risk in which the saving of Athens was the thing at stake: κίνδυνος περὶ τοῦ μηδὲ αὐτοὺς σωθῆναι=κίνδυνος μὴ οὐδ' αὐτοὶ σωθεῖεν, a risk *lest* not even they themselves should be saved. Hence the μηδέ: the form περὶ τοῦ σωθῆναι being adopted merely for the sake of symmetry with περὶ τοῦ σῶσαι.

§ 13. οὐκ ὀλίγῳ, κ.τ.λ.] 'The situation there (ἐνταῦθα, with regard to the army at Samos) proved to be very different from what I had supposed': *i.e.* the relations of the army at Samos with the Four Hundred at Athens were such that the latter received Andoc. not as a friend but as a foe. ἔχοντα with οὐκ ὀλίγῳ μοι παρὰ γνώμην, = πάνυ ἄλλως ἔχοντα ἢ ὡς ὑπέλαβον.

§ 14. οἱ ἐπὶ στρατιᾶς ὄντες] 'those upon service', 'the army abroad': cp. Plat. *Phaedr.* 260 B, οἴκοι καὶ ἐπὶ στρατείας, *domi militiaeque.* στρατείας is a v. l., but στρατιά (see L. and S. *s. v.*) sometimes = στρατεία. The army at Samos was the mainstay of the Democracy against the oligarchical Revolution: cp. *Attic Orators,* I. 9.

§ 15. τὴν ἑστίαν—τῶν ἱερῶν] The hearth of the Βουλευτήριον was called Ἑστία Βουλαία (Aeschin. *F. L.* § 45). In Andoc. *De Myst.* § 44, threatened persons ἐπὶ τὴν ἑστίαν ἐκαθέζοντο.—τῶν ἱερῶν, 'the sacred precincts' of the altar.

εἰς...τοὺς θεούς, κ.τ.λ.] '*although* it was against the gods that I was said to have sinned, the gods seem to have been more merciful to me than men': ἔχοντα (acc. masc.) ὀνείδη, because he was charged with having profaned the Mysteries and mutilated the Hermae.

οὗ δή, κ.τ.λ.] 'And then it was' [at this point in my fortunes] 'that I most bewailed my fate: I who, at a moment when the People seemed to be in evil plight' [the Democracy having been overthrown], 'suffered in their stead, and further, when I was found to have been the People's benefactor, was condemned to new misery on this account': *i.e.* Andoc. suffered first as a democrat, and secondly as a patriotic democrat. The antithesis is defective, since the overthrow of the Democracy (κακοῦσθαι) cannot properly be contrasted with the benefits which it had received from Andoc.—Cp. Thuc. VIII. 68, τὰ τῶν τετρακοσίων...ὑπὸ τοῦ δήμου ἐκακοῦτο.

§ 16. *ἀπωλλύμην] A corr. suggested by Bekker. ἀπολοίμην might stand if for ὅστις we wrote εἰ: and this would also account for the now redundant ἐγώ. But, considering εἶχον, I think it more likely that the copyist's eye had wandered to τραποίμην.

καὶ ἐκ τούτων, κ.τ.λ.] 'even after my escape from these perils, grave as they were': *i.e.* undeterred by this warning. We cannot well render, 'even under these circumstances, grave as they were, when I had escaped'; for ἀπαλλαγεὶς clearly belongs to the preceding words.

II. ΠΕΡΙ ΤΩΝ ΜΥΣΤΗΡΙΩΝ]—Date, 399 B.C.—Andocides had laid information, in 415 B.C., against certain persons whom he accused of complicity in the mutilation of the Hermae. He did so on the guarantee of impunity (ἄδεια) which a special decree of the Assembly had given to all who should inform. Subsequently another decree was passed—known as *the decree of Isotimides*—that all who had committed impiety, and had confessed it, should be excluded from the market-place and the temples.

Andocides had returned to Athens under the amnesty of 403 B.C. His accusers now (399 B.C.) charge him with having broken the decree of Isotimides by attending the Mysteries and entering the temple at Eleusis. The form of the accusation is an ἔνδειξις ἀσεβείας, an 'information' charging him with impiety. But, in order to prove that he came under the decree of Isotimides, they had to show that he had committed impiety in 415 B.C.

His speech is to show that he had not done so, either by profaning the Mysteries or by mutilating the Hermae. The Mysteries, from which it takes its title, is only one of its topics. It would be better described as a Defence on a Charge of Impiety. As to the Mysteries, Andoc. affirms that he neither profaned them himself nor informed against others as having done so (§§ 11—33). But his account of the Hermae affair is the most important part of the speech. (Analysis of the whole in the *Attic Orators*, I. 117.)

1. *The Mutilation of the Hermae—Information laid by Teucrus and Diocleides*: §§ 34—45.

§ 34. τῶν ἀναθημάτων] = τῶν Ἑρμῶν, 'the images', as *dedicated* to the god. Cp. § 62, ὁ Ἑρμῆς...ὃν ἡ Αἰγηὶς (the Aegeid tribe) ἀνέθηκε. The Ἑρμαῖ were plain four-cornered posts surmounted by a head or bust.

ἄδειαν εὑρόμενος] 'having obtained special permission'. Teucrus was a μέτοικος who had withdrawn to Megara, and had thence sent word to the Athenian Council that he would give information regarding the Mysteries and the Hermae if he received license to do so (εἰ οἱ ἄδειαν δοῖεν). Thereupon the Council ἐψηφίσατο τὴν ἄδειαν, and sent for him (§ 15).—ἄδεια, technical term for the authorisation required by a non-citizen (μέτοικος, ξένος, δοῦλος) who desired to accuse anyone of an offence against the State,—by an ἄτιμος before he could exercise any civic right,—or by a citizen who proposed to re-enfranchise an ἄτιμος.

ἀπογράφει] 'denounces', in a 'list' or 'return' (ἀπογραφή) presented to the Βουλή, which the Ecclesia had invested with plenary powers for the occasion (§ 15, αὐτοκράτωρ).

οἱ δὲ σ. ἀπέθανον] Grote (VII. 268) doubts this assertion (cp. Thuc. VI. 53, 60), but it is incidentally confirmed by the statement ascribed to Charmides in § 49. See *Attic Orators*, I. 122.

§ 36. τῶν ζητητῶν] 'The Commission of Inquiry' specially appointed by the Ecclesia. Cp. § 14, ἦσθα ζητητής, ὦ Διόγνητε, ὅτε Πυθόνικος εἰσήγγειλεν ἐν τῷ δήμῳ περὶ Ἀλκιβιάδου, 'impeached A. in the Assembly'.

ἐπὶ τῇ τοῦ δήμου κ.] 'with a view to the overthrow of the Commonwealth'. δήμου κατάλυσις, the crime of attempting to subvert the democratical government,—often coupled with the more general προδοσία τῆς πόλεως: for each there was a γραφή. Lysias's or. 25 is δήμου καταλύσεως ἀπολογία.

τὸ σημεῖον καθέλοι] 'took down the signal',—displayed from the βουλευτήριον to show that it was time to meet, and taken down when business was about to commence. There was a similar σημεῖον for the Ecclesia (Ar. *Thesm.* 277) and for the law-courts (*Vesp.* 690).

§ 37. εἰσαγγ. εἰς τ. β.] 'lays an impeachment before the Council'.

ὡς δ' ἴδοι, κ.τ.λ.] 'and stated how he had chanced to become an eye-witness of the plot'. ὡς here = ὅτῳ τρόπῳ: below § 40 ὡς ἴδοι = merely 'that he had seen'.

§ 38. ἀποφοράν] 'He said that he had a slave at Laurium, and that he had occasion to go for a payment due to him'. ἀποφορά, the 'return' or 'profit' accruing to the master from the labour of his slave. Aeschin. *In Timarch.* § 97, (shoemaking slaves) ὧν ἕκαστος τούτῳ δύ' ὀβόλους ἀποφορὰν ἔφερε τῆς ἡμέρας.

πανσέληνον] Plut. *Alcib.* 20, εἷς δ' αὐτῶν (the informers) ἐρωτώμενος ὅπως τὰ πρόσωπα τῶν ἑρμοκοπιδῶν γνωρίσειε, καὶ ἀποκρινάμενος ὅτι πρὸς σελήνην, ἐσφάλη τοῦ παντός (made a fatal slip), ἕνης καὶ νέας οὔσης (the new moon) ὅτε ταῦτ' ἐδρᾶτο. So Diod. XIII. 2. Grote (VII. 271) rightly treats this part of the story as a later fiction. If Diocleides had made such a blunder, Andoc. would not have failed to note it'. (Cp. *Attic Orators*, I. 123.)

τὸ προπ. τοῦ Δ., κ.τ.λ.] 'When he had come to the gateway of Dionysus' [the entrance to the Λήναιον, the enclosure sacred to Dionysus on the S.E. of the Acropolis], 'he saw several persons descending from the Odeum' (of Pericles, close to the Dionysiac Theatre on the E.] 'into the orchestra' [the open central space of the Theatre]. 'Afraid of them, he drew into the shade, and crouched down between the pillar and the column with the bronze statue of the General' [just inside the προπύλαιον, as εἰσελθών seems to indicate, and covered by its shadow].

ἀνὰ πέντε καὶ δέκα] 'in groups of fifteen'.

§ 39. τοῦθ' ὑπέθετο...ὅπως] 'Thus, in the first place, judges, he assumed this story—a most extraordinary one—in order, I fancy, that it might rest with him to include in this list any Athenian he pleased, or at pleasure to exempt him'. τοῦθ' ὑπέθετο, made this (the story of the moonlight scene) the *basis* of his evidence: δεινότ. πρ. in appos. with τοῦτο, 'a most strange', 'an incredible affair'. I now prefer this version to rendering: 'He made this assumption, viz. that it was in his power', where ὅπως would = ὡς or ὅτι, in sense of 'that'.

§ 40. καταλαμβάνειν] So below, λέγειν. The infins. might = κατελάμβανον, ἔλεγον, but perhaps represent rather the vivid καταλαμβάνω, λέγω used by Diocleides in his narrative.

ἐν τῷ χ. καθ.] 'sitting in his forge'—he being a χαλκεύς.

τὸ Ἡφαιστεῖον] The guild of smiths, and perhaps artisans generally, held the annual festival of the χαλκεῖα to Hephaestus early in Nov. (Pollux VII. 105). The Ἡφαιστεῖον, or temple of H., was on the w. of the Agora, having the Stoa Poecilè just above it (Paus. I. 14. 6). For the custom of taking oaths in a temple, cp. Plat. *Prot.* 328 C, ἐλθὼν εἰς ἱερόν, ὀμόσας, ὅσου ἂν φῇ ἄξια εἶναι τὰ μαθήματα, τοσοῦτον κατέθηκε.

οὔκουν δέοιτο] 'Now, he said, he did not desire'—oblique for οὔκουν δέομαι, after a secondary tense (ἔφη in § 39).

καὶ νῦν ἥκειν κ.] 'and said, "Now pray come to the house of L., that you and I may there confer with A. and the other needful persons".' Euphemus said: νῦν ἧκέ μοι εἰς τὴν Δ. οἰκίαν: this becomes, Εὔφημος (Διοκλείδην) νῦν ἥκειν οἱ ἐκέλευσε, and, in the oblique form, ἔφη τὸν Εὔφημον νῦν ἥκειν κελεῦσαί οἱ. —οἱ = 'to oblige him' (Euphemus). κελεύειν does not, in Attic prose, take a dat. of the person commanded.

§ 41. ἥκειν...κόπτειν] The oblique of ἧκον καὶ δὴ ἔκοπτον: 34 'He said that the next day he was there [ἧκον = I came *promptly* or *punctually*], and was in the act of knocking at the door': καὶ δή = 'and even now'.

ἆρά γε σύ, κ.τ.λ.] 'Are you the visitor whom the company here expect? Well, one ought not to reject such friends—and with these words he was gone'. οἵδε—Andocides and the others who were already at the house of Leogoras: σύ, Diocleides. Acc. to D.'s story, the father of Andoc. gives him a parting hint not to reject the overtures about to be made to him by the conspirators.—ἀπώλλυε, 'sought to ruin'.

§ 42. ὅτι βουλεύσοιτο] 'that he would think it over'. He said, βουλεύσομαι : the fut. opt. here, as always, being the oblique of the fut. ind. after a secondary tense.

καθομολογήσας, κ.τ.λ.] 'concluded an agreement with us, and gave us pledges on the Acropolis' (by taking an oath in one of the temples: cp. on § 40).—διαψεύδ.—διδόναι, oblique pres. rather than imperf.: 'fail to keep our word or to pay': as ἥκειν for ἥκω rather than ἥκον.

35 § 43. τὸ ἐπὶ Σκαμανδρίου ψήφ.] A ψήφισμα forbidding that *citizens* should be put to the torture. A decree of the Βουλή (then temporarily invested with plenary powers) could of course suspend this.—Cp. Herm. *Ant.* I. § 141. 15.

ὅπως μὴ...ἔσται] This would be regular in an object-clause (as σκοπῶ ὅπως μὴ ἔσται): here, in a final clause, we should expect rather ὅπως μὴ ᾖ. But the notion of *contriving how* the object may be attained is uppermost, and so the clause is virtually an object-clause. Xen. *Cyr.* II. 1. 21, οὐδὲ δι' ἓν ἄλλο τρέφονται ἢ ὅπως μαχοῦνται. Goodwin § 44. 1.

§ 44. ἐπὶ τὴν ἑστίαν] Cp. note on *De Red.* § 15, p. 222.

§ 45. ἐξελθοῦσα, κ.τ.λ.] 'The Council, after retiring to a secret conference, had us seized and put in the pillory. Then they summoned the Generals before them' [ἀνακαλ., up to the βουλευτήριον], 'and ordered them to proclaim that those Athenians who lived in the city should proceed under arms to the market-place,—those at the Long Walls, to the Theseum,— those in the Peiraeus, to the market-place of Hippodamus; that before dawn the Knights should sound the trumpet-call to the Anakeum; that the Senate should go to the Acropolis, and sleep there; and that the Presidents should sleep in the Rotunda'. —τοὺς δ' ἐν μακρῷ τείχει: cp. Thuc. II. 17, τά τε μακρὰ τείχη ᾤκησαν καταvειμάμενοι καὶ τοῦ Πειραιῶς τὰ πολλά. The *sing.* here denotes the two main long walls (the 'Northern' and the 'Middle'), with the space enclosed by them, conceived as a *district.*—Ἱπποδ. ἀγοράν, the market-place of the Peiraeus.— Ἀνάκειον, temple of the Dioscuri (ἄνακες), N.W. of Acropolis.— θόλῳ, a circular building, with dome, near the Βουλευτήριον in the Agora: the Prytanes and γραμματεῖς dined there, Dem. *Fals. Legat.* § 249.

ἐπὶ τοῖς ὁρίοις...ἔξεστ.] 'had taken the field, and were on the frontier'.

36 ἐδείπνα] 'was entertained'. The privilege of daily σίτησις ἐν Πρυτανείῳ (Ar. *Ran.* 764) was given either for a limited period or for life (ἀείσιτος): here the imperf. shows that at least more than one day is meant.

2. The Disclosures of Andocides: §§ 48—69.

§ 48. ἐπειδὴ δέ] The apodosis is λέγει πρός με X. Compare the prison-scene in Lysias, *Agorat.* §§ 39 f.

ὅτι, 'Ανδοκίδη, κ.τ.λ.] ὅτι redundant before the *direct* quotation: Xen. *Cyr.* VII. 3. 3, ἀπεκρίνατο ὅτι, ὦ δέσποτα, κ.τ.λ. Goodwin § 79.

§ 49. οὐδὲν ἐδεόμην] 'I had no wish to speak or to give you pain'. But ἐδεόμην μηδὲν λέγειν, 'I wished to say nothing'. Cp. § 40, οὔκουν δέοιτο, 'did not desire'.

οἶς γὰρ ἐχρῶ] 'Your other friends (ἐχρῶ) and associates (συνῆσθα), except us your relations'. ἄνευ, 'besides', either = 'except' (as here), or 'in addition to'. Cp. Dem. *De Cor.* § 89, ἄνευ τοῦ καλὴν δόξαν ἐνεγκεῖν, '*in addition to* bringing you fair fame'. So when Caesar says (*Bell. Gall.* v. 12) of south Britain, *Materia* (timber) *cuiusque generis ut in Gallia est, praeter fagum atque abietem*, some render 'except'; others, 'in addition to'.

§ 50. πρῶτον μέν] With this series, πρῶτον—εἶτα—ἔπειτα—ἔτι, cp. Soph. *El.* 261—271, πρῶτα—εἶτα—ἔπειτα—τελευταῖον.

ἀναγκαίους] 'near relations'. συγγενεῖς is the larger term, 37 including the more distant degrees of kinship: ἀναγκαῖοι (*necessarii*) are those to whom one is bound by the first, the closest natural ties; as τὰ ἀναγκαῖα are those things with which life cannot dispense.

§ 51. πότερα περιΐδω] deliberative subj., to which answers ἢ εἴπω: the tense being, as usu., the aor., since the prospective act will be done once for all, not continued or repeated. But Eur. *Ion* 758, εἴπωμεν ἢ σιγῶμεν; 'shall we speak [once for all: aor.]; or keep silence?' [pres. of the continued act].

ἀλιτ. τῶν θεῶν] For genit., cp. Aeschin. *Ctes.* § 157, ἀλιτήριος τῆς Ἑλλάδος: Thuc. I. 26, τὸ ἄγος τῆς θεᾶς.

§ 52. ἐτεθνήκεσαν] In the 3rd pers. plur. of the pluperf. act., -εσαν, not -εισαν, was the Attic form. παρειλήφεσαν occurs in an inscription of 323 B.C. (Meisterhans, *Gramm. d. Attisch. Inschriften*, p. 75). In the 3rd pers. sing. of the pluperf., -ει is contracted, of course, from εε, and the post-Attic -εισαν in the 3rd pers. plur. was perhaps an instance of false analogy. (Cp. Curtius, *Greek Verb*, p. 433 Eng. tr.)

§ 53. εἶναι τούτων τῶν ἀνδρῶν] to belong to their party, to be their confederates. Cp. above, § 41, ἕνα αὐτὸν ἡμῶν εἶναι.

εἰ μή τις ἐρεῖ] The vivid construction, instead of εἰ μή τις 38 λέξοι or εἴποι, after βέβαιος ἦν.

ἀποθανόντας] Here, as in § 51, the aor. refers, not to those who had already died (§ 49, οἱ μὲν αὐτῶν τεθνᾶσιν), but to those who were threatened with death. It is stronger than ἀποθνῄσκοντας (cf. ἀπολλυμένους of the same persons in § 51), just as 'to see them *murdered*' is stronger than 'to see them being murdered': the aor. pictures the deed as *accomplished* while he looks on.

§ 54. **κατὰ τῶν ἑταίρων τῶν ἐμαυτοῦ**] 'against my own associates'. Here, the word ἑταῖρος seems to bear a merely social sense, referring to a circle of private friends (cp. § 61 πινόντων ἡμῶν). On the other hand, the title of a lost speech by Andocides, Πρὸς τοὺς ἑταίρους, probably indicates the members of the oligarchical ἑταιρεῖαι at Athens (*Attic Orators*, vol. I. p. 139). For the latter, or political, sense of ἑταῖρος, cp. below, p. 138, § 87.

ἐλογοποίουν] Cp. Thuc. VI., οὔτε ὄντα οὔτε ἂν γενόμενα λογοποιοῦσιν. So λογοποιός; of one who spreads fictitious news (Theophrastus, *Char.* VIII).

§ 56. **ἐμοὶ γάρ, ὦ ἄνδρες**] Andoc. says:—'Now, in this trial, judges, nothing is so important for me as that, if acquitted, I should be acquitted with honour: and, further, that the general public (τοὺς ἄλλους ἅπαντας) should understand my whole conduct to have been absolutely free from baseness or cowardice'. He wishes to be pronounced an honourable man (1) by his judges, (2) by οἱ ἄλλοι ἅπαντες. All that would be given by ἀλλὰ πρῶτον μὲν ὑμᾶς, which Blass proposes to insert after κακῷ εἶναι (see crit. note), is already contained in σωθέντι.

§ 57. **φέρε δή—χρὴ γάρ**] 'Now consider—for a judge ought to examine the facts by a human standard [ἀνθρωπίνως—making allowance for human infirmity], as if the misfortune had been his own—What would any one of *you* have done?' ὥσπερ ἂν αὐτὸν ὄντα: i.e. ὥσπερ ἂν (χρείη λογίζεσθαι), αὐτὸν ὄντα (=εἰ αὐτὸς εἴη). A simpler form would have been ὥσπερ ἂν (sc. λογίζοιτο) αὐτὸς ὤν.

εἰ μὲν γὰρ ἦν δυοῖν] The thought is not completed till the end of § 60, χρήματα ἐλάμβανε. Briefly, it is this:—'If it had been a question between noble death and shameful life, my conduct might be condemned. But it was really a question between slaying the innocent by my silence, and saving them at the expense of the guilty, by speaking out. Therefore I spoke'.—In the series of clauses, note these points:—(1) All is plain down to τοῦ καλῶς ἀποθανεῖν. (2) ὅπου δὲ τούτων begins a protasis which has no *formal* apodosis. The *virtual* apodosis comes at § 60, (ταῦτα δὲ πάντα σκοπῶν, 'considering all these things, I say') εὕρισκον, 'I found' that the least evil was to speak. (3) The protasis begun by ὅπου δὲ τούτων is interrupted by the parenthesis Διοκλείδης μὲν γάρ...ὑμῶν ἃ ἤκουσα. Then the consequences of his *silence* are pursued in ἔτι δὲ...ἀπώλλυον, the long parenthesis having broken the original construction, ἦν σιωπήσαντι μὲν...ἀπολλύναι. (4) The new independent constr. is continued in describing the consequences of his *speaking*: εἰπὼν δὲ τὰ ὄντα, κ.τ.λ. Then at § 60 comes the result, prefaced by the summary, ταῦτα δὲ πάντα σκοπῶν.

§ 58. ὅπου δὲ τούτων...μὴ εἰπόντος] 'But here the case was the very reverse: by keeping silence I must have perished ignominiously in my innocence, and must also have permitted the destruction of my father, of my brother-in-law, of all my cousins and relations, whom I and no one else threatened with death, by concealing the guilt of others. The falsehoods of Diocleides had sent them to prison; their only hope of deliverance lay in the Athenians learning the whole truth. I was in danger, therefore, of becoming their murderer, if I failed to tell you what I had heard. I was also in danger of destroying three hundred Athenians, and of involving Athens in the most serious evils. This, then, was the prospect if I were silent'.

§ 60. καὶ τιμωρήσασθαι] The conjectural insertion before these words of καὶ σῶσαί τε ἡμᾶς is as needless as the similar insertion in § 56 (where see *n*.), since the thought is contained in ὃς ἡμᾶς μὲν ἀπώλλυεν (was seeking to destroy).—ἐκεῖνον follows Διοκλείδην as it often follows αὐτόν, *e.g.* Plat. *Prot.* 310 D, ἂν αὐτῷ διδῷς ἀργύριον καὶ πείθῃς ἐκεῖνον: see Shilleto on Thuc. I. 132.

§ 61. οὐ γένοιτο δι' ἐμέ] Notice the opt. γένοιτο preceded by εἰσηγήσατο, ἀντεῖπον, and followed by ἔπεσον, κ.τ.λ.—all depending on ἐξήλεγξα ὅτι. The optative has the effect of presenting this particular statement, not simply as a *fact*, but as a *quotation* of what was confessed by the conspirators. It is the oblique form of οὐκ ἐγένετο δι' Ἀνδοκίδην: 'I proved the facts,—that E. proposed this plan, etc., and that (*as they said*) it was I who "hindered the plan from being executed at the time".'

ἐν Κυνοσάργει] τὸ Κυνόσαργες, a gymnasium, with a sanctuary of Heracles, on the E. side of Athens, near the Διόμεια πύλη.

τὴν κλεῖν συνετρίβην] 'broke my collar-bone': Dem. or. 18 § 67, τὴν κλεῖν κατεαγότα.—τὴν κεφαλὴν κατεάγην (ᾱ in Attic), 'cut my head': Ar. *Ach.* 1180, καὶ τῆς κεφαλῆς κατέαγε περὶ λίθον πεσών (partit. genit.,—the more usual construction in this phrase).

§ 62. τὸν Ἑ. τὸν παρὰ τὸ Φ.] 'The Hermes by the Phorbanteum'—the ἡρῷον of Phorbas, perh. the hero of that name worshipped in Rhodes as having banished snakes from the island (Diod. v. 58), and also famed in myth as a boxer (schol. ad Hom. *Il.* XXIII. 660, etc.). The idea of παρά with *accus.*, in such general indications of position, is—'that which one sees *when one goes past*' the place. We may render it '*by*'. παρά with *dat.*, '*beside*', is more precise.

41 § 63. δεινὰ ἐποίουν] 'On finding this out, the conspirators were furious that I should know of the deed without having had a hand in it'. The more usual phrase, δεινὸν ποιοῦμαί τι,='to *regard* a thing as monstrous', 'to feel indignant at it'. On the other hand, δεινὰ ποιῶ (lit., 'to do dreadful things'), refers to the external manifestation of horror or grief by gestures, cries, etc. : Her. III. 14, κλαιόντων καὶ δεινὰ ποιεύντων 'weeping, and displaying anguish': Thuc. v. 42, λεγομένων δὲ τούτων οἱ Ἀθηναῖοι δεινὰ ἐποίουν, 'exclaimed', 'raised an outcry'.

δι' ἡμᾶς] *ob nos proditos*. 'Otherwise our enmity will be more effectual than any friendships that you can make by betraying us'.

§ 64. αὐτοῖς...ἐκείνοις] For ἐκείνοις following αὐτοῖς in reference to the same persons, see note on § 60.

ὡς οὖν...ἐκεῖνοι] 'In support of this statement, I gave up my own slave for the torture, (to prove) that I had been ill', [imperf., *was* at the past time in question,] 'and unable even to leave my bed; and the Presidents received [for examination] the female slaves in the house from which the conspirators set forth to begin their work'. ὅθεν = ἐκ τῆς οἰκίας ἐξ ἧς.

§ 65. φράσας] 'on condition of revealing'.

Φηγούσιον] Of the deme of Phegeus near Marathon.

42 § 66. λαβόντες τὰ ὅπλα, ἀπ.] 'and you yourselves' (αὐτοί, the Athenian citizens generally, as represented by the court) 'took up your arms and went home'. The order given in the panic had been, τοὺς μὲν ἐν ἄστει οἰκοῦντας ἰέναι εἰς τὴν ἀγορὰν τὰ ὅπλα λαβόντας, κ.τ.λ., § 45.

§ 67. πίστιν τῶν ἐν δ. ἀπιστοτάτην] 'The most traitorous of all possible compacts': πίστιν, the pledge given by the conspirators *to each other*: ἀπιστοτάτη, most disloyal *to the State*. Cp. Aesch. *Theb.* 1021, ταφέντ' ἀτίμως τοὐπιτίμιον λαβεῖν.

τότε δέ] We might expect τότε δή, *tum demum*, then and not sooner: but the thought is (πρότερον μὲν) συνέκρυψα, τότε δὲ ἀπέγρ. Cp. § 34, note on ἀπογράφει.

43 § 69. σὺ δέ, κ.τ.λ.] To the γραμματεύς of the Court. 'Clerk, call the persons themselves who were released by my means'.

μέχρι τούτου] 'They will come up and give evidence for as long as you desire to listen to it'.

III. ΠΕΡΙ ΤΗΣ ΠΡΟΣ ΛΑΚΕΔΑΙΜΟΝΙΟΥΣ ΕΙ-ΡΗΝΗΣ.

—The speech On the Peace with Lacedaemon belongs to 390 B.C., the fourth year of the Corinthian War. Athens, Boeotia, Corinth and Argos were at this time allied against Sparta. The success of Agesilaus in 391 had led the Athenians, probably in the winter of 391—90 B.C., to send plenipotentiaries, among whom was Andocides, to treat for peace at Sparta. According to the terms proposed by the Lacedaemonians, Athens was to retain her Long Walls—rebuilt three years before by Conon—and her fleet; she was also to recover Lemnos, Imbros and Scyros: and Boeotia was to be gratified by the withdrawal of the Spartan garrison from Orchomenus. The plenipotentiaries did not use their powers, but requested that the Athenian ecclesia might have forty days in which to consider these proposals; and returned, accompanied by Spartan envoys, to Athens. It was in the ensuing debate—early in the year 390—that the speech of Andocides was made.—*Attic Orators*, I. 83. The genuineness of the speech has been questioned, but without sufficient reason. One passage of it (§§ 3—12) was adopted, with slight modifications, by Aeschines (*De Fals. Legat.* §§ 172—176). See *Attic Orators*, I. 129.

Andoc. first shows that a peace with Sparta is not a danger to the Athenian democracy (§§ 1—12). He then argues that there is no good reason for continuing the war, and that the proposed terms are peculiarly advantageous to Athens (§§ 13—23). If the Boeotians make peace on their own account, Athens will be left with one weak ally, Corinth, and another of which the policy is thoroughly selfish—Argos (§§ 24—27).

§§ 28—41 (end). *Alliance with Sparta is better than alliance with Argos.—Objections to the Peace answered.*

§ 28. τοιούτων δ' ἐλπ. μ.] 'Committed, as we are, to such prospects, we have to choose between joining the Argives in war against Sparta, and joining the Boeotians in making a peace for the common interest'. τ. ἐλπ. μετασχ., 'having become sharers in such hopes', *i.e.* having entered into alliance with States which have such objects in view as Argos and Boeotia have respectively. Argos hoped to get Corinth if the war were prolonged (§ 27): Boeotia was likely to make peace on its own account with Sparta (§ 24).—κοινῇ: cp. § 27, μετὰ πάντων τῶν συμμάχων τὴν εἰρήνην ποιουμένους.

δι' ἡμᾶς αὐτούς] for our own sakes, opp. to δι' ἐτέρους. The words might also mean 'through our own exertions'. In *De Myst.* § 63, δι' ἡμᾶς = 'on account of (betraying) us'.

§ **29.** χρὴ γὰρ ἀναμνησθέντας] The partic. here expresses the thought on which the chief stress falls. 'For if we are to take a prudent decision, we must refresh our memory of the past'. Cp. Her. VIII. 129, ἔτι δὲ τρεῖς (μοῖραι) ὑπόλοιποι ἦσαν, τὰς διελθόντας χρῆν εἶναι ἔσω ἐν τῇ Παλλήνῃ, 'which they must traverse before arriving in Pallenè'. Thuc. I. 20, δράσαντές τι καὶ κινδυνεῦσαι, *i.e.* 'to do something if they must risk their lives' (and Shilleto's note): IV. 11, τὰς σφετέρας ναῦς βιαζομένους τὴν ἀπόβασιν καταγνύναι, 'to force the passage, though they must wreck their ships in doing it'.

ἁ ἡμῖν ἐπρέσβευσεν...πειθόμενοι] 'listening to the overtures made to us by Epilycus, on behalf of Amorges,—the slave of the Great King, and an exile': lit., 'as to the proposals made us by the envoy E.—in regard to these complying with Amorges', obeying his wishes. Amorges, son of the satrap Pissuthnes, revolted from Dareius II. [regn. 424—405 B.C.] and established himself in Iasus, a sea-board town of Caria. In 412 B.C. the Peloponnesians took Iasus, and delivered Amorges to Tissaphernes: Thuc. VIII. 28: Grote VII. 504, 585.

44 § **30.** Συρακούσιοι δ'] In 427 B.C. the chief Ionic cities of Sicily—viz. Leontini, Naxos and Catana—in alliance with the Dorian Camarina, sent an embassy to Athens, with Gorgias at its head, asking aid against Syracuse. This was the occasion of the first Athenian expedition to Sicily in 427 B.C.: a second was sent in 425, and a third in 422. The application of Egesta for help against Selinus led to the great expedition of 415 B.C. Andoc. seems to be thinking of the embassies sent by the Ionic Siceliots, and to imagine that a rival embassy had been sent by Syracuse—which was not the case.

ἡμεῖς τοίνυν εἱλόμ.] 'Well, we chose then also': τοίνυν 'so', 'accordingly', *i.e.* with our usual perversity.

ἀντὶ τοῦ μένοντες...ἔχειν] The rule that the subject of the infin. stands in the nominative, if it is identical with the subject of the principal verb, holds good even when the infin. takes the article: Plat. *Rep.* 526 B, εἴς γε τὸ ὀξύτεροι αὐτοὶ αὑτῶν γίγνεσθαι πάντες ἐπιδιδόασιν: *Ib.* 598 D, ἐξηπατήθη διὰ τὸ αὐτὸς μὴ οἷός τ' εἶναι ἐπιστήμην...ἐξετάσαι.

ἀριστίνδην] lit. 'merit-wise': αἱρεῖσθαι ἀριστίνδην (Arist. *Pol.* II. 11. 3) to choose (magistrates) by merit: so πλουτίνδην. Here the idea is that the best men were chosen out (by destiny) for destruction. 'Having lost the very flower of our citizens and allies'. Cp. Her. VI. 21, Μιλήσιοι πάντες ἡβηδὸν (from the youth upwards—all the adults) ἀπεκείραντο τὰς κεφαλάς.

αἰσχ. δ. οἱ σωθέντες αὐτ.] Not a *formal* anacolouthon: but we can see that the speaker's thought has changed its direction. He began the sentence as if it were to end in some such way as ὀλίγους εἴδομεν σωθέντας. Thuc. VII. 87, ὀλίγοι ἀπὸ πολλῶν ἐπ᾽ οἴκου ἀπενόστησαν.

§ 31. ὕστερον δ᾽ ὑπ᾽ Ἀργ.] ὕστερον can be justified only if Andoc. refers to the *beginning* of Athenian intervention (427—422 B.C.) in the affairs of Sicily. The events noticed here occurred *before* the Sicilian expedition of 415 B.C. εἰρήνης ἡμῖν οὔσης: the Peace of Nicias, 422 B.C.—πλεύσαντες ἐπὶ τὴν Λακωνικήν: an allusion to the expedition against *Epidaurus* in which the Argives were assisted by the Athenians under Alcibiades (419 B.C., Thuc. V. 52—54): ἐκκαλεῖν αὐτ. τὸν θυμόν, because the Spartans retaliated by invading Argos, thus opening the campaign which was closed by the battle of Mantineia (418 B.C.) and an alliance between Argos and Sparta.

ἐξ οὗ πολεμήσαντες] Andoc. regards the aid given by Athens to Argos in 419 B.C. as the origin of the renewed war which ended in the final defeat of Athens. But the Sicilian Expedition came after (not, as he seems to think, before) this event, and it was the result of that expedition which led up to the Δεκελεικὸς πόλεμος (413—404 B.C.).

§ 82. τοῦτο ὑπόλοιπον] ironical: all that is needed to complete the list of our follies.

Κορινθίων δὲ τοὺς ν. ἔχ.] 'The Corinthian party which now holds the city' = the war-party, who were in the closest alliance with Argos, as opposed to the Philo-laconian or peace-party led by Pasimélus. The *present* rulers of Corinth, Andoc. means, are mere instruments of Argive ambition. See Grote IX. 462 f.

§ 83. τοσαύτην] explained by φασὶ γάρ instead of ὥστε φάναι. Cp. below, p. 69, § 19, line 6.

τὰς τετταράκονθ᾽ ἡμ.] The forty days for which the Athenian plenipotentiaries at Sparta had asked, in order that they might refer the proposed terms to the Athenian Ecclesia.—ἡμᾶς, the envoys, of whom Andoc. had been one.

τὴν ἀσφ. ἡμῶν τῆς ἐπαναφορᾶς] 'The precaution taken by us in making the reference': cp. Thuc. III. 47, τὸ Κλέωνος τὸ αὐτὸ δίκαιον καὶ ξύμφορον τῆς τιμωρίας, Cleon's view that the punishment is both just and expedient.

§ 84. λανθάνοντα, κ.τ.λ.] 'must hoodwink and beguile the multitude, if he is to bring them to face dangers': see note on § 29, ἀναμνησθέντας.

στῆλαι] slabs set up in public places inscribed with the

terms of treaties, etc.: κατὰ τὴν στήλην, Ar. Av. 1051, 'acc. to the compact': στ. αἱ πρὸς Θηβαίους, their treaty with Thebes, Dem. Megalop. § 27.—ταῦτα δέ, 'in regard to these' (δέ in apodosis, = 'on the other hand').

§ 85. γράμματα τὰ γεγραμμ.] 'the letter of the terms': cp. § 40.

ὑπονοεῖν, κ.τ.λ.] 'In regard to what is at your disposal' (ἑτοίμων, the advantages offered by the Spartan terms), 'it is your habit to feel misgivings and to raise objections'.

§ 86. ὅπου—τροφήν] ὅπου = 'and in such a case'. 'Such is the choice now; and some people are already saying that they do not understand the meaning of the Convention, if the city is merely to get walls and ships; "we do not recover our possessions on foreign soil", they argue, "and stone walls do not give us bread".'—ἐκ τῆς ὑπερορίας: Athenian possessions abroad, esp. in Thrace and the Chersonese, of which Athens had been deprived at the end of the Peloponnesian War. Cp. § 15, φέρε, ἀλλὰ Χερρόνησον καὶ τὰς ἀποικίας καὶ τὰ ἐγκτήματα (property acquired in a foreign land) καὶ τὰ χρέα (debts) ἵνα ἀπολάβωμεν. Xen. Mem. II. 8 § 1 (where the speaker refers to the end of the War), ἐπειδή...ἀφῃρέθην μὲν τὰ ἐν τῇ ὑπερορίᾳ κτήματα, ἐν δὲ τῇ Ἀττικῇ ὁ πατήρ μοι οὐδὲν κατέλιπεν.

§ 87. ἀν—ταῦτα] ὧν = τῶν ἀγαθῶν: ταῦτα = τείχη καὶ ναῦς.— ταύτην, κ.τ.λ.: 'These were the resources from which our fathers set out'.

47 πριάμενοι] from aor. ἐπριάμην: pres. in use, ὠνέομαι.

§ 88. Ἀθήνησι ποιῆσ.] 'To make Athens the seat of the Board which administered the common fund' (of the Delian Confederacy), derived from the φόροι of the members; Thuc. I. 95—96. The transference of the fund from Delos to Athens is said to have been proposed—not, as Andoc. implies here, by the Athenians—but by the Samians (Plut. Arist. 25): Grote v. 465.

λαθόντες δὲ Πελ.] In 479 B.C., when the walls of Athens were rebuilt and the Peiraeus was fortified. λαθόντες: alluding to the artifices by which Themistocles gained time, Thuc. I. 90 f. Grote v, 331.

πριάμ. π. Λακεδ.] The statement that Athens 'bought impunity' from Sparta is not only baseless but absurd. It seems to refer to the Thirty Years' Truce between Athens and Sparta (445 B.C.) by which Athens gave up Achaia, Troezen and the harbours of Megara: see Grote v. 475.

ὀγδοήκοντα καὶ πέντε] i.e. from the battle of Marathon (490 B.C.) to the battle of Aegospotami (405 B.C.): since the policy by which Themistocles made Athens a naval power dated from the close of the first Persian invasion.

§ 39. ἐνέχυρα] as pledges against the restoration of the Athenian ἀρχή: Xen. *Hellen.* II. 2. 19, 20.

τὰ τείχη καὶ ναῦς] The Long Walls (except the Phaleric wall) had been restored by Conon in 393 B.C.—ναῦς, without the art., because a fleet had yet to be created under the terms imposed by Sparta in 404 B.C. Athens had retained only 12 ships, acc. to § 12 of this speech.

§ 40. πᾶσί τε τοῖς γεγρ.] 'And we can have a peace on the basis of *all* the terms thus defined': *i.e.* any new terms proposed by Athenian critics of the treaty can be added to those already formulated (προσγράφεσθαι).

§ 41. τούτων δ'...ἡμᾶς] 'And the decision on these questions is with you' (the ἐκκλησία), 'and does not depend on the Lacedaemonians—thanks to us' (the envoys, who asked for the forty days).

πρεσβευτάς] *i.e.* πρεσβευτὰς αὐτοκράτορας. The plur. of πρεσβευτής is usually πρέσβεις, but πρεσβευταί in Thuc. VIII. 77, 86.

οὗτος ὁ πρεσβ.] 'He is the true plenipotentiary'.

LYSIAS.

LYSIAS: born 459 B.C. acc. to Dionysius and the Plutarchic Life: between 444 and 436 B.C. acc. to K. F. Hermann, etc.: died later than 380 B.C. Approximate period of extant work, 403—380 B.C. *Life in Attic Orators,* I. 142—157.

Style. Lysias takes up the development of Attic prose at a point where the stiffness of the older rhetoric, as seen in Antiphon's work, had been modified, but no perfect reconciliation had yet been effected between literary finish and the Attic idiom of ordinary life. Lysias achieves this reconciliation. Unlike Antiphon before him and Isocrates after him, he has the art of concealing his art. His distinctive qualities are a delicate mastery of the purest Attic, a subtle power of expressing character, a restrained sense of humour, and a certain flexibility of mind which enables him under the most diverse circumstances to write with almost unfailing tact and charm,— with that χάρις, hardly to be analysed save in so far as felicity of expression and an essential urbanity are implied in it, which the old critics felt in him.

Technically, Lysias represents the 'plain' manner as distinguished from the 'stately' and the 'middle': (ἰσχνὸς χαρακτήρ, λιτή or ἀφελὴς λέξις, opp. to μεγαλοπρεπής and μέση: Cic. or. 6. § 20 grandiloqui—tenues—medius et quasi temperatus.) His *composition* (σύνθεσις) varies with the subject and the occasion. In the first of the following extracts, for example, the Ὀλυμπιακός, we find elaborate and artistic periods. In the fifth extract—from the κατὰ Ἐρατοσθένους, where the public and private characters are combined—the periodic structure is blended with a style of greater ease and simplicity. In the last extract, the κατὰ Παγκλέωνος, the manner of the composition is throughout of a simpler kind. The *diction* (λέξις) of Lysias is marked by a general avoidance of words or phrases foreign to the ordinary idiom of the day; by abstinence from rhetorical figures, except such as consist in the parallelism or opposition of clauses; and by the union of clearness with conciseness. His power of delineating character (ἠθοποιία) is illustrated by the speech ὑπὲρ Μαντιθέου, our third extract: his power of vivid description (ἐνάργεια) will be seen in the speeches against Eratosthenes and Agoratus. The *arrangement* (τάξις) of subject-matter is nearly always simple:—proem—narrative—proof—epilogue.—See *Attic Orators*, I. 158—198. On the Works of Lysias in general, *ib.* I. 199—316.

The following selections have been made in such a manner as at once to illustrate the leading characteristics of his style and to represent the several departments of his work. Thus:—
(1) *Epideictic*. I. (2) *Deliberative*. II. (3) *Forensic*. δημόσιοι λόγοι: III. IV. V. VI. VII.—ἰδιωτικοί: VIII. IX. (See table in *Attic Orators*, I. 215: cp. 203, 211.)

I. ΟΛΥΜΠΙΑΚΟΣ. [Or. xxxIII.]—This is a fragment—probably the greater part—of an oration delivered by Lysias at Olympia. The great panhellenic festivals afforded an appropriate opportunity to poets and orators who desired to speak, not of those interests or glories which belonged to a single city, but of those which were common to Greece. The ancient Greeks, although they never formed a nation, had a national sentiment, founded on community of blood, speech and manners: and this sentiment was probably never called forth more vividly than when Greeks of all cities came together at Nemea or at the Isthmus, at Delphi or at Olympia.

Hippias, we are told, ἔθελγε τὴν Ἑλλάδα ἐν Ὀλυμπίᾳ λόγοις ποικίλοις καὶ πεφροντισμένοις εὖ, 'used to charm Greece at Olympia with ornate and carefully meditated speeches' (Philostr. I. 11). The Ὀλυμπικός of Gorgias 'dealt with the largest of political questions. Seeing Greece torn by faction, he became a counsellor of concord, seeking to turn the Greeks against the barbarians, and advising them to take the land of the aliens—not each others' cities—for the prize of their arms' (*ib*.).

The *Olympiacus* of Lysias was spoken, according to Diodorus, in the first year of the 98th Olympiad, 388 B.C.—the year before the Peace of Antalcidas, by which the Corinthian War was brought to a close. Athens, Thebes, Argos and Corinth had then been seven years at war with Sparta. During this time two powers, both dangerous to the freedom of Greece, had been rapidly growing. In the east the naval strength of Persia had become greater than it had been for a century. In the west Dionysius I., tyrant of Syracuse, had reduced Naxos, Catana and Leontini: had twice defeated Carthage; and was threatening the Greek towns of Italy. A magnificent embassy from the court of Dionysius, with his brother Thearides at its head, appeared at the Olympic festival of 388 B.C. Tents embroidered with gold were pitched in the sacred enclosure; a number of splendid chariots were entered in the name of Dionysius for the four-horse chariot-race; while rhapsodists, whose skill in recitation attracted crowds, repeated poems composed by their royal master. While eye and ear were thus allured by the glories of the Syracusan tyrant, Lysias lifted up his voice to remind the assembled Greeks that in Dionysius they must recognise one of the two great enemies of Greece. Let them not admit to their sacred festival the representatives of an impious despotism. Let them remember that their duty is to overthrow that tyranny 'and to set Sicily free; and let the war be begun forthwith by an attack upon those glittering tents.—*Attic Orators*, I. 203 f.

§ 1. **πρῶτος συνήγειρε**] Heracles, the legend said, founded the prizes of the Olympic games with the spoils taken in his war with Augeas: Pind. *Ol.* II. 3, Ὀλυμπιάδα δ' ἔστασεν 'Η. ἀκρόθινα πολέμου: cp. XI. 57: and brought trees—esp. the olive—from the land of the Hyperboreans to the Olympian valley,—that 'garden of the gods' (κᾶπος) which had before been 'naked' (*O*. III. 24).

§ 2. **φιλοτιμίαν...πλούτου**] 'rivalry in wealth'—*i.e.* in chariots entered for the races (horses being ἄγαλμα τῆς ὑπερπλούτου χλιδῆς), and in the general splendour of the θεωρίαι.—πλούτου, not πλούτῳ: cp. [Lys.] *Epitaph*. § 80, ἀγῶνες...ῥώμης καὶ σοφίας (=γνώμης here) καὶ πλούτου.

γνώμης δ' ἐπίδειξιν] 'a *display* of intellect' (in the recitation of poems, orations, etc.); but not properly ἀγῶνα, a *contest*, since at Olympia there were not *prizes* for a μουσικὸς ἀγών, as there were at Delphi. Lucian, it is true, says of Herodotus, ἀγωνιστὴν παρεῖχεν ἑαυτὸν Ὀλυμπίων: but he presently explains that this is metaphorical—ἀνακηρυχθεὶς οὐχ ὑφ' ἑνὸς μὰ Δία κήρυκος ἀλλ' ἐν ἁπάσῃ πόλει, κ.τ.λ. (Her. 2). Besides the 'sophists, historians and speech-writers', Lucian mentions Aetion as having exhibited at Olympia his picture of the marriage of Alexander and Roxana (ib. 8).

<ἂν> γενέσθαι.] It seems probable that we should supply ἄν, rather than change γενέσθαι to γενήσεσθαι. One of the two remedies is necessary. The aor. infin., without ἄν, might be used if the context made it clear that the reference was to the future: but, here, ἡγήσατο γενέσθαι would mean 'thought that it *had* become'. On p. 69, § 19, ᾤοντο κτήσασθαι means, indeed, 'thought to acquire'; but there's a difference is made (a) by the fact that the sense of 'expecting' can be given to οἴομαι more easily than to ἡγοῦμαι: (b) by the fact that the context is clearer.

§ 3. ταῦθ' ὑφηγήσατο, ἐγὼ δ' ἥκω] Heracles 'traced this plan', sketched this outline of the Olympic festival, leaving it for us to fill in the details. Now I, Lysias says, do not think that he meant this γνώμης ἐπίδειξις to be frivolous. 'I am not here to dispute on subtleties or to cavil about words': like the sophists (Polus, Prodicus, Anaximenes,—Luc. *De Her.* 3), who have displayed their niceties of dialectic or of grammar at Olympia. Prodicus taught ὀρθότης ὀνομάτων, the accurate use of synonyms, Plat. *Euthyd.* 277 E.

σοφιστῶν, κ.τ.λ.] 'These, I consider, are the tasks of worthless and needy declaimers'. On σοφιστῶν, see below, introd. to Isocrates κατὰ σοφιστῶν.

πολίτου] Lysias never acquired the Athenian citizenship, though he had deserved it; but at Olympia he would feel that he was at least a citizen of Greece: see *Attic Orators*, I. 151.

τῷ βαρβάρῳ—τυράννῳ] The king of Persia (Artaxerxes Mnemon, 405—359 B.C.):—Dionysius I. of Syracuse.

§ 4. τῶν μὲν παύσασθαι] 'cease from our feuds': τὰ δὲ κωλῦσαι—arrest their consequences.

εἰδότας...τῶν *ἀτυχῶν] 'knowing that rivalry, indeed, is for the prosperous, but that the part of the unfortunate is to devise remedies'. τῶν ἀτυχῶν is, I think, the true correction of the reading found in the mss., τῶν αὐτῶν. 'The same men' would mean here οἱ εὖ πράττοντες. But there is no point here in saying that it is the part of prosperous men γνῶναι τὰ βέλτιστα. He is saying that the Greeks, being the reverse of prosperous, cannot afford to indulge in strife with each other, but must provide for their common safety.

§ 5. τῶν δὲ χρ.—τὰ δὲ τῶν Ἑλλ.] Dobree thought that logical order required τὰ δὲ τῶν Ἑλλ.—τῶν δὲ χρημ.: but the change is needless. The orator puts his two main propositions first. The third (τὰ δὲ τῶν Ἑλλ.) could almost have been understood.

αὐτός] *he himself*, as distinguished from Dionysius, who in this view is his *ally*. Sauppe need not, then, wish for οὗτος.

§ 6. ἐποίησαν...ἐστερῆσθαι] more than στερεῖσθαι: not merely 'made them lose' their land, but 'left them stripped' of it.

§ 7. ἀτείχιστοι] Sparta was not a town in the proper sense, but a group of hamlets (οὐ ξυνοικισθεῖσα πόλις...κατὰ κώμας δὲ οἰκισθεῖσα: Thuc. I. 10). In the Macedonian period it acquired walls; and Polybius describes Sparta as circular in form (σχήματι περιφερής, v. 22), having a circumference of about six miles—rather less than that of Megalopolis (IX. 21).

προορᾶσθαι] depending on ἐλπίς, this might mean there is hope (1) that they are now providing, or (2) that they will continue to provide,—προορᾶσθαι differing from προόψεσθαι or προιδεῖν (ἄν) by expressing that the vigilance is to be *sustained*: and this is the sense here. See Goodwin § 15, *n*. 2.

§ 8. ὁ ἐπιὼν καιρός] 'The future opportunity' (at whatever particular moment it is to come): *i.e.* 'Now the future can give us no better opening than the present'.—ἀμφοτέρων, = τοῦ τε βασιλέως καὶ τοῦ Διονυσίου: after αἱ δυνάμεις, because the idea is, 'come upon us from both quarters'.

II. ΠΕΡΙ ΤΟΥ ΜΗ ΚΑΤΑΛΥΣΑΙ ΤΗΝ ΠΑΤΡΙΟΝ 52
ΠΟΛΙΤΕΙΑΝ ΑΘΗΝΗΣΙ. [Or. XXXIV.]—'A Plea against abolishing the ancestral Constitution of Athens': a fragment, preserved (like the last) by Dionysius. When, after the fall of the Thirty, the Democracy was restored in 403 B.C., it was the aim of Sparta to restrict it. One Phormisios proposed in the Ecclesia that only land-owners should have the franchise, a measure which, according to Dionysius, would have excluded about five thousand citizens. The speech from which he gives an extract was made against this motion during a debate in the Ecclesia. It appears to have been written by Lysias for some wealthy citizen who was not personally affected by the proposal, and may probably be regarded as the earliest of the orator's works now known.—*Attic Orators*, I. 211.

§ 1. τὰς γεγεν. συμφοράς] 'our past misfortunes': the defeat at Aegospotami, which was popularly ascribed to oligarchic treason (see on Lys. *In Eratosth.* § 86, p. 256), the surrender of Athens, and the tyranny of the Thirty. The date of the speech is shortly after the restoration of the Democracy in 413 B.C.

ὥστε μηδ' ἄν] 'So that not even a later generation [much less our own] could desire a change in the constitution [from Democracy to Oligarchy]'. μηδ' ἂν ἐπιθυμεῖν, oblique of οὐκ ἂν ἐπιθυμοῖεν.—ἀμφοτέρων: Democracy and Oligarchy.

πρότερον *δὶς ἤδη. καὶ] So Dobree for πρότερον. διὸ δὴ καὶ:—δὶς referring to (1) the Revolution of the 400 in 411 B.C., and (2) the tyranny of the Thirty. This gives more point. Yet διὸ δὴ καὶ is possible. 'For that very reason [i.e. just because you have had these experiences], though I do not marvel at them, I marvel at you'.

§ 2. τούτων...ὑμῶν] As we often have θαυμάζω τοῦτο ὑμῶν, 'I wonder at this in (belonging to) you', so also θαυμάζω ὑμῶν ὅτι ἐστέ, κ.τ.λ., where ὅτι ἐστέ=τὸ εἶναι ὑμᾶς.

Πειραιῶς...ἄστεος] 'men whose fortune associated them with the party of the Peiraeus [the patriots whom Thrasybulus led from Phylè], but whose sympathies were with the party of the Town' [the oligarchical adherents of the Tyranny]. See note below on *In Eratosth.* § 92, p. 74.

§ 3. <οὔτε πλούτῳ>] Markland's conj. to supply the lacuna, before οὔτε γένει, is better than οὔτε ἡλικίᾳ (Stephanus) or οὔτε οὐσίᾳ (Sauppe). 'Though I am not in danger of exclusion [from the franchise] on the score either of wealth or of birth, but have in both respects the advantage of my opponents'. The proposed restriction of the franchise probably threatened to exclude all who could not satisfy some definition of a pure Attic descent (γένος), as well as those who did not possess a certain property qualification (πλοῦτος).

ἐκτήμεθα] 'we possessed', from ἐκτήμην, plup. for ἐκεκτήμην, as in Andoc. *De Pace* § 37, Her. II. 108: v. l. ἐκτησάμεθα, 'when we acquired', *i.e.* 'after we had acquired'.

οὐχ ὅπως <ἄτιμον> 'Αθ. τινὰ ποιήσομεν διενοούμεθα] 'We did not think of disfranchising any Athenian'. Note that the constr. differs from (though it is akin to) that in which οὐχ ὅπως...ἀλλά='not *only* not...but': for this we should need ποιῆσαι. Cp. Lysias κατὰ Φίλωνος (or. XXXI.) § 17, οὗτος τοίνυν οὐχ ὅπως ὠφελήσει τὴν πόλιν ἐν τοιούτῳ καιρῷ καὶ τοιαύτῃ καταστάσει διενοήθη, ἀλλ' ὅπως τι κερδανεῖ ἀπὸ τῶν ὑμετέρων συμφορῶν παρεσκευάσατο.

Εὐβοεῦσιν] 'we even proposed to confer on Euboeans the right of intermarriage with Athenians': probably at some time subsequent to the revolt and reduction of the island in 445 B.C. 'In Euboea two-thirds of the island gradually became the property of Attic citizens' (Curt. *Hist. Gr.* II. 486), *i.e.* of κληροῦχοι.—ἐπιγαμία, one of the privileges of ἰσοπολιτεία, or admission to the citizenship of a foreign state: others were ἀτέλεια (exemption from the taxes on aliens) and ἔγκτησις, right of acquiring land.

ἀπολοῦμεν] 'ruin' (by disfranchisement): so the mss.: Bekker ἀπελῶμεν, 'eject from their rights'.

§ **4. μετὰ τῶν τειχῶν**] 'along with the walls' (of Athens, demolished in 404 B.C. under the terms imposed by Sparta).

πλέον] 'better' (than you could hope to do otherwise).

ἐν ταῖς ἐφ' ἡμῶν ὀλ. γ.] 'under the oligarchies that have arisen in our own time': those, namely, of 411 and 404 B.C.— ἐν is rightly supplied by Reiske.

§ **5. ἄλλως τε καὶ μεμν.**] 'Especially when you remember that the champions of oligarchy, while nominally waging war on Democracy, are in fact lusting for your property': alluding to the recent spoliations by the Thirty. See Lys. *In Eratosth.* § 6 (below, p. 66), καλλίστην...πρόφασιν τιμωρεῖσθαι μὲν δοκεῖν, τῷ δ' ἔργῳ χρηματίζεσθαι ('to make money'—in reference to the raid of the Tyrants on the μέτοικοι). On the art. with ὀλιγαρχίας, δήμῳ, cp. *ib.* § 97, note.

§ **6. ἐρῶσι...προστάττουσιν**] 'And then, these persons who are so enamoured of your possessions—what safety are they to find for the city, unless we do what Sparta bids us? But I would ask them to tell me, what will be left to the people, supposing that we obey her behests?' *i.e.* the proposed narrowing of the franchise would so diminish the number of ὁπλῖται and ἱππεῖς as to leave Athens, in a military sense, at the mercy of Sparta; and if Sparta's dictation were obeyed, the end would be an Oligarchy of the closest type—like that of the Thirty. With Markland's ἐρωτῶσι (adopted by Baiter and Sauppe) we must strike out τοῖς (as they have not done), and render:— 'And then they ask, How is the city to save your property, unless we do what Sparta bids us?' But the tenor of the argument clearly supports the ἐρῶσι of the mss.

§ **7. Ἀργείους...Μαντινέας**] 'Now I observe that the Argives and Mantineians, while they maintain the same policy' [*i.e.* have democratic governments, instead of oligarchies servile to Sparta], 'are in possession of their territory, though the Argives (τοὺς μέν) touch the frontier of Lacedaemon, and the Mantineians (τοὺς δέ) are its neighbours,—the citizens of Argos being not more numerous than we are, while those of Mantineia do not number 3000'. Clinton (*F. H.* II. 517) computes that at this time Argos and Athens may each have had about 16,000 male citizens, which would give a total *free* population for each of about 66,000: similarly the free population of Mantineia and its territory would be about 13,000 (*ib.* p. 507).

J.

§ 8. ἴσασι] sc. οἱ Λακεδαιμόνιοι: τούτων, the Argives and Mantineians.

55 ὥστε οὐ καλός] 'And so the venture strikes them as offering inglorious alternatives; if they conquer their neighbours, they must enslave them too (γε): if they are vanquished, they will have robbed themselves of the advantages which they now enjoy'. Reiske's insertion of οὐ before καταδουλώσεσθαι (adopted by Baiter and Sauppe) seems to me to make nonsense of the whole sentence. Lys. does not mean 'the risk of *failing* to enslave them' (where, too, we should expect μή, not οὐ), but the discredit of *being compelled* to enslave them, in order to avoid τὸ πολλάκις ἐμβάλλειν.

<ἧττον>] The sense shows that Reiske is right in supplying ἧττον. It is perhaps to be supplied before ἀποδεξαμένους in Antiph. *Tetr.* B. β. § 2 (above, p. 2, where see note).

§ 9. τὴν χώραν τεμν.] Cp. Thuc. II. 62 (Pericles to the Athenians, during the Peloponnesian invasion of 430 B.C.), οὐδ' εἰκὸς χαλεπῶς φέρειν αὐτῶν (for your lands and houses) μᾶλλον ἢ οὐ κηπίον καὶ ἐγκαλλώπισμα πλούτου πρὸς ταύτην (the naval empire of Athens) νομίσαντες ὀλιγωρῆσαι.

ὁ κίνδυνος οὗτος] 'We know that on this one cast all our hopes of welfare are staked': ὁ κίνδ. οὗτος, *i.e.* περὶ τῆς πατρίδος, the question whether the πάτριος πολιτεία (the Democracy) is to be maintained or not.

§ 10. τὸ δίκαιον] We can say, ἐπανορθοῦν (or even πράσσειν) ἐπὶ τὸ δίκαιον, to amend (or to act) 'in the direction of right'; but hardly εἶναι μετὰ τῶν ἀδικ. ἐπὶ τὸ δίκ., to be on the side of the wronged in the cause of right: hence Taylor's omission of ἐπὶ seems warranted. 'Trusting in the gods, and hoping that Justice will be the ally of the injured'. μέν—καί, (as μέν—τε Soph. *O. T.* 498), Thuc. II. 65, τρία μὲν ἔτη ἀντεῖχον ...καὶ οὐ πρότερον ἐνέδοσαν.—If the subject to ἔσεσθαι is θεούς understood, τὸ δίκ.='as is just', an acc. like τὸ λεγόμενον (Thuc. VII. 68): but this is too harsh.

§ 11. φευξόμεθα] 'go into exile'—as the mass of Athenian citizens had actually done when the Thirty limited the franchise to 3000; see Lys. *In Eratosth.* § 95, p. 76, and *notes,* p. 258.

56 III. ΥΠΕΡ ΜΑΝΤΙΘΕΟΥ. [Or. XVI.]—The name occurs only in the title, which, contrary to the general rule, is perhaps of the same age as the speech—'A defence for Mantitheus on his Scrutiny before the Senate'. The office to which this scrutiny related was perhaps that of an ordinary senator, since in § 8 the speaker cites instances of persons

who had really done what he is charged with doing, and had yet been admitted to the Senate. The complaint against him was that his name appeared on the list (σανίδιον, § 6) of those who had served as Knights in the time of the Thirty. As or. XXVI. against Evandrus shows (§ 10), the fact of such service under the Tyrants became, after the restoration of the Democracy, a disqualification for the office of senator. Mantitheus must, then, have been at least eighteen years of age in 405 B.C., and so must have been born before 422. He refers to his share in campaigns subsequent to that of 394 B.C. (§§ 15—18). On the other hand, the tone of § 15 rather suggests that Thrasybulus was still alive;—that is, that the speech is earlier than 389 B.C. The date may have been about 392 B.C. The speaker, who was taunted with youthful presumption (§ 20), cannot have been much more than thirty.—*Attic Orators*, I. 245.

§ 1. τῶν αὑτοῖς βεβ.] 'their course of life'. Dem. *De Cor.* § 265, ἐξέτασον τοίνυν παρ' ἄλληλα τὰ σοὶ κἀμοὶ βεβιωμένα.

§ 3. ἀξιῶ δέ] 'What I ask of your House is this:—If I merely prove that I am loyal to the existing Constitution' [the restored Democracy], 'and that I have been compelled to share your dangers' [by ordinary service in war], 'let not that bring me any positive (τω) credit: but if my career is shown to have been worthy in the most complete sense—in a sense directly opposed to the opinion and the assertions of my enemies—then I pray you to ratify my admission [to the Senate], and to pass a silent condemnation on my foes'.—καὶ περὶ τὰ ἄλλα : 'in all other things also': *i.e.* not only in the rudiments of civic loyalty, but in all its duties, public and private.

§ 4. τῆς ἐν Ἑλλ. σ.—Σάτυρον] The Athenian overthrow 57 at Aegospotami, 405 B.C.—Satyrus, king of Bosporus in the Tauric Chersonese (Crimea), 407—393 B.C. The *Trapeziticus* of Isocrates (or. XVII.) was written for a subject of this Satyrus. Cp. *Attic Orators*, II. 222.

οὔτε τῶν τειχῶν] 'neither when the walls were being pulled down' [under the terms imposed by Sparta when Athens surrendered to Lysander in the spring of 404 B.C.], 'nor when the form of government was being changed' [by the establishment of the Thirty Tyrants a little later, in April, 404]. See *Annals* in *Attic Orators*, I. p. xlv. After πολιτείας, ἐπεδημοῦμεν seems to have dropped out of the mss.

§ 5. τῶν ἀλλοτρ. κινδ.] *i.e.* the perils of the Thirty Tyrants, who were deposed soon after the advance of Thrasybulus and the exiles from Phylè to the Peiraeus (Dec. 404 B.C.), and were succeeded by the Ten. The exiles were in possession of Athens in July 403, and the Democracy was formally restored in September.

τοῖς μηδὲν ἐξ.] 'who had no share in their crimes', and therefore no claim upon their favour.

§ 6. ἐκ...τοῦ σανιδίου] The tablet (a board covered with gypsum), the official list. Cp. Lys. *In Epicr.* (or. xxvi.) § 16, εἰ μὲν δὴ βουλεύσων νυνὶ ἐδοκιμάζετο καὶ ὡς ἱππευκότος αὐτοῦ ἐπὶ τῶν τριάκοντα τοὔνομα ἐν ταῖς σανίσιν ἐνεγέγραπτο.

τοὺς φυλάρχους, κ.τ.λ.] 'that the cavalry commanders' (10 in number, one for each φυλή—opp. to ταξίαρχοι, commanders of the tribal infantry) 'should make a return of those who had served as Knights, in order that you might compel them to refund the sums paid to them for their equipment' (καταστάσεις, 'appointments'—allowances for outfit made by the State to ἱππεῖς when first enrolled).

58 **§ 7. τοῖς συνδίκοις**] The Fiscal Board of Ten,—the Athenian 'Solicitors to the Treasury'—by whom he would have been prosecuted as a public debtor (ὀφείλων τῷ δημοσίῳ). Cp. Harpocration p. 279, σύνδικοι, πρὸς οὓς τὰ δημευόμενα ἀπεφέρετο, ἀρχή τις καθισταμένη μετὰ τὴν ἐκ Πειραιῶς κάθοδον (*i.e.* at the restoration of the Democracy in 403 B.C.): Herm. *Ant.* I. § 151 n. 4.

οὔτε κατ. παραλ.] 'nor that I had received any allowance' (in the first instance). Bake reads καταβαλόντα, which could hardly = 'refunded'. Others regard the clause as interpolated.

ἐκείνοις] The list kept by the φύλαρχοι: τούτοις—the list on the σανίδιον.

§ 8. βουλεύοντας]=βουλευτὰς ὄντας. The δοκιμασία of Mantitheus himself was probably for admission to the βουλή (see introd.).

μαρτύρησον] viz. that I returned to the Peiraeus only at the time stated in § 4.

§ 9. ταῖς δοκιμ.] 'Cases of scrutiny': esp. the scrutiny by the Senate of officials designate. Four other speeches of Lysias are concerned with δοκιμασίαι, viz. xxvi. xxxi. xxv. xxiv. See *Attic Orators*, I. 215, and 242—254.

59 **§ 10. ἐπιδούς**] 'giving a dowry of 30 minas to each': *i.e.* giving *with* (ἐπί) the bride (to the husband): *Il.* ix. 148, ὅσσ᾽ οὔπω τις ἑῇ ἐπέδωκε θυγατρί.

ἐνειμάμην] 'shared my inheritance': Isae. or. vii. § 5, οὐσίαν ἐνείμαντο πρὸς ἀλλήλους.

§ 11. περὶ δὲ τῶν κοινῶν] 'As to my public life';—not merely, as the context shows, his discharge of public duties, but, more generally, the character which he bore in society, as distinguished from his conduct of family affairs (τὰ ἴδια).

περὶ κύβους] Cp. Lys. or. xiv. § 27 (of the younger Alcibiades), κατακυβεύσας τὰ ὄντα. Isocrates says of the idle youth of the day, οἱ μὲν γὰρ αὐτῶν ἐπὶ τῆς ἐννεακρούνου ψύχουσιν οἶνον... ἕτεροι δ' ἐν τοῖς σκιραφείοις (gambling-houses) κυβεύουσι, Antid. § 287.

§ 12. δίκην...γραφὴν...εἰσαγγ.] Neither a private lawsuit, nor a public prosecution, nor an impeachment (for an offence more directly against the State).

§ 13. εἰς Ἁλίαρτον] The Athenian expedition in 325 B.C. for the relief of Haliartus, defended by the Thebans against the Lacedaemonians, whose leader, Lysander, was killed in the battle under its walls: Xen. Hellen. III. 5. 16 f.

ἡγουμένους] synonymous with νομίζοντας. The contrasted 60 clauses are τοῖς μὲν ἱππεύουσιν ἀσφάλειαν, τοῖς δ' ὁπλίταις κίνδυνον. The notion of 'thinking' is common to both clauses. Yet it is repeated in different words, as if these words, too, were contrasted. This trait deserves remark as showing immaturity in the use of antithesis. Cp. or. xxv. § 22, ἡγούμενοι διὰ τὴν τῶν τριάκοντα πονηρίαν πολὺ μᾶλλον σωθήσεσθαι ἢ διὰ τὴν τῶν φευγόντων δύναμιν κατιέναι. Also In Eratosth. § 7 (below, p. 66) περὶ οὐδενὸς ἡγοῦντο...περὶ πολλοῦ ἐποιοῦντο: ib. § 32 (p. 73) τοὺς μέλλουσιν ἀδίκως ἀποθανεῖσθαι......τοὺς ἀδίκως ἀπολουμένους. See, too, note on Antiphon De Caed. Herod. § 87 (above, p. 21).

ἀδοκιμάστων] who had not passed the scrutiny necessary for admission to the cavalry: the law was, ἐάν τις ἀδοκίμαστος ἱππεύῃ, ἄτιμον εἶναι (Lys. or. xiv. § 8).

τῷ Ὀρθοβούλῳ] prob. the phylarch of the tribe to which Mantitheus belonged.

§ 14. ἐφοδίων] 'funds' for their equipment and journey. M. assisted the more needy of his own δημόται, who were personally known to him. The tribe consisted of demes not adjacent to each other.

§ 15. εἰς Κόρινθον] in 394 B.C., when the allies, including the Athenian contingent under Thrasybulus (whose deme was Steiria—hence ὁ σεμνὸς Στειριεύς), were defeated by the Spartans: Xen. Hellen. iv. 2. 9—23.

τῆς πρώτης τεταγμ.] 'posted in the front rank' (τάξεως): cp. Isocr. Panath. § 180, τῆς πρώτης τάττειν. Below, § 16, τάξις = the contingent of infantry furnished by each φυλή.

246   SELECTIONS.   [LYSIAS

*ἐναποθανόντων] 'died on the field'. The place to which the ἐν- of the compound refers is left to be understood from the context; cp. Her. IX. 65, οὔτε ἐσελθὼν ἐς τὸ τέμενος, οὔτε ἐναποθανών. Thuc. II. 52, τὰ ἱερά...νεκρῶν πλέα ἦν αὐτοῦ ἐναποθνησκόντων. While ἐναποθνήσκω is current in classical prose, ἐνθνήσκω is unknown to it, being (like the simple θνήσκω) a poetical word.

§ 16. **χωρίων ἰσχ.**] 'strong positions having been occupied (by the Athenians and their allies), so that the enemy (the Spartans) could not approach'. The reading παριέναι (pass the Isthmus) would give more point.

61 **Ἀγησιλάου δ' εἰς τὴν B.**] Agesilaus, recalled from Asia Minor, entered Boeotia from the north, and won the battle of Coroneia against the allies (394 B.C.).

ἀποχωρίσαι...βοηθ.] 'to detach some companies as supports' (of the allied forces in Boeotia). βοηθήσουσι can only mean, against Agesilaus: and ἕτερος κίνδυνος, 'peril in a new quarter', is opp. to peril at Corinth.

ἀγαπητῶς...σεσ.] 'barely saved': i.e. so as *only just to satisfy* the desire of safety: cp. Plat. *Lysis* 218 c, ἔχων ἀγαπητῶς ὃ ἐθηρευόμην, 'having *only just* secured my prey'.

ἀκληρωτί] 'without ballot'—waiving the chance of *not* being drawn.

§ 18. **στρατειῶν καὶ φρ.**] 'expeditions and terms of garrison duty'.

ἀλλ' οὐκ, εἴ τις *κομᾷ] 'instead of hating one for wearing long hair',—a custom which, at this period, was retained by the Spartans, but which, at Athens, was restricted to youths under 18, and to the Ἱππεῖς,—being regarded, in other cases, as a mark of foppery, or as an affectation of Spartan manners. κομᾷ, Hamaker's conjecture, is irresistibly commended by the context here. The traditional τολμᾷ is not only weak, but incompatible with the context; for the verb ought to denote some harmless personal peculiarity which is *contrasted with* sterling merit in the field (τῶν κινδυνεύειν ἐθελόντων). So the Ἱππεῖς say in Ar. *Eq.* 582, ἤν ποτ' εἰρήνη γένηται...μὴ φθονεῖθ' ἡμῖν κομῶσι: *Av.* 1281, ἐλακωνομάνουν...ἐκόμων. Cp. § 19, ἀπ' ὄψεως (personal appearance).—With ἀλλ' οὐκ supply χρή: we could not have χρὴ οὐ μισεῖν.

62 § 19. **μικρὸν δ., κ.τ.λ.**] 'though their voice was low and their dress decorous'. Cp. [Dem.] or. XXXVII. *Adv. Callipp.* § 52, ἐπίφθονός ἐστι καὶ ταχέως βαδίζει καὶ μέγα φθέγγεται.

§ 20. **νεώτερος ὤν**] In *Anab.* III. 1. 14 Xenophon speaks as if his youth made it strange that he should take a leading part—being then, probably, about 30 years old.—καὶ ἐμαυτῷ, 'to myself also' (and not only to my possible critics).

§ 21. **μόνους ἀξίους**] Cp. Thuc. II. 40, τὸν μηδὲν τῶνδε (τῶν πολιτικῶν) μετέχοντα οὐκ ἀπράγμονα ἀλλ' ἀχρεῖον νομίζομεν.

κριταί] 'the judgment on their character rests with none but you': κριταί is more general than δικασταί, judges of their (legal) cause. Cp. Antiph. *De Caed. Her.* § 94 (above, p. 24).

IV. ΥΠΕΡ ΤΟΥ ΑΔΥΝΑΤΟΥ. [Or. XXIV.]—'For the Invalid'. At Athens a certain allowance was made by the State to the ἀδύνατοι: that is, to persons who were unable, through bodily ailment, to earn a livelihood, and who had less than three minae of private property. Once a year, or perhaps oftener, the list of applicants for such relief was scrutinised by the Senate and then passed by the Ecclesia (§ 22). It is on the occasion of such a scrutiny that the present speech is made. The speaker had for years (§ 8) been in receipt of an obol daily (§ 26) from the State; but lately it had been attempted to show that he was not entitled to public relief. This objection is termed in the title to the speech (not in the speech itself) an impeachment (eisangelia); but had, of course, nothing in common with eisangeliae technically so called, except that it was an accusation laid immediately before the Senate. As appears from § 25, the date was later than 403 B.C.; and it might be inferred that the memory of the tyranny in 404 B.C. was no longer very recent.—*Attic Orators*, I. 254.

§§ 10—14.

§ 10. **ἱππικῆς**] 'As to my riding, which he has had the hardihood to mention to you,—so little does he fear Fortune, or respect your common sense—the reply is brief'. Τύχη may some day make *him* ἀδύνατον, and then he will need the cripple's dole: cp. § 22, οὐ μόνου μεταλαβεῖν ἡ τύχη μοι ἔδωκεν ἐν τῇ πατρίδι, 'the only privilege which Fortune [who has afflicted me] has permitted me to enjoy in my country'. Cp. Thuc. v. 104, ἡ τύχη ἐκ τοῦ θείου.—οὔτε ὑμᾶς αἰσχ.: because he asks them not to believe their own eyes, § 14.

φιλοσοφεῖν] 'study'. Isocr. *Panegyr.* § 6, πῶς οὐ χρὴ σκοπεῖν καὶ φιλοσοφεῖν τοῦτον τὸν λόγον; (the theme of a Panhellenic war on Persia): for φιλοσοφία in the general sense of study, see *Attic Orators*, II. 36.

τάς μακρ. τῶν ἀναγκ.] 'for the longer of my necessary excursions'; τῶν ἀναγκαίων is partitive gen., not gen. after μακροτέρας. The longest of his ὁδοί were still only ἀναγκαῖαι.

§ 11. ἀστράβης] 'If I were wealthy, I should sit at ease on my mule, instead of riding other men's horses': ἀστράβη, a padded saddle with a back like a chair, used by luxurious persons, who preferred steady-going mules: hence the notion that ἀστρ. meant a mule. Cp. Dem. *In Mid.* § 133, ἐπ' ἀστράβης ὀχούμενος ἀργυρᾶς. In Lucian *Lexiphanes* 2, ὁ ἀστραβηλάτης = 'the muleteer'.—ἀνέβαινον: an effort for him, as the ordinary Greek saddle, or rather horsecloth (ἐφίππιον, sc. στρῶμα), of that period had no stirrups.

§ 12. τοῦτον αὐτὸν...σιωπᾶν] 'that the prosecutor himself should be silent, if he saw me in my mule-saddle (for what could he say?)' The insertion of ἄν before σιωπᾶν is unnecessary, because the parenthesis, τί γὰρ ἄν καὶ ἔλεγεν; is equivalent to ὥσπερ ἄν ἐσιώπα.—δυνατός, 'sound': cp. § 4, τῷ σώματι δύνασθαι.

οἷς] 'when I have the same reason for using both these resources' (crutches and riding).

§ 13. κληρ. τῶν ἐ. ἀρχ.] 'to ballot for a place among the nine archons'. The archons were κληρωτοί, chosen by lot, (opp. to αἱρετοί, chosen by χειροτονία,) prob. from Solon's time, though Her. vi. 109 ascribes the change to Cleisthenes. Cp. the pseudo-Lysian or. vi. *In Andoc.* § 4, ἄν ἔλθῃ κληρωσόμενος τῶν ἐννέα ἀρχόντων καὶ λάχῃ βασιλεύς (draw the lot to be Archon Basileus).—ἀναπήρῳ, 'a cripple'.

οὐ γὰρ δήπου] 'For I presume that the same person will not be deprived of his allowance by you on the ground that he is able-bodied, and excluded by the presidents of the ballot on the ground that he is physically disabled': οἱ δέ = οἱ θεσμοθέται, who presided over the ballot for offices: Aeschin. *In Ctes.* § 13, ἀρχὰς ἐκείνας (opp. to τὰς αἱρετάς) ἃς οἱ θ. ἀποκληροῦσιν ἐν τῷ Θησείῳ.

§ 14. ὥσπερ ἐπικλήρου] When the property of a deceased citizen was inherited by his daughter, her nearest male kinsman was legally entitled to claim her in marriage: and this claim was sometimes enforced, acc. to Isaeus, even when it involved the dissolution of a marriage contracted before her father's death: Isae. or. iii. § 64, πολλοὶ συνοικοῦντες ἤδη ἀφῄρηνται τὰς ἑαυτῶν γυναῖκας. So the prosecutor, the ἀδύνατος says with grim humour, seeks to take the συμφορά—dowered as it is with its one obol a day—away from its lawful consort. The Greeks could say, νόσος συνοικεῖ τινί: thus the common idiom would make the fancy seem less strained. For ἀμφισβητεῖν with gen. of the object claimed, cp. Isae. or. v. § 14 (below, p. 170) ἀμφισβητοῦμεν αὐτῷ ἅπαντος τοῦ οἴκου.

V. ΚΑΤΑ ΕΡΑΤΟΣΘΕΝΟΥΣ. [Or. xii.]—Polemarchus, 65 brother of Lysias, had been put to death by the Thirty Tyrants. Eratosthenes, one of their number, was the man who had arrested him and taken him to prison. In this speech Lysias, himself the speaker, charges Eratosthenes with the murder of Polemarchus, and, generally, with his share in the Tyranny. A special clause in the Amnesty of 403 B.C. excluded the Thirty Tyrants, the Ten who had succeeded them, and the Eleven who had executed their sentences. But any one even of these might enjoy the Amnesty if he chose to stand a public inquiry, and was acquitted. When the oligarchy was finally overthrown, Pheidon and Eratosthenes were the only members of it who stayed at Athens. As they dared to do this, they must have availed themselves of the permission to give account of their office. Here, then, we have not to do with an ordinary indictment for murder (γραφὴ φόνου). The public inquiry into the conduct of Eratosthenes afforded Lysias the opportunity for preferring his accusation. This is indicated (1) by the wide range of topics in the speech, dealing, as it does, with the whole history of the Anarchy: (2) by § 37, where the accuser says that he has done enough in having shown that the guilt of the accused reaches the point at which death is deserved: which he could scarcely have said if (as in a γραφὴ φόνου) death had been the *necessary* penalty in case of conviction.

Date, 403 B.C., shortly after the formal restoration of the Democracy in Sept., and before the expedition against Eleusis had dislodged the fugitive Tyrants from that place (Xen. *Hellen.* ii. 4. 43): see § 80 of the speech, μηδ' ἀκούσι μὲν τοῖς τριάκοντα ἐπιβουλεύετε, παρόντας δ' ἀφῆτε.—*Attic Orators*, i. 261 f.

1. *Narrative: the Murder of Polemarchus.*—§§ 1—36.

§ **1. αὐτοῖς**] = τοῖς τριάκοντα, whose names were already before the court. In § 33, τούτοις = the Thirty as represented in court by Eratosthenes.

μήτ' ἂν ψ.—δύνασθαι] *i.e.* οὔτε ψευδόμενος (= εἰ ψεύδοιτο) δ. τῶν ὑ. κατηγορῆσαι ἂν (τις), οὔτε τἀλ. βουλόμενος (= εἰ βούλοιτο) εἰπεῖν ἅπαντα δύναιτο ἄν.

§ **2. τοὐναντίον δέ...ἐξαμαρτάνειν**] 'And I believe that our experience' (as accusers of E.) 'will be contrary to all precedent. Heretofore the accuser has always been expected to show what enmity exists between himself and the accused: here, it is from the accused that we have to ask what was that enmity towards the Commonwealth which gave them the heart to sin so enormously against it'. Personal enmity (ἔχθρα) was regarded as a proof that the accuser was in grim earnest,—that he was not a mere busy-body (πολυπράγμων) or mercenary calumniator (συκοφάντης). Thus the accuser of Agoratus begins by showing that his own wrongs entitle him to appear in that capacity: τυγχάνει οὖν ἐμοὶ ἡ αὐτὴ ἔχθρα πρὸς Ἀγόρατον τουτονὶ καὶ τῷ πλήθει τῷ ὑμετέρῳ ὑπάρχουσα: 'so my personal quarrel with A. is the same as that of the Athenian People': *In Agor.* § 1.

ἥτις εἴη—ἥτις ἦν] εἴη, because ἔδει is a secondary tense. εἴη may be the oblique either of ἐστί or of ἦν: δεῖ τοὺς κατηγ. ἐπιδ. τὴν ἔχθρ. ἥτις ἐστί, (or ἦν, *was* when they brought the charge): but is best taken as representing ἐστί. Just to avoid this ambiguity, the Greek *imperf.* and *pluperf.* are usually kept in the indic., even when they might be changed into the optat. For an *exception*, see Dem. *Adv. Onet.* I. § 20, ἀπεκρίναντο ὅτι οὐδεὶς μάρτυς παρείη: this would usually mean, 'they replied, "No witness *is* present"' (πάρεστι): it really means, 'they replied, "No witness *was* (at that former time) present"' (παρῆν).—Cp. Goodwin pp. 148, 153.

οὐ μέντοι...ὀργίζ.] 'I do not speak, however, as one who has no personal resentments or grievances' [against the Thirty]; 'I only mean that everyone has abundant matter of indignation against them, either on private or on public grounds': *i.e.* if there be any one who (unlike myself) has no private wrongs to resent, he may remember the wrongs of the community. The first part of L.'s speech (§§ 1—36) deals with τὰ ἴδια: the second (§§ 37—end) with τὰ δημόσια.

§ 3. ποιήσωμαι] better, I think, here than ποιήσομαι, which Rauchenstein prefers. The fut. indic., after a verb of fearing, usually implies that the thing feared is vividly seen as the more probable of the possible results; the subjunctive suits the present context better, because it better expresses a mind divided between fear and hope.

§ 4. Κέφαλος] A Syracusan who settled at Athens as a μέτοικος. Plato marks his hospitable disposition in the *Republic* (328 D), of which the opening scene is laid at the house of his eldest son Polemarchus.—*Attic Orators*, I. 145.

ἐδικασάμεθα...ἐφύγ.] 'maintained' an action—'defended it'. Though δικάζεσθαι can be said of *both* parties to a suit, yet δίκην δικάζεσθαί τινι is esp. said of him who 'goes to law' with another,—ὁ διώκων.

§ 5. **συκοφάνται**] 'mercenary accusers'. Cp. Lys. or. xxv. § 19 (of the demagogues), ἔνιοι δ' ἐπὶ τοῖς ὑμετέροις ἐδωροδόκουν, οἱ δὲ συκοφαντοῦντες τοὺς συμμάχους ἀφίστασαν: Xen. *Hellen.* II. 3. 12, ἀπὸ συκοφαντίας ζῶντας.

τραπέσθαι] 'and that the rest of the citizens should come into the paths of virtue and justice'. It is needless to conjecture προτρέψασθαι.

[**καὶ**] **τοιαῦτα λέγοντες**] The καὶ here seems clearly a spurious addition, whether due to a mere error of the eye, or to a desire of connecting φάσκοντες with λέγοντες. Only two versions of it are possible, and neither is tolerable. (1) '*and saying things of that kind*',—so that the words become a general statement appended to the special statement φάσκοντες χρῆναι,—a sort of 'etcetera': (2) '*though* they said such things'. But, in a simple contrast between deed and word, καὶ would not thus be added to the participle. Here, if so added, it ought rather to mean '*even when* saying'.

ὡς ἐγώ...πειράσομαι] 'as, when I have first spoken of my own affairs (§§ 1—36), I will endeavour to bring to your memory in regard to your affairs also': ἀναμνῆσαι = διδάξαι ἀναμνήσαντα, with καὶ περὶ τῶν ὑμετέρων.

§ 6. **τῇ πολιτείᾳ**] 'the constitution'—a ὑποκόρισμα: for the rule of the Thirty was unconstitutional (οὐ μετὰ νόμων), and was known, when a real πολιτεία had been restored, as the ἀναρχία.

χρηματίζεσθαι] 'to make money': lit. 'to do business to one's own profit': οἰόμενοι χρηματιεῖσθαι μᾶλλον ἢ μαχεῖσθαι (Athenians in Sicily), Thuc. VII. 13: but act. χρηματίζειν, to transact (public) business, *ib.* I. 87.

πάντως] 'at any rate'—*i.e.* whatever view their colleagues might be disposed to take of the project for plundering the resident aliens.

§ 7. **ἡγοῦντο...ἐποιοῦντο**] See note above on p. 60 § 13, ἡγουμένους...νομίζοντας.

ἵνα...πρὸς τοὺς ἄλλους] 'in order that, as against the others', [the eight *rich* μέτοικοι,] 'they might have the plea' [ᾖ vivid for εἴη] 'that these measures had not been taken from mercenary motives, but in the interests of the Constitution,— just as they might defend any other measure adopted for sufficient reasons'. ὥσπερ τι...πεποιηκότες, sc. ἀπολογίαν ἂν ἔχοιεν: the nom., as if ἵνα ἔχωσιν ἀπολογίαν (instead of ἵνα αὐτοῖς ᾖ ἀπολ.) had preceded.—εὐλόγως, *i.e.* for reasons satisfactory to the government, though not communicated to the people.

διαλαβόντες δέ] 'Each was told off for certain houses [of the μέτοικοι], and the visits began'. Cp. Dem. *De Cor.* § 132, ἐπ' οἰκίας βαδίζων ἄνευ ψηφίσματος, making domiciliary visits without special authority from the Ecclesia.

67 § 8. τὸ ἐργαστήριον] The shield-manufactory, the property of the brothers, near the house in the Peiraeus occupied by Lysias: see *Attic Orators*, I. 147.—ἀπεγράφοντο, 'proceeded to take a list of'.

ἔφασκεν, κ.τ.λ.] sc. σώσειν. His words were, σώσω, ἂν πολλὰ ᾖ.—εἴην, oblique of εἰμί (not of ἦν): see on ἥτις εἴη, § 2.—ταῦτα, not τοῦτο: so § 14.

§ 10. ἐξώλειαν] See Antiph. *De Caed. Her.* § 11 (above, p. 11).

τῶν ὑπηρετῶν] apparitors, attending him in his official capacity, since the search was made by authority of the Thirty.

§ 11. Κυζ.—δαρ.] The Κυζικηνὸς στατήρ = about £1. 2s. 9d.: the Δαρεικὸς στατήρ (='Αττικός) about £1. 1s. 10d.

ἀγαπήσειν] He said, ἀγαπήσεις εἰ τὸ σῶμα σώσεις, 'you will be content', *i.e.* 'you must be'. 'You may think yourself lucky enough if you save your life'.

§ 12. ἐπιτυγχάνει...ἀπιόντες] Dem. *In Aristocr.* § 12, θήσεσθαι τὰ ὅπλα οὐκ ἤμελλεν ὁ Σίμων οὐδ' ὁ Βιάνωρ, πολῖται γεγενημένοι.

βαδίζοιμεν...σκέψηται] βαδίζοιμεν, not βαδίζομεν, because the historic pres. ἐρωτῶσιν is equivalent to a secondary tense: σκέψηται, and not σκέψαιτο, by the vivid construction.

68 § 13. ὑπάρχοντος] 'was assured'.

§ 14. πρόθ. π. τὴν σεαυτοῦ δ.] *i.e.* do all that lies in your power, = ὅσον γε ἐπὶ σοί ἐστι.

§ 15. ὅτι ἀμφίθυρος εἴη] 'that there was a passage through it' (from the front-door, αὔλειος θύρα, to the back-door, κηπαία θύρα). Of the three doors in § 16, one would be the μέταυλος, another the κηπαία.

ἐνθυμουμένῳ—ἀποθ.] 'reflecting that, if I escaped notice, I should be saved, but if I were caught—well, in that case I thought that I should get off nevertheless, supposing Th. had been persuaded by D. to take the money; or if he had not, my prospect of death would only be the same' [as if I did not try to save myself by flight]. Instead of ἀφεθήσομαι, ἀποθανοῦμαι, depending on ἐνθυμουμένῳ, we have the futures infin. depending on ἡγούμην,—inserted to avoid the awkwardness of one conditional clause immediately following another (ἐὰν δὲ ληφθῶ, εἰ μὲν εἴη, κ.τ.λ.).

§ 16. εἰς ἄστυ] The ship-master lived in the Peiraeus, where Lysias himself resided.—αὐτόν, Polemarchus.

§ 17. τὸ ὑπ' ἐκείνων εἰθισμένον] sc. παραγγέλλεσθαι.

§ 18. τριῶν...αὐτόν] 'Though we had three houses, they did not allow the funeral (ἐκφορά) to take place from any one of them, but hired a mean tenement, and there laid out the corpse'. κλίσιον, also written κλείσιον (from κλείω, not κλίνω?), is used by Antiphanes (Ἀκέστρια 2, Mein. *Frag. Com.* p. 348) of an *outhouse* or *shed* for cattle: τῆς οἰκίας τὸ κλίσιον τὸ καλούμενον, | ὃ πρότερον ἦν τοῖς ἐξ ἀγροῦ βουσὶ σταθμὸς | καὶ τοῖς ὄνοις, πεποίηκε—τί δ';—ἐργαστήριον.—ὅτι ἕκαστος ἔτυχεν, sc. δούς.

§ 19. κόσμον] here, apparently, 'valuables', articles of vertu, etc., as dist. from ἔπιπλα, furniture. κόσμος in sing. usu.=dress, personal adornments, as *Il.* XIV. 187, πάντα περὶ χροῒ θήκατο κόσμον.

ᾤοντο κτήσασθαι] 'thought to acquire' (not, as the words might mean, 'thought that they had acquired'). So § 26, οὐκ οἴει...δοῦναι (=δώσειν): § 27, εἰκὸς ἦν ὑπηρετῆσαι (=ὑπηρετήσειν). In such cases, the work of indicating *future* time is done by the principal verb (ἐλπίζω, etc.), and the *aor.* infin. has its proper function of marking a momentary as opposed to a continued or repeated act. It is tempting here to read κτήσεσθαι: but the context, and the usage of οἴομαι, seem to render it unnecessary.—Cp. note on p. 50 § 2, ἡγήσατο...<ἂν> γενέσθαι.

εἰς τὸ δημόσιον ἀπέδοσαν] 'handed over the rest for the benefit of the Treasury'. (ἀπέδοντο would have meant 'sold'.)

τοσαύτην...τῆς γάρ] Cp. Andoc. *De Pace* § 33 (above, p. 45) τοσαύτην...φασὶ γάρ (instead of ὥστε φάναι).

ὅτε τὸ πρῶτον] 'when Melobius first visited the house'. Francken puts a comma after οἰκίαν, understanding 'when she first came (as a bride) to the house': but a Greek would not thus have expressed ὅτε πρῶτον ἐγήματο.

§ 20. ὥσπερ <οὐδ'> ἄν] sc. ἐξαμαρτάνοιεν. The conjectural insertion of οὐδ' is a rhetorical, though not a logical, necessity. 'They outraged us as other men would not outrage their bitterest enemies'. Omit the 'not'; the statement remains intelligible, but ceases to be effective.

εἰσφορὰς—λυσαμένους] Occasional 'war-taxes', in addition to the regular μετοίκιον paid by resident aliens.—λυσαμένους:

Dem. *De Chers.* § 70, ἔχων καὶ τριηραρχίας εἰπεῖν καὶ χρημάτων εἰσφορὰς καὶ λύσεις αἰχμαλώτων καὶ τοιαύτας ἄλλας φιλανθρωπίας.

§ 21. μελλούσας ἐκδίδοσθαι] 'prevented the approaching marriage of many a daughter'—by leaving her father without the means of giving her a dower (προῖκα ἐπιδοῦναι).

§ 22. δ' ἐβουλόμην ἄν] sc. εἰ δυνατὸν ἦν: Goodwin § 52. 2, cp. Antiph. *De Caed. Her.* § 1 (above, p. 8). 'For my part, I could wish that their story were true, since my own share in that gain would not be small': *i.e.* his brother would be alive, and their wealth would be intact.—οὔτε...τοιαῦτα ὑπάρχει, 'they have not such a case': cannot plead such innocence.

§ 24. καὶ πρὸς ἕτερον] The man stained with murder (ἐναγής) might speak to no one (Aesch. *Eum.* 426, ἄφθογγον εἶναι τὸν παλαμναῖον νόμος): and for the relatives of the slain it was not ὅσιον to accost him (Isae. or. IX. § 20: cp. Soph. *O. T.* 238). By a rhetorical exaggeration, Lysias says that he would think it impious to speak even *about* Eratosthenes, ἐπ' ὠφελείᾳ, for E.'s advantage.

§ 25. ἵνα <ἀποθάνωμεν ἢ> μὴ ἀποθάνωμεν] The words supplied in brackets might easily have dropped out, by accident, or through their supposed redundancy. They are clearly requisite to the rhetorical point of the passage viz., the contrast between his alleged protest and his subsequent acts. In protesting, was your aim to kill us, or to save us? 'To save you'. And yet afterwards you did everything in your power to kill us? 'Was the object of your protest to kill us? or to save us?'

§ 26. εἶθ'] εἶτα, 'so'—*i.e.* after protesting as you allege.

ἀντειπὼν οὐδὲν ἐφ.] 'because you protested,—though the protest was fruitless'. See on Andoc. *De Pace*, § 29, p. 232.

οὐκ οἴα...δοῦναι] 'do you not expect to pay the penalty?' See above on § 19, ᾤοντο κτήσασθαι.

§ 27. οὐ γὰρ δή που] 'For I presume that they did not mean to make the case of the resident aliens the test of his loyalty': *i.e.* the Thirty Tyrants had proved the fidelity of Eratosthenes to their commands in the case of so many *citizens* that they did not need to test him on humbler victims. ἐλάμβανον, like ἔμελλον λαβεῖν. ἔπειτα: besides, as it happened, he was a peculiarly unsuitable instrument in this particular case, if (as he says) he had opposed the measure.

§ 28. τοῖς μὲν ἄλλοις Ἀθ.] 'The other Athenians' are, as § 30 shows, those on whom the Thirty had imposed odious tasks, esp. of domiciliary search.

§ 29. καὶ λήψεσθε] 'from whom *will* you ever exact satisfaction?'

§ 30. καὶ μὲν δὴ...ἀπήγαγεν] 'And moreover it was not in the house but in the street—when he might have saved him without breaking the decree of the Thirty—that he arrested him and took him to prison': *i.e.* the commands of the Thirty (if such had been given to Eratosthenes) would have been satisfied by a domiciliary search: cp. § 8. He was not obliged to arrest Polemarchus when he met him in the street. Baiter (see the critical note) keeps closer to the mss. by reading σώζοντα αὐτόν, 'when trying to save himself' (the active as in § 11): but the words κατὰ τὰ τούτοις ἐψηφισμένα must then be taken with συλλαβών, against the sense, since then they tend to *excuse* E. Sauppe, σώζειν τε αὐτὸν καὶ τὰ τ. ἐψ. παρόν, *i.e.* αὐτόν τε καί, 'to save at once his life and the letter of the decree'. This is neat, but the double use of σώζειν is unseasonably epigrammatic.

§ 31. καίτοι...εἶδεν] 'If, however, you are to make allowance for those who destroyed their neighbours to save themselves, those others' [who were not members of the Oligarchy] 'have a better claim to your indulgence' [than Eratosthenes has]; 'for they incurred peril if they failed to go when they were sent' [to make an arrest], 'or if, when they had found the person at home, they denied the fact. But E. might have said that he had not met with Polemarchus, or at all events that he had not seen him': ἔπειτα—*i.e.* if it was urged that he had certainly *met* him.

ταῦτα...οὔτ' ἔλεγχον οὔτε βάσανον εἶχεν] 'these statements could not be disproved, or even tested'.

§ 32. ἀποθανεῖσθαι...ἀπολουμένους] On the element of false antithesis (οἱ μ. ἀποθ. and οἱ ἀπολ. being the same), cp. note on *Pro Mantitheo* § 13 (p. 60).

§ 33. τῶν τότε λεγομένων]=ἐκείνων ἃ τότε ἐλέγετο,—the discussion at the Board of the Thirty, in which E., as he alleges, had opposed the measures taken against Lysias and Polemarchus: §§ 25 f.

παρεῖναι—παρ' αὐτοῖς εἶναι] 'Since, so far from being allowed to assist at their councils, we were not allowed even to remain in our own homes' (chez nous: cp. *apud se*, Cic. *De Or.* I. § 214).—τούτοις=τοῖς τριάκοντα, as represented by Eratosthenes.

πάντα τὰ κακά, κ.τ.λ.] Dobree would read πάντα κακά, as in § 57, πάντα ἀγαθά. But cp. § 41, πάντα τὰ κακά.—πάντα κακά, all sorts of evils: πάντα τὰ κακά, all possible evils.

§ 34. **τοῦτο μέντοι οὐ φεύγω**] 'I do not shrink, however, from meeting you on this point': *i.e.* as I cannot *prove* that you did not protest, I am ready to assume that you did.

*ἐποίησας**] So Dobree for ποιήσαις. The optative can be defended as an abstract hypothesis. But the mention of Polemarchus in the sentence certainly strengthens the presumption that Lysias said, 'what would you have done?' rather than, 'what would you do?'

ἐτύχετε...ἀπεψηφίσασθε;] I should hesitate to write, with Kayser, ἐτυγχάνετε...ἀπεψηφίζεσθε; The imperf. (ἄν) ἀπεψηφίζεσθε;='would you have been disposed to acquit him?' The aor. (ἄν) ἀπεψηφίσασθε;='would you have acquitted him?'—which is more forcible here, since it implies that his condemnation is already assured. And if ἀπεψηφίσασθε is genuine, then ἐτύχετε may well be so too, though ἐτυγχάνετε would be equally fitting.

§ 35. **καὶ μὲν δή**] Cp. § 30. 'And further': *i.e.* apart from the intrinsic merits of the case, it will be taken as a precedent. ἀστῶν simply 'Athenians': not τῶν ἐξ ἄστεος opp. to οἱ ἐκ Πειραιῶς (below § 92).

74 **δυστυχήσαντες δὲ τὸ ἴσον ὑ. ἔξ.**] 'Or, if they fail, will be no worse off than the rest of you'; *i.e.* will retain their civic privileges, instead of being punished with ἀτιμία or death. Cp. § 92, ἡττηθέντες τοῖς νικήσασι τὸ ἴσον ἔχετε.

ἐκκηρύττουσιν] 'banish by proclamation':—referring, apparently, to some particular members of the late Oligarchy who had vainly sought refuge in other cities. The party of the Thirty still had their head-quarters at Eleusis: see introd., p. 249.

τιμωρουμένους] The act. might seem more natural here, but the midd. need imply no more than that the chastiser's own sense of justice is satisfied: cp. below § 94, *In Agor.* § 76.

§ 36. **τοὺς...στρατηγούς**] The six generals who were put to death after the Athenian victory at Arginusae (406 B.C.) for having failed to pick up the floating bodies of the slain, or to save the men in the disabled ships, (both are included under τοὺς ἐκ τῆς θαλάττης:) Grote, VIII. 238. Cp. Plat. *Apol.* p. 32 B, οὐκ ἀνελομένους τοὺς ἐκ τῆς ναυμαχίας.

οἱ ἰδιῶται μὲν ὄντες] 'who, while still private persons, did all that lay in their power to bring disaster on your fleet' (at Aegospotami, 405 B.C.). 'The general belief...held that the Athenian fleet had been sold to perdition by the treason of some of its own commanders', Grote, VIII. 300. Lysias means that the oligarchical ἑταιρίαι—worked by such men as soon afterwards became Tyrants—had prepared this result. Cp. Xen. *H.* II. 1. 32, Isocr. *Philipp.* § 62.

ἀποκτιννύναι] imperf. = ὅτι ἀπεκτίννυσαν.

οὐκ ἄρα χρή] The construction, as originally planned, was οὐκ οὖν δεινὸν εἰ τοὺς μὲν...ἐζημιώσατε,...τούτοις δὲ μὴ κολάσετε; where, however, οὐ κολάσετε would stand, as in Thuc. I. 121, δεινὸν ἂν εἴη εἰ οἱ μὲν...οὐκ ἀπεροῦσιν, ἡμεῖς δὲ...οὐκ ἄρα δαπανήσομεν. (See note to p. 93 § 8, οὐ γὰρ δήπου, κ.τ.λ.) But here the insertion of χρή gives a new turn to the close:—'now *ought they not* to be punished?' Cp. the insertion of ἡγούμην in § 15, note, p. 252.

2. Peroration.—§§ 92—100 (end).

This passage is translated in the *Attic Orators*, I. 189—192.

§ 92. τοὺς ἐξ ἄστ.—τοὺς ἐκ Π.] οἱ ἐξ ἄστεος, 'the party of the Town': those who were at Athens under the tyranny of the Thirty, and who were thus identified with the oligarchical side in the struggle between the Tyrants and the patriots. οἱ ἐκ Πειραιῶς, the popular party: the exiles led by Thrasybulus, who came from Phylè to the Peiraeus in Dec. 404 B.C., and recovered Athens before the end of July, 403 B.C. Cp. above, p. 52, § 2: Dem. *In Timocr.* § 134, τῶν ἐκ Πειραιῶς καὶ ἀπὸ Φυλῆς οὗτος ἦν.

τοιοῦτον πόλεμον] 'a war of such a sort that, having been vanquished, you are the equals of the conquerors' (the patriotic party), 'whereas, had you conquered, you would have been the slaves of the Tyrants': *i.e.* they had been forced to fight against their own interests. τούτοις = τοῖς τριάκοντα, as in § 33.

§ 93. ἂν ἐκτήσαντο] 'they would have gained wealth for their own houses from the administration' (if they had prevailed in the struggle). There seems no reason for suspecting the genuineness of ἄν. If it were absent, the statement of fact would apply to the time before the struggle, when the Thirty were in power.

τῶν ἀγαθῶν] 'their prizes' (their power and ill-gotten wealth): τῶν ὀνειδῶν, 'their dishonours'—the outrages in which they compelled Athenian citizens to be their instruments: see § 30.

*εὖνοι ᾤοντο εἶναι] '(Instead of seeking to win your loyalty by giving you partnership in their prizes), they fancied themselves friendly if they gave you a share of their dishonours'. I read εὖνοι, instead of εὔνους, which the mss. give, for the following reasons. (1) εὔνους can be taken only as accus. plur. We find, indeed, a statement that the comic poet Philemon used εὖνους for εὖνοι, as if by crasis from εὖνοες (Philem. fr. 122, Meineke): but such a notice is not sufficient warrant for assuming so strange a license in Lysias. (2) εὖνους being, then, accus. plur., the words would mean, 'thought that you were friendly'. But the sense wanted is, 'thought that you ought to be much obliged to them'. This sense would be obtained if we adopted Dobree's suggestion, and read εὖνους ᾤοντο <δεῖν> εἶναι. (3) But it appears more probable that an original εὖνοι should have been altered to εὖνους, for the sake of symmetry with πιστοὺς in the preceding clause, than that δεῖν should have been omitted.

§ 94. τοῖς πολεμίοις] The party of the Thirty at Eleusis: cp. § 80, ἀποῦσι τοῖς τριάκοντα ἐπιβουλεύετε.

τῶν ἐπικούρων] 'the foreign troops': the Lacedaemonian garrison of 700, under Callibius, which supported the Tyranny: Xen. Hellen. II. 3. 13 f. ἐπίκουροι = ξένοι, μισθοφόροι, here used invidiously, because the Athenian oligarchs promised to maintain the Spartan φρουροί : Xen. l.c. θρέψειν δὲ αὐτοὶ ὑπισχνοῦντο.

§ 95. τοσαῦτα] 'only thus much': Thuc. II. 72.

ἀφῃρέθητε τὰ ὅπλα] The Thirty formed a picked body of 3000 hoplites, and then proclaimed a general muster of all the hoplites in Athens. When this was over, the 3000 seized the arms which the other hoplites had piled in various places, and deposited them in the Acropolis; Xen. H. II. 3. 20, 41: Grote VIII. 336.

ἐξεκηρύχθητε] The Thirty proclaimed that every one not included in the list of 3000 should quit Athens: Grote VIII. 349.

ἐκ τῶν πόλεων] 'The Laced. government, at the instance of the Thirty, issued an edict prohibiting all the members of their confederacy from harbouring fugitive Athenians': ib. 350. The emigrants were received, however, in Megara, Thebes, Orōpus, Chalcis, Argos.

§ 97. τὸν θάνατον] 'death', not 'the death which threatened them': the art. giving merely a certain rhetorical emphasis, 'the doom of death'. So ἡ εἰρήνη peace, ὁ πόλεμος war, ὁ δῆμος democracy: see Shilleto, Dem. Fals. Legat. §§ 100, 149.

διέφυγον...ἤλθετε] The thought of the slain being uppermost in his mind at the beginning of the sentence causes him to use the third pers. pl. in reference also to the survivors, though these are the same whom he presently addresses in ἤλθετε.

ἐν πολεμίᾳ τῇ πατρ. κ.τ.λ.] 'in that fatherland which had become hostile soil, or in the land of strangers'.

τοὺς μὲν ἠλευθ.] 'you freed some' [viz. τοὺς ἐξ ἄστεος, the unwilling subjects of the Thirty], 'you restored others to their country' [viz. τοὺς ἐκ Πειραιῶς, the patriotic exiles].

§ 98. ἄν...ἐφεύγετε] 'would now be exiles'.

μικρῶν...ἕνεκα σ.] 'would now be in slavery on account of petty liabilities', *i.e.* small debts which their poverty made them unable to discharge, thus giving the creditor a claim upon their persons. Isocr. *Plataicus* § 48, τοὺς παῖδας (the children of the destitute Plataeans)...πολλοὺς μὲν μικρῶν ἕνεκα συμβολαίων δουλεύοντας, ἄλλους δ' ἐπὶ θητείαν ἰόντας,—where τὸ δουλεύειν, slavery, is opp. to θητεία, labour for wages.

§ 99. τῆς ἐμῆς προθ.] lit. 'nothing is wanting to my zeal', *i.e.* 'my indignation is perfect'. οὐδέν was supplied by Canter.

ἀπέδοντο] 'bartered away': meaning, perh., that the Thirty allowed sacred buildings to be sold and put to secular uses. Others understand, 'sold the sacred vessels and furniture' of the temples: as if τὰ ἱερά, a general term, had different meanings with ἀπέδοντο and ἐμίαινον.

εἰσιόντες ἐμίαινον] 'defiled *by* entering them'—since the Tyrants were ἐναγεῖς, guilty of blood.

§ 100. εἴσεσθαι τὴν ψῆφον φ.] 'will be aware of you when you give your verdict'.

*κατεψηφίσθαι] 'have [by that very act] passed sentence'. This is Baiter's simple correction of the corrupt καταψηφιεῖσθαι. It is more probable than κατεψηφισμένους ἔσεσθαι, 'will have passed' (Rauchenstein).—πεποιημένους, sc. εἶναι, as if κατεψηφισμένους εἶναι had preceded.

ἀκηκόατε, κ.τ.λ.] Inexactly cited by Arist. *Rhet.* III. 19. 6, τελευτὴ δὲ τῆς λέξεως ἁρμόττει ἡ ἀσύνδετος, ὅπως ἐπίλογος ἀλλὰ μὴ λόγος ᾖ, (*enumeratio* and not *altera oratio*, Quint. VI. 1. 2,) εἴρηκα, ἀκηκόατε, ἔχετε, κρίνετε.

VI. ΚΑΤΑ ΑΓΟΡΑΤΟΥ. [Or. XIII.]—Agoratus, son of a slave, had gained the Athenian citizenship by pretending (falsely, his accuser says) to have had a hand in the assassination of Phrynichus in 411 B.C. (§ 76.) For six years afterwards he had lived at Athens, exercising the trade of an informer, and laying 'all conceivable indictments' (τὰς ἐξ ἀνθρώπων γραφάς, § 73) before the law-courts. He is now charged with having slandered away the lives of several distinguished citizens just before the establishment of the Thirty.

It was in the spring of 404 B.C. that Theramenes came back from Sparta with the hard conditions of peace. Athens had been suffering for months the extreme of famine and misery;

the mass of citizens were thankful for relief on any terms. But there were still a few men, influential by their position and services, who stood out against the bargain which the oligarchical party were about to strike with Sparta. The oligarchs, impatient to get rid of their opponents, had recourse to the aid of Agoratus. It was arranged that he should himself be charged with plotting to defeat the peace, and should then denounce a certain number of other persons as his accomplices. One Theocritus accused him before the Senate. A party of Senators went to the Peiraeus to arrest him. Agoratus, feigning alarm, took sanctuary at the altar in the temple of Artemis at Munychia. Certain citizens who suspected him to be the victim, or the agent, of a plot, gave bail for him, and offered to take him out of Attica to await quieter times. He declined this proposal, and appeared before the Senate to give information. He denounced, first, the men who had bailed him; then several of the Generals and taxiarchs (§ 13), among whom were the General Strombichides, Dionysodorus (kinsman of the accuser in this case), and probably Eucrates the brother of Nicias; also a number of other citizens. These, with Agoratus himself, were imprisoned; and it was decreed that they should be tried both by the Senate and by a special court of Two Thousand. Immediately afterwards the peace with Sparta was ratified.

The government of the Thirty having been established, the prisoners were tried; but not by the Two Thousand; only by a new oligarchical Senate. They were all condemned to death, except Agoratus, who was banished. In 404 B.C. he joined the democratic exiles at Phylè, and afterwards returned to Athens with them; but appears to have been ill received (§ 77). He is now accused of murder by Dionysius, cousin and brother-in-law to Dionysodorus.

The procedure was by ἔνδειξις (information) laid before the archon, followed by ἀπαγωγή (summary arrest)—just as in the case of Herodes (see introd. to Antiph. *De Caed. Her.*, p. 208). —Date about 399 B.C.—*Attic Orators*, I. 269 f.

Narrative: §§ 5—48.

§ 5. οὐ πολλ. χρ. ὕστ.] The capture of 170 Athenian triremes by the Peloponnesians under Lysander at Aegospotami took place about Sept. 405 B.C. (Grote VIII. 297): Lysander next took measures to secure Byzantium, Chalcedon, Lesbos, etc., establishing 'dekarchies': and it was about Nov. 405 B.C. when he arrived with his fleet of 200 triremes in the Saronic Gulf (*ib.* 307).

λόγοι...περὶ τῆς εἰρήνης] The Athenians 'proposed to Agis to become allies of Sparta, retaining their walls entire and their fortified harbour of Peiraeus': Grote VIII. 808. Agis referred the envoys to the Ephori, who would not even receive them: Xen. *H.* II. 2. 11—15.—τῆς εἰρήνης, 'peace', not 'the peace': see *In Eratosth.* § 97, τὸν θάνατον, note, p. 258.

§ 6. εἰληφέναι καὶ μάλιστ' <ἂν> ... καταστήσασθαι] 'thinking that they had found an excellent opportunity, and that this was the moment at which they were most likely to constitute the government in accordance with their own views'. It seems better thus to add ἂν than to alter the aor. inf. into καταστήσεσθαι. One of the two remedies is required. For we cannot render—'that they had found an...opportunity to constitute the gov. as much as possible (καὶ μάλιστα)' etc....as if καταστ. depended on εἰληφ. καιρόν. And here νομίζοντες καταστήσασθαι could mean nothing but 'thinking that they *had* constituted'. Cp. *Olympiacus* § 2 (p. 50), note on <ἂν> γενέσθαι.

§ 7. ταξιαρχοῦντας] The commanders of the tribal infantry (ταξίαρχοι) would have democratic sympathies, while the ἱππεῖς, with their tribal commanders (φύλαρχοι), would, as the wealthier class, be the natural allies of oligarchy. Cp. Arist. *Pol.* VI [IV] 3. § 3, ὅσαις πόλεσιν ἐν τοῖς ἵπποις ἡ δύναμις ἦν, ὀλιγαρχίαι παρὰ τούτοις ἦσαν: and ib. 13. § 10.

ἀμωσγέπως] 'by some means or other'. Lys. or. XXIV. *De Inval.* § 20, ἅπαντες γὰρ εἴθισθε προσφοιτᾶν καὶ διατρίβειν ἀμοῦ γέ που. Cp. ἀμόθεν. On the stem ἀμο—perh. akin to that of εἷς—see Curt. *Gr. Etym.* 600.

βούλοιντο] might represent either ἃ βούλονται or ἃ ἂν βούλωνται: here it represents the latter.

Κλεοφῶντι] ὁ λυροποιός,—the demagogue who led the popular party at this time: Lys. or. XIX. § 48, Κλεοφῶντα δὲ πάντες ἴστε ὅτι πολλὰ ἔτη διεχείρισε τὰ τῆς πόλεως πάντα καὶ προσεδοκᾶτο πάμπολλα ἐκ τῆς ἀρχῆς ἔχειν (and yet died poor).

§ 8. ἐπὶ δέκα στάδια] *i.e.* to the length of about a mile and a quarter.

οἷόν τε εἴη] oblique of ἐστί (not of ἦν). Acc. to Aeschin. *Fals. Legat.* § 76, Cleophon threatened 'to cut off the head of anyone who mentioned peace'.

§ 9. λέγει ὅτι...εὑρήσεσθαι] 'He says that, if they appoint him envoy with plenary powers to treat for peace, he will effect a peace (ποιήσειν, sc. εἰρήνην) on such terms (ὥστε) that no breach shall be made in the walls, and that Athens shall suffer no detriment whatever: and "I think", he added, "that I shall even obtain some further advantage for the city from the Lacedaemonians".' ποιεῖν εἰρήνην, Xen. *Cyr.* III. 2. 12.—

ποιήσειν ὥστε might (less well) be taken as = 'to effect that' no breach shall be made: cp. Isocr. *Adv. Soph.* § 1, πεποιήκασιν ὥστε δοκεῖν, κ.τ.λ. For ποιήσειν instead of ποιήσει (or -οι) after ὅτι, cp. Xen. *Cyr.* II. 4. 15, ἀκούω ὅτι...γενέσθαι (for ἐγένοντο).— οἴοιτο depending on ὅτι: he said οἴομαι: cp. Soph. *Phil.* 617.— The subject to διελεῖν, ἐλαττῶσαι is not τοὺς Λακεδ. understood, but αὐτόν, Theramenes.

§ **10.** τῷ προτέρῳ ἔτει] In 405 B.C.—prob. on the occasion when three new στρατηγοί were appointed (Xen. *H.* II. 1. 16). The people were doubtless disgusted with his conduct the year before, when he had been active in procuring the judicial murder of the Generals after Arginusae. Thirlwall thinks that in that affair Theramenes was the agent of an oligarchical plot (IV. 138).

§ **11.** ἐλθὼν εἰς Λακ.—πολὺν χρόνον] Theramenes went *first* to Lysander, who was now blockading the Peiraeus [Xen. *H.* II. 2. 9], and remained with him 'three months or more', on the pretext that L. detained him. In the fourth month, at his own request, he was sent to Lacedaemon as a plenipotentiary, with nine colleagues: Xen. *H.* II. 2. 16 f. Lysias omits the visit to Lysander, and represents the long sojourn of Ther. as made at Sparta (ἐκεῖ).

διαθείη...ἀπόρως] 'reduce you to destitution',—by the pressure of famine, which was already severe when he left Athens (ᾤοντο...πολλοὺς τῷ λιμῷ ἀπολεῖσθαι, Xen. *H.* II. 2. 14).— ἀπόρως is not indispensable, but neither is it, I think, a gloss.

§ **12.** οὐκ ἦλθεν εἰς τὰ ὅπλα ἀναπ.] 'because he did not come to pass the night at his post': cp. Xen. *H.* II. 4. 24, ἐξεκάθευδον δὲ καὶ οἱ ἱππεῖς ἐν τῷ Ὠιδείῳ. So in the panic of 415 B.C. the hoplites were ordered to muster under arms in the agora (and bivouac there), Andoc. *De Myst.* § 45 (p. 35), note. For τὰ ὅπλα as = 'the place where the arms are piled', 'the camp', cp. Xen. *Anab.* III. 1 § 3, ἐπὶ δὲ τὰ ὅπλα πολλοὶ οὐκ ἦλθον ταύτην τὴν νύκτα, ἀνεπαύοντο δὲ ὅπου ἐτύγχανεν ἕκαστος.

ἐκείνῳ...ταύτῃ] 'So, having contrived the appointment of a court to try him, and having taken seats in it themselves, the promoters of the oligarchy put Cleophon to death by means of this pretext'. Acc. to Lysias or. xxx. §§ 10 f., the βουλή, with the corrupt connivance of Nicomachus (then a νομοθέτης), claimed a legal right to sit in judgment along with the dikasts—ὡς χρὴ τὴν βουλὴν συνδικάζειν. Cleophon had already denounced the βουλή,—φάσκων συνεστάναι (was in a conspiracy against the Democracy), *ib.*

ἐν τῇ προφάσει τ.] Baiter and Cobet conj. ἐπί. But ἐν = 'by means of', cp. Lys. or. VII. § 20 (below, p. 91) ἐν τούτῳ τῷ τρόπῳ: ἐν δόλῳ ἄγειν (Soph. Phil. 102), ἐν λιταῖς στέλλειν (ib. 60), ἐν λόγοις πείθειν (ib. 1394).

§ 13. τοιαύτην, ἥν...ἔγνωμεν] 'a peace of that character which stern experience taught us to know': ἔγν., came to know: ἥν=οἵαν, as oft. after τοιοῦτος. Cp. Shaksp. *All's W.* III. 6. 24, '*Such* will I have *whom* I am sure he knows not'.

ἐξηλάθημεν] Cp. *In Eratosth.* § 95, ἐξεκηρύχθητε ἐκ τῆς πόλεως (p. 76), note.

§ 14. ἦν...κατασκάψαι] 'For its terms were that...we should destroy'. The subj. to ἦν is εἰρήνη, which, as=σύμβασις or ὁμολογία, takes the infin.

§ 15. λεγομένην, κ.τ.λ.] 'These men [Strombichides and the democratic party, § 13] seeing that, though the talk was of peace, the work really in hand was the overthrow of the Democracy, said that they could not allow such terms to be ratified'.—ὀνόμ. λεγομ. εἰρ., lit. 'that (the arrangement) was nominally called peace'. The conjecture γενομένην is unsuitable, since peace had not been concluded: we should require γιγνομένην.—οὐκ <ἂν> ἔφασαν ἐπιτρέψαι. Cp. note on § 6 above, μάλιστ' <ἂν>...καταστήσασθαι.

οὐκ ἐλεοῦντες...ποιήσ.] 'Not because their pity was moved by the threatened destruction of the walls,—not because they shrank from the thought of our fleet being surrendered to Sparta—for these things did not touch *them* more nearly than they touched every one of yourselves—but because they perceived that this was the way to ruin your Commonwealth: they were not, as some allege, reluctant that peace should be made, but they desired to obtain for the Athenian people a peace on better terms than these'.—Lysias has to show two things: (1) that the democrats were right in objecting to *this* peace; (2) that they sincerely desired *a* peace, and were not pursuing a party war-policy in selfish disregard of the extreme sufferings endured by their fellow-citizens. They would have made sacrifices, he says, however painful, if these sacrifices had not *further* involved the destruction of the Commonwealth.

§ 17. εἵλοντο] 'mira locutio: an προείλοντο?' Dobree: but εἵλ.='elected' as the least of two evils. Isocr. *Philipp.* § 93, εἱλόμην μὴ πονεῖν.

τὴν ἐκκλ. τὴν περὶ τῆς εἰρ.] The meeting of the Ecclesia at which the peace was accepted took place, acc. to Xen. *H.* II. 2. 22, on the day after the return of Theramenes with the terms offered by Sparta. In the *Attic Orators*, I. 270 note, I have given reasons for dissenting from Grote's view that Agoratus laid his information *after* the capitulation of Athens, and for believing that the account of Lysias is correct in this particular.

§ 18. οὐ ξυνειδότα ἐκείνοις] 'though he was in none of their secrets'.—ἐκείνοις, the Generals and the democratic party: αὐτοῖς below, the oligarchic conspirators.

§ 19. ὅπως π. ὑμῖν ὑποφαίνοιτο] Dobree would read φαίνοιτο, thinking that ὑπό has arisen from ὑμῖν: but ὑποφ. expresses what is hinted by the look of that about which we cannot be sure. 'In order that the affair might have a more plausible colour in your eyes'.—καὶ ὑμᾶς: 'you, too' will see (as clearly as the speaker himself).

*εἰσπέμπουσι] Dobree's correction of ἐκπέμπουσι. The verb εἰσπέμπω is often used of suborned agents. Cp. Andoc. De Red. § 4, ἑτέρους δ' εἰσπέμπουσι: Isocr. De Bigis § 7, μηνυτὰς εἰσέπεμπον. On the other hand, ἐκπέμπουσι could mean only, 'send forth (from their secret councils)',—a use of the word which seems rather forced (at least for prose) without further definition of the place to which ἐκ refers.

[τὴν πρὸ τῶν τριάκ. β.] plainly a gloss which has crept in from § 20 ad init.

Θ. τὸν τοῦ 'Ε. καλούμενον] The nickname Ἐλαφόστικτος ('dappled like a deer') may have been that of a slave or freedman,—a branded στιγματίας. Perh. καλουμένου.

§ 20. *ἐγένετο] Markland's correction of ἐλέγετο. I formerly preferred ἐλέγετο, on the ground that it shows the ψηφίσματα in the making, and is thus more vivid. But there seems to be no warrant for such a phrase as λέγω ψήφισμα in the sense of γράφω ψήφισμα, to 'propose' a decree. Rather reluctantly, then, I have acquiesced in the emendation,—which, from the palaeographical point of view, is an easy one.

καὶ ὡς τοιούτ. οὖσιν αὐτ. τὸν νοῦν προσέχητε] 'and that (ἵνα), knowing them to be such, (ὡς τοι. οὖσ.,) you may carefully note their conduct': i.e. this knowledge will throw light on the facts which I have to relate. Bekker with one ms. μὴ προσέχητε, 'may disregard them', and so Reiske conj. ἧσσον: but this destroys the point.

§ 21. ἐν ἀπορρήτῳ] Cp. Andoc. De Myst. § 45 (p. 85), ἡ δὲ βουλὴ ἐξελθοῦσα ἐν ἀπορρήτῳ. Strangers (ἰδιῶται) were often present at the sittings of the βουλή, Dem. F. L. § 18, τὸ γὰρ βουλευτήριον μεστὸν ἦν ἰδιωτῶν: to move that they withdraw, was μεταστήσασθαι τοὺς ἰδιώτας, Aeschin. In Ctes. § 125.

τοῖς τότε καθιστ. πράγμασι] 'The government which was then in process of being established',= ἃ τότε καθίστατο—the Oligarchy.—ἐκείνοις, the democratic opposition.

§ 22. **νυνί δὲ...ἐψηφ.**] 'but, as it was, the Council passed the following decree'—merely for the arrest of Agoratus, instead of compelling Theocr. to give a complete list of names.

§ 23. **ἐν ἀγορᾷ**] The Ἱπποδάμεια ἀγορά in the Peiraeus, Andoc. *De Myst.* § 45 (p. 35).

Νικίας...Νικομένης] supporters of the democratic party, mentioned only here.

οὐχ οἷα βέλτιστα] 'seeing that the state of affairs in Athens was not all that could be desired', = οὐ τοιαῦτα οἷα ἂν ὄντα βέλτιστα εἴη. Dem. *De Cor.* § 207, ὡς οὐ τὰ βέλτιστα ἐμοῦ πολιτευσαμένου.

προήσεσθαι, κ.τ.λ.] 'said that they could not allow A. to be taken away,—vindicated him from arrest (ἀφῃροῦντο),—and offered bail, binding themselves to produce him before the Council'. ἀφαιρεῖσθαι εἰς ἐλευθερίαν = *vindicare in libertatem*: but A. was not a slave, and here ἀφῃρ. merely = 'asserted his right to be at large' against οἱ ἄγοντες. Cobet was not right in altering παρέξειν into παράξειν: the surety 'produces' (παρέχει) the bailee, the accuser 'brings' the accused 'into court' (παράγει). Cp. Lys. or. XXIII. § 9 (p. 99), ἐγγυησάμενοι παρέξειν εἰς ἀγορὰν (τὸν ἄνθρωπον).

§ 24. **τὸν βωμὸν Μουν.**] The altar in the temple of Artemis: Μουνυχίας ναὸς Ἀρτέμιδος, Paus. I. 1. 4.

§ 25. **παρορμ. δύο πλοῖα Μουν.**] 'having brought two boats alongside the shore at Munychia'. The blockade of the Peiraeus need not have hindered this (Xen. *H.* II. 2. 9, the Pelop. fleet τὰ πλοῖα εἶργε τοῦ εἴσπλου): see *Attic Orators*, I. 271, note.

ἕως τὰ πρ. καταστ.] 'until quieter times': *i.e.* until the terms of peace should have been fixed, and the strife of parties in Athens allayed.

§ 27. **ἀλλὰ μὲν δή, κ.τ.λ.**] 'But this is not all—your situation was very different from theirs': *i.e.* much more perilous, if you stayed: if *they* were ready to go, much more would *you* have been so, had you not had a secret understanding with the government.

βασανισθῆναι] Citizens were protected from torture by τὸ ἐπὶ Σκαμανδρίου ψήφισμα, Andoc. *De Myst.* § 43, p. 35.

οὐ πατρίδα, κ.τ.λ.] 'you would not have forsaken your land': Agoratus, acc. to Lys., being of foreign and servile origin. The v. l. ἀπέλιπες = 'quitted': κατέλ. (cp. καταλιπόντες above) 'left behind'.

§ 28. **προσποιῇ**] sc. ἀποκτεῖναι, as below § 75, εἰ μὲν οὖν μὴ ἀποκτείνας προσποιεῖται (ἀποκτεῖναι).

παρεσκευάσθη] 'contrived' (between Agor. and the βουλή): so παρασκευάσαντες, § 12.

τὸ ψήφισμα] The object of the new ψήφισμα, as §§ 29, 30 show, was to authorise the arrest of Agoratus, notwithstanding that ἐγγυηταί had been found for him: § 24.

§ 30. **ἐκομίσθησαν**] 'were brought' (not merely 'came'). The plural verb would most naturally refer to Agoratus and the persons who, by giving bail for him, had frustrated the first attempt to arrest him. They were probably still with him at Munychia (cp. § 24) when he was arrested by the second mission from the Council, armed with the second decree (§§ 28, 29)—which apparently authorised an immediate arrest, irrespective of bail having been given. The plural ἐκομίσθησαν may, however, also refer to the fact that, besides Agoratus, two other persons denounced by Theocritus were brought before the Council at the same time, as we learn from a later part of the speech (§ 54), where the phrase is, ὑπὸ τῆς βουλῆς μετεπέμφθησαν.

ἡ δὲ ἀρχὴ αὕτη] The more usual form would be ἀρχὴ δ' αὕτη. Cp. note on Antiph. De Caed. Herod. § 93 (p. 23), τὴν τιμωρίαν οἱ ἥκειν ταύτην, 'that this has come on her as the punishment'.

ἐπ' αὐτοφώρῳ] 'I will convict him in the very act',—i.e. I will show precisely how and when he did it.

§ 31. **ἔρρωτο...οὔσης**] 'So vigorously was the Council bent on mischief': Thuc. II. 8, ἔρρωντο ἐς τὸν πόλεμον. At first the Council had accepted the ἀνώνυμος μήνυσις of Theocritus (§ 22): then Agor. had given certain names (§ 30): and, after that, the Council still pressed for more: this fact was elicited by the ἐρώτησις (§ 31, τοίνυν).—ἑκών, since he had not yet been threatened with torture (cp. § 27), ἀνάγκη.

§ 32. **Μουν. ἐν τῷ θεάτρῳ**] Thuc. VIII. 93, ἐς τὸ πρὸς τῇ Μουνυχίᾳ Διονυσιακὸν θέατρον ἐλθόντες καὶ θέμενοι τὰ ὅπλα ἐξεκλησίασαν (411 B.C.). The theatre was at the N.W. side of the Munychian hill.—ἐγίγνετο, 'came to be held'.

οὕτω σφόδρα] 'Some persons were so anxious that the information regarding the Generals and the Infantry Commanders should be laid before the people as well, (in regard to the others, the information laid before the Council sufficed,) that they bring Agoratus before the people in the Ecclesia also' (καὶ ἐκεῖ. καὶ ἐκεῖ...εἰς τὸν δ., i.e. 'there also', and this time before the people.—ἀπέχρη, κ.τ.λ. Dobree is right in condemning μήνυσις as a scholion, but ἐν τῇ βουλῇ is prob. genuine: it makes the contrast with ἐν τῷ δ. clearer. Cp. § 33.

§ 33. ἀναγνώσεται] sc. ὁ γραμματεύς.

καὶ τὰ ἐν τῇ β., κ.τ.λ.] sc. ἀπογραφέντα: 'both those names which were given before the Council and those which were given before the Ecclesia'.

§ 34. εἰσῆλευσε] Xen. H. II. 2. 23, ἔδοξε δέχεσθαι τὴν εἰρήνην. μετὰ δὲ ταῦτα Λύσανδρός τε κατέπλει εἰς τὸν Πειραιᾶ [hitherto he had been at anchor off the Peiraeus, πρὸς τὸν Π., § 9], καὶ οἱ φυγάδες κατῆεσαν, καὶ τὰ τείχη κατέσκαπτον ὑπ' αὐλητρίδων πολλῇ προθυμίᾳ, νομίζοντες ἐκείνην τὴν ἡμέραν τῇ Ἑλλάδι ἄρχειν τῆς ἐλευθερίας.

§ 35. κατεστάθησαν] 'were installed in office'. The 1st aor. pass. seems here to differ from the 2nd aor. act. κατέστησαν in § 34 ('were established') by suggesting the formal induction into office. On the other hand, in Antiphon De Chor. § 11 (p. 25), χορηγὸς κατεστάθην seems to be no more than κατέστην. The pass. aor. is mainly poetical.

κρίσιν...ἐποίουν] 'proceeded to direct that these men should be tried before the Council': but κρίσιν ἐποιοῦντο would be merely ἔκρινον, 'proceeded to try them'.

ὁ δὲ δῆμος] 'whereas the words of the people's decree had been, "before the (ordinary) court, with a jury of 2000".'

§ 36. εἰ...ἐκρίνοντο] 'If they had been on their trial before the ordinary court, they would have been in a fair way to be acquitted': the *imperf.* referring here to a *continued* action in *past* time, whereas ἐκρίθησαν...ἐσώθησαν would have meant simply, 'If they had been tried, they would have been acquitted'. Cp. Goodwin § 49. 2.

ἐν ᾧ] referring to ἤδη: 'for now, when you could no longer do any good, you had recognised the desperate situation of Athens'.—**νῦν δ'**, 'but as it was', with *historic* pres., as in § 22.

§ 37. ἐπὶ τῶν βάθρων] 'The Thirty sat on the seats usually occupied by the Presidents of the Assembly' (50 in number). Cp. Plat. Prot. 315 c, where Hippias the sophist is seen ἐν θρόνῳ, surrounded by his hearers ἐπὶ βάθρων.

καδίσκους] 'urns' for the secret ballot,—the ψῆφοι being dropped through a funnel-shaped top (κημός). Lycurg. In Leocr. § 149, δυοῖν καδίσκοιν κειμένοιν, τὸν μὲν προδοσίας τὸν δὲ σωτηρίας εἶναι.

§ 38. οὐδενὸς ἀπεψηφίσαντο] The Thirty afterwards assumed the right of putting to death without trial any one who was not in the list (κατάλογος) of 3000. Isocrates speaks of them as having executed '1500 citizens without trial' (ἀκρίτους: or. xx. § 11). Cp. Xen. *H.* II. 3. 51: Grote VIII. 327.

§ 40. μέλαν [τε]] Baiter and Sauppe would omit τε: and I incline to think that it may have been a spurious addition, designed to link the participles. If we retain it, we must suppose a partic. (*e.g.*, ὀδυρομένη, ἀποκειραμένη, κεκαρμένη) lost before or after ἠμφιεσμένη.

§ 41. διέθετο] not διετίθετο (though ἔλεγεν, etc.), because the testamentary disposition—διάθεσις, the making of a διαθήκη—is an act completed at a definite moment.

§ 42. τιμωρεῖν] τιμωρεῖσθαι could stand: cp. *In Eratosth.* § 35, ὑπὲρ ὑμῶν τιμωρουμένους (p. 74): but the active marks more clearly that the cause in which the punishment is dealt is another's.

§ 44. τοὺς ἐκ Σαλ.—ἐξ Ἐλευσ.] Cp. *In Eratosth.* § 52, ἐλθὼν (Eratosthenes) μετὰ τῶν συναρχόντων εἰς Σαλαμῖνα καὶ Ἐλευσῖνάδε τριακοσίους τῶν πολιτῶν ἀπήγαγεν εἰς τὸ δεσμωτήριον, καὶ μιᾷ ψήφῳ αὐτῶν ἁπάντων θάνατον κατεψηφίσατο.— τοὺς ἐνθάδε, at Athens. From § 30 of the speech against Eratosthenes (above, p. 72) we may infer how frequently such ἴδιαι ἔχθραι were thus indulged. In Lys. or. xxv. § 15 a speaker claims credit for *not* having gratified his enmities during the Oligarchy.

§ 46. ἔτι δὲ τὰ τείχη ὡς κατεσκάφη] *sc. ἴστε*, to be supplied from § 44.

§ 47. οὐκ <ἂν> ἔφασαν ἐπιτρέψαι] See note above on § 15.

§ 48. ἀπέκτεινας, κ.τ.λ.] The words τῇ πόλει occur thrice in the sentence. Before ἐπιβουλεύειν they are clearly, as Dobree saw, an interpolation, either from the previous or from the subsequent clause. 'You put them to death, by denouncing them as plotters against the Commonwealth'. There is no incongruity in this, since the oligarchical Βουλή claimed to represent the Commonwealth, and would affect the language of patriotic citizens.—Dobree, with great plausibility, proposed to read, ἀπέκτεινας μηνύσας, αὐτὸς ἐπιβουλεύων τῷ πλήθει τῷ ὑμετέρῳ.

VII. ΠΕΡΙ ΤΟΥ ΣΗΚΟΥ. [Or. VII.]—'On the Sacred Olive'. The man for whom this defence was written—a rich Athenian citizen (§§ 21, 31)—had originally been charged with destroying a *moria*, or sacred olive, on a farm which belonged to him. As to do this was a fraud upon the Treasury, the form of the original accusation had been an apographè (ἀπεγράφην, § 2). But the charge was not supported by the persons who had rented from the State the produce of the moriae on this farm (οἱ ἐωνημένοι τοὺς καρποὺς τῶν μοριῶν, § 2). The accusers had therefore changed their ground. They now charge the defendant merely with uprooting the *fenced-in stump* (σηκός) of a moria; and they lay against him an indictment for impiety. The chief accuser is one Nicomachus.

Throughout Attica, besides the olives which were private property (ἴδιαι ἐλαῖαι, § 10), there were others which, whether growing on public or on private lands, were considered as the property of the State. These were called *moriae* (μορίαι)—the legend being that they had been propagated (μεμορημέναι) from the original olive which Athene herself had caused to spring up on the Acropolis. This theory was convenient for their conservation as State property, since, by giving them a sacred character, it placed them directly under the care of the Areiopagus, which caused them to be visited once a month by Inspectors (ἐπιμεληταί, § 29), and once a year by special Commissioners (γνώμονες, § 25). To uproot a *moria* was an offence punishable by banishment and confiscation of goods (§ 41).

The case is tried by the Areiopagus under the presidency of the Archon Basileus. The offence was alleged to have been committed in the archonship of Suniades (§ 11), Ol. 95. 4, 397 B.C. To judge from § 42 (τοσούτῳ χρόνῳ ὕστερον) the trial took place not earlier than 395 B.C.; probably later.—*Attic Orators*, I. 289.

§§ 17—25.

§ 17. ἔτι τοίνυν] The speaker has been arguing that he could not have destroyed the olive without the knowledge of his slaves. He now adds that the deed would have been liable to detection by (1) former tenants of the farm, § 17: (2) passers-by, (3) neighbours, § 18.

εἰ παρέστη μοι] 'if it had occurred to me': *i.e.* 'if I had been so ill-advised' as to pay no heed to my slaves. Cp. the trans. 1st aor. Paus. IX. 14. 6, τοῦτο Ἐπαμεινώνδᾳ παρέστησεν... ἀπαγαγεῖν, 'this suggested to E. that he should lead them back'.

τοσούτων μεμ.] 'when so many persons had rented the farm'; the speaker having let it to four different tenants in succession, before he took it into his own hands (§§ 9, 10). μισθοῦν of landlord, μισθοῦσθαι of tenant: § 10, Ἀλκίᾳ... ἐμίσθωσα,...κᾆτα...Πρωτέας ἐμισθώσατο.—συνειδότων: 'in the secret' (that a moria had existed on the land).

προθεσμίας] 'when there was no statutable limit to my

liability': *i.e.* a γραφή might be laid at any length of time after the alleged offence. In some cases (*e.g.* the γραφή παρανόμων) the προθεσμία was a year.

τοῖς εἰργασμένοις] 'while it was the common interest [προσῆκον, acc. absol.] of all who had worked the farm that the olive should be safe, so that, if any of them were inculpated, they could have laid the blame on him to whom they gave up the land': (*i.e.* each would shift the blame on to *his own immediate* successor: hence ὅτῳ, not ᾧ.) For προσῆκον in this sense, cp. *In Agor.* § 15, p. 80, οὐδὲν αὐτοῖς τούτων πλεῖον ἢ ὑμῶν ἑκάστῳ προσῆκεν.

εἶναι σῶον τὸν σηκόν] *i.e.*, it would be the interest of each man who had rented the farm to prove that, at the time when he gave it up, the olive was still safe. Tenant *A* would be prepared to show that he had transmitted the olive to *B*, *B* to *C*, and so on. A series of vigilant witnesses would thus fix the responsibility on the latest tenant,—the speaker.

ἵνα...εἶχον] the secondary tenses of the *indic.* in final clauses with ἵνα (or ὡς, ὅπως) 'denote that the end or object is dependent upon some *unfulfilled* condition, and therefore *is not* or *was not attained*': Goodwin § 44. 3.—ἀνενεγκεῖν ὅτῳ = τούτῳ ὅτῳ: cp. *In Eratosth.* § 81, κατηγόρηται δὴ Ἐρατοσθένους καὶ τούτου φίλων, οἷς τὰς ἀπολογίας ἀνοίσει, *i.e.* 'on whose shoulders he will lay the blame of his acts': but in § 64, τὰς ἀπολογίας εἰς ἐκεῖνον ἀναφερομένας.

§ **13. παρεσκευασάμην**] 'Now, supposing that I had arranged matters in these quarters also' [as well as with my οἰκέται], *i.e.* had bribed the former tenants of the farm to be silent: so *In Agor.* § 12 (p. 79), δικαστήριον παρασκευάσαντες: *ib.* § 22 (p. 82) ἐκ παρασκευῆς.—πεῖσαι = to bribe, as § 21.

ἀλλήλων, κ.τ.λ.] 'know not only such of each other's concerns as are plain for all to see': ἀλλ. with ταῦτα, a constr. like σοῦ τοῦτο θαυμάζω: cp. Lys. or. xxxiv. § 2 (above, p. 52).—**καὶ περὶ ἐκ. πυνθάν.**, 'inform themselves about these also'.

διάφοροι περὶ τῶν ἐμῶν] 'at feud with me about my own': τῶν ἐμῶν emphatic, things which are really *mine*, but which they claim as *theirs:* alluding to boundary disputes or the like.

§ **19. καὶ μὴ μόνον οὕτω**] 'instead of making audacious charges in this off-hand way (οὕτω) on his bare word (μόνον)': cp. Plat. *Gorg.* 494 E, ὃς ἂν φῇ ἀνέδην οὕτω (in this reckless fashion) τοὺς χαίροντας, ὅπως ἂν χαίρωσιν, εὐδαίμονας εἶναι.

τὰ πρέμνα] 'that my servants cut the olive-stump out by

the roots, and the waggoner carted the wood and drove off with it'. πρέμνα=τὸ στέλεχος, the roots or stump of the μορία: in § 11 we have even σηκὸν ἐκκεκόφθαι,—σηκός, properly the *fence round* the stump of a sacred olive, coming to mean the fence *with* the stump.

§ 20. καίτοι...τότε] 'Now it was your further (καί) duty at the time (τότε, when the alleged act was happening) to call the passers-by as witnesses, and to make the fact known'.

ἐν τούτῳ τ. τρ.] Cp. *In Agor.* § 12 (p. 79), ἐν τῇ προφάσει ταύτῃ.

οὕτως ἐξελέγξας] 'after thus proving your case, you could not longer have been suspected of calumny':—οὐκ ἂν ἐδόκεις, you would not have *continued* to seem: implying ὥσπερ ἐδόκεις. The words might mean, 'you would not now seem', implying ὥσπερ δοκεῖς: but the context (ἂν ὑπέλιπες, ἂν ἔλαβες) shows that the imperf. refers to the past.

§ 22. *φήσας μ' ἰδεῖν] 'if, when you alleged that you had seen me destroying the sacred olive, you had invoked the presence of the Archons, or other representatives of the Areiopagus'. φήσας (Xen. *Cyr.* IV. 1. 22) a rare form, Reiske's emend. of φῇς μὴ δεῖν. The conject. φήνας μ' ἰδών='having informed against me [by a φάσις laid before the magistrates] as having been seen by you'.—ἐπήγαγες: referring to the procedure called ἐφήγησις, which consisted in bringing the proper officer to the spot where the criminal was to be arrested: here that officer would be the ἄρχων βασιλεύς, or one of the ἐπιμεληταί (§§ 25, 29) charged by the Areiopagus with the care of the sacred olives.

§ 23. δεινότατα οὖν πάσχω, ὅς...ἂν ἠξίου] 'My case, then, is a very hard one, *seeing that he* would have claimed', etc. The antecedent to ὅς, if expressed, would have been ὑπὸ τούτου, 'at his hands', after πάσχω. As the antecedent is not expressed, the relative ὅς is virtually equivalent to ἐπειδὴ οὗτος. For this causal use of the relative, cp. my note on Soph. *O. C.* 263.—The conjecture ὅσῳ (to replace ὅς) is neither needful nor tenable. When ὅσῳ='inasmuch', it always stands with a double comparative or a double superlative (*e.g.* μάλιστα πλουτοῦσιν, ὅσῳ καὶ πλεῖστα πονοῦσιν).

ἐμοὶ καὶ ταύτην] 'he thinks that this, too, [the fact of his having no witnesses] must be turned to my prejudice' [by the insinuation that I have bribed them to be silent]. ταύτην (sc. τὴν ζ.), virtually=τοῦτο, as Andoc. *De Pace* § 37, ταύτην λαβόντες ἀφορμήν.

καὶ τούτου, κ.τ.λ.] 'Nor do I wonder at *him:* of course, when he is bringing a vexatious charge, he will take care that, if he has no witnesses, at least he shall have such assertions at command': τοιούτων λόγων, allegations of bribery on the part of the accused.—τούτου: either τοῦτο or a clause with εἰ or ὅτι would usually follow θαυμάζω: but here the sentence οὐ γάρ κ.τ.λ. takes its place. Cp. p. 240, *note* on Lys. or. xxxiv. § 2.

§ **24. πυρκαϊάς**] μορίαι which had been burnt down, as often happened in the raids during the Peloponnesian War. On the vitality of the olive cp. Her. vIII. 55: Soph. *O. C.* 698 (φύτευμ' ἀχείρωτον αὐτοποιόν, 'a growth unconquered, self-renewing'): Verg. *Geo.* II. 30, 181.

ἐπεργάσασθαι] 'cultivate its former site': ἐπεργ. of sacrilegiously cultivating *sacred* soil, Aeschin. *In Ctes.* § 113, (the Amphissaeans) ἐπειργάσαντο τὸ πεδίον (of Crisa). So ἐπεργασία τῆς γῆς τῆς ἱερᾶς, Thuc. I. 139.

§ **25. ὥσπερ καὶ τὴν ἄλλην οὐσίαν**] 'as much as any part of my own property'. The μορίαι were *not* part of his οὐσία, but belonged to the State, so that τὴν ἄλλ. οὐσ. strictly = 'all my property *besides*': Plat. *Phaed.* 110 E, καὶ λίθοις καὶ γῇ καὶ τοῖς ἄλλοις ζῴοις τε καὶ φυτοῖς.

ἡγούμ. περὶ ἀμφ.] 'deeming that I have interests at stake in both of them'—both in the μορίαι and in my own property: *i.e.* he regards himself as bound by public duty and by religion to protect the μορίαι. Cp. or. xxxiv. § 9 (p. 55), ὁ κίνδυνος οὗτος, the interests staked on the maintenance of the Constitution.

ἐπιμελουμένους] Cp. § 28, ὃς οὔτε γεωργῶν ἐγγὺς τυγχάνει οὔτ' ἐπιμελητὴς ('Inspector') ᾑρημένος.—The γνώμονες were higher officials, 'Commissioners', who made a general survey once a year.

ἐργαζ., κ.τ.λ.] 'cultivating the soil around the sacred olives' (to the endangering of the σηκοί): not so much as ἐπεργάσ. in § 24, which means to cultivate the spot on which a σηκός (now destroyed) had stood.

VIII. **ΚΑΤΑ ΘΕΟΜΝΗΣΤΟΥ.** [Or. x.]—Theomnestus, a young Athenian, had been indicted by one Lysitheus for throwing away his shield in battle, but had been acquitted. The present speaker had been among the witnesses of Lysitheus, and in the course of the trial had been called a parricide by Theomnestus. A certain Dionysius, also a witness of Lysitheus, was next prosecuted by Theomnestus for perjury, and was sentenced to disfranchisement (§ 22). The present speaker then brought his action against Theomnestus.

The Athenian law against Defamation (κακηγορία) punished with a fine of 500 drachmas (about £20) the utterance of certain reproaches classed as ἀπόρρητα (§ 2). To call a citizen a murderer, a striker of father or mother, or to charge him with having thrown away his shield in battle, was among these. The present case had already been submitted to arbitrators (§ 6); it now came before an ordinary court, under the presidency of the Thesmothetae.

From § 4 the date is certain. The speaker had been thirteen years old in the time of the Tyrants (404—3 B.C.), and was now thirty-three: the speech belongs therefore to 384—3 B.C.—*Attic Orators*, I. 293.

§§ 6—20.

§ 6. διαιτητήν] The Attic διαιτηταί were of two kinds,—public (κληρωτοί), and private, chosen (αἱρετοί) by the parties themselves. Here, private arbitration is meant.

ἀπορρήτων] 'forbidden' words, which rendered those who used them liable to a δίκη κακηγορίας.

ἀπεκτονέναι] The term used by Theomnestus, acc. to the speaker, § 3, τὸν πατέρα μ᾽ ἔφασκεν ἀπεκτονέναι τὸν ἐμαυτοῦ.

§ 7. τῷ νομοθέτῃ] We often find similar intimations that the intention or principle of a law is to be considered where the *letter* is not explicit: *e.g.* Arist. *Mag. Mor.* II. *ad init.* ὁ νομοθέτης ἐξαδυνατεῖ καθ᾽ ἕκαστα ἀκριβῶς διορίζειν: cp. *Rhet.* I. 1.

§ 8. οὐ γὰρ δήπου, κ.τ.λ.] 'If anyone were to call you a "striker" of father or mother [the ἀπόρρητα, or actionable words] you would claim damages from him: surely, then, if anyone were to say that you had "smitten her who bore you" or "him who begat you", you would not consider him deserving of impunity or innocent of libel'. For the form of the sentence, οὐ δήπου, εἰ μέν...εἰ δέ, cp. *In Eratosth.* § 86 (above, p. 74), οὐκ οὖν δεινόν, εἰ τοὺς μὲν στρατηγοὺς κ.τ.λ.: Isocr. *Panegyr.* § 181 (below, p. 183), καὶ γὰρ αἰσχρὸν ἰδίᾳ μὲν κ.τ.λ.: Plat. *Gorg.* 512 A, λογίζεται ὅτι οὐκ, εἰ μέν...εἰ δὲ κ.τ.λ.—ὡς οὐδὲν εἰρ. 'on the ground that he has not'; but ὡς μηδέν, 'as if he had not'.

§ 9. περὶ τοῦτο γὰρ καὶ ποιεῖν καὶ λέγειν] 'For you are an expert in this subject (τοῦτο, = τὸ κακολογεῖν), and have studied both the theory and the practice'. ποιεῖν, how 'to invent' taunts; λέγειν, how to utter them.

ῥῖψαι τὴν ἀσπ.] ῥίπτειν, *abicere*, was stronger than ἀποβάλλειν, which, like *iacturam facere*, was capable of meaning simply 'to lose': hence ῥίψασπις is the term of reproach, one who *flings* away his shield.

εἴρητο] Dobree, εἴρηται, which would be easier: but ἀποβεβληκέναι was the word actually used in the law, as appears from the epitome of this speech (κατὰ Θεομν. B § 5). Retaining εἴρητο, take it as depending on εἰ: 'If some one were to say... and it had been prescribed by the law...': the *actual* provision of the law being stated *hypothetically*, as one of the data of the imagined case.

ἐξήρκει ἄν σοι...μέλειν] 'You would be content to be set down as one who had thrown away his shield, saying merely that you did not care'. Dobree would omit ἐρριφέναι τὴν ἀσπίδα: wrongly, I think. The perf. is thoroughly Greek: 'you would be content to *have* thrown away', *i.e.* you would acquiesce in the position of one who was said to have done so. He is supposed to say, οὔ μοι μέλει. Cp. Her. VI. 129, οὐ φροντὶς Ἱπποκλείδῃ.

§ 10. τῶν ἕνδεκα] 'Or again, if you had been made one of the Eleven [the Commissioners of Police], you would not be satisfied if a person were arrested for "robbing a man of his cloak" or "stripping him of his tunic"; you would acquit him on the same principle, because the epithet "clothes-stealer" was not applied to him'.—ἀποδ., ἐκδεδ., true perfects pass.: lit. 'if one were to arrest another saying that (he himself) had been robbed': ἀποδύειν, of the ἱμάτιον: ἐκδύειν, of the *under*-garment, the χιτών.

οὐδ' εἰ...τίθενται] 'Nor, if any one were convicted of "having sold a boy into slavery", would you call him a kidnapper,—on your principle [εἴπερ, with fut. ind. μαχῇ] of cavilling about words, instead of attending to the *facts* which all men have in view when they establish the terms'.—ἐξαγ.: cp. Her. V. 6, πωλεῦσι τὰ τέκνα ἐπ' ἐξαγωγῇ (for exportation as slaves).

§ 11. ἔτι τοίνυν, κ.τ.λ.} 'Well, here is another illustration, judges. The defendant appears to be so averse to trouble or exertion that he has never even gone up to the Areiopagus. As you are all aware, when cases of homicide are tried in that place, the term employed in the preliminary oaths of the parties is not this [τούτου, *i.e.* the accuser does not say that the accused is ἀνδροφόνος]; it is the phrase in which I have been reviled [*i.e.* κτείνειν]; for the prosecutor deposes that the prisoner "hath slain", and the prisoner replies, "I have not slain".

§ 12. οὐκοῦν ἄτοπον...διωμόσατο] 'Now it would be absurd that the prisoner, after having been adjudged guilty of "slaying", should defend himself on the plea that he was "a homicide", the prosecutor's statement having charged him with "slaying".' As to the text of this passage, which has been corrupted in the mss., see the critical note.

τί γὰρ ταῦτα...διαφέρει] 'How, I ask (γάρ), do such cases differ from that which the defendant is prepared to maintain [ἐρεῖ]?' *i.e.* the defendant uses ἀποκτείνειν, implying ἀνδροφόνος: the Areiopagus, *vice versa*.

πεντακ. δραχμ.] about £20.

§ 13. *λαμβάνεις] 'If you accept the laws in the sense in which I now take them';—οὕτω, *i.e.* with a view to the spirit rather than to the letter. The mss. have λαμβάνειν,—an impossibly harsh anacolouthon when εἰ precedes and ἀξιοῖς follows. It was probably a mere error of transcription.

οὐκ ἀξιοῖς] for οὐ instead of μή after εἰ in such a sentence, cp. *In Eratosth.* § 36 (p. 74) οὐκ ἄρα χρή.

§ 14. εἶτ' οὐκ αἰσχ., κ.τ.λ.] 'Now do you not blush for being such a simpleton as to suppose that you are to be enriched, not by the rewards of patriotism, but by the profits of impunity?' *i.e.* do you not see that every one will soon recognise you as a συκοφάντης?

§ 15. ὥστε οὐ δύνασθαι] Not ὥστε μή: a parallel, if the text is sound (as it seems), to the anomaly in Soph. *El.* 780, ὥστ' οὔτε νυκτὸς ὕπνον οὔτ' ἐξ ἡμέρας | ἐμὲ στεγάζειν ἡδύν. The 'rules' of Greek grammar were in the making in those days, and the thought sometimes overbore the normal usage: here, for instance, the writer was thinking most of the negative *fact*.

ἄν πως, κ.τ.λ.] 'if, even at this late hour, when he stands at your bar, he can be educated, and prevented from troubling us in the future'. (εἰ μὴ πρότερον,) ἀλλὰ νῦν, 'better late than never': cp. note on Soph. *O. C.* 1276.—There was one βῆμα (tribune) for the accuser, another for the accused: Aeschin. *In Ctes.* § 207, τὸ τοῦ κατηγόρου β.,...τὸ τοῦ φεύγοντος.

Σόλωνος] The laws written βουστροφηδόν on the wooden rollers (ἄξονες) and triangular tablets (κύρβεις) preserved in the Prytaneion were known as the 'laws of Solon'. Acc. to Plut. *Sol.* 17, τοὺς Δράκοντος νόμους πλὴν τῶν φονικῶν ἀνεῖλεν ('he cancelled') ἅπαντας, but, as Grote says (III. 180), 'there is room for supposing that the repeal cannot have been so sweeping'. Solon was popularly credited with political reforms that came after him (*ib.* 169), and so also, doubtless, with laws that had been before him.

§ 16. ποδοκάκκῃ] This sentence (with τὸν πόδα πένθ' ἡμέρας καὶ νύκτας ἴσας) occurs also in the νόμος (interpolated?).

ap. [Dem.] or. LVIII. *In Theocr.* § 105. Hesych. ποδοκάκῃ· ὁ ἐν τῷ ξύλῳ δεσμός, ἐν ᾧ οἱ κακοῦργοι δεσμεύονται, οἷον ποδοκατοχή: citing Plato comicus (circ. 420—390 B.C.).

προστιμήσῃ] 'If the Heliaea award an additional penalty' (in an aggravated case). The Periclean subdivision of the ἡλιαία into δικαστήρια was subsequent to this law.

96 §17. **ἐπιορκήσαντα—δρασκάζειν**] 'He shall give security, calling Apollo to witness his oath' [ἐπιορκ. would ordinarily mean 'having sworn falsely' by the god].—'If in fear of the proceedings, he should attempt flight':—a detached phrase, which in the original may have depended on ἐὰν συμβῇ or the like.

ἀπίλλει τῇ θύρᾳ] 'Whoever shuts the door of the house [lit. excludes by the door] when the thief is within'...(to prevent the master entering, or to secure the burglar?).—ἀπίλλω, from root Fελ, whence εἴλω, εἰλέω, ἅλ-υ-σι-s, a chain— ἁλ-ί-σκ-ομαι, etc. Curt. Gr. E. § 656. Hesych. quotes ἀπέλλαι 'enclosures' = σηκοί, ἐκκλησίαι: whence the Lacon. ἀπελλά-ζειν = ἐκκλησιάζειν, to hold assemblies.—On the question between the spellings ἀπίλλω and ἀπείλλω, cp. my note on Soph. *Ant.* 340 (appendix, p. 250).

καὶ μηδὲν...διαφέρου] 'and make no cavil on that account',—said derisively to Theomnestus: *i.e.* 'you cannot pretend that *here* the strange *word* makes the *sense* of the law doubtful'.

§18. **τὸ ἀργύριον στάσιμον**] 'The money shall stand at whatever rate the lender chooses'. The word στάσιμον here does not refer to weighing, but to the exaction of interest as high as he pleases: *i.e.* στάσιμόν ἐστι = δύναται ἵστασθαι or σταθῆναι, the loan can *stand*, can *remain put out:* cp. Andoc. *De Red.* § 11, ὅσου ἐμοὶ κατέστησαν, n., p. 221. For στάσιμος in the sense of 'weighable' (ζυγῷ ἱστάναι), cp. Pollux IV. 173, who cites στάσιμα as used for στάθμια, 'weights', by Cephisodorus (*Fragm. Com.* 342): Polyb. VIII. 21. § 1, ἕλκοντα τὸ τῆς πράξεως στάσιμον, 'turning the scale of the crisis'.

§19. **οἰκῆος καὶ *δούλης, κ.τ.λ.**] 'He shall be required to make good the injury done to the male or female slave'. Cp. the νόμος cited in Lys. or. I. § 32, ἐάν τις ἄνθρωπον ἐλεύθερον ἢ παῖδα αἰσχύνῃ βίᾳ, διπλῆν τὴν βλάβην ὀφείλειν.

97 **τὸ δὲ οἰκῆος θεράποντος**] οἰκεύς in *Il.* and *Od.* sometimes = a (free) member of a household; sometimes, as here and in Soph. *O. T.* 756, a slave, οἰκέτης. In Homer θεράπων usu. = a *free* attendant—*e.g.* an esquire, etc.: later, it is simply a more honourable name for the slave as the personal attendant of his master. In Thuc. IV. 16 θεράπων is the servant of the Spartan

hoplite: in vii. 13 the θεράποντες perh. include the free θῆτες who had been pressed for naval service, as well as the δοῦλοι. θεράποντες was esp. the Chian word for οἰκέται, Eustath. ad Dionys. 533.

§ 20. σιδηροῦς] *i.e.* impenetrably stupid—incapable of receiving knowledge, even when it is hammered into him: cp. Aeschin. *In Ctes.* § 166, πῶς ποτ', ὦ σιδήρεοι, ἐκαρτερεῖτε ἀκροώμενοι, *i.e.* men of iron endurance: Ar. *Acharn.* 491, ἀναίσχυντος σιδηροῦς τ' ἀνήρ, shameless and brazen.

τοῦ βήματος] Cp. *note* on § 15.

IX. ΚΑΤΑ ΠΑΓΚΛΕΩΝΟΣ. [Or. xxiii.]—The speaker had formerly indicted Pancleon, a fuller living at Athens (§ 2), for some offence not specified, and, believing him to be a resident-alien, had summoned him before the Polemarch, who heard cases in which foreigners were concerned. Pancleon thereupon put in a 'plea to the jurisdiction', on the ground that he was a Plataean by birth, and, as such, entitled at Athens to the rights of an Athenian citizen: and that, therefore, the action ought not to have been brought before the Polemarch. This plea (παραγραφή) gave rise to a previous trial to decide whether the action, in its original form, could be brought into court (§ 5). In such a case the first speech was usually made by the maintainer of the special plea: here it is evidently made by the opponent. The date is uncertain.—*Attic Orators*, i. 302.

§ 1. ὀρθῶς τὴν δίκην ἔλαχον] 'brought the action in proper form'. The speaker's object is to show that Pancleon is not an Athenian citizen but a foreigner, and that therefore the Polemarch was the magistrate who had jurisdiction in the δίκη. What the *matter* of the original δίκη was, does not appear. Here we are concerned solely with the question concerning its *form*. The issue is that raised by the παραγραφή, or *special plea*, put in by Pancleon, who relied on *exceptio fori*, denying that the Polemarch had jurisdiction. Every answer made in writing by a defendant to a plaintiff was ἀντιγραφή. The παραγραφή was a species of ἀντιγραφή—that answer, namely, which consisted in an objection to the form of the procedure. Hence in § 5 we read, ἀντεγράψατο μὴ εἰσαγώγιμον εἶναι τὴν δίκην: which is only another way of saying that his ἀντιγραφή took the particular form of a παραγραφή.

§ 2. γναφεῖον] The Athenian fuller had a thriving trade, as the woollen ἱμάτιον was sent to him to be renovated; this process consisted in scouring,—*i.e.* rubbing in 'Cimolian clay', a sort of white earth,—and carding (κνάπτω), to raise the nap. In Ar. *Eccles.* 415 and Athen. XIII. p. 582 we have people complaining of the γναφεύς who delays to send back their ἱμάτια by the promised day. Cp. Theophr. *Char.* XXII, where it is noted as a trait of the ἀνελεύθερος (the man who shows 'excessive indifference to honour where expense is concerned'), that 'he will stay in the house when he has sent his cloak to be scoured' (ἔνδον μένειν ὅταν ἐκδῷ θοἰμάτιον ἐκπλῦναι).

προσεκαλεσάμην] 'summoned him before the Polemarch, supposing him to be a resident alien', Harpocration p. 246 s.v. Πολέμαρχος (quoting Arist.'s Ἀθηναίων πολιτεία) αὐτός τε εἰσάγει δίκας τάς τε ἀποστασίου καὶ ἀπροστασίου (for having deserted a προστάτης, or for having none) καὶ κλήρων καὶ ἐπικλήρων τοῖς μετοίκοις, καὶ τἄλλα ὅσα τοῖς πολίταις ὁ ἄρχων, ταῦτα τοῖς μετοίκοις ὁ πολέμαρχος. Herm. *Ant.* I. § 188. 10.

ὁπόθεν δημοτεύοιτο] 'to what deme he belonged'. Cp. [Dem.] or. LVII. *Adv. Eubul.* § 49, δημοτευόμενος (= δημότης ὤν) μετ' ἐμοῦ.

παραινέσαντος, κ.τ.λ.] 'one of those who were with me' [one of the κλητῆρες, or officers who assisted at the summons] 'having recommended that I should *also* summon him' [as he had evaded the citation before the Polemarch] 'before the tribe of which he pretended to be a member' (the adviser said, σκήπτεται; this becomes σκήπτοιτο after ἠρόμην). Before he could be brought under the jurisdiction of a *tribe*, it was necessary to ascertain his *deme*.

§ 8. πρὸς τοὺς τῇ Ἱππ. δικάζ.] 'The judges for the Hippothontid tribe', to which the deme of Deceleia belonged. Judges, appointed annually for each tribe, made the circuit of the demes included in it, deciding causes where not more than ten drachmas were at stake. Pollux VIII. 100, περιόντες κατὰ δήμους τὰ μέχρι δραχμῶν δέκα ἐδίκαζον, τὰ δὲ ὑπὲρ ταῦτα διαιτηταῖς παρεδίδοσαν: cp. Arist. *Polit.* IV. 13. § 2.

τὸ κουρ. τὸ παρὰ τοὺς Ἑρμ.] 'the barber's shop by the Hermae'. The northern limit of the Athenian Agora was formed by rows of Hermae (busts of the god, on plain quadrangular posts), which extended from the Ποικίλη στοά, or Portico of Frescoes, on the eastern side of the Agora, to the Βασίλειος στοά, or Portico of the Archon Basileus, on its western side. Among these Hermae, a few were of marble, bearing metrical inscriptions, and erected there by special permission in memory of the capture of Eion on the Strymon from the Persians—though neither Cimon, nor any individual victor, was allowed to be recorded by name. (Curtius, *Hist.*

Gr. II. 564: cp. his explanatory text to the 'Sieben Karten' of Athens, p. 52.)

τὰς μὲν φεύγοι, κ.τ.λ.] 'on learning that he was actually defending some actions before the Polemarch, and had already been cast in others, I brought mine also': they said, φεύγει, ὤφληκε: cp. Goodwin § 18. 1.

§ **4.** ἐπίλαβε] 'stop the water-clock': since the time occupied by the μάρτυρες was not deducted from the time allowed for the speech.

§ **5.** ἐκ τούτων] 'on these grounds' (the statements about Pancleon just mentioned): not 'by these persons', which in Attic prose would be ὑπὸ τούτων.

ἀντεγράψατο] 'entered a plea against the jurisdiction of the court': see *note* on § 1.

πρεσβύτατον] 'the oldest inhabitant of Plataea that I knew'.

§ **6.** εἰς τὸν χλ. τυρόν] 'They said that I should be most likely to obtain precise information (πυθέσθαι ἄν, oblique of πύθοιο ἄν), if I went to the cheese-market on the first day of the month',—fair-day at Athens: Ar. *Vesp.* 171, *Eq.* 43. Cp. Theophr. *Char.* IV (XIV in my edit., and *note* there, p. 228).— τὸν χλ. τυρόν, the place where fresh cheese is sold, like οἱ ἰχθῦς, the fish-market, Ar. *Vesp.* 789, τὰ λάχανα, the green-market, *Lysistr.* 557, αἱ μυρρίναι, the myrtle-wreath-market, *Thesm.* 448.

§ **7.** ἀφεστῶτα] 'who had forsaken him',—the word expressing, not merely the flight of the slave (ἀποδράντα), but the fact that he has set up for himself.—τέχνην, the fuller's trade.

§ **8.** τὸν δὲ ἔφη δεσπότης τούτου εἶναι] = τὸν φάντα δεσπότην τ. εἶναι: the relative clause being substituted for the partic. in order to give greater precision and emphasis to the statement of the fact, ἔφη.

§ **9.** ἀγόμενον] 'being carried off', *sc.* εἰς δουλείαν by his δεσπότης.

τότε μὲν οὖν] 'At that time, then [τότε, in contrast with what happened next day], some of Pancleon's supporters said that he had a brother who would vindicate his liberty. On this understanding they gave bail that they would produce him in the market-place, and departed'. παρέξειν: cp. *In Agor.* § 23, *note* on προήσεσθαι, p. 265. For εἰς ἀγοράν, perh. εἰς αὔριον.

§ **10.** τῇ δ' ὑστερ.] 'Next day, with a view both to this

special plea and to the original action' [brought before the Polemarch § 3], 'I thought it right to take witnesses with me to the place, that I might know who it was that proposed to assert Pancleon's freedom, and on what ground he would do so. Now, as to the understanding on which he was bailed, [viz. ὅτι εἴη ἀδελφός, κ.τ.λ., § 9] no brother came, nor any other man', etc.

§ 11. **εἰς τοῦτο δέ,** κ.τ.λ.] 'But the defendant's supporters and the defendant himself carried matters with such a high hand that, though Nicomedes on his part, and the woman on hers, were willing to let Pancleon go if any one would assert his freedom, or else would claim him as a slave, Pancleon's friends did neither one thing nor the other, but carried him off'.

ἐπὶ τούτοις] the understanding that his brother was to vindicate his freedom, § 9.

§ 12. **μὴ ὅτι Πλ.**] 'that even in his own eyes Pancleon is not a Plataean,—or rather, not even a free man': μὴ (λέξωμεν) ὅτι οὐ νομίζει ἐ. Πλ. εἶναι, = οὐχ ὅπως Πλαταιεὺς εἶναι νομίζει, ἀλλ' οὐδ' ἐλεύθερος.

ἐνόχους...τοῖς βιαίοις] 'liable to the penalties of forcible seizure' (δίκη βιαίων). The δικασταὶ κατὰ δήμους (note on § 2) had jurisdiction in cases of αἰκία and τὰ τῶν βιαίων, Dem. *Adv. Pantaen.* § 33: Herm. *Ant.* I. § 146. 10.

τοῦ σώματος] = τῆς ἐπιτιμίας, 'his status': which would be changed by a conviction from that of a citizen to that of a slave.

§ 13. **ἐν τῇ ἀντωμοσίᾳ**] 'When Pancleon contended (in his affidavit on the occasion of the suit brought against him by Aristodicus here) that the Polemarch had no jurisdiction over him, it was proved by testimony that Pancleon was not a Plataean: and, though he indicted the witness for perjury [ἐπισκηψάμενος, sc. ψευδομαρτυριῶν], he failed to follow up the indictment, but allowed A. to obtain a verdict against him. And when his term of grace had expired, he paid the fine, on such conditions as he could obtain' (from Aristodicus).— καθότι ἔπειθε: *i.e.* he obtained an abatement, or arranged to pay by instalments; cp. Thuc. I. 117, κατὰ χρόνους ταξάμενοι ἀποδοῦναι.

§ 15. **πρὶν τοίνυν**] 'Now before he had effected this compromise, in his fear of Aristodicus he removed from Athens and resided as an alien at Thebes'. ταῦτα, the arrangement abating the sum, or allowing him to pay it gradually. After ᾤκει below, ἐκεῖ is rightly supplied by Markland.

ISOCRATES.

ISOCRATES: 436—338 B.C. Period of extant work, 403—338 B.C. *Life* in *Attic Orators*, II. 1—84.

Style. The work of Isocrates was to establish a standard type of literary rhetorical prose. His discourses were meant to be read rather than to be spoken. This is one essential characteristic which distinguishes them from the compositions of the other Attic orators. Isocrates is properly an 'orator' only in his forensic speeches, the earliest, and in his own view the least significant, of his writings. In his later life he altogether repudiated Forensic Rhetoric; on the other hand, 'want of voice and nerve', as he tells us, deterred him from taking part in the debates of the Ecclesia. The real work of his life was twofold. First, he was an educator, the head of a school which became renowned—teaching young men the art which he calls ἡ τῶν λόγων παιδεία, the discipline of discourse—meaning by this, the art of speaking and writing on large political subjects, considered as a preparation for advising or acting in political affairs. (Cp. *Attic Orators*, II. ch. XIII. on his φιλοσοφία, or theory of culture.) Secondly, he was a political essayist. In this quality—his writings being widely read throughout Greece—he had perhaps a greater influence on popular opinion than belonged to any literary man of his time. The style of literary prose which he developed had found general acceptance before 350 B.C.; through Greek teachers who gave it a more florid colour, it did much to mould the style of Cicero, who speaks of himself as using 'all the fragrant essences of Isocrates, and all the little stores of his disciples' (*ad Att.* II. 1); and through Cicero, or directly, it has exerted an influence on modern literature. It has been truly remarked that, for the modern world, the oratory of the preacher is the best image of that grave eloquence in which Isocrates excelled. Isocrates is one of three Greek writers—Plato and Demosthenes being the others—to whom Bossuet declares himself most indebted in the matter of style.

Isocrates has not the distinctively Attic spirit, the subtle grace or finished simplicity of Lysias. His *diction*, indeed, resembles that of Lysias in purity, and also—though it has a general bent towards grandeur—in avoiding ornament of a poetical kind. But his *composition* is of an altogether different stamp. Instead of aiming at the vigorous compression fittest for real contests, it has a certain rich diffuseness. Dionysius speaks of the ὑπαγωγικὴ περίοδος, the 'meandering' periods of Isocr.—having in his mind such an image as that of a river which leads us on from bend to bend through the soft beauties of its winding course. Isocrates was the first great artist in a Greek prose which, without being bound by the constraints of *metre* (ἔμμετρος), has yet a free *rhythm* of its own (εὐρύθμως καὶ μουσικῶς εἰπεῖν, *Adv. Soph.* § 16, p. 115). The peculiar *smoothness* of Isocr. results esp. from his careful observance of his own rule, δεῖ τὰ φωνήεντα μὴ συμπίπτειν, *i.e.* a vowel at the end of a word must not be followed by a vowel at the beginning of the next. Plutarch speaks of Isocr. as ὁ φοβούμενος φωνῆεν φωνήεντι συγκροῦσαι (*De Glor. Athen.* c. 8). Demosthenes did not press this rule so far (*Attic Orators*, II. 67). The figures (σχήματα) specially used by Isocr. are those which depend on parallelism: viz. (1) ἀντίθεσις—a parallelism in sense: (2) παρίσωσις, a parallelism in form between two clauses or sentences: (3) παρομοίωσις, a parallelism of sound, when the latter of two clauses gives an echo of the former, either at its opening or at its close, or throughout. The same antithetical bent appears in Isocr.'s treatment of subject-matter, where his habit is to work out a leading idea by developing all the contrasts which it suggests. Thus the subject of the *Panegyricus* is a Greek war with Persia. Greece is dealt with in the first part, Persia in the second: in part I., again, Athens is contrasted with Sparta: the services of Athens to Greece are divided into the civil and the military,—the latter being classed as in wars between Greeks or in wars between Greek and barbarian: part II. shows that Persia is open to attack, while Greece has every motive for attacking.

Isocrates marks the moment at which the purest Attic prose begins to pass over into an artificial literary prose of greater richness, but with less of spiritual grace and delicate precision. In this respect his literary style corresponds to his intellectual position. He belongs to the latter days of free Hellenic life, and while he has the political exclusiveness of a true Hellene, is already able to conceive that men not Hellenic in blood should come to share in Hellenic culture—a conception which, in the generation after his own, began to be realised by the civilisation of Hellenism. This has been well brought out by Curtius (*Hist. Greece* v. 116, 204). 'Athens', says Isocr., 'has so distanced the rest of the world in power of thought and speech that her disciples have become the teachers of all other men. She has brought it to pass that the name of Greek should be thought no longer a matter of race but a matter of intelligence; and should be given to the participators in our culture rather than to the sharers of our common origin': *Panegyr.* § 50.—See *Attic Orators*, II. 16; 54—79: 425 f.

On the **Works** of Isocr. in general, *ib.* II. 80—260. The following Extracts represent the several departments of his writings:—

A. *Scholastic:* I. Nicocles, §§ 14—24: II. Encomium on Helen, §§ 54—58: III. Evagoras, §§ 47—50: IV. Against the Sophists: V. On the Antidosis, §§ 270—302.

B. *Political:* VI. Panegyricus, §§ 160—186: VII. Philippos, §§ 81—104: VIII. Plataicus, §§ 56—63: IX. On the Peace, §§ 121—131: X. Archidamus, §§ 52—57: XI. Areopagiticus, §§ 36—55.

C. *Forensic:* XII. Aeginetious, §§ 18—27.

D. *Letters:* XIII. Letter v., to Alexander: XIV. Letter III., to Philip.—See Table in *Attic Orators*, II. 83.

I. ΝΙΚΟΚΛΗΣ Η ΚΥΠΡΙΟΙ. [Or. III.]—Nicocles succeeded his father Evagoras as king of the Cyprian Salamis in 374 B.C. The discourse of Isocrates entitled Πρὸς Νικοκλέα (or. II.) was addressed to the young king soon after his accession. It is a series of precepts on the duty of a ruler to his subjects. The Νικοκλῆς ἢ Κύπριοι is a companion piece to the former. Here it is Nicocles who is supposed to speak, and who instructs his Salaminian subjects in their duties towards their king. Since the prince can appeal to his people's past experience of his rule (§ 63), the date can hardly be earlier than 372 B.C.: on the other hand it cannot be later than 355 B.C., and may probably be placed between 372 and 365 B.C.

In the following passage the king urges the advantages of a Monarchy as compared with an Oligarchy or a Republic. Here Isocrates is essentially the professional rhetor—it being distinctive of Rhetoric that, like its counterpart Dialectic, it is equally ready to argue either side of a question (τἀναντία συλλογίζεται, Ar, *Rhet,* I. 1). Isocrates has given the other side in his 'Αρεοπαγιτικός (p. 151) as well as in the *Panathenaicus*, where he interprets his own political ideal,—a Democracy tempered by a censorship.—*Attic Orators*, II, 87, 90 f.

The advantages claimed for Monarchy, it will be seen, are briefly these: (1) it discriminates merit, §§ 14, 15; (2) it has more insight into the natures and actions of men: (3) it is the mildest of governments, § 16; (4) its ministers learn and perform their duties more thoroughly, §§ 17, 18; (5) it is prompt in action, § 19: (6) it has fewer jealousies, § 20: (7) it has a more direct interest in good government, § 21: (8) it is more effective in war, § 22.—As a plea for monarchy by the citizen of a Greek Republic, compare the brief speech invented by Herod. for Dareius in the debate of the Persian conspirators, III. 82.

§§ 14—24.

103 § 15. τὰς ἰσότητας] 'Now Oligarchies and Democracies aim at conditions of equality for all who participate in the franchise, and the principle which they approve is that no one should be permitted to have the advantage of his neighbour'. τὰς ἰσότητας, plur., because the two forms of 'civic equality' are different: οἱ μετέχοντες τῆς πολιτείας are in the one case the *many*, in the other the *few*. Cp. Thuc. III. 62, ὀλιγαρχία ἰσόνομος, i.e. *constitutional* oligarchy, opp. to a δυναστεία.

104 τό γε βούλημα] 'the intention',—that to which its *theory* points,—that which it *purposes* to achieve. Plat. *Laws* 769 D, ἆρ' οὐ τοιοῦτον δοκεῖ σοι τὸ τοῦ νομοθέτου βούλημ' εἶναι; Arist. *Pol.* VI [IV] 2. § 1 (speaking of ἀριστοκρατία and βασιλεία), βούλεται γὰρ ἑκατέρα κατ' ἀρετὴν συνεστάναι κεχορηγημένην: and *De Anim. Gen.* IV. ad fin., βούλεται μὲν οὖν ἡ φύσις (*tends*)—οὐκ ἀκριβοῖ δέ, 'but does not attain a perfect result'.

§ 16. τὰς τυραννίδας] 'Again, all would allow that despotic governments have superior insight into men's natures and actions'. Here, as in § 22, the μοναρχία is tacitly identified with the τυραννίς. The τύραννος is a ruler whose power is above and against the laws; it is characteristic of him that he rules in his own interest (τὸ ἑαυτοῦ συμφέρον σκοπεῖ, Arist. *Eth. Nic.* VIII. 12). Depending much on the choice of instruments (Arist. *Polit.* VIII [V] 11. § 12), he has, indeed, practice in the study of character: only, as Arist. says, the τυραννίς is apt to be πονηρόφιλον, to favour bad men. The *founder* of a despotism was usually a man of exceptional energy and sagacity: the fallacy here consists in crediting the τυραννίς with the merits of some τύραννοι.

φέρεσθαι μ. τοῦ πλήθους] 'to be carried with the stream of the crowd'.—ἀλλὰ μήν, 'then, again'.

§ 17. ὅτι μὲν οὖν...ῥᾴδιόν ἐστι] 'That Monarchy is the more agreeable, the milder and the juster form of government, might be proved in ampler detail; however, the general view just given may perhaps suffice': lit. 'not but that (οὐ μὴν ἀλλά) it is easy to see this comprehensively (συνιδεῖν) by means of the foregoing considerations': διὰ τούτων, i.e. in §§ 15, 16. Cp. Xen. *Cyr.* I. 4. § 8, ὁ ἵππος πίπτει εἰς γόνατα, καὶ μικροῦ κἀκεῖνον ἐξετραχήλισεν (threw him over his head), οὐ μὴν ἀλλ' ἐπέμεινεν, '*nevertheless* he kept his seat': where, after οὐ μήν, supply ἐξετραχήλισεν, as here, ἀποδείξαι δεῖ.—συνιδεῖν: cp. Arist. *Rhet.* I. 2. § 12, διὰ πολλῶν συνορᾶν, 'to take in a long chain of reasoning at one view', joined with πόρρωθεν λογίζεσθαι, 'to reason from far back', i.e. to connect a series of syllogisms.

περὶ δὲ τῶν λοιπῶν] See introd. *ad fin.* Eight points of advantage are claimed for Monarchy. Three—graduation of merit,—insight,—clemency,—have now been noticed. Five (τὰ λοιπά) remain. 'As to the other points, the superiority of Monarchies [to Oligarchies or Democracies] with respect to deliberation or action in needful matters may best be judged by us, if we endeavour to institute a systematic comparison in the most important provinces of activity'. Lit., 'if, comparing the most important actions [as performed by Monarchy and by its rival forms of government respectively], we attempt to examine these' (αὐτάς,=τὰς μεγίστας πράξεις).

ἰδιῶται γίγν.] 'return into private life' (their year of office having expired).

§ 18. οἱ δ' ἀεί...γίγνεσθαι] 'while the ministers of a Monarchy, having permanent charge of their duties, even if their natural abilities are inferior, have at least (οὖν) a decided preeminence in the lessons of experience. Further, the one class [οἱ μέν the ministers of an Oligarchy or a Democracy] betray many interests by neglect, because they rely upon each other [*i.e.* what is every one's business is no one's]; but the ministers of a Monarchy neglect nothing, since they know that everything must pass through their hands'.—The plur. αἱ μοναρχίαι, § 17, leaves room for doubt whether οἱ δ' ἀεὶ τοῖς αὐτοῖς ἐπιστατοῦντες, κ.τ.λ., =οἱ μόναρχοι, or the monarch and his ministers: the context favours the latter view: cp. §§ 15, 16.

οἱ μὲν ἐν ταῖς ὀλιγ.—οἱ δ' ἐν ταῖς μοναρχ.] οἱ ἐν ταῖς ὀλιγ. καὶ ταῖς δημοκρ. mean the citizens of oligarchical or democratical states; lit., those who are *in* these forms of government, *i.e.* who hold their powers. So οἱ ἐν ταῖς μοναρχίαις ought to mean, those who *hold* monarchical power, viz. οἱ μόναρχοι. But, for the sense of the context, πάντων βέλτιστα πράττουσιν ought to mean that the subjects, as well as the monarch, are eminently prosperous. Now the clause, οὐκ ἔχοντες ὅτῳ φθονήσουσι, is not against this: since Monarchy is here conceived (§ 15) as a system which fixes each man in his proper rank, and thus precludes uneasy rivalry. Therefore I take οἱ ἐν ταῖς μοναρχίαις ὄντες here as meaning 'those who live in monarchical States'.

§ 19. συνέδρια...χρόνων] συνέδρια, 'public conferences', a general term, including (*e.g.*) the Athenian βουλή, ἐκκλησία, δικαστήρια.—χρόνων, limits of tenure: § 17, κατ' ἐνιαυτὸν εἰς τὰς ἀρχὰς εἰσιόντες.—οὐκ ἀπολείπονται τῶν καιρῶν, 'do not allow the right moments to slip', do not 'lag behind' them.

§ 20. δυσμενῶς ἔχουσι] 'The ministers of other governments (οἱ μέν) cherish enmities;...monarchs, (οἱ δέ,) having a life-long tenure of office, maintain their friendships also through life'.

§ 21. οἱ μὲν ὡς ἰδίοις] 'The monarch regards the public interests as his own,—the citizen, as belonging to others':—a remark utterly untrue to the spirit of the Athenian democracy as described by Pericles, ἔνι δὲ τοῖς αὐτοῖς οἰκείων ἅμα καὶ πολιτικῶν ἐπιμέλεια, κ.τ.λ. Thuc. II. 40. The essence of Greek political life, while vigour remained to it, was the identification of the citizen's interests with the city's: αὕτη γὰρ ἡ σώζουσα, καὶ ταύτης ἔπι | πλέοντες ὀρθῶς τοὺς φίλους ποιούμεθα, Soph. *Ant.* 189.

ἐν τοῖς ὄχλοις] 'before mobs'; *i.e.* 'before the Ecclesia or law-courts': cp. Eur. *Hipp.* 989, οἱ γὰρ ἐν σοφοῖς | φαῦλοι, παρ' ὄχλῳ μουσικώτεροι λέγειν.

§ 22. οὐ μόνον δ'...περιειλήφασιν] 'It is not only in matters of routine and in the affairs of every day that monarchies are superior; they hold in their grasp [*perf.*] also all the gains of war'.

106 **ὥστε καὶ λαθεῖν...προσαγαγέσθαι**] 'for purposes of surprise or of display [ὀφθῆναι, so as to strike terror],—in order to persuade or to compel,—to buy advantages in one quarter, or to conciliate by attentions in another'. Cp. Andoc. *De Pace* § 37, p. 47, which Isocr. may have had in mind, τὰ μὲν πείσαντες τοὺς Ἕλληνας, τὰ δὲ λαθόντες, τὰ δὲ πριάμενοι, τὰ δὲ βιασάμενοι.—ταῖς ἄλλαις θεραπείαις, attentions, flatteries, *other than money* (implied in ἐκπριάμενοι): for the idiom, see Lysias or. VII. § 25, τὴν ἄλλην οὐσίαν, note, p. 272.—Observe τυραννίς tacitly identified with μοναρχία, as in § 16.

§ 23. Περσῶν...Διονύσιον] In illustrating the advantages of μοναρχία, Isocr. takes the word in its widest sense, and draws his examples from the most diverse forms of government, viz. (1) the Persian monarchy,—a hereditary and constitutional despotism,—μοναρχία τυραννική, but κατὰ νόμον καὶ πατρική, Arist. *Pol.* III. 14: (2) the τυραννίς, an unconstitutional despotism, which is only a perverted form, παρέκβασις, of monarchy, and not properly a πολιτεία at all: (3) the constitutions of Sparta and of Carthage, in both of which the general tendency was *oligarchical*, and the 'royal' office meant principally the chief command in war: Arist. *Pol.* II. 9. § 11.

τηλικαύτην γεγ.] The real lessons taught by the Persian Wars were that free men fight better than slaves, and that good strategy is incompatible with the caprices of a feeble despot.

πολιορκ.] When Dionysius became tyrant of Syracuse in 406 B.C. the Carthaginians were rapidly conquering the Sicilian cities. His first operations against them failed: and the words in the text refer, not to an actual siege of Syracuse (τὴν αὐτοῦ πατρίδα), but to its imminent danger after the fall of Gela and Camarina. The peace which he made with Himilcon in 405 B.C. was a compromise which gave him leisure to confirm his own power. His tyranny was disastrous to all the higher interests of Hellenic civilisation. Cp. Lysias or. XXXIII. § 5 (above, p. 51).

§ 24. τοὺς ἄριστα τῶν 'Ε. πολιτ.] An awkward clause, referring as it does to Λακεδ. only: for grammatical clearness, it should stand between καὶ and Λακεδ.

ὀλιγαρχ.—βασιλ.] Arist. (Pol. II. 11) compares the Carthaginian Council of One Hundred and Four with the Spartan Ephors, and the Carthaginian Elders (γέροντες) and Kings (βασιλεῖς) with those of Sparta.—The Carthaginian 'Kings' or Suffetes seem to have been chosen annually from a few principal families: Corn. Nepos speaks of Hannibal being made *rex* when appointed to his foreign command (c. 7), and Diod. (XIV. 54) of Himilcon, and Herod. of Hamilcar (VII. 166); Grote. x. 548.—Of the Spartan kingship, Arist. says, δοκεῖ μὲν εἶναι βασιλεία μάλιστα τῶν κατὰ νόμον, οὐκ ἔστι δὲ κυρία πάντων, ἀλλ' ὅταν ἐξέλθῃ τὴν χώραν, ἡγεμών ἐστι τῶν πρὸς τὸν πόλεμον...αὕτη μὲν οὖν ἡ βασ. οἷον στρατηγία τις αὐτοκράτωρ καὶ ἀίδιός ἐστιν, Pol. III. 14.

πολλούς...ἑνός] πολλούς—e.g. in the case of the Sicilian expedition, and of the defeat at Aegospotami: ἑνός—e.g. Cimon, Phormio. The argument might be illustrated by the story of the dissension among the Athenian commanders before the battle of Marathon, when the four who agreed with Miltiades resigned to him their days of command (Her. VI. 109 f.).

II. ΕΛΕΝΗΣ ΕΓΚΩΜΙΟΝ. [Or. x.]—The *Encomium on Helen* (like another of his works, the *Busiris*, or. XI.) is a slight essay by Isocr. in a province not his own. Declamations on subjects taken from epos or from the myths had always a prominent place among the 'displays' of ordinary Sophists. Such, for instance, are the *Encomium on Helen* and the *Defence of Palamedes* ascribed to Gorgias; the speech of Odysseus *Against Palamedes* ascribed to Alcidamas; the speeches of Ajax and Odysseus in the contest for the arms, ascribed to Antisthenes. The bent of Isocrates, as he himself tells us, was not towards this kind of composition. He was not, indeed, hostile to it, any more than he was hostile to criticism of the poets and other branches of literary work which employed the Sophists. The encomia which he depreciates in or. x. § 12 are encomia on bumble-bees and salt; on the other hand he expressly commends the choice of such a subject as Helen (§ 14); and if he speaks of Busiris as a poor theme (or. xi. § 22), he clearly means only that it is one which baffles the panegyrist. Yet it is important to note that he comes upon this field of 'display' not as a candidate for distinction, but merely as a critic. The *Busiris* and the *Encomium on Helen* are alike criticisms, in which he first reviews the work of others, and then shows, for the sake of vindicating his right to criticise, how he would have done the work himself.

Two indications help to fix the time at which Isocrates wrote. 1. From § 3 it may be inferred that Gorgias was dead; and Gorgias died about 380 B.C. 2. In § 1 there is an allusion to the three chief Socratic sects—the Cynics, the Academy, the Megarics. These sects must have already been mature. The language implies further that Antisthenes, founder of the Cynics—who died in 376 B.C.—is still alive. The *Encomium* may probably be put about 370 B.C.—*Attic Orators*, II. 93, 102.

A translation of the following passage will be found in the *Attic Orators*, II. p. 78.

§§ 54—58.

§ 54. κἀκεῖνοι ταῦτ' ἔγνωσαν] The καί before ἐκεῖνοι is not 'also', but 'both', to which κἀγώ answers.—ἐκεῖνοι, Helen's lovers—Theseus, Menelaus, Paris and the heroes who fell in the War of Troy—Achilles, Sarpedon, etc.: §§ 39—53. ταῦτ' ἔγνωσαν, 'made this choice', sc. τεθνάναι μαχομένους περὶ τῆς Διὸς θυγατρός, § 53.

ἢ τούτων ἕκαστον] i.e. than ἀνδρία, σοφία, δικαιοσύνη.—We might expect ἑκάστου (sc. μετέχοντα), but ἕκαστον is more forcible.

ταύτης τῆς ἰδέας] So below, § 58, περὶ τὴν ἰδέαν τὴν τοιαύτην: 'this attribute' or 'quality' (viz. τὸ κάλλος, beauty): a meaning derived from that of 'species' or 'kind': cp. Lat. *genus*, e.g. Cic. *De Or.* II. 4. 17, qui *in aliquo genere* aut inconcinnus aut multus est, 'in any respect'. Isocr. has also some peculiar uses of ἰδέαι in reference to literary composition, viz. (1) as = τρόποι λόγων, the *branches* or *styles: Antid.* § 11: (2) = σχήματα, *figures* of rhetoric, *Panath.* § 2: (3) in a larger sense, all 'artificial resources' which can be formulated, *Antid.* § 183: see *Attic Orators*, II. 89 and note.

§ 56. οὐκ ἀπαγορ. θεραπ.] 'are never tired of paying homage'.

§ 57. ἀποκαλοῦμεν] here, as usually 'call contemptuously': cp. below, p. 111 § 4, ἀργυρίδιον...τὸν πλοῦτον ἀποκαλοῦντες: but not always so: *e.g.* Arist. *Eth.* II. 9, τοὺς χαλεπαίνοντας ἀνδρώδεις ἀποκαλοῦμεν: cp. Shilleto on Dem. *F. L.* § 274.

§ 58. περὶ τῆς αὑτῶν ἡλικίας] Cp. below, p. 123 § 290, τὸν ὀρθῶς καὶ πρεπόντως προεστῶτα τῆς ἡλικίας καὶ καλὴν ἀρχὴν τοῦ βίου ποιούμενον.

ὅσοι δ'] 'but we honour for all time, and as benefactors to the State, those who have guarded the glory of their own youth in the chasteness of an inviolable shrine'.—ἄβατον, bolder than ἄθικτον: cp. Plat. *Phaedr.* 245 A, ἀπὸ Μουσῶν κατοκωχή τε καὶ μανία λαβοῦσα ἀπαλὴν καὶ ἄβατον ψυχήν, ἐγείρουσα καὶ ἐκβακχεύουσα...παιδεύει. Soph. *frag.* 86 (*Aleuadae*), Nauck p. 118, δεινὸς γὰρ ἕρπειν πλοῦτος ἔς τε τἄβατα | καὶ πρὸς βέβηλα (vulg. τὰ βατά), wealth can win its way into sacred places no less than into those that all may tread.

III. ΕΥΑΓΟΡΑΣ. [Or. IX.]—On the occasion of a festival held by Nicocles, king of the Cyprian Salamis (cp. introd. to or. III., p. 283), in memory of his father Evagoras (who died in 374 B.C.), Isocrates sent this encomium as his tribute. The date is probably about 365 B.C.

Evagoras appears to have been a man of unusually strong character, and of great abilities both military and political. Cyprus was divided between Phoenician settlements, such as Citium and Paphos, and later Greek settlements, such as Salamis and Soli. But the bulk of the population was, till long after the time of Evagoras, Phoenician; and continual contact with the non-hellenic East must always have tended to depress the Greek element in Cyprus. Evagoras was the champion of Hellenism against barbarism at this out-post; first, as restorer of that Greek civilisation which the Phoenician and Tyrian masters of Salamis had effaced; afterwards, as antagonist of Persia in a War of Independence. Perhaps the most striking passage in the memoir is the following, which describes how commerce, arts, letters, humane intercourse with the outer world, having become extinct under the rule of the barbarian, speedily sprang into a new life under the rule of the Hellene.—*Attic Orators*, II. 113.

§§ 47—50.

§ 47. παραλαβὼν τὴν πόλιν ἐκβ.] 'When the city (Salamis) came into his hands, it had been reduced to barbarism; owing to the domination of the Phoenicians, it had no intercourse with Greeks, no knowledge of the useful arts, no commerce, no harbour: but he supplied all these deficiencies', etc.

109 **διὰ τὴν τῶν Φοινίκων ἀρχ.**] The earliest Greek immigrants into Cyprus seem to have found Phoenicians already established. The Greek settlements traced their origin to Athens, Salamis, Arcadia, Cythnus (one of the Cyclades): Her. VII. 90. Long after the time at which Isocrates is writing the Phoenician element in Cyprus greatly preponderated over the Hellenic: thus Scylax in his Περίπλους, p. 97 (written in the time of Philip of Macedon, 359—336 B.C.), calls the inhabitants of the interior collectively 'barbarians'. Of the Greek cities on the coast, the chief in the time of Scylax seem to have been Salamis, Soli and Marium. (See Rawlinson on Her. v. 104.)

In 500 B.C. the Cyprian Salamis was ruled by a dynasty of Greek princes tributary to Persia (Her. v. 104, 114). Acc. to Isocr., this Greek dynasty—which claimed descent from Teucrus—was dispossessed by a Phoenician adventurer (ἐκ Φοινίκης ἀνὴρ φυγάς, § 19), whose descendants (ἔκγονοι, § 21) held the throne until it was again taken from them by Evagoras, the heir of the old Greek kings.

Grote would place the Phoenician usurpation about 450 B.C. (x. 21), with good reason: though Isocr. at least seems to have conceived it as occurring much earlier. The restoration of the Greek 'Teucrid' dynasty by Evagoras cannot have been later than 411 B.C., in which year Andocides visited Cyprus, and found Evagoras reigning at Salamis, [Lys.] *In Andoc.* § 28. And Evagoras must have been 'not merely established, but powerful' (Grote x. 25) when he ventured to harbour Conon after Aegospotami (405 B.C.). At the time of his death in 374 B.C. Evagoras was an old man (§ 71).

οὔτ' ἐμπορίῳ χρωμ.] *i.e.* Salamis did not afford an ἐμπόριον, a centre or seat of commerce, to foreign traders. At Athens the ἐμπόριον was the 'Exchange'. It is unnecessary to read ἐμπορίᾳ.

τείχη προσπεριεβάλετο κ.τ.λ.] 'protected his city with new fortifications', in addition to its old τείχη.—ἐναυπηγήσατο, 'caused to be built'. Her. and Thuc. always use the midd.

ταῖς ἄλλαις κατασκευαῖς] 'and, further, so embellished the city with public buildings that it is surpassed by no other in Hellas'. For ταῖς ἄλλαις cp. *Nicocles* § 22, ταῖς ἄλλαις θεραπείαις, note. The term κατασκευαί might perhaps include τείχη, but not τριήρεις. Cp. Thuc. I. 10, οὔτε ξυνοικισθείσης τῆς πόλεως (Sparta) οὔτε ἱεροῖς καὶ κατασκευαῖς πολυτελέσι χρησαμένης, 'costly public buildings'. A Greek would think of temples, στοαί, theatre, πρυτανεῖον, gymnasium, baths.

§ 48. τηλ. ἐπιδόσεις...λαμβάνειν] 'take such rapid steps in progress', = τοσοῦτον ἐπιδιδόναι,—opp. to ἀναδιδόναι or ὑποδιδόναι, to fall back, fail. At Athens ἐπιδόσεις had the special meaning of 'benevolences' contributed by the citizens in the emergencies of the State. Hence the story in Athenaeus IV. 168 of Phocion's dissolute son: 'Once, when subscriptions to the Treasury (ἐπιδόσεις) were being made, he came forward in the Ecclesia, and said, "I, too, advance" (ἐπιδίδωμι)—"in profligacy", roared the House with one accord'.

τοιούτοις ἤθεσιν] 'with such qualities', a dat. of circumstance (=ἔχων τοιαῦτα ἤθη).—ὀλίγῳ πρότερον: in §§ 22 f., where it is said that Evag. was distinguished in youth by σωφροσύνη as well as ῥώμη and κάλλος,—in manhood, by ἀνδρία, σοφία, δικαιοσύνη.

πολὺ λίαν ἀπολ.]=λίαν πολύ, so ὡμῶς ἄγαν, Xen. Vect. v. 6.

§ 49. ἐφίκοιτο] 'do justice to': Dem. F. L. § 65, οὐδ' ἂν εἷς δύναιτ' ἐφικέσθαι τῷ λόγῳ τῶν ἐκεῖ κακῶν νῦν ὄντων. So oratione consequi aliquid, Cic. Post Red. ad Quir. 2. § 5.

τὸν τόπον τὸν περιέχ.] 'The coast adjacent to Cyprus'— meaning esp. the seaboard of Cilicia and Caria. Phoenician trading posts had existed there from early times, but on the Cilician coast the Greeks had few settlements before the time of Alexander.

ἀπροσοίστως, κ.τ.λ.] 'their temper was so unsociable and savage that they deemed those rulers the best who were most cruelly disposed towards the Greeks':—a description which doubtless includes the Phoenician colonists as well as the natives of the Asiatic mainland. In the pseudo-Lysian speech 'Against Andocides' it is stated that when he visited Cyprus he was imprisoned by the [Phoenician] king of Citium, καὶ οὐ μόνον θάνατον ἐφοβεῖτο ἀλλὰ καὶ τὰ καθ' ἡμέραν αἰκίσματα, οἰόμενος τὰ ἀκρωτήρια ζῶντος ἀποτμηθήσεσθαι, § 26.

§ 50. ἁμιλλ. οἵτινες...δόξουσι] 'vie with each other, which of them shall seem'. The relative with fut. ind. here expresses a purpose, οἵτινες δόξουσι being equiv. to an object-clause, ὅπως ἕκαστοι δόξουσι. So πρεσβείαν πέμπειν, ἥτις ἐρεῖ, Dem. Ol. I. § 2: Goodwin § 65.

κτήμασι—ἐπιτηδ.] By κτήματα are meant esp. works of art, the beautiful objects which surrounded a Greek in his home-life: cp. Thuc. II. 38, ἰδίαις κατασκευαῖς εὐπρεπέσιν, ὧν καθ' ἡμέραν ἡ τέρψις τὸ λυπηρὸν ἐκπλήσσει.—ἐπιτηδεύμασι, 'pursuits' (business or recreation) in the most general sense: cp. Thuc. *ib.*, τὰ καθ' ἡμέραν ἐπιτηδεύματα.

110   πλείους δέ, κ.τ.λ.] 'a greater number of men versed in literature and art (μουσική), and men of intellectual accomplishment generally (ἡ ἄλλη παίδευσις), reside in these regions than in the communities [παρ' οἷς, *apud eos*] which they formerly frequented'.

τῶν περὶ τὴν μουσικήν] Here, μουσική is best taken in its larger sense. But cp. *Epist.* VIII. of Isocr. (τοῖς Μυτιληναίων ἄρχουσιν), which commends to the government of Mytilene the eminent musician Agēnor, by whom the grandsons of Isocr. had been taught *music*—παιδευθέντες τὰ περὶ τὴν μουσικήν, *Ep.* VIII. § 1. In § 4 *ib.* he calls Mytilene μουσικωτάτην, *i.e.* famous for poetry, letters and art—where again the larger sense is uppermost. (See *Attic Orators*, II. 247.)

προσομολογήσαιεν] 'concede'. πρός in this verb and its subst. προσομολογία does not usu. mean 'besides', 'in addition', but merely 'to', *i.e.* 'in discussion with another': as προσονομάζω in Her. II. 52 is not 'to give an additional name', but 'to accost by a name'.

IV. ΚΑΤΑ ΤΩΝ ΣΟΦΙΣΤΩΝ. [Or. XIII.]—'Against the Sophists'.—As Isocr. himself tells us (*Antid.* § 193), this discourse was written at the beginning of his professional life; and it may probably be assigned to the year 391 or 390 B.C. The speech would thus have the character of a manifesto in which, at the outset of his career, the teacher protests against the system adopted by other members of his profession, and declares the principles by which he himself intends to be guided. In its extant form the discourse is plainly imperfect. It breaks off at the point where Isocr. is passing—as he passes in the introductions to the *Busiris* and the *Encomium on Helen*—from destructive criticism to positive illustration.

Isocr. accepts for himself the name of σοφιστής, as of honourable import when rightly understood (*Antid.* § 220), but distinguishes himself from the ἀγελαῖοι σοφισταί, the common herd of the profession (*Panathen.* § 18). Under the title of σοφισταί, three classes of teachers are censured in this piece, viz. :—

(1) The Eristics,—οἱ περὶ τὰς ἔριδας διατρίβοντες, § 1 : whose characteristic is that they profess, for a small fee, to impart absolute knowledge (ἐπιστήμη). Isocr. probably includes, if he does not specially designate, the minor Socratics, and particularly Eucleides.

(2) The professors of 'Political Discourse'—οἱ τοὺς πολιτικοὺς λόγους ὑπισχνούμενοι—meaning the teachers of Practical Rhetoric, Deliberative and Forensic. Now the general aim of these teachers was that of Isocr. himself, viz. to train men for the active duties of civic life. The point of this censure is that they claim too large and infallible an efficacy for their method: παιδεία, instruction, can do much, but it must be aided by φύσις, natural aptitude, and by ἐμπειρία, experience.

(3) The writers of Treatises on Rhetoric, οἱ τὰς τέχνας γράψαντες. These are censured for devoting themselves to the Rhetoric *of the law-courts*, neglecting the higher or political province of their art, and so becoming 'teachers of meddlesomeness and greed'.

Here, Isocr. is stating what his φιλοσοφία, or theory of culture, is *not*. In the discourse on the *Antidosis* (written 35 years later, in 353 B.C.—see p. 117) he states what it is.—*Attic Orators*, II. 127—134.

§ 1. ἀλαζονεύεσθαι] 'As it is, the reckless bragging of impostors has created an impression that the votaries of indolence are better advised than those who give their days to serious study'. ῥᾳθυμεῖν—careless enjoyment, opp. to strenuous preparation (through πολιτικοὶ λόγοι) for public life. φιλοσοφία, in the special sense of Isocr., is the art of speaking or writing on large political subjects, considered as a preparation for advising or acting in political affairs. See *Attic Orators*, II. 36, ch. XIII, on his 'Theory of Culture'. The term φιλοσοφία was often used at this period, as later, in the general sense of φιλοκαλία τις καὶ διατριβὴ περὶ λόγους (Aristeid. II. 407).

τῶν περὶ τὰς ἔριδας διατριβ.] including some of the minor Socratics, *e.g.* Antisthenes and the Cynics, Eucleides and the Megarics—to whom he alludes again in a later work, the *Encomium on Helen*, § 1. There, we find a clear allusion to Plato also, as teaching that Valour, Wisdom and Justice form the subject-matter of one science. Here there is prob. no reference to Plato, who at this time (390 B.C.) was perh. not yet conspicuous: in the *Panathenaicus* (339 B.C.), however, the ἐριστικοὶ διάλογοι named as popular with young men (§ 118) must certainly include the dialogues of Plato.

§ 2. βουλευομένους ὑπὲρ αὐτῶν] 'deliberating about the future': ὑπὲρ αὐτῶν = περὶ τῶν μελλόντων: a common use of ὑπέρ in early Greek, but somewhat rare in good Attic: cp. Plat. *Apol.* 39 E, ἡδέως ἂν διαλεχθείην ὑπὲρ τοῦ γεγονότος τουτουὶ πράγματος.

οὐ τὴν ἐκείνων, κ.τ.λ.] 'not that he knew their [the gods'], mind, but because he wished to show us that, for men, knowledge of the future is a thing impossible':—*a fortiori*, if not even gods are certain about it.

§ **3.** ἐπιστήμης] Cp. § 8, where 'those who profess to have *knowledge*' (ἐπιστήμην) are said to be 'less consistent and less successful than those who act upon *opinions*', οἱ ταῖς δόξαις χρώμενοι. The mention of ἐπιστήμη here again points to the Socratics. The view of Isocr. was that the teacher of φιλοσοφία has to prepare men to deal with occasions (καιροί) as they arise. It is impossible to foresee exactly all these occasions; there can be no science (ἐπιστήμη) of them. There can be only opinion (δόξα), conjecture (στοχασμός), about them: and he is the wisest man who—exact foresight being out of the question—can best *conjecture* what any given crisis will demand of him (*Attic Orators*, II. 40). Cp. Isocr. *Antid.* § 184, ἵνα... ἐγγυτέρω τῶν καιρῶν ταῖς δόξαις γένωνται. τῷ μὲν γὰρ εἰδέναι περιλαβεῖν αὐτοὺς οὐχ οἷόν τ' ἐστίν.

§ **4.** οὐκ ἂν ἠμφισβ. ὡς [οὐκ] εὖ φρ. τυγχ.] 'Were they selling any other of their possessions for a small fraction of its value, they would not dispute [=they would admit] their own folly'. This is plainly the sense: but, in order to obtain it, we must omit οὐκ before εὖ. For οὐκ ἀμφισβητεῖ ὡς οὐκ εὖ φρονεῖ means, 'he does not *maintain* that he is senseless': see Plat. *Polit.* 476 D, ἐὰν ἀμφισβητῇ ὡς οὐκ ἀληθῆ λέγομεν, if he maintains that we do not speak truly: *Parm.* 135 A, ἀμφισβητεῖν ὡς οὐκ ἔστι ταῦτα, κ.τ.λ. Dobree (*Advers.* I. 275) saw that the second οὐκ must be omitted here, noticing Isocr. or. XVIII. *Adv. Callim.* § 35 as a case in which, on the contrary, οὐ should be inserted: ὡς μὲν χρή...οὐδ' αὐτὸν οἶμαι ἀντερεῖν. But *there*, I think, the order of the clauses confirms the text: 'As to the propriety...I do not think that even he would deny it'. Had ἀντερεῖν preceded ὡς χρή, then οὐ must have been inserted.

ἀργυρίδιον, κ.τ.λ.] 'The scientific aim of the teachers described, coupled with their moderate earnings, and contempt, genuine or affected, of "filthy lucre" (ἀργυρίδιον, κ.τ.λ.) are features which meet in the minor Socratics, and in them only': W. H. Thompson, *Phaedrus*, p. 177, n. 9.—For ἀποκαλοῦντες, cp. *Helen. Encom.*, § 57, note.

§ **5.** παρὰ τούτοις...μεσεγγυοῦνται] 'they cause the fees paid by their pupils to be deposited with these men'. Isocr. says that the σοφιστής, who professes to teach his pupils virtue, believes so little in the virtue which his pupils will have acquired at the end of the course that he requires them to deposit their fees beforehand in the hands of a surety, who acts as a middleman (μεσεγγυητής) between teacher and disciples.—The form μεσεγγυοῦσθαι is illustrated by μεσεγγυώματος in *Panath.* § 18, where Sauppe conj. μεσεγγυήματος.

§ 6. οὐδὲν κωλύει] κωλύει impersonal: οὐδέν adverbial: cp. Ar. *Av.* 463, ὃν διαμάττειν οὐ κωλύει.

ἐνεργαζομένους] 'those who engender virtue and temperance' (in their disciples). The same topic of ridicule is used by Plato: *Gorg.* 519 c, οἱ σοφισταί, τἆλλα σοφοὶ ὄντες, τοῦτο ἄτοπον ἐργάζονται πρᾶγμα· φάσκοντες γὰρ ἀρετῆς διδάσκαλοι εἶναι πολλάκις κατηγοροῦσι τῶν μαθητῶν ὡς ἀδικοῦσι σφᾶς, τούς τε μισθοὺς ἀποστεροῦντες, κ.τ.λ. Cp. *ib.* 460 E.

§ 7. τὰς ἐναντιώσεις] 'contradictions'. Plat. *Pol.* 454 A, κατ' αὐτὸ τὸ ὄνομα διώκειν τοῦ λεχθέντος τὴν ἐναντίωσιν, *i.e.* to press a verbal discrepancy. Cp. Isocr. *Evag.* § 44, ὁμοίως τὰς ἐν τοῖς ἔργοις ὁμολογίας ὥσπερ τὰς ἐν τοῖς λόγοις διαφυλάττων, observing consistency alike in word and deed.

§ 8. ταῖς δόξαις] See § 3, ἐπιστήμης, note.

§ 9. ἀλλὰ καὶ τοῖς τοὺς πολ. λόγ. ὑπισχ.] Isocr. now turns from the 'Eristics' to the second class of σοφισταί whom he censures. πολιτικοὶ λόγοι meant properly Deliberative or Forensic Rhetoric: see *Attic Orators*, I. 90. Isocr. would limit the name to what he regards as the properly 'political' themes: forensic speeches are in his view merely sham πολιτικοί. Cp. below, § 20, and introd.

ἀναισθήτως—παραλιπεῖν] 'So stupid are they, and so dull do they conceive others to be, that, although they compose worse than some amateurs extemporise, they yet promise to make their pupils such consummate speakers that they shall miss not one of the topics which their subjects afford'. ὥστε μηδὲν παραλιπεῖν: as if they said, οὐδὲν ἂν παραλίποιτε.

§ 10. ταῖς ἐμπειρίαις...τῇ φύσει] 'the lessons of experience'...'the native power of the learner'. In *Antid.* §§ 186—191 Isocr. explains that three things go to make a consummate speaker,—φύσις, παιδεία, ἐμπειρία,—and that the first is by far the most important. The mistake of the teachers censured here is that they represent παιδεία (=ἡ τῶν λόγων ἐπιστήμη) as being of certain and absolute efficacy.

ὅσον ἔνεστιν ἐν ἑκάστῃ] 'the capability' of each art; what it can, or *cannot*, do.

§ 11. τὴν φιλοσοφίαν] *i.e.* the *study* of πολιτικοὶ λόγοι, as opp. to natural power or practical experience in them: cp. § 1, note on ἀλαζονεύεσθαι.

οὐδ' ἂν ἐλάχιστον μέρος] Cp. Lysias In Eratosth. § 22 (above, p. 70), ἐγὼ δ' ἐβουλόμην ἂν αὐτοὺς ἀληθῆ λέγειν· μετῆν γὰρ ἂν καὶ ἐμοὶ τούτου τἀγαθοῦ οὐκ ἐλάχιστον μέρος.

τοὺς φλυαροῦντας] Dobree would omit τούς, or change it to αὐτούς: needlessly, I think.

τὰς βλασφημίας] 'for I perceive that the slanders which arise do not touch the offenders only, but affect all who are engaged in the same pursuit',—Isocr. regarding himself as a σοφιστής, though not ἀγελαῖος, 'of the herd'; see introd. Cp. the *Antidosis*, the apology for his life, of which a great part (§§ 167—269) is devoted to answering ἡ κοινὴ περὶ τῶν σοφιστῶν διαβολή (§ 168).

§ 12. ποιητικοῦ πράγμ.] 'who are not aware that they are measuring a creative process by the analogy of an exact art': *i.e.* to make a really good speech is a ποιητικὸν πρᾶγμα,—it demands some degree of inventive faculty and natural ability; but these sophists pretend that they can teach a man to speak well with as much certainty and precision as they can teach him his letters. τεταγμένη τέχνη, an art with fixed rules, where nothing is left to imagination or invention. For ποιητικοῦ, cp. § 17, ψυχῆς ἀνδρικῆς καὶ δοξαστικῆς. Dobree strangely says, 'malim ποικίλου'.

114 μηδὲν δὲ τῶν αὐτῶν] 'and is capable of finding topics different in all respects from those used by others'.—εὕρεσις, invention, and τάξις, arrangement, were the two provinces of πραγματικὸς τόπος, the treatment of subject-matter (Dionys. *De Comp.* 1): as λέξις (in the narrow sense), diction, and σύνθεσις, composition, were the two provinces of λεκτικὸς τόπος, the treatment of language.

§ 13. τῆς ἀνομοιότητος αὐτῶν] *i.e.* γραμμάτων, grammar, the 'art with fixed rules', and λόγων, political speaking, the 'creative' effort.

§ 14. ἰδιῶται] 'Many of those who have studied this art [of 'political discourse'] have remained private persons, while others, who have never attended the lectures of any professor, have proved themselves powerful orators and statesmen': ἰδιῶται, with an allusion to the case of Isocr. himself, who, as he tells us, was hindered by want of nerve and weakness of voice (τόλμα—φωνή, *Panath.* § 10) from entering public life. See *Attic Orators*, II. 5.

τοῖς περὶ τὰς ἐμπ. γεγ.] 'those who have passed the ordeals of experience'—in the Ecclesia and the law-courts.

§ 15. ζητεῖν...ἐδίδαξεν] *i.e.* their training gives them greater readiness of resource in the search for topics: they know where to look for them. The very phrase τόποι, *loci communes*, meant those *places* (in the mind or memory) where classified arguments or illustrations are stored. 'Those things which they now light upon at random [πλανώμενοι, *temere*], the discipline teaches them to find by a more ready method': ἐξ ἑτοιμοτέρου, the *comparative* only, because, though a systematic training gives the speaker a surer command of his weapons, it cannot enable him to foresee the exact requirements of each occasion.

ἀγωνιστὰς...λόγ. ποιητάς] 'It cannot make them good 115 debaters or masterly orators, but it can improve their natural power, and in many respects sharpen their insight'.—ἀγωνιστής, a combatant in real debate, opposed to a mere student or declaimer. Cleon's speech in Thuc. III. 37, 38 brings out this image of debate as an ἀγών: *Attic Orators*, I. 39.

§ 16. τῶν μὲν ἰδεῶν] 'the forms', or 'elements': strictly, the various *kinds, classes* of argument or ornament which prose composition employs. Cp. *Antid.* § 183, τὰς ἰδέας ἁπάσας αἷς ὁ λόγος τυγχάνει χρώμενος: where, as here, it includes all the resources of literary art which can be reduced to formulas. Isocr. also uses ἰδέαι in narrower senses, as (1) *branches* or *styles* of composition, *Antid.* § 11, or (2) *figures* of rhetoric, *Panath.* § 2. *Attic Orators*, II. 39.

τοῖς ῥᾳδίως ὑπισχν.] 'those who make rash promises'. Cp. § 9.

τὸ δὲ τούτων] 'But to choose from among these resources [τούτων fem., sc. τῶν ἰδεῶν] those which should be applied to each subject,—to combine and arrange them fitly,—further, not to miss the right moments [for using each], but to stud the whole discourse with points happily made, and to clothe it in phrase of gracious movement and melody,—this, I say [δέ], demands much study, this is the task of a mind possessing vigour and imagination, and, for this, the learner must not only have the due natural gifts,—he must further learn to distinguish the branches (εἴδη) of oratory, and must gain practice in their use. The teacher, again, must expound the theory (τὰ μέν) with all possible precision, so as to omit nothing that can be taught; while in the practice (τῶν λοιπῶν) he must set such an example that those who have already been formed in the rough (ἐκτυπωθέντας), and who are capable of imitating him, may from the outset (εὐθύς) exhibit a style of more than ordinary elegance and finish'.—ἐνθυμήμασι, rhetorical syllogisms: see *Attic Orators*, II. 289.—δοξαστικῆς, capable of forming a sagacious δόξα (ἐπιστήμη being out of the question: cp. § 3, note); parodied by Plato, *Gorg.* 463 A, δοκεῖ τοίνυν μοι, ὦ Γοργία, εἶναί τι ἐπιτήδευμα (sc. Rhetoric) τεχνικὸν μὲν οὔ, ψυχῆς δὲ στοχαστικῆς καὶ ἀνδρείας,—'a soul with the courage of its conjectures'.

116 § 19. ἄρτι ἀναφυόμενοι, κ.τ.λ.] The sophists who have 'lately sprung up', and 'recently embraced their pretentious callings', are both the two preceding classes—(1) the Eristics, (2) the professors of πολιτικοὶ λόγοι. These, he says, will at last be converted to his principles (ταύτην τὴν ὑπόθεσιν). He now comes to the third class.

τέχνας] *Artes*, treatises on Rhetoric. The writers primarily meant are doubtless Corax of Syracuse (circ. 466 B.C.), and his pupil Tisias, on whom see *Attic Orators*, I. cxxi f.: perh. also Antiphon. Gorgias, Thrasymachus of Chalcedon, and Pôlos had also written τέχναι, but were probably less liable to the charge brought here—that of dealing exclusively with Forensic Rhetoric.

δικάζεσθαι] 'to conduct law-suits', to frame κατηγορίαι or ἀπολογίαι. This was strictly true of Corax, whose express object was to help Sicilian litigants (*Attic Orators*, I. cxviii), and also perhaps of Tisias. Aristotle makes the very same criticism on the writers of τέχναι generally who had preceded him, *Rhet.* I. 1 § 10, περὶ μὲν ἐκείνης τῆς δημηγορικῆς πραγματείας (the Rhetoric which trains for political debate), οὐδὲν λέγουσι, περὶ δὲ τοῦ δικάζεσθαι πάντες πειρῶνται τεχνολογεῖν.

§ 20. καὶ ταῦτα] referring to ὑπέσχοντο, κ.τ.λ.: 'and this, when the accomplishment, in so far as it can be taught, is available for all other branches of oratory just as much as for the forensic'.—τοῦ πράγματος: cp. § 12, ποιητικοῦ πράγματος, and note. He prefers this vague term, because it suits his doctrine that Rhetoric is not a mere τεταγμένη τέχνη, but largely a matter of natural aptitude.—οὐδὲν μᾶλλον, κ.τ.λ.: *i.e.* Rhetoric is συμβουλευτική and ἐπιδεικτική as well as δικανική.

τῶν περὶ τὰς ἔρ. καλινδ.] 'those who dabble in frivolous disputations': cp. § 1, note on τῶν περὶ τὰς ἔριδας.—καλινδεῖσθαι, like *versari*, but with a contemptuous sense, implying busy idleness ('to potter about'), cp. Isocr. *Philipp.* § 81 (p. 136), τοῖς ἐπὶ τοῦ βήματος καλινδουμένοις, 'the busy triflers of the platform'.

ἐμμείνειαν] 'abide by', *i.e.* put into practice:—'(quibbling arguments, λογίδια), on which a man could not act in real life without instant and utter disaster'.—περὶ αὐτῶν, *sc.* τῶν λογιδίων: 'still they are wont to urge these in the name of virtue and of temperance'.—ἐπηγγ., 'profess': cp. ἐπαγγελμάτων, § 1.

ἐπὶ τοὺς πολιτ. λόγους] πολιτικοὶ λόγοι, in the proper sense, were such as belonged to practical civic life, *i.e.* either *deliberative*, συμβουλευτικοί, or *forensic*, δικανικοί. These teachers, Isocr. says, neglect the real benefits which their study can confer (τὰ προσόντα αὐτοῖς ἀγαθά, that is, in the higher or *deliberative* branch), and undertake to be 'teachers of meddlesomeness and greed' (*i.e.* of the *forensic* branch,—the art of litigation).

§ 21. καίτοι...ὠφελήσειν] 'Those, however, who choose to obey the precepts of this study [φιλοσοφίας—the *true* λόγων παιδεία] will be aided by it to acquire moral worth much more surely than rhetorical skill': πολὺ θᾶττον, because, as he has said (§ 10), the teacher cannot *promise* to make the pupil a good speaker.—Cp. *Antid.* §§ 274 f., p. 118.

ὡς ἔστι δίκαιοσ. διδακτόν] Plat. *Protag.* 328 D (Socrates to Protagoras), τὴν ἀρετὴν φῂς διδακτὸν εἶναι. ' That virtue cannot be taught is a paradox of the same sort as the profession of Socrates that he knew nothing. Plato means to say that virtue is not brought to a man, but must be drawn out of him,—and cannot be taught by rhetorical discourses or citations from the poets' (Jowett, *Plato*, I. 119). Cp. *Antid.* § 279, p. 120.

οὐ μὴν ἀλλά] 'At the same time I think that the study of political oratory is most likely to be helpful [συν—] in stimulating and forming such a disposition': συνασκῆσαι ἄν, *i.e.* will *help a man to practise* these virtues.—οὐ μήν: or. III. § 17, note, p. 284.

V. ΠΕΡΙ ΑΝΤΙΔΟΣΕΩΣ. [Or. xv.]—'On the Antidosis', or 'Exchange of Properties'.

—In the discourse 'Against the Sophists' Isocr. sought to distinguish his own conception of his calling—as a σοφιστής in the higher sense—from those of teachers whose views he deemed false and mischievous. In the present discourse—written 35 years later (353 B.C.)—he explains his own conception more fully, and defends his art (ἡ τῶν λόγων παιδεία) against its assailants generally. Taken together, these two essays express his whole literary and educational creed, both on its negative and on its positive side: they are the prologue and epilogue of his professional life.

Isocrates had lately been called upon to undertake the trierarchy, or to make exchange of properties (*antidosis*) with his challenger. The case had come to a trial; the trierarchy had been imposed upon Isocrates, and he had discharged it (§ 5). Vexed, however, by the general prejudice against his pursuits to which he felt that the verdict had been due, he determined to publish an Apologia—a discourse 'which should be an image of his mind and life' (§ 7). This he throws into the form of a speech made in court against one Lysimachus (§ 14), who, by working on popular prejudice, is seeking to cast the burden of the trierarchy upon him. Much of the discourse is not, he allows, in the forensic style (§ 10); yet, by the concluding allusion to a verdict (§ 323), he aims, in some measure, at sustaining the fiction to the end.

It is known that, in 355 B.C., Isocrates had really been challenged to an exchange of properties by one Megacleides; and, being unable through illness to appear in court, had been represented by his adopted son Aphareus, whose speech on the occasion is quoted by Dionysius. Now this is probably the trial to which Isocrates refers as having been decided against him. It must have taken place at least a year before the date of this discourse, since it is implied that the public service had now been discharged (§ 5). Lysimachus is a fictitious person who stands for the Megacleides of the real trial.— *Attic Orators*, II. 134 f.

The following passage contains the pith of the whole discourse—his account of his φιλοσοφία, and the general grounds on which he rests its claims.

§§ 270—302.

§ 270. περὶ μὲν οὖν τούτων] *i.e.* the practical worth for the State of those studies to which Isocr. has given his life, and the danger to Athens from the συκοφάνται who denounce them: §§ 199—269.—τὸ νῦν εἶναι, 'for the present': so ἑκὼν εἶναι, τὸ τήμερον εἶναι (Plat. *Crat.* 396 E), κατὰ τοῦτο εἶναι, (*Prot.* 317 A), τὸ ἐπ' ἐκείνοις εἶναι (Xen. *H.* III. 5, 9). Goodwin § 100. 2.

σοφίας καὶ φιλοσοφ.] 'Wisdom and philosophy'. The term φιλοσοφία, said to have been invented by Pythagoras, prob. did not come into general use at Athens much before the time of Socrates. Cp. Thompson's note on Plat. *Phaedr.* 278 D. *Attic Orators*, II. 36.

πάσαις ταῖς πραγματείαις] 'for they [these notions, σοφία, φιλοσοφία] have nothing to do with any legal issue'—and would usually, therefore, be out of place in a *forensic* speech, such as this purports to be. Cp. Isocr. *Ad Nicocl.* [or. II] § 18, τὰς μὲν ἐργασίας αὐτοῖς καθίστη κερδαλέας, τὰς δὲ πραγματείας ἐπιζημίους, 'make their industries profitable to them, and their lawsuits costly'.

ἐπειδὴ καὶ κρίνομαι...καὶ...φημί] 'since I am being tried on such issues, and since, too,...' The καί before κρίνομαι = 'both' (not 'actually'), answering to the καί before τὴν καλουμένην.—περὶ τῶν τοιούτων = σοφίας καὶ φιλοσοφίας, because the action concerning the ἀντίδοσις had been brought against him on the strength of a general prejudice against his pursuits. The real issue, for him, is to vindicate his past life.

τὴν δικαίως ἂν νομιζομένην] 'that which might properly be deemed such'—the genuine φιλοσοφία:=ἣ ἂν δικαίως νομίζοιτο.

§ 271. ἐπιστήμην] Cp. *Adv. Sophist.* § 3, note, p. 294. Isocr. does not deny ἐπιστήμη in the Platonic sense, a possible knowledge of absolute truth, but merely an ἐπιστήμη of the contingencies which may arise in practical life. His view means no more than that the future is uncertain. See *Attic Orators*, II. 52.

ἐκ τῶν λοιπῶν] 'in the next resort': lit. 'of the men who remain',—men gifted with ἐπιστήμη being out of the question.

§ 272. οὕτω...σφόδρα...καὶ πολύ] The adverb σφόδρα (the adjective would have been σφοδρά) goes both with παράδοξα and with πολύ...ἀφεστῶτα. For the combination σφόδρα πολύ, cp. or. IX. § 48, πολὺ λίαν (=λίαν πολύ), note, p. 291.

τὴν ἀρχήν] adverbial, 'at the outset': Andoc. *De Pace* § 20, ἐξῆν γὰρ αὐτοῖς καὶ τὴν ἀρχὴν ἐῶσιν Ὀρχομενίους αὐτονόμους εἰρήνην ἄγειν. In negative sentences, ἀρχήν, without art., = 'at all '(*omnino*).

§ 273. ὡς ἄρ' ἐγώ, κ.τ.λ.] 'as to suppose (ἄρα) that, standing in peril as I do [of your verdict], I would have resolved to use arguments which contravene your views, did I not consider that they follow from those which I have already urged, and that the proofs by which I can support them are sound and clear'. He means, 'It will startle you to hear that virtue cannot be taught: but a definition of the intellectual and moral scope which I claim for my φιλοσοφία is a necessary supplement (ἀκόλουθος) to what I have already said on its *practical* worth '.

§ 275. οὐ μὴν ἀλλ', κ.τ.λ.] 'At the same time, I grant that their characters are likely to be improved and ennobled': cp. *Adv. Sophist.* § 15, p. 115, αὐτοὺς δ' ἂν αὐτῶν προαγάγοι καὶ πρὸς πολλὰ φρονιμωτέρως διακεῖσθαι ποιήσειεν.

τῆς...τὴν δύναμιν τ. ἐχούσης] 'that which is truly what the term imports',=τῆς ὀρθῶς ὀνομαζομένης, that πλεονεξία which means πλέον ἔχειν in the highest sense: see below, § 282.

§ 276. π. τὰς ὑποθέσεις, κ.τ.λ.] 'he is certain not to take his themes from the dishonest or frivolous controversies of private litigation, but from great and noble subjects which concern the welfare of mankind and the interests of the

Commonwealth: since, if he does not find such themes, he will utterly fail to achieve his objects',—viz., will fail to deserve ἔπαινος and τιμή.—ἰδίων συμβολ., 'private contracts', *i.e.* all the transactions between men which give rise to δίκαι: cp. Lys. *In Erat.* § 98, μικρῶν ἕνεκα συμβολαίων (for small debts), note, p. 259. So in Arist. *Rhet.* I. 1 § 10 Forensic Rhetoric is ἡ περὶ τὰ συναλλάγματα.

μεγάλας καὶ καλάς] Earlier in this speech Isocr. has given examples of what he means by μεγάλαι ὑποθέσεις,—viz. the comparative claims of Athens and Sparta to the hegemony (§ 59), treated in his own *Panegyricus:* and the measures needed for a reform of Athenian policy (§ 65), treated in his *De Pace.*

§ **277.** τῶν πράξεων] 'Next, he will select the most impressive and the most beneficent of the actions which illustrate his subject'. Thus, in showing that Athens had a better claim than Sparta to lead Greece, Isocr. adduces (in the *Panegyricus*) the great services of Athens to Greece: these are πράξεις συντείνουσαι πρὸς τὴν ὑπόθεσιν, historical facts bearing on this theme.—ὁ δὲ τὰς τοιαύτας, κ.τ.λ.: *i.e.* the habitual contemplation of noble actions, as illustrating a noble subject, will educate the intelligence no less than the literary faculty of the student—will give him τὸ εὖ φρονεῖν as well as τὸ εὖ λέγειν.

§ **278.** τῆς ἀρετῆς] 'virtue'. Cp. *Adv. Sophist.* § 21 (p. 116), πολὺ ἂν θᾶττον πρὸς ἐπιείκειαν ἢ πρὸς ῥητορείαν ὠφελήσειεν (ἡ φιλοσοφία), and note, p. 299. The argument is that the professor of persuasion will cultivate virtue, because virtue is persuasive.

τῶν εὖ διακειμένων] 'men of good disposition' (cp. or. IX. § 49, p. 109, ὠμότατα πρὸς τοὺς Ἕλληνας διακείμενοι), opp. to οἱ διαβεβλημένοι, 'men of tarnished character'. The fallacy peeps out in the tacit substitution of τῶν εὖ διακειμένων for τῶν δοκούντων εὖ διακεῖσθαι: for, even granting that the surest way to *seem* anything is to *be* it, yet for Isocr.'s argument it would suffice that one should seem without being.

120 τὰς ἐκ τοῦ βίου γεγεν.] 'the proofs which have been afforded by a man's life': *i.e.* apart from the logical value of the speaker's reasonings (πίστεις αἱ ὑπὸ τοῦ λόγου πεπορισμέναι), he will be the more persuasive in proportion as his past conduct makes it probable that he is sincere.

§ **279.** τὴν τῆς εὐνοίας δύναμιν] 'the power of good-will'—the εὔνοια felt by the hearers for a man whom they believe to be good. Arist. *Rhet.* II. 1 says that ἠθικὴ πίστις—the persuasiveness arising from the speaker's qualities as conceived by the hearer—has three elements,—the intelligence (φρόνησις), the moral worth (ἀρετή), and the good-will (εὔνοια) towards themselves, which the hearers recognise in him. The εὐνοίας δύναμις of which Isocr. speaks here means, the power of the good-will which the hearers feel for the speaker: thus it answers to the whole ἠθικὴ πίστις of Aristotle, and not merely to the third element therein.

§ 280. τὰ εἰκότα—τὰ τεκμήρια—πᾶν τὸ τῶν πίστεων εἶδος] 'that probabilities (εἰκότα), proofs (τεκμήρια), and the rhetorical instruments of persuasion generally (πᾶν τὸ τῶν πίστεων εἶδος), are valid only for that particular occasion to which they may severally be applied',—whereas a good reputation creates in every case a presumption that its possessor is acting rightly.— εἰκότα. The topic of εἰκός, general probability, had been prominent in the early τέχναι, as those of Corax and Tisias: see *Attic Orators*, I. cxxi. Arist. defines the enthymeme, or rhetorical syllogism, as a συλλογισμὸς ἐξ εἰκότων καὶ σημείων— *i.e.* drawn (1) from (mere) general likelihoods: (2) from particular signs which may, or may not, be conclusive.—τεκμήρια here=merely 'sure signs', as opp. to 'probabilities': not, in Arist.'s technical sense, the demonstrative as dist. from the fallible σημεῖον: cp. Antiph. *De Caed. Her.* § 81, note, p. 215. —πᾶν τὸ τῶν πίστεων εἶδος = αἱ πίστεις γενικῶς. Arist. distinguishes πίστις (1) λογική, (2) ἠθική, (3) παθητική: here Isocr. means (1), and perhaps (3), but treats (2) as something of a different and higher order.

§ 281. ὁ δυσχερέστατον ἦν τῶν ῥηθ.] 'the most invidious, as I felt, of the terms which I used': ἦν, *was*, as I felt and hinted at the time, referring to § 275, where πλεονεξία is named with an apologetic explanation that it is not employed in its common sense. Plat. *Rep.* 522 A, ἦν ἡ μουσικὴ ἀντίστροφος τῆς γυμναστικῆς, εἰ μέμνησαι. Goodwin § 11. 6.

παραλογιζομένους] 'making a false reckoning', *cheating* in bills or accounts (not 'reasoning falsely'): cp. Dem. *Adv. Aphob.* I. § 29, ἆρα μικρόν τι καὶ ἐξ ἀφανοῦς ποθεν καὶ παραλογίσασθαι ῥᾴδιον, ἀλλ' οὐ φανερῶς οὑτωσὶ μικροῦ δεῖ τρία τάλαντα ταῦτα ἀνηρπάκασιν.

μᾶλλον ἐλαττοῦνται] 'are at a greater disadvantage': cp. ἐλασσωθείς, Antiph. *De Caed. Her.* § 19, note, p. 212.

§ 282. καὶ νῦν πλέον ἔχειν] 'are not only more fortunate now [in this mortal life], but will receive the better portion from the gods'.

§ 283. καὶ ταῖς ἀληθείαις]=τοῖς ἔργοις, 'not only are the realities of the case thus'. Philemon *frag.* 40, ταῖς ἀληθείαισιν. The tendency to use the plurals of abstract nouns, common in later Greek, is marked in Isocr. Cp. § 284, ταῖς κακοηθείαις: § 288, ταῖς ἀκμαῖς: § 292, τὰς ἐπιμελείας: § 300, τὰς πικρότητας: see also *Areop*. § 44, p. 154.

οὐδὲ τοῖς ὀνόμασιν] 'some people do not even employ the names of things in their natural sense' (much less distinguish between the things themselves). Thuc. III. 82 (of the moral confusion arising from the passions of party strife), τὴν εἰωθυῖαν ἀξίωσιν τῶν ὀνομάτων ἐς τὰ ἔργα ἀντήλλαξαν τῇ δικαιώσει.

§ **284. βωμολοχ.—εὐφυεῖς**] 'buffoons, who can mock and mimic, are said to have 'wit',—a description which should be reserved for those whose wit is most happily bent towards virtue'. By some such turn as this we may express the paronomasia in εὐφυεῖς—ἄριστα πεφυκότας. Cp. *Adv. Sophist.* § 14, p. 114, where the intellectual sense of εὐφυής is uppermost.

ταῖς κακοηθείαις, κ.τ.λ.] 'who practise malignity and villainy in all their forms' [the plur. as in § 283], 'who make petty gains, but acquire an evil repute' [if nothing else]: cp. *Adv. Sophist.* § 4, p. 111, μικροῦ κέρδους, § 9, p. 112, τῇ μικρότητι τῶν μισθῶν.

§ **285. τερατολογίας**] 'who give the name of philosophers to those who neglect necessary things and affect the marvellous lore of the old sophists': a reference, probably to the Socratics, and especially to the Platonic dialogues. τερατολογία, κ.τ.λ., possibly alludes more particularly to the traces of Pythagoreanism and to the cosmogonic speculations in Plato.

τοὺς νεωτέρους] Cp. *Panath.* § 29, τοὺς διαλόγους τοὺς ἐριστικοὺς καλουμένους, οἷς οἱ μὲν νεώτεροι μᾶλλον χαίρουσι τοῦ δέοντος, τῶν δὲ πρεσβυτέρων οὐδείς ἐστιν ὅστις ἂν ἀνεκτοὺς αὐτοὺς εἶναι φήσειεν, and note on *Adv. Soph.* § 1, p. 293.

§ **287. Ἐννεακρούνου**] Thuc. II. 15, καὶ τῇ κρήνῃ τῇ νῦν μὲν τῶν τυράννων [Peisistratus, Paus. I. 14. 1] οὕτω σκευασάντων Ἐννεακρούνῳ καλουμένῃ, τὸ δὲ πάλαι φανερῶν τῶν πηγῶν οὐσῶν [when the natural springs, πηγαί opp. to κρήνη, sprang directly from the rock] Καλλιρρόη ὠνομασμένη, ἐκεῖνοί τε [the old Athenians] ἐγγὺς οὔσῃ τὰ πλείστου ἄξια ἐχρῶντο, καὶ νῦν ἔτι ἀπὸ τοῦ ἀρχαίου πρό τε γαμικῶν καὶ ἐς ἄλλα τῶν ἱερῶν νομίζεται τῷ ὕδατι χρῆσθαι.

σκιραφείοις] 'gambling-houses'. Stephanus Byz. p. 607, τὸ σκιράφειον...δηλοῖ τὸν τόπον εἰς ὃν οἱ κυβευταὶ συνίασι· καὶ ὁ σκιράφρουρος σημαίνει τὸν ἀκόλαστον κυβευτήν. Pollux VII. 203 quotes σκιράφια and τὸν σκιραφευτὴν from the Κυβευταί of Amphis. The Etym. Magn., p. 717. 28, has σκειράφια, τὰ κυβεῖα: and notices three derivations,—from σκείραφος, an ὄργανον κυβευτικόν (dice-box?)—Σκίραφος, a gambler—and Σκιρὰς Ἀθηνᾶ, in whose temple (at Σκίρον, near Athens) ἐκυβεύοντο.

Harpocrat. Σκιράφια...έλεγον τὰ κυβευτήρια, ἐπειδὴ διέτριβον ἐν Σκίρῳ οἱ κυβεύοντες, ὥς Θεόπομπος (the historian) ἐν τῇ τεντηκοστῇ ὑποσημαίνει. Meineke *Frag. Com.* 484, Müller *Frag. Hist.* I. 322.—Cp. Lys. *Pro Mantith.* § 11, ὅσοι περὶ κύβους ἢ πότους, κ.τ.λ., note, p. 245.

τῆς ἡλικίας ταύτης] 'those who profess to care for persons of this age '—*i.e.* τῶν νέων—alluding, not to official παιδονόμοι, but to those who dissuade young men from following the φιλοσοφία of Isocr.

οἷς ἄξιον ἦν...χάριν ἔχειν] 'who might well have been grateful': ἦν like χρῆν, ἔδει, Goodwin § 49. 3.

§ 288. δυσμενὲς...αὐτῶν] 'The tribe of informers are so distinctly the public enemies ' [*i.e.* so hostile to public morality] 'that, so far from being disposed to censure those who pay a ransom of 20 or 30 minas for the paramours who are to help them in squandering the rest of their substance, they positively rejoice in the dissolute acts of such men '.—λυομένοις: *i.e.* they ransom δοῦλαι from those into whose hands they had come as prisoners of war. Cp. Antiph. *De Caed. Her.* § 20, p. 14, τά τε ἀνδράποδα ἃ ἔδει αὐτὸν ἀπολῦσαι, καὶ οἱ Θρᾷκες οἱ λυσόμενοι.

§ 289. τ. ταῖς ἀκμαῖς] 'that youthful prime': for plur., cp. § 283, ταῖς ἀληθείαις, note.

ἐκ παίδων] 'from boyhood'. Dem. *In Mid.* § 154, κἀγὼ μὲν κατ' ἐκείνους τοὺς χρόνους ἐτριηράρχουν εὐθὺς ἐκ παίδων ἐξελθών. Properly said of one who is ἔφηβος (*aet.* 17—20) but not yet technically ἀνήρ.

§ 290. προεστῶτα] 'who duly and meetly watches over his own youth'. Contrast *Helen. Enc.* § 58, p. 108, κακῶς βουλευσαμένους περὶ τῆς αὐτῶν ἡλικίας. Cp. Eur. *Androm.* 220, χεῖρον' ἀρσένων νόσον | ταύτην νοσοῦμεν, ἀλλὰ προύστημεν καλῶς: 'we have this weakness more than men, but ever *rule* it well': lit. 'administer', *i.e.* control it.

ἢ τῶν αὐτοῦ] neut., 'his property': but ἑτέρων masc., 'other men'. For the thought that self-government (ἐγκράτεια, perfected in σωφροσύνη) should precede the attempt to rule others, cp. Plat. *Gorg.* p. 491.

§ 291. ὡς...συμβεβηκότος] 'on the ground that they have been endowed with a good and noble gift': συμβ., as an 'accident' of genius, opp. to the skill gained by μελέτη and φιλοπονία.

§ 292. συμφέρει, κ.τ.λ.] 'It is expedient in all cases, and especially in the case of oratory, that credit should be won by the efforts of study rather than by the gifts of fortune'.

ὅπως ἂν τύχωσιν, κ.τ.λ.] sc. χρώμενοι: 'use their eloquence at random: while those who have acquired this faculty by study and reflection say nothing without consideration, and so commit fewer errors in practical affairs': *i.e.* the discretion trained by study will be carried into πράξεις, real life. Cp. § 277.

§ 293. κάλλ. πολιτεύεσθε, κ.τ.λ.] 'nor because you have the best constitution, and are most conservative of the laws bequeathed to you by your ancestors':—implying that all this is true of Athens, though not its distinctive glory. Isocr. thought, however, that the Athens of his day had departed too much from the lines of the old Democracy: see *Areopagiticus*, §§ 36—55, p. 151, with notes, pp. 340 f.

§ 294. τὴν φρόνησιν...τοὺς λόγους] 'by unequalled excellence of training in the twofold province of thought and of expression'. φρόνησις, as dist. from military and political ability, means here the general cultivation of the intelligence by literature and art.

125 τῇ παιδείᾳ ταύτῃ]=τὴν τῶν λόγων παιδείαν (§ 168), 'this discipline' of thought and expression.—συμφορᾷ, in the forensic sense, of an adverse verdict. Cp. Andoc. *De Myst.* § 86, ἑωρῶμεν ὅτι πολλοῖς τῶν πολιτῶν εἶεν συμφοραί (penal disabilities), τοῖς μὲν κατὰ νόμους, τοῖς δὲ κατὰ ψηφίσματα. Dem. *In Mid.* § 17, ἀστρατείας ἑάλω καὶ κέχρηται συμφορᾷ.

§ 295. γεγενῆσθαι] 'to be established' as the teacher: emphatic perf. Cp. Thuc. II. 41, λέγω τὴν πᾶσαν πόλιν Ἑλλάδος παίδευσιν εἶναι.

ἆθλα...γυμνάσια...ἐμπειρίαν] Athens offers to the students of oratory (1) the greatest prizes,—*i.e.* political power or literary fame: (2) 'the most numerous and most various fields of exercise', γυμνάσια—viz. the law-courts, the ecclesia, the public recitations: (3) experience, ἐμπειρία,—the *result* of using these opportunities.

§ 296. καὶ τὴν τῆς φωνῆς, κ.τ.λ.] 'Further, men deem that the wide currency (κοινότητα) and standard character (μετριότητα) of the Attic idiom, no less than a general flexibility of mind and love of literature, contribute not a little to the formation of an orator; and hence they conceive, not without reason, that all masters of eloquence are pupils of Athens'. μετριότητα: because the Attic dialect—afterwards the basis of the κοινὴ διάλεκτος—represents a temperate compromise between the Ionic and the Doric,—elastic without too much softness, precise and vigorous without harshness. In Thuc. 7. 63 Nicias reminds the μέτοικοι serving in the Athenian army that their familiarity with the Attic dialect had been a recommendation for them to all Greeks: τῆς... φωνῆς...τῇ ἐπιστήμῃ...ἐθαυμάζεσθε κατὰ τὴν Ἑλλάδα.—εὐτραπελίαν: cp. Thuc. II. 41 (of the typical Athenian), ἐπὶ πλεῖστ' ἂν εἴδη καὶ μετὰ χαρίτων μάλιστ' ἂν εὐτραπέλως τὸ σῶμα αὔταρκες παρέχεσθαι. Here, εὐτραπελία = 'flexibility of intelligence': not exactly 'versatility', as with Thuc., nor yet 'liveliness', 'wit', as with Aristotle (Eth. N. II. 7. § 13).

§ 298. οὐδὲν γὰρ ἀλλ' ἤ...ἀξιοῦν] 'for you will have virtually pronounced yourselves as unjust as the Lacedaemonians would be, and will have acted as they would act, if they were to think of fining those who practised warlike exercises, or the Thessalians, if they proposed to punish those who cultivated skill in horsemanship'.—τὴν τοιαύτην and ὅμοιον are both to be connected with ὥσπερ ἂν (sc. ἑαυτῶν κατεψηφισμένοι εἴησαν).—Λακεδαιμ.: cp. Arist. Polit. v [VIII] 4. § 4, ἔτι δ' αὐτοὺς τοὺς Λάκωνας ἴσμεν, ἕως μὲν αὐτοὶ προσήδρευον ταῖς φιλοπονίαις, ὑπερέχοντας τῶν ἄλλων, νῦν δὲ καὶ τοῖς γυμνασίοις καὶ τοῖς πολεμικοῖς ἀγῶσι λειπομένους τῶν ἄλλων· οὐ γὰρ τῷ τοὺς νέους γυμνάζειν τοῦτον τὸν τρόπον διέφερον, ἀλλὰ τῷ μόνον μὴ πρὸς ἀσκοῦντας ἀσκεῖν [i.e. because they studied these things, while their competitors did not].—Θετταλοί: 'Breeding the finest horses in Greece, they were distinguished for their excellence as cavalry; but their infantry is little noticed' (Grote, II. 370).

ὑπὲρ ὧν] = περὶ ὧν: cp. ὑπὲρ αὐτῶν, Adv. Sophist. § 2, note, p. 293.

§ 299. πόλιν—ἄστυ] Cp. § 296, τῆς πόλεως, κατ' ἐξοχὴν for Athens: Lys. In Agor. § 46, ὥστε μηδὲν διαφέρειν τῆς ἐλαχίστης πόλεως τὴν πόλιν.—ἄστυ: Athenians spoke of Athens as ἄστυ (without the art.), 'town': cp. Philochorus frag. 4 (Frag. Hist. I. 384), ἄστυ δὲ προσηγόρευσαν τὴν πόλιν, where he derives it from στῆναι, as the place where wanderers (νομάδες) 'fixed their abode'. ἄστυ, for Ϝάστυ, is the Sanscr. vâstu, place, house (Curt. Gr. Et. § 206), the *local habitation* of the πόλις or civic society. πόλις is akin to Sanscr. pur (Cawnpore), from root par (πελ, πλε), denoting fulness (whence also πολύς): hence (1) a throng: (2) a town.

§ 300. διὰ τῆς ἑτ. ὠμότ.] 'than receive benefits through the rude hands of others'. The meaning is not that the mercies of others are cruel, but that their way of doing good is harsh. The flatterers of Athens alluded, of course, to Spartan manners.

οἱ δὲ ταῦτα...κατηγορ.] 'Others [= οἱ δυσκόλως πρὸς ὑμᾶς ἔχοντες, § 299, opp. to οἱ μέν, ib.] disparage these merits, and, recounting the malignities and disasters of the slander-

mongers, denounce Athens at large as unsocial and cruel':
i.e. they quote the bitter things which the συκοφάνται say
of Athenian life, and then point to the penalties which these
calumniators sometimes incur,—inferring that Athens is savage
because such men are punished.

§ 801. περιποιοῦντας] 'surrounding the name of Athens
with infamy' (not περιποιούμενοι, 'winning' disgrace for her).
Cp. Plat. *Apol.* 35 A, αἰσχύνην τῇ πόλει περιάπτειν.

127 στεφανίταις] A wreath of wild olive at Olympia; of laurel
at Delphi; of pine at Nemea; of parsley at the Isthmus. Cp.
Plut. *Praec. Ger. Reip.* XXVII. 820 C (simple rewards, of an
honorary, not a substantial kind, ought to suffice in a
Republic), ὥσπερ οὐκ ἀργυρίτην οὐδὲ δωρίτην ἀγῶνα πολιτείας
ἀγωνιζομέναις, ἀλλὰ ἱερὸν ὡς ἀληθῶς καὶ στεφανίτην, 'seeing that
the competition of political life is not for money or gifts,
but in truth a sacred contest, of which the prize is a wreath'
(as in the great national ἀγῶνες of Greece).

§ 802. πρωτεύειν προκρίν.] 'would place us in the first
rank'. For the pleonasm, cp. Xen. *Cyr.* II. 3. 8, τοῦτο προκέ-
κριται εἶναι βέλτιστον.

VI. ΠΑΝΗΓΥΡΙΚΟΣ. [Or. IV.]—The title means, 'A
Discourse for a Public Festival': in this case, for the Olympic
festival of 380 B.C. The duty of Hellenic unity against the
barbarian had already been the theme of Gorgias and of Lysias
in speeches delivered at Olympia. It is not likely that, like
theirs, the oration of Isocrates was recited at the festival
by its author. His want of nerve and voice, and much in the
composition itself, would probably have deterred him from
such an attempt. The discourse may, indeed, have been
recited for him; but it is more likely that it was first intro-
duced to the Greek public by copies circulated at Olympia, and
sent to cities in which Isocrates had friends among the
leading men.

His appeal to Panhellenic patriotism was made at a time
when such patriotism was sorely needed. By the Peace of
Antalcidas in 387 B.C. Artaxerxes II. had become master of the
Asiatic Greeks, and ultimate arbiter in the affairs of western
Hellas; the Aegean, no longer protected by an Athenian fleet,
was infested by pirates; the party strife which the decarchies
had exasperated was everywhere filling the smaller cities with
bloodshed; and Sparta, regardless of the autonomy which the
Peace had guaranteed to every state, was using these troubles
for her own ends. In 385 B.C. the Spartans had destroyed
Mantineia; in 383, besieged Olynthus; in 382, seized the
Cadmeia; in 380, besieged Phlius.

The *Panegyricus* falls into two main divisions. In the first (§§ 1—132) Isocrates urges that Athens and Sparta, laying aside their jealousies, should assume the joint leadership of Greece. He argues that, if Sparta at present holds the first place, Athens has the better historical claim to it; and that, therefore, a compromise might well be made. In the second part (§§ 133—189) he shows the direction in which the forces of Greece, once consolidated, ought to be turned—namely against Persia.

The *Panegyricus* is the earliest and the most complete expression of its author's ruling political idea—the idea of a Panhellenic War on Persia. This, he believed, would heal Greek discord, liberate the Asiatic Greeks, draft the roving and lawless paupers who infested Greece into new Asiatic settlements, and bring wealth into Greece Proper. (See the *Life* of Isocr., *Attic Orators*, II. 20 f.) The tradition that Isocr. spent ten or more years on this discourse (Quint. x. 4: Plut. *Mor.* 350 E) shows the ancient feeling that it was a masterpiece of careful work. It is, indeed, admirable alike for finished brilliancy of composition and for the lucid power with which a wide range of topics and a multitude of details are marshalled in subordination to the central thought.

Motives for an Invasion of Persia: §§ 160—186.

§ 160. ὥστε μοι δοκεῖ] The general and permanent causes of Persian weakness have just been stated: viz. that the country cannot have good soldiers while the mass of the people is an unruly, nerveless and slavish mob, or good generals while the Persians of the upper classes are insolent and abject by turns, with pampered bodies and craven spirits. He now goes on to urge that the present moment is peculiarly favourable for an attack by the united forces of Greece.

ὁ παρὼν καιρός, ὃν οὐκ ἀφετέον] So Bekker, Baiter and Sauppe with the first hand of the Urbino ms. (Γ). Between καιρός and ὃν οὐκ ἀφετέον the Ambrosian ms. (E) and the corrector's hand in the margin of Γ insert οὗ σαφέστερον οὐδέν, i.e. 'than which nothing could be a clearer summons'. Cp. Dem. *Olynth.* I. § 2, ὁ μὲν οὖν παρὼν καιρός, ὦ ἄνδρες Ἀθ., μόνον οὐχὶ λέγει φωνὴν ἀφιεὶς ὅτι τῶν πραγμάτων ὑμῖν ἀντιληπτέον ἐστίν.

τί γὰρ ἂν καὶ βουληθεῖμεν] 'What further advantage *could* we desire in prospect of a war with Persia, beyond those which are already assured to us?'

§ 161. Αἴγυπτος—Κύπρος] (1) This revolt of Egypt is not known from other sources, but is noticed again in the

Philippus, § 101. From *Panegyr.* § 140 it appears that Egypt had held out for three years against three of the best Persian generals, and had finally discomfited them. (2) The war between Persia and Evagoras, king of the Cyprian Salamis, seems to have begun in 385 B.C., and to have lasted ten years: at this time a Persian fleet was blockading Salamis, § 134. See *Attic Orators*, II. 158 and notes.

Φοινίκη—Συρία—Τύρος] Evagoras had 'ravaged Phoenicia, stormed Tyre, made Cilicia revolt from the Persian king': Isocr. *Evag.* (or. IX.) § 62.

Λυκίας] 'Of Lycia no Persian has ever become master'. Lycia had been tributary to Persia (Her. III. 90) from the time of its conquest by Harpagus, the general of Cyrus: but the warlike dwellers in the Lycian highlands had not been thoroughly tamed. ἐκράτησε, then, = 'subjugated' as dist. from ἦρξε '(nominally) reigned over'. Cp. Her. II. 1 (Cambyses goes against Egypt) ἄλλους τε παραλαβὼν τῶν ἦρχε (his Asiatic subjects) καὶ δὴ καὶ Ἑλλήνων τῶν ἐπεκράτεε, 'over whom he had the mastery'.

§ 162. Ἑκατόμνως] Hecatomnus, Greek prince of Caria, had been appointed admiral of the Persian fleet at the beginning of the war with Evagoras, but had afterwards become disaffected, and had secretly supplied Evagoras with money: Diod. XIV. 98.—ἐπίσταθμος: prop. 'quarter-master', as supervising σταθμοί, stations or quarters: a term for the military governors (properly subordinate to the σατράπαι) in the Persian provinces: so *Panegyr.* § 120 the Persian king dictates to Greece, μόνον οὐκ ἐπισταθμους ἐν ταῖς πόλεσι καθιστάς. A Greek prince tributary to Persia was esp. δυνάστης.

128 τὴν Ἀσίαν παροικοῦσιν, κ.τ.λ.] 'from Cnidus [in Caria, at the s. w. corner of Asia Minor] to Sinope [on the Euxine] Greek settlements fringe the coast of Asia' (τῆς Ἀσίας τὴν παραλίαν, Ep. IX. § 8). παρά in the compound here with accus. = 'along': but παροικεῖν τισιν, to live *near* or *among*, Thuc. I. 71, III. 93.

οὓς οὐ δεῖ, κ.τ.λ.] 'and these we need not incite to war,— we have only not to restrain them' (and they will go to war of their own accord).

ὁρμητηρίων] 'Now, when such bases of operation have been established, and when Asia is encompassed by hostile forces so great, why need we examine the probable issues in minute detail? When they [the Persians] are unable to cope with small fractions of our strength, it is plain what their situation would be, if they were forced to grapple with the whole'.—ὁρμητηρίων: *i.e.* Egypt, Cyprus, Tyre, Cilicia, and the Greek cities of the coast,—viewed as so many points from which the assailants of Persia will set out (ὅθεν ὁρμήσονται): Polyb. I. 17, εἰς ταύτην (τὴν πόλιν) συνήθροισαν...τὰς δυνάμεις, ὁρμητηρίῳ (headquarters) κρίνοντες χρῆσθαι ταύτῃ τῇ πόλει πρὸς τὸν πόλεμον.

§ 163. ἐρρωμενεστέρως] 'more vigorously'. Isocr. prefers this form: but cp. (*e.g.*) ἐρρωμενέστερον, *Antid.* § 72, *Archid.* § 101: σαφέστερον, *Adv. Sophist.* § 16: ἀκριβέστερον, *Antid.* § 279.

αὐτάς, κ.τ.λ.] 'But if we are the first to occupy them [the cities on the coast], it is likely that the populations of Lydia, Phrygia and the upper [interior] country generally will be at the mercy of those who hold these bases of attack': ἐντεῦθεν = ἐκ τῶν ἐπὶ θαλάττῃ πόλεων.

§ 164. ὑστερίσαντες] Referring to the subjugation by Persia of the Greek cities on the Ionian seaboard (500—495 B.C.). The Greeks of Greece Proper (οἱ πατέρες ἡμῶν, Spartans as well as Athenians) having 'allowed the barbarians to get the start of them', and 'abandoned' the Ionians to their fate, were afterwards forced to fight, without Asiatic allies, against the whole strength of Persia. Had they gone to Asia soon enough, they might have vanquished in succession (ἐν μέρει) each of the nations that made up the Persian host.—ἐθνῶν: Her. VII. 61 f. enumerates 46 nations or tribes as represented in the land-force of Xerxes.

§ 165. δέδεικται] 'It has been proved' (by experience): cp. *Archid.* § 4, εἰ μὲν γὰρ ἦν δεδειγμένον, ὥστε τοὺς μὲν πρεσβυτέρους περὶ ἁπάντων εἰδέναι τὸ βέλτιστον, κ.τ.λ.

ἐπιστῶσιν] 'they have come upon us': cp. Her. IV. 203, ἐπεὶ ἐπὶ τῇ Κυρηναίων πόλι ἐπέστησαν, when the Persian army suddenly appeared before Cyrene: Isocr. *Evag.* § 58, μικροῦ δεῖν ἔλαθεν αὐτὸν ἐπὶ τὸ βασίλειον ἐπιστάς, before Artaxerxes was aware, Cyrus was almost at his palace gates.

προεξαμαρτόντες...ἐπηνωρθώσαντο] 'Our fathers, after making an error in the first instance' [by failing to support the Ionians in their revolt], 'retrieved all these faults when they were confronted with the most urgent perils' [in the Persian invasions].

§ 166. ἑκάστων, κ.τ.λ.] 'The Persian king does not rule the peoples of Asia by their consent [ἑκόντων, predicate], but by surrounding himself [ποιησάμενος, causal] with a power which overmatches those peoples taken singly' [ἑκάστων]: if they *unite*, and are helped from Greece, they will prevail.—βουληθέντες = εἰ βουληθεῖμεν, Goodwin § 109.

§ 167. **ἐπὶ τῆς νῦν ἡλικίας**] 'in the present generation': strictly, in the time of the men who are now capable of active service. In *Antid.* § 290, etc., τῆς ἡλικίας='youth', but it is the context which so defines it: here it has the military sense, οἱ ἐν ἡλικίᾳ (Thuc. VIII. 75) being opposed to ἀχρεῖοι.—τῶν συμφορῶν. Men who at this time (380 B.C.) were 40 years old would have known the closing years of the Peloponnesian War, the troubles bred by the Spartan δεκαρχίαι, the Corinthian War, and, generally, that widespread distress and disorder of which Isocr. speaks below (§ 168 f.). See *Attic Orators*, II. 17.

πολέμους καὶ στάσεις] With this picture cp. the following, abridged from Isocr. *Epist.* IX. §§ 8—10 (date, about 356 B.C.): 'It is strange that no powerful statesman or speaker has yet taken pity on the miserable condition of Hellas. Every part of it is full of war, factions, massacres, woes unnumbered. Most wretched of all are those Greeks on the seaboard of Asia whom by the treaty [of Antalcidas, 387 B.C.] we gave over, not merely to barbarians, but to those of our race who are barbarian in all save speech. These roving desperadoes, under any chance leader, form armies larger and better than those of the settled communities; armies which do trifling damage to Persia, but bring desolation to the Greek cities which they visit: they slay, they banish, they violate, they plunder'.— See *Attic Orators*, II. 244.

§ 168. **ἐπικουρεῖν**] 'to serve as mercenaries': Thuc. II. 33, ἐπικούρους τινὰς προσεμισθώσατο—like ξένοι, an honourable name for μισθοφόροι.

συγκειμέναις] 'composed', 'invented' by the [tragic] poets. In pure Attic of the classical time κεῖμαι is the perf. passive of τίθημι, τέθειμαι is the perf. middle: *e.g.* a father τέθειται ὄνομα παιδί, but παιδὶ κεῖται ὄνομα: cp. Shilleto on Thuc. I. 87, who quotes as an exception, belonging to the early decadence, Menand. *frag.* 65, τῷ μὲν τὸ σῶμα διατεθειμένῳ κακῶς (=διακειμένῳ).

ἐφορῶντες] Not, I think, merely 'gazing upon', but 'seeing in their own lifetime', or 'with their own eyes' (and not merely in legends from the past); cp. Xen. *Cyr.* VIII. 7. 7, τοὺς φίλους ἐπεῖδον δι' ἐμοῦ εὐδαίμονας γενομένους, 'lived to see their friends made prosperous'. So *Il.* XXII. 61, κακὰ πόλλ' ἐπιδόντα, | υἷάς τ' ὀλλυμένους, κ.τ.λ.: and other passages quoted by Thompson on Plato *Gorg.* 473 C, αὐτός τε λωβηθεὶς καὶ τοὺς αὑτοῦ ἐπιδὼν παῖδας (λωβηθέντας).

§ 169. **εὐηθείας**] 'simplicity'.—ἀνδρῶν, individuals as opp. to whole countries.

Ἰταλία—Σικελία] *Italy.* In 389—387 B.C. Dionysius I. had reduced successively Caulon, Hipponium and Rhegium in Magna Graecia: Diod. xiv. 106 ff. *Sicily*. He had surrendered Acragas, Himera, Selinus, etc., to Carthage, and had brought other towns—as Naxos, Leontini, Messene—under his own power: Diod. xiii. 114.

ἐκδέδονται] 'have been abandoned' [not 'restored' to a lawful possessor, the sense of ἐκδίδωμι in *Il.* iii. 459]—by the Peace of Antalcidas: below, § 175.—τὰ λοιπὰ μέρη: Greece Proper as opp. to (1) Sicily and Magna Graecia, (2) Asiatic Hellas.

§ 170. τῶν δυναστευόντων] 'the leading statesmen', =οἱ προεστῶτες ἡμῶν, § 172. With the same meaning he says in *Epist.* ix. § 8, θαυμάζω δὲ καὶ τῶν ἄλλων τῶν πράττειν ἢ λέγειν δυναμένων.

εἰπεῖν...ἐνθυμηθῆναι] 'to expound or [even] to devise' a remedy: Thuc. viii. 68 (of Antiphon) κράτιστος ἐνθυμηθῆναι... καὶ ἃ γνοίη εἰπεῖν, a master of device and of expression.

ἐχρῆν...ἄξιοι] An iambic trimeter. In this and other cases where an accidental verse occurs in prose, it may usually be noticed that the rhythm or division of clauses imposed by the *sense* would have prevented the metre from being perceived in *speaking:* thus, here, there is a pause at αὐτούς, and the words εἴπερ ἦσαν ἄξιοι τῆς παρούσης, κ.τ.λ., cohere closely. So in Dem. *Olynth.* 1. § 5 (quoted by Sandys), δῆλον γάρ ἐστι τοῖς Ὀλυνθίοις, ὅτι κ.τ.λ., the metrical *effect* is destroyed by the coherence of ὅτι with the following words.

εἰσηγεῖσθαι καὶ συμβουλεύειν] 'to introduce and discuss [not necessarily 'advocate', though Isocr. implies this] the project of the war with Persia': '*the* war', because the project had long been familiar to the Greeks: thus Agesilaus had entertained it, Isocr. *Philipp.* § 85.

τυχὸν μὲν γάρ, κ.τ.λ.] 'Perchance they would have achieved something; but even if they had been baffled, still the counsels bequeathed by them would have been as oracles for the future'.—τυχόν, acc. abs., Goodwin § 110. 2.—προαπεῖπον, 'give up', from weariness or disgust, *before* they had carried their point: cp. *Antid.* § 274, ἡγοῦμαι (αὐτοὺς) πρότερον ἀπερεῖν καὶ παύσεσθαι ληροῦντας, πρὶν εὑρεθῆναι, κ.τ.λ.—χρησμούς: so Socr. to his judges, Plat. *Apol.* 39 c, ἐπιθυμῶ ὑμῖν χρησμῳδῆσαι, κ.τ.λ.

§ 171. τοῖς τῶν πολιτ. ἐξεστηκόσι] 'who stand apart from public life'. With a similar reference to his own abstention from political life (owing to want of φωνή and τόλμα), he says,

Adv. Sophist. § 14, πολλοὶ μὲν τῶν φιλοσοφησάντων ἰδιῶται διετέλεσαν ὄντες, where see note.

§ 172. **οὐ μὴν ἀλλ'...ἔχθρας]** οὐ μὴν [δεῖ σιωπᾶν] ἀλλὰ... δεῖ σκοπεῖν: 'At the same time [*i.e.* discouraging as is this apathy on the part of the statesmen, and little as ἰδιῶται may seem entitled to speak] the rest of us are bound to consider', etc.—ἐρρωμενεστέρως, § 168.—ἔχθρας, 'discord' among Greeks.

τὰς περὶ τῆς εἰρήνης συνθ.] 'As things are, it is in vain that we make treaties of peace': not *the* treaty: cp. Lys. *In Erat.* § 97, note on τὸν θάνατον.

131 **§ 173. ἀγαγεῖν...ὁμονοῆσαι]** Not ἄγειν, ὁμονοεῖν, because the speaker is thinking of the *moment from which* such a peace is to *date*, and at which such a concord is to be *established*: the pres. would have expressed merely the continuance of the conditions. 'It is impossible that we should cement an enduring peace, or that concord should be established among the Greeks'.—ἐκ τῶν αὐτῶν, masc., τῶν βαρβάρων.

§ 174. ἣ καὶ τὰς ἑταιρ...προάγει] 'which dissolves friendships [cp. ἑταιρίας λιμήν, Soph. *Ai.* 683] and draws kinsmen on to quarrels'. προάγειν of *leading onward* in an evil path ; cp. Theogn. 896, πενίην, (just as here, ἀπορία,) ἥ τ' ἀνδρῶν προάγει θυμὸν ἐς ἀμπλακίην [where παράγει is a doubtful v. l.]: Dem. *In Androt.* § 78, εἰς τοῦτο προήχθητ' εὐηθείας καὶ ῥᾳθυμίας.

τὸν ἐνθένδε πόλεμον...διοριο͞μεν] 'transfer the war from Greece to Asia': Plat. *Legg.* 873 E, τὸ δ' ὀφλὸν [vulg. ὄφλον] ἔξω τῶν ὅρων τῆς χώρας ἀποκτείναντας διορίσαι, 'the animal which is adjudged guilty (of causing death) they shall slay and cast beyond the borders': Eur. *Helen.* 394, στράτευμα κώπῃ διορίσαι, 'to carry a host from its own land in ships', = πορθμεῦσαι or διαπεραιῶσαι.

τῶν κινδύνων τῶν πρὸς ἡμᾶς αὐτούς] 'the ordeals of intestine warfare' (between Greek cities).

καταχρήσασθαι] 'to utilise them': κατά meaning here, not 'wastefully, perversely' (*abuti*), but 'to the full' (cp. 'to use up'): so *Panegyr.* § 9, τὸ δ' ἐν καιρῷ ταύταις [*sc.* ταῖς πράξεσιν, these historical examples] καταχρήσασθαι...τῶν εὖ φρονούντων ἴδιόν ἐστιν.

§ 175. ἀλλὰ γάρ, κ.τ.λ.] 'But perhaps it will be said that the Convention [of Antalcidas] is a reason for pausing, instead of making haste and accelerating the expedition'. For ἀλλ' οὐκ (ἄξιόν ἐστιν), instead of μή, cp. Lys. *Pro Mantith.* § 18, καίτοι χρὴ...σκοπεῖν, ἀλλ' οὐκ, εἴ τις τολμᾷ,...μισεῖν. The terms of the Peace of Antalcidas (387 B.C.) were as follows (Xen.

Hellen. v. 1. 31):—'King Artaxerxes thinks it just that the cities in Asia, and the islands of Clazomenae and Cyprus, shall belong to him. He thinks it just also to leave all the other Hellenic cities autonomous, both small and great—except Lemnos, Imbros and Scyros, which are to belong to Athens, as they did originally. Should any parties refuse to accept this peace, I will make war upon them, along with those who are of the same mind, by land as well as sea, with ships and with money'. Grote IX. 534.

ἠλευθερωμέναι...ἐκδεδομέναι] The *liberated* cities are those in Greece Proper, or belonging to the Aegean coasts and islands, which Athens or Sparta might otherwise have claimed as tributaries: those *abandoned* to the barbarians are the Hellenic cities of the Asiatic seaboard, with Clazomenae and Cyprus.

§ 176. ὁ δὲ πάντων...ἐστίν] 'Most absurd of all, those stipulations of the Treaty which we actually observe are the very worst. The articles which grant independence to the islands and the Greek cities of Europe have long ago been violated, and are dead letters in the record'. τῶν γεγραμμένων: cp. Andoc. *De Pace* § 35, γράμματα τὰ γεγραμμένα, the letter of the terms (of peace): *ib.* § 34 στῆλαι σταθήσονται, note. —λέλυται: meaning that Sparta had been levying tribute on the Aegean islands (τοὺς νησιώτας δασμολογεῖν, § 132), and helping Amyntas II. of Macedon against Olynthus, besides devastating Mantineia, besieging Phlius, and seizing the Theban Cadmeia (§ 126).—For the constr., ὁ δὲ πάντων [*sc.* ἐστὶ] καταγελαστότατον [τοῦτ' ἐστίν], ὅτι, cp. Plat. *Apol.* 18 c, ὁ δὲ πάντων ἀλογώτατον, ὅτι οὐδὲ τὰ ὀνόματα οἷόν τε αὐτῶν εἰδέναι. So Isocr. *Panegyr.* § 128, ὁ δὲ πάντων δεινότατον, ὅταν: *Plataic.* § 45, ὁ δὲ πάντων δεινότατον, εἰ: *De Pace* § 53, ὁ δὲ πάντων σχετλιώτατον· οὐ γάρ, κ.τ.λ. For other examples see Madvig, *Syntax* § 197.

ἐκδέδωκε, κ.τ.λ.] Cp. ἐκδέδονται, § 169, note.—ταῦτα δὲ κατὰ χώραν μένει: 'these articles, on the other hand [δέ in apodosis], remain undisturbed'.—προστάγματα: 'dictates' (of the Persian king): see the terms, § 175, note.

§ 177. τῶν πρεσβευσάντων ταύτην τὴν εἰρήνην] 'those who negotiated this peace': cp. Andoc. *De Pace* § 29, ἃ ἡμῖν ἐπρέσβευσεν Ἐπίλυκος, κ.τ.λ., note. The reference is to the diplomatic agents of Sparta generally, but esp. to Antalcidas, by whom, with the help of the satrap Teiribazus, the terms of the treaty were virtually settled. Grote IX. 531.

ἐχρῆν...περὶ αὐτῶν] 'Whether it was their view (1) that each State should retain its own territory, or (2) that each should have dominion also over all that it acquired by conquest, or (3) that each of us should keep these possessions which we happened to hold on the eve of the peace,—they were bound to define some *one* of these views,—to apply their principle impartially,—and on this basis to frame the terms of the treaty' (περὶ αὐτῶν, neut., about the interests thus involved). Isocr. means: The Peace of Antalcidas is based on no intelligible principle. If (1) had been adopted, Persia would not have got the Greek cities of Asia: if (2), autonomy would not have been guaranteed to the Greek cities of Europe: if (3), Athens and Sparta would not have had to renounce dependencies which they claimed. Observe that τῶν δοριαλώτων refers, not to all that each State *had* from time to time *acquired*, but to all that it *might hereafter acquire*.

133 § 178. ἀλλ' οὐκ ἐκείνων] After ὥσπερ we should expect μή (=ὥσπερ εἰ ἐπολεμήσαμεν, ἀλλὰ μὴ εἶχον): but the emphasis on the negative *fact* warrants οὐ. Cp. Lys. *In Eratosth.* § 36, note on οὐκ ἄρα χρή.

§ 179. ἐκείνως εἰπών] 'by the following illustration'.

τήν τε περὶ ἡμᾶς ἀτιμ. γεγεν.] δηλώσω τὴν ἀτιμίαν γεγενημένην could mean only, 'I will show that the dishonour has happened', γεγεν. being a predicate. But δηλώσω τὴν περὶ ἡμᾶς ἀτιμίαν γεγενημένην can mean, 'I will show the dishonour that has been done to us', because περὶ ἡμᾶς is really *a part of the adjective;* and when this part has been put in its right place between τήν and ἀτιμίαν, the supplementary γεγενημένην can be allowed to wait. Cp. Thuc. VII. 23, αἱ πρὸ τοῦ στόματος νῆες ναυμαχοῦσαι, 'the ships fighting before the mouth of the harbour': here, the complete adjective is πρὸ τοῦ στόματος ναυμαχοῦσαι, and it is enough that the first part of it, πρὸ τοῦ στόματος, should stand between the article and the subst. So id. I. 11 τοῦ νῦν περὶ αὐτῶν διὰ τοὺς ποιητὰς λόγου κατεσχηκότος: VII. 36 τῇ πρότερον ἀμαθίᾳ τῶν κυβερνητῶν δοκούσῃ εἶναι.

τῆς γὰρ γῆς...ποιούμενος] 'Whereas the whole earth beneath the firmament is divided into two parts, "Asia" and "Europe", the great King has under this Treaty taken one-half,—as if he were dividing the territory with Zeus, and not making his compact with men'. That is, the Persian king has taken all Asia, as if he were a god who would not yield up more than *half* of the whole earth even to Zeus himself. Isocr. prob. began with the thought of Artaxerxes being on earth what Zeus is in heaven, and then passed to this image of him as one who, in partitioning the earth, would consider himself the equal of Zeus. On νέμεσθαι πρός, cp. Lys. *Mantith.* § 10, p. 42.—κόσμος, the starry firmament, =ὁ περὶ τὴν γῆν κόσμος,

Arist. *Meteor.* i. 2.—δίχα τετμ.: cp. Soph. *Tr.* 100, δισσαὶ ἤπειροι.

§ 180. τοῖς κοινοῖς τῶν ἱερ.] 'The national temples' (at Olympia, Delphi, etc.), not merely the 'public' temples of each State. Cp. *Panathenaicus* § 107, τὰς τοιαύτας συνθήκας (of Antalcidas) αὐτοί τ' ἐν τοῖς ἱεροῖς τοῖς σφετέροις ἀνέγραψαν καὶ τοὺς συμμάχους ἠνάγκασαν.—στήλαις: Thuc. v. 47, τὰς δὲ ξυνθήκας ἀναγράψαι ἐν στήλῃ λιθίνῃ Ἀθηναίους μὲν ἐν πόλει (the Acropolis), Ἀργείους δὲ ἐν ἀγορᾷ ἐν τοῦ Ἀπόλλωνος τῷ ἱερῷ, Μαντινέας δὲ ἐν τοῦ Διὸς τῷ ἱερῷ ἐν τῇ ἀγορᾷ· καταθέντων δὲ καὶ Ὀλυμπίασι στήλην χαλκῆν.

μιᾶς τύχης] 'a single success': *Antidosis* § 128, εἴ τις ἐν μιᾷ τύχῃ (alluding to Aegospotami) τηλικοῦτόν τι κατώρθωσεν ὥσπερ Λύσανδρος. Cp. ἐπὶ ῥοπῆς μιᾶς ὄντες, Thuc. v. 103.

καθ' ὅλης τῆς 'Ε.] 'but these pillars stand as witnesses on the whole war against all Greece'.

§ 181. τοὺς...περὶ τὰ Τρωϊκά γεν.] 'those who were engaged in the Trojan war'. If the meaning were, 'those who lived in the time of the Trojan war', we should rather expect κατὰ τὰ Τρωϊκά.

§ 182. εὐχῆς ἄξια] 'all for which men would pray': not merely 'desirable' things, but such things as might satisfy the highest aspirations. So again in Isocr. *Philipp.* § 19. Cp. Arist.'s ὑποτίθεσθαι κατ' εὐχήν, to suppose the best imaginable case; ἡ κατ' εὐχὴν πολιτεία, the ideal polity, *Polit.* ii. 6.

θεωρίᾳ...στρατείᾳ] 'like a sacred embassy rather than a hostile expedition',—*i.e.* encountering no resistance, but received with joyous welcome and homage in its stately progress. The image suggested by θεωρία is the more appropriate, since the Hellenic gods are conceived as making common cause against those barbarians who had destroyed their shrines when Ionia was conquered: see § 155, οἳ καὶ τὰ τῶν θεῶν ἔδη καὶ τοὺς νεὼς συλᾶν ἐν τῷ προτέρῳ πολέμῳ καὶ κατακάειν ἐτόλμησαν.

§ 183—§ 184. φέρε γάρ...ἐνθυμουμένους] 'Let us see: who are fitting objects of hostility for those who desire no aggrandisement, but have a view to justice in the abstract?... And who are proper objects for the envy of those who, though not devoid of courage, exercise that quality under the restraint of prudence?...And against whom should those men march who are at once loyal to their duty and mindful of their interest?' *i.e.* The arms of Greece ought to be turned against Persia, (1) if we consider abstract justice—because Persia has wronged Greece: (2) if we desire a field of enterprise agreeable at once to our valour *and to our discretion*—because Persia is rich *and weak:* (8) if we think *both* of duty and of interest—for the above reasons combined. The phrase τοὺς μὴ παντάπασιν ἀνάνδρως διακειμένους ἀλλὰ μετρίως τούτῳ τῷ πράγματι χρωμένους is a circumlocution for 'men in whom courage is subordinate to prudence'. The φθόνος felt by such men—however timid—will find in Asia a field of plunder both ample and safe.

135 § 185. **καὶ μὴν οὐδέ, κ.τ.λ.**] 'Nor again [καὶ μὴν = further] shall we distress the cities by levying soldiers on them,—a burden which at present, in their warfare with each other, they find most oppressive'. οὐ λυπήσ. καταλέγ., *not,* 'we shall abstain from vexing by a levy', but, 'we shall levy without vexing';. since all will prefer the service to staying at home (μένειν, *i.e.* οἴκοι, = ὑπομένειν). The disinclination of citizens for ordinary military service, and the consequent demand for mercenaries (ἐπίκουροι, § 168), was a growing symptom of the decay in Greek political life: see *Attic Orators,* II. 17.—Cp. Thuc. VI. 43, οἱ ἐκ τοῦ καταλόγου, those on the roll for service: οἱ ἔξω τοῦ καταλόγου, = *emeriti,* Xen. *H.* II. 3. 51.

ἢ νέος ἢ παλαιός] Doubtless the poetical παλαιός is to be explained by a reminiscence of the familiar Homeric formula, ἢ νέος ἠὲ παλαιός, *Il.* XIV. 108: νέοι ἠδὲ παλαιοί, *Od.* I. 395, etc.

§ 186. **φήμην δὲ καὶ μνήμην καὶ δόξαν**] 'name and fame and repute': φήμην, the rumour in men's mouths (*volitare per ora*), as gratifying to the living,—μνήμην, the posthumous fame of the dead. Arist. *Rhet.* III. 7. § 11, (words or phrases of an unusual or a poetical colour may be used by the speaker) ὅταν ἔχῃ ἤδη τοὺς ἀκροατὰς καὶ ποιήσῃ ἐνθουσιάσαι ἢ ἐπαίνοις ἢ ψόγοις ἢ ὀργῇ ἢ φιλίᾳ ('when the speaker has got his hearers into his power, and has worked them up into enthusiasm by praise or blame, by indignation or by love'), οἷον καὶ 'Ἰσοκράτης ποιεῖ ἐν τῷ πανηγυρικῷ ἐπὶ τέλει, 'φήμη δὲ καὶ γνώμη':—where γνώμη is a slip for μνήμη—a strange one, since it weakens the παρονομασία (similarity of form) and destroys the παρομοίωσις (similarity of sound). Cp. *Phil.* § 134, καὶ τὴν φήμην καὶ τὴν μνήμην. Ar. *Ran.* 463, καθ' Ἡρακλέα τὸ σχῆμα καὶ τὸ λῆμ' ἔχων.

πρὸς Ἀλέξανδρον] = Πάριν. 'The heroes (of Troy) themselves bear each a double name, as Alexander and Paris, Hector and Darius; of which the one indicates their connexion with Hellas, the other with interior Asia': Curt. *Hist. Gr.* I. 79.

ποιεῖν...λέγειν, κ.τ.λ.] 'who that has the gift of the poet or the art of the orator will not devote his labour and meditation to the purpose of bequeathing for all time a monument of his own intellect and of their heroism?' ποιεῖν: as in Plat. *Ion* 534 B (quoted by Sandys), πρὶν ἂν ἔνθεος γένηται...ἀδύνατος πᾶς ποιεῖν καὶ χρησμῳδεῖν.—φιλοσοφήσει: cp. Lysias *Pro Invalido* § 10, note.

VII. ΦΙΛΙΠΠΟΣ. [Or. v.]—This appeal to Philip of Macedon may fitly be taken after the *Panegyricus*. As the latter recommends that Athens should lead a Panhellenic War against Persia, so this discourse presses the task on Philip. It is the final expression—as the other was the first—of a life-long desire.

Philip had taken Amphipolis in 358 B.C. and Potidaea in 356. The hostilities between him and Athens, carried on intermittently from 356, were closed in March, 346, by the so-called Peace of Philocrates. Before that event Isocrates had been composing a letter to Philip 'On Amphipolis', urging, in favour of peace, that Amphipolis, the chief cause of the war, was not a desirable possession either for Athens or for the king of Macedon (§§ 1, 3).

This letter had not been sent when peace was concluded (§ 7). Isocrates now writes on another and a larger subject. He sees in Philip, at length reconciled to Athens, the man who can lead the united Hellenes against Persia. Ever since the failure of the *Panegyricus* to bring about such an expedition under the joint leadership of Athens and Sparta, he had been looking for an individual powerful enough to execute his favourite plan (§§ 84, 128, 129). He had already applied to Dionysius I.—probably about 368 B.C. (*Ep.* I. § 8)—and in 356 to Archidamus III. (*Ep.* IX. § 16). This oration was addressed to Philip soon after the Peace (§§ 8, 56), but before the conclusion of the Sacred War (§§ 54, 74); that is, between March and July, 346 B.C.

The most striking characteristic of the whole discourse is the recognition of Philip as the first of Hellenes and the natural champion of Hellas, in whom—though his subjects are aliens—the Heraclid spirit is as true as it was in the Argive Têmenus, the founder of his dynasty.—*Attic Orators*, II. 166—176.

§§ 81—104.

§ 81. ἅπερ ἐπέστειλα] 'as I said in my letter to Dionysius 136 after he had acquired the tyranny'. The words are, in fact, closely similar: *Ep.* I. (to Dionysius) § 9, καὶ μὴ θαυμάσῃς, εἰ μήτε δημηγορῶν (being a speaker in the Ecclesia) μήτε στρατηγῶν μήτ' ἄλλως δυνάστης ὢν οὕτως ἐμβριθὲς αἴρομαι πρᾶγμα (take upon me so grave a task) καὶ δυοῖν ἐπιχειρῶ τοῖν μεγίστοιν, ὑπέρ τε τῆς Ἑλλάδος λέγειν καὶ σοὶ συμβουλεύειν. Dionysius became tyrant of Syracuse in 406 B.C., and the probable date of the Letter to him is 368 B.C. (*Attic Orators*, II. 239): κτησάμενον, then, cannot = 'immediately on his acquiring': but Isocr. is thinking of the career of Dionys. as divided into two great chapters, that which *preceded* and that which *followed* his acquisition of the tyranny. Isocr. felt that the war must be led either by a city or by a prince. He appealed successively to Athens—to Dionysius (when now a τύραννος)—to Archidamus— and to Philip. We need not, then, insert τὸν before τὴν τυραννίδα κτησάμενον.

μήτ' ἄλλως δυνάστης] 'nor in any way a person of influence': cp. *Paneg.* § 170, τῶν δυναστευόντων, 'the leading statesmen', note, p. 313.

ὄχλῳ...καλινδουμένοις] 'capable of dealing with a mob, and of exchanging scurrilous personalities with the busy triflers of the platform' (βῆμα, the raised place for speakers in the ecclesia).—ὄχλῳ, an invidious term for πλήθει, the audience in a popular assembly or law-court: οἱ γὰρ ἐν σοφοῖς | φαῦλοι, παρ' ὄχλῳ μουσικώτεροι λέγειν, Eur. *Hipp.* 989.—μολύνεσθαι, *pass.*, 'to be defiled', —*i.e.*, here, to have mud thrown at one, to be coarsely abused.—λοιδορεῖσθαι, *midd.*, 'to revile', with *dat.* (the act. λοιδορεῖν usu. with *acc.*).—On καλινδουμένοις, cp. *Adv. Soph.* § 20, note. Baiter and Sauppe give here κυλινδουμένοις (a collateral form with the same meaning), but retain the other form in Isocr. *Panegyr.* 151, προκαλινδούμενοι: *Adv. Sophist.* § 20, καλινδουμένων: *Antid.* § 30, τῶν περὶ τὰ δικαστήρια καλινδουμένων: § 213, καλινδουμένας.

137 **§ 83. πρὸς τοὺς Ἕλληνας**] In the former part of the discourse Isocr. has impressed on Philip that his duty is to reconcile the four great cities of Greece—Sparta, Argos, Thebes, Athens—and has shown in detail that this task is feasible (§§ 30—67).

οὐ τὴν αὐτὴν ἔχ. διάν.] 'though not with the same feeling [διάνοιαν, thoughts about my own work] as at the former period of life when I was writing on this same subject'. The *Panegyricus* appeared in 380 B.C., Isocr. aetat. 56: but he had certainly commenced it some years before—acc. to the tradition, at least ten: see introd. to *Panegyr.*, p. 263. In 346 B.C., when this discourse was sent to Philip, Isocr. was ninety years of age.

§ 84. παρεκελευόμην...καταγελᾶν, κ.τ.λ.] A literally exact reference to the opening of the *Panegyricus*, § 14, ἐγὼ δ' ἢν μὴ καὶ τοῦ πράγματος ἀξίως εἴπω καὶ τῆς δόξης τῆς ἐμαυτοῦ καὶ τοῦ χρόνου, μὴ μόνον τοῦ περὶ τὸν λόγον ἡμῖν διατριφθέντος, ἀλλὰ καὶ σύμπαντος οὗ βεβίωκα, παρακελεύομαι μηδεμίαν συγγνώμην ἔχειν ἀλλὰ καταγελᾶν καὶ καταφρονεῖν.—τοῦ χρόνου: Isocr. spent ten years on the *Panegyr.* acc. to Quint. x. 4, [Plut.] *Vitt. X. Oratt.*, Phot. *Cod.* 260: Plut. *Mor.* 350 E makes it 'almost three olympiads' (nearly 12 years).

οὔτε γὰρ ταὐτά, κ.τ.λ.] Cp. the maxim, τὸ καλῶς εἰπεῖν ἅπαξ περιγίγνεται, δὶς δὲ οὐκ ἐνδέχεται, a thing can be well said once, but cannot be well said twice (quoted and questioned by Theon, προγυμνάσματα, c. 1, *Rhet. Graec.* II. 62). In several places Demosth. repeats phrases or short passages of his own. See on this—which illustrates the ancient view of oratory as a fine art—*Attic Orators*, I. lxxii.

§ **85. οὐ μὴν ἀποστατέον**] 'I must not desist, however, but must speak on my chosen theme as the moment may prompt, and as may be expedient for the purpose of persuading you to act thus'. ὅ τι ἂν ὑποπέσῃ, 'whatever may suggest itself': cp. *Od.* XII. 266, καί μοι ἔπος ἔμπεσε θυμῷ: Plut. *Ages.* 7, ὑπῆλθε τὸν Ἀγησίλαον, 'it occurred to him'. As the *Panegyricus* was the result of long thought and study, so the present discourse is to be rather an extemporary appeal of a more personal kind.

ἐλλίπω τι] not—'omit anything' (wh. would be rather παραλίπω), but—'fail in any respect'; τὸν αὐτὸν τρόπον τοῖς προτ. ἐκδεδ. meaning, 'up to the level of' the work which he had formerly put forth (the *Panegyricus*).

ἀλλ' οὖν ὑπογρ.] 'yet at least I think that I can trace a pretty clear outline for those who are able to execute my idea, and to carry the work through': *i.e.* for one who, like Philip, is in a position to levy war against Asia. Cp. ὑφηγήσατο, Lys. *Olymp.* § 3, note, p. 238.

§ **86. ἢ συναγωνιζομένους**, κ.τ.λ.] 'Nothing must be done until one has got the Greeks either as active supporters of the project, or as cordially favourable spectators': τοὺς Ἕλλ., the Greeks *collectively*. Agesilaus had, of course, Greek *troops*; but the public opinion of Greece at large was not with him.

Ἀγησίλαος] Alluding to the campaigns of Agesilaus in Asia Minor, 396—395 B.C. Cp. *Panegyr.* § 144, Ἀγησίλαος δὲ τῷ Κυρείῳ στρατεύματι χρώμενος [the remnant of the Ten Thousand] μικροῦ δεῖν τῆς ἐντὸς Ἅλυος χώρας ἐκράτησεν, 'all but conquered Asia Minor west of the Halys'. See *Annals* in *Attic Orators*, I. xlvi. 'Agesilaus...assimilated his expedition (396 B.C.) to a new Trojan War—an effort of united Greece, for the purpose of taking vengeance on the common Asiatic enemy of the Hellenic name': Grote IX. 357.

§ 87. τοὺς ἑταίρους] See Isocr. *Epist.* IX. § 13 (Agesilaus) γενόμενος ἐγκρατέστατος καὶ δικαιότατος καὶ πολιτικώτατος [as here φρονιμώτατος] διττὰς ἔσχεν ἐπιθυμίας·...ἠβούλετο γὰρ βασιλεῖ τε πολεμεῖν καὶ τῶν φίλων τοὺς φεύγοντας εἰς τὰς πόλεις καταγαγεῖν καὶ κυρίους καταστῆσαι τῶν πραγμάτων. Here τοὺς ἑταίρους are not '*his friends*', but, '*the members of the oligarchical clubs*' (ἑταιρίαι) by whom the Spartan δεκαρχίαι had been supported in the various cities: cp. Lysias *In Eratosth.* § 43, πέντε ἄνδρες ἔφοροι κατέστησαν ὑπὸ τῶν καλουμένων ἑταίρων (at Athens in 404 B.C.). Not long after these δεκαρχίαι had been established by Lysander (in 405—4 B.C.) a reaction set in against them, and in many cities they were either dissolved or modified, with the express approval of the Spartan Ephors. When Agesilaus went to Asia in 396 B.C., Lysander accompanied him, 'in order', as Xen. says (*Hellen.* III. 4. 2), '*to restore, with the help of Agesilaus*, the decarchies which he [Lysander] had established in the cities, but which had been banished (ἐκπεπτωκυίας) by the (Spartan) Ephors, who directed the cities to resume their traditional constitutions'.

Isocr. correctly represents the general situation in the Asiatic Hellas of 396 B.C.; but he does not accurately describe the attitude of Agesilaus. It was Lysander, not Agesilaus, who desired to restore the ἑταῖροι, the oligarchical partisans. Agesilaus appeared in contrast with Lysander as δημοτικός (Plut. *Ages.* c. 7). Isocr. seems to confound the *political* enterprise, in which Lysander sought (not very successfully) to engage Agesilaus, with the marked eagerness of Agesilaus to enrich or honour his *personal* friends (see Xen. *Ages.* I. 18, πάντες παμπλήθη χρήματα ἔλαβον, κ.τ.λ.): and this misapprehension appears when, in the passage cited above (*Epist.* IX. § 13), he uses the phrase τοὺς ἑαυτοῦ φίλους.

ἐν κακοῖς...τὴν ταραχὴν τὴν ἐνθάδε γ.] *i.e.* (1) The *Asiatic Greeks* were involved in troubles and dangers by that strife between the democratic and oligarchic parties which arose from the attempt to restore the oligarchic exiles. (2) The tumult excited in Greece Proper by the outbreak of the Corinthian War in 394 B.C., ἡ ταραχὴ ἡ ἐνθάδε γιγνομένη—which caused Agesilaus to be recalled from Asia—left the *European Greeks* no leisure to think about a war against Persia.

§ 88. ἐκ τῶν ἀγνοηθέντων] 'And so, from the oversights which were made at that time, it is easy to deduce the lesson that no prudent man will make war on Persia until he has reconciled the Greeks and cured them of the madness which now possesses them' [the discord which is ruining them]:

πόλεμον ἐκφέρειν, inferre bellum; Xen. Hellen. III. 5, ἐφ' ᾧτε ἐξοίσειν πόλεμον πρὸς Λακεδαιμονίους.

§ 89. τῶν μὲν ἄλλων] 'Most other people, perhaps, if they were minded to urge on you an expedition against Asia, would have recourse to this topic of exhortation—that all who have ever undertaken a war against Persia have had the fortune to exchange obscurity for eminence, poverty for wealth, a humble station for the lordship of wide lands and of cities. My appeal to you, however, will not rely on such examples (τῶν τοιούτων masc., cp. Panegyr. § 173, ἐκ τῶν αὐτῶν) but on the case of those who are adjudged to have failed—I mean the comrades of Cyrus and Clearchus'. δοξάντων, who have been set down as failures—more than δοκούντων.

§ 90. τὴν Κύρου προπέτειαν] 'the impetuosity of Cyrus',— at the battle of Cunaxa (401 B.C.). The Greeks were conquering, and those around Cyrus were already saluting him as king. But he still restrained himself: οὐδ' ὡς ἐξήχθη διώκειν (Xen. Anab. I. 8. 21). Presently, however, to defeat a movement of the enemy, he charged the Persian centre, and routed the 6000 who surrounded Artaxerxes. His own body-guard went on in pursuit. Cyrus was left alone with his immediate staff (ὁμοτράπεζοι). At this moment he caught sight of his hated brother. He cried, 'I see the man'—rushed at him—wounded him—and was slain (ib. § 25).

§ 91. τῆς περὶ αὐτὸν δυνάμεως] 'the power about him'—the military resources of the Persian empire. Cp. Panegyr. § 166, μείζω δύναμιν περὶ αὐτὸν ἑκάστων αὐτῶν ποιησάμενος, note, p. 311.

προκαλεσάμενος...εἰς λόγον ἐλθεῖν] 'having invited' them 'to a conference'. We cannot render 'having caused to be invited', since the act. προκαλεῖν is not classical as = προκαλεῖσθαι. Take ὥστε with ἀπέκτεινε, not with ἐλθεῖν: προκαλεσάμενος requires εἰς λόγον ἐλθεῖν to explain it. Note the series of participles: προκαλεσάμενος—καὶ ὑπισχνούμενος (representing the imperf. ὑπισχνεῖτο)—ὑπαγαγόμενος καὶ...δοὺς—συλλαβών (this last being in closer connection with ἀπέκτεινε).—Xen. does not say that Tissaphernes offered 'large presents' to the leaders, and 'their pay in full' to the soldiers. Acc. to Xen., Tissaphernes offered (1) a safe conduct back to Greece, (2) a market for provisions on the march,—if the Greeks would abstain from ravage, and would pay for what they took: Xen. Anab. II. 3. 26, 27.

πίστεις...τὰς μεγίστας] Xen. ib. § 28, ταῦτα ἔδοξε· καὶ ὤμοσαν καὶ δεξιὰς ἔδοσαν Τισσαφέρνης καὶ ὁ τῆς βασιλέως γυναικὸς ἀδελφὸς τοῖς τῶν Ἑλλήνων στρατηγοῖς καὶ λοχαγοῖς καὶ ἔλαβον παρὰ τῶν Ἑλλήνων. The oaths between the Greeks and Ariaeus (the Persian leader of the Asiatic contingent under Cyrus) were ratified in more solemn fashion after the battle: a bull, a wolf, a boar, and a ram were slain, and their blood received in a shield, the contracting parties dipping their weapons in it. Xen. *Anab.* II. 2. 9. Here Isocr. seems to be thinking of this, rather than of the simple δεξιὰς δοῦναι.

συλλαβὼν...ἀπέκτανε] Tissaphernes seized in his tent five of the στρατηγοί: four, including Clearchus, were put to death soon afterwards, and Menon a year later: Xen. *An.* II. 5. 31, 6. 29.

§ 92. φαίνονται...κρατήσαντες ἄν] = δῆλόν ἐστιν ὅτι ἐκράτησαν ἄν: [grammatically, the words might equally well mean, ὅτι κρατήσειαν ἄν:] Goodwin § 41. 3.

140 εἰ μὴ διὰ Κῦρον] *sc.* ἐσφάλησαν, 'had it not been for Cyrus': Plat. *Gorg.* 516 E, εἰ μὴ διὰ τὸν πρύτανιν, ἐνέπεσεν ἄν: Dem. *F. L.* § 73, οὐ γὰρ ὡς εἰ μὴ διὰ Λακεδαιμονίους,...οὐδ' ὡς εἰ μὴ διὰ τὸ καὶ τό (if it had not been for this or that), ἐσώθησαν ἂν οἱ Φωκεῖς,—οὐχ οὕτω τότε ἀπήγγειλεν: Goodwin § 52. 1, n. 1.

σοὶ δέ, κ.τ.λ.] 'But for you it is not difficult to guard against the mishap which occurred on that occasion [such rashness as that of Cyrus, § 90], and it is easy to provide a force much stronger than that which overmastered the power of the King' (ἐκείνου, Artaxerxes II.).

ὑπαρξάντων] 'have been secured': for the tense, cp. *Panegyr.* § 162, τοιούτων ὁρμητηρίων ὑπαρξάντων, p. 128, and below § 95, ὑπαρξάσης.

§ 93. πρότερον] In *Panegyr.* §§ 145—149, where he thus sums up the lesson of the famous Retreat,—ἀσφαλέστερον κατέβησαν [came down to the coast] τῶν περὶ φιλίας ὡς αὐτὸν [τὸν βασιλέα] πρεσβευόντων.

ἐπιστὰς γάρ, κ.τ.λ.] 'For, as my argument had brought me to the same topics, I spared myself the labour of striving to find new words for ideas which had been fully illustrated already' (in the *Panegyr.*). ἐπιστάς: *i.e.* the course of the discussion led him to a point where the same διάνοιαι must be repeated: cp. ἐπιστῶσιν, *Panegyr.* § 165, note, p. 311.

§ 94. τοῖς μὲν οὖν οἰκείοις, κ.τ.λ.] 'Now, I may perhaps draw upon my own materials [*i.e.* repeat my own thoughts or language from former works], if in any case there be urgent need, and it be fitting: but I will adopt nothing from the work of others, any more than of old'.—κατεπείγῃ: cp. Dem. *In Timocr.* § 18, ἀλλά, περὶ ὧν οὐδὲν ἴσως ὑμᾶς κατεπείγει νῦν ἀκοῦσαι, 'there is no pressing need' for you to hear.

§ 95. **τῆς ἐκείνοις ὑπαρξάσης**] 'which had been raised by them' [the Cyreians]: =ἣ ὑπῆρξε, not ἣ ὑπῆρχε: cp. on § 92.

διὰ τὰς δεκαρχίας, κ.τ.λ.] 'while they [Cyrus and his followers] had the Greeks most strongly prepossessed against them on account of the decarchies of the Spartan period'. δεκαδαρχία (the rule of a δεκάς) is here, as often, a v. l. for δεκαρχία (the rule of δέκα). Harpocrat. supports δεκαδαρχία, Suidas and Xen. δεκαρχία. The fact that δεκάδαρχος had a technical military sense, 'a commander of ten' (freq. in Xen.), seems to favour δεκαρχία in the sense of government by ten: so πενταρχία (not πεμπαδαρχία), τριαρχία (not τριαδαρχία), κ.τ.λ. Cp. *Panegyr.* §§ 110 f., οἱ τῶν δεκαρχιῶν κοινωνήσαντες καὶ τὰς αὑτῶν πατρίδας διαλυμηνάμενοι (those who supported the oligarchies of ten, established by Lysander, and so ruined their native cities); see note on § 87, τοὺς ἑταίρους.—ἐπὶ Λακεδαιμονίων, 'in the time of the Lacedaemonians', *i.e.* of their ἡγεμονία, which now (346 B.C.) was a thing of the past: it lasted, roughly, from 404 B.C. to 371 B.C., when the battle of Leuctra gave the ascendancy to Thebes.

§ 96. **ἐξ ἑτοίμου**] 'readily': cp. *Adv. Sophist.* § 15, p. 114, 141 ἐξ ἑτοιμοτέρου λαμβάνειν.

τῶν πλανωμένων—τῶν πολιτ.] 'A large and powerful force can more easily be raised from among the homeless vagrants than from among the dwellers in cities'. Cp. *Epist.* IX. (to Archidamus, 356 B.C.) § 9, μείζους καὶ κρείττους συντάξεις στρατοπέδων γιγνομένας ἐκ τῶν πλανωμένων ἢ τῶν πολιτευομένων. These 'vagrants' were political exiles, driven out by the troubles bred of the 'decarchies'—ruined men and criminals of every sort. See *Panegyr.* § 168, ὥστε τοὺς μὲν ἐν ταῖς αὑτῶν ἀνόμως ἀπόλλυσθαι, τοὺς δ' ἐπὶ ξένης μετὰ παίδων καὶ γυναικῶν ἀλᾶσθαι, and note.

οὐκ ἦν ξενικόν] Cyrus (in 401 B.C.) found it hard to raise 10,000 mercenaries from all Greece: in 338 B.C. 10,000 such formed a single contingent at Chaeroneia: see *Attic Orators*, II. 17.

τοῖς συλλέγουσι] Thus Cyrus gave Clearchus about £10,000 with which to levy mercenaries: ὁ δὲ λαβὼν τὸ χρυσίον στράτευμα συνέλεξεν ἀπὸ τούτων τῶν χρημάτων, Xen. *Anab.* I. 1. 9.—τὴν εἰς τοὺς στρατιώτας μισθοφοράν, the pay (spent) on the soldiers.

§ 97. **Κλέαρχον τὸν ἐπιστατήσαντα**, κ.τ.λ.] 'Clearchus, who was placed in command [*aor.*] of that expedition',—as being the leader of the Greek mercenaries, and the only officer who knew from the first the real object of the march (Xen. *Anab.* III. 1. 10).

οὔτε ναυτικῆς οὔτε πεζῆς...κύριον] 'that he had never before been placed in control of any naval or land-force'. To make this exact, κύριον must mean 'commander-in-chief'. Clearchus had held a command under Mindarus at Cyzicus in 410 B.C., and under Callicratidas at Arginusae in 406 B.C. At the end of the war he was sent as general to Thrace, but was recalled by the Ephors before he had arrived there. He disregarded their orders; and sentence of death was recorded against him at Sparta. After holding Byzantium for a time, he took service with Cyrus.—ἀτυχίας: his seizure and execution by Tissaphernes, Xen. *Anab.* II. 6. 29.

§ 98. τοσαῦτα καὶ τηλικαῦτα] with περὶ ὧν: 'so great... that if I were speaking of them'... The sentence, as commenced, should have gone thus:—περὶ ὧν, εἰ μὲν...ἐποιούμην, καλῶς ἂν εἶχε διελθεῖν, ἐπειδὴ δὲ...διαλέγομαι, ἀνόητον καὶ περίεργον ἂν εἴη διεξιέναι. But with πρὸς σὲ δὲ διαλεγόμενος a fresh departure is taken. The expected apodosis, ἀνόητον ἂν εἴη...διεξιέναι, is broken up into *a protasis and apodosis*, εἰ διεξιοίην...ἀνόητος ἂν δοκοίην, thus forming an independent conditional sentence on a new plan.

§ 99. τούτου πατήρ] Artaxerxes II. [Mnêmon] regn. 405— 359 B.C. (Clinton *F. H.* II. Append. c. 18). κατεπολέμησεν is incorrect: he gained no great *military* success over the Greeks. But Greek disunion and Persian money combined to bring him his *political* victory over Athens and Sparta in the Peace of Antalcidas (387 B.C.).—οὗτος: Artaxerxes III. (Ochos): 359— 339 B.C. Isocr. writes in 346 B.C.

§ 100. ὁ μὲν...οὗτος δέ] 'The former king [Artaxerxes Mnêmon] received the surrender of all Asia under the Treaty; the present king [Artax. Ochos], so far from being capable of extending his dominion, is not master even of the cities which were surrendered to him'. Note the *aor.* ἐκδοθεισῶν, whereas in *Panegyr.* § 175, p. 131, we have αἱ ἐκδεδομέναι of the same cities, when the king *was* still master of them.—ἐξέλαβεν, correlative of ἐκδιδόναι: see *Panegyr.* § 169, note, p. 313.— συνθήκαις: for the terms of the Peace of Antalcidas, see *Panegyr.* § 175, note, p. 314.—οὗτος τοσούτου δεῖ [τοῦ] ἄρχειν: cp. Lys. *In Eratosth.* § 17, οὕτω πολλοῦ ἐδέησε κριθῆναι καὶ ἀπολογήσασθαι: Plat. *Apol.* 30 D, πολλοῦ δέω ἀπολογεῖσθαι: so δεῖς, *Lysis* 204 E.

τούτων αὐτῶν ἀφεστάναι] 'that the king has abandoned them [αὐτῶν = τῶν πόλεων] from cowardice, or that they have conceived disdain and contempt for the barbarian authority' [δυναστείας, the Persian suzerainty over Greek cities with municipal self-government]: *i.e.* these cities could not be more practically independent than they are if Persia had given them up, or if they had revolted from Persia.

§ 101. τὰ τοίνυν περὶ τὴν χώραν] The state of Persia is the next topic. This passage, to the end of § 104, is parallel to *Panegyr.* §§ 160—166 (pp. 127 ff.).

Αἴγυπτος...ἀφεστήκει] 'was in revolt': κατ' ἐκεῖνον τὸν χρόνον, in the days of the late king's prosperity after the Peace of Antalcidas: see note on *Panegyr.* § 161, p. 309. This revolt prob. began earlier than 385 B.C.

καὶ τῆς διὰ τὸν ποταμὸν δυσχωρίας, κ.τ.λ.] 'At the same time [οὐ μὴν ἀλλ', *Panegyr.* § 172, note] the Egyptians were afraid lest the king should some day make an expedition against them in person, and become master of the difficult passage over the river, as well as of their defences generally'.— ἡ διὰ τὸν ποταμὸν δυσχωρία, the passage of the Nile at Pelusium, on the E. frontier of Egypt. When Cambyses invaded Egypt in 525 B.C. he approached by way of Cadytis (Gaza), obtaining safe guidance through the desert from 'the King of the Arabians' (Her. III. 4.),—*i.e.* from some powerful sheikh,—who also provided a supply of water for the three days passage of the desert. Psammenitus, with his army, awaited the Persians at the Pelusiac mouth of the Nile, and was there routed by Cambyses, who next besieged and took Memphis (Her. III. 10—13). δυσχωρία, here, suggests the desert by which the Nile is approached from the E.

νῦν δ' οὗτος, κ.τ.λ.] The chronology of the revolt, spoken of here as not yet subdued, is uncertain. Schäfer (*Demosth. u. seine Zeit*, I. 436 f.) thinks that Artaxerxes Ochos made three expeditions against Egypt, viz. (1) On the occasion noticed, but without date, by Diod. XVI. 40. (2) In the winter of 351—350 B.C., when Nectanebos II. was assisted by Diophantus and Lamius: Diod. XIV. 48: cp. Isocr. *Ep.* VIII. § 8. This would be the expedition alluded to here, when the king was ignominiously repulsed. (3) In 340 B.C., when Egypt was reconquered, the king again commanding in person. See Thirlwall, c. 48, Vol. VI. p. 187 *n.*; Clinton, *F. H.* Vol. II. Append. c. 18.—*Attic Orators*, II. 172, note 4.

§ 102. Κύπρον...Φοινίκην...Κιλικίαν] See on *Panegyr.* § 161, p. 309. τότε μὲν ἦν βασιλέως is accurate only if we suppose Isocr. to speak of a moment *soon* after the Peace of Antalcidas in 387 B.C. The war between Persia and Evagoras of Salamis began prob. in 385 B.C. In 380 B.C. Cyprus and Cilicia had revolted and Phoenicia had been ravaged.

143 **§ 103. Ἰδριέα**] Idrieus, second son of Hecatomnus [*Panegyr.* § 162, note, p. 310] succeeded his sister Artemisia as dynast of Caria in 351 B.C., and reigned till 344 B.C. On the chronology of the Carian princes cp. Clinton *F. H.* II. Append. c. 14 (*Attic Orators*, II. 173).

ἢ πάντων, κ.τ.λ.] 'else he would be the most heartless of men'—σχετλ., most devoid of natural affection. τὴν αἰκισαμένην...τὸν ἀδελφόν, 'which ill-treated his brother' Mausōlus. Idrieus, Mausolus and Artemisia were the three children of Hecatomnus. Artemisia married her own brother Mausolus, dynast of Caria from about 377 to 353 B.C. He seems to have died a natural death: Diod. XVI. 36 says merely ἐτελεύτησεν: but he had taken part in the revolt of the satraps from Artaxerxes Mnêmon (362 B.C., Diod. XV. 90) and may have suffered imprisonment.—πολεμήσασαν πρὸς αὑτόν: Idrieus began his reign as a loyal subject of Artaxerxes Ochos; but he may have thrown off his allegiance later, for Dem. alludes to him as τὸν Κᾶρα who had seized Chios, Cos and Rhodes (*De Pace* § 25).

§ 104. θεραπεύειν] 'to court his favour': alluding esp. to the fact that, soon after his accession in 351 B.C., Idrieus responded to a demand of Artaxerxes Ochos by sending 40 triremes and 8000 mercenaries against Cyprus: Diod. XVI. 42.—ἀναπέμπειν—from the seaboard to the Persian coast.

ἢν ὑπόσχῃ...κατέλυσεν] 'If you promise them *liberty*, and send abroad over the face of Asia that name, which had no sooner sounded in the ears of Greece than it destroyed our empire, as also the empire of Sparta'. The 'liberation of the Greeks' from Athenian tyranny was the watchword of Sparta in the Peloponnesian War: see esp. the speech of Brasidas in Thuc. IV. 86. The oppression of the cities by the Spartan oligarchies was the cause which chiefly discredited and at last ruined the Spartan ἡγεμονία: see Isocr. *Panegyr.* § 64, τῶν Εἱλώτων ἑνὶ δουλεύειν (*i.e.* to the μόθαξ Lysander, who set up the decarchies).

VIII. ΠΛΑΤΑΙΚΟΣ. [Or. XIV.]—The revolution of 379 B.C. at Thebes had been a blow to Spartan influence throughout Hellas, and especially in Boeotia. Agesilaus in 378 and 377, Cleombrotus in 376 and 376, had invaded Boeotia without gaining any advantage. By the end of 376 the oligarchies supported by Sparta had been abolished in all the Boeotian towns except Orchomenus; and the Boeotian Confederacy, with Thebes at its head, had been reconstituted.

After its destruction in 427 B.C. Plataea had been left desolate till 386, when it was rebuilt by Sparta as a stronghold against Thebes. Cut off from Spartan support, Plataea had come (377 or 376 B.C.) into the Boeotian Confederacy; but, like Thespiae and Tanagra (§ 9), had joined it unwillingly. The relief felt by most other towns at riddance from the philo-Spartan oligarchies was more than balanced, in the case of Thespiae, Tanagra and Plataea, by hatred of Thebes. Diodorus states that the Plataeans secretly offered their town to Athens. At any rate the alarm felt at Plataea was so great that it was only on the days of public assemblies at Thebes that the men ventured to go into the fields, leaving their wives and children within the walls.

On one of these days a Theban force under the Boeotarch Neocles surprised Plataea, in the latter half of 373 B.C. The town was destroyed, and the territory was again annexed to Thebes. The inhabitants, with such property as they could carry, sought refuge, like their ancestors in 427, at Athens. Their case was discussed there, not merely in the Ecclesia, but in the congress of the allies (συνέδριον § 21); Callistratus being the foremost advocate of Plataea, as Epameinondas of Thebes. It was not till 338, after Chaeroneia, that Plataea was restored; this time through the enmity of Philip, as formerly through the enmity of Sparta, towards Thebes.

The speech of Isocrates is supposed to be spoken by a Plataean before the Ecclesia; and there is nothing in the matter or form of the speech itself to make it improbable that it was actually so delivered. The date is 373 B.C.—*Attic Orators*, II. 176 f.

Peroration: §§ 56—63.

§ 56. ὑπὲρ ὧν ἅπαντας ὑμᾶς ἱκετεύομεν] 'Wherefore we supplicate you all to give us back our land and our city'. ὑπὲρ ὧν (neut.), in the name of the miseries which have been set forth (§§ 46—55). The town of Plataea had been wholly, or in great part, demolished, and the territory had been annexed to Thebes. The object of the appeal is to obtain the assistance of Athens in restoring the town and recovering the land. ἅπαντας: *all* of you: in allusion to the fact that the Plataeans had *some* ties with Athens through marriage: § 51, ταῖς μὲν εὐνοίαις ἅπαντες οἰκεῖοι, τῇ δὲ συγγενείᾳ τὸ πλῆθος ἡμῶν: 'we are all your kinsmen in heart, and most of us in blood'.

περιιδεῖν...παθόντας] 'not to see us crushed by sufferings even beyond those which have been recounted'.—παθόντας, not πάσχοντας: cp. Andoc. *De Myst*. § 58, ἀποθανόντας, note.

§ 57. μόνοι] 'And you, above all the Greeks, owe us this good office, that you should succour us when we have been made homeless'. μόνοι ὀφείλετε=*unice debetis* (not as implying that *no other* Greeks ought to pity them): cp. Soph. *O. C.* 260, εἰ τάς γ' 'Αθήνας φασὶ θεοσεβεστάτας | εἶναι, μόνας δὲ τὸν κακούμενον ξένον | σῴζειν οἵας τε καὶ μόνας ἀρκεῖν ἔχειν.

τοῦτον τὸν ἔρανον] (1) The primary notion of ἔρανος seems to be 'a putting together', 'a collection' (of money): from rt. ἀρ, with the fundamental idea of motion towards a goal which is attained: see Curt. *Gr. E.* 488. (2) Then ἔρανος= 'a subscription' (whether for a pic-nic as opp. to an εἰλαπίνη, as in *Od.* I. 226, or for any other purpose). (3) Then figuratively, a *contribution* or *offering* to a cause: Thuc. II. 43, κάλλιστον... ἔρανον αὐτῇ προϊέμενοι, 'lavishing on the city the tribute of their lives'. Cp. [Dem.] *In Aristog.* I. § 22, 'everything that each man among us does by injunction of the law is his *contribution* (ἔρανος) as a citizen of the Commonwealth'. At Athens there were organized societies which, as well as the subscriptions paid to them, were called ἔρανοι. Some of these were private clubs for social purposes; others, associations for mutual relief in case of need, with collecting officers, πληρωταί: Dem. *In Mid.* § 184. Cp. Theophr. *Char.* L. τοὺς δανειζομένους ἢ ἐρανίζοντας, 'applicants for a loan or a subscription'.

ἀναστάτους] 'homeless': lit. 'forced to arise'. Used by Isocr. either of a ruined town, *Panegyr.* § 98, ἡ πόλις ἡμῶν ἀνάστατος γενομένη—Athens sacked by the Persians: or a desolate house, ἀναστάτους οἴκους, *Arch.* § 66, or a ravaged country, Ἰταλία ἀνάστατος, *Panegyr.* § 169, or a population made homeless, ὁμόρους ἀναστάτους, *ib.* § 108.

ἐν τῷ Περσικῷ πολέμῳ] 'For they say that when, in the Persian War, your fathers had quitted this land [Attica], our ancestors were the only people north of the Peloponnesus who shared their dangers and helped them to recover their city'. Isocr. is thinking here of the fact that the Plataeans (with the Thespieans) were the only Greeks who joined with the Athenians in meeting the Persians at Marathon: cp. Thuc. III. 54. But, as ἐκλιπόντων and συναναστῶσαι show, he has confused this with the crisis of the later invasion, when Athens was twice occupied by the Persians—first under Xerxes, in the autumn of 480 B.C., secondly under Mardonius in the early summer of 479. Similarly in *Panegyr.* § 94 he supposes that the Persian offers which the Athenians rejected were made by Xerxes in 480 B.C. They were really made by Mardonius in 479. Cp. Grote v. 147.

ἥνπερ...ὑπάρξαντες] Dem. *F. L.* § 280, διὰ τὰς εὐεργεσίας ἃς ὑπῆρξαν εἰς ὑμᾶς: Lysias or. XXI. § 25, ἀνάξια τῶν εἰς ὑμᾶς ὑπηργμένων, a fate ill-merited by our former services to you. —τυγχάνομεν ὑπάρξαντες, we are *in the position of* having first rendered: 'which we ourselves were *in fact* the first to render'.

§ 58. **εἰ δ' οὖν**] 'If, however': δ' οὖν marking the descent from the greater to the lesser claim, as often the return from a parenthesis: *e.g.* Aesch. *Ag.* 84, Her. VI. 76 : cp. my note on Soph. *Ai.* 28.—πεπορθημένην: see on παθόντας, § 56.

σημεῖα...καταλείπεται] 'in which abide the greatest witnesses to the heroism of Athenians and of those who fought by their side' [at Plataea, 479 B.C.]: viz. (1) the tombs of those who fell in the battle of Plataea, at which yearly honours were paid: (2) the festival of the 'Ελευθέρια, or Liberation, held once in every four years. Thuc. III. 58 (Plataeans to Spartan judges), ἱκέται γιγνόμεθα ὑμῶν τῶν πατρῴων τάφων, 'supplicate you by the tombs of your fathers'. Plut. *Aristeid.* 21, συνιέναι μὲν εἰς Πλαταιὰς καθ' ἕκαστον ἐνιαυτὸν ἀπὸ τῆς Ἑλλάδος προβούλους καὶ θεωρούς, ἄγεσθαι δὲ πενταετηρικὸν ἀγῶνα τῶν Ἐλευθερίων.

§ 59. **Θηβαῖοι**] 'The Thebans naturally wish to destroy them [τὰ σημεῖα], since the memorials of those achievements are their shame'. In Thuc. III. 62 the Theban speakers seek to excuse the μηδισμός of their fathers on the ground that (in 480 B.C.) the Theban government was neither a democracy nor yet an ὀλιγαρχία ἰσόνομος, but merely a δυναστεία ὀλίγων ἀνδρῶν. 'The Theban people, and the Boeotians generally, with the exception of Thespiae and Plataea, seem to have had little sentiment on either side, and to have followed passively the inspirations of their leaders': Grote v. 104.

ἐξ ἐκείνων, κ.τ.λ.] 'for it was owing to those deeds that you acquired the leadership of Greece'. Thuc. I. 95 (478 B.C.), οἵ τε ἄλλοι Ἕλληνες ἤχθοντο (at the insolence of Pausanias) καὶ οὐχ ἥκιστα οἱ Ἴωνες καὶ ὅσοι ἀπὸ βασιλέως νεωστὶ ἠλευθέρωντο· φοιτῶντές τε πρὸς τοὺς Ἀθηναίους ἠξίουν αὐτοὺς ἡγεμόνας σφῶν γενέσθαι κατὰ τὸ συγγενές, κ.τ.λ.

§ 60. **ἐκεῖνον τὸν τόπον**] Plataea and its territory. Thuc. II. 71 (Plataeans to Archidamus, 429 B.C.), μάρτυράς τε θεοὺς τοὺς τε ὁρκίους τότε [after the battle in 479 B.C.] γενομένους ποιούμενοι καὶ τοὺς ὑμετέρους πατρῴους καὶ ἡμετέρους ἐγχωρίους λέγομεν ὑμῖν τὴν γῆν τὴν Πλαταιΐδα μὴ ἀδικεῖν.

οἷς καλλιερησάμενοι] When Pausanias offered sacrifice before the battle of Plataea, the signs were at first unfavourable; but when at last he looked towards the temple of the Plataean Hera, and invoked her, αὐτίκα μετὰ τὴν εὐχὴν... ἐγίνετο θυομένοισι τὰ σφάγια χρηστά: Her. IX. 62. To Mardonius, on the other hand, οὐ δύναται τὰ σφάγια καταθύμια (satisfactory) γενέσθαι, ib. 44, 45.

145 χρὴ δὲ καὶ τῶν προγόνων, κ.τ.λ.] 'You must take some thought, too, for your ancestors, and avoid an incidental neglect [παραμελῆσαι] of your duty to them also; for what would be their feelings—if indeed the departed [τοῖς ἐκεῖ] have any consciousness of what passes on earth—supposing they should become aware that, by your fiat, those who stooped to be the barbarian's slaves were being set as masters over their brethren,—while we, who fought the fight of freedom, have, alone of the Greeks, been made homeless;—that the tombs of those who shared their peril are deprived of the due honours, because there are none to render them,—while the Thebans, who stood in the ranks of the enemy, are lords of the land?' The πρόγονοι invoked are not merely the Athenians who fell at Plataea, but the Athenians generally who were contemporary with the Persian Wars.—παραμελῆσαι: cp. Dem. *Fals. Legat.* § 175, δεδιὼς μὴ συμπαραπόλωμαι διὰ τούτους, 'fearing lest I should be ruined as an incident of their ruin': cp. *In Mid.* § 116, παραπόλωλεν 'has incidentally become a victim' (to Meidias, whose *principal* victim was Demosthenes).

§ 61. τάφους, κ.τ.λ.] Cp. the Plataean appeal to the Spartan judges (Thuc. III. 58): εἰ κτενεῖτε ἡμᾶς καὶ χώραν τὴν Πλαταιῗδα Θηβαῗδα ποιήσετε, τί ἄλλο ἢ ἐν πολεμίᾳ τε καὶ παρὰ τοῖς αὐθένταις (their murderers) πατέρας τοὺς ὑμετέρους καὶ ξυγγενεῖς ἀτίμους γερῶν (=τῶν νομιζομένων here) ὧν νῦν ἴσχουσι καταλείψετε;

§ 62. Λακεδαιμονίων] Alluding to the destruction of Plataea in 427 B.C.—Θηβαίοις χαριζόμενοι: so the Plataeans say, Thuc. III. 53, δέδιμεν μὴ ἄλλοις χάριν φέροντες (*i.e.* for the gratification of the Thebans) ἐπὶ διεγνωσμένην κρίσιν (a prejudged case) καθιστώμεθα.

βλασφημίας, κ.τ.λ.] 'these evil rumours': cp. *Adv. Sophist.* § 11, ὁρῶ γὰρ οὐ μόνον περὶ τοὺς ἐξαμαρτάνοντας τὰς βλασφημίας γιγνομένας.—ἔλησθε: 'do not espouse their violence, to the loss of your present repute' (for ἐπιείκεια).

§ 63. ἀλλ' αὐτοὺς...συνιδόντας] 'but you must comprehend in your own survey those points also which I have omitted,—you must think first of the oaths and compacts [exchanged with the Plataeans by the Greeks in 480 B.C.], next of our friendship with you, and of Theban enmity,—and so give the righteous sentence in our cause'.—συνιδόντας: cp. *Nicocl.* § 17, note.

IX. ΠΕΡΙ ΕΙΡΗΝΗΣ. [Or. VIII.]—'On the Peace'. 146
Like the *Areopagiticus*, this is a political pamphlet with
the form of a deliberative speech. In 357 B.C. Chios, Cos,
Rhodes and Byzantium revolted from Athens. The Social
War was concluded about midsummer, 355 B.C., by a treaty
which declared the independence of the seceding states. The
Speech *On the Peace* was probably written while negotiations
for peace were pending, *i.e.* in the first half of 355 B.C.

The leaders of the War Party—esp. Chares and the orator
Aristophon of Azenia—are the men against whom Isocr.
directs this vigorous appeal. Athens, he urges, must resign
pretensions to foreign domination (ἀρχή), and be content with
the headship (ἡγεμονία) of a free league. The following passage
is his censure on the corrupt public men of the day.

§§ 121—131.

§ 121. ὧν ἐνθυμουμένους] 'Remembering these things'—
the dangers of an ambitious foreign policy, as illustrated by
the experience of Athens and Sparta, §§ 74—120.

τὴν ἐπὶ τοῦ βήμ. δυναστ.] 'the mastery of the platform' (in
the Ecclesia): 'the ear of the House'. Cp. *Philipp.* § 81,
δυνάστης—τοῖς ἐπὶ τοῦ βήματος καλινδουμένοις, note, p. 320.

προήγαγον] Cp. *Panegyr.* § 174, note, p. 314.

§ 122. ἃ καὶ πάντων, κ.τ.λ.] 'And, just for that reason,
nothing is more surprising than that you elect', etc. ἅ, acc.
referring to the whole preceding statement, lit. 'and as to
these things' (like *quod* before *si* and *nisi*): cp. Thuc. II. 40
§ 3, διαφερόντως γὰρ δὴ καὶ τόδε ἔχομεν ὥστε τολμᾶν τε οἱ αὐτοὶ
μάλιστα, καὶ περὶ ὧν ἐπιχειρήσομεν, ἐκλογίζεσθαι· ὃ [acc., as to
which thing, 'whereas'] τοῖς ἄλλοις ἀμαθία μὲν θράσος λογισμὸς
δὲ ὄκνον φέρει.

προχειρίζεσθε] 'elect', lit. 'make ready for yourselves': cp.
[Dem.] *In Aristog.* I. § 18, ὁρῶν ὑμᾶς κατατάττοντάς με (desig-
nating) καὶ προχειριζομένους ἐπὶ τὴν τούτου κατηγορίαν.

§ 123. ἐπὶ μὲν ἐκείνων] 'in their time'—*i.e.* when they
were in the ascendant: cp. *Philipp.* § 95, δεκαρχίας τὰς ἐπὶ
Λακεδαιμονίων, note, p. 325.

δὶς ἤδη καταλ.] By the Four Hundred in 411 B.C., and the
Thirty in 404 B.C. Cp. Lysias or. XXXIV. § 1, p. 52.

τὰς φυγάς, κ.τ.λ.] 'and that the exiles who were sent into
banishment in the time of the tyrants [the Four Hundred],
and in the time of the Thirty, were restored, not through the

mercenary adventurers, but through those who hate such men'.—φυγάς...κατελθεύσας = φυγάδας...κατελθόντας.—τῶν τυράννων would more naturally mean the Peisistratidae; but ἐν ὀλίγῳ χρόνῳ, with δίς, excludes that view.

§ **124. ἑκατέρων**] *i.e.* the supporters of an imperial policy (ἀρχή), and its opponents.

οὐδὲ φθονοῦμεν] 'nor are jealous'—with a righteous jealousy or envy: cp. the use of φθονεῖν in *Panegyr.* § 184, note, p. 317.

§ **125. δασμολογεῖ**] 'levies imposts', an invidious mode of describing the collection of the σύνταξις, as the tribute of the allies (φόρος) was euphemistically called under the revived Athenian Confederacy. Cp. *Panegyr.* § 132, χρὴ...τοιούτοις ἔργοις ἐπιχειρεῖν πολὺ μᾶλλον ἢ τοὺς νησιώτας δασμολογεῖν. So δασμοφορεῖν, Aesch. *Pers.* 586.

οἷς δ' οὐδὲν ὑπῆρχεν ἀγαθόν] 'while men who began with no property—these, on the other hand [δέ in apodosis], have been raised from a low estate to wealth, through our folly': a common topic of accusation against the demagogues, and often probably a false one. Cp. Lysias or. XIX. § 48, speaking of the demagogue Cleophon (condemned to death by the oligarchs in 405 B.C.), προσεδοκᾶτο χρήματα πάμπολλα ἔχειν ἐκ τῆς ἀρχῆς, ἀποθανόντος δ' αὐτοῦ οὐδαμοῦ δῆλα τὰ χρήματα, ἀλλὰ καὶ οἱ προσήκοντες καὶ οἱ κηδεσταί, παρ' οἷς κατέλιπεν (his legatees), ὁμολογουμένως πένητές εἰσι.

§ **126. Περικλῆς...δημαγωγός**] 'Pericles, who preceded such men as these in the leadership of the people'. Thuc. uses δημαγ. only in IV. 21, Κλέων...ἀνὴρ δημαγωγός...καὶ τῷ πλήθει πιθανώτατος, where it has not necessarily a bad sense: cp. what he says of Pericles, II. 65, οὐκ ἤγετο μᾶλλον ὑπὸ τοῦ πλήθους ἢ αὐτὸς ἦγε. Lysias or. XXVII. § 10, καίτοι οὐ ταῦτα ἀγαθῶν δημαγωγῶν ἐστι, τὰ ὑμέτερα ἐν ταῖς ὑμετέραις συμφοραῖς λαμβάνειν. Isocr. has the word again in *Panath.* § 148, Πεισιστράτου...ὃς δημαγωγὸς γενόμενος καὶ πολλὰ τὴν πόλιν λυμηνάμενος καὶ τοὺς βελτίστους τῶν πολιτῶν ὡς ὀλιγαρχικοὺς ὄντας ἐκβαλών, τελευτῶν τὸν δῆμον κατέλυσε, κ.τ.λ. Cp. *Helen. Encom.* § 37 (of Theseus), τῇ τῶν πολιτῶν εὐνοίᾳ δορυφορούμενος, τῇ μὲν ἐξουσίᾳ τυράννων, ταῖς δ' εὐεργεσίαις δημαγωγῶν, 'having for his body-guard the affection of the citizens,—placed in authority above the laws, but leading the people by acts of kindness'. Plato never uses the word. In Arist. the bad sense is usu. marked, *e.g. Polit.* VIII [v] 11. § 12 (the flatterer is popular both in democracies and tyrannies, παρὰ μὲν τοῖς δήμοις ὁ δημαγωγὸς (ἔστι γὰρ ὁ δημαγωγὸς τοῦ δήμου κόλαξ), παρὰ δὲ τοῖς τυράννοις οἱ ταπεινῶς ὁμιλοῦντες.

πρὸ τῶν τοιούτων] meaning *e.g.* Cleon, Hyperbolus, Cleophon, and, among contemporaries, esp. Aristophon of Azenia. In this speech Isocr. distinguishes practically three stages of Athenian statesmanship: (1) the stage before Athens was imperial—represented by Aristeides, Miltiades, Themistocles, § 75: (2) the best period of the empire—under Pericles: (3) the period of its decline, and then of unbridled democracy, represented by the πονηροὶ δημαγωγοί (§ 129).

ἐλάττω...κατέλιπεν] Thuc. II. 65, χρημάτων...διαφανῶς ἀδωρότατος γενόμενος. Cp. Plat. *Gorg.* 515 E, ταυτὶ γὰρ ἐγὼ ἀκούω, Περικλέα πεποιηκέναι Ἀθηναίους ἀργοὺς καὶ δειλοὺς καὶ λάλους καὶ φιλαργύρους, εἰς μισθοφορίαν πρῶτον καταστήσαντα: but even his enemies admitted his personal probity.

εἰς τὴν ἀκρόπολιν...χωρὶς τῶν ἱερῶν] *i.e.* to the Treasury, the ὀπισθόδομος, or chamber at the back of the Parthenon (Boeckh, I. 575), ἱερὸν τὸ ὄπισθεν τοῦ ἀδύτου, ἐν ᾧ καὶ τὰ δημόσια ἀπέκειτο χρήματα, schol. Lucian *Tim.* 53. See Thuc. II. 13, where Pericles tells the Athenians that they have (1) 600 talents a year from the φόρος of the allies; (2) 6000 talents [about £1,400,000] in money ἐν τῇ ἀκροπόλει,—the greatest total having been 9700: (3) χρυσίον ἄσημον [uncoined] καὶ ἀργύριον in sacred offerings, vessels, etc., to the value of 500 talents. Cp. Grote VI. 165.

§ 127. τὰ ἀμελούμενα...ἠξίωσαν] 'these neglected affairs, however, [ironical, =τὰ ἴδια αὐτῶν, their private fortunes,] are found to have increased in a measure for which formerly [*i.e.* in the early days of their poverty, § 125] they would not have presumed even to pray to the gods'.—τὴν ἐπίδοσιν: see on ἐπιδόσεις, *Evag.* § 48, note, p. 291.—οὐδ᾽ ἂν εὔξασθαι: cp. *Panegyr.* § 182, εὐχῆς ἄξια, note, p. 317.

§ 128. οἱ μὲν...οἱ δέ] οἱ μέν...οἱ δέ are the two classes of the πολῖται: οἱ μέν are the very poor, who suffer positive want: οἱ δέ, the comparatively rich, who are oppressed by public burdens.

πενίας...ἐνδείας] 'their narrow circumstances and their privations': for the plural, cp. *Antid.* § 283, ταῖς ἀληθείαις, note, p. 303.—πρὸς σφᾶς αὐτούς, 'to themselves', *i.e.* 'among themselves'—since they find no sympathy from their so-called patrons, the δημαγωγοί.

τὸ πλῆθος τῶν προσταγμάτων καὶ τῶν λειτ.] 'the number of arbitrary imposts and of public services': προστάγματα, lit. 'dictates' (cp. *Panegyr.* § 176, προστάγματα καὶ μὴ συνθήκας, p. 132), *i.e.* special taxes imposed at the will of the demagogues, and, in general, extraordinary demands on the citizen's purse or labour: λειτουργίαι, the ordinary or regular services (αἱ ἐγκύκλιοι λειτουργίαι, Dem. *In Mid.* § 21) for the festivals—χορηγία, γυμνασιαρχία, etc.,—*not* including the trierarchy, which is indicated by τὰ περὶ τὰς συμμορίας. The λειτουργίαι may be classified as (1) 'recurring' or annual, ἐγκύκλιοι: (2) periodic at longer intervals, as the sacred missions, θεωρίαι, to the great festivals: (3) extraordinary: *e.g.* missions to the Delphic oracle, and the trierarchy. See my note on Theophrastus *Char.* XXIX. (=XXVI.) p. 227.

τὰ κακὰ τὰ π. τ. συμμορίας...ἀντιδόσεις] 'the vexations of the Navy Boards and Exchanges of property'. The duty of a trierarch was to maintain in efficiency, for one year, a trireme found, rigged, and manned by the State (Dem. *In Mid.* § 156),—the average cost being about £240 (*ib.*). Till 358 B.C. the trierarchy had been discharged by one person, or by two persons jointly. In 358 B.C. the 1200 richest citizens were divided into 20 συμμορίαι ('partnerships', 'associations') of 60 each, for the division of the burden,—a company (συντέλεια), usu. of 15, jointly defraying the cost of each trireme. This plan proved unfair to the poorer men, as the simple or dual trierarchy had been hard on the rich. Demosth. or. XIV. περὶ συμμοριῶν points this out (354 B.C., the year after this speech of Isocr.). A subsequent reform (340 B.C.?) distributed the burden acc. to assessed property, at the rate of one trireme to about £2400 of taxable capital. (Cp. my note on Theophr. *Char.* XXV.=XXII. p. 253.)—ἀντιδόσεις: challenges to exchange properties with the person on whom a λειτουργία had been laid, or else to relieve him of it: see introd. to Isocr. περὶ ἀντιδόσεως, above, p. 299.

§ 129. συνιδεῖν] 'see at a glance' [*i.e.* comprehending in one view all that you know]: cp. *Nicocles* § 17, note, p. 284: *Plataicus* § 63, p. 332.

ῥητόρων] Thuc. has the word thrice,—always of the regular speakers in the Ecclesia, and always in a more or less unfavourable sense: III. 40, VI. 29, VIII. 1. Cp. Isocr. *Panathenaicus*, § 12, πάντες ἴσασι τῶν μὲν ῥητόρων τοὺς πολλοὺς οὐχ ὑπὲρ τῶν τῇ πόλει συμφερόντων ἀλλ' ὑπὲρ ὧν αὐτοὶ λήψεσθαι προσδοκῶσι, δημηγορεῖν τολμῶντας. *Philipp.* § 81, p. 136, μήτε στρατηγός... μήτε ῥήτωρ...μήτε δυνάστης.

τῆς πόλεως ὄντας] 'are on the side of the Commonwealth and of its best advisers'—opp. to ὑφ' αὑτοῖς εἶναι, servile to the demagogues.

§ 130. εἰσαγγελίαις—γραφαῖς—συκοφαντίαις] 'the impeachments [for offences more directly against the State], the indictments, and, generally, the vexatious proceedings of which they are the instruments'. Cp. Lysias *Pro Mantith.* § 12, p. 59, οὔτε δίκην αἰσχρὰν οὔτε γραφὴν οὔτε εἰσαγγελίαν.

X. ΑΡΧΙΔΑΜΟΣ. [Or. VI.]—At the beginning of 366 B.C. Sparta, Athens, Corinth and the smaller states dependent on Corinth, as Epidaurus and Phlius, were allied, and were at war with Thebes and her allies, of whom the chief was Argos. But in that year the treacherous attempt of Athens to seize Corinth gave the Corinthians a sense of insecurity and a desire for peace. They accordingly sent envoys to Thebes, asking on what terms peace would be granted to the allies. The Thebans prescribed, as one condition of peace, the recognition of the independence of Messene, the new state founded by Epameinondas in 370. A congress met at Sparta. The Spartans refused to recognise the independence of Messene; and accordingly remained, with Athens, at war against Thebes. The Corinthians, Epidaurians, Phliasians, and probably some other small states, accepted the condition, and made peace on their own account, B.C. 366: see § 91.

The *Archidamus* is in the form of a deliberative speech. It purports to be spoken in 366 B.C., by Archidamus III., son of the king Agesilaus, during a debate at Sparta on the Theban proposal. There seems no reason to doubt that the speech was written in 366 B.C., either just before or soon after the actual decision of the question. It may have been composed in the first instance as an exercise; yet, as discussing a question of contemporary politics from the point of view which a large party at Sparta must really have taken, it claims to be considered as something more. Isocrates probably sent it to Archidamus,—not, of course, for delivery, but as a proof of sympathy with the Spartan policy.—*Attic Orators*, II. 198 f.

§§ 52—57.

§ 52. ὧν ἐνθυμουμένους] Remembering the examples of recovery from apparently hopeless disaster—Dionysius of Syracuse, when he was on the point of abandoning his city to the Carthaginians (394 B.C.)—Amyntas II. of Macedon when compelled by the Illyrians to evacuate Pella (393 B.C.)—and Thebes, lately at the mercy of Sparta, and now the foremost State in Greece (§§ 40—51).

προπετῶς...ὁμολογίας] 'commit yourselves with headlong haste to shameful terms'.—προπετῶς: cp. *Philipp.* § 90, p. 102, τὴν Κύρου προπέτειαν.—ὁμολογίας: the articles requiring Sparta to recognise the independence of Messene.

ἢ τῶν ἄλλων] 'pursuing a less spirited policy in the defence of our own country than in the cause of others'—*e.g.* of the Chians, the Syracusans, the Amphipolitans.

338   SELECTIONS.   [ISOCRATES

εἰ...βοηθήσειαν...ἂν ὡμολογεῖτο] 'whenever a Lacedaemonian—were it but one—went to the rescue of an allied city under siege, it used to be allowed on all hands that the deliverance of the community was his work'.—ἂν ὡμολογεῖτο, expressing a customary action; so, though more rarely, with aor., Thuc. VII. 71, εἴ τινες ἴδοιεν...ἀνεθάρσησαν ἄν: Goodwin § 30. 2.—παρὰ τούτου, 'all along of him', i.e. *indirectly* the work of his spirit and example, even where it was not due to his personal effort.

παρὰ τῶν πρεσβυτέρων] 'The greater number of such names may be heard from the older men among us, but even I can recount the most famous of them'. The speaker, Archidamus, was now (366 B.C.) about 35 years of age (νεώτερος ὤν § 1: see note in *Attic Orators*, II. 195). He means,—'though I am too young to remember these men, as my elders can, I am still familiar with their deeds'. παρὰ τῶν πρεσβ., κ.τ.λ., is a reminder that the days of Spartan heroism are within *living* memory.

§ 53. Πεδάριτος] When Chios revolted from Athens in 412 B.C., Pedaritus was posted there as Spartan governor: Thuc. VIII. 28. Soon afterwards the Athenians set about fortifying Delphinion, a promontory on the E. coast, *ib.* 38. Pedaritus—who received no support from the Spartan fleet at Rhodes under Astyochus—attacked Delphinion with a small force. He was defeated and slain, Thuc. VIII. 55. The words here, then—εἰς Χίον εἰσπλεύσας τὴν πόλιν διέσωσε—convey an inaccurate impression. Pedaritus did, indeed, hold out in Chios for a year, but his command ended disastrously.— *Attic Orators*, II. 198.

Βρασίδας] The majority in Amphipolis were loyal to Athens, and it was only by offering the most favourable terms that he enticed the place to capitulate (423 B.C.): Grote VI. 559. Thuc. IV. 106.—ἐνίκησε: at the battle of Amphipolis (422 B.C.), in which both Brasidas and Cleon were killed.— ὀλίγους: Brasidas made his sally against the retreating Athenians with a mere handful of men,—ἀπολεξάμενος...πεντήκοντα καὶ ἑκατὸν ὁπλίτας, Thuc. V. 8.—τῶν πολιορκουμένων: not inhabitants of Amphipolis, as the phrase suggests, but the Peloponnesian troops shut up in it: Thuc. *l.c.*

150   Γύλιππος] Nicias having omitted to invest Syracuse in 415 B.C., Gylippus was able to enter it in 414, and in 413 crushed the Athenian force in the last sea-fight. δύναμιν τὴν κρατοῦσαν αὐτῶν, *i.e.* ᾗ ἐκράτει, the Athenian force which was overmastering the Syracusans—against which, *alone*, they could not cope.—καὶ κατὰ γῆν, κ.τ.λ., with ἔλαβεν, alluding to (1) the

sea-fight, (2) the defeat and surrender of the force retreating by land: Thuc. VII. 70, 84.

§ 54. τότε μὲν ἕκαστον...νυνὶ δὲ πάντας] 'that, whereas in those days the individual Spartan was capable of guarding foreign cities, now the Spartans collectively should not even attempt to preserve their own land'. τότε μὲν ἕκαστος διεφύλαττεν—νυνὶ δὲ πάντες οὐδὲ πειρώμεθα: when such a contrast is to be expressed in dependence on a comment, such as αἰσχρόν ἐστι, the regular Greek idiom *co-ordinates* the clauses, turning διεφύλαττεν as well as πειρώμεθα into the infin. A modern composer would be apt to write (*e.g.*) αἰσχρόν ἐστιν, ἅπερ τότε ἕκαστος διεφύλαττε, νυνὶ πάντας μηδὲ πειρᾶσθαι.

§ 55. ἐτέρας μὲν πόλεις] Alluding to such cases as those of Syracuse, Mytilene, Melos, all of which might be said, in some sense, to have suffered ὑπὲρ τῆς Λακεδ. ἀρχῆς, in the cause of Spartan against Athenian ascendancy.

ἀδηφαγούντων] 'eating their heads off': Phot. 9. 28 ἔφη δὲ καὶ ἀδηφαγοῦσα Σοφοκλῆς καὶ ἀδηφαγεῖν Ἕρμιππος (poet of the Old Comedy), Meinek. *Frag. Com.* p. 145. Cp. κριθῶν πῶλος, Aesch. *Ag.* 1641, ἵππος ἀκοστήσας ἐπὶ φάτνῃ, Il. VI. 506.

οὕτω] referring to ὥσπερ, *i.e.* οὕτω ποιούμεθα, ὥσπερ οἱ εἰς τὰς δ. ἀνάγκ. ἀφιγμ. (ποιοῦνται or ποιοῦντο ἄν), 'to make peace on conditions fit only for those who', etc.

§ 56. σχετλιώτατον] 'most intolerable': cp. *Philipp.* § 103, p. 105, σχετλιώτατος, 'most heartless': or. XVIII. § 85, λέξειν ὡς δεινὰ καὶ σχέτλια πείσεται, 'monstrous and cruel things'.

φιλοπονώτατοι] 'most laborious': referring to the military and athletic exercises of the Spartans. Cp. Arist. *Pol.* v [VIII] 4. § 4, ἔτι δ' αὐτοὺς τοὺς Λάκωνας ἴσμεν, ἕως μὲν αὐτοὶ προσήδρευον ταῖς φιλοπονίαις, ὑπερέχοντας τῶν ἄλλων, νῦν δὲ καὶ τοῖς γυμνασίοις καὶ τοῖς πολεμικοῖς ἀγῶσι λειπομένους ἑτέρων. Isocr. or. I. § 40, πειρῶ τῷ μὲν σώματι εἶναι φιλόπονος, τῇ δὲ ψυχῇ φιλόσοφος. But of *literary* industry as opp. to physical effort, *Epist.* VIII. § 5, δωρεῶν ἀξιοῦσι τοὺς ἐν τοῖς γυμνικοῖς ἀγῶσι κατορθοῦντας μᾶλλον ἢ τοὺς τῇ φρονήσει καὶ τῇ φιλοπονίᾳ τι τῶν χρησίμων εὑρίσκοντας.

ὧν καὶ ποιήσασθαι, κ.τ.λ.] 'worthy of any [καί] mention'— Thuc. I. 15, κατὰ γῆν δὲ πόλεμος, ὅθεν τις καὶ δύναμις (any *power*) παρεγένετο, οὐδεὶς ξυνέστη: IV. 48, οὐ γάρ ἔτι ἦν ὑπόλοιπον τῶν ἑτέρων ὅ τι καὶ ἀξιόλογον.

ἅπαξ ἡττηθέντες] by the Thebans under Epameinondas at Leuctra, 371 B.C. : cp. § 10 of this speech, εἰ δέ...προησόμεθά τι τῶν ἡμετέρων αὐτῶν, βεβαιώσομεν τὰς Θηβαίων ἀλαζονείας καὶ πολὺ σεμνότερον τρόπαιον τοῦ περὶ Λεῦκτρα...στήσομεν καθ' ἡμῶν αὐτῶν.

μιᾶς εἰσβολῆς] At this time (366 B.C.) Epameinondas had thrice invaded the *Peloponnesus*—in 370, 369, 367 B.C. But he had invaded *Laconia* only once—in 370 B.C. The next invasion of Laconia occurred shortly before the battle of Mantineia in 362 B.C.

151 πῶς δ' ἂν...ἀνταρκέσειαν] 'And how should such men [*i.e.* those who succumb to a single reverse] hold out against prolonged ill fortune?' δυστυχοῦντες implies εἰ δυστυχοῖεν, but is in close connection with ἀνταρκέσειαν.

§ 57. Μεσσηνίων] 'Who would not reproach us, if, when the Messenians stood a siege of twenty years in defence of this territory, we should resign it so hastily under a treaty?' The πολιορκία is the siege of Ithome in the first Messenian War, 743—723 B.C., acc. to the legendary chronology. Cp. § 27 διὰ τετρακοσίων ἐτῶν μέλλουσι κατοικίζειν, they propose to restore Messene after the lapse of 400 years: where τριακοσίων would agree better with the common tradition that the Second Messenian War ended, and the conquest of the country by Sparta was completed, about 688 B.C.—*Attic Orators*, II. 197—9.

καὶ μηδὲ τῶν προγ. μνησθείημεν] 'and should not even mention our ancestors'—*i.e.* should not once recall their laborious conquest of Messenia:—*not* 'remember', which would be μεμνώμεθα (or μεμνήμεθα).

XI. ΑΡΕΟΠΑΓΙΤΙΚΟΣ. [Or. VII.]—As a picture of the older Athenian Democracy this discourse supplements the *Panegyricus*. The latter describes the external relations of Athens in her great days; the *Areopagiticus*, the inner life.

In this speech Isocrates contrasts the Athenian Democracy as it existed in the middle of the 4th century B.C. with the Democracy of Solon and of Cleisthenes (§ 16). He dwells chiefly on two features of the elder Democracy:—1. the preference of election (αἵρεσις) to ballot (κλήρωσις) in the appointment of State officers, §§ 22 ff.; 2. the supervision of public morals exercised by the Council of the Areiopagus: §§ 36—55. It is owing to the prominence of the latter topic that the speech has been called ʹΑρεοπαγιτικός. It is cast in a deliberate form. Isocrates supposes himself to have given notice in writing to the prytanes of an intention to speak 'On the Safety of Athens' (περὶ σωτηρίας πρόσοδον ἀπογράψασθαι, §§ 1, 15): and to be now urging in the ecclesia, as absolutely necessary to the welfare of the city, the restoration of censorial power to the Areiopagus (cp. § 84). Like the *De Pace* (Or. VIII.), this speech was not delivered, or meant for delivery, in the Assembly. The deliberative form was adopted merely for the sake of giving greater life and impressiveness to the pleading.

The date is to be inferred from five indications:—(1) There was now peace on the frontiers of Attica (τὰ περὶ τὴν χώραν), and a confident sense of security at Athens, §§ 1—3: (2) The Athenians had 'lost all the cities in Thrace' (§ 9): (3) had spent more than 1000 talents on mercenaries, *ib*: (4) had got a bad name in Hellas and incurred the enmity of Persia, § 10: (5) had been forced 'to save the friends of the Thebans' and to lose their own allies. The latter half of 355 B.C. is the date to which these indications seem to point. (See *Attic Orators*, II. 202 f., where the question of the date is examined in detail.)

The powers exercised by the Areiopagus before the reforms of Ephialtes were of two kinds, definite and indefinite. The definite powers were: 1. A limited criminal jurisdiction: 2. the supreme direction of religious worship, especially of the cultus of the Eumenides. The indefinite powers were: 1. A general supervision of all magistrates and law-courts: 2. a general guardianship of the laws, with the right of protest (though not of veto) when proposed new laws conflicted with old: 3. a general control of the education of the young: 4. a general censorship of public morals: 5. competence to assume, in emergencies of the State, a dictatorial authority.

The definite powers of the Areiopagus were never at any time taken from it. But Ephialtes abolished almost wholly the indefinite powers. It is for the revival of these—especially of (3) and (4)—that Isocrates is anxious. While it possessed these, the Areiopagus had been the strongest influence, though mainly a negative influence, in the State; it had been able to impress a conservative character upon the whole civic body. Deprived of these, it was merely a criminal court of narrow competence. Its connection with what was most venerable in the old religion, and the high standing of its individual members, still secured to it, indeed, a large measure of respect. Isocrates speaks of the good influence which, even in his own day, wrought on those who became members of the college. But politically the Areiopagus was now powerless. The plea of Isocrates for a restoration of its strength is strikingly illustrated by the protest of Aeschylus against its enfeeblement. It is not on any well-defined function, but rather on those prerogatives which, being vague, were boundless, that orator and poet alike insist:—

> Here, on the Hill of Ares,
> Once seat and camp of Amazons who came
> In anger against Theseus, and defied
> From their new ramparts his acropolis,
> And poured blood unto Ares, where is now
> The hill, the rock of Ares—in this place
> Awe kin to dread shall hold the citizens
> From sinning in the darkness or the light,
> While their own voices do not change the laws.
>
> * * * * *
>
> This Court, majestic, incorruptible,
> Instant in anger, over those who sleep
> The sleepless watcher of my land I set.
>
> *Attic Orators*, II. 202: 211.

§§ 36—55.

§ 36. γεγενημένας] I believe this to be the true reading, and not γιγνομένας (= αἳ ἐγίγνοντο, adopted by Benseler from the Urbino ms.), because the perf. better expresses the feeling of Isocr. that this glorious chapter of Athenian history was *closed*. The πράξεις are the political and social life of Athens under the Old Democracy, and before the rule of the demagogues. Isocr. would date the latter from the death of Pericles —regarding the administration of Pericles as a transitional period, in which the deterioration, moral and political, was mitigated by the personal qualities of the leader: see esp. *De Pace* § 126, p. 109, Περικλῆς...λαβὼν τὴν πόλιν χεῖρον μὲν φρονοῦσαν...ἔτι δ' ἀνεκτῶς πολιτευομένην, κ.τ.λ.

καλῶς καὶ τὰ πρὸς σφᾶς αὐτοὺς εἶχον, κ.τ.λ.] 'were so happy in their relations to each other [*i.e.* in their social and private life], and in their administration of the Commonwealth'. Cp. Thuc. II. 87, ἀπεταχθῶς δὲ τὰ ἴδια προσομιλοῦντες τὰ δημόσια διὰ δέος μάλιστα οὐ παρανομοῦμεν.

σαφέστερον] For the form cp. note on *Panegyr.* § 163, ἐρρωμενεστέρως, p. 311.

§ 37. ἐκεῖνοι γάρ...ἢ παῖδες ὄντες] 'The preceptors of the young Athenian's studies in that age were, indeed, numerous; but it did not follow that, when he entered on man's estate, he was allowed to do as he pleased; rather he was subject to stricter supervision just in the years of his prime than during his boyhood'. *Affirmatively*, the sentence would be: ἐν μὲν ταῖς παιδείαις πολλοὺς τοὺς ἐπιστ. εἶχον, ἐπειδὴ δέ...δοκιμασθεῖεν, ἐξῆν, κ.τ.λ. Place the whole in brackets: prefix οὐκ: and we have the *negative* form. This is due to the Greek love of symmetrical antithesis, and therefore of *co-ordinated* rather than *subordinated* clauses. Cp. *Archidamus* § 54, τότε μέν, κ.τ.λ., note, p. 339.

πολλοὺς τοὺς ἐπιστ.] *e.g.* παιδαγωγός, παιδοτρίβης (teacher of gymnastics), γραμματοδιδάσκαλος, ἁρμονικός (music-master), etc.; after the age of 17, the ἐπιμεληταί τῶν ἐφήβων or σωφρονισταί (=the Spartan παιδονόμοι): Herm. *Ant.* III. § 34. 6, § 35. 18.

εἰς ἄνδρας δοκιμασθ.] At 18 the ἔφηβος (ἐκ παίδων ἐξελθών) passed his δοκιμασία as such: at 20, his δοκιμασία εἰς ἄνδρας (ἀνὴρ εἶναι δοκιμασθῆναι, εἰς ἄνδρας ἐγγράφεσθαι): Herm. *Ant.* I. § 121.—ἐν αὐταῖς ταῖς ἀκμαῖς, *i.e.* just in those years of early manhood when passion is strongest: cp. *Antid.* § 289, p. 123, ἐν ταύταις...ταῖς ἀκμαῖς ὄντες ὑπερεῖδον τὰς ἡδονὰς ἐν αἷς οἱ πλεῖστοι μάλιστ' αὐτῶν ἐπιθυμοῦσιν.

τὴν σωφροσύνην—τῆς εὐκοσμίας] 'sobriety'—'decorum'. 152 Cp. Aeschin. *In Ctes.* § 2 (in reference to Solon's regulations περὶ ῥητόρων εὐκοσμίας); the oldest citizen was to speak first, σωφρόνως ἐπὶ τὸ βῆμα παρελθὼν ἄνευ θορύβου καὶ ταραχῆς. Dem. *F. L.* § 251, ἔφη τὸν Σόλωνα ἀνακεῖσθαι τῆς τῶν τότε δημηγορούντων σωφροσύνης παράδειγμα, εἴσω τὴν χεῖρα ἔχοντα ἀναβεβλημένον (with his cloak drawn round him, and his hand within the folds). See *Attic Orators*, I. 25.

ἧς...τοὺς καλῶς γεγονόσι] 'membership of which [ἧς, *sc.* τῆς ἐξ Ἀρείου πάγου βουλῆς] was possible only for the well-born'. If καλῶς γεγονόσιν is pressed, this is true only of the pre-Solonian time when the Areiopagus was confined to the Eupatridae: since Solon's reforms opened the archonship to the Pentakosiomedimni, and past archons (unless rejected at their εὔθυναι on laying down office) 'went up' to the Areiopagus. Herm. *Ant.* I. § 109: Grote III. 162. But no such clear distinction is present to Isocr.'s mind, who is thinking only of the broad contrast between the old aristocratic Republic and the later Democracy. καλῶς γεγονότες cannot be explained as merely = καθαρῶς γεγ., 'of pure Attic parentage'.

συνεδρίων] 'assemblies'—a general term: cp. *Nicocles* § 19, p. 75: *Antid.* § 88, οὔτ' ἐν τοῖς συνεδρίοις (Boulê or Ecclesia) οὔτε περὶ τὰς ἀνακρίσεις (preliminary law proceedings before the archon) οὔτ' ἐπὶ τοῖς δικαστηρίοις οὔτε πρὸς τοῖς διαιτηταῖς.

§ 88. τῶν περὶ τὴν αἵρεσιν, κ.τ.λ.] 'when the safeguards of election and of scrutiny have fallen into neglect'. In § 22 Isocr. had said that the Athenians of yore ᾤκουν τὴν πόλιν, οὐκ ἐξ ἁπάντων τὰς ἀρχὰς κληροῦντες, ἀλλὰ τοὺς βελτίστους καὶ τοὺς ἱκανωτάτους ἐφ' ἕκαστον τῶν ἔργων προκρίνοντες: and goes on to speak of the risk run by τὸ λαγχάνειν and ἡ κλήρωσις (ballot for office). The substitution of ballot (κλήρωσις) for election (αἵρεσις), in the case of the nine archons, prob. dated from Cleisthenes. The στρατηγοί, at least, and the ταμίας (steward of the Treasury) always remained αἱρετοί. As regards most other offices, ballot was prob. substituted for αἵρεσις about 478 B.C. But the term αἵρεσις, in its general sense, included κλήρωσις as well as αἵρεσις in the special sense (χειροτονία): so κυάμοις αἱρεῖσθαι, Lucian Vit. Auct. 6. Here Isocr. is *thinking* of ballot as a mischievous substitute for χειροτονία: but the *word* αἵρεσιν prob. = merely 'mode of selection'.—δοκιμασία, the scrutiny, before the βουλή, of those who had drawn the lot to be archons: including, here, the idea of the εὔθυναι on retirement also.

ἀναβῶσιν] Cp. Plut. *Pericl.* 9, δι' αὐτῶν [τῶν ἀρχῶν] οἱ δοκιμασθέντες ἀνέβαινον εἰς Ἄρειον πάγον (which was ἡ ἄνω βουλή): below, § 46, ἀνῆγον.

τῇ φύσει χρῆσθαι] 'to indulge their propensities'.

φόβον...ἐν τῷ τόπῳ] Cp. Aesch. *Eumen.* 659, πέτρα πάγος τ' Ἄρειος· ἐν δὲ τῷ σέβας | ἀστῶν φόβος τε ξυγγενὴς τὸ μὴ ἀδικεῖν | σχήσει, κ.τ.λ.

§ 39. τὴν δὴ τοιαύτην...ἀλλήλων] 'Such then, as I have said [§ 37], was the Council to which they committed the care of good order; a Council which deemed those men ignorant who suppose that the best characters are produced in the communities whose laws are framed with the greatest precision; since (they felt) there was nothing to hinder all Greeks being on the same level, so far as concerns the facility of obtaining written codes from each other'.—τὴν τοιαύτην...ἤ, = οἵα (cp. Lys. or. XIII. § 18, note, p. 263): the omission of βουλήν helping to personify the influence.—ἐνταῦθα, = ἐν τούτοις, anteced. to παρ' οἷς.—κείμενοι, = perf. pass. of τίθημι: cp. ὑπεκκείμενα, *Aegin.* § 18, p. 158.—ἀγνοεῖν = ἀγνώμονας εἶναι.—οὐδὲν ἂν κωλύειν, oblique either of ἂν ἐκώλυεν (nothing *would* hinder, whereas something *does*), or κωλύοι ἂν (would conceivably hinder): better taken as representing the latter.

§ 40. ἀλλὰ γὰρ...παιδευθῶσιν] 'But in fact (the Council knew) it is not by such things that virtue is promoted, but by the pursuits of daily life; since most men retain the impress of the particular habits in which they have been educated'. παιδευθῶσιν ἄν, vivid for παιδευθεῖεν, in spite of ἐνόμιζεν, on which the whole oblique discourse depends: cp. Goodwin § 74. 1.—ἐπιτηδευμάτων: Thuc. II. 37, τῶν καθ' ἡμέραν ἐπιτ.: cp. Antiph. *Tetr.* B. β. § 10, note, p. 206.

ἐπεὶ τά γε πλήθη...ἀναγκάζ.] 'For the number and precision of the laws (the Council held) is a sign that the city in which they exist [ταύτην] is ill administered; since it is in the attempt [*pres.* part.] to erect barriers against crime that such a community [αὐτούς] is compelled to multiply its laws'. πλήθη —ἀκριβείας: for the plur. see *Antid.* § 283, note, p. 303.— τίθεσθαι, of the legislator who is bound by his laws: τιθέναι, of one who legislates only for others: κεῖσθαι, of the laws themselves. Dobree cp. Tac. III. 27, *corruptissima re publica plurimae leges.*

§ 41. τὰς στοὰς ἐμπιπλ. γραμμάτων] 'to cover the walls of their porticoes with statutes'; Andoc. *De Myst.* § 85, ἐδοκιμάσθησαν μὲν οὖν οἱ νόμοι, τοὺς δὲ κυρωθέντας ἀνέγραψαν εἰς τὴν στοὰν (*i.e.* the στοὰ βασίλειος in the Agora). The ψήφισμα cited there directs, τοὺς δὲ κυρουμένους τῶν νόμων ἀναγράφειν εἰς τὸν τοῖχον, ἵναπερ πρότερον ἀνεγράφησαν, σκοπεῖν τῷ βουλομένῳ. So here ἀκριβῶς ἀναγεγραμμένους = 'posted up', '*promulgated*', in strict terms.

καὶ τοῖς ἁπλῶς κειμένοις] 'even those laws which are conceived in simple terms'—opp. to ἀκριβῶς, *i.e.* with less attempt to define rigorously a number of special cases. Cp. Lysias *In Theomn.* § 7, note.

§ 42. δι' ὧν—ἐξ ὧν] διά—'by what means':—ἐξ—'on [starting from] what principles'....παρασκευάσουσι, 'contrive', often in a bad sense, of intrigue: cp. Lys. *In Agor.* § 12, p. 79, ἐκείνῳ δικαστήριον παρασκευάσαντες.

τὸ δὲ περὶ τὰς τιμωρίας] 'but that to press for retribution is the province of personal resentment': *i.e.* the affair of the injured. Cp. Lysias *In Eratosth.* § 2, πρότερον μὲν γὰρ ἔδει τὴν ἔχθραν τοὺς κατηγοροῦντας ἐπιδεῖξαι, κ.τ.λ., where see note.

§ 43. ταραχωδέστατα διακ.] 'subject to the most unruly passions': cp. § 37, note on εἰς ἄνδρας δοκιμασθεῖεν.

ἐν μόνοις...εἰθισμένους] 'for to such labours only [*sc.* τοῖς τὰς ἡδονὰς ἔχουσι], they saw, would those be constant, who had received a liberal education and learned to cherish a high spirit'. ἐμμεῖναι ἄν, oblique of ἐμμείνειαν ἄν.—For μεγαλοφρονεῖν we ought perhaps to read μέγα φρονεῖν. Isocr. has μέγα φρονεῖν in seven passages: or. II. § 30: III. §§ 35, 39: IV. §§ 81, 132: IX. § 45: X. § 85: but μεγαλοφρονεῖν only here. The only other place in a classical writer where μεγαλοφρονεῖν has strong ms. authority is Xen. *Hellen.* VI. 2. § 39, where Cobet would read μέγα φρονοῦντος, and G. Sauppe gives μεγάλα φρονοῦντος. In Plat. *Protag.* 342 D, and *Alcibiades* I. 104 C, it is merely an ill-attested variant. In later writers, however (though Pollux

III. 114 seems to condemn it altogether), μεγαλοφρονεῖν is not rare: *e.g.* Plut. *Ages.* 30, Joseph. *Ant.* xix. 7. 8, Aelian *Var. Hist.* xii. 22. Cp. Cobet *N. L.* 269, 340, 643, Lobeck *Ai.* 443.

§ 44. ἀνωμάλως...ἔχοντας] 'owing to the disparity of their circumstances': τὰ περὶ τὸν βίον = τὴν οὐσίαν: cp. § 45 βίον ἱκανὸν κεκτημένους.

τὰς γεωργίας, κ.τ.λ.] Note the six plurals: see *Antid.* § 283, note.

τὰς ἀπορίας μέν, κ.τ.λ.] This form of κλῖμαξ (gradatio, ascensus) was specially called ἐπιπλοκή, catena: cp. Dem. *F. L.* § 179, οὐκ εἶπον μὲν ταῦτα, οὐκ ἔγραψα δέ, οὐδ' ἔγραψα μέν, οὐκ ἐπρέσβευσα δέ, κ.τ.λ. Cic. *Pro Rosc. Am.* 27. 75, *in urbe luxuries creatur; ex luxuria existat avaritia necesse est; ex avaritia erumpat audacia*, etc. Volkmann, *Rhet. Gr. und Römer*, p. 403.

§ 45. ἀπαλλάξειν] that they would draw away [the youth, τοὺς νεωτέρους].

τὰ γυμνάσια—τὰ κυνηγέσια] *not* here 'the gymnasiums', but 'athletic exercises': Plat. *Laches* 181 E, (τὸ ἐν ὅπλοις μάχεσθαι is good for young men) οὐδενὸς γὰρ τῶν γυμνασίων φαυλότερον οὐδ' ἐλάττω πόνον ἔχει, καὶ ἅμα προσήκει ἐλευθέρῳ μάλιστα τοῦτό τε τὸ γυμνάσιον καὶ ἡ ἱππική.—τὰ κυνηγέσια: cp. the taunt of Aeschines against Demosthenes, *In Ctes.* § 255, τίνες ὑμῶν εἰσιν οἱ βοηθήσοντες τῷ Δημοσθένει; πότερον οἱ συγκυνηγέται ἢ οἱ συγγυμνασταὶ αὐτοῦ ὅτ' ἦν ἐν ἡλικίᾳ; ἀλλὰ μὰ τὸν Δία τὸν Ὀλύμπιον οὐχ ὃς ἀγρίους κυνηγετῶν...διαγεγένηται.

ὁρῶντες] 'seeing that by these pursuits [τούτων] some are made excellent men, and others are led to abstain from most vices'. ἀπεχομένους, midd.

§ 46. οὐδὲ τὸν λοιπὸν χρόνον] 'neither did they neglect the [citizen's] later years'; *i.e.* they continued to watch over his adult life, as they had already watched over his boyhood and youth (§ 37).

κώμας...δήμους] 'taking the city by wards (κῶμαι) and the country by townships, they continued to supervise each man's life': διελόμενοι not necessarily implying that they were the *authors* of such a division, but only that they took this division as the basis of their systematic inspection. (Cp. Lys. *In Erat.* § 7, p. 66, διαλαβόντες τὰς οἰκίας.)—κῶμαι (*vici*), wards or quarters of the town; at Athens prob. merely local divisions, without any further political significance, Herm. *Ant.* 1. § 11. 11: the word perh. preserving a reminiscence of the time before the συνοίκισις ascribed to Theseus, Thuc. ii. 15. See Arist. *Poet.* III. 6, ἐν Πελοποννήσῳ [as in Lacedaemon] κώμας τὰς περιοικίδας καλεῖν φασίν, Ἀθηναῖοι δὲ δήμους.—The division into δῆμοι (*pagi*) was ascribed to Theseus, and was at least much older than Cleisthenes. Plato, *Legg.* 756 D, has φρατρίας καὶ δήμους καὶ κώμας, where, however, κώμας may be 'villages'. Isocr. seems to be the only writer who names the city κῶμαι as parallel with the country δῆμοι: cp. Herm. *Ant.* I. § 111. 4.

ἀνῆγον] Cp. § 38, ἀναβῶσι, note.

ἐνουθέτει—ἠπείλει—ἐκόλαζεν] 'admonished' (for a first offence): 'threatened' (for repeated offences): 'punished' (the contumacious).

δύο τρόποι] 'for they knew that there are in fact (τυγχάνουσιν) two systems, one of which impels men to wrong-doing, while the other deters them from evil courses': οἱ καὶ προτρέποντες καὶ παύοντες = which *respectively* impel or deter. For τὰς ἀδικίας and τῶν πονηρῶν, where the antithesis required *opposites*, cp. Antiph. *De Caed. Her.* § 87, note, p. 216.

§ 47. παρ' οἷς μὲν γάρ...τὰς κακοηθείας] The infins. διαφθείρεσθαι...γίγνεσθαι depend on ἠπίσταντο: cp. §§ 40—42 (depending on ἐνόμιζεν § 39).—Observe the double μέν in the protasis (παρ' οἷς μέν, παρὰ τούτοις μέν) balanced by the double δέ in the apodosis (ὅπου δέ...ἐνταῦθα δέ). Cp. *De Pace* § 55, οἷς μὲν γάρ...συμβούλοις χρώμεθα, τούτους μὲν οὐκ ἀξιοῦμεν χειροτονεῖν,...οἷς δ' οὐδεὶς ἂν συμβουλεύσαιτο, τούτους δ'...ἐκπέμπομεν.

ἐξιτήλους γίγνεσθαι] 'malignant tendencies gradually disappear'. So *Philipp.* § 60, ὥστε μηδέπω νῦν ἐξιτήλους εἶναι τὰς συμφορὰς τὰς δι' ἐκεῖνον τὸν πόλεμον (the Peloponnesian) ἐν ταῖς πόλεσιν ἐγγεγενημένας, 'have not even yet been effaced'. Cp. Xen. *Oec.* 10. 3, εἰ...πορφυρίδας ἐξιτήλους φαίην ἀληθινὰς εἶναι, 'if I were to say that sham [quickly *fading*] purples were real'.

τοσούτου...ἔδεον...λανθάνειν] Cp. *Philipp.* § 100, τοσούτου δεῖ...ἄρχειν, note.

τοὺς ἐπιδόξους ἁμαρτήσεσθαι] *not*, 'those who were meditating an offence', *but*, 'those on whose part an offence was apprehended'. For this use, cp. Isocr. *Epist.* IV. § 6, τῶν ἐπιδόξων διαφθαρήσεσθαι πραγμάτων, 'the affairs which seemed likely to be ruined'. So or. XX. § 12, τοὺς ἐπιδόξους γενήσεσθαι πονηρούς. In *Archidamus* § 8, ἐπίδοξος ὢν τυχεῖν τῆς τιμῆς ταύτης, the sense is, 'being *heir presumptive* to this dignity' (the Spartan kingship).

§ 48. σκιραφείοις, κ.τ.λ.] 'gambling-houses': cp. *Antid.* § 287, note.—ἐν ταῖς αὐλητρίσιν, might = simply 'among', but prob. = 'in their part of the town', = ἐν τοῖς αὐλητριδίοις (Athen. XII. 532). Cp. Κεραμεῖς as the name of a district or deme, Plat. *Prot.* 315 D.

ἐν οἶς ἐτάχθησαν] 'were constant to the pursuits to which they had been appointed' (by the paternal authority of the Areiopagus): cp. above § 44, οὕτως ἑκάστοις προσέταττον. Each man was given his τάξις, his place in the ordered life of the city.

σωφροσύνης] 'sobriety' (of demeanour): see on τὴν σωφροσύνην, § 37.

§ 49. ἐν καπηλείῳ] 'in a tavern'. κάπηλος ὁ μετάβολος [read μεταβολεύς, huckster] καὶ οἰνοπώλης, Etym. M. 490. Athen. p. 566 F, Ὑπερείδης ἐν τῷ κατὰ Πατροκλέους τοὺς Ἀρειοπαγίτας φησὶν ἀριστήσαντά τινα ἐν καπηλείῳ κωλῦσαι ἀνιέναι εἰς Ἄρειον πάγον. Cp. Plato, Legg. 918 D, πάντα τὰ περὶ τὴν καπηλείαν καὶ ἐμπορίαν καὶ πανδοκείαν (inn-keeping) γένη διαβέβληταί τε καὶ ἐν αἰσχροῖς γέγονεν ὀνείδεσιν.

βωμολοχεύεσθαι] 'buffoonery': cp. Antid. § 284, τοὺς μέν γε βωμολοχευομένους καὶ σκώπτειν καὶ μιμεῖσθαι δυναμένους εὐφυεῖς καλοῦσιν, and note, p. 804.

εὐτραπέλους] 'And indeed [δέ, 'again',—to say nothing of positive βωμολόχοι] the proficients in repartee and jest who are now called wits were then thought warnings': εὐφυεῖς—δυστυχεῖς, a παρονομασία (cp. Panegyr. § 186, φήμην...μνήμην, note, p. 318). Arist. Eth. II. 7. § 13, περὶ δὲ τὸ ἡδὺ τὸ μὲν ἐν παιδιᾷ (playfulness) ὁ μὲν μέσος εὐτράπελος·...ἡ δ' ὑπερβολὴ βωμολοχία...ὁ δ' ἐλλείπων ἀγροῖκός τις. Eth. IV. 8. § 10, ὁ μέσος...εἴτ' ἐπιδέξιος εἴτ' εὐτράπελος [οἷον εὔτροπος, ib. § 8: his mark is τὸ ἐμμελῶς παίζειν] λέγεται: ὁ δὲ βωμολόχος ἥττων ἐστὶ τοῦ γελοίου, the buffoon *cannot resist the temptation to raise a laugh* (even when the joke is coarse, or will give pain): he differs from the εἴρων, again, in jesting, not for his own amusement, but for that of others (Rhet. III. 18). On the sense of εὐτραπελία in Antid. § 296, see note.

§ 50. καταστάσει] 'this state of things' (*not* in a political sense, 'constitution').

τοῖς ὀλίγῳ πρὸ ἡμῶν] alluding to the reforms of Ephialtes about a century before (459 B.C.), by which the powers of the Areiopagus were restricted: see introd.

§ 51. ἧς ἐπιστατούσης] 'while that Council exercised a censorship'—referring to its general moral supervision: cp. Aesch. Eum. 659, εὑδόντων ὕπερ | ἐγρηγορὸς φρούρημα.

δικῶν...ἐγκλημάτων...εἰσφορῶν] (private) law-suits—(criminal) indictments (ἐγκλήματα comprehending γραφαί and εἰσαγγελίαι)—special war-taxes: the first two being parallel with πενίας, the third with πολέμων.

§ 52. παρὰ δὲ τῶν] Cp. *Panegyr.* § 82, τοῖς μὲν γὰρ οὐχ ὕπεισι πράξεις, πρὸς δὲ τοὺς οὐκ εἰσὶν ἁρμόττοντες λόγοι. Bernhardy, *Synt.* p. 310, truly remarks that this use is peculiar to Isocr. among the *orators*, though not rare among other Attic prose-writers.—εἰ πάσχοιεν : they would say, ἀγαπῶμεν ἐὰν μηδὲν πάσχωμεν.

τοιγάρτοι] 'Accordingly': the notion is, 'And so, sure enough'—as might have been expected from these precautions.

κατασκευάς] 'establishments'. Thuc. II. 65, καλὰ κτήματα κατὰ τὴν χώραν οἰκοδομίαις τε καὶ πολυτελέσι κατασκευαῖς ἀπολωλεκότες. So Pericles speaks of the country-houses and lands as κηπίον καὶ ἐγκαλλώπισμα πλούτου, *ib.* 62. Demosthenes touches on the same topic in *Olynth.* III. § 25 f., ἰδίᾳ δ' οὕτω σώφρονες ἦσαν καὶ σφόδρα ἐν τῷ τῆς πολιτείας ἤθει μένοντες, so constant to a republican simplicity, that the house of Aristeides or of Miltiades is (ἐστίν, implying that it is still pointed out) no grander, σεμνοτέρα, than the house of the ordinary citizen.

§ 53. τὰς θεωρίας] 'spectacles'—including sacred processions (πομπαί), dramatic or musical contests (ἀγῶνες) at the festivals, etc. Cp. *Panegyr.* § 45, (ἡ πόλις, Athens) θεάματα πλεῖστα καὶ κάλλιστα κέκτηται, τὰ μὲν ταῖς δαπάναις ὑπερβάλλοντα, τὰ δὲ κατὰ τὰς τέχνας εὐδοκιμοῦντα. For θεωρία, cp. *ib.* § 44, πάντες ἐπὶ τὴν σφετέραν θεωρίαν ἥκουσι, (knowing) that all come to see *them* (the athletes). So, too, or. XIX. § 10, οὔτε θυσίαν οὔτε θεωρίαν (spectacle) οὔτ' ἄλλην ἑορτὴν οὐδεμίαν χωρὶς ἀλλήλων ἤγομεν. On the other hand, in or. XVI. § 84, τὴν θεωρίαν has the technical sense, a sacred mission (to a festival).

χορηγίας] 'rivalries in the equipment of choruses' (for the festivals). Lysias speaks of two such χορηγίαι together costing about £200 (or. XIX. § 42), and of another which cost about £120 (or. XXI. § 161). The ἀνελεύθερος, or mean man, is apt, νικήσας τραγῳδοῖς ταινίαν ξυλίνην ἀναθεῖναι τῷ Διονύσῳ (a wooden scroll instead of a tripod); Theophr. XXII. (=XXV. in my ed., where see note p. 251).—ἀλαζονειῶν, 'forms of pretentiousness'.

ἐξ ὦνπερ, κ.τ.λ.] 'It is by these tests [the every-day circumstances of the average citizen] that we must distinguish a solid prosperity from a social system of vulgar display': φορτικῶς—the profuse ostentation on great occasions, combined with sordid meanness and misery in daily life.

§ 54. ὅταν ἴδῃ...οὐ βούλομαι λέγειν] 'When he sees many citizens drawing lots in person outside the law-courts for a doubtful chance of daily bread, while their dignity prompts them to feed any Greeks who will row their ships for them,— leading the dance in gold-spangled raiment, and passing the

winter in garments which I decline to describe'.—ἐν οἷς οὐ
βούλομαι λέγειν (αὐτοὺς χειμάζειν): the *simple* οἷς would have
been by attract. for ἅ.

κληρουμένους] casting lots in the morning for employment
as dicasts during the day: περὶ τῶν ἀναγκαίων, because on this
depended the fee, τριώβολον.—εἶθ' ἕξουσιν εἴτε μή, (casting lots,
to see) whether they are to have τὰ ἀναγκαῖα or not.—Every
year 600 members of each φυλή were chosen ἡλιασταί by lot,
thus constituting a body of 6000, of whom 1000 formed a
reserve. The other 5000 were divided into 10 sections of 500
each. On the morning of each day when the courts sat, lots
were cast to determine which court should be assigned, for
that day, to each section. In some cases only part of one
section was employed; in others, two or more sections sat
together,—the number of dicasts in a court ranging from 200
to 1500 or even 2000. The courts were assigned by lots to the
dicasts (τῶν δικαστηρίων ἐπικεκληρωμένων, Dem. *Adv. Pantaen.*
§ 39). Each dicast received a ticket (σύμβολον—not πινάκιον,
which denoted the tablet given to each of the 6000 heliasts of
the year), and a staff, βακτηρία, of the *colour* which distin-
guished the court in which he was to sit (ὁμόχροος τῷ δικαστη-
ρίῳ, schol. Ar. *Vesp.* 1110). On presenting his ticket, he
received his day's fee from the κωλακρέται.

All who 'drew lots before the law-courts' were already
heliasts. The only uncertainty was as to whether they should
be employed on that particular day. And this is the very
point of the passage. The dicast's fee, wretched as it was,
had actually become the main-stay of citizens who were living
from hand to mouth. Cp. Isocr. *De Pace* § 130, p. 109, τοὺς
ἀπὸ τῶν δικαστηρίων ζῶντας: and *Antid.* § 152, where he says
that he should have been ashamed 'if, having enough of his
own to live on, he should stand in the way of those who were
compelled to live by the law-courts (ἐντεῦθεν) and to receive
the dole of the state'. Hence the power of the συκοφάνται,—
the men who got up law-suits to enrich themselves and to
make work for this hungry mob.

ἀξιοῦντας] in contrast with αὐτούς: the citizens, who *them-
selves* have to struggle for bread, are too proud to row their
own ships. In the early years of the Peloponnesian War
Athens employed ξένοι ναυβάται (Thuc. I. 121), but the com-
manders (κυβερνῆται) and the hoplites on board (ἐπιβάται) were
usu. citizens. When the soldiers were also the rowers (as in a
rare emergency) they were called αὐτερέται (Thuc. III. 18). The
Pentakosiomedimni and Hippeis rarely served even as ἐπιβάται
(cp. *ib.* 16). Isocr. is not complaining of the citizens for not
serving as rowers: he merely notes the contrast between their
penury and their sense of dignity.

χορεύοντας—χαμάζοντας] A παρονομασία, like εὐφυεῖς—δυστυχεῖς, § 49. Antiphanes, the poet of the Middle Comedy (flor. about 380—330 B.C.), was exactly contemporary with Isocr.; and, in the passage quoted by Athenaeus III. 62, he thus describes the uncertainties of human life—

ὅστις ἄνθρωπος δὲ φὺς
ἀσφαλές τι κτῆμ' ὑπάρχειν τῷ βίῳ λογίζεται
πλεῖστον ἡμάρτηκεν. ἢ γὰρ εἰσφορά τις ἥρπακε
τἄνδοθεν πάντ'· ἢ δίκῃ τις περιπεσὼν ἀπώλετο·
ἢ στρατηγήσας προσῶφλεν· ἢ χορηγὸς αἱρεθείς,
ἱμάτια χρυσᾶ παρασχὼν τῷ χορῷ ῥάκος φορεῖ.

§ 55. τοῖς ἐπιτηδ. καὶ ταῖς αὐτῶν ἐπιμελείαις] 'by their pursuits' [the intellectual or physical exercises mentioned in § 45, as distinguished from the agricultural or commercial labours assigned to the poorer] 'and by the careful watch kept over them': αὐτῶν, τῶν νεωτέρων, not τῶν ἐπιτηδευμάτων: the v. l. αὑτῶν would mean 'the care exercised by themselves' (the Areopagites).

τοὺς δὲ πρεσβυτέρους...ταῖς τιμαῖς] Isocr. tacitly refers to a time when the archons and other officers were chosen by χειροτονία, not by κλήρωσις, since selection by *lot* destroyed the prerogative of age: see § 38, τῶν περὶ τὴν αἵρεσιν, κ.τ.λ.

XII. ΑΙΓΙΝΗΤΙΚΟΣ. [Or. XIX.]—The six forensic speeches of Isocrates which are extant cover a period of about ten years, 403—393 B.C. The speech Against Euthynus (XXI) may be placed in 403, immediately after the restoration of the Democracy; that Against Callimachus (XVIII) in 402; the *De Bigis* (XVI) in 397 or 396; the speech Against Lochites (XX) in 394; the Trapeziticus (XVII) and Aegineticus (XIX) in the second half of 394 or early in 393.

In his later writings Isocrates nowhere recognises this phase of his own activity. He speaks with contempt of those who write for the law-courts, and emphatically claims it as his own merit that he chose nobler themes. It may have been partly the tone of such passages which emboldened his adopted son Aphareus to assert that Isocrates had never written a forensic speech. This statement is decisively rejected by Dionysius, who concludes, on the authority of Cephisodorus, the orator's pupil, that Isocrates wrote a certain number of such speeches, though not nearly so many as Aristotle had reported. The modern hypothesis that Isocrates composed the extant forensic orations merely as exercises (μελέται), not for real causes, is another attempt to explain his later tone. But these later utterances merely mean that Isocrates regarded his former work for the law-courts as an unworthy accident of his early life, previous to the beginning of his true career. Nowhere, be it observed, does he deny that he had written for the courts, or that, to use his own phrase, he had been a doll-maker before he became a Pheidias. He only says that his *choice*, his real calling, lay in another direction.—*Attic Orators*, I. 7 f.

The *Aegineticus* is so called because the case to which it refers was tried in Aegina,—probably, to judge from the indications in §§ 18—20 and 36, at the end of 394 or early in 393 B.C. Thrasylochus, a citizen of Siphnos, one of the Cyclades, had at his death left his property to the speaker, whom he had previously adopted as his son. The speaker's right to the inheritance is disputed by a daughter of the testator; and the speech is in answer to her claim (ἐπιδικασία). The case is tried at Aegina, where the speaker had settled (κατοικισάμενος, § 24) before his death.—*Att. Or.* II. 217.

The narrative, of which the following passage is the chief part, is briefly as follows. The speaker's object is to show that the will is not only genuine, but also just and reasonable, since his own conduct towards the testator Thrasylochus had established a strong claim. In the first place he had saved the very property now in question. Thrasylochus and his brother Sopolis, citizens of Siphnos, had, for security, placed the greater part of their fortune in the neighbouring island of Paros. Paros was suddenly seized by a party of democratic exiles, Parians and Siphnians, led by one Pasinus. At the risk of his life, the speaker sailed by night to Paros, and carried the endangered property back to Siphnos. Presently the democratic masters of Paros attacked and took Siphnos itself. The speaker—whose family belonged to the aristocracy of the island, and had even given it kings—was among those who were forced to fly. He took with him, not only his own mother and sister, but Thrasylochus, who was then in weak health. The speaker and his family wished to remain at Melos. But Thrasylochus entreated them to accompany him to Troezen; and, though they knew the place to be unhealthy, they consented. The speaker's sister and mother died soon after their arrival. He afterwards nursed Thrasylochus through a long and distressing illness in Aegina. During that illness the half sister of Thrasylochus, who now claims his property, never once visited him; nor, on his death, did she attend his funeral (§§ 16—33).

§§ 18—27.

§ 18. καὶ περὶ μὲν τῶν παλαιῶν...ἔχειν] 'The whole story of the past would be long to tell: when, however, Pasinus seized

Paros, they [Thrasylochus and his brother Sopolis] happened to have the greater part of their property deposited there for safety in the hands of my Parian friends, as we believed that island to be more secure than any other'. τῶν παλαιῶν: the early relations between the speaker and Thrasylochus, who had been friends from boyhood (§ 10).—Πάρον: in 410 B.C. the oligarchy set up by Peisander during the rule of the Four Hundred was deposed by Theramenes, who established a democracy in its place (Grote VIII. 159). The oligarchy was doubtless restored in Paros, as elsewhere, after the final defeat of Athens in 405 B.C. From § 36 of this speech it is clear that the speaker belonged to the oligarchic party, and therefore that the exiles before whom he fled were democratic. The democratic revolution, led by the otherwise unknown Pasīnus, may have been encouraged by the blow dealt to Sparta—and at the same time to oligarchy throughout Hellas—by the victory of Conon at Cnidus in the autumn of 394 B.C.—ὑπεκκείμενα, perf. pass. of ὑπεκτίθημι: cp. Thuc. I. 89, διεκομίζοντο εὐθὺς ὅθεν ὑπεξέθεντο [from Salamis, etc.] παῖδας καὶ γυναῖκας καὶ τὴν περιοῦσαν κατασκευήν: VIII. 31, ὅσα ὑπεξέκειτο αὐτόθι τῶν Κλαζομενίων.—ἀσφαλῶς ἔχειν: i.e. Paros was most likely to resist an attack (showing that this was a time of general trouble)—as it had baffled Miltiades in 490 B.C., Her. VI. 132 f.

ἐξεκόμισ' αὐτοῖς] 'conveyed their money for them out of Paros' [back to the neighbouring island of Siphnos—a distance of about 20 miles].

§ 19. ἐφρουρεῖτο] 'for the coast (of Paros) was guarded, and some of our exiles [democrats expelled by the oligarchs of Siphnos] had helped to seize Paros'. συγκατειλ.: cp. § 18, κατέλαβεν. So Xen. *Cyr.* IV. 2. 42, τοῖς συγκατειληφόσι, those who have helped us to take (the camp).

ἀπέκτειναν αὐτόχειρες γενόμενοι] 'slew with their own hands' (when Siphnos was subsequently taken, § 20). Cp. Isocr. *Panegyr.* § 111, τοὺς αὐτόχειρας καὶ φονέας τῶν πολιτῶν, 'the assassins and murderers'. *Archid.* § 150, οὐ γὰρ αὐτόχειρες οὔτε τῶν ἀγαθῶν οὔτε τῶν κακῶν γίγνονται, '(the gods) do not give either good or evil *with their own hands* to men' (but only implant the ἔννοια which leads to either).

§ 20. φυγῆς ἡμῖν] 'when we were compelled to fly from our island' (Siphnos, which the democratic exiles, masters of Paros, next attacked).

τῶν σφετέρων αὐτῶν] genit. of οἱ σφέτεροι αὐτῶν, their own kinsfolk. Lysias *In Agor.* § 45, p. 88, οἱ μὲν γονέας σφετέρους αὐτῶν πρεσβύτας καταλιπόντες.

οὐκ ἠγάπησα εἰ...δυνηθείην] 'was not content with the hope

of being able' [the historical form of οὐκ ἀγαπῶ ἐὰν δυνηθῶ]. Cp. *Areopagit.* § 52, p. 156, ὥστ' ἀγαπᾶν ἐκείνους εἰ μηδὲν ἔτι κακὸν πάσχοιεν.—εἰδώς, 'although I knew'.

συνεξεκόμισ' αὐτῷ, κ.τ.λ.] 'I conveyed out of Siphnos, not only Thrasylochus, but also my mother, my sister and all our property'. Cp. § 28, τὴν μητέρα τὴν ἐμαυτοῦ καὶ τὴν ἀδελφήν. From Melos (§ 21) they removed to Troezen. The speaker's mother and sister both died within 35 days after their arrival (§ 22). Thrasylochus had subsequently removed from Troezen to Aegina (§ 24), and there fell into the illness of which—after more than a year—he died (τὸν μὲν πλεῖστον χρόνον...ἓξ δὲ μῆνας, § 24).

159 § **21. τὰ μὲν τοίνυν εἰρημένα...περιπεσόν**] 'Thus far, I have spoken of services which, though they exposed me to risk, entailed no loss [viz. his voyage to Paros for the money, κινδυνεύσας περὶ τοῦ σώματος, § 18, and the escape from Siphnos]; but I can mention others by which, in obliging him, I brought the gravest afflictions on myself'.—ἀπέλαυσα: cp. § 23, ἀγαθὸν ἀπολέλαυκα.

Μῆλον] Melos is about 12 miles s.w.s. of Siphnos: from Melos it is a voyage of about 75 miles N.W. to Troezen on the coast of Argolis—just opposite the little island Calauria (where Demosthenes died—now *Poro*, πόρος, because the narrow strait can sometimes be forded).

μέλλομεν] 'that we intended',—meaning the speaker, his mother and sister: so below, ἔδοξεν ἡμῖν.

καὶ ὅτι χωρὶς ἐμοῦ...πράγμασιν] 'and (representing, λέγων) that, without me, he will be utterly helpless in his affairs'. He said, οὐδὲν ἔξω: the fut. opt. in classical Greek being used only to translate, after secondary tenses in oratio obliqua, a fut. indic. of the direct discourse: Goodwin § 26. In οὐκ ἔχω τί χρήσομαι or χρῶμαι (deliberative *subjunctive*) τούτῳ, τί is a cognate accus. [not an adverb],=οὐκ ἔχω τίνα χρείαν χρῶμαι τούτῳ, I do not know what use to make of this,—what to do with it. The phrase is used colloquially to express helplessness or bewilderment: Her. VII. 213, ἀπορέοντος δὲ βασιλέος ὅ τι χρήσεται τῷ παρεόντι πρήγματι, not knowing what to make of the situation. Cp. Isocr. *Panath.* § 106, διαρρήδην γράψαντες χρῆσθαι ταῦθ' ὅ τι ἂν αὐτὸς βούληται, 'on the express understanding that he should do with them [αὐτοῖς understood] whatever he pleased'.

§ **22. οὐκ ἔφθημεν...καὶ...ἐλήφθημεν**] 'No sooner had we arrived, than we were seized'. Cp. *Panegyr.* § 86, οἱ δ' οὐκ ἔφθησαν πυθόμενοι τὸν περὶ τὴν Ἀττικὴν πόλεμον καὶ...ἧκον. Isocr. uses ἔφθασα, φθάσαιμι, as well as ἔφθην, but infin.

φθῆναι, not φθάσαι: Thuc. has both φθῆναι and φθάσαι: Xen. and Dem. φθάσαι.

παρὰ μικρὸν ἦλθον ἀποθανεῖν] 'I very nearly died'. In such phrases (παρ' ἐλάχιστον, παρ' ὀλίγον, παρὰ τοσοῦτον, etc.) παρά = 'beside' in the sense of 'except': I came—*save for a narrow margin*—to death: the infin. depending on παρὰ μικρὸν ἦλθον as = ἐκινδύνευσα. In Her. IX. 33, παρὰ ἓν πάλαισμα ἔδραμε νικᾶν ὀλυμπιάδα, ἔδραμε is rhetorical for ἦλθε: 'he missed the Olympic prize by nothing but a wrestling-match': *i.e.* he won two of the first four contests in the πένταθλον, but lost 'the odd event', the wrestling-match (πάλη). In Aeschin. *In Ctes.* § 258, παρ' οὐδὲν ἦλθον ἀποκτεῖναι = 'they all but put him to death', οὐδέν is rhetorical for μικρόν—there was *nothing* to spare.

τίν' οἴεσθε...γνώμην ἔχειν...;] 'what do you suppose my feelings were?' Cp. Soph. *Philoct.* 276, σὺ δή, τέκνον, ποίαν μ' ἀνάστασιν δοκεῖς | αὐτῶν βεβώτων ἐξ ὕπνου στῆναι τότε; Isocr. *Plataic.* § 61, πῶς ἂν διατεθεῖεν, κ.τ.λ., 'how would they feel?'

§ 23. ὅς...ἦν] = *qui* (or *quom*) *fuissem*. Cp. Soph. *Electr.* 595, οὐδὲ νουθετεῖν ἔξεστί σε, | ἣ πᾶσαν ἵης γλῶσσαν, and my note on 599. For this causal use of the relative, see Goodwin § 65. 4.

μετοικεῖν στέρεσθαι] 'live as an alien'. Lysias *In Eratosth.* § 20, p. 70, οὐχ ὁμοίως μετοικοῦντας ὥσπερ αὐτοὶ ἐπολιτεύοντο, 'better resident aliens than *they* were citizens'.—(τοῦ) στέρεσθαι δὲ τῶν [masc.] 'separation from my friends' (in Siphnos): = *carere*, not στερεῖσθαι, *privari*.

τελευτῶσας] Not τελευτησάσας. He has related their death: but now his thoughts go back to the month or more (§ 22) after the arrival at Troezen, during which he saw them *dying*.

ἀπολέλαυκα] Note the *perfect*, where ἀπέλαυσα (§ 21) might have stood. It hints the speaker's confidence that the will cannot be upset. Cp. *Antid.* § 295, p. 125, ἡ πόλις ἡμῶν δοκεῖ γεγενῆσθαι διδάσκαλος, seems to be the *established* teacher.

§ 24. ἠσθένησε ταύτην τὴν νόσον ἐξ ἧς] 'took the illness of which he died': ταύτην, as opp. to the indisposition (ἀρρωστία) from which he suffered at the time when they left Siphnos, § 20.—ἠσθένησε: for the force of the aor., cp. ἦρξε, ἐβασίλευσε, 'came to the throne'.

ὡς οὐκ οἶδ' ὅστις, κ.τ.λ.] 'as perhaps no one ever yet tended another': οὐκ οἶδ' ὅστις = ἴσως οὐδείς, (cp. *haud scio an nemo* = *fortasse nemo*:) Eur. *Med.* 941, οὐκ οἶδ' ἂν εἰ πείσαιμι, πειρᾶσθαι δὲ χρή, *i.e.* 'perhaps I may not persuade him, but I must try': οὐκ οἶδα εἰ [= ἴσως οὐ] πείσαιμι ἄν. Cp. Goodwin § 42.

τὸν μὲν πλεῖστον, κ.τ.λ.] showing, in connection with ἓξ μῆνας, that the illness lasted more than a year.

§ 25. τῶν συγγενῶν] 'And in this painful office not one of his relatives thought proper to bear a part; nay, not one of them even came to visit him, with the exception of his mother and sister, who only made matters worse, for they were ill when they came from Troezen, so that they required nursing themselves'. οὐδεὶς ἠξίωσεν...ἀλλ' οὐδ' ἀφίκετο: ἀλλά here = 'nay', 'what is more': the commoner form would be, οὐδείς... οὐχ ὅπως ἠξίωσε (not only did not), ἀλλ' οὐδ' ἀφίκετο (but did not even...).—ἐπισκεψόμενος. The Modern Greek for making a visit or call is ἐπισκέπτομαι, a visit ἐπίσκεψις, a visiting-card ἐπισκεπτήριον.

πλέον θάτερον ἐποίησαν] 'made matters worse'. θάτερον = τὸ κακόν. Soph. Phil. 503, παθεῖν μὲν εὖ παθεῖν δὲ θάτερα: O.C. 1448, ταῦτά γ' ἐν τῷ δαίμονι | καὶ τῇδε φῦναι χἀτέρᾳ, that they should issue thus [i.e. happily] or otherwise. Dem. In Androt. § 12, ὅσα πώποτε τῇ πόλει γέγονεν ἢ νῦν ἐστιν ἀγαθὰ ἢ θάτερα, ἵνα μηδὲν εἴπω φλαῦρον. Pind. Pyth. III. 60, δαίμων ἕτερος, where schol., ὁ κακοποιός, ὡς πρὸς (as contrasted with) τὸν ἀγαθοποιόν.

οὐκ ἀπεῖπον οὐδ' ἀπέστην, κ.τ.λ.] 'I did not lose heart, or desert my post'. Cp. Philipp. § 85, p. 137, οὐ μὴν ἀποστατέον ἐστίν, I must not desist from my task.—ἐνοσήλευον, 'nursed him, with the help of one attendant'. Anaxilas (Middle Comedy) Μάγειροι (Meinek. Com. Frag. 501), τί σὺ λέγεις; ἰχθύδια, συσσίτιον (Mein. σύσσιτον οὖν) μέλλεις νοσηλεύειν ὅσον: 'What? broil fish?' (instead of more solid food):—'what invalid's fare you are going to give your mess!' νοσηλεία, the care of the sick. Plut. Lycurg. 10, (a luxurious life) τρόπον τινὰ νοσηλείας καθημερινῆς δεομένην, in need, as it were, of daily nursing.

161 ἐκείνων θαυμάζειν, εἰ μή] cp. Lys. or. XXXIV. § 2, note, p. 240.

§ 26. ὃς ἔμπυος] 'for he had long been suffering from ulcers': ἔμπυος (πύον), puris plenus, ἐμπ. βάσις, the festering foot of Philoctetes, Soph. Ph. 1378.—ὅς...ἦν = ἐπεὶ ἐκεῖνος ἦν, the causal use of the relative (Goodwin § 65. 4, cp. above § 23): the anteced. is Thrasylochus, the subj. of διέκειτο.

§ 27. ταῦτ' οὐδένα χρόνον διέλιπεν] 'And all this went on without intermission': διέλιπεν, intrans.: οὐδένα χρόνον, accus. denoting duration of time, 'not for a moment'. Isocr. Panathen. § 5, οὐδένα διαλέλοιπα χρόνον διαβαλλόμενος, 'I have never for a moment ceased to be slandered'. διαλείπειν is said also of the interval which elapses, Thuc. III. 74, διαλιπούσης ἡμέρας.

οὐδὲ γὰρ ἀπελθεῖν, κ.τ.λ.] 'for I could not even quit him without seeming neglectful,—a thing from which I shrank far more than from the troubles which beset me': i.e. he could not endure to pain the sick man.—ἢ δοκεῖν ἀμελεῖν, short for ἢ [or else, i.e. εἰ ἀπέλθοιμι, if I *should* go away] ἔδει [supplied κατ' ἔννοιαν from οἶόν τ' ἦν] δοκεῖν ἀμελεῖν, I could not but seem neglectful. The sentence=ἔδει μὴ ἀπελθεῖν, ἢ [=εἰ δὲ μὴ] δοκεῖν ἀμελεῖν. Cp. Thuc. II. 63, εἰκός...μὴ φεύγειν τοὺς πόνους, ἢ [=εἰ δὲ μή, i.e. if you *do* shirk them] μηδὲ τὰς τιμὰς διώκειν.

XIII. ΑΛΕΞΑΝΔΡΩΙ. [Epist. v.]—In writing to Philip of Macedon, who was not then at open war with Athens, Isocrates takes the opportunity of enclosing a letter to the young Alexander. Philip was in Thrace or the Chersonese from May, 342 B.C., to the latter part of 339 B.C.; and, at some time after his departure, appointed Alexander his regent in Macedonia. But, when this letter was written, that arrangement had not yet been made. Alexander, a boy of fourteen, is busy with his studies. It was probably in this very year (342 B.C.) that Alexander began to receive the lessons of Aristotle.

§ 1. πρὸς τὸν πατέρα...γράφων] referring, probably, to Epist. II. of the extant series, in which Isocr. remonstrates with Philip for recklessly exposing his life, and urges him to intervene in the affairs of Athens with the same prudence which he had just shown (342 B.C.) in constituting the Thessalian tetrarchy: see *Attic Orators*, II. 250.

τὸν αὐτόν...τόπον] The place is uncertain. Plut. speaks of Alexander as ἀπολειφθεὶς κύριος ἐν Μακεδονίᾳ τῶν πραγμάτων καὶ τῆς σφραγῖδος, when his father went against Byzantium: *Alex.* c. 9. Cp. Schäfer, *Dem.* II. 416.

διὰ τὸ γῆρας] aetat. 92.

§ 2. φιλόσοφος] 'fond of study': cp. *Adv. Sophist.* § 1, 162 note, p. 293.

τοὺς ἠμεληκότας αὐτῶν] 'who have neglected self-culture': cp. *Antid.* § 290, note, p. 305.

συνδιατρίβων—συμβάλλων] 'men by whose society you will not be pained, and whom you can also take into your confidence on affairs without hurt or injury'.—οὐκ ἂν λυπηθ., i.e. these men are not such buffoons, βωμολόχοι, as (acc. to Isocr.) it was then the fashion to call wits, εὐφυεῖς, but well-bred men: see *Areopagiticus*, § 49, note, p. 848.—συμβάλλων, usu. συμβαλλόμενος (λόγους), laying counsels together, conferring: Plut. *Apophth. Lac.* 222 D, ὡς ἔγνω οὐχ οἶόν τ' εἶναι συμβαλεῖν αὐτῷ, to confer with him. The *midd.* is more suitable when those who consult are equals; the *act.* here suggests the prince bringing business before a council over which he presides.

§ 3. τὴν περὶ τὰς ἔριδας] See on *Adv. Sophist.* § 1, and introd. to it, p. 292.

πλεονεκτικήν] 'advantageous': on the *good* sense of πλεονεξία see *Antid.* § 281, p. 303.

τοῖς τοῦ πλήθους προεστῶσιν] 'the leaders of a democracy': cp. *Panegyr.* § 172, p. 130, οἱ προεστῶτες ἡμῶν.

μεῖζον...φρονοῦσιν] Cp. *Areopag.* § 43, τοὺς ἐλευθέρως τεθραμμένους καὶ μεγαλοφρονεῖν εἰθισμένους, note, p. 345.

§ 4. τὴν παιδείαν τὴν περὶ τοὺς λόγους] 'the discipline of those discourses which we bring to bear on the acts incident to daily life, and which aid us in the discussion of public affairs'. On the λόγων παιδεία of Isocr., see *Adv. Sophist.*, introd., p. 292, and *Antid.*, introd., p. 299.

δοξάζειν...ἐπιστήσει...κρίνειν] Isocr. taught that it was impossible to *know* (ἐπιστήμην λαβεῖν) 'what is to be done or said' (*Antid.* § 271, n., p. 301), in the sense that the precise circumstances of a future situation cannot be foreseen: but that the study of political questions (ὑποθέσεις...περὶ τῶν κοινῶν πραγμάτων, *ib.* § 276, p. 119) will form intelligent opinion, δόξα. He held, further, that he who cultivates the art of persuasion will cultivate ἀρετή, moral excellence, as a means to that end, *ib.* § 278. And so here he claims for his παιδεία that, through it, Alexander (1) is already able to form intelligent conjecture, δόξα, about the future: (2) that he will *know*, when the time comes, the principles of government—ἐπιστήσει hinting that he would be at no disadvantage as compared to the pupils of those who profess to impart absolute ἐπιστήμη, *Adv. Soph.* § 8, p. 112: (3) that he will be able to distinguish between justice and injustice, merit and demerit—*i.e.* will be a judge of ἀρετή. Cp. *Nicocles* § 15, αἱ δὲ μοναρχίαι πλεῖστον μὲν νέμουσι τῷ βελτίστῳ, κ.τ.λ.

163 XIV. ΦΙΛΙΠΠΩΙ. [Epist. III.]—A letter written to Philip of Macedon in 338 B.C., some time after the battle of Chaeroneia, when Isocrates had completed his ninety-eighth year. It is thus the latest of all his extant writings.

The genuineness of the Third Letter has been doubted (as by Prof. E. Curtius *Hist. Gr.* v. 459): but there seems to be no ground, internal or external, for doubting it, except the difficulty of reconciling it with the tradition that Isocrates committed suicide on learning the tidings of Chaeroneia. [Dionys. *De Isocr.* I.; Paus. I. 18. 8; Philostr. I. 17. 4; Lucian (?) Μακρόβιοι §. 23; (Plut.) *Vit. Isocr.* § 14; Anon. Biogr.] According to the usual account, he was in the palaestra of Hippocrates at Athens when he heard the news of the fatal defeat. He repeated three verses of Euripides—verses commemorating three aliens who had been conquerors of Greeks,—Danaus, Pelops, Cadmus—and four days afterwards, on the burial-day of those who fell at Chaeroneia, he died of voluntary starvation. Undoubtedly Isocrates regretted the struggle between Athens and Philip: but the result of the struggle was that the idea of his life—a Panhellenic war against the barbarian—had been made possible. The conduct of Philip to Athens after Chaeroneia was studiously temperate and conciliatory; there was nothing in it to estrange Isocrates from his ideal leader, who, having struck one necessary blow, was now bent on healing the discords of Greece. It would be more easy to conceive that Isocrates should have destroyed himself because he saw Athens still resolved to resist, and could not support the anguish of a divided loyalty. But, to my mind, the Letter itself leaves little room for doubting that it was written after the conclusion of the peace between Philip and Athens, and was taken to Philip by Antipater on his return: see §§ 1, 2. Cp. Schäfer, *Demosth. u. seine Zeit*, III. 25.—*Attic Orators*, II. 31 f.: 255, note 1.

§ 1. διελέχθην καὶ πρὸς Ἀντίπατρον] Demades, who had been taken prisoner at Chaeroneia, was sent by Philip to Athens as the bearer of proposals for peace. The Athenian captives were to be restored: Oropus was to be transferred from Thebes to Athens. On the other hand, Athens was required to recognise Philip as the military head of Greece. On receiving this message, the Athenian Ecclesia sent an embassy to Philip, who was then at Thebes. Among the envoys were Demades, Phocion and Aeschines. They were hospitably entertained by Philip, and returned to Athens with the message that Philip released the prisoners without ransom, and would presently send, for interment at Athens, the remains of those who had fallen at Chaeroneia.

Antipater, the young Alexander, and probably Alcimachus, were the envoys who escorted these relics to Athens. By them the conditions of peace were formally proposed to the Senate and the Ecclesia. Demades then drew up a ψήφισμα by which the treaty—known as 'the Peace of Demades'—was finally ratified. The 'conversation with Antipater', to which Isocr. refers, must have been held on the occasion of this visit. (Cp. Schäfer, *Dem.* III. 19—27.)

μετὰ τὴν εἰρήνην] *i.e.* now that the peace between Athens and Philip has practically secured the recognition of the latter as the chief of Greece. The Congress at Corinth soon afterwards recognised Philip as ἡγεμών (τῆς Ἑλλάδος) καὶ κατὰ γῆν καὶ κατὰ θάλατταν, Polyb. IX. 33: ἡγεμὼν αὐτοκράτωρ συμπάσης τῆς ἄλλης Ἑλλάδος...τῆς ἐπὶ τὸν Πέρσην στρατείας, Arrian VII. 9. 5. So Dem. *De Cor.* § 201, ἡγεμὼν καὶ κύριος ᾑρέθη Φίλιππος ἁπάντων.

ἐν τῷ λόγῳ] The Φίλιππος—referring esp. to §§ 81—104, above, pp. 186 ff.

§ 2. κατ' ἐκεῖνον τὸν χρόνον, 346 B.C., eight years before.

τὸν ἀγῶνα τὸν γεγεν.] The struggle decided by the victory of Philip at Chaeroneia.

164 τῆς μανίας] *i.e.* their mad strife with each other. Cp. *Philipp.* § 88, p. 188, δεῖ τοὺς ὀρθῶς βουλευομένους μὴ πρότερον ἐκφέρειν πρὸς βασιλέα πόλεμον πρὶν ἂν διαλλάξῃ τις τοὺς Ἕλληνας καὶ παύσῃ τῆς μανίας τῆς νῦν αὐτοῖς ἐνεστώσης.

§ 3. ἐγὼ δ' οὐκ εἰδέναι...ταῖς σαῖς ἐπιθυμίαις] 'I reply [to these questioners] that I do not know exactly how it is [*i.e.* whether the project occurred *first* to you or to me], since I had not conferred with you before [*i.e.* before I sent you my λόγος, the Φίλιππος],—but *think* that you had already made up your mind on the subject, and that I have merely been the advocate of your own impulses'. Disting. the *pluperf.* from the *perf.* of the direct discourse : Isocr. said to them, οὐκ οἶδα—οὐ συνεγεγενήμην—οἴομαι αὐτὸν ἐγνωκέναι (= ὅτι ἐγνώκει), ἐμὲ (or ἐγὼ) δὲ συνειρηκέναι (= ὅτι συνείρηκα).

ἐπὶ τῶν αὐτῶν τούτων] 'to hold to these same objects': ἐπί with the genit. expressing the *ground* on which he is conceived as taking his stand: whereas ἐπὶ τούτοις would suggest rather a number of *points* or special conditions.

ὡς...ἂν γενομένων] ὡς expresses the view present to their minds: they think, οὐκ ἂν γένοιτο, κ.τ.λ. Goodwin § 113, note 10.

§ 4. ἀπειρηκώς] 'broken down'. In *Epist.* VI., 'to the children of Jason' (*Attic Orators* II. 241), in 359 B.C., Isocr. already speaks of his age—he was then 77—as disabling him from undertaking a long journey: τὸ μὴ δύνασθαι πλανᾶσθαι καὶ τὸ μὴ πρέπειν ἐπιξενοῦσθαι τοῖς τηλικούτοις, § 2.

αἱ...μετριότητες] 'the virtues of moderation'; on the plur., *Antid.* § 283, note, p. 303.

165 § 5. εἱλωτεύειν] Cp. *Panegyr.* § 131, καὶ τοῦτ' ἔχομεν αὐτοῖς (the Spartans) ἐπιτιμᾶν, ὅτι τῇ μὲν αὐτῶν πόλει τοὺς ὁμόρους εἱλωτεύειν ἀναγκάζουσι, τῷ δὲ κοινῷ τῷ τῶν συμμάχων οὐδὲν τοιοῦτον κατασκευάζουσιν, ἐξὸν αὐτοῖς τὰ πρὸς ἡμᾶς διαλυσαμένοις ἅπαντας τοὺς βαρβάρους περιοίκους (in the Spartan sense, *i.e.* 'dependents') ὅλης τῆς Ἑλλάδος καταστῆσαι. A comparison of these two passages might suggest the comment that, if the

barbarians were now to be the helots of Greece, the Greeks had become the περίοικοι of Macedon.

πλὴν τῶν σοὶ συναγωνισ.] The Thracians, Illyrians, and other mercenaries or foreign auxiliaries in Philip's armies.

θεὸν γενέσθαι] The clause οὐδὲν γὰρ ἔσται λοιπὸν ἔτι πλὴν θεὸν γενέσθαι should clearly be placed (as Dobree saw) after ὅ τι ἂν σὺ προστάττῃς. It is in fact a comment on ἡγοῦ δὲ τόθ᾽ ἕξειν ἀνυπέρβλητον αὐτήν, κ.τ.λ.

§ 6. **νέος ὤν**] Isocr. was prob. not much more than 45 years of age when he *began* the Πανηγυρικός: see introd. to it, p. 308.—τὰ μέν, the unity of Greece: τὰ δέ, the war against Persia.

ISAEUS.

ISAEUS: born circ. 420 B.C.: died circ. 350 B.C. Approximate period of extant work: 390—353 B.C. *Life* in *Attic Orators*, II. 261—271.

Style. Isaeus has a twofold interest. He is the earliest Attic master—not, indeed, of forensic rhetoric—but of strict forensic argument. He also represents the final period of transition in the history of Attic oratory, the transition from the studied 'plainness' (ἀφέλεια) of the Lysian school to the open triumph of that technical mastery (δεινότης) which reached its summit in Demosthenes. We have seen that the peculiar significance of Isocrates is rather for literary rhetoric than for oratory. With Isaeus, we return to the development of practical oratory: and his place in this must be determined, first, by his relation to his predecessor Lysias, secondly by his relation to Demosthenes.

Isaeus closely resembles Lysias in diction (λέξις): the qualities of purity, conciseness, clearness, simplicity, vividness (ἐνάργεια) are common to both. In composition (σύνθεσις), on the other hand, there is marked difference. Lysias broke through the rigid monotony of the earlier periodic style, replacing it by one which was more flexible and various: yet, though his composition as a whole has ease and variety, his love of antithesis frequently gives too much stiffness and uniformity to the structure of his periods themselves. Isaeus is exempt from this excessive love of antithesis: but, on the whole, his composition is distinguished from that of Lysias mainly by the stamp of conscious art. In reading him we have a continual sense of trained and confident skill. The more open and vigorous character of this art, as compared with that of Lysias, is illustrated by the freedom with which Isaeus employs the animated 'figures of thought' (σχήματα διανοίας), especially the rhetorical question (*e.g.* or. VIII. § 28, p. 194). This does not deprive Isaeus of ethical persuasiveness. Reasoned remonstrance, vigorous contention, just indignation, are powerfully expressed: it is only in the delineation of the ingenuous youth or the plain citizen that he yields to the veiled subtlety of Lysias. In the treatment of subject-matter the contrast gains strength. Lysias is usually content with the simple four-fold partition,—προοίμιον, διήγησις, πίστεις, ἐπίλογος. Isaeus interweaves narrative and proof, managing his complex material with manifold tactics,—doing everything with art, but nothing by rule. Lysias seldom attempts more than a rhetorical or sketchy proof: Isaeus elaborates a complete logical proof: as Dionysius says, Lysias speaks κατ' ἐνθύμημα, but Isaeus, καὶ κατ' ἐπιχείρημα (*Attic Orators*, II. 289).

'The oratorical power' (δεινότης) 'of Demosthenes', says the same critic, 'took its seeds and beginnings (τὰ σπέρματα καὶ τὰς ἀρχάς, *Isae.* 20) from Isaeus'. This is true in the limited sense that Demosthenes derived important hints from Isaeus (1) in versatile arrangement of material, (2) in elaboration of systematic proof, (3) more generally, in that art of close and strenuous conflict, the art of grappling with the adversary's case point by point, which the Greek critics mean by ἀγωνίζεσθαι, τὸ ἐναγώνιον. The two speeches of Demosthenes against Aphobus (363 B.C.), and the two against Onetor (362 B.C.), were written at the time when their author (*aet.* 22 or 23) was probably most under the influence of Isaeus. The two speeches against Onetor—which exhibit the influence in its most mature form—are especially Isaean in this, that they end, not with an ordinary peroration, but with a keen argument swiftly thrust home (Dem. *Adv. Onet.* I. §§ 37—39: II. §§ 10—14). On the other hand these earliest speeches of Demosthenes have a thoroughly original stamp. The link between Isaeus and Demosthenes is chiefly technical, depending on the essential continuity of Attic prose expression as an art. It is also, in a narrower sense, personal, so far as a vigorous intensity of logic was common to the intellectual character of both. But that is all. The great achievements of Demosthenes are his own: so, too, the masterpieces of Isaeus, in their own kind, bear a distinctive stamp of keen ability and consummate art.—Cp. *Attic Orators*, II. 273—310.

On the **Works** of Isaeus generally, *ib.* II. 311—368. The striking characteristic of the extant twelve speeches is the contrast between monotony of subject and versatility of tone: the form has its affinities at once with earlier and with later style. Of the twelve, the three typical speeches are (1) the fifth, *On the Estate of Dicaeogenes*—Lysian in the graceful and persuasive management of narrative: (2) the eleventh, *On the Estate of Hagnias*—Demosthenic in its unity of impulse and its victorious mastery of technical resource: (3) the eighth, *On the Estate of Ciron*—distinctively Isaean in its mediation between these types.

It is from these that the following extracts have been taken: viz. I. or. v. περὶ τοῦ Δικαιογένους κλήρου, 1. §§ 7—24 (narrative): 2. §§ 39—47 (peroration).—II. or. xi. περὶ τοῦ Ἀγνίου κλήρου, §§ 1—19.—III. or. viii. περὶ τοῦ Κίρωνος κλήρου, §§ 1—42.

I. ΠΕΡΙ ΤΟΥ ΔΙΚΑΙΟΓΕΝΟΥΣ ΚΛΗΡΟΥ. [Or. v.]
'On the Estate of Dicaeogenes'.—Dicaeogenes, son of Menexenus—whom, for distinction from his grandfather, of the same name, we call Dicaeogenes II.—had four sisters. These, when he died childless, shared among them two-thirds of his estate. The other third went to his first cousin, Dicaeogenes III., son of his uncle Proxenus, in accordance with a will produced by Proxenus, in which the deceased declared Dicaeogenes III. to be his adopted son, and heir to one-third of his estate (υἱὸς ποιητὸς ἐπὶ τρίτῳ μέρει τῆς οὐσίας, § 6).

Twelve years later (§ 7), Dicaeogenes III. alleged that this first will was invalid. Under a *second* will, he said, he was heir, not to a third only, but to the whole of the estate. He gained his cause. The sisters of the testator were deprived of their shares, and the whole was transferred to Dicaeogenes III.

Ten years more elapsed (§ 35). Meanwhile the nephews of the testator had grown up. They now resolved to seek redress for their mothers and themselves. They began by bringing an action against one Lycon, who had been called by Dicaeogenes III. as a witness to the second will. Lycon was convicted of perjury.

The state of things was now this:—Dicaeogenes III. had himself declared the first will—which gave him one-third—to be invalid. The judges of Lycon had declared the second will —which gave him all—to be false. Accordingly, the nephews (with the exception of Menexenus II., who had deserted their cause) now sued Dicaeogenes III. for the *whole* estate. One Leochares interposed a protest (διαμαρτυρία) that their claim was inadmissible. They indicted Leochares for perjury. Leochares was certain to be convicted. Dicaeogenes III. therefore made a compromise. He was to keep his original one-third, and leave his adversaries in secure possession of the other two-thirds. Leochares and Mnesiptolemus became his sureties for the performance of this engagement.

SELECTIONS.

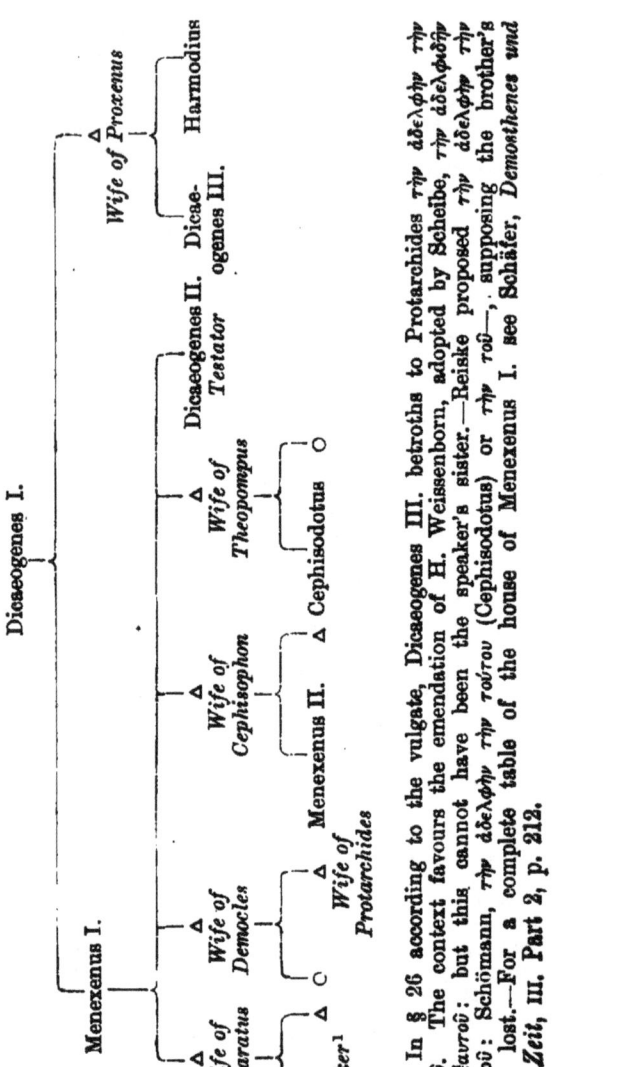

STEMMA.

[1] In § 26 according to the vulgate, Dicaeogenes III. betroths to Protarchides τὴν ἀδελφὴν τὴν ἑαυτοῦ. The context favours the emendation of H. Weissenborn, adopted by Scheibe, τὴν ἀδελφιδῆν τὴν ἑαυτοῦ: but this cannot have been the speaker's sister.—Reiske proposed τὴν ἀδελφὴν τὴν ἐμαυτοῦ: Schömann, τὴν ἀδελφὴν τὴν τούτου (Cephisodotus) or τὴν τοῦ—, supposing the brother's name lost.—For a complete table of the house of Menexenus I. see Schäfer, *Demosthenes und seine Zeit*, III, Part 2, p. 212.

Leochares is now sued (by an ἐγγύης δίκη) to discharge his liability as surety, since his principal Dicaeogenes III. has made default. The speaker, son of Polyaratus (§ 5), is one of the nephews of the testator, and is supported by his first-cousin Cephisodotus (§ 2).—*Attic Orators*, II. 349.

The date is probably 390 B.C.,—the sea-fight off Cnidus mentioned in §§ 6, 42 being that of 412 B.C. (Thuc. VIII. 42), not the more famous battle of 394 B.C. This question has been fully examined in the *Attic Orators*, II. 350 f.

The speaker first defines his case by quoting his own affidavit (ἀντωμοσία, § 1). He then refers to a register (ἀπογραφή) of the property left by his uncle, to prove that Dicaeogenes III. has not refunded the due amount, and that Leochares has therefore not discharged his suretyship (τὴν ἐξεγγύην οὐκ ἀπέδωκεν), §§ 1—4. The facts, of which an outline has been given above, are then narrated in the following passage, §§ 7—24.

§ **7.** ἐπειδὴ ἐνείμαντο, κ.τ.λ.] 'When they had divided the estate, after taking oaths not to transgress the terms of the agreement, each party remained for twelve years in possession of the share assigned to him'. This refers to the *first* will (412 B.C.), under which Dicaeogenes III., as adopted son of the testator, Dicaeogenes II., received *one third* of the estate. The other *two thirds* were shared between the four sisters of the testator, represented by their respective husbands,—viz. Polyaratus (father of the speaker), Democles, Cephisophon, Theopompus.—ἐνείμαντο: cp. Lysias *Pro Mantith.* § 10, p. 59, πρὸς τὸν ἀδελφὸν δ᾽ οὕτως ἐνειμάμην.

οὐσῶν δικῶν] 'though the law-courts sat': *i.e.* in the course of the years 412—400 B.C., though there were short periods during which the sittings of the law-courts were suspended by war or internal trouble, yet there were also longer periods during which an action might have been brought. Cp. Thuc. VI. 91, where Alcibiades, urging the Spartans to occupy Deceleia, predicts that one of the results will be to stop the Athenian revenue from the law-courts (ὅσα ἀπὸ δικαστηρίων νῦν ὠφελοῦνται,—alluding to court-fees, πρυτανεῖα, and to fines or confiscations). The prediction was fulfilled, since, as Thuc. VII. 28 says, all the citizens were required for military duty. This interruption fell within the period referred to here (412—400 B.C.). Cp. [Dem.] or. XLV. *In Stephan. I.* § 3 (about 351 B.C.), δίκην μὲν οὐχ οἷός τ᾽ ἦν ἰδίαν λαχεῖν· οὐ γὰρ ἦσαν ἐν τῷ τότε καιρῷ δίκαι, ἀλλ᾽ ἀνεβάλλεσθε ὑμεῖς διὰ τὸν πόλεμον [the Social War, 357—355 B.C.].

δυστυχησάσης, κ.τ.λ.] 'Athens having suffered disaster [the defeat at Aegospotami, 405 B.C.], followed by the troubles of

male kinsman shall marry her), ἐὰν δὲ μὴ ᾖ, ὅτῳ ἂν ἐπιτρέψῃ, τοῦτον κύριον εἶναι, but if she be not, then her natural κύριος may delegate the duty to another. The κύριος of a married woman was her husband: see Isae. or. III. *De Pyrrh. Hered.* § 2. The vulg. καὶ τούτων τε can be defended if τε is connected with the καὶ before οὐδὲ κατὰ τὸ ἐλάχιστον μέρος, κ.τ.λ.: he was *both* their guardian, etc., *and* unkind. But I feel sure that Dobree's γε (better than Scheibe's τοι) is right: we want just this emphasis on τούτων.

οὐδὲ κατὰ τὸ ἐλάχιστον μέρος] 'not the smallest fraction of their claim on his kindness or compassion was allowed by him'; lit. 'not even in respect to the smallest part of the ties between them (οἰκειότης—the double tie of kinsman and guardian) did they obtain pity'.

ἃ δὲ ὁ πρὸς μητρὸς...δίκης] 'and what their maternal uncle [the testator] and their grandfather [Menexenus I., their mother's father, see stemma] had given to them [to Cephisodotus and the other child or children], he [Dicaeogenes III.] took away on his own authority (αὐτός), before the case had been tried'.

§ 11. **πριάμενος καὶ κατασκάψας**] For the aor. part. πριάμενος, cp. Andoc. *De Pace* § 37, p. 47, πείσαντες—λαθόντες—πριάμενοι—βιασάμενοι.

τὸν κῆπον ἐποιήσατο] Dobree would omit τόν: rather transpose it, reading κῆπ. ἐποιήσ. τὸν πρὸς τῇ αὐτοῦ οἰκίᾳ: or, retaining it here, repeat it before πρός.

ἐν ἄστει] in Athens: the art. omitted as usu.: cp. Isocr. *Antid.* § 299, note, p. 307. So below, § 22, ἔξω τείχους—ἐν Πεδίῳ, note.

καὶ λαμβάνων μίσθωσιν] 'And though he was receiving 80 minas [about £330] in rent from our uncle's property, he sent the latter's nephew to Corinth in the quality of servant to his brother Harmodius'; εἰς Κόρινθον, *i.e.* on military service during the Corinthian War, which began in 394 B.C. (the date of the speech is 390 B.C.). In § 37 there is a reference to the capture of Lechaeum, the w. port of Corinth, by the Spartans in 393 B.C. —ἀκόλουθος here=the Attic hoplite's servant, (usu. ὑπηρέτης, Thuc. III. 17,) the Spartan θεράπων: Thuc. VII. 75, ἔφερον καὶ οἱ ὁπλῖται καὶ οἱ ἱππῆς παρὰ τὸ εἰωθὸς αὐτοὶ τὰ σφέτερα αὐτῶν σιτία ὑπὸ τοῖς ὅπλοις, οἱ μὲν ἀπορίᾳ ἀκολούθων, οἱ δὲ ἀπιστίᾳ (distrust of their servants).

ἐμβάδας καὶ τριβώνια] 'brogues and frieze'. The ἐμβάς was a sort of thick shoe (in Xen. *Hipp.* XII. § 10 ἐμβάτης is a half-boot), worn by people who had rough out-door work to do,—the ordinary ὑπόδημα being merely a sandal bound under the foot; the σανδάλιον had an upper leather across the toe; the κρηπίς was a half-shoe. Cp. Becker *Charicl.* Exc. XI. The τρίβων was a short mantle of coarse stuff. Dem. or. LIV. *In Conon.* § 34, 'men who are of a gloomy countenance, who affect the Spartan, who wear coarse cloaks (τρίβωνας) and single-soled sandals' (ἁπλᾶς ὑποδέδενται). The Acharnian rustics wear the τρίβων (Ar. *Ach.* 184), which seems to have been the ordinary dress of poor men. Socrates sometimes alludes to his 'poor cloak' (τρίβων οὑτοσί, *Protag.* 335 D). Being the ordinary dress of philosophers, it afterwards came to be regarded, like the cowl, as a badge of austere life. (From my note on Theophrast. *Char.* XXII.=XXV. p. 255.) Scheibe reads τρίβωνα with Cobet *N. Lect.* p. 155; but cp. Lysias or. XXXII. *In Diogitona*, § 16,— where the question is of similar harshness towards poor relations—ἐκβαλεῖν τούτους ἠξίωσας θυγατριδοῦς ὄντας ἐκ τῆς οἰκίας τῆς αὑτῶν ἐν τριβωνίοις, ἀνυποδήτους, οὐ μετὰ ἀκολούθου, οὐ μετὰ στρωμάτων, οὐ μετὰ ἱματίων (the ordinary woollen cloak).

§ 12. ὅθεν ἀπέλιπον]=ἐκεῖθεν ὅπου, 'from the point at which I digressed': *i.e.* from the end of § 9, when Dicaeogenes III. had seized the whole estate. Cp. Plat. *Phaedo* 78 B, ὅθεν ἀπελίπομεν ἀναλάβωμεν αὖθις.

ἐπεξῇει] 'proceeded to prosecute', Attic imperf. of ἐπεξέρχομαι, as the Att. fut. is ἐπεξιέναι. Cp. § 9, ἐπεξελθεῖν.—τοῖς καταμαρτυρήσ., 'those who had borne false testimony against us [against the speaker and Cephisodotus], and against him' [Menexenus, their cousin]: cp. § 9.

ὅνπερ...τοῦτον] τοῦτον, not, as usu., 'the defendant here', but emphatic after ὅνπερ πρῶτον, as if Λύκωνα had not preceded: 'convicted the very first man they brought before the court— Lycon'.

ποιηθῆναι, κ.τ.λ.] See on § 7.

§ 13. τὸν...πράττοντα] 'who was acting',=ὃς ἔπραττε, in 170 the prosecution of the witnesses.

τί ποιῆσαι; κ.τ.λ.] 'persuades him—to do what? to take for himself such a share of the estate as fell to him, and to throw over us for whom he was acting'. ὅ τι ἐγίγνετο: such a fraction as *was due to him* (imperf.), on the supposition that two-thirds of the whole estate belonged to the sisters and their children. Cp. § 6, υἱὸς ἐγίγνετο ποιητός, (under the will) *he was to become* adopted son, *i.e.* it directed that he should do so; and § 15. So § 16, ἀκύρουν γιγνομέναιν,=ἐπειδὴ ἐγίγνοντο, as (by a logical necessity) both the wills *now became, now must be*, invalid: § 44, ἐκείνων ἐγίγνετο, 'were due to them'.

ἀφεῖναι] 'to withdraw his charges against the witnesses who had not yet been convicted': ἀφεῖναι, here, not of the jury who acquit the accused, but of the prosecutor who absolves him by allowing the proceedings to drop. Cp. § 1 of this speech, ἀφήκαμεν ἀλλήλους τῶν ἐγκλημάτων. [Dem.] or. XLV. *In Stephan.* I. § 40, ὡς ἀφέντος ἐμοῦ τῶν ἐγκλημάτων αὐτόν. Harpocr. *s. v.* ἀφείς contrasts ἀφεῖναι, 'to let off' an accused person by withdrawing a charge, with ἀπαλλάξαι, 'to get rid' of an accuser by persuading him to do so: cp. § 28 of this speech, οὐ δύναται ἀπαλλάσσειν τοὺς χρήστας, he cannot pay off his creditors.

§ 14. καθηγούμενοι] Elsewhere in classical Greek καθηγεῖσθαι is usually to 'show the way', 'set an example', 'teach': here Dobree conj. ἡμεῖς δ' οὐκέθ' ἡγούμενοι προσήκειν. Baiter, ἡμεῖς δὲ ἄθ' ἡγούμενοι, Sauppe ἡμεῖς δ', ὦ ἄνδρες, ἡγούμενοι. I believe that καθηγούμενοι, though unattested in this sense, is right, = 'inferring', (κατά implying an *unfavourable* inference;) cp. Her. III. 27, πάγχυ σφέας καταδόξας ἑωυτοῦ κακῶς πρήξαντος χαρμόσυνα ταῦτα ποιέειν.

κατ' ἀγχιστείαν] 'we claim the whole estate [οἴκου = κλήρου] from him on the ground of affinity'—and no longer κατὰ διαθήκην, on the ground of the *testament* under which they had originally claimed two-thirds. ἀγχιστεία, in the legal sense, was a degree of affinity (*including*, for legal purposes, consanguinity, συγγένεια) recognised by the law as constituting a claim to an inheritance in the absence of a special bequest which could legally divert it. To claim an estate *under testamentary disposition* was ἀμφισβητεῖν κατὰ διαθήκην, or κατὰ δόσιν. (Schömann, *Isae.* p. 250, regards διδόναι, δόσις as the general terms for a bequest: διατίθεσθαι, διαθήκη as terms strictly applicable only when the legatee was at the same time adopted as son by the testator. But in Isae. or. I. § 41 the defendants claim κατὰ διαθήκην, and it nowhere appears that they had been adopted. I believe rather that δόσις denoted the act, and διαθήκη the instrument.) To claim on the ground of affinity (in the absence of a will) was ἀμφισβητεῖν κατ' ἀγχιστείαν, or κατὰ γένος, or. IV. § 15. For the distinction between ἀγχιστεία and συγγένεια, cp. Isae. or. XI. § 17, ὅ (the relationship of son to mother) συγγενέστατον μὲν ἦν τῇ φύσει πάντων, ἐν δὲ ταῖς ἀγχιστείαις ὁμολογουμένως οὐκ ἔστιν· meaning that a mother could not inherit from her son,—although, by Attic law, an inheritance could ascend collaterally, as by an uncle inheriting.

ὀρθῶς ἐγνώκαμεν] 'have decided rightly' (to sue D. for the whole estate): the perf., because the resolve still exists, since the case has not been finally settled. The argument is briefly this. Dicaeogenes III. received one-third of the estate under the will. He has set that will aside, and has taken the whole estate under another alleged will. We have shown that this alleged will is false. Therefore there is no will. And therefore the next of kin inherit.

§ 15. ἡ μὲν πάλαι πολλῷ, ἡ δ' ὕστερον] If πάλαι πολλῷ stood *alone*, it certainly could not mean 'very long ago': that would be πάνυ πάλαι, as in Isae. or. VI. § 14, οὔτε ἀνέκδοτον καὶ ἄπαιδα εἶναι, ἀλλὰ πάνυ πάλαι συνοικεῖν (has long been married). But where πάλαι and ὕστερον are contrasted in the same clause, πολλῷ may stand with πάλαι in the sense, 'old *by a long interval as compared with the later date*'. I therefore hesitate to adopt the obvious transposition, ἡ μὲν πάλαι, ἡ δ' ὕστερον πολλῷ.

Πρόξενος] Proxenus, father of Dicaeogenes III., had produced the will under which his son inherited one-third of the estate of Dicaeogenes II.: § 6, διαθήκην ἀπέφηνε Πρόξενος. See the stemma.

ἐγίγνετο] Cp. § 13, note on τί ποιῆσαι ;...ὅ τι ἐγίγνετο.

αὐτήν] redundant after ἥν: cp. § 12, Λύκωνα...τοῦτον, note.

§ 16. ἀκύροιν γιγνομέναιν] 'were by inference invalid', ἄκυροι ἐγίγνοντο; § 13, note.

κατὰ δόσιν...κατ' ἀγχιστ.] Cp. § 14, κατ' ἀγχιστείαν, note.

διὰ δὲ ταῦτα] If δέ is right, it has a resumptive force : 'for these reasons, I say': but διὰ δὴ ταῦτα seems needed.

λαχεῖν τοῦ κλήρου—ἀντόμνυσθαι] λαχεῖν τοῦ κλήρου, sc. δίκην, 'to claim the estate', to obtain a hearing of one's legal claim: but λαχεῖν κλῆρον, 'to obtain the estate': § 7, ἐκέκτητο...ἕκαστος ἃ ἔλαχε.—ἀντόμνυσθαι, 'when we were about to make our affidavit' (ἀντωμοσία), in the preliminary proceedings (ἀνάκρισις) before the archon.

διεμαρτύρησε...μὴ ἐπίδικον εἶναι τὸν κλῆρον] 'entered a protest (διαμαρτυρία) to the effect that our claim was inadmissible': *i.e.* that a διαθήκη existed giving it to Dicaeogenes. Cp. Isae. or. VII. § 3, εἰ μὲν ἑώρων ὑμᾶς μᾶλλον ἀποδεχομένους τὰς διαμαρτυρίας ἢ τὰς εὐθυδικίας, κἂν μάρτυρας προὐβαλόμην μὴ ἐπίδικον εἶναι τὸν κλῆρον: where *a protest barring the claim* is contrasted with *a direct trial* of the claim. Cp. § 6, ἑκάστη τὸ μέρος ἐπεδικάσατο (sc. τοῦ κλήρου), each claimed the estate in her due share.

§ 17. ἐπισκηψαμένων...εἰσῄει] 'We indicted Leochares; the action in claim of the estate was cancelled, and the charge of perjury came before the court'. ἐπισκηψαμένων, sc. ψευδομαρτυρῶν: cp. § 9.—λῆξις, sc. τῆς δίκης, τοῦ κλήρου, for claiming the estate.—διεγράφη: Ar. *Nub.* 773, οἴμ' ὡς ἥδομαι | ὅτι πεντετάλαντος διαγέγραπταί μοι δίκη, 'a suit in which I might have lost five talents is quashed'.

ἐξαιρεθεισῶν] out of the two καδίσκοι, one for condemnation, the other for acquittal: cp. Lys. *In Agor.* § 37, note, p. 267. Dobree ingeniously but needlessly, ἐξερασθεισῶν, 'tumbled out' (Ar. *Ach.* 341, τοὺς λίθους...ἐξεράσατε).

ἃ μὲν τῶν δικαστῶν...λέγειν] 'as to the entreaties which L. addressed to the judges and to us, and the penalties which we were entitled to obtain, I hardly know that I need speak' (*i.e.* you can imagine them). Leochares having been convicted of perjury (ψευδομαρτυριῶν), the accusers might have claimed any penalty up to ἀτιμία, disfranchisement (cp. § 19, ἐγγενόμενον ἡμῖν αὐτόν, ἐπειδὴ εἵλομεν ψευδομαρτυριῶν, ἀτιμῶσαι), since it was a τιμητὴ δίκη, that is, one in which the accuser could τιμᾶσθαι, assess the penalty.—ἐξεγένετο, with pluperf. force, *not*, 'was in our power', but, 'had (by the verdict) come into our power'.—διαπράξασθαι, *not* 'exact', but 'obtain' παρὰ τῶν δικαστῶν.

§ 18. μὴ συναριθμεῖν, κ.τ.λ.] 'not to count the votes, but to cancel the conviction'; *i.e.* when the votes were taken out, there was an evident majority against Leochares; but the accusers consented to refrain from registering the result, and to admit L. to a compromise before sentence was passed. συναριθμεῖν to *compare the number* of votes for him with that against him: συγχέαι, to mix up all the votes in a heap.

ἀφίστατο...μέρη] 'Dicaeogenes (III.) offered [*imperf.*] to resign two-thirds of the estate to the sisters of Dicaeogenes (II.), and to agree that he should place these two-thirds in our hands without litigation': ἀναμφισβήτητα, *i.e.* he promised that they should not be required ἀμφισβητεῖν, to bring a law-suit, in order *formally* to establish their claim. In the sequel, however, they were obliged to do so, since D. had already transferred the ownership to others.

καὶ ταῦτα ἠγγυᾶτο, κ.τ.λ.] 'And in all this Leochares the defendant offered [*imperf.*] to be his surety, and to undertake that he (Dicaeogenes) should fulfil his agreement,—Mnesiptolemus of Plōtheia [a deme of the Aegeid tribe] being his colleague in the suretyship'.—ἠγγυᾶτο, not ἐνεγυᾶτο, in Attic, as Scheibe shows, Isae. *praef. crit.* IX.—καὶ ὡμολόγει ποιήσειν: better ὡς ὡμολόγει καὶ ποιήσειν, 'pledged himself that Dicaeogenes would do as he (D.) had agreed'. Cp. § 20, ἠγγυᾶτο αὐτὸν ἃ ὡμολόγησε καὶ ποιήσειν: § 22, οὐ πιστεύοντες αὐτῷ ἃ ὡμολόγησε [καὶ Reiske] ποιήσειν.

§ 19. ἐγγενόμενον...ἀτιμῶσαι] 'when it had come into our power...to disfranchise him': § 17, *note*. For the accus. absol. cp. Antiph. *Tetr.* B. β. § 7, note, p. 205.

§ 20. καίτοι εἰ μή...οὐκ οἶδ' ὅ τι] 'If, however, in the face of the judges, five hundred in number, and of the bystanders, he had not offered [*imperf.*] to become surety, I do not know what he could have done': *i.e.* there was no other hope for him: he would then and there have been disfranchised. εἰ μὴ ἠγγυᾶτο, not ἠγγυήσατο, because the *promise* had never been fulfilled.—πεντακοσίων, the normal number of a δικαστήριον,— the 5000 ἡλιασταί (exclusive of the reserved 1000) being divided into 10 such panels: cp. Isocr. *Areopagit.* § 54, note, p. 349.

§ 21. εἰ γὰρ ἀπέστη μόνον...εἶχεν] 'For if (as he alleges) 173 he merely withdrew his claim to the two-thirds, but did *not* covenant to place them in our hands without litigation, what loss was he incurring by resigning property of which he already had the equivalent in money?' *i.e.* he had already transferred to others the ownership of the property which he was resigning. It was his duty to see that we got it without having to go to law (ἀμφισβητεῖν) with these other persons, from whom he had received the value (τιμή) of it. τί ἐζημιοῦτο; *i.e.* we were in a position to claim a concession, since we had convicted his witness of perjury. But this would have been no concession. Therefore his compact cannot have meant this.

οὐδὲ γὰρ πρὶν ἡττηθῆναι...θέμενοι] 'for even before he had been worsted in the law-suit [by the conviction of his witness Leochares], the property which we claim had passed from him to the purchasers and mortgagees'. οἱ πριάμενοι—those who had bought from him outright: οἱ θέμενοι, 'the mortgagees'— those who lent him money on the security of property which he placed in their hands. Plato, *Legg.* 820 E, κείσθω μέντοι καθάπερ ἐνέχυρα λύσιμα ἐκ τῆς ἄλλης πολιτείας, ἐὰν ἢ τοὺς θέντας ἡμᾶς ἢ τοὺς θεμένους ὑμᾶς μηδαμῶς φιλοφρονῆται, 'let these (studies) rest, however, as pledges which can be redeemed by provisions in other parts of our commonwealth, in case they prove utterly unsatisfactory to us who have given the pledges' (θέντας, the mortgagers), 'or to you who have accepted them' (θεμένους, the mortgagees). So ὑποτιθέναι (*opponere*) οἰκίαν, to pledge or mortgage a house: ὑποτίθεσθαι οἰκίαν, to accept the house as security for a loan.

§ 22. ἐν Πεδίῳ] in the Attic plain (τὸ πεδίον, Thuc. II. 65), from which the party led by Lycurgus were called οἱ ἐκ τοῦ πεδίου, πεδιακοί or πεδιεῖς, as opp. to the πάραλοι led by Megacles and the διάκριοι led by Peisistratus, Her. I. 59. The art. omitted, as with τεῖχος, ἄστυ, § 11.—ἑξήκοντα πλέθρων, 'covering 60 plethra'. The πλέθρον was the ordinary Greek unit of land-measurement, =10,000 square feet, nearly=Roman *actus*, or half *iugerum*.—κεκομίσμεθα, 'have recovered': cp. § 18, κομισάμενον.

ἡμεῖς δ' οὐκ ἐξάγομεν] 'And we refrain from ejecting' [τοὺς πριαμένους καὶ θεμένους, those to whom D. has transferred the property], 'for we are afraid of incurring penalties at law': δίκας, sc. ἐξούλης, actions for forcible ejectment.

καὶ φάσκοντος μὴ βεβαιώσειν] 'For by ejecting Micion from the ownership of the bath-house, at the instance of D., and on his assurance that he would not confirm the other's title, we incurred a fine of 40 minae—thanks to Dicaeogenes, judges'. μὴ βεβαιώσειν: i.e. Dicaeogenes promised to admit that Micion had bought the βαλανεῖον with a bad title, since he, Dicaeogenes, was not its legal owner when he sold it.

§ 28. ἡγούμενοι γάρ...καθειστήκεσαν ἡμῖν] 'For, believing that he [αὐτόν, Dicaeogenes] would not confirm another claim to any part of the property which he had resigned in our favour before the law-court, we insisted on this point [διισχυριζόμεθα, *imperf.*] against Micion before the judges, offering to suffer what they pleased if D. confirmed M.'s title to the tenement,—never dreaming that he [D.] would violate his agreement,—though our only ground for such a faith was the fact that sureties had been given to us'. ἂν βεβαιώσειν: as in Thuc. II. 8 the mss. give ἂν προσχωρήσειν, V. 82 ἂν ὠφελήσειν, V. 66 ἂν λυπήσειν, VIII. 25 ἂν προσχωρήσειν, VIII. 71 ἂν ἡσυχάσειν. In VI. 66 the corr. ἂν λυπήσειαν is probable: in the other places Classen (rightly, I think) keeps ἂν, with Herbst, instead of omitting it with Stahl. Cp. Goodwin § 41. 4.—οὐκ ἂν...οἰόμενοι ...πρᾶξαι, cp. § 8, note.—οὐ δι' ἀλλ' οὐδέν: i.e. the character of D. himself was no guarantee, but we believed that he would not expose his surety to an ἐγγύης δίκη (like the present).

§§ 39—47.

§ 39. οὕτω καὶ τοσαῦτα] 'in this manner and measure' i.e. so badly and so little: referring to § 36, τῇ μὲν φυλῇ εἰς Διονύσια χορηγήσας τέταρτος ἐγένετο, τραγῳδοῖς δὲ καὶ πυρριχισταῖς ὕστατος: i.e. he won only the fourth prize when he produced a chorus [probably of αὐληταί, flute-players] at the great Dionysia,—and was last when he produced a tragic chorus and a chorus of Pyrrhic dancers (perhaps at the Λήναια). He had also failed to contribute when εἰσφοραί, special war-taxes, were being levied. Once, indeed, he had promised an ἐπίδοσις or voluntary subscription, which however he had not paid, and had therefore been 'posted' as a defaulter at the statues of the Twelve Heroes [in the Agora], § 38: καὶ τοῦτο ἐπέδωκεν, οὐκ εἰσήνεγκεν, ἀλλ' ἐπ' αἰσχίστῳ ἐπιγράμματι ['with a most disgraceful qualification'— that which follows] ἐξετέθη αὐτοῦ τοὔνομα ἔμπροσθεν τῶν ἐπωνύμων, ὅτι οἵδε εἰς σωτηρίαν τῆς πόλεως ὑποσχόμενοι τῷ δήμῳ εἰσοίσειν χρήματα ἐθελονταὶ οὐκ εἰσήνεγκαν.—εἰς τὴν πόλιν, (spent) on the city: so § 43, τοῖ ἀναλώσας; οὔτε γὰρ εἰς τὴν πόλιν οὔτε εἰς τοὺς φίλους φανερὸς εἶ δαπανηθεὶς οὐδέν.

ὅτι μεῖζον ἐδυνήθη] Schömann suggests ὅτε, but with this we should expect ἠδύνατο: and ὅτι, '(merely) because', condemns the act more strongly.

εἰς τοὺς μισθωτοὺς ἰόντας] 'and allowed others [of his relatives] to be reduced to the rank of hired labourers, for want of a bare livelihood'. Cp. [Dem.] or. XLIX. *Adv. Timoth.* § 51, τίνες ἦσαν οἱ ἐνέγκαντες τὸν χαλκὸν ὡς τὸν πατέρα τὸν ἐμόν; μισθωτοὶ ἢ οἰκέται; 'hirelings or slaves?' Theophr. *Charact.* IV. καὶ τοῖς παρ' αὐτῷ ἐργαζομένοις μισθωτοῖς ἐν ἀγρῷ πάντα τὰ ἀπὸ τῆς ἐκκλησίας διηγεῖσθαι, 'he will recount all the news from the Ecclesia to the hired labourers working on his land'. 'Slavery did not altogether swamp the labour-market. Even men, chiefly foreigners, found employment as artisans, farm-labourers or domestics: see Plat. *Rep.* 371. Lysis, in Plato's dialogue, says that his father's chariot was driven at the games by a *hired* charioteer (*Lys.* p. 208 E), while the groom mentioned in the same passage is a *slave*. The shrine of Eurysaces in the market-place is mentioned as the place at which 'those who ply for hire used to congregate' (from my note on Theophr. *l.c.*, p. 221).

ἐν τῷ τῆς Εἰλειθυίας ἱερῷ] καθημένην, as a suppliant,—in appeal to the goddess against an unnatural son. Pausanias I. 18. § 5, πλησίον δὲ (near the temple of Sarapis, s.w. of the Acropolis) ᾠκοδόμητο ναὸς Εἰλειθυίας, ἣν ἐλθοῦσαν ἐξ Ὑπερβορέων εἰς Δῆλον γενέσθαι βοηθὸν ταῖς Λητοῦς ὠδῖσι, τοὺς δὲ ἄλλους παρ' αὐτῶν φασι τῆς Εἰλειθυίας μαθεῖν τὸ ὄνομα· καὶ θύουσί τε Εἰλειθυίᾳ Δήλιοι καὶ ὕμνον ᾄδουσιν Ὠλῆνος.

§ 40. Μέλανα] 'As to his intimate associates [in distinction from τοὺς προσήκοντας, his relatives, § 89], he has robbed Melas, his friend from boyhood, of the money which he received from him, and is now his bitter enemy': Μέλανα, not Μέλανι, because the emphasis is more on the *act* (ἀποστερήσας) which led to the feud than on the feud itself (ἔχθιστός ἐστι).

εἰ ἐπιδικάσαιτο τοῦ κλήρου] 'if he should claim the estate': cp. § 16, ἐπίδικον, note. He said, δώσω, ἐὰν ἐπιδικάσωμαι.

§ 41. οἱ ἡμέτεροι πρόγονοι] *i.e.* the testator, Dicaeogenes II., his father Menexenus, and his grandfather, Dicaeogenes I.—οἱ ταῦτα κτησάμενοι, who acquired the property now under dispute.

πάσας...χορηγ. ἐχορήγ.] 'discharged the office of choregus in all its forms', for τραγικοί, κωμικοί, and μουσικοὶ ἀγῶνες.— εἰσήνεγκαν, *i.e.* by way of εἰσφοραί: cp. on § 89.—τριηραρχοῦντες:

see on Isocr. *De Pace* § 128, τὰς συμμορίας, p. 836.—διέλιπον: Isocr. *Aeginet.* § 27, note, p. 356.

ἀναθήματα] 'votive offerings', a general term for gifts (buildings, statues, tripods, etc.) dedicated to a god; ἀνάθημα ἀνατιθέναι, Her. II. 182.—ἐκ τῶν περιόντων, *not*, 'from their abundance', but, 'from what remained' after these costly λειτουργίαι had been discharged.

τρίποδας] A bronze tripod was awarded to a successful choregus, who usu. dedicated it in the temple of Dionysus. Plutarch says that Nicias had presented to the temple a shrine (νεώς) on which these tripods were set (*Nic.* 3). In the course of the 4th century B.C. a fashion arose of placing the prize-tripod in a small shrine built especially for it, either in the precincts of the Theatre or in the 'Street of the Tripods' (Paus. I. 20) on the E. side of the Acropolis. The existing monument of Lysicrates (choregus 335 B.C.) was such a shrine: and the site of another, dedicated in 320 B.C. by the choregus Thrasyllus (Paus. I. 21), is still marked by a cave on the S. side of the Acropolis. (See my note on Theophr. *Char.* XXII.=XXV., p. 251.) Cp. Plat. *Gorg.* 472 A, Νικίας καὶ οἱ ἀδελφοί, ὧν οἱ τρίποδες οἱ ἐφεξῆς ἑστῶτές εἰσιν ἐν τῷ Διονυσίῳ.

ἐν Πυθίου] *i.e.* ἐν τῷ Ἀπόλλωνος Πυθίου ἱερῷ. In May, 1877, the site of the Πύθιον was identified by the discovery of an inscribed altar-stone on the right bank of the Ilissus, N.W. of the temple of Zeus Olympius. This stone belonged to the altar erected by Peisistratus (grandson of the tyrant), and mentioned by Thuc. (VI. 54) as bearing in letters which even then were 'faint', ἀμυδροῖς γράμμασι, the couplet :—

μνῆμα τόδ' ἧς ἀρχῆς Πεισίστρατος Ἱππίου υἱὸς
θῆκεν Ἀπόλλωνος Πυθίου ἐν τεμένει.

§ 42. ἀπαρχὰς...τὸ ἱερόν] 'On the Acropolis, again, [as well as in the Διονύσιον and the Πύθιον] 'they have dedicated tributes (ἀπαρχάς) from their substance, and have adorned the temple [τὸ ἱερόν=τὸν Παρθενῶνα] with images (ἀγάλμασι) in bronze and stone,—considerable in number, if it be remembered that the donors were private persons'.—ἀπαρχάς, firstfruits, [in Thuc. VI. 20 tithes paid by occupiers to landlords,] then 'tributes': cp. Eur. *Androm.* 150, where Hermione speaks of her robes and golden ornaments as ἀπαρχαί, 'offerings' made to her, as a bride, by her father.—πολλοῖς closely with ὡς ἀπὸ ἰδίας κτήσεως: Thuc. VI. 20, πόλεις...μεγάλας,...τό τε πλῆθος, ὡς ἐν μιᾷ νήσῳ, πολλὰς τὰς Ἑλληνίδας: Soph. *Phil.* 584, δρῶν ἀντίπασχω χρηστά γ', οἷ' ἀνὴρ πένης.—ἀγάλμασι, not=ἀναθήμασι (§ 41), but 'images' or 'statues' of *gods*, as opp. to ἀνδριάντες, portrait-statues of *men*.

Δικαιογένης] *i.e.* Dicaeogenes I.: see stemma.

ἡ ἐν *'Ἁλιεῦσι μάχη] Having made a descent on the coast of Argolis, the Athenians were defeated by the Corinthians and Epidaurians at Halieis, Ol. 80. 4, 457 B.C.: Thuc. I. 104. (*Attic Orators*, II. 353.)—'Ἁλιεῦσι is due to Dobree. The traditional reading is ἡ ἐν 'Ελευσῖνι μάχη, which has been referred (1) by Palmer ap. Schöm. 342 to Ol. 80. 4, 457 B.C., when there were hostilities in the Megarid between the Athenians and the Corinthians: (2) by Reiske to Ol. 83. 4, 445 B.C., when the Lacedaemonians, invading Attica under Pleistoanax, advanced to Eleusis; Thuc. I. 114. But on neither occasion is *a battle at Eleusis* recorded.

φυλαρχῶν τῆς *'Ολυνθίας ἐν Σπαρτώλῳ] 'when commanding the cavalry of his tribe at Spartolus in the territory of Olynthus': in Ol. 87. 4, 429 B.C., when the Athenians were defeated by the Chalcidians at Spartolus on the Chalcidic peninsula: Thuc. II. 79.—Scheibe rightly follows Palmer in reading 'Ολυνθίας for the vulg. 'Ολυσίας, which Dobree took as formed from 'Ολυνθος ('ut Τρικορύσιος a Τρικόρυνθος Arist. *Lys.* 1034'), while Sir W. Jones actually explained it, 'of the destructive cohort'. Reiske conj. 'Οδρυσίας or 'Οδυσσείας (the latter as the name of a cohort).—In 429 B.C. Spartolus belonged to the Βοττιαῖοι (Thuc. *l.c.*), but it had now come under the control of Olynthus: cp. Xen. *Hellen.* v. 2. 11 (*Attic Orators*, II. 354).

Δικαιογένης] *i.e.* the testator, Dicaeog. II.—ἐν Κνίδῳ: in 412 B.C., when an Athenian force of less than 20 sail was defeated, with the loss of six ships, by the Lacedaemonian fleet under Astyochus, Thuc. VIII. 42. The *Paralos* is mentioned soon afterwards as being with the Athenian army at Samos, Thuc. VIII. 74 (411 B.C.).

§ 43. ἐξαργυρισάμενος] 'having converted it' (τὸν οἶκον = τὸν κλῆρον, the estate) 'into money, you now bewail your poverty; but on what have you spent the money?' ἐξαργυρισ., because he had sold or mortgaged the houses and lands (cp. § 21, οἱ παρὰ τούτου πριάμενοι καὶ θέμενοι). In Thuc. VIII. 81, ἢν δέῃ τελευτῶντα τὴν ἑαυτοῦ στρωμνὴν ἐξαργυρίσαι (convert into money), ἐξαργυρῶσαι is a v. l., wh. Classen adopts, following Etym. M. 246. 55, ἐξαργυρῶσαι, οὐκ ἐξαργυρίσαι, Θουκυδίδης. Her. VI. 86, ἐξαργυρώσαντα. In Dem. *De Pace* § 8, ἢν...ἐκέκτητο φανερὰν οὐσίαν (real property), ταύτην ἐξαργυρίσας, the form is less doubtful.

ἀλλὰ μὴν οὐδὲ καθιπποτρόφηκας] 'But again, neither have you squandered it on keeping horses'. The keeping of horses, esp. for the great contests, was regarded as in some sort a duty incumbent on the rich, for the credit of the state,—horses being in a special sense at Athens ἄγαλμα τῆς ὑπερπλούτου χλιδῆς (Aesch. P. V. 474). [Dem.] or. XLII. Adv. Phaen. § 14: 'In one thing only can the defendant be proved to have shown public spirit towards you (πεφιλοτιμημένον εἰς ὑμᾶς), judges: his munificence takes the form of keeping fine horses' (ἱπποτρόφος ἀγαθός ἐστι καὶ φιλότιμος). Xen. Hipparch. I. 12, '(you may win over parents) by explaining this to them,—that their sons will be forced to keep horses, if not by you, by their fortune, but that...you will deter them from giving extravagant or mad (μανικῶν) prices for horses' (note on Theophr. Char. XXIII.= VI. p. 197). Cp. Lysias or. XIX. § 63, ὅτε ἵππευεν, οὐ μόνον ἵππους ἐκτήσατο λαμπροὺς ἀλλὰ καὶ ἀθλητάς, καὶ ἐνίκησεν Ἰσθμοῖ καὶ Νεμέᾳ, κ.τ.λ.

πλείονος ἄξιον ἢ τριῶν μνῶν] = about £12. The κοππατίας of Pheidippides (Ar. *Clouds* 23) cost about 12 minas, or £48; and the same is the value of a horse in [Lysias] or. VIII. § 10.

οὐδὲ ζεῦγος ἐκτήσω, κ.τ.λ.] 'You have never set up so much as a pair of mules [ὀρικόν from ὀρεύς = ἡμίονος] on the strength of (ἐπί) your large estates and wealth. Nor, again, have you ransomed any one from the enemy'. Cp. Lys. In Eratosth. § 20, πολλοὺς δ' Ἀθηναίων ἐκ τῶν πολεμίων λυσαμένους, note, p. 253.

§ 44. τὰ ἀναθήματα..κυλινδεῖται] 'Nor, again, have you duly placed on the acropolis [τὴν πόλιν] the votive offerings which Menexenus had caused to be made, and which death prevented him from dedicating, but they are still knocking about in the stone cutters' shops'.—πόλιν = ἀκρόπολιν, Thuc. II. 15, καλεῖται δὲ διὰ τὴν παλαιὰν ταύτῃ κατοίκησιν καὶ ἡ ἀκρόπολις μέχρι τοῦδε ἔτι ὑπ' Ἀθηναίων πόλις.—κεκόμικας, not merely 'carried', but taken to their *proper* place.—κυλινδεῖται should, I think, be read here: Attic writers seem to use κυλινδεῖσθαι in the literal sense, καλινδεῖσθαι in the figurative; cp. Isocr. *Adv. Sophist.* § 20, τῶν περὶ τὰς ἔριδας καλινδουμένων, note, p. 298.

ἐκείνων ἐγίγνετο] 'were due to them', 'came to them by right': see § 13, note, p. 369. ἀγάλματα in the proper sense, statues of *gods* as opp. to ἀνδριάντες, cp. § 42.

§ 45. λειτουργίας...τριηραρχῶν] On the distinction between the ordinary λειτουργίαι and the τριηραρχία, cp. Isocr. *De Pace*, § 128, note, p. 335.

§ 46. πολέμου...Ὀλύνθιοι...νησιῶται] The Corinthian War (394—387 B.C.), of which this (390) was the 5th year. Olynthus, as well as the insular allies, had doubtless furnished troops to Athens in the course of the war. If the year 372 B.C. were taken as the date of the speech, the notice might be referred to the Olynthian War of 382—379 B.C.,—when the Olynthians were, in a sense, fighting the battle of Athens. The mention of νησιῶται might then be explained by the fact that, when war was renewed between Athens and Sparta in 374 B.C., Corcyra became a centre of hostilities. But τοσούτου and τοιούτου πολέμου in § 46 can mean nothing but the Corinthian War; it could not, without straining, be applied to the whole intermittent struggle against Sparta.—See *Attic Orators*, II. 351.

τὸν τύραννον] Hipparchus. Cp. Thuc. I. 20, Ἀθηναίων γοῦν τὸ πλῆθος Ἵππαρχον οἴονται ὑφ᾿ Ἁρμοδίου καὶ Ἀριστογείτονος τύραννον ὄντα ἀποθανεῖν, καὶ οὐκ ἴσασιν ὅτι Ἱππίας μὲν πρεσβύτατος ὢν ἦρχε τῶν Πεισιστράτου υἱέων, Ἵππαρχος δὲ καὶ Θεσσαλὸς ἀδελφοὶ ἦσαν αὐτοῦ. Herod. (v. 55) does *not* make this error. Nor need we suppose it here, since τὸν τύραννον implies merely a member of the ruling house; cp. Andoc. *De Myst.* § 106, νικήσαντες τοὺς τυράννους [=τοὺς Πεισιστρατίδας] ἐπὶ Παλληνίῳ.

§ 47. τὴν ἐν Πρυτανείῳ σίτησιν, κ.τ.λ.] Cp. Andoc. *De Myst.* § 45, note on ἐδείπνει, p. 226.—προεδριῶν, 'places of honour' at festivals, etc.: ἀτελειῶν, exemptions from taxation. —Ἀριστογείτων...καὶ Ἁρμόδιος: cp. Dem. *F. L.* § 280, ὑπομενεῖτε ...τὸν ἀφ᾿ Ἁρμοδίου καὶ τῶν τὰ μέγιστ᾿ ἀγαθὰ ὑμᾶς εἰργασμένων, οὓς νόμῳ διὰ τὰς εὐεργεσίας...ἐν ἅπασι τοῖς ἱεροῖς ἐπὶ ταῖς θυσίαις σπονδῶν καὶ κρατήρων κοινωνοὺς πεποίησθε καὶ ᾄδετε καὶ τιμᾶτε ἐξ ἴσου τοῖς ἥρωσι καὶ τοῖς θεοῖς...τὴν ἐκ τῶν νόμων δίκην ὑπεσχηκέναι, ..., τὸν δὲ Ἀτρομήτου ἀφήσετε; Deinarchus *In Demosth.* § 63, ἐδέθη τῶν ἀφ᾿ Ἁρμοδίου γεγονότων εἰς κατὰ τὸ σὸν πρόσταγμα, was imprisoned by your injunction. For ἐκεῖνος = *ille*, 'the famous', cp. Ar. *Eq.* 786, μῶν ἔκγονος εἶ τῶν Ἁρμοδίου τις ἐκείνων;

II. ΠΕΡΙ ΤΟΥ ΑΓΝΙΟΥ ΚΛΗΡΟΥ. [Or. XI.]—'On the Estate of Hagnias'.—Theopompus, the speaker and defendant, possesses the estate of Hagnias. Half of this estate is claimed from Theompompus on behalf of his own nephew, the son of Stratocles. The form of the prosecution is an *Information for maltreatment* (εἰσαγγελία κακώσεως); the son of Stratocles being considered as an orphan whom his uncle, Theopompus, has wronged. The date is 359 B.C.—*Attic Orators*, II. 354—8.

Theopompus had already, under a legal decision, taken this estate away from Phylomachè II. (see the stemma), daughter of his own second cousin Eubulides II.

The essential points are these:—(1) Theopompus and Hagnias were the sons of ἀνεψιοί, first-cousins, and were therefore *second*-cousins to each other: (2) Eubulides II., father of Phylomachè II., was *first*-cousin of Hagnias.

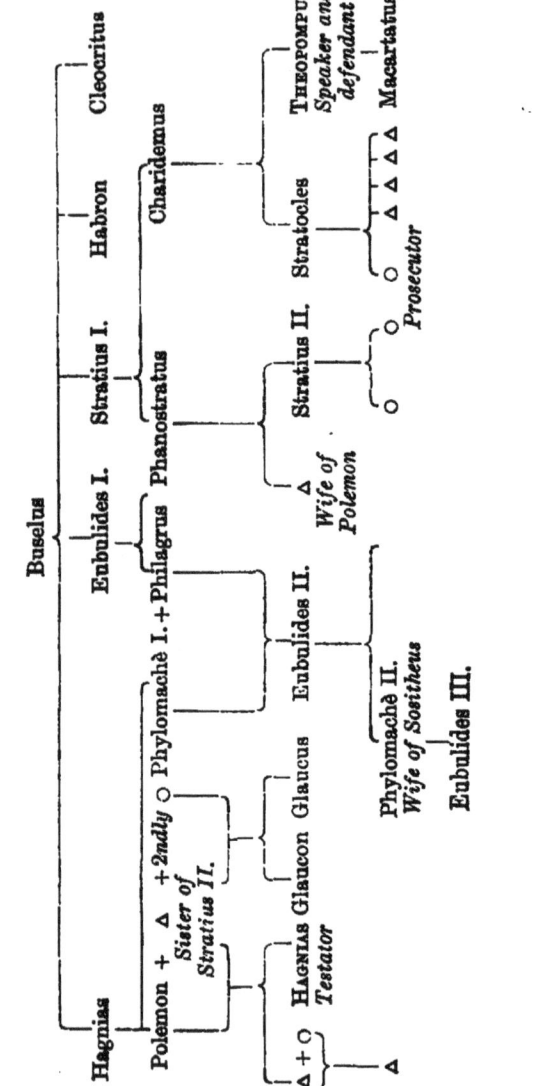

§§ 1—19.

Theopompus begins by reading the laws which regulate the succession of collateral kinsfolk to an estate; and shows that, by these, his nephew, the son of Stratocles, is excluded. There is no reason to suppose that the προοίμιον is lost. The ninth oration of Isaeus, περὶ τοῦ Ἀστυφίλου κλήρου (*Attic Orators*, II. 330), and the third, περὶ τοῦ Πύρρου κλήρου (*ib.* 339), begin with similar abruptness.

§§ 1, 2. διὰ ταῦθ᾽...κληρονομίαν] 'I have read you the laws, because the plaintiff contends that, under the first of them, the boy [the son of Stratocles] is entitled to half the estate; but this is untrue. For Hagnias was not our brother [ἡμῶν, Theopompus himself and the other second-cousins of Hagnias, § 10]; but the law, speaking of a *brother's* property, has given the inheritance—

(1) *first*, to brothers, being sons of the same father, and the children of such brothers; this is the first degree of kinship to the deceased: but failing these,

(2) *secondly*, the law calls to the succession sisters by the same father, and their children: failing these,

(3) *in the third degree* (τρίτῳ γένει) it gives the preference to first cousins (ἀνεψιοῖς) on the father's side, continuing it to their children (μέχρι ἀνεψιῶν παίδων = μέχρι ἀνεψιαδῶν).

(4) Failing these also, the law reverts to the direct line [εἰς τὸ γένος, the *direct* lineage on the *maternal* side, as opp. to collateral kinship on the paternal] and gives the ownership of the property [ποιεῖ κυρίους αὐτῶν, sc. τῶν χρημάτων] to the kinsmen of the deceased on the mother's side, under the same rules by which, in the first instance (ἐξ ἀρχῆς), it called the paternal kinsfolk to the inheritance'.

The gist of the whole argument is that Theopompus, being the son of a *first-cousin* (ἀνεψιοῦ παῖς) is, under provision (3), in the succession on the paternal side, while his nephew, being the son of a *second-cousin*, is out of it.

§ 3. ταύτας ποιεῖ τὰς ἀγχιστείας, κ.τ.λ.] 'constitutes (recognises) these claims by kinship, and no others': ἀγχιστεία, a degree of nearness to the testator such as the law of inheritance recognises, opp. to συγγένεια, *natural* kinship, which may or may not be ἀγχιστεία: see or. v. note on § 14, κατ᾽ ἀγχιστείαν. —συντομωτέρως: for the form, cp. Isocr. *Panegyr.* § 169, ἐρρωμενεστέρως, note, p. 311.—ταύτῃ, 'to this effect'.

προσήκει τῇ ἀγχιστείᾳ...ἔξω τῆς συγγενείας] Schömann suggests προσήκει τῇ συγγενείᾳ—ἔξω τῆς ἀγχιστείας. But ἔξω τῆς συγγενείας, 'outside of the kinship', = outside of *that* kinship which the law recognises as constituting ἀγχιστεία.

§ 4. ἀναβιβασάμενος...ὑπαναγινώσκων] 'I will therefore call him up here and question him before you, reading the provisions of the law, clause by clause'. ἀναβιβασάμενος, to the βῆμα from which either party in a law-suit spoke, Lysias *In Theomn.* § 15, note, p. 275: for the ἐρώτησις, cp. Lysias *In Eratosth.* § 24, ἀνάβηθι οὖν μοι καὶ ἀπόκριναι, κ.τ.λ., p. 70. In ὑπαναγιγνώσκων, ὑπό = leading him on gradually from point to point: cp. Xen. *Anab.* IV. 2. 16, Ξενοφῶν μὲν σὺν τοῖς νεωτάτοις ἀνέβαινεν ἐπὶ τὸ ἄκρον, τοὺς δὲ ἄλλους ἐκέλευσεν ὑπάγειν, ὅπως οἱ τελευταῖοι λόχοι προσμίξειαν, ordered the others to *advance* (only) *gently*, so that the rearmost companies might rejoin them.

§ 5. ἀδελφιδοῦς...ἢ πρὸς πατρός] The son of Stratocles (παῖς) was not, of course any one of these things. He was, to Hagnias, second-cousin once removed,—Stratocles and Hagnias having been sons of ἀνεψιοί, first-cousins.

καὶ ὅπως μὴ...ἐρεῖς] 'And take care that you do not say'. Xen. *Cyr.* I. 2. 18, ὅπως οὖν μὴ ἀπολεῖ μαστιγούμενος. Goodwin § 46. 4.

εἰ...ἠμφισβήτει...ἂν προσήκοι] 'If he were claiming my property [which he is doing], this would [*on that supposition*] be fitting', etc.: but ἂν προσῆκεν, 'this would now be [as it is *not*] fitting'. Cp. Dem. *De Cor.* § 206, εἰ μὲν τοίνυν τοῦτ' ἐπεχείρουν λέγειν,...οὐκ ἔσθ' ὅστις οὐκ ἂν εἰκότως ἐπιτιμήσειέ μοι. Goodwin § 54.

179 **τῆς ἀγχιστείας...τὸ γένος**] 'the degree of the relationship': cp. § 2, τρίτῳ γένει. So § 6, τοῦ γένους...μαρτυρίας: § 17, τὸ περὶ αὐτῆς γένος, note.

§ 6. διόμνυσθαι...ἵνα μᾶλλον ἂν ἐπιστεύετο] '(it was his duty to make an affidavit (διωμοσία)..., so that he might have had a better chance of being believed'. The addition of ἂν shows that ἵνα...ἐπιστεύετο is not only a final clause, but also an apodosis with a suppressed protasis: *i.e.* ἵνα ἐπιστεύετο, ὥσπερ ἐπιστεύετο ἄν, εἰ διώμνυτο. This is very rare: but cp. Plato *Legg.* 959 B, ζῶντι ἔδει βοηθεῖν, ὅπως ὅ τι δικαιότατος ὢν καὶ ὁσιώτατος ἔξη τε ζῶν καὶ τελευτήσας ἀτιμώρητος ἂν κακῶν ἁμαρτημάτων ἐγίγνετο, = ὅπως ἐγίγνετο, ὥσπερ ἂν ἐγίγνετο, εἰ οὕτως ἔζη. Goodwin § 44. 3, Note I.

ἐμοῦ καταγν. τ. τὴν εἰσαγγελίαν] 'to decide against me on this Information': Theopompus being prosecuted under an εἰσαγγελία κακώσεως, an Information charging him with maltreatment of an orphan, viz. his nephew. This was a special form of the γραφὴ κακώσεως. Any citizen might lay before the archon an εἰσαγγελία regarding alleged wrong done to parents, women, or orphans,—might address the court without limit of time,—and, if defeated, suffer no fine. There was no fixed penalty, but, as it might be ἀτιμία, Theopompus can speak of himself as κινδυνεύων ὑπὲρ τοῦ σώματος,—as having his civic existence at stake, § 35.—See *Attic Orators*, II. 354.

§ 8. ἐγὼ γάρ, κ.τ.λ.] See the stemma of the family, and §§ 1, 2. Nothing is known as to the embassy of Hagnias (πρεσβεύσων) noticed here.—οὐκ ἐφ' ἡμῖν...κατέλιπεν, did not leave the property in our disposition, = οὐ κυρίους ἡμᾶς ἐποίησε τῶν ὄντων.

ἐποιήσατο θυγατέρα] 'adopted a niece of his own as his daughter'. The adoption of a daughter was comparatively rare, since, unless a son was born to her, the continuance of the οἶκος was not secured. But other instances occur, *e.g.* in this speech, § 41, and or. VII., περὶ τοῦ Ἀπολλοδώρου κλήρου, § 4. Such exceptions illustrate the use of Attic adoption to gratify a personal preference, apart from the original object of perpetuating the family rites: see above on or. V. § 7, p. 366.

§ 9. κατὰ τὴν διαθήκην] '*under the will*'—whereas Glaucon would not have been entitled to it by nearness of *kinship*, if there had been no will. On κατὰ διαθήκην or κατὰ δόσιν as opp. to κατ' ἀγχιστείαν or κατὰ γένος, see or. V. § 14, note, p. 370.

ἡ δ' Εὐβουλίδου θυγάτηρ, κ.τ.λ.] 'But the daughter of Eubulides [Phylomachè II.—see stemma], supported by her accomplices [meaning her κύριος or male representative, or. V. § 10, note, p. 367], claims the estate at law, and obtains it, on defeating those who had claimed it under the will;—though she was not within the prescribed degrees, but had merely conceived the hope (it seems) that we [the kinsmen] would not oppose her, because we had not resisted the will either'.— λαγχάνει (δίκην) τοῦ κλήρου : or. V. § 16, note, p. 371.

§ 10. ἡμεῖς δέ...ὁ κλῆρος] 'We,...since the claim on the estate had been opened to the next of kin, all prepared to bring our action': *i.e.* the διαθήκη which had given the estate to Glaucon had precluded *all* claims on the score of ἀγχιστεία. Now, however, this will had been set aside in favour of Phylomachè's claim as a kinswoman. As against *her*, the other kinsfolk enter their claim, on the ground that their ἀγχιστεία takes precedence of hers, ἐγὼ καὶ Στράτιος κ.τ.λ.... παρεσκευάζοντο: cp. Eur. *Bacch.* 974, ὁ νικήσων δ' ἐγὼ | καὶ Βρόμιος ἔσται.

μόνος *τῶν πρὸς πατρὸς ὢν ἀνεψιοῦ παῖς] This is a quibble. Theopompus claims the inheritance under provision (3) of the law cited in §§ 1, 2, on the ground that he is the *child of a first-*

cousin on the father's side. But Theopompus was ἀνεψιοῦ παῖs only in respect to the *father* of Hagnias. In respect to Hagnias he was not ἀνεψιοῦ παῖs, a first-cousin once removed, but a second-cousin. Theopompus was not really in the ἀγχιστεῖαι at all: still less, of course, was his nephew, the son of Stratocles. Phylomachè, as daughter of a paternal first-cousin of Hagnias, had a better claim than any living relative. If Phylomachè had died, then the next heir would have been Glaucon, who would have claimed under provision (4) as a brother of the testator by the same mother (though not ὁμοπάτριος). The decision by which Theopompus took the estate from Phylomachè was unjust.

181   ἐγίγνετο] 'devolved': cp. or. v. § 13, note, p. 369.

§ 11. τῷ δὲ γνώσεσθε...σκεπτέον ἐστί] 'But where are you to find proof that I had an admissible claim of kinship, while their issue—this boy included—had none? The law itself will show. That the succession includes first-cousins on the father's side, and continues it to *their* children, is admitted on all hands: but whether, after *us* [*i.e.* children of first-cousins], the law gives it to *our* children—that is the question'. τοῖς ἐξ ἐκείνων γεγονόσιν, viz. the offspring of Stratius and Stratocles, who, like Theopompus, were really second-cousins of Hagnias: see last note.

§ 12. ἀλλὰ ἀπέδωκε] 'but has assigned the inheritance to the kin of the deceased on the mother's side',—under provision (4) of the law cited in §§ 1, 2, where see note.

κατὰ ταὐτά...ὑπειρημένον] 'on the same terms which were indicated in the first instance', viz., in the case of the kinsfolk πρὸς πατρός. Cp. § 2, κατὰ ταὐτὰ καθάπερ τοῖς πρὸς πατρὸς ἐξ ἀρχῆς ἐδίδου.—ὑπειρημένον, said *by way of preliminary definition:* see Dem. *In Aristocr.* § 53, διδόντος γὰρ τοῦ νόμου σαφῶς οὑτωσὶ καὶ λέγοντος ἐφ' οἷς ἐξεῖναι κτεῖναι, οὗτος ἅπαντα παρεῖδε ταῦτα, καὶ γέγραφεν, οὐδὲν ὑπειπών, ὅπως ἄν τις ἀποκτείνῃ, τὴν τιμωρίαν: *i.e.* though the law specifies some cases (of involuntary homicide) as exempted from the penalty, this man has set down the penalty *without any preliminary reservation* (οὐδὲν ὑπειπών), no matter what the circumstances of the homicide may be. Cp. Dem. *De Cor.* § 60, ταῦτα ἀναμνήσω καὶ τούτων ὑφέξω, τοσοῦτον ὑπειπών, 'with only this much of preface'.

οἷς δὲ μηδ' εἰ *καὶ τετελευτηκὼς ἦν ἐγώ] 'But how can they to whom, even if I were dead, the law does not grant the inheritance, suppose that the succession is theirs while I live and am in legal possession?' [under the verdict which took the estate from Phylomachè, § 18]. The mss., μηδ' εἰ τετελευτηκότες ὦσιν, ὡς ἐγώ: Scheibe, following Reiske (with the change of εἰ to ἐάν), μηδ' ἐὰν τετελευτηκὼς ὦ ἐγώ: but εἰ should be retained, reading, with Dobree, ἦν for ὦ.

§ 13. καὶ γὰρ ὁ τούτου πατήρ...ἐκείνοις] 'For the boy's father (Stratocles) was related [to Hagnias] only in their degree': ὁμοίως ἐκείνοις, only in the same degree with those who were cousin's sons, like Theopompus himself and Stratius: ἐκεῖνοι denoting *that class or grade* of kinsmen, just as below § 18 ἐκείνας is similarly used. Dobree is not right then, I think, in accounting for ἐκείνοις by the disappearance of words alluding to the children of Stratius (§ 15): the text is sound.

τουτονί...καθιστάναι] 'that this man [the speaker on behalf of the παῖς] should resort to vexatious proceedings, and that, though he did not think fit to contest the case or to lodge a rival claim [παρακαταβάλλειν] when I was going to law for the estate—the proper moment for the decision of any issue that he had to raise on such points—he should now make this boy a pretext for annoying me with litigation, and bring my civil existence into peril'. The παρακαταβολή was a deposit made (to be forfeited on defeat) by one who claimed the whole of an inheritance from another. Thus, when Theopompus ἔλαχε τοῦ κλήρου against Phylomachè (§ 15), it was necessary for him to make such a deposit, as the estate was already hers. If the son of Stratocles had claimed the *whole* estate from Theopompus, then he too, must have proceeded by παρακαταβολή: but, in fact, he claimed only the half, ἡμικλήριον (§ 1).—ἐπὶ τοῦ παιδὸς ὀνόματι, 'in the boy's name', *not* as meaning, 'on the boy's behalf' (ὑπὲρ τοῦ παιδός), but, 'making him a pretext'. Better ἐπὶ τῷ τοῦ π. ὀνόματι. Cp. Dem. *Adv. Leptin.* § 126, ταῦτ' ἐπὶ τῷ τῶν θεῶν ὀνόματι ποιεῖν ζητοῦσιν...τὸ τῶν λειτουργιῶν ὄνομα ἐπὶ τὸ τῶν ἱερῶν μεταφέροντες ἐξαπατᾶν ζητοῦσι.—περὶ τῶν μεγίστων, because he might incur ἀτιμία : § 35, κινδυνεύων ὑπὲρ τῶν σώματος. Cp. § 6, note.

§ 14. τῶν ὁμολογουμένων εἶναι τοῦ παιδός, κ.τ.λ.] 'the unquestioned property of the boy', viz. the patrimony left to him by his father Stratocles. Theopompus was guardian, ἐπίτροπος, of his nephew: see § 27, τῆς δὲ πρὸς ἐμὲ λήξεως ἐμποδὼν εἶναι τοὺς νόμους· οὐ γὰρ εἶναι τοῖς ὀρφανοῖς κατὰ τῶν ἐπιτρόπων. Hence διῴκουν here.—ὥσπερ οὗτος, meaning that the speaker was (by this law-suit) injuring the interests of his client, the boy.

ἐμὰ εἶναι ἐψηφίσασθε] alluding to the verdict of the court which took the estate from Phylomachè and gave it to Theopompus, § 18. δόντες, 'after allowing anyone who pleased to dispute it', in reference to the claim put in also by the mother of Hagnias, *ib.*

ἐπὶ τούτοις...ἀγῶνας παρασκευάζειν] 'get up such law-suits for this property': cp. Lysias *In Agor.* § 12, p. 79, ἐκείνῳ... δικαστήριον παρασκευάσαντες.—ἐπὶ τούτοις, not strictly 'with a view to', but 'on the ground of', as just before, ἐφ' οἷς... κρίνεσθαι.

§ 15. οὐδὲ κατὰ μικρόν] *ne paululum quidem*, 'not in the slightest degree'. Cp. or. v. § 10, p. 168, οὐδὲ κατὰ τὸ ἐλάχιστον μέρος. But in Ar. *Vesp.* 702, ἐνστάζουσιν κατὰ μικρὸν ἀεί, *paulatim*, 'little by little, gradually': Xen. *An.* VII. 3. 22, ἄρτους διέκλα κατὰ μικρόν, *minutim*, 'in little bits'.

μαθήσεσθαι...ἀκούσαντας] 'But I think that you will understand the case [περὶ αὐτῶν neut.] still more exactly in the light of further comments [καὶ ἐκ τῶν ἄλλων opp. to ἐκ τῶν ἤδη εἰρημένων], when you have heard the history of my action in claim of the estate': join μαθήσεσθαι περὶ αὐτῶν, ἀκούσαντας τὴν ἐμὴν ἐπιδικασίαν ὡς γέγονεν.

ὁ νῦν ἐμὲ εἰσαγγέλλων, κ.τ.λ.] 'who now lays the Information against me', the εἰσαγγελία κακώσεως : see on § 6.—παρακαταβάλλειν ὑπὲρ τοῦ παιδός, 'to institute a claim on the boy's behalf': see on § 13.

183 *οὐδὲν δι' ἄλλο <ἢ ὅτι> οὐδὲν αὐτοῖς ἐνόμιζον προσήκειν] [they abstained from going to law] 'for no other reason than because they thought that they had no claim to this property'. Cp. § 16, εἰδότες ὅτι ἔξω ἦσαν τῆς ἀγχιστείας. I prefer this to Scheibe's conjecture, οὐδὲν ἄλλο ἢ οὐδὲν αὐτοῖς νομίζοντες προσήκειν, 'simply because they thought', etc. Reiske suggests, οὔτε (οἱ ἄλλοι) οὐδέν, or οὔτε (κατὰ γένος οὔτε κατὰ διαθήκην) οὔτε δι' ἄλλο οὐδέν.

§ 16. ἐπεὶ οὐδ' ἂν οὗτος, κ.τ.λ.] 'since even the prosecutor would not be vexing me now, if I allowed him to plunder the boy's property and did not thwart him': *i.e.* as on the *former* occasion the sons of Stratius refrained from litigation, so the son of Stratocles would refrain *now*, did not this pettifogger instigate him, out of spite, because I (as ἐπίτροπος of the boy) protect my ward's property from his designs.

οἱ...πράττοντες] Cp. § 9, τῶν αὐτῇ συμπραττόντων, 'her accomplices', note.

τῷ Στρατίου παιδί] 'whose relationship (to Hagnias) was properly [δικαίως, as opp. to her allegation] only the same as that of the son of Stratius'. For τῷ Στρατίου παιδί we must read, either with Schömann, τῷ Στρατοκλέους παιδί, (the nephew of Theopompus,) which seems best: or with Baiter, τοῖς Στρατίου παισί.—The assertion made here is false : see stemma. Eubulides, the father of Phylomachè, was the *first-cousin* of

Hagnias. Stratius, Stratocles and Theopompus were only his *second*-cousins. See on § 10, πρὸς πατρὸς ὢν ἀνεψιοῦ παῖς.

οἱ κύριοι τῆς 'Α. μητρός] 'the legal representatives of the mother of Hagnias': see or. v. § 10, note, p. 367.

ἦσαν οἱοί τε] 'were capable'=ἐτόλμησαν: cp. Dem. *In Mid.* § 85, οἷός τ' ἦν πείθειν αὐτόν, ἣν κατεδεδιῃτήκει, ταύτην ἀποδεδιῃτημένην ἀποφαίνειν, 'he was capable of pressing the arbitrator to return the award given against him as if it had been an award in his favour'. ἀντιδικεῖν οἷοι (Scheibe), without τε, would mean merely, 'the kind of men likely to contend', and is unsuitable here. See or. vIII. § 21, p. 192, κομίζειν οἷος ἦν, 'I felt inclined to carry him away'.

§ 17. ὅ τι ἀντιγράψωνται περὶ τῆς ἀγχ.] 'what plea of kinship they should oppose to mine': ἀντιγρ., deliberative subj., vivid for ὅ τι ἀντιγράψαιντο.—ἀντιγραφή, the plea put in *against* his ἐπιδικασία (§ 15) or claim.

ἡ μὲν...ἔχουσα...τολμήσαντες] 'the possessor of the estate [Phylomachè, daughter of Eubulides], and those who set forth her claim in kinship, as they misrepresented the matter, were easily convicted by me, then and there, of having audaciously framed a statement devoid of truth'. τὸ περὶ αὐτῆς γένος, lit. 'the degree of relationship which concerned her', *i.e.* on which her claim rested: see § 5, τὸ γένος τῆς ἀγχιστείας, note.—τότε, at the time,—*finally* disposing of *her* claim, whereas the mother's claim was revived in a new form.—γράψαι, not=the technical ἀντιγραψάμενοι, but simply of a statement in writing. Dobree conj. οὐκ ἀληθῆ γράψαι, but οὐκ ἀληθές τι=οὐδ' ὁτιοῦν ἀληθές. Cp. § 18, αὐτῶν οὐκ ἴσχυσέ τι.

γένει μέν, κ.τ.λ.] 'Since, though her collateral kinship [with her son Hagnias] was the same as my own, (for she was the sister of Stratius,) she was excluded by the law which gives the preference to males, they dropped that plea [of cousinship], and, thinking to get the better of me, described her as *mother* of the deceased'.—Polemon, father of Hagnias, had married the daughter of his own first-cousin. Hence the mother of Hagnias was at the same time the second-cousin of her son. Her claim was, on this score, the same as that of Theopompus: his was better only because males were preferred to females.

συγγενέστατον...ἀγχιστείαις] See or. v. § 14, note, p. 370.
—ἦν='is, as I granted': Goodwin § 11, note 6.

§ 18. εἶτα *γραψάσης ἀνεψιοῦ *παιδὸς εἶναι...ἐξήλεγξα] 'Next, when she described herself as the *daughter of a first-cousin* [and no longer *mother* of Hagnias], I proved that *daughters of first-cousins*, too, were not in the succession [since a first-cousin's *son* existed]. Thus I established my claim (ἐπεδικασάμην) before you', etc.—ἐκείνας: see on ἐκείνοις, § 13.— Scheibe proposed to read, γράψας ἀνεψιοῦ παῖς (Sauppe παιδά με) εἶναι, κἀκείνας ἐξελέγξας...οὕτως ἐπεδικασάμην. But there was no occasion for him to describe himself anew as ἀνεψιοῦ παῖς, since that was the quality in which he had claimed from the first.

καὶ αὐτῶν οὐκ ἴσχυσέ τι] 'and of these pleas not one proved valid;—for the possessor of the estate, it availed not that she had already got a verdict against the claimants under the will [*i.e.* against Glaucon, § 9]; for the other, it availed not that she was the mother of the testator'.—οὐκ ἴσχυσέ τι: cp. οὐκ ἀληθές τι, § 17, note.

ἐμοί...τὴν ψῆφον ἤνεγκαν] 'gave their vote in my favour'. Cp. Dem. *In Mid.* § 51, τούτοις ἀξιοῖ δοῦναι τὴν ψῆφον ὑμᾶς.

§ 19. ἀντιδικῆσαι τῷ παιδὶ τοῦ ἡμικληρίου] 'to claim the moiety of the estate on behalf of the boy', =ὑπὲρ τοῦ παιδός. After ἀντιδικεῖν, the adversary is usually designated by πρός τινα, not τινί (cp. § 16, πρὸς ἐμέ): in Dem. or. XLI. *Adv. Spudiam,* § 18, πῶς ἂν ταῖς τούτων διαβολαῖς ἀντιδικοίην, the figurative sense (= 'contend against') explains the dat.

III. ΠΕΡΙ ΤΟΥ ΚΙΡΩΝΟΣ ΚΛΗΡΟΥ. [Or. VIII.] 'On the Estate of Ciron'.—Ciron married his first-cousin, by whom he had one daughter. This daughter was married, first, to Nausimenes; secondly, to another husband by whom she had two sons, of whom the eldest is the speaker.

After the death of his first wife, Ciron married the sister of one Diocles, and had by her two sons, both of whom died young.

At the death of Ciron, his estate was claimed by his daughter's eldest son. But the son of Ciron's brother, instigated by Diocles, set up a counter-claim on two distinct grounds: 1. That Ciron's grandson is illegitimate: 2. That, supposing him legitimate, a brother's son has a better claim than a daughter's son.

This speech is the defendant's answer.

The only indication of the date is that the speaker and his brother were born after the archonship of Eucleides, Ol. 94. 2, 403 B.C. (§ 43, μετ' Εὐκλείδην γὰρ ἄρχοντα γεγόναμεν). The speech cannot, then, be put before 383 B.C. On the other hand, the speaker's plea of 'utter inexperience' (§ 5) implies youthfulness. Now, if he was a young man, the date cannot be much below 383, since otherwise it would have been superfluous for him to tell the judges that he was born after

408. The date is probably about 375 B.C.—*Attic Orators*, II. 327 f.

This speech exhibits the powers of Isaeus perhaps at their best, in its combination of the old plainness with the modern force, of artistic narrative with trenchant proof. It is here given in full, with the exception of four sections at the end (43—46).

STEMMA.

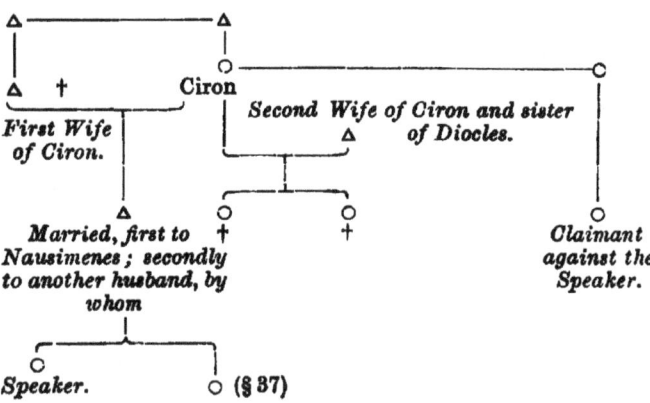

§§ 1—42.

§ 1. ἐπὶ τοῖς τοιούτοις] 'Indignation must necessarily be felt, judges, in a case where men not only dare to claim the property of others, but also hope by their own assertions to abolish the privileges which the laws confer': *i.e.* not only does the claimant seek to deprive me of property which in *fact* is mine, but he also mis-states the *law* on the subject. The *first* clause refers to the claimant's statement that the speaker's mother was not the legitimate daughter of Ciron: the *second*, to his statement that a brother's son inherits before a daughter's son.

οὗτοι] viz. the nephew of Ciron, and Diocles, the brother of Ciron's second wife, who abetted the nephew : cp. § 3.

ὡς οὐκ...ὄντας, *οὐδὲ γενομένης] 'alleging that we are not the sons of his daughter, and that he never had a daughter at all': γενομένης, gen. absol. to which ὡς belongs as well as to ὄντας.— οὐδέ, Reiske for the mss. οὔτε.

§ 2. αὐτούς...τούτων] τούτων referring to the same persons as αὐτούς: cp. Andoc. *De Myst.* § 64, αὐτοῖς followed by ἐκείνοις, p. 41.

τό <τε> πλῆθος] mss. τὸ πλῆθος: Baiter and Sauppe, τό τε πλῆθος. Scheibe, with Schömann, καὶ τὸ πλῆθος.

ἔχουσι...κρατοῦσι] 'have taken by force, and (still) hold in their grasp'.

§ 3. τὴν μὲν οὖν κρίσιν, κ.τ.λ.] 'Now you must not suppose that in this trial my real adversary is the man who has instituted the claim; it is Diocles of Phlya, surnamed Orestes. For it is he who has suborned (παρασκευάσας) the claimant to vex us with these proceedings, because he himself is withholding (ἀποστερῶν) from us the property which our grandfather bequeathed'.—Isaeus wrote two speeches, now lost, againt this man, κατὰ Διοκλέους ὕβρεως (perh. in the γραφή noticed below, § 41) and πρὸς Διοκλέα περὶ χωρίου, *fragg.* VIII. IX. Sauppe *O. A.* II. 230.—'Ορέστην: a nickname for any violent character, borrowed from the robber mentioned by Aristophanes (with an allusion to the *Orestes* of Eurip.), *Acharn.* 1166, εἶτα κατάξει τις αὐτοῦ μεθύων τῆς κεφαλῆς 'Ορέστης μαινόμενος. (*Attic Orators*, II. 328.)

§ 4. ὥσπερ καὶ τὸ δίκαιόν ἐστι] 'even as justice prescribes', stronger than δίκαιόν ἐστιν: cp. Plat. *Legg.* 680 E, ὥσπερ τό τε ἀληθές, οἶμαι, καὶ τὸ δίκαιον ὑπέρ γε θείας (ἀρετῆς) διαλεγομένους λέγειν, as truth and justice prescribe that we should speak in discussing superhuman excellence: *Laches* 181 C, ὥσπερ τὸ δίκαιον, as right enjoins.

§ 5. πρὸς παρασκευὰς λόγων καὶ μάρτυρας, κ.τ.λ.] 'against fabricated statements and witnesses whose depositions are false'; cp. Dem. *Adv. Onet.* I. § 3, οἶδα μὲν οὖν, ὦ ἄνδρες δικασταί, ὅτι μοι πρὸς παρασκευὰς λόγων καὶ μάρτυρας οὐ τἀληθῆ μαρτυρήσοντας ὁ ἀγών ἐστιν. And so, too, the phrase here, ἔστι μὲν οὖν χαλεπόν, ὦ ἄνδρες,...εἰς ἀγῶνα καθίστασθαι περὶ τηλικούτων, has an echo in Dem. *Adv. Aphob.* I. § 2, οἶδα μὲν οὖν, ὦ ἄνδρες δικασταί, ὅτι πρὸς ἄνδρας καὶ λέγειν ἱκανοὺς καὶ παρασκευάσασθαι δυναμένους χαλεπόν ἐστιν εἰς ἀγῶνα καθίστασθαι περὶ τῶν ὄντων ἁπάντων. Demosthenes was doubtless aided by the counsel of Isaeus in preparing for the contests with Aphobus and Onetor, though these earliest speeches of Demosthenes have a thoroughly original stamp: see *Attic Orators*, II. 267—269.

οὐ μὴν ἀλλά...προσδοκώμενον] 'At the same time, I have strong hopes that you will ratify my just claims, and also that in stating these claims—if in nothing else—my own part will be duly done,—unless some such mischance befall as I apprehend just now' [where 'just' will render τυγχάνει]: alluding, apparently, either to an indisposition from which the speaker was suffering, or to some interruption or annoyance which he anticipated from his opponents. In either case, the clause ἂν μή τι συμβῇ, κ.τ.λ. is evidently an appeal bespeaking the sympathy of the judges.

βοηθῆσαί μοι τὰ δίκαια]=βοηθῆσαί μοι τὴν δικαίαν βοήθειαν, 'to give me your righteous aid', concise for βοηθοῦντας ἀποδοῦναί μοι τὰ δίκαια: so Isae. or. IV. § 4, δέομαι ὑμῶν...βοηθεῖν μοι τὰ δίκαια. Cp. Lysias or. XXXIV. § 10, πιστεύοντας μὲν τοῖς θεοῖς καὶ ἐλπίζοντας τὸ δίκαιον μετὰ τῶν ἀδικουμένων ἔσεσθαι, note, p. 242.

§ 6. λόγων ἀκοῇ καὶ μαρτύρων...τοῖς εἰδόσι χρ. μάρτυσιν] '(I will prove this to you), in regard to the events further back, by statements at second-hand, vouched for by those who heard them (λόγων ἀκοῇ καὶ μαρτύρων); in regard to events within living memory, by witnesses personally cognizant of the facts (τοῖς εἰδόσι χρώμενος μάρτυσι)'.—λόγων ἀκοῇ καὶ μαρτύρων: lit. 'by the hearing of reports (*object. gen.*) and the hearing (thereof) by witnesses (*subject. gen.*)': *i.e.* I will bring witnesses who can vouch for ἀκοῇ λόγων, things which are not, indeed, within their *personal* knowledge, but which they know from *hearsay*. Cp. Thuc. I. 73, τὰ πάνυ παλαιὰ τί δεῖ λέγειν; ὧν ἀκοαὶ μᾶλλον λόγων μάρτυρες (for which the evidences are rather hearsay reports) ἢ ὄψις τῶν ἀκουσομένων. So below, § 29, τῶν μὲν παλαιῶν (neut.) ἀκοὴν μαρτυρούντων παρεχόμενος, τῶν δὲ ἔτι ζώντων (masc.) τοὺς εἰδότας ἕκαστα τούτων.

ἔτι δὲ τεκμηρίοις] 'and, further, by positive proofs': τεκμηρίοις, here, logical inferences from established facts, as opp. to μαρτυρίαι, allegations tending to establish facts: cp. Antiph. *De Caed. Her.* § 81, note, p. 215.

ὅθεν οὖν ἤρξαντο...διδάσκειν] 'Starting, then, from the point at which they [the claimants] began their account of the matter, [αὐτῶν=τῶν χρημάτων, the history of the bequest,] I will endeavour to give you my version of it'.

§ 7. τὴν ἐμὴν τήθην, κ.τ.λ.] The first wife of Ciron was also his first-cousin (ἀνεψιά), and was the grandmother (τήθη) of the speaker.—αὐτὴν γεγενημένην: αὐτήν is not, I think, redundant (as in Isae. or. III. § 73, τὴν θυγατέρα τὴν ἐκ ταύτης ἀποφανθεῖσαν εἶναι—ἐπίδικον καταλιπεῖν αὐτήν), but=*ipsam*, emphatic, in symmetry with αὐτοῦ, 'herself the child of his own mother's sister'—a way of marking, on the speaker's part, that he and his brother, the children of the *first* marriage, had an additional tie with the house of Ciron which was not shared by the connexions (such as Diocles) through the *second* marriage.

μετὰ ἐνιαυτοὺς *τέτταρας] mss. τριάκοντα, which cannot

stand, since the words could not mean 'after a life of 30 years'. Dobree conj. τέσσαρας, supposing λ' to have been written by mistake for δ'.

ἐγιγνέσθην] 'were born in due course' (imperf.): γιγνέσθην A, whence Bekker γίγνεσθον.

καὶ ἐκείνην τε ἔτρεφε, κ.τ.λ.] i.e. ἔτρεφέ τε ἐκείνην,...ἐκδίδωσί τε. For the place of τε, cp. Antiph. Tetr. B. β. § 1, τολμᾶν τά τε ἄλλα, note, p. 203.—συνοικεῖν εἶχεν ἡλικίαν: cp. Lysias or. VII. § 29, οὔτ' ἐπιμελητὴς ᾑρημένος οὔθ' ἡλικίαν ἔχων εἰδέναι περὶ τούτων.—Χολαργεῖ: of the deme Χολαργός.

§ 8. σὺν ἱματίοις...ἐπιδούς] 'with a dowry, including (σύν) clothes or jewels, of 25 minas'. Cp. Isae. or. XI. § 42, κατέλιπε πέντε ταλάντων οὐσίαν καὶ τρισχιλίων δραχμῶν σὺν τοῖς ἑαυτοῦ πατρῴοις.—ἐπιδούς: ἐπί = 'with' the bride: cp. Lys. Pro Mant. § 10, note, p. 244.

ὁ δὲ πάππος, κ.τ.λ.] 'Our grandfather' [her father, Ciron] 'took her to his home; and, without withdrawing the dowry (large as it was) which he had given on account of the embarrassed circumstances of Nausimenes, bestows her hand in a second marriage on my father', etc.

§ 9. ταυτὶ δὴ πάντα...ἐξηῦρον] 'How, then, is one to place the truth of all these facts beyond dispute, in face of the charges which the claimants are making now? [νῦν, after so long an interval]. I sought, and I discovered, a way'.—αἰτίας, the imputations cast on the genuineness of the speaker's descent. For the rhetorical ἐρώτησις, cp. or. XI. § 11, p. 181, τῷ δὲ γνώσεσθε τοῦθ', ὅτι ἐμοὶ μὲν ἀγχιστεύειν, τοῖς δ' ἐξ ἐκείνων γεγονόσιν οὐκ ἦν...; αὐτὸς ὁ νόμος δηλώσει.

188   ἀνάγκη τὴν ἐμὴν μητέρα, κ.τ.λ.] 'The question whether my mother was, or was not, the daughter of Ciron,—the fact that she lived, or did not live, in his house—the question whether he gave a marriage-feast for her once only, or twice—all this must be known to the male and female slaves of his household '. The difference of *form* made by the alternation of μή—οὐ—μή is roughly represented by the alternation of 'question' and 'fact' in such a version as the above. The only *practical* difference here is that the clause in which οὐ is used refers to that point which a member of the household could at once affirm or deny in the most positive manner,—viz., whether she had, or had not, been a resident member of the family. See on Antiph. *De Caed. Her.* § 14, ἢ μή...ἢ οὔ, p. 211. Cp. Dem. *Adv. Lept.* § 83, οὐχ ὁ νόμος κρίνεται, πότερόν ἐστιν ἐπιτήδειος ἢ οὔ, ἀλλ' ὑμεῖς δοκιμάζεσθε, εἶτ' ἐπιτήδειοι πάσχειν ἐστὲ εὖ τὸν λοιπὸν χρόνον εἴτε μή.

§ 10. βουλόμενος οὖν, κ.τ.λ.] 'Wishing, then, in addition to the witnesses whom I had already, to procure proof of the facts from depositions made under torture,—in order that you might believe [πιστεύητε, vivid for πιστεύοιτε] my witnesses (αὐτοῖς) the more, when this ordeal for their veracity was past and not prospective—I required the claimants (τούτους) to give up their male and female slaves for the question, both on these points, and on all others of which they were cognizant'. He proposed to examine the slaves under torture *on the same matters* to which the depositions of his witnesses referred. If the slaves confirmed the statements of the witnesses, then the witnesses would come into court with a presumption already established in favour of their truthfulness: whereas, if they had not been tested in this way, the court might always suspect that the evidence of the household, could it be obtained, would contradict them. Cp. Lycurg. *In Leocrat.* § 28, οἶμαι δεῖν... τοὺς μάρτυρας μὴ δώσοντας ἔλεγχον μαρτυρεῖν ἀλλὰ δεδωκότας. παρεκαλεσάμην γὰρ αὐτούς, πρόκλησιν ὑπὲρ τούτων ἁπάντων γράψας, καὶ ἀξιῶν βασανίζειν τοὺς τούτων οἰκέτας: *i.e.* 'I think witnesses should pass the ordeal of veracity before, and not after, they depone in court. Now I *invited their attendance* [at the βάσανος, or examination of the slaves], after drawing up a challenge [πρόκλησιν, to surrender slaves] referring to all these points, and claiming to put the defendant's slaves to the question'.

§ 12. καὶ ἰδίᾳ καὶ δημοσίᾳ, κ.τ.λ.] 'Both in private and in public matters': ἰδίᾳ, as in δίκαι, etc.: δημοσίᾳ, as *e.g.* when the Hermae were mutilated. This whole passage, from ὑμεῖς μὲν τοίνυν καὶ ἰδίᾳ to ἐκ τῶν βασάνων εἰπόντες recurs nearly verbatim in Dem. *Adv. Onet.* I. § 37. Cp. Isocr. or. XVII. § 54, ὁρῶ δὲ ὑμᾶς καὶ περὶ τῶν ἰδίων καὶ περὶ τῶν δημοσίων οὐδὲν πιστότερον οὐδ' ἀληθέστερον βασάνου νομίζοντας, καὶ μάρτυρας μὲν ἡγουμένους εἶναι καὶ τῶν μὴ γεγενημένων παρασκευάσασθαι, τὰς δὲ βασάνους φανερῶς ἐπιδεικνύναι ὁπότεροι τἀληθῆ λέγουσι, κ.τ.λ. Cic. *Topica* xx. § 74, *nam et verberibus, tormentis, igni fatigati quae dicunt, ea videtur veritas ipsa dicere*. It must be remembered that under Greek and Roman law *citizens* were ordinarily protected from torture, and that it is citizens who pronounce these astounding panegyrics on the services of torture to truth. Cp. Andoc. *De Myst.* § 43, note, p. 226.

οὐδένες πώποτε ἐξηλέγχθησαν] The rhetorical theory of torture—whether anyone believed it or not—was that a person under torture will tell the truth because *it is his interest* to tell the truth: see the Ῥητορικὴ πρὸς Ἀλέξανδρον, xv. § 1, πιστότερόν ἐστι βάσανος μαρτύρων· τοῖς μὲν γὰρ μάρτυσι συμφέρει πολλάκις ψεύδεσθαι, τοῖς δὲ βασανιζομένοις λυσιτελεῖ τἀληθῆ λέγειν. A good commentary on this assumption will be found in Antiphon *De Caed. Herod*. §§ 31—33,—a passage which deserves to be placed beside this of Isaeus:—' The slave, to whom the prosecutors had doubtless promised freedom, and whose release from agony likewise depended upon them, was probably induced to calumniate me on both grounds—in the hope of winning his freedom, and in the desire of deliverance from anguish at the moment. Now I fancy you all know this,—that the party in whose hands the chief conduct of the examination rests *have the examined on their side*, and ready to say anything that will please them: *for in the torturers is the hope of the tortured*, especially if the slandered persons happen not to be present. Had it been I who gave the order to rack the slave as speaking falsely, that very threat would probably have deterred him from bearing false witness against me. As it was, the prosecutors were at once presidents of the inquisition and protectors of their own interest. *So long, therefore, as the slave felt that his prospects in slandering me were hopeful, he was obstinate in the calumny; but when he saw that he was to die, then at last he told the truth, and said that he had been persuaded by the prosecutors to slander me*'.

§ 13. ἀλλ' οὐχ ἡμεῖς] sc. φεύγομεν τὸν ἔλεγχον.—ἀξιώσαντες —φεύγοντος, οὕτως: 'since we claimed,...while he refused,... under these circumstances (οὕτως) we shall demand', etc.

§ 14. ἀκοήν] 'what they have heard'. οὗτοι, the witnesses who have just given their testimony, are not, I think, the persons who were intimate with Ciron, οἱ ἐχρῶντο τῷ πάππῳ (for they would be said εἰδέναι), but οἱ παρὰ τῶν χρωμένων ἀκούσαντες. See on § 6.

τοὺς ἐγγυησαμένους, κ.τ.λ.] 'those to whom my mother was betrothed and those who were present with them when she was betrothed to them'. τοὺς ἐγγυησαμένους = her first husband, Nausimenes, and her second husband, the speaker's father. Both are dead, but the relatives of both (οἱ ἐκείνοις παρόντες) are witnesses. The formal ἐγγύησις was necessary to the validity of a marriage: see the νόμος ap. [Dem.] *In Stephan*. II. § 18, ἣν ἂν ἐγγυήσῃ ἐπὶ δικαίοις (shall solemnly affiance) δάμαρτα εἶναι ἢ πατὴρ ἢ ἀδελφὸς ὁμοπάτωρ ἢ πάππος ὁ πρὸς πατρός, ἐκ ταύτης εἶναι παῖδας γνησίους. The act. ἐγγυῶ was said of the relative, or his representative before the law (κύριος, or. v. § 10, n. p. 367), who bestows the hand of the bride, but the midd. ἐγγυῶμαι of the bridegroom: cp. Her. VI. 130, ἐγγυῶ παῖδα τὴν ἐμὴν... φαμένου δὲ ἐγγυᾶσθαι Μεγακλέος (the future husband). So [Dem.] or. LVII. *Adv. Eubul*. § 41, ἐγγυᾶται ὁ πατὴρ τὴν μητέρα τὴν ἐμήν.

τίνες δὲ οἱ τρεφομένην...Κίρωνος] 'And who are they who

know that she lived in the family and was the true-born daughter of Ciron?' The answer to this question would naturally be, οἱ οἰκέται καὶ αἱ θεράπαιναι: see § 10. But *their* evidence had been excluded by the refusal of the claimants to give them up for torture: and the speaker turns this to account by saying, 'The present claimants practically (ἔργῳ) bear clear testimony that these facts are so, by withholding their slaves from the question'.

§ 15. *ἃ <μαθόντες> γνώσεσθε] The traditional reading is ἵνα γνώσεσθε. But ἵνα with fut. indic. is unexampled in classical Greek: see Goodwin § 44, 1. Cp. the note on the text.

παίδων *ὄντων] 'as we were children'. This (Sauppe's) conjecture is at least more prob. than ὄντων υἱέων. The vulgate, παίδων υἱέων, is unintelligible. Reiske, from the Aldine πάππου υἱέων, gives πάππον υἱέων. I suspect, however, that the fault lies deeper, and that υἱέων referred to the two sons, now dead, borne to Ciron by his second wife (§ 7, ἐξ ἧς αὐτῷ ἐγιγνέσθην υἱεῖς δύο). The general sense would then have been, οἷα γὰρ εἰκός, [αὐτῷ μὲν οὐκ ὄντων] υἱέων [ἡμῶν δὲ] παίδων ἐξ ἑαυτοῦ θυγατρός, κ.τ.λ.

εἰς Διονύσια εἰς ἀγρόν] The 'Lesser' or 'Rural' Dionysia, the Vintage Feast, was kept in Dec.; the *Lenaea*, in Jan.; the *Anthesteria* in Feb., and the great Dionysia in March.—τὰ κατ' ἀγροὺς Διονύσια, with its rustic sports (chief of which was the ἀσκωλιασμός, or dancing on ἀσκοί, wine-skins inflated and greased, Pollux ιx. 121), was essentially a *family* festival,— hence the point of its mention here: see Harpocration 143, τὰ κατὰ δήμους Διονύσια Θεοίνια ἐλέγετο, ἐν οἷς οἱ γεννῆται ἐπέθυον, in which members of the same γένος offered sacrifice together (30 γένη made a φρατρία, and three φρατρίαι a φυλή).

§ 16. καὶ μετ' ἐκείνου τε ἐθεωροῦμεν, κ.τ.λ.] 'and we were his companions at public spectacles [in the Theatre], where he would set us at his side [παρ' αὐτόν, not παρ' αὐτῷ], and for every festive celebration we came to his house [παρ' ἐκεῖνον]': for αὐτόν...ἐκεῖνον cp. Andoc. *De Myst.* § 64, note, p. 230. Cp. Isocrates or. xix. § 10, ἕως μὲν γὰρ παῖδες ἦμεν, περὶ πλέονος ἡμᾶς αὐτοὺς ἡγούμεθα ἢ τοὺς ἀδελφούς, καὶ οὔτε θυσίαν οὔτε θεωρίαν (public spectacle) οὔτ' ἄλλην ἑορτὴν οὐδεμίαν χωρὶς ἀλλήλων ἤγομεν.

τῷ Διί τε θύων, κ.τ.λ.] 'And when he sacrificed to Zeus Ktêsios,—a festival which he kept with especial reverence, and in which he associated no stranger, slave or free, but did everything by the hands of his own household (αὐτὸς δι' ἑαυτοῦ),—we participated in that celebration, assisted in the service of the altar, laid our offerings on it along with his own (συνεπετίθεμεν), and aided in all else; and he used to pray the god to give us health and wealth, as a grandfather would pray'.—Ζεὺs Κτήσιοs was one of the group of deities (ἐφέστιοι, μύχιοι, ἑρκεῖοι) who were regarded as protecting the family and its possessions: Harpocr. 179, Κτήσιον Δία ἐν τοῖς ταμείοις (store rooms) ἱδρύοντο: the Doric name of this Zeus was Πάσιος, Ross *Inscr.* III. 52. Small images (σημεῖα) of Ζεὺς Κτήσιος were kept in little cases or shrines, which were especially called καδίσκοι (ἀγγεῖον δ' ἐστὶν ἐν ᾧ τοὺς Κτησίους Δίας ἐγκαθιδρύουσιν, Athen. XI. p. 473, with Casaubon's note *ap.* Schweigh.).—συνεπετίθεμεν, Scheibe for mss. συνετίθεμεν, a necessary corr., I think. For ἐπιτιθέναι, cp. Ar. *Nub.* 426, οὐδ' ἂν θύσαιμ', οὐδ' ἂν σπείσαιμ', οὐδ' ἐπιθείην λιβανωτόν. Cp. ἐπέθυον *ap.* Harpocr. in note on εἰς Διονύσια, § 15.

§ 17. μόνους ἐκγόνους...καταλελειμμένους] His two sons being dead, § 7. Dobree would bracket καταλελειμμένους: Schömann compares Lucian *Auct. Vit.* 27, τίς λοιπὸς ἡμῖν καταλείπεται.

191 *οὗτος παραδοῦναι] οὗτος is Dobree's conjecture. The mss. αὐτὸς could only mean—'It is *his own* fault (and not *mine*) that I cannot produce the slaves in support of these statements'. Cp. § 14 τίνες δὲ οἱ τρεφομένην...φεύγοντες τὴν βάσανον, note.

§ 18. αἱ γυναῖκες αἱ τῶν δημοτῶν] 'The wives of the demesmen' are the women of the deme to which Ciron belonged. On his daughter's marriage, they chose her as one of the two presidents of the Θεσμοφόρια, the three days' festival of Δημήτηρ Θεσμοφόρος, the Law-giver, which was annually celebrated about the end of Oct. by the women of each Attic deme. It seems to have been customary for a rich man, on his marriage, to defray the cost of a banquet at the next Thesmophoria: cp. Isae. or. III. § 80, καὶ ἐν τῷ δήμῳ κεκτημένος τὸν τριτάλαντον οἶκον, εἰ ἦν γεγαμηκώς, ἠναγκάζετο ἂν ὑπὲρ τῆς γαμετῆς καὶ Θεσμοφόρια ἑστιᾶν τὰς γυναῖκας [entertain them at the Thesmoph.] καὶ τἆλλα ὅσα προσῆκε λειτουργεῖν ἐν τῷ δήμῳ ὑπὲρ τῆς γυναικὸς ἀπό γε οὐσίας τηλικαύτης.

γάμους ἑστίασε...τοῖς τε φράτορσι γαμηλίαν εἰσήνεγκε] 'gave a marriage-feast' [on bringing the bride home, as her *father* did on her leaving his house, § 9]...'provided a wedding-festival for his clansmen'. γαμηλίαν, sc. θυσίαν, Pollux III. 42, δεῖπνον ὃ τοῖς φράτορσιν ἐποίει ὁ γαμῶν: a sacrifice, with a banquet, given by the husband on the introduction (εἰσαγωγή) of the bride into his φρατρία, while the entertainment denoted by γάμους ἑστιᾶν was of a more private character.

§ 19. τοῦ Πιτθέως] or Πιθέως, of the deme of Pitthos or

Pithos, belonging to the Cecropid tribe. This Diocles is a distinct person from Ciron's brother-in-law, Diocles ὁ Φλυεύς, of *Phlya*, § 3.

εἰς τοὺς φράτορας...εἰσήγαγεν] Cp. Dem. or. XXXIX. *Adv. Boeot. de nom.* § 4, ἐγγράφει τοῖς Ἀπατουρίοις τουτονὶ Βοιωτὸν εἰς τοὺς φράτορας. This was done on the third day of the Apaturia, called κουρεῶτις (the first day being δορπεία, the *supper*,—the second, ἀνάρρυσις, the *sacrifice*): and the ceremony—here represented as occurring soon after birth—was seldom deferred beyond the third or fourth year: Herm. *Ant.* I. § 99. 2. 10. Cp. Ar. *Ranae* 418, ὃς ἑπτέτης ὢν οὐκ ἔφυσε φράτορας.

ἐξ ἀστῆς καὶ ἐγγυητῆς] 'the child of an Attic mother, born in wedlock': ἐγγυητῆς, betrothed with the consent of her father or his legal substitute: see note on § 14, ἐγγυησαμένους. Cp. [Dem.] or. LVII. *Adv. Eubul.* § 66, ἀλλὰ μὴν ὁ πατὴρ αὐτὸς ζῶν, ὀμόσας τὸν νόμιμον τοῖς φράτορσιν ὅρκον, εἰσήγαγεν ἐμὲ ἀστὸν ἐξ ἀστῆς ἐγγυητῆς αὐτῷ γεγενημένον εἰδώς.

§ 20. καίτοι μὴ οἴεσθ' ἄν...γνησίαν Κίρωνος] The ἄν after οἴεσθε belongs to εἰσενεγκεῖν and ἀποκρύψασθαι, being repeated after μήτε; with αἱρεῖσθαι and with ἐπιτρέπειν it is again repeated. In the direct discourse, the form would be: εἰ τοιαύτη τις ἦν, οὔτ' ἂν εἰσήνεγκαν, ἀλλ' ἀπεκρύψαντο (ἄν)...οὔθ' ᾑροῦντο ἂν αὐτὴν συνιεροποιεῖν καὶ κυρίαν ἐποίουν, ἀλλ' ἑτέρᾳ ἂν ἐπέτρεπον,...οὔτε ἂν εἰσεδέχοντο ἀλλὰ κατηγόρουν καὶ ἐξήλεγχον (ἄν): where the imperfects, which *might* refer to present time, refer to *a continued act in past time*, 'would not have proceeded to choose', etc.: Goodwin § 49. 2. The number of clauses in the apodosis leads to the protasis, εἰ...ἦν, being *re-stated* in a different form at the end—εἰ μὴ πάντοθεν ἦν ὁμολογούμενον, κ.τ.λ.

νῦν δὲ τῇ περιφανείᾳ...τοιοῦτον οὐδέν] 'But as it was, owing to the notoriety of the matter [τοῦ πράγματος, her legitimacy] and the fact that so many persons were aware of it, no such objection was raised from any quarter'. τῇ περιφ., τῷ συνειδέναι, causal datives: cp. Antiph. *De Caed. Her.* § 3, τοῖς ἀληθέσιν, note, p. 209.

§ 21. κομιούμενος αὐτόν] 'to obtain the body, intending that the funeral should take place from my own house': κομιούμενος, as being his proper charge: but active κομίζειν below, of simply carrying.—ἐκ τῆς οἰκίας: *i.e.* the laying out (πρόθεσις) should take place there, and the ἐκφορά to the grave (μνῆμα, § 27) set out thence. Cp. ἐντεῦθεν, § 22; Lysias, *In Eratosth.* § 18, τριῶν ἡμῖν οἰκιῶν οὐσῶν οὐδεμιᾶς εἴασαν ἐξενεχθῆναι, note, p. 253.

κομίζειν οἷος ἦν] 'I was disposed to remove the body'. For the distinction between οἷος and οἷός τε with infin., see above, or. XI. § 16, ἦσαν οἷοί τε, note, p. 387.

§ 22. συμμεταχειρίζεσθαι...κοσμῆσαι] 'help in tending',... 'dress' (for the πρόθεσις). Soph. *El.* 1139, οὔτ' ἐν φίλαισι χερσὶν ἡ τάλαιν' ἐγὼ | λουτροῖς σ' ἐκόσμησ'...ἀλλ' ἐν ξέναισι χερσὶ κηδευθεὶς τάλας, κ.τ.λ. Ant. 903, τὸ σὸν | δέμας περιστέλλουσα: so *componere*. Here συμμεταχειρίζ. refers esp. to the washing of the corpse: Lucian Περὶ πένθους, 11, λούσαντες...μύρῳ χρίσαντες...καὶ στεφανώσαντες τοῖς ὡραίοις ἄνθεσι, προτίθενται, λαμπρῶς ἀμφιέσαντες.

§ 23. ἀλλὰ καὶ ἐωνῆσθαι...τοὺς λαβόντας] 'but alleging that he had actually (καί) purchased part of the requisites of the funeral, and had given earnest-money for the rest, Diocles claimed these sums from me; and came to an agreement that he should be reimbursed for his purchases, while, as to the alleged deposits of earnest-money, he was to produce those who had received it'.—ἀρραβών: a small sum paid in advance as caution-money. Arist. *Polit.* I. 11. § 9, φασὶν αὐτὸν... ἀρραβῶνας διαδοῦναι τῶν ἐλαιουργίων...ὀλίγου μισθωσάμενον δἰ οὐδενὸς ἐπιβάλλοντος, paid earnest-money all over the country (διαδοῦναι) for the hire of the oil-presses,—getting them at a low rent, as no one bid against him.—συστῆσαι: 'to introduce', 'present' to the speaker the persons who had received the ἀρραβών: cp. Dem. or. XLI. § 6, ὀφείλειν ὡμολόγει μοι Πολύευκτος καὶ τὸν Λεωκράτη συνέστησε, and presented L. to me (in proof of transactions between L. and himself).

193 **εὐθὺς οὖν...παρεφθέγγετο]** 'Well, then,—he immediately remarked in a casual way that Ciron had left nothing at all behind him,—though I had not yet touched on the subject of Ciron's property'. παρεφθέγγ., threw in the observation carelessly, as if it were not the thing uppermost in his thoughts. Cp. Hypereides *Pro Euxenippo* XLII., καὶ τὸ πάντων δεινότατον τῶν ἐν τῷ λόγῳ λεγομένων ὑπὸ σοῦ, ὃ σὺ ᾤου λανθάνειν ὧν ἕνεκα λέγεις, οὐ λανθάνων, ὁπότε παραφθέγγοιο ἐν τῷ λόγῳ πολλάκις ὡς πλούσιός ἐστιν Εὐξένιππος.

§ 24. σὺ δὲ τίς εἶ;] 'Now who are you?' The δέ marks that the speaker's attention is suddenly turned on the intruder. Her. I. 115, ὦ δέσποτα, ἐγὼ δὲ ταῦτα ἐποίησα.

οὐ μὴ *εἴσει] 'You shall not enter'. The only practical distinction which can be drawn between οὐ μὴ εἴσει and οὐ μὴ εἰσέλθῃς is that οὐ μὴ εἴσει states *the negative future fact* in a more direct and positive manner. This direct and positive negation, addressed to a person or persons, *may* of course, as here, be equivalent to a prohibition: Ar. *Nub.* 367, οὐ μὴ λαλήσεις, 'You shall not prate'. On the other hand, unless the mss. are altered, οὐ μὴ ποιήσετε (e.g.) is sometimes merely a rougher and stronger οὐ μὴ ποιήσητε: Aeschin. *In Ctes.* § 177, τοὺς...γὰρ πονηροὺς οὐ μὴ ποτε βελτίους ποιήσετε. Elmsley's view that οὐ μὴ εἴσει (e.g.) meant 'will you not not-enter?' appears to be decisively negatived by such passages as Ar. *Nub.* 296, οὐ μὴ σκώψει μηδὲ ποιήσεις [v. l. σκώψῃς—ποιήσῃς] ἅπερ οἱ τρυγοδαίμονες οὗτοι, | ἀλλ' εὐφήμει [not εὐφημήσεις]. Cp. Goodwin § 89.

εἰς ἕω δὲ...εἰσενεγκεῖν] 'but requested me to place the money in his hands early the next morning'. ἐκέλευον usu. = '*I requested*' or '*invited*', ἐκέλευσα, '*I commanded*', though the distinction cannot always, of course, be sharply drawn. In Xen. *Anab.* VII. 1 most mss. have the milder ἐκέλευε in § 38, and the more peremptory ἐκέλευσε in § 39—rightly, I think: though G. Sauppe adopts in § 39 the v. l. ἐκέλευε. On the other hand ἐκέλευε is preferable to the vulg. ἐκέλευσε in such places as *Anab.* II. 5. 3, IV. 3. 13.

§ 25. οὐ τοίνυν ἐκεῖνος...εἶπεν οὐδέν] 'Now it was not Diocles alone who was silent; the present claimant of the estate said nothing to such a purport either [οὐδὲν τοιοῦτον, nothing implying that I was not the lawful heir]; it is Diocles who has suborned him to contend': i.e. οὐ μόνος ἐκεῖνος οὐδὲν εἶπεν, ἀλλ' οὐδὲ ὁ νῦν ἀμφισβητῶν (εἶπεν ὁτιοῦν): the awkwardness arising from the *postponement* of εἶπεν οὐδέν, which leaves οὐδέ with no corresponding negative before it, since οὐ belongs only to μόνος. All would be clear if οὐδέ were καί, and εἶπεν οὐδέν were ἐσίγησεν.

κἀκείνου...ἀναλωμάτων] 'And although Diocles (ἐκείνου) refused to receive in payment (ἀπολαβεῖν, as § 23, τῶν ἠγορασμένων τιμὴν ἀπολαβεῖν) the money which I tendered, and alleged next day [when I brought it, εἰς ἕω § 24] that he had received it in full from the claimant (τούτου), yet I was not prevented from attending the funeral, but took part in the ceremony throughout: not that the claimant or Diocles bore the cost; the charges of the burial were defrayed out of the property left by the deceased'. οὐχ ὅπως: i.e. οὐ (λέγω) ὅπως (συνέθαπτον) τοῦδε ἀναλίσκοντος (gen. absol.).

§ 26. καίτοι καὶ τούτῳ] 'The claimant too, however, [i.e. even if Diocles had remained passive] was bound to repulse me (ὠθεῖν),—to repudiate me (ἐκβάλλειν)—to forbid my presence at the funeral'. ὠθεῖν, to repel advances: ἐκβάλλειν, stronger, to eject from the company of the relatives.

οὐδὲν γὰρ ὅμοιον ἦν μοι πρὸς τοῦτον] 'For my attitude towards him was utterly different [from his towards me]': i.e. I, claiming to be the grandson and heir, still recognised *him* as a nephew of Ciron: but *he*, on his own theory, was bound to regard *me* as an impostor. οὐδὲν γὰρ ὅμοιον ἦν μοι πρὸς τοῦτον [καὶ τούτῳ πρὸς ἐμέ], is an answer to the possible objection: 'If, as you say, he ought to have excluded *you* from the funeral rites, why did you not exclude *him*?'—hence γάρ.

§ 27. ἐπὶ τοῦ *μνήματος] 'at the tomb'. Schömann's emend. of βήματος. Dem. *De Cor.* § 208, τοὺς ἐν τοῖς δημοσίοις μνήμασι κειμένους.—ἐπὶ τοῦ μνήματος, like ἐπὶ τοῦ δικαστηρίου, before the court. But the phrase is strange, and the supposed conduct stranger still. If βήματος is right, it prob. means the tribune from which the speaker addressed a law-court, when claiming the inheritance in some proceedings previous to this case. Cp. § 37.—ἀποστερῶν, 'withholding'; cp. § 3.

§ 28. πόθεν δὲ τοὺς μάρτυρας; οὐκ ἐκ τῶν βασάνων; κ.τ.λ.] 'And how is the credibility of witnesses to be tested? How but by statements made under torture?' [by slaves examined on the same points]: see §§ 10 f., βουλόμενος...πρὸς τοῖς ὑπάρχουσι μάρτυσιν ἔλεγχον ἐκ βασάνων ποιήσασθαι περὶ αὐτῶν, κ.τ.λ., and notes.

πόθεν δ᾽ ἀπιστεῖν...τοὺς ἐλέγχους;] 'And how are we entitled to disbelieve the statements of the claimants? How, but by their shrinking from the ordeals of proof?' [by refusing to permit the examination of their slaves: § 13].

§§ 28, 29. πῶς οὖν ἄν τις...ᾔδεσαν; κ.τ.λ.] 'How could one prove the case more clearly than by offering a proof of this kind,—producing, for the earlier part of the story, hearsay evidence (ἀκοήν) vouched for by witnesses, and for matters within living memory [lit., from among men still living] those who know the several facts,—who were cognizant of her living in Ciron's house, being acknowledged as his daughter, having been twice betrothed and twice married: then further, proving that the claimants have shrunk from applying the question, on all these points, to slaves who knew the whole'. The complexity of this sentence is studied, and the subtlety is Isaean. The really weak point in the speaker's case obviously is that, for the principal facts, he has nothing but ἀκοή, hearsay evidence, by way of proof. He tries to get over this by a persistent assumption that the slaves who had *personal* knowledge of the facts would have confirmed this hearsay evidence *if* only he could have examined them. By his way of introducing τοὺς εἰδότας in this sentence he makes it depend on παρεχόμενος, suggesting that he had actually *produced* witnesses who had personal knowledge (τοὺς εἰδότας), whereas, at most, he had only *tried* to produce them. Then τούτους after ἔτι δὲ περὶ πάντων depends on ἐπιδεικνύς, supplied κατ᾽ ἔννοιαν from παρεχόμενος.—On ἀκοή see § 6, note. For μαρτυρούντων I should prefer μαρτυροῦντας.

§ 80. **φέρε δή,** κ.τ.λ.] His first point has now been made —viz. that his mother *was* the true-born daughter of Ciron. Here he comes to his second point. Briefly it is this. Descent in the direct line (γένος) gives a better claim to succession than collateral kinship (συγγένεια). Descendants (ἔκγονοι) have a right to inherit before collateral relations (συγγενεῖς). And therefore a grandson before a nephew.

καὶ νομίζω μὲν ἁπλῶς...διδάξομεν] 'Now I suppose that, as a general proposition (ἁπλῶς), it is already as clear to you as to me [καὶ ὑμῖν] that Ciron's collateral relatives (οἱ μετ' ἐκείνου φύντες) are not nearer to the legal succession than his lineal descendants (οἱ ἐξ ἐκείνου γεγονότες). Of course they are not; we call the former merely his "kinsfolk", the latter his "issue". Nevertheless, since even under these circumstances the claimants have the hardihood to dispute my right, I will prove the point more in detail from the laws themselves'. οἱ μετά τινος φύντες, kinsmen in the same generation with him, brothers, sisters, or cousins. Dobree's ἄλλως for ἁπλῶς is needless: ἁπλῶς is opp. to ἀκριβέστερον.

§ 81. **συνοικῆσαι μὲν ἄν,** κ.τ.λ....**ἐπὶ διετὲς ἥβησαν**] 'would be entitled to marry her [*i.e.* his own niece], but would not be entitled to the property, which would go to their children, when these had come of age': ἐπὶ διετὲς ἥβησαν, 'had been ἔφηβοι for two years', *i.e.* had completed their 20th year.—ὁπότε ἥβησαν, not ἡβήσειαν, because the fact is present as *definite and past:* cp. § 87, ὁπότε ὁ πάππος ἐτελεύτησεν, where τελευτήσειεν would be admissible, but the indic. is used because the speaker is looking back on the historical fact of the decease.

§ 82. **ἐκ τοῦ περὶ τῆς κακώσεως νόμου**] 'Now this appears, not only from the foregoing consideration, but also from the law which deals with breaches of natural duty'. An εἰσαγγελία κακώσεως might be laid against (1) a son, on behalf of his parents—or, acc. to this passage, his grand-parents: (2) a husband, on behalf of his wife, she being an ἐπίκληρος [the phrase is always ταῖς ἐπικλήροις]: (3) a guardian, ἐπίτροπος, on behalf of his ward,—as in reference to the estate of Hagnias (or. XI., introd. p. 379). In cases of κάκωσις the accuser could speak ἄνευ ὕδατος, without limit of time (Harpocr. 161), and was not liable to the ἐπωβελία (or fine in ⅕th of the damages laid) if he failed to gain a fifth of the votes.—For the term γονεῖς extended to πρόγονοι, cp. Her. I. 91, Κροῖσος δὲ πέμπτου γονέος (*i.e.* of Gyges) τὴν ἁμαρτάδα ἐξέπλησε.

402   SELECTIONS.   [ISAEUS

196   § 33. πρὸς ἕνα δὲ...ἐρωτήσω] 'I will illustrate my meaning by a particular case of collateral kinship,—the nearest,—and will ask you to compare with it the several degrees of lineal descent'. προσάξω, sc. τὸν ἔκγονον, I will compare (the *lineal* descendant) with one—the first, nearest—of *collateral* kinsmen (συγγενῶν), viz. a *brother:* and will question you, τοῦ γένους καθ' ἕκαστον, on the details of *lineal* descent (γένος) as distinguished from συγγένεια: i.e. I will first take a *daughter,* then, descending, a daughter's *child*, etc. If it appears that *even* a daughter's son is nearer than a brother, *a fortiori* he is nearer than a brother's *son:* and I, therefore, Ciron's grandson, inherit before his nephew.

§ 34. πάντες γὰρ ὑμεῖς...ἀνεπίδικον] 'You all inherit the property of your fathers, grandfathers, or remoter ancestors in virtue of a lineal descent (γένους) which guarantees your succession against dispute': your ἀγχιστεία, legal nearness or right to inherit, is ἀνεπίδικος, not to be contested: that is, no one can, as against lineal heirs, ἐπιδικάζεσθαι τοῦ κλήρου, claim the estate at law; nor have you to assert your right by an ἐπιδικασία. A person who entered on possession of an undisputed inheritance was said ἐμβατεύειν εἰς τὸν κλῆρον. Cp. [Dem.] or. xxxiii. § 6.

§ 35. Φλυῆσι] Phlya, of which the exact site is doubtful, a deme of the μεσογαία, or district s.e. of the Attic Plain, seems to have been a place of some note, with several temples: Paus. I. 31 § 4, IV. 1 § 5.

μισθοφοροῦσαν...εὑρίσκουσαν] 'one house,—which is let,—near the temple of Dionysus in Limnae,—worth 2000 drachmas' (about £80): εὑρίσκουσαν, acc. to Schömann (comparing Boeckh *Pub. Econ.* 67), not of the annual rent, μισθός, but of the sum which the house would fetch if it were sold: and as the *value* of the other house is represented by τριῶν καὶ δέκα μνῶν, (about £52,) this seems probable. Cp. Isae. or. xi. § 49, Χαιρέλεως... χωρίον κατέλιπεν ὃ πλέον οὐκ ἂν εὕροι τριάκοντα μνῶν. Xen. *Mem.* ii. 5. 5, ὅταν τις οἰκέτην πονηρὸν πωλῇ καὶ ἀποδιδῶται τοῦ εὑρόντος,=τούτου ὃ ἂν εὕρῃ, strictly, 'for that which will bring him gain', *i.e.* 'for any price the slave will fetch'.

197   θεραπαίνας καὶ παιδίσκην] The θεράπαινα was an ordinary domestic slave: τῇ γυναικί...μὴ πρίασθαι θεράπαιναν, ἀλλὰ μισθοῦσθαι εἰς τὰς ἐξόδους ἐκ τῆς γυναικείας τὸ παιδίον τὸ συνακολούθησαν, of the ἀνελεύθερος or mean man, Theophr. *Char.* xxii. (=xxv. in my ed., where see note, p. 255).—παιδίσκη, 'girl', might be merely a synonym for θεράπαινα, as in Lysias or. I. §§ 11—12, where θεράπαινα and παιδίσκη seem to designate one and the same person. Schömann, however, would dis-

tinguish them both there and here, regarding παιδίσκη as one who was exempt from menial work.

ὅσα φανερὰ ἦν] 'all the real property' (land, houses, etc., as opp. to money),—here including the slaves, who are considered as *furniture* of the houses: cp. [Dem.] or. xxxviii. § 7, τὴν οὐσίαν...ἅπασαν χρέα κατέλειπον καὶ φανερὰν ἐκέκτηντο μικρὰν τινα, 'left all their fortune in debts, and had possessed only some small amount of real property'.

§ 36. ἐκείνην μὲν γάρ...εἰσποιήσαιτο υἱόν] 'For Diocles abstained from finding another husband for his sister, though she was still capable of bearing children in another marriage, lest, if she were separated from Ciron, the latter should form the proper resolve regarding his own property [*i.e.* should adopt my brother and me as his heirs], but persuaded her to remain with him'. Diocles is the subject to ἐξεδίδου and ἔπειθε, but Ciron to βουλεύσαιτο.

διαφθείρειν] sc. τὸ ἔμβρυον, de abortu: so διαφθορή (ionice) Hippocrates *Epidem.* vii. 48, =ἀποφθείρειν : ib. iv. 2, 5, ἐξαμβλοῦσθαι.—προσποιουμένην διαφθείρ. ἄκουσαν, i.e. ὅτι διέφθειρεν ἄκουσα ('had been' doing so hitherto).—As this passage shows, a childless union could be dissolved at the instance of the wife's relatives: cp. Isae. or. iii. § 64, πολλοὶ συνοικοῦντες ἤδη ἀφῄρηνται τὰς ἑαυτῶν γυναῖκας.

εἰσποιήσαιτο υἱόν] 'adopt as his son', like ποιήσαιτο: but § 40, act., αὐτὸν τῷ πατρὶ εἰσποιήσας, of one who forges a will for his own adoption.

§ 37. τά τε οὖν χρέα...δι' αὑτοῦ ποιεῖσθαι] 'So Diocles gradually persuaded Ciron to place under his control (δι' αὑτοῦ ποιεῖσθαι) all the monies (χρέα) that were owing to him, with the interest upon them, and also the real property' (τὰ φανερά).—τά τε χρέα corresponds with τά τε φανερά ('both'... 'and'): the καὶ before τόκους merely connects it with τὰ χρέα, =σὺν τοῖς τόκοις.—δι' αὑτοῦ ποιεῖσθαι: cp. Isae. or. vi. § 35, ἐσκόπουν ὅπως καὶ τελευτήσαντος ἐκείνου δι' αὐτῶν ἔσοιτο ἡ οὐσία, 'should be in their hands'. [Dem.] or. xlviii. § 15, καὶ τὸ ἀργύριον τοῦθ' ἅπαν εἶχεν αὐτὸς δι' ἑαυτοῦ ὁ ἄνθρωπος, had under his exclusive control. Cp. above § 16, αὐτὸς δι' ἑαυτοῦ πάντ' ἐποίει, note.

ὁπότε...ἐτελεύτησεν] 'when my grandfather had died'. At that time he had not died: but ἐτελεύτησεν, not τελευτήσειεν, is used, because the speaker is *now* looking back on the death as a past event. See § 31, ὁπότε...ἥβησαν, note.

παρεσκεύαζε, κ.τ.λ.] Cp. § 3, ὁ τούτον παρασκευάσας: § 25, ὑπὸ τούτου παρασκευασθείς: § 27, τοῦτον πέπεικεν ἀμφισβητεῖν.—

μέρος πολλοστὸν...μεταδιδούς, 'offering (*pres.*) to give him a small fraction if he succeeded': he said, μεταδίδωμι, ἐὰν κατορθώσῃς.—οὐδὲ πρὸς τοῦτον ὁμολογῶν, 'admitting not even to [*i.e.* in conversation with] him': cp. Isocr. *Evag.* § 50, προσομολογήσειεν, note, p. 292.

198 § 88. καὶ ἐπειδὴ...τὸν πάππον] 'And immediately on Ciron's death, having made his preparations for the funeral beforehand, Diocles requested me, indeed, to bring the money;...but then pretended to have received the whole amount from the claimant, and withdrew his consent to take it from me,—thus quietly setting me aside (ὑποπαρωθῶ), in order that the claimant, and not I, should appear to celebrate my grandfather's obsequies'.—τὰ ἐντάφια, here = τὰ εἰς τὴν ταφήν, § 23, all requisites for the πρόθεσις and the ἐκφορά.—τὸ ἀργύριον: see § 24.

ἀμφισβητοῦντος...γιγνομένων] 'As the claimant disputed my possession of that house [ταύτης, the house in which Ciron died] as well as of the other property left by Ciron, and alleged that he had left nothing behind him, I did not think it proper, under such inopportune circumstances, to use force in removing my grandfather's corpse,—and my friends approved of this decision; but I took part in the rites of burial, the charges being defrayed by the property which my grandfather left'. Cp. §§ 21—22: the entreaties of Diocles' sister induced him to refrain from removing the body.—ἀκαιρίαις: for the plur. see Isocr. *Antid.* § 283, note, p. 303.—συνεποίουν: for ποιεῖν, of sacred rites, cp. §§ 16, 25.—τῶν ἀναλωμ...γιγν.: the same point as in § 25, οὐχ ὅπως τοῦδε ἀναλίσκοντος, κ.τ.λ.

§ 89. τὸν ἐξηγητήν...ἐπήνεγκα] 'I consulted the interpreter of the sacred law, and, under his directions, rendered at my own charges the ninth-day offerings to the dead'. Cp. [Dem.] or. XLVII. § 68, ἐπειδὴ τοίνυν ἐτελεύτησεν, ἦλθον ὡς τοὺς ἐξηγητάς, ἵνα εἰδείην ὅ τι με χρὴ ποιεῖν περὶ τούτων. The office of ἐξηγητής was usu. hereditary in Eupatrid houses who possessed the *unwritten* lore of religious tradition: cp. [Lys.] *In Andoc.* § 10, μὴ μόνον χρῆσθαι τοῖς γεγραμμένοις περὶ αὐτῶν νόμοις ἀλλὰ καὶ τοῖς ἀγράφοις καθ' οὓς Εὐμολπίδαι ἐξηγοῦνται. In later times there are references to a *written* lore in such matters, *e.g.* a ritual of purification for suppliants, ἱκετῶν κάθαρσις, Athen. II. 78.—τὰ ἔνατα, *novendialia*, as τρίτα, Ar. *Lysist.* 613, offerings at the grave on the *third* day after death: *yearly* offerings are mentioned in Isae. or. II. § 46, ἐναγίζῃ αὐτῷ καθ' ἕκαστον ἐνιαυτόν. Herm. *Ant.* III. § 89.

ἵνα...ἐκκόψαιμι] 'that I might disconcert this sacrilegious scheme of theirs': ἱεροσυλίαν, *i.e.* their *usurpation* of my right (as nearest kinsman) to honour the dead.—ἐκκόψαιμι, 'knock out' of its course, baffle: cp. Lysias or. XXVIII. § 6, ἴνα αὐτῶν ἐκκόψῃς τὰς συκοφαντίας: Deinarchus *In Aristogit.* § 4, καὶ τὰς προφάσεις καὶ τοὺς φενακισμοὺς ἐκκόψατε αὐτοῦ.

§ 40. σχεδόν τι ταῦτ' ἐστίν] 'are substantially these'. Cp. Soph. *El.* 609, σχεδόν τι...οὐ καταισχύνω, it may be said that I do not...: *Ant.* 466, σχεδόν τι μώρῳ μωρίαν ὀφλισκάνω.

τὴν οὐσίαν...διαθήκην] 'Diocles holds the property, which supports his present splendour, by an act of usurpation (ἀλλοτρίαν). Three sisters, children of the same mother, were left heiresses to the estate; but he contrived to represent himself as their father's adopted son, though the father had made no will recognising such adoption'. As Diocles became guardian (§ 42) to the son of one of these sisters, they were probably his own half-sisters on the maternal side (cp. τὴν ἀδελφήν, § 41),—their mother having previously or subsequently married the father of Diocles.—εἰσποιήσας, by forging a διαθήκη: without which, the testator's own children would have inherited (by ἀγχιστεία) before a child born by his wife to another husband. Diocles was driven to this device because an ἀδελφὴ ὁμομήτριος could not marry her half-brother, and therefore he could not obtain any part of the property by marriage with one of the ἐπίκληροι.—Cp. § 36, where the midd. εἰσποιήσαιτο is said of the adopting father.

§ 41. *τοῖν δ' ἀδελφαῖν...δίκην δέδωκε] 'when the property was claimed on behalf of two of the sisters by their husbands, he contrived to make the husband of the elder sister his prisoner, and then subjected him to gross contumely. An indictment for outrage has been laid against him, but he has not yet expiated this offence'. τοῖν δυοῖν: the *third* sister was apparently unmarried, or no longer alive: we are to understand that Diocles seized her share unopposed. κατοικοδομήσας = κατακλείσας εἰς οἴκημα (Harpocrat. *s.v.*), having shut him up in a house or room from which he could not escape: cp. Thuc. I. 134, τηρήσαντες αὐτὸν καὶ ἀπολαβόντες εἴσω ἀπῳκοδόμησαν, 'walled him in'.—ἐπιβουλεύσας following κατοικοδ. is a πρωθύστερον, since the 'plot' is that which led to the capture. ἠτίμωσε: usu. taken here as = ἠτίμασε, 'dishonoured', referring to some personal assault or outrage such as ὕβρις indicates: cp. Aesch. *Suppl.* 644, ἀτιμώσαντες (= ἀτιμάσαντες) ἔριν γυναικῶν. Elsewhere in prose ἀτιμόω usu. = to deprive of civic rights. If this is the true sense here, Diocles must have subsequently charged his captive with some offence which would entail ἀτιμία.—γραφὴν ὕβρεως: the same prob. for which Isaeus wrote his speech κατὰ Διοκλέους ὕβρεως: see on § 3, and Sauppe *Or. Att.* II. 230 f.

τῆς δὲ μετ' ἐκείνην...ἐκείνῳ δέδωκε] 'As to the younger

sister, he employed a slave to murder her husband,—got the man [ἐκεῖνον = τὸν οἰκέτην] out of the country,—threw the guilt on his sister,—and, having crushed her by his villanies, has further deprived her son—whose guardian he had become—of his property,—keeping the land, and giving his ward a piece of stony ground'.—καταπλήξας refers less to a judicial condemnation than to the helplessness of a cowed and broken spirit: cp. Dem. or. xxxvii. § 48, ἡλίκον ἐστὶ πλεονέκτημα (ironical) τὸ καταπεπλῆχθαι τὸν βίον.—*φελλία: vulg. φελλέα δὲ χωρία ἄττα. But φελλέα is acc. sing. of φελλεύς, stony ground. Dobree thinks that χωρία ἄττα arose from a scholion on φελλέα, —χωρίον ἀττικῶς. It may be that we should read φελλία ἄττα, some pieces of stony ground: cp. Xen. Cyneg. v. 18, ὅταν τοὺς λίθους, τὰ ὄρη, τὰ φελλία [τὰ φέλλια G. Sauppe], τὰ δασέα ἀποχωρῶσι ' when (the hares) take refuge among stones, or on the hill-side, or on rough ground (τὰ φελλία), or in underwood': the contemptuous force of ἄττα is certainly appropriate.

§ 42. δεδίασι μὲν αὐτόν, ἴσως δ' ἄν μοι καὶ μαρτυρῆσαι ἐθελήσειαν = καίπερ δεδιότες αὐτόν, ἴσως ἄν...ἐθελήσειαν. For the parenthesis with finite verb (δεδίασι μὲν αὐτόν), cp. Anthol. Palat. 7. 664, Ἀρχίλοχον καὶ στῆθι καὶ εἴσιδε (=στὰς εἴσιδε), and my note on Soph. Ant. 537.

INDEX I. GREEK.

The first number refers to the *page*, the second to the *section*; thus 146 § 122 denotes page 146, section 122. For the *note* on that section, see **146** in the margin of the Notes (p. 333). —)(means, 'as distinguished from.'

ἅ, 'and as to this,' 146 § 122
ἄβατος, of a pure life, 108 § 58
ἀγαθά, τὰ ἴδια, of lands, 156 § 52
ἀγάλματα)(ἀνδριάντες, 175 § 42, 176 § 44
ἀγαπήσεις, εἰ, 'you may think yourself lucky, if...,' 67 § 11
ἀγαπητῶς, 'barely,' 61 § 16
ἀγαπῶ, εἰ or ἐάν, 158 § 20
ἀγνοηθέντα, τά, the oversights made, 138 § 88
ἀγορά, law-courts in the, 11 § 10
ἀγορὰ Ἱπποδαμεία, 35 § 45, 82 § 23
ἀγχιστεία, legal sense of, 170 § 14
ἀγχιστεία)(συγγένεια, 183 § 17
ἀγχιστεῖαι, degrees of affinity, 178 § 3
ἀγχιστείαν παραλαμβάνειν, 196 § 34
ἀγών, of war or civil strife, 166 § 7
ἀγωνιστής, a debater, 114 § 15

ἄδεια, technical sense of, 31 § 34
ἀδηφαγεῖν, 150 § 54
ἀδοκίμαστος (of a ἱππεύς), 60 § 13
αἱρεῖσθαι with infin.)(προαιρεῖσθαι, 81 § 17; to espouse a cause, 145 § 62
αἵρεσις, narrower and larger senses of, 152 § 38
αἰτία, 'merit,' 29 § 12
αἰτίας λέγειν, to bring charges, 187 § 9
ἀκαιρίαι, 198 § 38
ἀκληρωτί, 61 § 16
ἀκμαί, αἱ, the period of youth, 123 § 289, 151 § 37
ἀκοὴ λόγων, 186 § 6
ἀκοὴν μαρτυρεῖν, 189 § 14, 194 § 29
ἀκολασία)(ὕβρις, 2 § 3
ἀκόλουθος, hoplite's servant, 169 § 11
ἀκούσιοι αἰτίαι, 3 § 3
ἀκρίβεια, ἡ, the exact truth, 2 § 1

INDEX I. GREEK.

ἀκριβεῖαι, αἱ, τῶν νόμων, 152 § 40
ἀκριβέστερον, with more subtlety, 2 § 2
ἀκροπόλει, ἐν, of the Parthenon, 175 § 42
ἀλαζονεύεσθαι, 110 § 1
ἀληθεῖαι, αἱ = τὰ ἔργα, 121 § 283, 109 § 47
ἀλιτήριοι, 6 § 3
ἀλλὰ γάρ, elliptical, 152 § 40
ἀλλὰ μὲν δή, 83 § 27
ἀλλὰ μήν, 104 § 16
ἀλλὰ νῦν, 95 § 15
ἀλλ' οὐδέ, 160 § 25
ἀλλ' οὖν, 137 § 85
ἄλλος = 'besides,' 92 § 25, 106 § 22
ἁμαρτεῖν, miss his desert (*i.e.* punishment), 7 § 6
ἀμελεῖν αὑτοῦ, to neglect self-culture, 162 § 2
ἄμικτος, unsociable, 126 § 300
ἁμιλλᾶσθαι, οἵτινες δόξουσι, 109 § 50
ἀμφίθυρος οἰκία, 68 § 15
ἀμφισβητεῖν, construct. of, 111 § 4; κατὰ διαθήκην or κατὰ δόσιν, 170 § 14
ἀμφοτέρων, position of, 52 § 8
ἀμωσγέπως, 78 § 7
ἄν separated from its verb, 167 § 8
ἄν with fut. infin., 173 § 23
ἄν with imperf. or aor. indic., of a repeated act, 149 § 52
ἄν with aor. infin., referring to the future, when omitted or required, 8 § 2, 78 § 6, 89 § 47
ἄν with infin., representing ἄν with optat. of direct discourse, 52 § 1, 153 § 43, 173 § 23
ἄν, omission of, with infin., how explained, 63 § 12
ἄν with participle, 14 § 19, 89 § 57, 117 § 270, 139 § 92, 162 § 3

ἄν after ὥσπερ, with ellipse of verb, 25 § 11
ἄν omitted with infin. after ὥστε, of a supposed result, 112 § 9
ἄν with pres. infin. (= ἄν with imperf. indic.) and with aor. infin. (= ἄν with aor. indic.), in the same sentence, 191 § 20
ἀνὰ πέντε καὶ δέκα, 'in groups of...,' 33 § 38
ἀναβαίνειν εἰς Ἄρειον πάγον, 152 § 88; ἐπὶ ἵππον, 63 § 11
ἀνάγειν (χρήματα) εἰς ἀκρόπολιν, 147 § 126
ἀναγκαῖοι)(συγγενεῖς, 37 § 50
ἀναγράφειν, to write up in public, 133 § 180, 153 § 41
ἀναθήματα, votive offerings, 175 § 41; esp. = Ἑρμαῖ, 31 § 84
ἀναισθήτως διακεῖσθαι, 112 § 9
ἀνακαλεῖν, 35 § 45
Ἀνάκειον, 35 § 45
ἀναμφισβήτητος, 172 § 18
ἀναπαύεσθαι, to pass the night, 79 § 12
ἀναπέμπειν, to send up country, 143 § 104
ἀνάπηρος, 64 § 13
ἀνάστατος, meanings of, 144 § 57
ἀνατίθεσθαι, to take up a (waggon) load, 90 § 19
ἀναφέρειν τινὶ (ἀπολογίαν), to shift a charge on to another, 96 § 17
ἀναφύεσθαι, to spring up, 116 § 19
ἀνδραποδιστής, 93 § 10
ἄνδρες = individuals)(communities, 130 § 169
ἀνδροφόνος, 92 § 6
ἀνεπίδικος, 196 § 34
ἄνευ ὕδατος λέγειν, 195 § 32 (note)

INDEX I. GREEK. 409

ἀνέχομαι χώραν πεπορθημένην, 144 § 58
ἀνθρωπίνως, 'by a human standard,' 39 § 57
ἀνταρκεῖν with partic., 151 § 56
ἀντιγράφεσθαι, 183 § 17
ἀντιγραφή, 97 § 1
ἀντιδικεῖν, construct. of, 186 § 6
ἀντιδόσεις, 148 § 128
ἀντωμοσία, 101 § 13
ἀνωμάλως ἔχειν, 154 § 44
ἀνώμοτος, inexactly used, 11 § 12
ἀπαγορεύειν with partic., 107 § 54
ἀπαγωγή, ἀπάγεσθαι, of arrest, 260, 10 § 9
ἀπαλλαγείς with ἐκ, 31 § 16
ἀπαλλάσσειν, to wean from, 154 § 45
ἀπαρχαί, fig., 'tributes,' 175 § 42
ἀπεῖπον, 160 § 25
ἀπειρηκώς, 162 § 4
ἀπενιαυτισμός, 203
ἀπιλλειν, 96 § 17
ἁπλῶς, 'on a general view,' 195 § 30
ἀπογράφειν, to denounce, 31 § 34, 84 § 30
ἀπογράφεσθαι, to take an inventory, 67 § 8
ἀποδιδόναι)(ἀποδίδοσθαι, 69 § 19
ἀποδίδοσθαι, 77 § 99
ἀποδύειν)(ἐκδύειν, 93 § 10
ἀποκαλεῖν, 108 § 57, 111 § 4
ἀπολαμβάνειν, to receive in payment, 193 § 25
ἀπολαύειν φλαῦρόν τι, 159 § 21
ἀπολείπειν)(καταλείπειν, 84 § 27
ἀπολείπεσθαι τῶν καιρῶν, 105 § 19
ἀπολογίαν understood with τὴν προτέραν, 12 § 13
ἀπολύειν τινά τινι, 14 § 20

ἀπόρρητα, actionable libels, 92 § 6
ἀπορρήτῳ, ἐξελθεῖν ἐν (of the Βουλῆ), 35 § 45, cp. 82 § 21
ἀποστασίου)(ἀποστασίου δίκαι, 97 § 2 (note)
ἀποστατέον, 137 § 85
ἀποφορά, payment by slave to master, 33 § 38
ἀποχωρίζειν (milit.), to detach supports, 61 § 16
ἀπράγμων, 1 § 1
ἀπροσολίστως ἔχειν, 109 § 49
ἆρα, 118 § 273
ἀργυρίδιον, 111 § 4
ἀριστίνδην ἀπολλύναι, 44 § 30
ἀρραβῶνα διδόναι τινός, 192 § 23
ἀρχήν, adverbial, 118 § 272
ἄστεος, οἱ ἐξ,)(οἱ ἐκ Πειραιῶς, 53 § 2
ἀστῆς καὶ ἐγγυητῆς, ἐξ, 191 § 19
ἀστοί)(ξένοι, 73 § 35
ἀστράβη, 63 § 11
ἄστυ, without art., of Athens, 126 § 299, 169 § 11
ἀτέλειαι, 176 § 47
ἀτιμοῦν, to disfranchise, 172 § 19
ἀτιμοῦν = ἀτιμάζειν, 199 § 41
αὐλητρίσιν, ἐν, 155 § 48
αὐτός, of one's own accord, 145 § 63
αὐτόχειρ, 158 § 19
ἀφαιρεῖσθαι (midd.), sc. εἰς ἐλευθερίαν, 82 § 23
ἀφαιρεῖσθαι (pass.) τὰ ὅπλα, 76 § 95
ἀφιέναι τινά, to drop a prosecution, 170 § 13
ἀφίστασθαι, to desert one's post, 160 § 25
ἀφίστασθαί τινος, to resign, 142 § 100, 171 § 18

βαδίζειν (ἐπ' οἰκίας), of domiciliary visits, 68 § 7
βάθρα, in Ecclesia, 86 § 37

410   INDEX I. GREEK.

βάσανος, torture, as a test of truth, 188 § 12
βασιλεύς, the king of Persia, *without* art., 138 § 88; *with* art., 133 § 179
βασιλεύς, the second Archon, 64 § 13
βεβαιοῦν τινί τι, to confirm one's title to a property, 173 § 22
βεβιωμένα, τά, one's course of life, 56 § 1
βῆμα, in the ecclesia, 136 § 81; in law-courts, 95 § 15, 97 § 20
βίαια, τά, forcible seizure, 100 § 12
βλασφημίαι, 113 § 11, 145 § 62
βουλεύειν = βουλευτὴς εἶναι, 58 § 8
βούλημα, βούλομαι, of theory or tendency, 104 § 15
βωμολοχεύεσθαι, 155 § 49
βωμολόχος, 121 § 284

γαμηλίαν εἰσφέρειν, 191 § 18
γάμους ἑστιᾶν, 191 § 18
γεγραμμένα, τά, the terms of a treaty, 46 § 35, 48 § 40
γεννῆται, 190 § 15 (note)
γένος)(συγγένεια, 195 § 30
γένος, τὸ περί τινος λέγειν, 133 § 17
γένος τρίτον, 177 § 2
γεραιότεροι, οἱ, 7 § 6
γηραιός, rare in Attic prose, 5 § 11
γίγνεσθαι περί τι, 134 § 181
γιγνώσκειν to resolve (aor.), 107 § 54
γναφεῖον, 97 § 2
γνώμην ἔχειν, of one's sensations, 159 § 22
γνώμονες, 91 § 24
γνωρισταί)(δικασταί, 28 § 94
γονεῖς, including πρόγονοι, 195 § 32

γράμματα, written laws, 152 § 39
γραμματεύς, understood with ἀναγνώσεται, 85 § 33
γράφεσθαι, to note down, 83 § 24
γυμνάσια, τά, exercises, 154 § 45
γυμνάσιον)(παλαίστρα, 3 § 3: fig., a field of oratory, 125 § 295

δ', perhaps changed to λ' in MSS., 187 § 7
δανείσματα, sums lent at interest, 197 § 35
δαρεικός (στατήρ), 67 § 11
δασμολογεῖν (τινας), 147 § 125
δέ instead of ἀλλά, 9 § 5
δέ in σὺ δὲ τίς εἶ; 193 § 24
δὲ οὖν, 144 § 58
δέδεικται, it has been proved, 128 § 165
δεῖ μοί τι instead of δεῖ μοί τινος, 25 § 12
δεινὰ ποιεῖν, δεινὸν ποιεῖσθαι, 41 § 63
δεκαρχίαι, 140 § 95
δέομαι (οὐδὲν ἐδεόμην λέγειν), 36 § 49
δέω, with infin. (πολλοῦ δέω ἄρχειν), 142 § 100, 155 § 47
δηλῶσαι, to prove, 8 § 3
δηλώσει δέ, 97 § 20
δημαγωγός, of Pericles, 147 § 126
δῆμοι, Attic, 154 § 46
δημόσιον, τό, the treasury, 69 § 19
δημοτεύεσθαι, 97 § 2
δήμου καταλύσεως γραφή, 32 § 36
διὰ ὧν)(ἐξ ὧν, 153 § 42
διὰ ἡμᾶς, ob nos proditos, 41 § 63, cp. 43 § 28
διά τινος ποιεῖσθαι, to place in one's control, 197 § 37
διὰ ἑαυτοῦ ποιεῖν, 190 § 16

INDEX I. GREEK.

διά, repeated (οὐ δι' ἄλλ' οὐδὲν ἢ διὰ τούτους), 173 § 23
διαβεβλημένος, of blemished name, 120 § 278
διαγράφειν δίκην, 171 § 17
διαιτητής, 92 § 6
διαθήκην, κατὰ (κληρονομεῖν), 180 § 9
διακεῖσθαι ἀνάνδρως, 134 § 184; εὖ, 119 § 278
διαλαβεῖν, to apportion, 66 § 7
διαλείπω, with partic., 175 § 41; intransitive, 161 § 27
διαμαρτυρεῖν, to enter a protest, μή...εἶναι, 171 § 16
διάνοια)(ὀνόματα, 'the spirit')('the letter', 92 § 7
διαπράσσεσθαι, to obtain, 171 § 17
διασπείρειν (fig.), 143 § 104
διασύρειν (fig.), 126 § 300
διατιθέναι ἀπόρως, 79 § 11
διαφέρεσθαι, to dispute, 96 § 17
διαφθείρειν, 197 § 36
διδακτόν, Is Justice? 116 § 21
δικάζεσθαι, to plead in lawsuits, 116 § 19; esp. of the prosecutor, opp. to φεύγειν, 66 § 4
δίκαι, εἰσίν, or οὐκ εἰσίν, 166 § 7
δίκαια, τὰ ἐκ τῶν νόμων, 185 § 1
δίκαιον, ὥσπερ τὸ, 186 § 4
δικασταὶ κατὰ δήμους, 100 § 12
δικαστήρια, for φόνου δίκαι, 10 § 11
δίκη)(γραφή and εἰσαγγελία, 59 § 12
διδόναι τι τῷ χρόνῳ, 20 § 86
διοικεῖν, to administer a trust, 182 § 14
διόμνυσθαι, 179 § 6
διομολογεῖσθαι, to bargain, 192 § 23
διομοσάμενοι, 11 § 12
Διονύσαι, τὰ κατ' ἀγρὸν, 190 § 15
διορίζειν, exterminare, 131 § 174
διωμοσίαι, 21 § 88, 22 § 90

δοκιμασθῆναι εἰς ἄνδρας, 151 § 37
δοκιμασίαι, cases of scrutiny, 58 § 9
δόξα)(ἐπιστήμη, of Isocrates, 111 § 3, 162 § 4
δόξας)(δοκῶν, 139 § 89
δοξαστικός, 115 § 17
δόσιν, κατὰ, ἀμφισβητεῖν, 170 § 14
δόσις)(διαθήκη, 170 § 14
δρᾶσαι, redundant after ἁμαρτάνοντες (=failing to execute), 3 § 6
δρασκάζειν, 96 § 17
δραχμάς, understood, 197 § 35
δύναμιν ἔχειν, to have an import, 119 § 275
δυναστεία, ἡ ἐπὶ τοῦ βήματος, 146 § 121
δυναστεύοντες, οἱ, 180 § 170
δυνάστης, a man of influence, 136 § 81
δυνατός, able-bodied, 63 § 12
δυσχερές, 'invidious,' 116 § 19, 120 § 281

ἐβουλόμην (without ἄν), of what one wishes were true, 8 § 1
ἐβουλόμην ἄν, 70 § 22; where βουλοίμην ἄν seems required, 26 § 14
ἐγγενόμενον, accus. absol., 172 § 19
ἐγγυᾶν, Attic imperf. ἠγγύων, 172 § 18
ἐγγυᾶσθαι, midd., said of the bridegroom,)(ἐγγυᾶν, of the bride's father, 189 § 14
ἐγγυᾶσθαί τινα, to give bail for one, 82 § 23
ἐγγυητὰς τρεῖς καθιστάναι, 13 § 17
ἐγίγνετο)(ἐγένετο, 15 § 22
ἐγκλήματα)(δίκαι, 156 § 51
ἐγκτήματα, 46 § 36, 56 § 3
ἐγχωρεῖ, is (logically) admissible, 18 § 29

412   INDEX I. GREEK.

εἰ, with fut. indic. after ἐλεεῖν, 80 § 15
εἰ μὴ διά τινα, 'had it not been for him,' 140 § 92
εἴδη, branches of oratory, 115 § 17
εἶδος, πᾶν τὸ, τῶν πίστεων, 120 § 280
εἰκός, as a topic of Rhetoric, 123 § 289
εἱλωτεύειν τινί, 165 § 5
εἶναι, pleonastic (τὸ νῦν εἶναι), 117 § 270
εἴπερ μαχῇ, 'if you mean to fight,' 93, 94 § 10
εἰργασμένος, as part. perf. midd., 90 § 17
εἴργειν ὧν ὁ νόμος εἴργει, 202
εἰς, 'on,' of expenditure, 141 § 96, 174 § 39
εἰς ἕω, 'early next morning,' 193 § 24
εἰσαγγελίαι)(γραφαί, 148 § 130
εἰσαγγέλλειν, to lay an impeachment, 25 § 12, 32 § 37; with accus. of person impeached, 182 § 15
εἰσιέναι, of a law-suit, 171 § 17
εἰσηγεῖσθαι βουλήν, to introduce a plan, 40 § 61; περὶ τινος, 130 § 170
εἰσπέμπειν, conject. for ἐκπέμπειν, 81 § 19
εἰσποιεῖν ἑαυτόν, to allege one's own adoption, 199 § 40
εἰσποιεῖσθαι υἱόν, to adopt, 199 § 40
εἰσφοραί, 70 § 20
εἶτα, 71 § 26
εἴτε...εἴτε μή, with fut. indic., 157 § 54
ἐκ τούτων, as the result of, 19 § 84; on these grounds, 98 § 5
ἐκ τῶν ἄλλων (neut.), μανθάνειν, 182 § 15
ἐκ τῶν βασάνων πιστεύεσθαι, 194 § 28

ἐκ τῶν λοιπῶν, 117 § 271
ἐκ in τοὺς ἐκ τῆς θαλάσσης ἀπολέσθαι, 74 § 36
ἐκ in ἐξ ἑτοίμου, 114 § 15
ἕκαστοι, singly, 129 § 166
ἐκβάλλειν τινά, to repudiate, 193 § 26
ἐκβάλλεσθαι, to be thrown overboard, 17 § 38
ἐκβαρβαροῦσθαι, 108 § 47
ἔκγονοι)(συγγενεῖς, 195 § 30
ἐκδιδόναι, to publish writings, 137 § 85; to give in marriage, 186 § 8; to give up, 130 § 169, 131 §§ 175 f.; esp. to give up slaves for torture, 188 § 10
ἐκεῖ, οἱ, the dead, 144 § 60
ἐκεῖνοι, a use of by Isaeus, 182 § 13
ἐκεῖνος, referring to a person just indicated by name, or by αὐτός, 40 § 60, 41 § 64, 183 § 16
ἐκείνως εἰπών, 183 § 179
ἐκέλευον)(ἐκέλευσα, 193 § 24
ἐκκαθεύδειν, to bivouac, 79 § 12 (note)
ἐκκηρύττειν, 74 § 35
ἐκκόπτειν, to disconcert (a plot), 198 § 39
ἐκλαμβάνειν, to receive by surrender, correl. of ἐκδιδόναι, 142 § 100
ἐκμελετᾶν, 4 § 7
ἐκτήμην, 53 § 3
ἐκτυποῦσθαι, to be rough-hewn, 83 § 115
ἐκφέρειν πόλεμον, 138 § 88
ἐλασσοῦσθαι, to be at a disadvantage, 14 § 19, 120 § 281
ἐλαύνειν ναῦς, 157 § 54
Ἐλαφόστικτος, a nickname, 81 § 19
ἐλάχιστον μέρος, with negative, 113 § 11
ἔλεγχον διδόναι (of witnesses), 188 § 10

INDEX I. GREEK. 413

ἐλεεῖν, εἰ (with fut. indic.), 80 § 15
ἐλλείπειν, intrans. 'to fail,' 137 § 85
ἐμβάδες, 169 § 11
ἐμμένειν, to abide by, 116 § 20
ἐμπειρίαι, 113 § 10, 114 § 14
ἐμπόριον, 109 § 47
ἔμπυος, 161 § 26
ἐν μέρει, 128 § 164
ἐν ταῖς μοναρχίαις, οἱ, 105 § 18
ἐν τῇ προφάσει, by means of..., 79 § 12, 91 § 20
ἐν τοῖς μετοίκοις, in their case, 71 § 27
ἐν τοῖς ὄχλοις, before mobs, 105 § 21
ἐν ᾧ, in a case where, 86 § 36
ἐναντιώσεις, inconsistencies, 112 § 7, 157 § 54
ἔνατα, τά, 198 § 39
ἐνδεῖαι, privations, 148 § 128
ἔνδειξις κακουργίας, etc., 10 § 9, 208, 260
ἔνδεκα, οἱ, 94 § 10
ἕνεκά γέ τινος, so far as concerns it, 10 § 8
ἐνεργάζεσθαι, to engender, 112 § 6
ἐνέχυρα, fig. 'pledges,' 47 § 39
ἔνη καὶ νέα, fair-day at Athens, 99 § 6
ἐνθένδε, instead of ἐνθάδε, 131 § 174
ἐνθνῄσκω, for ἐναποθνῄσκω, 60 § 15
ἐνθυμεῖσθαι, with genitive, 135 § 184
ἐνθυμηθῆναι)(εἰπεῖν, 130 § 170
ἐνθυμήματα)(ὀνόματα, 115 § 16
ἐνταυθοῖ instead of ἐνταῦθα, 8 § 2
ἐντάφια προπαρασκευάζεσθαι, 198 § 38
ἐντεῦθεν, 'from that point,' 187 § 6
ἐξάγειν, to export as a slave, 93 § 10; to eject a tenant, 173 § 22
ἐξαιρεῖν ψήφους, 171 § 17
ἐξαιρεῖσθαι εἰς ἐλευθερίαν, 100 § 12
ἐξαργυρίζεσθαι, 175 § 43
ἐξεγγυᾶσθαι (pass.), to be released on bail, 100 § 11
ἐξεργάζεσθαι, to work out, 137 § 85
ἐξεστηκέκαι τῶν πολιτικῶν, 130 § 171
ἐξηγητής, of sacred law, 198 § 39
ἐξίτηλος, 155 § 47
ἐξώλειαν ἐπαρᾶσθαι, 67 § 10
ἐπαγγέλλεσθαι ἀρετήν, 116 § 20
ἐπάγειν (τοὺς ἄρχοντας), 91 § 22
ἐπάγεσθαι, to induce, 145 § 63
ἐπ' αὐτοφώρῳ (fig.), 84 § 30
ἐπανορθοῦσθαι, 129 § 165
ἐπεγγυᾶν, to give security, 96 § 17
ἔπειτα, 'in the next resort,' 72 § 81
ἐπεξέρχεσθαί τινι, to prosecute one, 168 § 9
ἐπεξῄειν, Attic. imperf. of the above, 169 § 12
ἐπεργάζεσθαι, to till sacred soil, 92 § 24
ἐπηρεασμός)(ὕβρις, 2 § 3 (note)
ἐπὶ δίετες ἡβῆσαι, 195 § 31
ἐπὶ τούτων μένειν, to be constant to these aims, 164 § 3
ἐπί τινος, 'in his time,' 146 §§ 123 f.; 'in his case,' 124 § 292
ἐπὶ τοῦ *μνήματος, 'at,' 194 § 27
ἐπὶ τούτοις, 'on these terms,' 100 § 11; 'on this basis,' 182 § 14
ἐπὶ τῇ τούτου διαφθορᾷ = 'if he is to die,' 5 § 10
ἐπί τινι καταλείπειν, to leave at his disposal, 180 § 8

ἐπὶ τοῖς λόγοις εἶναι, to be at their mercy, 8 § 3
ἐπὶ ὀνόματί τινος)(ὑπέρ τινος, 182 § 13
ἐπὶ τοῖς τοιούτοις, 'in such cases,' 185 § 1
ἐπὶ ὅλῃ (τῇ οὐσίᾳ) ποιηθῆναι, as heir to the whole estate, 167 § 7
ἐπίδειξις, in rhetorical sense, 140 § 93
ἐπίδειξις γνώμης, at Olympia, 50 § 2
ἐπιδιδόναι, to give a dowry, 55 § 10, 187 § 8
ἐπιδικάζεσθαι κλήρου, 174 § 40
ἐπίδικος, 171 § 16, 179 § 7
ἐπίδοξος, 'expected,' not 'expecting,' 155 § 47
ἐπιδόσεις λαμβάνειν, to make progress, 109 § 48, 148 § 127
ἐπίδοσις, a subscription, 174 § 39 (note)
ἐπιγαμία, 53 § 3
ἐπίκληρος, fig., of a συμφορά, 64 § 14
ἐπικουρεῖν, to serve as mercenaries, 129 § 168
ἐπίκουροι, foreign troops, 75 § 94
ἐπιλαβεῖν τὸ ὕδωρ, 98 § 4
ἐπιλείπειν, intrans., 'to fail,' 14 § 17
ἐπιμέλειαι, 157 § 55
ἐπιμελεῖσθαι = ἐπιμελητὰς πέμπειν (inspectors of the Attic μορίαι), 92 § 25
ἐπιμεληταὶ τῶν κακούργων, οἱ, 14 § 17
ἐπινοεῖν, to form designs, 8 § 6
ἐπιορκεῖν, archaic for the simple ὀμνύναι, 96 § 17
ἐπιπλοκή, rhetor. term, 154 § 44 (note)
ἐπισκήπτεσθαι (ψευδομαρτυριῶν), 101 § 14, 168 § 9
ἐπισκοπεῖν, to visit, 160 § 25
ἐπίσταθμος, a Persian official, 127 § 162

ἐπιστατεῖν, to supervise education, 151 § 37
ἐπιστέλλειν, to say in a letter, 136 § 81
ἐπιστήμη)(δόξα, of Isocrates, 111 § 3, 117 § 271, 162 § 4
ἐπιστῆναι, to come suddenly on one, 128 § 165
ἐπιστῆναι ἐπὶ διανοίας, 140 § 93
ἐπιτήδειοι)(οἱ προσήκοντες, 174 § 40
ἐπιτηδεύματα, 5 § 10, cp. 109 § 50, 152 § 40
ἐπιτιθέναι, of laying incense on the altar, 190 § 16 (note)
ἐπιτίμια, τὰ, τοῦ φόνου, 7 § 4
ἐπίτιμος)(ἄτιμος, 70 § 21
ἐπίτροπος, guardian, 168 § 10, 182 § 14
ἐπιφέρειν, to bring offerings to graves, 145 § 61, 198 § 39
ἐπώνυμοι, the twelve Attic, 174 § 39 (note)
ἔρανος, 144 § 57
ἐργαστήριον, a manufactory, 67 § 8
ἐρίδες, αἱ, 'eristic' discussion, 110 § 1, 116 § 20, 162 § 3
Ἑρμαῖ, the images, 31 § 34; name of a street at Athens, 98 § 3
ἐρρωμενεστέρως, 128 § 163
ἔρρυτο ἐργάζεσθαι, was bent on doing, 84 § 31
Ἑστία Βουλαία, 30 § 15 (note)
ἑταιρίαι, oligarchical clubs, 74 § 36
ἑταῖροι, in political sense, 138 § 87
ἕτερος = κακός, 160 § 25
εὐήθεια, 180 § 169
εὐθυδικία, 171 § 16
εὐκοσμία, 152 § 37
εὔνοια as a source of persuasiveness, 120 § 279
εὔνους, accus. pl., where εὔνοι is needed, 75 § 93

INDEX I. GREEK. 415

εὕρεσις)(τάξις, in Rhetoric, 114 § 12 (note)
εὑρίσκειν τι, to fetch a price, 197 § 35
εὐτραπελία, Athenian, 125 § 296
εὐτράπελος, 155 § 49
εὐφυής, 121 § 284
εὔχεσθαι, of an ideal, 148 § 127
εὐχῆς ἄξια (in a like sense), 134 § 182
ἐφέται, their jurisdiction, 11 § 11 (note)
ἔφηβος, 151 § 37
ἐφήγησις, leg. term, 91 § 22
ἐφικνεῖσθαί τινος, to do justice to it, 109 § 49
ἐφόδια, 60 § 14
ἐφορᾶν, force of, 129 § 168
ἔχθρα, on accuser's part, cited as a proof of his good faith, 65 § 2, cp. 153 § 42

Ζεὺς Κτήσιος, 190 § 16
ζητηταί, a commission of inquiry, 32 § 36
ζῶν κατορυχθήσομαι, 5 § 10

ἤ = 'or else,' introducing the second alternative, 161 § 27
ἡβῆσαι ἐπὶ διετες, 195 § 31
ἡλιαία, ἡ, 95 § 16
ἡλικία, ἡ νῦν, 129 § 167
ἡλικίαν ἔχω, with infin., 187 § 8
ἡμικλήριον, 184 § 19
ἠμφισβήτησα and ἠμφεσβήτησα, 111 § 4
ἠξίουν, not ἠξίουν ἄν, 20 § 86
ἧσσον perh. to be inserted, 1 § 2, 55 § 8
ἡσύχιος, joined with ἀπράγμων, 1 § 1
ᾐτημένος, 'borrowed,' 59 § 12

θάπτειν ἐξ οἰκίας, 192 § 22
θάτερον = τὸ κακόν, 160 § 25

θαυμάζω ὑμῶν, ὅτι ἐστέ...52 § 2, 91 § 23
θαυμάζω εἰ μή...161 § 26
θέμενοι, οἱ, the mortgagees)(οἱ θέντες, the mortgagers, 173 § 21
Θεοίνια = τὰ κατ' ἀγρὸν Διονύσια, 190 § 15 (note)
θεραπεῖαι, 'attentions,' 106 § 22
θεραπεύειν, to court, 143 § 104
θεράπων, 97 § 19
θεσμοθέται, presidents of the ballot for offices, 64 § 13 (n.)
θεωρεῖν, of spectators in the theatre, 190 § 16
θεωρία, a sacred embassy, 134 § 182
θεωρίαι, spectacles, 156 § 53
θητεία)(δουλεία, 76 § 98
Θόλος, 35 § 45

ἰδέα, uses of by Isocrates, 107 § 54, 115 § 16
ἰδιῶται, 'private persons')(public men, 74 § 36, 114 § 14; 'strangers')(senators, 82 § 21
ἰέναι εἰς τοὺς μισθωτούς, 174 § 89
ἱερά, τὰ κοινά, 133 § 180
ἱερόν, τό, of the Parthenon, 175 § 42
ἵνα with imperf. indic. and ἄν, 179 § 6; with fut. indic. in final clause, not classical, 190 § 15
ἱππική, riding, 62 § 10
Ἱπποδαμεία ἀγορά, 84 § 28
ἴσην δύναμιν ἔχει, ὅστις τε...καὶ ὅστις... 23 § 92
ἴσον ἦν μοι...μὴ ἐλθεῖν, 12 § 13
ἰσοπολιτεία, 53 § 3
ἰσότητες, forms of civic equality, 108 § 15
ἴσχυσε, 'proved valid,' 184 § 18

καδίσκοι, ballot-boxes, 86 § 37

καθ' ἕκαστον ἐρωτᾶν, in detail, 196 § 33
καθηγεῖσθαι, to infer, 170 § 14
καθῆσθαι, as a suppliant, 174 § 39
καθιπποτροφεῖν, 175 § 43
καί, emphasizing a verb, 72 § 29, 127 § 160
καί, emphasizing noun or adject. (ὅτι καὶ ἀξιόλογον), 150 § 56
καί = 'actually,' 22 § 91, 192 § 23
καί, redundant (οὐ μᾶλλον ὑπὸ τῶν ἄλλων ἢ καὶ ὑπ' ἐμοῦ), 16 § 23
καί, to be omitted, 21 § 88
καὶ μὲν δή, 'and further,' 73 § 35
καί...καί, with verbs, 107 § 54, 117 § 270
καὶ ταῦτα, 'and that too,' 116 § 20
καί πού τι καί, 9 § 6
καὶ μήν, 'further,' 185 § 185
καὶ εἶτα (κᾆτα), nevertheless, 17 § 27
καιροί, οἱ, the right moments, 115 § 16
κακηγορία, law concerning, 273
κακοηθείαι, 121 § 284
κακοπαθεῖν, of imprisonment, 8 § 2
κακουργίας ἔνδειξις, 10 § 9
κακοῦργος, Attic sense of, 208
κακώσεως γραφή, 179 § 7, 195 § 32
καλινδεῖσθαι περί τι, 116 § 20
καλινδεῖσθαι ἐπὶ τοῦ βήματος, 136 § 81
καλλιερεῖσθαι, 144 § 60
καλῶς γεγονώς, 152 § 87
καπηλεῖον, 155 § 49
κατά with gen., 'in witness against,' 133 § 180
κατὰ εὐχήν, 134 § 182 (note)
κατὰ μικρόν, three meanings of, 182 § 15

καταγέλαστος, 182 § 176
καταγιγνώσκειν εἰσαγγελίαν, 179 § 6
καταλέγειν, to levy troops, 135 § 185
κατάλυσις, ἡ, τοῦ δήμου, 32 § 36
καταπλήσσειν, to crush one, 199 § 42
καταποικίλλειν, of oratory, 115 § 16
κατασκευαί, of public buildings, 109 § 47; private establishments, 156 § 52
κατάστασις, situation, 156 § 50; state-allowance to ἱππεῖς, 57 § 6
καταστῆναι, to become settled, 83 § 25
καταστῆναι τοσούτου τινί, to cost one so much, 29 § 11
καταχρῆσθαι, to utilise, 131 § 174
κατεστάθην)(κατέστην, 86 § 34
κατέχειν, of tutelar gods, 144 § 60
κατοικοδομεῖν, 199 § 41
κεῖσθαι, as perf. pass. of τίθημι, 129 § 168
κεῖσθαι ἁπλῶς, of a law, 153 § 41
κεκόμισμαι, in midd. sense, 'have recovered,' 173 § 22
κελεύειν)(αἰτεῖσθαι, 25 § 11; imperf. and aor. distinguished, 193 § 24
κίνδυνοι, οἱ πρὸς ἡμᾶς αὐτούς, 131 § 174
κίνδυνος, fig., a cast of the die, 55 § 9
κίνδυνος περὶ τοῦ μὴ σωθῆναι (= μὴ οὐ σωθεῖεν), 29 § 12
κληροῦσθαι, to draw lots, 157 § 54
κληρωτός)(αἱρετός, 64 § 13
κλίσιον, 69 § 18
κοινά, τά, public life,)(τὰ ἴδια, 59 § 11

INDEX I. GREEK. 417

κοινός, of the Athenian character, 126 § 300
κοινότης, of the Attic dialect, 125 § 296
κομᾷ, conject. for τολμᾷ, 61 § 18 (note)
κομίζειν)(κομίζεσθαι, 192 § 21
κομίζειν)(φέρειν, 176 § 44
κοσμεῖν, to dress the dead, 192 § 22
κοσμίως ἀμπέχεσθαι, 62 § 19
κόσμος)(ἔπιπλα, 69 § 19
κόσμος, the firmament, 133 § 179
κρατεῖν, with both gen. and acc., 140 § 92
κρατεῖν τι, to hold in one's grasp, 185 § 2
κρίσιν ποιεῖν)(κρίσιν ποιεῖσθαι, 86 § 35
κρίσις, a legal issue, 185 § 2
κριτής)(δικαστής, 62 § 21
κριτής)(δοξαστής, 23 § 94
κτήματα, τὰ Ἑλληνικά, sense of, 109 § 50
Κτήσιος Ζεύς, 190 § 16
κυβεύειν, 122 § 287
κύβοι, οἱ, dice-playing, 59 § 11
Κυζικηνὸς (στατήρ), 67 § 11
κυλινδεῖσθαι)(καλινδεῖσθαι, 176 § 44
κυνηγέσια, τά, hunting, 154 § 45
Κυνόσαργες, 40 § 61
κύριος, legal sense of, 168 § 10
κωλύει, impers., with adverbial οὐδέν, 111 § 6
κωλύειν, with simple infin., 198 § 26
κῶμαι, town-wards (Athens), 155 § 46

λ', perh. an error for δ' in mss., 187 § 7
λαγχάνειν βασιλεύς, to draw the lot to be..., 64 § 13
λαγχάνειν κλήρου)(λαγχάνειν κλῆρον, 171 § 16
λανθάνειν ὅτι πέφρακα = πεφρακώς, 140 § 93

λειτουργίαι, 148 § 128
λῆξις (δίκης), 167 § 8
Λίμναις, Διονύσιον τὸ ἐν, 197 § 35
λογίδια, 116 § 20
λοιδορεῖσθαι, midd., 136 § 81
λοιπὸς καταλελειμμένος, 190 § 17
λύεσθαι δούλους, 14 § 20, 123 § 288
λύεσθαι αἰχμαλώτους, 69 § 20
λωποδύτης, 93 § 10

μακρὸν τεῖχος (without art.), as a district, 85 § 45
μάλα, 'I can assure you,' 13 § 17
μανία, mad discord, 163 § 2
μεγαλοφρονεῖν or μέγα φρονεῖν, 154 § 43
μειράκιον)(παῖς, 2 § 3
μὲν...δέ, doubled, 155 § 47
μέρος, οὐδὲ τὸ ἐλάχιστον, 168 § 10
μεσεγγυοῦσθαί τι παρά τινι, 111 § 5
μετά τινος φύντες, οἱ, collateral kinsmen, 195 § 30
μεταστήσασθαι τοὺς ἰδιώτας, 82 § 21
μετοικεῖν)(πολιτεύεσθαι, 69 § 20, 159 § 23
μέτοικοι, Polemarch's jurisdiction over, 97 § 2
μετριότης, of Attic dialect, 125 § 296
μετριότητες, 164 § 4
μέχρι τούτου ἕως ἂν βούλησθε, 43 § 69
μή with infin., after φάσκω, 173 § 22
μή alternating with οὐ in clauses dependent on εἰ, 12 § 14, 188 § 9
μή where μὴ οὐ would be normal, 2 § 3
μή with participle after εἴπερ, 3 § 5

J. 27

418   INDEX I. GREEK.

μή irregularly placed (μὴ ὁ-
  μολογοῦσιν ἀποθανεῖν), 17
  § 28
μή apparently redundant (κίν-
  δυνος περὶ τοῦ μὴ σωθῆναι),
  29 § 12
μή corrupt, perh. from ἐμῇ, 15
  § 21
μὴ ὅτι...ἀλλ᾽ οὐδέ..., 100 § 12
μηδὲν τῶν αὐτῶν = πάντα διά-
  φορα, 113 § 12
μικρὸν διαλέγεσθαι, to speak
  low, 62 § 19
μισθοῦν)(μισθοῦσθαι, 90 § 17
μισθοφορεῖν, said of a house,
  196 § 35
μίσθωσις, rent, 169 § 11
μισθωτοί, οἱ, 174 § 39
μνῆμα, conject. for βῆμα, 194
  § 27
μνήμη)(φήμη, 135 § 185
μολύνεσθαι, to be abused, 136
  § 81
μοναρχίας, τὰς, οἱ ἔχοντες, 162
  § 3
μόνος = unice, 144 § 57
μορίαι, 269
μουσική, in the larger sense,
  110 § 50

ναυπηγεῖσθαι, midd., 109 § 47
νέμεσθαι, to share an inheri-
  tance, 59 § 10, 166 § 7
νέμεσθαι πρός τινα, 133 § 179
νέος ἢ παλαιός, 135 § 185
νησιῶται, οἱ, allied with Athens,
  176 § 46
νοσηλεύειν, to nurse the sick,
  160 § 25
νουθετεῖν)(ἀπειλεῖν, 154 § 46
νοῦν προσέχειν τινί, to watch
  one, 82 § 20
νῦν with *historic* present, 86
  § 36

ξενολογεῖν, 141 § 96
ξύν and σύν in mss. of Anti-
  phon, 23 § 93

ὅ = 'whereas,' 146 § 122
οἱ (dative), 'to oblige him,' 33
  § 40
οἰκειότης, 168 § 10
οἰκεύς, 96 § 19
οἷός εἰμι, with infin., 192 § 22
οἷός τέ εἰμι)(οἷός εἰμι, 183 § 16
ὀλιγαρχίαι, αἱ (of 411 and 404
  B.C.), 53 § 4
ὅμοιος, where one of two things
  compared is understood, 193
  § 26
ὁμολογεῖν πρός τινα, 197 § 37
ὁμολογίαι, articles of agree-
  ment, 149 § 52
ὄνομα)(πρᾶγμα, 121 § 233
ὀνόματι, ἐπὶ τῷ, sense of, 182
  § 13
ὀνόματι λέγεσθαι, 80 § 15
ὅπλα, τά, the guard-post, 79
  § 12
ὅπου, 'and in such a case,' 46
  § 86 ; as relative after πράτ-
  τειν τοιαῦτα, 28 § 10
ὀπτήρ, poet. word, 17 § 27
ὅπως, with fut. indic. after
  διανοεῖσθαι, 53 § 3
ὅπως μὴ ἐρεῖς (take care) that
  you do not say, 178 § 5
ὅπως μὴ ἔσται, where we should
  expect ὅπως μὴ ᾖ, 35 § 43
ὅπως ἂν τύχωσι, with partic.
  understood, 124 § 292
ὀρθούμενος, 'successful,' 9 § 7
ὁρικὸν ζεῦγος, 175 § 43
ὁρκωτής, of a law-court, 26 § 14
ὁρμητήριον, 128 § 162
ὅσιον, 'lawful,' 70 § 24
ὅσοι, with anteced. in dat.
  omitted (ὀργίζεσθε, ὅσοι ἦλ-
  θον), 72 § 30
ὅσῳ, 'inasmuch as,' 91 § 23
  (note)
ὅτι, redundant before a direct
  quotation, 36 § 48
οὗ δή, 'and then it was that'....
  30 § 15
οὐ, with χρή understood before

INDEX I. GREEK.

infin. (χρὴ σκοπεῖν ἀλλ' οὐ μισεῖν), 61 § 18, 132 § 175
οὐ to be omitted, 111 § 4
οὐ, following εἰ, 95 § 13, cp. 138 § 178
οὐ μέλει μοι, 93 § 9
οὐ μή, with fut. indic. and aor. subj., 193 § 24
οὐ μὴν ἀλλά, 104 § 17, 116 § 21, 118 § 275
οὐ βούλομαι λέγειν, euphemistic, 157 § 54
οὐ προσῆκον μίασμα, 'gratuitous,' 7 § 3
οὐκ, εἰ μέν...εἰ δέ, 93 § 8
οὐκ ἴσον ἐστὶ (λέγειν τε καὶ δρᾶν), 21 § 89
οὐκ οἶδ' ὅστις, 160 § 24
οὐχ ἄπερ (or ὥσπερ), construct. of, 8 § 4
οὐχ οἷα βέλτιστα, 82 § 28
οὐχ ὅπως, 'I do not say that,' ...193 § 25
οὐδέν, conjecturally supplied, 77 § 99
οὗτος, said of a person not present, but represented, 65 § 3, 75 § 92
οὗτος and noun without art., when the noun is a predicate, 23 § 93, 47 § 37, 84 § 30, 91 § 28; αὐτούς...τούτων, referring to same persons (cp. ἐκεῖνος), 185 § 2
οὕτω, in this off-hand way, 90 § 19
ὄχλῳ χρῆσθαι, 136 § 81

παιδεία, ἡ τῶν λόγων (Isocr.), 124 § 294, 162 § 4
παίδευσις, mental cultivation generally, 110 § 50
παιδίσκη)(θεράπαινα, 197 § 85
παίδων, ἐξελθεῖν ἐκ, 123 § 289
παλαιός, νέος ἤ, 135 § 185
παλαίστρα)(γυμνάσιον, 3 § 3
πανσέληνος (ἡ), 83 § 38

πάντα τὰ κακά)(πάντα κακά, 73 § 33
πάντως, 'at any rate,' 66 § 7
παρά, with accus. denoting position, less precise than with dat., 40 § 62
παρὰ αὑτῷ εἶναι, 'at home,' 73 § 33
παρὰ γνώμην τούτων = παρὰ ταῦτα ἃ ἤλπιζον, 2 § 3
παρὰ γνώμην with οὐκ ὀλίγῳ, 29 § 13
παρὰ μικρὸν ἦλθον ἀποθανεῖν, 159 § 22
παρά τινα καθῆσθαι, 190 § 15
παρὰ τὸν πόλεμον, in time of war, 106 § 24
παρὰ τοῦτον, owing to him, 149 § 52
παραγραφή, 277
παρακαταβάλλειν, leg. term, 182 § 13, 182 § 15
παραλογίζεσθαι, to cheat, 120 § 281
πάραλος, ἡ, 175 § 42
παραμελεῖν, 145 § 60
παρανομία, 10 § 8
παρασκευαὶ λόγων, 186 § 5
παρασκευάζειν, of intrigue, 79 § 12, 84 § 28, 90 § 18, 182 § 14, 185 § 8, 197 § 37
παρασκευασθείς, 'suborned,' 193 § 25
παραφθέγγεσθαι, to say casually, 193 § 23
παραχρῆμα, 28 § 92
παρέχειν)(παράγειν, 82 § 23, 99 § 9
παρίσταταί τινι, it occurs to one, 84 § 28
παροικεῖν 'Ασίαν, 128 § 162
παρόν, acc. absol., 72 § 30
παρορμίζειν, 83 § 24
Πεδίον (without art.), the Attic plain, 173 § 22
Πειραιῶς, οἱ ἐκ, 52 § 2, 74 § 92
πεποιημένος, as midd. perf. part., 15 § 21

420 INDEX I. GREEK.

περιβεβλῆσθαι δυναστείαν, 184 § 184
περιορᾶν ἀποθανόντας (not -θνήσκοντας), 38 § 53
περιπίπτειν συμφοραῖς, 159 § 21
περιποιεῖν πόλει αἰσχύνην, 126 § 301
πικρότητες, 126 § 300
πίστεις, rhetorical proofs, 120 § 280
πίστις ἀπιστοτάτη, 42 § 67
πλανώμενος = temere, 114 § 15
πλέθρον, as a land-measure, 173 § 22
πλείω καὶ δικαιότερα, compar. of πολλὰ καὶ δίκαια, 167 § 8
πλέον ἔχειν, 120 § 282
πλεονεκτικός, in good sense, 162 § 3
πλεονεξία, do., 119 § 275
πλημμελεῖν, 124 § 292
πλὴν τῆς Τύχης, 'leaving Fortune aside,' 27 § 15
πλοῦς γίγνεται, 16 § 24
ποδοκάκκη, 95 § 16
ποιεῖν, to compose, 135 § 186; to perform sacred rites, 190 § 16
ποιεῖν εἰρήνην, ὥστε, 79 § 9
ποιεῖσθαι, to adopt, 180 § 8; (pass.) to be adopted, 167 § 7
ποιεῖσθαι διά τινος, to place in one's control, 197 § 37
ποιητὴς λόγων, an orator, 115 § 15
ποιητικὸν πρᾶγμα, 114 § 12
πολεῖσθαι, 96 § 19
Πολέμαρχος, jurisdiction of the, 97 § 2
πόλις = ἀκρόπολις, 176 § 44
πόλις)(ἄστυ, 126 § 299
πολιτεία, ἡ, a euphemism for the ἀναρχία, 66 § 5
πολίτης, as said by Lysias of himself, 50 § 3
πολιτικοὶ λόγοι of Isocrates, 112 § 9, 116 § 20

πολλῷ with πάλαι, 170 § 15
πολὺ λίαν = λίαν πολύ, 109 § 49
πράγματα, law-suits, 25 § 12
πραγματεῖαι, legal issues, 117 § 270
πράττειν ὑπέρ τινος, to be his confederate, 183 § 16
πρέμνα, τά, an olive-stump, 90 § 19
πρέσβεις, 48 § 41
πρεσβεύειν, to be a plenipotentiary, 48 § 41
πρεσβεύειν εἰρήνην, 182 § 177
πρεσβύτης, a plenipotentiary, 48 § 41
πριάμενος, aor. part., 47 § 37, 168 § 11
προάγειν, in bad sense, 131 § 174, 146 § 121
προαπεῖπον, 130 § 170
προεδρίαι, 176 § 47
προεξαμαρτάνειν, 129 § 165
προεξευρίσκειν, 129 § 167
προεστῶτες, οἱ, τοῦ πλήθους, 162 § 3
πρόθεσις, of the dead, 192 §§ 21 f. (notes)
προθεσμία, 90 § 17
προίεσθαι, to give up, with infin. added, 82 § 23
προΐστασθαι τῆς ἡλικίας, 123 § 290
προκαλεῖσθαι, to invite (to a conference), 139 § 91
προκρίνειν for κρίνειν, with πρωτεύειν, 127 § 302
προπέτεια, 139 § 90
προπετῶς, 149 § 52
πρόρρησις, 10 § 10, 21 § 88
πρός, οὐ πρὸς ὑμῶν ἐστίν, 144 § 58
προσάγειν πρός τι, to compare with, 196 § 33
προσάγεσθαι, to conciliate, 106 § 22
προσγράφειν, to add a new article to a treaty, 48 § 40
προσήκει, construct. of, 187 § 6

INDEX I. GREEK. 421

προσκαλεῖσθαι (leg.), to summon, 97 § 2
πρόσοδον ἀπογράφεσθαι, 341
προσομολογεῖν, 110 § 50
προσπεριβάλλεσθαι τείχη, 109 § 47
προσποιεῖσθαι, with infin. understood, 84 § 28
προστάγματα, imposts, 148 § 129
προστεταγμένον, acc. abs., 4 § 7
προστιμᾶν, to award an extra penalty, 95 § 16
προστρόπαιοι, 7 § 4
προτέραν, τὴν, sc. ἀπολογίαν, 12 § 13
πρόφασις, 15 § 21
προχειρίζεσθαι, to elect, 146 § 122
προωμοσία, 12 § 12
πρυτανείῳ, σίτησις ἐν, 35 § 45 (note), 176 § 47
πρωτεύειν, 36 § 50, 127 § 302
πρώτης, τῆς, τεταγμένος (sc. τάξεως), 60 § 15
πρῶτον—εἶτα—ἔπειτα—ἔτι, 36 § 50
πρῶτος, ὁ, τῶν συγγενῶν, the nearest, 196 § 33
πυρκαϊά, 91 § 24
πω, μηδέν πω πλέον, no positive gain, 56 § 3

ῥᾳδίως ὑπισχνεῖσθαι, 'rashly,' 115 § 16
ῥᾳθυμεῖν, 110 § 1
ῥητορεία, 116 § 21
ῥήτορες, in Ecclesia, 148 § 129
ῥίπτειν)(ἀποβάλλειν, 98 § 9

σανίδιον, 57 § 6
σαφεστέρως and σαφέστερον, 3 § 5
σηκός, 269, 91 § 19
σημεῖον)(τεκμήριον, 18 § 81
σημεῖον, τὸ, καθαιρεῖν, when the Senate met, etc., 32 § 36

σιδηροῦς, fig. sense of, 97 § 20
σκιραφεῖον, 122 § 287, 155 § 48
σοφισταί, οἱ παλαιοί, 121 § 285
σοφιστής, 292, 111 §§ 5 f.
στάσιμον (ἀργύριον), standing out at interest, 96 § 18
στάσις, party-strife, 167 § 7
στέρεσθαι)(στερεῖσθαι, 159 § 23
στεφανίτης ἀγών, 127 § 301
στῆλαι, recording treaties, etc., 46 § 34, 132 § 176, 133 § 180
στοαί, laws posted in, 153 § 41
στρατιᾶς, ἐπί, 'on service,' 30 § 14
συγγένεια)(ἀγχιστεία, 183 § 17
συγκαταλαμβάνειν, 158 § 19
συκοφάνται, 66 § 5, 123 § 288
συκοφαντίαι, 148 § 130
συλλέγειν φυλήν, 26 § 13
συμβάλλειν, to confer, 162 § 2
συμβεβηκός, the 'accident' (of genius), 124 § 291
συμβόλαια, debts, 76 § 98
συμβόλαια ἴδια, law-suits, 119 § 276
συμμεταχειρίζεσθαι, of dressing the dead, 192 § 22
συμμορίαι, 148 § 128
συμπαρακελεύεσθαι, to stimulate, 117 § 22
συμποιεῖν (ἱερά), 193 § 25
συμπράσσειν τινί, of intrigue, 180 § 9
συμφέρειν, help to bear, 6 § 1
σὺν ἱματίοις, 'including,' 187 § 8
συναριθμεῖν (ψήφους), 171 § 18
συνασκεῖν τι, to help the practice of..., 117 § 22
συνδιατρίβειν, 162 § 2
σύνδικοι, οἱ, 58 § 7
συνέδρια, public conferences, 105 § 19, 152 § 37
συνειδέναι τινί, to be his accomplice, 81 § 18

INDEX I. GREEK.

συνεῖναι)(χρῆσθαι, 36 § 49
συνεισβαίνειν, 19 § 82
συνεκκομίζειν, 158 § 20
συνεπιτιθέναι, of sacrifice, 190 § 16
συνήδεσθαι—συνεθέλειν, in false symmetry, 4 § 8
συνθάπτειν, to be present at a funeral, 193 § 25
συνιστάναι, to introduce, 192 § 23
συνοικῆσαι, to marry, 195 § 31
συνορᾶν, to see comprehensively, 104 § 17, 145 § 63, 148 § 129
συντείνειν πρός τι, 119 § 277
σφαγίων ἅπτεσθαι, 11 § 12
σφέτερος with αὑτοῦ, 158 § 20
σφόδρα λέγειν τι, to insist upon it, 27 § 15
σφόδρα joined with πολύ, 118 § 272
σχεδόν τι, 198 § 40
σχέτλιος, 'heartless,' 143 § 103; 'intolerable,' 150 § 56
σῶμα, one's civic status, 100 § 12

ταξίαρχοι, 78 § 7
ταῦτα (not τοῦτο) ποιεῖν, 'to do so,' 67 § 8
ταφήν, τὰ εἰς τήν, 192 § 23
τε, irregularly placed, 1 § 1, 187 § 7
τεκμήρια in Rhetoric, 120 § 280;)(σημεῖα, 18 § 81;)(μαρτυρίαι, 187 § 6
τέλος ἔχειν, to achieve a result, 21 § 89
τερατολογίαι, 121 § 285
τεταγμένη τέχνη, 113 § 12
τετιμωρημένος, midd. pf. part., 4 § 8
τέχναι, treatises on Rhetoric, 116 § 19
τήθη, 187 § 7
τι, conject. for τό, 18 § 29

τίθεσθαι, of a legislator, 153 § 40
τίθεσθαι ὄνομα, to establish a term, 94 § 10
τιμητὴ δίκη, 171 § 17 (note)
τιμωρεῖν, 88 § 42;)(τιμωρεῖσθαι, 7 § 4, 7 § 7
τιμωρεῖσθαι (midd.) ὑπέρ τινος, 46 § 36
τις, understood, 22 § 91
τοιγάρτοι, 156 § 52
τοίνυν ironical, 44 § 30
τοιοῦτος followed by ὅς, 80 § 13, 141 § 98; by ὥσπερ ἄν, 126 § 298
τόμια, 21 § 88
τοσοῦτος followed by φασὶ γάρ instead of ὥστε φάναι, 45 § 33, cp. 69 § 19
τότε, meaning of οἱ τότε δικασταί, 13 § 16
τοῦτο μέν, not followed by τοῦτο δέ, 23 § 94
τρέπεσθαι ἐπ' ἀρετήν, 66 § 5
τριβώνιον, 169 § 11
τριηραρχία)(other λειτουργίαι, 176 § 45
τρόπαιον figuratively used, 133 § 180
Τρωϊκά, τά, 134 § 181
τυραννίς, its characteristics, 104 § 16; identified with μοναρχία, 106 § 22
τύραννος, ὁ (Hipparchus), 176 § 46
τυρός, ὁ χλωρός, the cheesemarket, 99 § 6
Τύχη, destiny, 62 § 10
τύχῃ μιᾷ, a single success, 133 § 180
τυχόν, 'perchance,' 130 § 170, 140 § 94

ὕβρεως γραφή, 199 § 41
ὕβρις)(ἀκολασία and ἐπηρεασμός, 2 § 3
ὑπάγεσθαι, to lure on, 139 § 91
ὑπαίθρῳ, δικάζειν ἐν, 11 § 11

INDEX I. GREEK. 423

ὑαίτιος, 'responsible,' 9 § 4
ὑπαρξάντων τούτων, these things having been secured, 140 § 92, 140 § 95
ὑπάρχει τι, 'it is assured,' 68 § 13
ὑπάρχειν εὐεργεσίαν, 144 § 57
ὑπέθετο τοῦτο, 'he assumed this,' 33 § 39
ὑπειπεῖν, of a preliminary reservation, 181 § 12
ὑπειρημένον, of preliminary definition, 181 § 12
ὑπέκκειμαι, as perf. pass. of ὑπεκτίθημι, 158 § 18
ὑπέρ, 'concerning,' = περί, 114 § 12, 126 § 298
ὑπὲρ ὧν, 'in the name of these (sufferings),' 143 § 56
ὑπηρέται, apparitors, 67 § 10
ὑπερορία, ἡ, foreign soil, 46 § 36
ὑπῆρχε, 'belonged at first,' 147 § 125
ὑπογράφειν, to sketch, 137 § 85
ὑπόθεσις, a theory, 116 § 19; a theme, 119 § 276
ὑπονοεῖν, to have misgivings, 46 § 35
ὑποπαρωθεῖν, to set quietly aside, 198 § 38
ὑποπίπτειν, to suggest itself, 137 § 85
ὑποφαίνεσθαι, 81 § 19
ὑστερίσας τῶν βαρβάρων, 128 § 164
ὑφηγεῖσθαι, to trace an outline, 50 § 3

φανερά, τά, 'real property,' 197 § 85;)(χρέα, 197 § 37
φάσκω, to say 'yes,' 67 § 8
φελλεύς, stony ground (τὰ φελλία), 199 § 42 (note)
φέρεσθαι μετὰ τοῦ πλήθους, 104 § 16
φεύγειν, to go into exile, 55 § 11; to be in exile, 76 § 98

φεύγειν τι, to shirk a point, 73 § 34
φήμη καὶ μνήμη, 135 § 186
φήσας, 91 § 22
φθάνειν, οὐκ ἔφθη καὶ ἐλήφθη, 159 § 22
φθονεῖν, of righteous jealousy, 147 § 124
φιλανθρωπίαι, 69 § 20
φιλολογία, Athenian, 125 § 297
φιλόπονος, of Spartans, 150 § 56
φιλοσοφεῖν τι, to study it, 63 § 10
φιλοσοφεῖν ὅπως, with fut. indic., 135 § 186
φιλοσοφία, of Isocrates, 110 § 1, 113 § 11, 116 § 21; joined with σοφία, 117 § 270
φιλόσοφος, 'studious,' 162 § 2
φιλοτιμία πλούτου, rivalry in wealth, 50 § 2
φόνου δίκαι, tried ἐν ὑπαίθρῳ, 11 § 11
φορτικῶς, of ostentation, 157 § 53
φράτορας, εἰσάγειν εἰς, 191 § 19
φρατρία, the bride introduced to her husband's, 191 § 18
φρουραί, terms of garrison-duty, 61 § 18
φυγαὶ κατελθοῦσαι = φυγάδες κατελθόντες, 146 § 123
φύλαρχοι, 57 § 6
φύσις, native power, 113 § 10
φωνή, ἡ, of the Attic dialect, 125 § 296

χαλκεῖα, τά, the festival of Hephaestus, 33 § 40 (note)
χαριέντως, 'pretty well,' 137 § 85
χειμάζειν (ἐν ῥάκεσι), to pass the winter in, 157 § 54
χορηγίαι, 156 § 53, 175 § 41
χορηγός, duties of, 25 § 11
χρέα, debts, 197 § 37

χρηματίζειν)(χρηματίζεσθαι, 66 § 6
χρηματισμός, money-making, 147 § 126
χρῆσθαι, to be intimate with, 36 § 49
χρῆσθαι τῇ φύσει, to indulge it, 152 § 38
χρῆσθαι δίκῃ, νόμῳ, to abide by it, 21 § 87
χρῆσθαι, with cogn. acc. (οὐκ ἔχω ὅτι χρήσομαι τούτῳ), 159 § 21
χρησμός, fig., an 'oracular' utterance, 130 § 171
χρόνος, ὁ, one's lifetime, 154 § 46
χρύσεον γένος ἀνθρώπων (Hesiod), 6 § 2 (note)
χρυσίδιον, 111 § 4
χωρίζεσθαι, of dissolving a marriage, 197 § 36

ψῆφον φέρειν τινί, to vote for him, 184 § 18
ψήφους ἐξαιρεῖν, 171 § 17
ψυχή, ἡ βουλεύσασα, personified, 7 § 7

ὠθεῖν, to repel advances, 193 § 25
ὡς with participle, 81 § 20
ὡς with participle and ἄν, 164 § 3
ὡς with participle in gen. absol., 185 § 1
ὡς = (1) ὅτῳ τρόπῳ, (2) ὅτι, 32 § 37
ὡς omitted by MSS. before a superlative, 14 § 18, 25 § 12
ὥσπερ, as relative to οὕτω, 150 § 55
ὥσπερ with gen. absol. of aor., pluperf., and pres. participles, = ὥσπερ εἰ with aor., pluperf., and imperf. indic., 133 § 178
ὥσπερ ἄν with ellipse of verb, 25 § 11, 39 § 57, 69 § 20
ὥσπερ τὸ δίκαιον, 185 § 4
ὥστε, on condition that, 79 § 9
ὥστε and infin. without ἄν, oblique of optat. with ἄν, 112 § 9
ὥστε οὐ δύνασθαι, 95 § 15

INDEX II. MATTERS.

accus. absol. of partic. (ἀπειρημένον, etc.), 4 § 7, 172 § 19; and infin. after προσήκει, 186 § 6

acropolis, Athenian, arms deposited in, 76 § 95; the seat of the treasury, 147 § 126

adjective, simple, instead of adject. with ὤν, 10 § 8, 19 § 82; or partic., position of (τὴν περὶ ἡμᾶς ἀτιμίαν γεγενημένην), 133 § 179; fem., with subst. understood from verb, 12 § 13, 60 § 15; neut. plur., for sing. (πιστὰ φαίνεται), 60 § 19

adverbs, juxtaposition of (καλῶς, ἑτέρως), 140 § 93; comparative in -ον or -ως, 128 § 163, 151 § 86

Aegospotami, battle of, 78 § 5; alleged treachery at, 74 § 36

Aenos, on coast of Thrace, 14 § 20

Aeschines, borrows from Andocides, 231

Agesilaus in Boeotia (394 B.C.), 61 § 16; his aims, 138 § 86

Alexander = Paris, 135 § 186

amnesty at Athens, in 403 B.C., 249

Amorges, revolt of, 43 § 29

anacoluthon (ἵνα αὐτοῖς ᾖ...πεποιηκότες), 66 § 7; (ἀκούω ὅτι ...γενέσθαι), 79 § 9; (πάσχω, ὅς...ἠξίου ἄν), 91 § 23; (δεινόν, εἰ...λαμβάνειν), 95 § 13; (ἀπολυόμενος...ἐσμέν), 5 § 10; ἅ (for ταῦτα after a parenthesis), 11 § 11; (νῦν δὲ πιστεύων...ἐγὼ δέ), 23 § 93

Andocides, style of, 219; speech on his Return, date of, 220; his παράνοια, 28 § 10; his vividness, 28 § 10; historical inaccuracies of, 44 §§ 30 f., 47 § 38

Antalcidas, Peace of, 95 § 130, 131 § 175, 132 § 177

antecedent, omitted before ὅσοι, 72 § 30

Antipater, 163 § 1

Antiphon, style of, 200; old forms of words in MSS. of, 23 § 93

antithesis, false, 20 § 87, 59 § 13, 73 § 32; defective, 30 § 15

aorist with pluperf. force (ἐξεγένετο), 171 § 17; denoting the commencement of a state (ἠσθένησε, fell ill), 160 § 24, 184 § 18; partic. so used (μετασχών, having become a sharer), 43 § 28, 141 § 97; and imperfect indic. in same sentence, 87 § 41; indic., instead of imperfect,

INDEX II. MATTERS.

with ἄν, 73 § 34; infin.)(present infin., 131 § 173; infin., without ἄν, referring to the future, 50 § 2, 69 § 19, 78 § 6, 80 § 15; partic.)(pres. part. after περιορᾶν, 38 § 53, 144 § 56

Apaturia, the festival of, 191 § 19

apodosis, formal, wanting, 39 § 57

Archelaus king of Macedon, 29 § 11

Archidamus III. of Sparta, 149 § 52

archons, the nine, how elected, 64 § 13

Areiopagus, court of, the Ephialtes, 13 § 15, 299; its forms of procedure, 94 § 11; membership of, 151 § 37

Arginusae, battle at (406 B.C.), 74 § 36

Argos, population of, in 403 B.C., 54 § 7

Aristogeiton and Harmodius, 176 § 47

Aristotle, inexact citations by, 77 § 100, 135 § 186; and Isocrates on Forensic Rhetoric, 116 § 19

arrest, summary, by the Eleven, 10 § 9

Artaxerxes II., and III., 142 § 99

article with generic word (ἡ εἰρήνη, peace), 18 § 81, 76 § 97, 78 § 5, 106 § 24, 119 § 278, 130 § 172; omitted with τεῖχος, ἄστυ, πεδίον, πρυτανεῖον (of Athens), 169 § 11, 173 § 22, 176 § 47; omitted with οὗτος when the noun is part of the predicate (τιμωρία ἥκει αὕτη), 23 § 93, 46 § 37, 84 § 28, 91 § 23; with relative clause (τὸν δὲ ἔφη = τὸν φάντα), 99 § 8; as pronoun with prep. (τοὺς μὲν... παρὰ δὲ τῶν), 156 § 52; in ὥσπερ τὸ δίκαιον, 186 § 4; proposed insertion of, 136 § 81; and neut. accus. in appos. with verbal notion, 55 § 10

Asia and Europe the two continents, 133 § 179

asyndeton, at the end of a speech, 77 § 100

Athenian character, the, 126 § 300; citizenship, birth-test of, 191 § 19; proposal to limit (403 B.C.), 239; policy, stages of, acc. to Isocrates, 147 § 126; exiles in 404 B.C., 75 § 95

Athens, 'the capital of Greece,' 126 § 299; topography of, 35 § 45; walls of, rebuilt in 479 B.C., 47 § 38; partly demolished in 404 B.C., 47 § 38, 53 § 4, 57 § 4; disasters of, as warnings against oligarchy, 52 § 1; revolutions at, 52 § 1; Lacedaemonian garrison at (404 B.C.), 75 § 94; the home of oratory, 125 § 295; armies of, most successful under single leadership, 106 § 24; ships of, how manned, 157 § 54; democracy of, Isocrates on the, 124 § 293; social life of Periclean, 150 § 56; and Sparta, negotiations between, in 405 B.C., 78 § 5; empire of, its duration, 47 § 38

Attic dialect, the, 125 § 296

Attica, ravaged in Peloponnesian War, 55 § 9

augment, double in compound verb, 128 § 165

ballot for offices at Athens, 64

INDEX II. MATTERS. 427

§ 13; κλῆρος)(αἵρεσις, 152 § 38, cp. 157 § 55
banishment for homicide, 203
betrothal, 189 § 14, 194 § 29
Bosporus, Tauric, Satyrus king of, 57 § 4
Brasidas, 149 § 53

Callibius, 75 § 94
Carthage, constitution of, 106 § 24
cavalry, allies of oligarchy, 78 § 7
Cephalus, father of Lysias, 66 § 4
Chaeroneia, battle of, 163 § 1, 163 § 2
Chalceia, festival of Hephaestus, 33 § 40
Chios, Pedaritus at, 149 § 53
choruses at festivals, 25 § 11
citizenship, Athenian, birth-test of, 191 § 19; proposal to limit (403 B.C.), 289
Cilicia, few Greek settlements in, before Alexander, 109 § 49; and Persia, 142 § 102
Clearchus, death of, 139 § 91, 141 § 97
Cleophon, the demagogue, 78 § 7
climax, form of, 154 § 44
Cnidus, battle at, in 412 B.C., 175 § 42
conditional sentence, protasis of, restated after long apodosis, 191 § 20; mixed form of (εἰ ἠμφισβήτει...ἂν προσήκοι), 178 § 5; change of construction in, 141 § 98; clauses, one within another, 68 § 14
construction, changed by insertion of new verb, 68 § 15, 74 § 36
continents, the two, 133 § 179
contrasts, verbal, in Antiphon (γνωρισταί...δικασταί), 23 §94

co-ordination of clauses, where one is properly subordinate to the other (οὐ δήπου οἱ μὲν ἔχθιστοι πεποιήκασιν,...ὑμεῖς δὲ προκαταγνώσεσθε), 20 § 85, 62 § 13, 98 § 8, 150 § 54, 151 § 37
Corinth, fighting at in 394 B.C., 60 § 15; parties at in 390 B.C., 45 § 32
Corinthian War, 169 § 11, 176 § 46
country-life in old Attica, 156 § 52
courts of law, drawing of lots for, 157 § 54; number of jurors in, 86 § 35, 172 § 20; packed by intrigue, 80 § 12
Cunaxa, battle of, 139 § 90
Cynossema, battle of, 29 § 12
Cyprus, Phoenicians in, 109 § 47; and Persia, 127 § 161, 142 § 102
Cyrus the Younger, death of, 139 § 90

dative, causal (μαίνεται τῇ λήξει), 167 § 8, 192 § 20; instrumental (ἄπιστοι γενόμενοι τοῖς ἀληθέσιν), 8 § 2, 9 § 5; of circumstance, 109 § 48; expressing the motive (οὐ τῷ φεύγειν ἄν...λέγω), 10 § 8; after ἀντιδικεῖν, 184 § 19
dead, offerings to the, 198 § 89
debtor, insolvent, enslaved, 76 § 98
decarchies, set up by Lysander, 78 § 5
Delian Confederacy, the, 47 § 38
demagogues, accused of enriching themselves, 147 § 125
demes, circuit of made by judges, 98 § 8
demesmen, the ties between, 60 § 14

428   INDEX II. MATTERS.

democracy and oligarchy, 52 §§ 1, 2; monarchy, 106 § 22
dicasts, lots cast by, 157 § 54
dice-playing, 122 § 287, 59 § 11
Dionysia, the Rural, 190 § 15
Dionysius I. of Syracuse, 106 § 23, 130 § 169, 136 § 81; embassy from to Olympia, 237
Dionysus, theatre of, 83 § 88; temple of, 175 § 41
domiciliary search, 66 § 7; 72 § 31
doors of a house (αὔλειος, etc.), 68 § 15
dowry of a bride, 59 § 10, 70 § 21
dress, decorum in, 62 § 19

earnest-money, 192 § 28
Egypt, revolts of from Persia, 127 § 161; invaded by Persian army, 191 § 18
Eileithyia, temple of, 174 § 39
Eleven, the, preside at trial of κακοῦργοι, 208, 13 § 17; their εὔθυναι, 96 § 16
Eleusis, battles at, 175 § 42
emendations, 15 § 21, 90 § 20, 94 § 11, 184 § 18
enmity, as evidence of accuser's good faith, 65 § 2, cp. 153 § 42
Enneacrunos, the fountain, 122 § 287
Ephialtes, reforms of, 156 § 50
'Eristics,' 110 § 1, 116 § 20, 162 § 3
Euboea, ἐπιγαμία given to by Athens, 53 § 3
exiles, political, 141 § 96

family festivals and sacrifices, 190 § 16; gods of the, *ib.*
final clause combined with apodosis (ἵνα...ἂν ἐπίστευετο) 179 § 6; with construction of an object-clause, 34 § 43
finite verb, parenthetical clause with, instead of participle, 199 § 42
Fortune personified as human destiny, 63 § 10
Four Hundred, Revolution of the, 29 § 11
fuller's trade at Athens, 97 § 2
funeral ceremonies, 69 § 18, 192 § 22
future indic. in relat. clause after ἁμιλλᾶσθαι, 109 § 50; indic. with μή after verbs of fearing, 65 § 3; perfect, 126 § 298; partic. with art., 123 § 290

genitive, objective and subjective depending on same word (λόγων ἀκοὴ καὶ μαρτύρων), 186 § 6; possessive, combined with objective (ἡ ἀσφάλεια ἡμῶν τῆς ἐπαναφορᾶς), 45 § 83; partitive, after a comparative adj. (τὰς μακροτέρας τῶν ἀναγκαίων), 63 § 10; of price, 29 § 11; absol. of partic., with ὡς, after accus. (ὡς οὐκ ὄντας... οὐδὲ γενομένης), 185 § 1; attributive (ἀλλήλων ταῦτα ἴσασι), 90 § 18; after θαυμάζω, 52 § 2; with εἶναι, to be on the side of, 148 § 129; after ἀλιτήριος, 37 § 51; after παρὰ γνώμην, 2 § 3
golden age, the, 6 § 2
Greece, condition of in 395 B.C., 138 § 87; in 380 B.C., 129 § 167, 130 § 172
Greek)(barbarian, 124 § 293
Gylippus, 150 § 53

Haliartus, 59 § 13
Halieis in Argolis, 175 § 42
Harmodius and Aristogeiton, 176 § 47
Hecatomnus, dynast of Caria, 127 § 162

INDEX II. MATTERS. 429

Heliaia, composition of, 157 § 54
Hephaesteion, the, 83 § 40
Heracles, founder of Olympic festival, 49 § 1
Hermae, street of the, 98 § 3
heroes, tutelar of Plataea, 144 § 60
Hestia Boulaia, 30 § 15, 35 § 44
Hipparchus, 176 § 46
hired labour, 174 § 39
Homeric debates of the gods, 110 § 2
homicide, accidental, Greek view of, 202, 6 § 3; trials for, held in open air, 11 § 11; antiquity of Attic laws for, 12 § 14, 13 § 15; silence enjoined on the, 70 § 24; his presence defiled a temple, 77 § 99
horses, the keeping of, 175 § 43
house, doors of a Greek, 68 § 15
household gods, 190 § 16
hunting, 154 § 45

iambic metre in Greek prose, 130 § 170
Idrieus, prince of Caria, 143 § 103
imperfect = our pluperf., 41 § 64; of logical inference (ἐγίγνετο), 170 § 13, 176 § 44; referring to a previous admission (ἦν), 133 § 17; of what is proposed or offered, 16 §§ 23 f., 71 § 27, 171 § 17, 172 § 20; of endeavour (ἀπώλλυε), 84 § 41; of due sequence (ἐγιγνέσθην, 'were born in due course'), 187 § 7; with ἄν, referring to past or present, 17 § 26; of a repeated act, 192 § 20; without ἄν (ἐβουλόμην, of what one wishes were true), 8 § 1, 20 § 86; (ἔδει, ἦν ἄξιον), 122 § 287; with εἰ, referring to past time, 86 § 36, 91 § 20

imprisonment, a disgrace which estranges friends, 14 § 18
indicative of imperf. and pluperf., not usually changed to optat. in orat. obliqua, 65 § 2; aor., used when a fact not yet accomplished is assumed as past (ὁπότε ἥβησαν), 145 § 31, 197 § 37
infinitive active after προίεμαι (ἄγειν), 82 § 23; in orat. obliq., following a clause with ὅτι, 155 § 47; of present or imperf., 33 § 40; of imperf., 34 § 41; understood with ὑπ' ἐκείνων εἰθισμένον, 69 § 17; expressing the terms of a treaty (ἦν ἡ εἰρήνη κατασκάψαι...), 80 § 14
inheritance, Attic law of, 177 § 1
interpolations, 81 § 19, 89 § 48, 84 §§ 31 f., 92 § 7
Ionia, Persian conquest of, 128 § 164; burning of temples in, 134 § 182
Isaeus, style of, 321; traces of sophistry in, 180 § 10, 189 § 14
Isocrates, style of, 281; forensic speeches of, 310; relations of to ἐπίδειξις, 287; an historical error in, 144 § 57; abstained from public life, 130 § 171
Italy, conquests of Dionysius I. in, 130 § 169

jurors, of an Attic law-court, as representing the Demos, 42 § 66; choice of by lot, 157 § 54

430 INDEX II. MATTERS.

'justice cannot be taught,' 116 § 21

kidnapping, 98 § 10
knights, allowance made to by Athenian state, 57 § 6

Laconia, invaded by Epameinondas, 150 § 56
lacunae in mss., 19 § 88, 53 § 3, 57 § 4, 87 § 40
Laurium, mines at, 83 § 38
laws cannot provide for all contingencies, 92 § 7; insufficient to produce good morals, 152 § 39; set up on the walls of porticoes, 153 § 41; of Solon, 95 § 15
Lenaeum, the, 83 § 38
Leuctra, battle of, 150 § 56
'Liberty,' the cry raised against Athens and Sparta, 143 § 104
Limnae at Athens, 197 § 35
Lycia and Persia, 127 § 161
Lysander and Agesilaus, 138 § 87
Lysias, style of, 235; and Xenophon, on Theramenes, 79 § 11; his accuracy vindicated, 81 § 17

Macedon, the timber-market of Greece, 29 § 11
'malefactor' (κακοῦργος), meaning of at Athens, 208
Mantineia, population of in 408 B.C., 54 § 7
markets, names of (ὁ τυρός, τὰ λάχανα, etc.), 99 § 6
marriages, dissolved by consent, 197 § 36; hindered by the Thirty Tyrants, 70 § 21
Mausolus and Artemisia, 148 § 103
Melos, 159 § 21
mercenary troops (400—350 B.C.), 141 § 96

Messenian wars, 151 § 57
metaphors of Antiphon, 202, 5 § 10
Methymna, a town of Lesbos, 208, 15 § 21
metre, accidental, in prose, 130 § 170
middle sense of passive perfect, 4 § 8, 15 § 21
monarchy, Greek pleas for, 283; examples of for Isocrates, 106 § 23
mortgage, 173 § 21
motion, suggested by ἐνταυθοῖ, ὅτοι, 8 § 2
Munychia, altar at, 83 § 24; theatre at, 85 § 32
Mytilene, massacre at in 427 B.C., 22 § 91
'Mysteries, on the,' as the title of Andoc. or. I., 223

negatives, peculiar combination of, 193 § 25
Nile, passage of at Pelusium, 142 § 101
numbers confused in mss. (λ' for δ'), 187 § 7

oath, a solemn form of, 67 § 10; taken in a temple, 33 § 40; mode of ratifying, 139 § 91; of accuser and witnesses in φόνου δίκαι, 12 § 12
Odeum of Pericles, 33 § 38
oligarchical plots at Athens, in 405 B.C., 74 § 36
oligarchies, at Athens, of 411 and 404 B.C., 146 § 123
oligarchy and democracy); monarchy, 103 § 15; and cavalry, 78 § 7
olives in Attica, 269
Olympia, recitations at, 237
Olympic festival, foundation and idea of, 49 § 1
Olynthus, territory of, 49 § 42.

INDEX II. MATTERS. 431

allied with Athens, 176 § 46
optative of indefinite frequency, 96 § 3; future, 84 § 42, 155 § 47, 159 § 22; oblique of subjunct., with ἄν, 28 § 10; indicat., 33 § 40; present in oratio obliqua, possible ambiguity of, 65 § 2, 67 § 8, 78 § 7; aor. with ἄν, where some desire the aor. indic. with ἄν, 73 § 84; alternating with indic. in oratio obliqua (ἐξήλεγξα ὅτι εἰσηγήσατο καὶ οὐ γένοιτο), 40 § 61
oratio obliqua, 33 § 40, 112 § 39
oxymoron (πίστις ἀπιστοτάτη), 152 § 67

Palladion, court of the, 202
Panegyricus, the, time spent on by Isocr., 137 § 84
Paralos, the trireme, 175 § 42
parenthetical clause with finite verb, instead of partic., 199 § 42
paronomasia (τειχῶν...τροφήν), 46 § 36; (παρεῖναι...παρ' αὑτοῖς εἶναι), 73 § 33; (φήμην ...μνήμην), 135 § 186; (εὐφυεῖς...δυστυχεῖς), 155 § 49; (χορεύοντας...χειμάζοντας), 157 § 54
Paros, politics at, 158 § 18
Parthenon, the treasury of Athens, 147 § 126; votive offerings in, 175 § 42
participle expressing the leading idea (χρὴ δρῶντα ζῆν, we must *act* if we would live), 48 § 29, 45 § 34, 71 § 26; concessive (δρῶν, *though* I act), 17 § 27, 30 § 15, 158 § 20; conditional (δρῶν, *if* I act), 41 § 65, 129 § 166; causal (δρῶν, *because* I act),

129 § 166, 135 § 185; probably lost in mss., 7 § 6
participles, series of, the last belonging more closely to the verb (προκαλεσάμενος... καὶ ὑπισχνούμενος...ὑπαγαγόμενος καὶ δούς...συλλαβὼν ἀπέκτεινε), 139 § 91; asyndeton of two, the latter belonging more closely to the verb (ἀποτραπόμενοι συλλαβόντες ἐβασάνιζον), 18 § 29
passive perfect in middle sense, 4 § 8, 90 § 17, 125 § 297
paupers, state-relief for at Athens, 247
Peace of Nicias, 44 § 31
Pedaritus, 149 § 53
perfect, marking a complete and lasting result, 46 § 36, 93 § 9, 106 § 22, 151 § 36, 160 § 23, 170 § 14; and pluperf. in oratio obliqua, 164 § 3; partic. of a result which remains)(aor. part., 132 § 175, cp. 142 § 100
Pericles, his probity, 142 § 126
Persia, state of in 346 B.C., 142 § 101; the monarchy of, 106 § 23; the king of, a Zeus on earth, 133 § 179
person, 3rd plur., followed by 2nd plur. (ὅσοι διέφυγον... ἤλθετε), 76 § 97; (κατεψίσθαι) prob. to be read, 77 § 100
Philinus, speech of Antiphon against, 25 § 12
Philip of Macedon and Athens, 163 § 1
Phlya, an Attic deme, 196 § 35
Phoenicia ravaged by Evagoras, 127 § 161; and Persia, 142 § 102
Phoenicians in Cyprus, 109 § 47

Phorbas, a Rhodian hero, 41 § 62
Phrynichus, died in 411 B.C., 10 § 9
Plain, the Attic, 173 § 22
Plataea, memorials at, 144 § 58
Plataeans intermarried with Athenians, 143 § 56
Plato, references of Isocr. to, 110 § 1, 121 § 285
plural of abstract nouns (ἀληθεῖαι), 121 § 283, 198 § 38; partic. instead of sing. relative clauses (δύο τρόποι οἱ καὶ προτρέποντες καὶ παύοντες,=ὧν ὁ μὲν προτρέπει ὁ δὲ παύει), 154 § 46
Plutarch on the Hermae affair, 33 § 38 (note)
poetical words in the older prose, 7 § 4, 17 § 27
Polemarch, jurisdiction of the, 97 § 2
politics, abstention from, how viewed at Athens, 62 § 21
positive evolved from negative (ἔδει from οὐχ οἷόν τε), 161 § 27; (οὐ μόνος ἐκεῖνος εἶπεν οὐδέν, ἀλλ' οὐδὲ οὗτος (sc. εἶπεν)), 193 § 25
predicate, 76 § 97, 129 § 166
present, *historic*, followed by optat. in dependent clause (ἐρωτῶσιν ὅτῃ βαδίζοιμεν), 67 § 12; historic, with νῦν (as it *was*), 86 § 36; in tentative sense (πράσσονται, are trying to effect), 9 § 7; infin., representing an imperf. indic., 74 § 36; after ἐλπίς, 51 § 7; partic. with art.=relative and imperf. (τὰ τότε λεγόμενα=ἃ τότε ἐλέγετο), 82 § 21, 189 § 91, 150 § 56
prison, scenes in, 86 § 48, 87 § 89

pronoun, redundant after relative, 170 § 15
pronouns, sequence of (ἐκεῖνος οὗτος, after αὐτός), 40 § 60 185 § 2
protasis re-stated after long apodosis, 191 § 20
Prytaneion, maintenance a the, 35 § 45, 176 § 47
Pythian Apollo, temple of, 17 § 41

question, rhetorical, 170 § 13 194 § 28

ransoming slaves, 14 § 20 prisoners of war, 69 § 20
relative, causal use of, 159 § 21; (ὅστις) with fut ind. after ἁμιλλᾶσθαι, 109 § 50
repetition, by orators, of their own passages, 137 § 84; defended, 140 § 93
rhetoric, early writers on, 116 § 19

sacrifice, family gatherings at, 190 § 16; thwarted by the presence of the guilty, 19 § 82
Satyrus, king of Bosporus, 57 § 4
self-government, moral, 123 § 290
Senate-house, hearth of the, 30 § 15, 35 § 44
ships, Athenian, how manned. 157 § 54
Sicily and Dionysius I., 130 § 169; Athenian interference in, 44 § 30
signs of divine favour to voyagers, 18 § 81
silence kept by and toward homicides, 70 § 24
singular subject with plural verb, 5 § 10

INDEX II. MATTERS. 433

singular verb with plural subject, 67 § 12
Scamandrius, decree passed in his archonship, 35 § 43
slaves, profits from labour of, 83 § 38
Socratic sects, references of Isocr. to, 110 § 1, 111 § 4
Solon's laws, 95 § 15
'sophists,' how understood by Isocr., 292, 300, 113 § 11; as used by Lysias, 36 § 3
Sparta, a group of unwalled villages, 51 § 7 (note); prestige of in Greece, 149 § 52; the military exercises of, 126 § 298; the kings of, 106 § 24; and Athens, Thirty Years' Truce between, 47 § 38
Spartôlus in Chalcidice, 175 § 42
speaking low, a mark of σωφροσύνη, 62 § 19
stater, the Cyzicene and the Attic, 67 § 11
subjunctive, deliberative, 87 § 51, 183 § 17
sureties, the giving of three, 13 § 17 (note)
symmetry, rhetorical form, against the sense (συνηδομένων—συνεθελόντων), 4 § 8
Syria ravaged by Evagoras, 127 § 161

Talthybius, his μῆνις, 19 § 82 (note)
Ten Thousand, Retreat of the, 139 § 90, 140 § 95
Tetralogies of Antiphon, 202; not primarily models of form, 5 § 10
Thargelia, the, 25 § 11
Thebes, policy of in Persian Wars, 144 § 59
Theophrastus, *Characters of*, illustrated, 29 § 11

Theramenes, envoy to Sparta in 404 B.C., 79 § 10
Thesmophoria, the, 191 § 18
Thessalian horsemanship, 126 § 298
Thirty Years' Truce, the, 47 § 38
Thracians, sell their children as slaves, 14 § 20
Thrasybulus (ὁ Στειριεύς), 60 § 15, 75 § 92
Thucydides and Antiphon, 201
timber, export of from Macedonia, 29 § 11
tombs, offerings at, 145 § 61
torture praised as eliciting truth, 188 § 12; of Athenian citizens, forbidden by a ψήφισμα, 34 § 43, 83 § 27
transposition required in text, 165 § 5, 169 § 11
tribes, judges appointed by the Attic, 98 § 3
tribute of Athenian allies, 147 § 125
trierarchy)(ordinary λειτουργίαι, 176 § 45
tripod dedicated by successful choregus, 175 § 41
Troezen, 159 § 21
'tyranny,' in the Greek sense, 104 § 16 (note)
Tyrants, the Thirty, 52 § 2; spoliations by, 54 § 5; their policy, 57 § 5; supported by Spartan garrison, 75 § 94; disarm the citizens, 76 § 95; forms of a trial before, 86 § 37; executions by order of, 87 § 38, 89 § 46; overthrow of, 249
Tyre taken by Evagoras, 127 § 161

verb, finite, parenthetical clause with, instead of participle, 199 § 42; insertion of a new, changing the

J. 28

construction, 68 § 15, 74 § 36

'vivid' construction, the (εἰ ἐρεῖ for εἰ λέξο:), 37 § 53; (ᾖ for εἴη), 66 § 7; (παιδευθῶσιν for παιδευθεῖεν), 152 § 40; (πιστεύητε for πιστεύοιτε), 188 § 10

voice, a low, as a mark of σωφροσύνη, 66 § 19

walls of Athens, rebuilt in 479 B.C., 47 § 38; partly demolished in 404 B.C., 47 § 38, 53 § 4, 57 § 4

witnesses, test for veracity of, 188 § 10

women, an honour paid by to a bride, 191 § 18

youth, apology for by a speaker in the Ecclesia, 62 § 20

Messrs Macmillan and Co.'s Publications.

BY THE SAME AUTHOR.

THE ATTIC ORATORS FROM ANTIPHON TO ISAEOS. 2 vols. 8vo. 25*s*.

A general Sketch of Attic Prose in its historical development to the age of Augustus, combined with a detailed treatment of the orators who preceded Demosthenes.

TIMES:—"Prof. Jebb has given to the English public in a small compass a very great deal of what is most valuable in the labours of a whole generation of German critics, purged from the pedantry which too often encumbers them, augmented by critical observations of his own, and illuminated by an accomplished taste and judgment. Such a work will be indispensable to the classical student, and acceptable to the general reader."

PALL MALL GAZETTE:—"Of Prof. Jebb's mastery of the Greek language it is superfluous to speak—in that he is well known to have few living English rivals—but he possesses also, in a high degree, a quality which does not always go with profound scholarship—a fine literary taste, and a faculty which does not always accompany taste—that of lucid exposition and compact and logical arrangement."

SATURDAY REVIEW:—"A most competent scholar to write the history of Greek Oratory....He has apparently not overlooked any material criticism advanced by other writers, and it is impossible not to be impressed with a sense of the valuable service he has rendered in the field of classical literature which he has selected for illustration, and of the access of light, knowledge and familiarity with the ancient models of oratory, for which his readers are indebted to this lucid and well-arranged survey."

PRIMER OF GREEK LITERATURE. 18mo. 1*s*.

[Literature Primers.

Contents. Part I. The Early Literature to 475 B.C. (1) *Introduction,* (2) *Epic Poetry,* (3) *Elegiac and Iambic Poetry—Lyric Poetry. Part II. The Attic Literature,* 475—300 B.C. (1) *The Drama,* (2) *The Beginning of Prose—History,* (3) *Oratory—Philosophical Prose. Part III. The Literature of the Second Era* 300 B.C.—529 A.D. (1) *From Alexander to Augustus* 300—30 B.C., (2) *From Augustus to Justinian* 30 B.C.—529 A.D.

ATHENÆUM:—"Professor Jebb has well understood how to combine exactness and brevity without any serious sacrifice of literary elegance, to write not merely for the schoolboy, but for unlearned readers of all ages. From Homer to Heliodorus not a single Greek writer of any repute is here omitted, and yet the book is so well ordered, the proportion of parts so accurately adjusted, that an almost perfect impression of the unity of Greek Literature is produced."

SPECTATOR:—"His pages are full of life, as they are abounding in knowledge...Professor Jebb's book is one of the best and most important of Macmillan's Primers."

ACADEMY:—"This primer is a model of clearness and consecutiveness...There is sufficient continuity to give the right impression of unity and development, while the characteristics of different portions of the literature and of individual writers are sharply and often very happily distinguished."

MACMILLAN AND CO. LTD., LONDON.

Messrs Macmillan and Co.'s Publications.

BY THE SAME AUTHOR.

BENTLEY. Crown 8vo. 1s. 6d., sewed 1s.
[English Men of Letters Series.

SATURDAY REVIEW:—"This little book deserves to take rank with the best of its companion volumes...An excellent and finished literary performance."

MODERN GREECE. Two Lectures delivered before the Philosophical Institution of Edinburgh, with Papers on "The Progress of Greece" and "Byron in Greece." Crown 8vo. 5s.

PALL MALL GAZETTE:—" It conveys, indeed, in a small compass a surprising amount of interesting and vivid knowledge in the pleasantest way conceivable. It is at once a book of history, a book of travels, and a book of contemporary social study as applied to Greece. It is needless to say that the historical portion is executed with the mastery to be expected from such a scholar as Professor Jebb. The narrative of the tour is charming for its genial brightness of treatment, its happy skill in landscape painting, never overdone, no less than for its unobtrusive but deep sympathy with the people and the country visited."

WITH APPENDIX BY PROF. JEBB.

A HANDBOOK TO MODERN GREEK. By EDGAR VINCENT and T. G. DICKSON, M.A. With an Appendix on the Relation of Modern to Classical Greek by Professor R. C. JEBB. New Edition, revised and enlarged. Crown 8vo. 6s.

BY PROFESSOR CONSTANTINIDES.

NEOHELLENICA: An Introduction to Modern Greek in the Form of Dialogues, containing Specimens of the Language from the Third Century B.C. to the Present Day; to which is added an Appendix, giving Examples of the Cypriot Dialect. By Professor MICHAEL CONSTANTINIDES. Translated into English in collaboration with Major-General H. T. ROGERS, R.E. Crown 8vo. cloth, 6s. net.

ATHENÆUM:—" Every Greek Scholar should possess the work of Prof. Constantinides, and by using it he will acquire a very considerable knowledge of modern Greek in a pleasant manner."

THE GROWTH AND INFLUENCE OF CLASSICAL GREEK POETRY. Lectures delivered in 1892 on the Percy Turnbull Memorial Foundation in the Johns Hopkins University. Crown 8vo. 7s. net.

TIMES:—"We know of no book upon the same subject and upon the same scale which is of equal excellence."

MACMILLAN AND CO. LTD., LONDON.

To avoid fine, this book should be returned on
or before the date last stamped below

Printed in the USA
CPSIA information can be obtained
at www.ICGtesting.com
CBHW072048160724
11557CB00052B/95